Martin H. Petrich

Myanmar

REISE-HANDBUCH

Inhalt

Land für Entdeckerseelen..8
Myanmar als Reiseland..10
Planungshilfe für Ihre Reise..13
Vorschläge für Rundreisen...16

Wissenswertes über Myanmar

Steckbrief Myanmar 20
Natur und Umwelt..22
Wirtschaft und Soziales..34
Geschichte 41
Zeittafel 54
Gesellschaft und Alltagskultur 56
Architektur und Kunst 70

Wissenswertes für die Reise

Anreise und Verkehr 84
Übernachten 91
Essen & Trinken..93
Outdoor 98
Feste und Veranstaltungen 100
Reiseinfos von A bis Z...104

Unterwegs in Myanmar

Kapitel 1 – Yangon und Zentral-Myanmar

Auf einen Blick: Yangon und Zentral-Myanmar...............124
Yangon 126
Geschichte 126
Orientierung..128
Downtown 129
Aktiv: Bummel durch die koloniale Vergangenheit....................133
Aktiv: Durch Little India und Chinatown 136
Von der Downtown zur Shwedagon Paya 142
Shwedagon Paya 142

Nördlich und südwestlich der Shwedagon 149
Kandawgyi Lake und Umgebung 150
Golden Valley 151
Inya Lake und Umgebung 154
Der Norden Yangons 154

Die Umgebung von Yangon 171
Thanlyin und Kyauktan 171
Von Yangon nach Bago 173
Bago 174
Aktiv: Zu Fuß durch Bago 178

Zentral-Myanmar 181
Taungoo (Toungoo) 181
Aktiv: Mit dem Zweirad von Taungoo
    nach Thandaung Gyi 184
Naypyitaw 185
Pyay 189
Die Umgebung von Pyay 192

Kapitel 2 – Ayeyarwady-Delta und der Westen

Auf einen Blick: Ayeyarwady-Delta und der Westen 198
Ayeyarwady-Delta 200
Twante (Twantay) 200
Von Yangon nach
    Bogale (Bogalay) 203
Pathein 206
Aktiv: Bootsfahrt durch die Deltakanäle 210
Mawdin Sun 211
Chaungtha Beach 212
Ngwe Saung Beach 214
Aktiv: Strandtour per Moped nach Sinma 217

Myanmars Westen 218
Thandwe 218
Ngapali Beach 219
Sittwe 223
Mrauk U 227
Aktiv: Per Boot zu den Chin 234
Nach Dhanyawadi und Selagiri 235
Der Chin State 237
Aktiv: Trekking im Natmataung National Park 238

Kapitel 3 – Ober-Myanmar

Auf einen Blick: Ober-Myanmar.................................242
Bagan...244
Geschichte 244
Typologie der Sakralbauten in Bagan.................................246
Besichtigung 247
Aktiv: Mit dem Fahrrad durch die Pagodenlandschaft...............255

Umgebung von Bagan 280
Popa Mountain National Park 280
Sale (Salay) 282
Pakokku und Umgebung 284
Westlich des Ayeyarwady nach Magwe 286
Magwe (Magway) 289

Mandalay..291
Mythos und Realität 291
Geschichte – Stadt voller Edelsteine 291
Orientierung..292
Sehenswertes 293

Umgebung von Mandalay 316
Amarapura 316
Inwa..318
Aktiv: Per Pferdekutsche durchs alte Ava........................319
Sagaing 320
Mingun..323
Aktiv: Spaziergang durch Mingun.................................324
Pyin U Lwin und Umland 325
Monywa und Umgebung...331
Shwebo und Umgebung 335
Mogok und Umgebung 336

Kapitel 4 – Nordost- und Nord-Myanmar

Auf einen Blick: Nordost- und Nord-Myanmar.................340
Südlicher Shan State 342
Kalaw...342
Aktiv: Wanderung zum Viewpoint von Kalaw........................344
Aungban 347
Fahrt nach Pindaya 348
Aktiv: Wanderung bei Pindaya....................................351
Heho..353
Auf dem Weg nach Nyaung Shwe 354
Nyaung Shwe (Yawnghwe) 356

Inle Lake 364
Vom Inle Lake nach Loikaw 370
Taunggyi 372
Kakku (Kekku) 376

Der Kayah State 378
Loikaw und Umgebung 378
Aktiv: Ausflug zu den Bergvölkern 380

Östlicher Shan State 385
Kyaing Tong und Umgebung 385
Aktiv: Zu den Loi-Wa-Dörfern Wan Nyat und Wan Seng 393
Tachileik 394

Nördlicher Shan State 397
Mit der Bahn von Pyin U Lwin nach Hsipaw 397
Aktiv: Wandern im Teeland 399
Hsipaw und Umgebung 399
Aktiv: Wanderung zum Nam Tok 405
Lashio 409
Muse 413

Der Norden 414
Katha 414
Bhamo 415
Indawgyi Lake 420
Aktiv: Kayaking auf dem Indawgyi Lake 422
Myitkyina und Umgebung 423
Putao und Umgebung 428
Hkakabo Razi National Park 431

Kapitel 5 – Myanmars Süden

Auf einen Blick: Myanmars Süden 434
Mon und Kayin State 436
Kyaikhto 436
Kyaikhtiyo 437
Durchs Goldene Land nach Thaton 440
Thaton 441
Hpa-an und Umgebung 442
Aktiv: Durch bizarre Karstlandschaften 445
Mawlamyine (Mawlamyaing) 448
Umgebung von Mawlamyine 456

Tanintharyi 460
Dawei 460

Aktiv: Mopedtour auf der Dawei Peninsula 464
Strände bei Dawei 465
Myeik...465
Myeik-Archipel 468
Kawthaung (Kawthoung) 471

Kulinarisches Lexikon 474
Sprachführer..476
Glossar...478

Register 480
Abbildungsnachweis/Impressum 488

Themen

Südostasiens gefährdete Bioschatzkammer 24
Strom des Lebens – der Ayeyarwady....................................28
Bildung tut not 38
Gute Geister, schlechte Geister – Nat...................................58
Burma Beauty 69
Betagte Schönheiten – buddhistische Holzklöster......................71
Aung San – der Übervater 152
Rakhine – einst Seemacht, heute Küstenprovinz 230
Buddhas viele Leben...252
Macht und Intrigen im Glaspalast.....................................296
Töchter Buddhas – Nonnen in Myanmar 322
Verlorene Welt der Himmelsfürsten 362
Myanmars berühmteste Hälse 382
Blume des Todes...390
Legendäre Ledo Road 417
Edles aus der Erde 429

Alle Karten auf einen Blick

Auf einen Blick: Yangon und Zentral-Myanmar: Überblick ..125
Yangon-Downtown..130
Yangon-Nord (Shwedagon Paya und Inya Lake).......................140
Shwedagon Paya..145
Yangon – Übersicht..156
Bago..176
Sri Ksetra..193

Ayeyarwady-Delta und der Westen: Überblick.................199
Pathein...207
Ngwe Saung Beach..215
Ngapali Beach...220
Mrauk U...228
Trekking im Natmataung National Park..............................238

Ober-Myanmar: Überblick......................................243
Bagan – Übersicht...250
Alt-Bagan (Bagan Myohaung)..258
Neu-Bagan (Bagan Myothit)...272
Mandalay..294
Mandalay-Zentrum..302
Per Pferdekutsche durchs alte Ava.................................319
Spaziergang durch Mingun..324
Pyin U Lwin...326

Nordost- und Nord-Myanmar: Überblick........................341
Wanderung zum Viewpoint von Kalaw.................................344
Wanderung bei Pindaya...351
Nyaung Shwe (Yawnghwe)..357
Inle Lake...366
Taunggyi..374
Loikaw..379
Kyaing Tong (Kengtung)..387
Hsipaw..402
Kayaking auf dem Indawgyi Lake....................................422
Myitkyina...424

Myanmars Süden: Überblick...................................435
Umgebung von Hpa-an...443
Mawlamyine (Mawlamyaing)...449
Mopedtour auf der Dawei Peninsula.................................464

Land für Entdeckerseelen

Was für ein Land! Mit fruchtbaren Ebenen, kargen Savannen und Fünftausendergipfeln. Mit zahllosen Pagoden und kolonialen Prachtbauten. Ein Land mit über hundert Volksgruppen und fröhlichen, herzlichen Menschen. Ein Land, in dem die Uhren anders ticken und vieles aus der Zeit gefallen scheint, also ein perfektes Reiseziel für Entdeckerseelen.

Mit der Ordnung scheint es noch nicht so recht zu klappen. Kichernd eilen die jungen Novizinnen den älteren buddhistischen Nonnen nach, die sich vor einem Marktstand in einer Reihe aufstellen und mit einem Singsang um Gaben bitten. Kaum sind ihre Bambuskörbe mit rohem Reis und frischem Gemüse gefüllt, zieht die Gruppe in ihren leuchtend rosafarbenen Gewändern zum nächsten Stand, wo eine ältere Frau gerade genussvoll an ihrer daumendicken *cheroot* zieht. Die von tropischen Monsunregen und viel Sonne geprägten Lebensjahre haben sich tief in ihr Gesicht geschrieben. Nebenan umwickelt eine zarte Dorfschönheit eine zerkleinerte Betelnuss mit einem Pfefferblatt, um sie für ein paar Kyat an einen wartenden Bauern zu verkaufen. Eine Szene, wie sie tagtäglich zu beobachten ist.

Wie kein anderes Land verkörpert Myanmar das alte Asien. Was anderswo schon lange verschwunden ist, gehört hier noch zum Alltagsbild: Ochsenkarren auf der Straße, bunt gekleidete Frauen, die elegant ihre Tonkrüge auf dem Kopf balancieren, junge Männer in hochgebundenen Wickelröcken, die akrobatisch mit einem Rattanball spielen. Und allerorten rot gewandete Mönche unterschiedlichsten Alters – sei es bei der Einkehr im Kloster, auf Almosengang in den Straßen oder beim Spielen im Schulhof.

In der Vergangenheit ließ sich nur eine überschaubare Anzahl an Besuchern von der Schönheit Myanmars einnehmen. Viele lehnten eine Reise ab, um damit gegen die brutale Militärregierung zu protestieren. Ihr Vorwurf, die Generäle füllten mit den Einnahmen aus dem Tourismus ihre Schatullen, war nicht von der Hand zu weisen. Doch schon damals verdienten auch viele einfache Menschen am Fremdenverkehr – vom Kutscher in Bagan über den Rikschafahrer in Mandalay bis zur Souvenirverkäuferin am Inle-See.

Seit die Regierung 2011 demokratische Reformen initiiert hat, ist die kontroverse Debatte verstummt. Mittlerweile stößt Myanmar in der Hochsaison mancherorts an seine Kapazitätsgrenzen, denn das ›exotische goldene Land‹ zieht immer mehr Besucher an. Auf sie wartet ein Reiseziel von beeindruckender Mannigfaltigkeit. Auf einer Fläche etwa doppelt so groß wie Deutschland kann man schneebedeckte Fünftausender erklimmen, unter Palmen an Traumstränden faulenzen oder per Boot die fruchtbaren Deltalandschaften erkunden. Wie eng Mensch und Natur verbunden sind, lässt sich auf dem Inle-See und in den Bergdörfern der ethnischen Minderheiten beobachten. Zu welch baulichen Höchstleistungen die Bewohner fähig waren und sind, bezeugen wiederum die zahlreichen Tempelbauten, allen voran in Bagan und Mandalay. Und wie lebendig das alte Kunsthandwerk noch ist, zeigt der Blick auf die Souvenirstände. Andererseits bleibt auch in Myanmar die Zeit nicht stehen. Mit der Öffnung des Landes verändern besonders die Städte ihr Aussehen rapide. Alte Kolonial- und Holzhäuser weichen gesichtslosen Bauten, glitzernde Geschäftszentren ersetzen die alten Märkte und neue Autos verdrängen die Ochsenkarren. Die hektische Moderne ist im Land angekommen und auch die Müllberge allerorten sind nicht zu übersehen.

Doch zweifellos ist Myanmar noch immer ein Land für Reisende mit Entdeckergeist, denn viele Regionen sind touristisch kaum erschlossen oder erst kürzlich für Ausländer geöffnet worden, sei es der bergreiche Chin State im Nordwesten, der multiethnische Kayah State im Osten oder die tropische Inselwelt im tiefen Süden. Hier lassen sich noch authentischer Alltag und unberührte Natur erleben. Doch wer dorthin reist, darf keine Kaffeefahrt erwarten, eine Infrastruktur existiert in diesen Gebieten nur in Ansätzen. Auch sind die Einheimischen noch kaum auf Touristen eingestellt, weshalb in diesen Regionen eine besondere kulturelle Sensibilität angebracht ist. In vielen Provinzen herrschte zudem jahrzehntelang Bürgerkrieg und auch heute noch führen ethnische und religiöse Spannungen zu teilweise blutigen Konflikten. Reisende, die abseits der üblichen Pfade unterwegs sein wollen, sollten sich daher unbedingt vorab über die Sicherheitslage informieren.

Alles in allem ist Myanmar jedoch ein friedliches Land und das liegt in erster Linie an der Freundlichkeit seiner Bewohner. Das schüchterne Lächeln vieler Mädchen und das herzliche *mingalabar* (Hallo), das einem überall entgegenschallt, treffen direkt ins Herz. Schnell scheint die anfängliche Fremdheit trotz Sprachbarriere überwunden zu sein. Myanmar umfängt seine Besucher mit einem Zauber, der schwer zu beschreiben und der, wie der US-amerikanische Historiker John F. Cady notiert, selbst wenn man es will, kaum zu durchbrechen ist. Diesen Zauber wird sich Myanmar sicherlich bewahren, auch wenn es unweigerlich starken Veränderungen ausgesetzt ist. Aber das haben die Menschen von Buddha gelernt: Alles ist im ständigen Werden und Vergehen begriffen und nichts bleibt, wie es ist.

Der Autor

Martin H. Petrich
www.dumontreise.de/magazin/autoren

Martin H. Petrich ist Reisejournalist und Studienreiseleiter. Wenn er nicht unterwegs ist, lebt der 1965 am Bodensee geborene Südbadener in Yangon und Berlin. Mit Myanmar fühlt sich der Asienfan seit 1996 verbunden, als er von seiner damaligen Wahlheimat Bangkok aus regelmäßig das Land bereiste. Als studierter Theologe beeindruckt ihn die tiefe Religiosität und als Berufsreisender die Freundlichkeit der Menschen. Noch immer macht ihn die Pagodenlandschaft von Bagan sprachlos. Zu seinen Lieblingsregionen zählt der Shan State während der Regenzeit. Für DuMont schrieb er u. a. das Reise-Taschenbuch Sri Lanka und das Reise-Handbuch Vietnam.

Myanmar als Reiseland

Mit seinen goldenen Pagoden, seinen vielseitigen Landschaften und seinen freundlichen Menschen zählt Myanmar zu den faszinierendsten Zielen in Südostasien, ist aufgrund seiner langen politischen Isolation als Reisedestination bisher jedoch kaum entwickelt. Eine gute touristische Infrastruktur existiert lediglich in den Hauptorten des Landes, abseits davon ist sie rudimentär oder gar nicht vorhanden. Daher überwiegt derzeit noch die Zahl der Besucher, die Myanmar im Rahmen einer kulturorientierten Rundreise erkunden. Inzwischen gewinnen aber auch Aktiv- und Strandurlaub an Popularität.

Natürlich lässt sich das Land auch auf eigene Faust bereisen, wenngleich dies mehr Organisationstalents bedarf als in den Nachbarländern. Allerdings werden die Straßen mit jedem Jahr besser, die Qualität der Transportmittel (s. S. 87) auch und die Palette der Unterkünfte (s. S. 91) steigt stetig. Mit Pleiten, Pech und Pannen sollte man jedoch immer rechnen, folglich also zeitlich nicht zu knapp planen. Dank verbesserter Flugverbindungen und zunehmend offener Grenzen kann man an verschiedenen Stellen ein- bzw. ausreisen und Myanmar mit einem Besuch in einem der östlichen Nachbarländer verbinden.

Die klassischen Vier

Es gibt wohl kaum eine Myanmarreise, die nicht zu den vier touristischen Hauptorten des Landes führen würde: Das Eingangstor für die meisten Reisenden bildet **Yangon** (früher: Rangun), die quirlige 5-Mio.-Metropole mit der sagenumwobenen Shwedagon Paya. Von hier aus lassen sich in zwei Tagen die einstige Mon-Hauptstadt Bago (früher: Pegu) und der Goldene Felsen (Kyaikhtiyo) besuchen. Die letzte Königsstadt **Mandalay** lockt mit ihrer geschichtsträchtigen Umgebung, sei es der pagodenübersäte Hügel von Sagaing, das ländliche Inwa oder die Weberstadt Amarapura. Auch die alte koloniale Sommerfrische der Briten, Pyin U Lwin, liegt nicht weit entfernt. In südwestlicher Richtung gelangt man von Mandalay über den Ayeyarwady nach **Bagan** (früher: Pagan), einem faszinierenden Pagodenmeer in karger Savannenlandschaft. Und schließlich lockt das Umland des zauberhaften **Inle-Sees** (Inle Lake, Myanma: Inle Kan) im südlichen Shan State mit seiner von verschiedenen Volksgruppen geprägten Kultur.

Natur pur

Mangels Infrastruktur lassen sich die meisten Naturschutzgebiete in Myanmar nur mit sehr viel Aufwand erkunden. Sowohl der Trekkingtourismus (s. S. 99) als auch Angebote zu sonstigen Outdoor-Aktivitäten (s. S. 98) stecken noch in den Kinderschuhen.

Von Yangon über Bogale ist das **Meinmahla Kyun Wildlife Sanctuary,** ein Paradies für Vogelliebhaber, per Wagen und Boot relativ gut zu erreichen. Ein beliebtes Ziel für Vogelfreunde ist auch das 113 km nördlich von Yangon bzw. 40 nördlich von Bago gelegene **Moyingyi Wetland Wildlife Sanctuary** (s. Tipp S. 180), das sich um einen Stausee erstreckt. Gute Jeeps werden hingegen für den Besuch des **Natmataung National Park** benötigt, der für seine immense Pflanzen- und Vogelvielfalt gerühmt wird. Im hohen Norden Myanmars lockt das ebenfalls nur rudimentär erschlossene **Indawgyi Lake Wildlife Sanctuary** mit einer reizvollen Berg- und Seenlandschaft, deren Besuch, ebenso wie Expeditionen in die alpine Bergwelt des **Hkakabo Razi National Park,** einer gründlichen Vorbereitung bedürfen. Nähere Informationen zu den Nationalparks und Schutzgebieten auf S. 31.

Tropische Strände

Urlaub unter Palmen ist nur von November bis April möglich, denn während der Regenzeit sind viele Resorts geschlossen. Faktisch gibt es drei Stranddestinationen mit guten Hotels und Restaurants, die alle an der Westküste liegen: **Ngapali** bei Thandwe sowie **Chaungtha** und **Ngwe Saung** bei Pathein, die von Yangon aus über eine akzeptable Straße in sechs bis sieben Stunden erreichbar sind.

Mit 2228 Küstenkilometern und über 800 Inseln hat der **Myeik-Archipel** (Myeik Archipelago, Myanma: Myeik Kyunzu) im Süden Myanmars ein gewaltiges Potenzial. Entsprechendes gilt sicherlich ebenfalls für **Kanthaya,** ca. 25 km nördlich von Gwa an der Westküste, **Setse,** ca. 60 km südlich von Mawlamyine, sowie für **Maungmagan** und andere Strände bei Dawei.

Organisierte Touren

Infolge steigender Touristenzahlen ist auch die Zahl der Reiseagenturen sprunghaft angestiegen. Konkurrenz lässt den Preis sinken, vielfach aber auch die Qualität. Gerade bei verlockend günstigen Angeboten hapert es häufig mit der Kompetenz.

Daher empfehle ich im vorliegenden Reise-Handbuch nationale Agenturen, die zwar nicht unbedingt die preiswertesten sind, aber gut durchorganisierte Touren anbieten. Zumeist haben die Veranstalter ihren Sitz in Yangon (s. Yangon, Infos s. S. 155). Neben Niederlassungen in anderen Städten Myanmars sind sie teils auch in einigen der südostasiatischen Nachbarländer vertreten. Dies macht sie für Kombireisen attraktiv, etwa für Überlandreisen von Thailand oder China nach Myanmar.

Gerade für **Trekkingtouren** in entlegeneren Regionen wie den Chin, Kachin oder Shan State, wo manche Gebiete noch nicht lange für Ausländer geöffnet sind, ist es unbedingt ratsam, sich an einen sozial und ökologisch nachhaltig operierenden Veranstalter zu wenden (s. auch ›Nachhaltig Reisen‹ S. 89). Beim Besuch in einem **Dorf der Minderheiten** sollte unbedingt ein lokaler Guide engagiert werden, um mit den Bewohner kommunizieren zu können. Dieser

WICHTIGE FRAGEN VOR DER REISE

Braucht man ein **Visum** für Myanmar? s. S. 84

Welches **Budget** muss man pro Tag in Myanmar einplanen? s. S. 117

Kann man mit **Kreditkarte** bezahlen und braucht man **US-$?** s. S. 108

Welche **Impfungen** werden empfohlen, welche **Medikamente** sollte man unbedingt dabeihaben? s. S. 109

Welche **Kleidung** muss in den Koffer? s. S. 111

Funktioniert das eigene **Mobiltelefon** auch in Myanmar? s. S. 118

Lässt sich das Land auch während der **Regenzeit** bereisen? s. S. 112

Wie steht es um die **Sicherheit** im Land? Welche Vorkehrungen sollte man treffen? s. S. 118

Welche **lokalen Gepflogenheiten** muss ich bei einer Reise besonders beachten? s. S. 105

Guide sollte auch über die nötige Sensibilität verfügen, Bräuche der lokalen Bevölkerung und örtliche Gepflogenheiten zu respektieren. Einige Empfehlungen finden sich in diesem Buch.

Gut zu wissen

Während der Hochsaison zwischen November und März sollte man **Unterkünfte** rechtzeitig buchen, da diese in den touristischen Hauptorten schnell ausgebucht sind.

Infolge der noch weitgehend schlechten **Straßenverhältnisse** empfiehlt es sich, längere Distanzen mit dem **Flugzeug** zurückzulegen. Auf den Hauptstrecken sind die **Busse privater Unternehmen** eine schnelle und preisgünstige Alternative. **Mietwagen** dürfen nicht selbst von Touristen gesteuert werden – man kann immer nur einen Wagen mit Fahrer chartern, was sich insbesondere für Rundtouren vor Ort anbietet. Zur Berechnung der **Fahrzeiten** sollte man mit Ausnahme des Yangon-Mandalay Highway etwa 30–40 km pro Stunde kalkulieren.

Aufgrund ethnischer und religiöser Konflikte, aber auch mangels Infrastruktur bestehen **Reisebeschränkungen.** So sind manche Gebiete nicht oder nur mit speziellem **Travel Permit** bereisbar. Davon betroffen sind vor allem die bergreichen Grenzregionen, also Teile der Sagaing Division und der Staaten Rakhine, Chin, Kachin und Shan. Im Kayin und Kayah State und in der Tanintharyi Division im tiefen Süden sind nur wenige Hauptorte für ausländische Besucher offen. Nähere Informationen zur aktuellen Situation erhält man auf **www.mip.gov.mm** und bei lokalen Anbietern, die auch die Reisegenehmigungen besorgen können. Die Bearbeitungszeit liegt je nach Region bei bis zu vier Wochen. In vielen Gebieten gibt es Straßenkontrollen, sogenannte **Check Points,** an denen Ausländer unter Umständen nach einer Kopie ihres Reisepasses gefragt werden. Es empfiehlt sich daher, immer ein paar Exemplare im Gepäck zu haben.

Vorbei an den Prachtfassaden mit Patina schiebt sich der Verkehr auf der Strand Road (Ecke Pansodan Street)

Planungshilfe für Ihre Reise

Angaben zur Zeitplanung
Bei den folgenden Zeitangaben für die Reise handelt es sich um Empfehlungswerte für Reisende, die ihr Zeitbudget eher knapp kalkulieren.

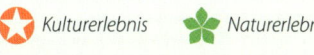
Kulturerlebnis   *Naturerlebnis*

1. Yangon und Zentral-Myanmar

Mit der Shwedagon-Pagode und der kolonialen Downtown ist Yangon ein schöner Rundreiseauftakt oder -abschluss. Die Stadt bietet sich auch als Stopp auf dem Weg gen Süden

Die Kapitel in diesem Buch
1. **Yangon und Zentral-Myanmar:** S. 123
2. **Ayeyarwady-Delta und der Westen:** S. 197
3. **Ober-Myanmar:** S. 241
4. **Nordost- und Nord-Myanmar:** S. 339
5. **Süd-Myanmar:** S. 433

oder ins Ayeyarwady-Delta an. Zentral-Myanmar wird weniger bereist, aber dank des Yangon-Mandalay Highway gelangt man in gut 4–5 Stunden nach Taungoo und Naypyitaw, die Hauptstadt Myanmars. Auch die Ruinen von Sri Ksetra sind immer öfter Besuchsziel.

- *Yangon*
- *Bago*
- *Sri Ksetra*

Gut zu wissen: Aufgrund des Stadtverkehrs muss man in Yangon genug Zeit einkalkulieren. Über Bago kann man nach Taungoo oder gen Süden weiterreisen. Pyay eignet sich nicht nur logistisch, sondern als alte Pyu-Metropole auch geschichtlich als Zwischenhalt auf der Fahrt nach Bagan. Im Jahresdurchschnitt herrscht eine Temperatur um 27 °C, doch vor allem Mitte März bis Ende Oktober ist das feuchtheiße Klima eher anstrengend.

Zeitplanung

Yangon und Umgebung:	2–3 Tage
Bago, Taungoo, Naypyitaw:	3 Tage
Pyay:	2 Tage

2. Ayeyarwady-Delta und der Westen

Das gewaltige Flussdelta ist nur punktuell touristisch erschlossen. Viele Besucher fahren von Yangon direkt zu den Strandzielen Ngwe Saung und Chaungtha, doch lohnt ein Halt in Pathein mit Bootstouren durch die Kanäle. Auch die Landschaft rund um Pyapon, Bogale oder das Schutzgebiet Meinmahla Kyun sind am besten mit dem Boot zu erkunden.

Im Westen lockt der Strand von Ngapali, während sich in Sittwe alles um die Erträge aus dem Meer dreht. Bauliches Highlight ist die einstige Rakhine-Metropole Mrauk U in bezaubernder Umgebung.

 *Mrauk U*

- *Ngwe Saung Beach*
- *Ngapali Beach*

Gut zu wissen: Trotz der Konflikte zwischen muslimischen Rohingya und buddhistischen Rakhine (insbesondere in Sittwe 2012) kann, wer vorsichtig ist und Menschenansammlungen meidet, dorthin reisen. Der Küstenstaat zählt zu den ärmsten Regionen Myanmars, aber gerade Mrauk U ist wunderschön. Sittwe ist am bequemsten per Flugzeug, Mrauk U per Boot zu erreichen. Von Dezember bis Februar ist es in Rakhine tagsüber mit durchschnittlich 27 °C angenehm warm, doch nachts recht frisch. In der Regenzeit sind Delta und Küste mit über 4000 mm Niederschlag nur schlecht zu bereisen.

Zeitplanung

Pathein, Chaungtha und Ngwe Saung:	3 Tage
Sittwe und Mrauk U:	3 Tage
Natmataung National Park:	3 Tage

Alternative: Der Natmataung National Park liegt zwar geografisch im Westen, ist jedoch am besten von Bagan aus zu erreichen.

3. Ober-Myanmar

Die Savannenlandschaft zwischen Pyay und Mandalay ist Heimat geschichtsträchtiger Orte, allen voran Bagan. Zudem locken kleine, aber feine Reiseziele mit alten Klöstern, stimmungsvollen Städten und bunten Märkten, etwa zwischen Magwe und Pakokku. Mandalay wirkt heute mit vielen gesichtslosen Bauten nicht für jeden einladend, doch lockt die letzte Königsstadt mit einem kulturreichen Umland: dem an Monumenten reichen Mingun, dem von Klöstern und Pagoden strotzenden Sagaing und dem ländlichen Inwa.

- *Bagan*
- *Mandalay und Umgebung*
- *Monywa und Umgebung*

Gut zu wissen: Mandalay eignet sich auch als Start einer Myanmarrundreise. Von der letzten Königsstadt kann man via Monywa, Shwebo und Mogok eine wunderbare Nordschleife drehen. Da für die Edelsteinstadt Mogok eine Reisegenehmigung erforderlich ist, organisiert man den Besuch am besten über einen lokalen Veranstalter. Von Mandalay erreicht man via Monywa und Pakokku auch Bagan. Pyin U Lwin ist ein ideales Sprungbrett für den Besuch des nördlichen Shan State.

Zeitplanung
Bagan:	3 Tage
Mandalay und Umgebung:	3 Tage
Pyin U Lwin:	1–2 Tage
Monywa, Shwebo, Mogok:	3 Tage

4. Nordost- und Nord-Myanmar

Der Shan State ist nicht gänzlich zugänglich. Derzeit konzentriert sich der Tourismus im südlichen Bereich auf die Region zwischen Kalaw und Taunggyi inklusive Inle-See und Pindaya sowie im Osten rund um Kyaing Tong (Kengtung). Im nördlichen Shan State reihen sich Kyaukme, Hsipaw und Lashio entlang der historischen Burma Road; im Kayah State bieten sich Tagesausflüge rund um Loikaw an.

In den Kachin State verirren sich wenige Touristen, obgleich die Berglandschaften ein immenses Potenzial für Trekkingtourismus bilden. Die Landeshauptstadt Myitkyina lockt mit einer interessanten Umgebung, u. a. dem idyllisch gelegenen Indawgyi-See. Bhamo und Katha wiederum liegen an einem der schönsten Abschnitte des Ayeyarwady.

Kyaing Tong und Umgebung • *Inle Lake* • *Putao und Umgebung*

Gut zu wissen: Für den nördlichen Shan State ist Mandalay ein guter Ausgangspunkt. Das Gebiet zwischen südlichem und östlichem Shan State ist aus Sicherheitsgründen für Touristen nicht zugänglich. Auch viele Gebiete des Kachin State sind für Ausländer gesperrt oder bedürfen einer Reisegenehmigung (z. B. Putao). Von Dezember bis Februar kann es nachts empfindlich kalt werden.

Zeitplanung
Südlicher Shan State mit Loikaw:	4–5 Tage
Östlicher Shan State:	3 Tage
Nördlicher Shan State:	3 Tage
Kachin State:	3–4 Tag

Alternative: Vom Inle-See kann man per Boot nach Loikaw fahren und von dort gen Norden nach Kalaw. Über Muse gelangt man nach Yunnan (China). Für die Ein-/Ausreise von/nach Thailand bietet sich Tachileik an.

5. Süd-Myanmar

Der schmale Küstenstreifen im Süden ist touristisch nur wenig erschlossen. Eine beliebte Rundtour umfasst den Golden Felsen von Kyaikhtiyo, das koloniale Mawlamyine sowie Hpa-an, Hauptstadt des Kayin State. Lange Wege muss auf sich nehmen, wer noch weiter in den Süden reist, zur faszinierenden Welt des Myeik-Archipels und ins reizvolle Umland der Städte Dawei und Myeik.

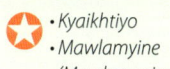 
• *Kyaikhtiyo* • *Mawlamyine (Mawlamyaing)* — *Hpa-an und Umgebung*

Gut zu wissen: Die Straßenverhältnisse zwischen Kyaikhtiyo, Mawlamyine und Hpa-an sind gut. Über Myawaddy/Mae Sot (150 km, 3–4 Std. östlich von Hpa-an) kann man ebenso wie in Kawthaung nach/von Thailand aus-/einreisen, sodass man den Süden gut an Anfang oder Ende eines Myanmarbesuchs setzen kann. Zwischen Dawei, Myeik und Kawthaung verkehren auch Schnellboote. Mit einem Durchschnittswert von 27 °C im Jahr ist die Region tropisch warm, doch in der Regenzeit mit fast 5000 mm sehr niederschlagsreich.

Zeitplanung
Kyaikhtiyo, Hpa-an, Mawlamyine:	4 Tage
Tiefer Süden:	3 Tage

Vorschläge für Rundreisen

▬ Mandalay–Yangon (10 Tage)

1. Tag: Ankunft in Mandalay, Stadtbesichtigung
2. Tag: Bootsfahrt nach Mingun, Besuch von Sagaing und Inwa
3. Tag: Bootstour nach Bagan
4. Tag: Besichtigung von Bagan
5. Tag: Flug nach Heho im Shan State und Fahrt nach Pindaya, Besuch der Höhle
6. Tag: Fahrt zum Inle Lake, Bootstour
7. Tag: Bootsfahrt nach Sagar Myothit und Besuch von Sagar Myothit
8. Tag: Fahrt nach Heho, Flug nach Yangon
9. Tag: Stadtbesichtigung Yangon
10. Tag: Rückflug

▬ Mandalay–Yangon (2 Wochen)

1. Tag: Ankunft in Mandalay, Stadtbesichtigung
2. Tag: Bootsfahrt nach Mingun und Sagaing, Besuch von Inwa
3. Tag: Fahrt nach Pyin U Lwin, Rundgang
4. Tag: Zugfahrt nach Hsipaw, Stadtbesichtigung
5. Tag: Tagesausflug rund um Hsipaw
6. Tag: Rückfahrt nach Mandalay
7. Tag: Bootstour nach Bagan
8. Tag: Besichtigung von Bagan
9. Tag: Ausflug von Bagan nach Sale und zum Popa Mountain National Parl
10. Tag: Fahrt nach Kalaw, Stadtbesichtigung
11. Tag: Fahrt nach Pindaya und Besuch der Höhle, dann weiter zum Inle Lake
12. Tag: Ganztägige Bootstour auf dem Inle Lake
13. Tag: Flug nach Yangon, Stadtbesichtigung
14. Tag: Rückflug

▬ Yangon–Yangon (3 Wochen)

1. Tag: Ankunft in Yangon, Stadtbesichtigung
2. Tag: Flug nach Sittwe, Stadtbesichtigung
3. Tag: Bootsfahrt nach Mrauk U, Besichtigung

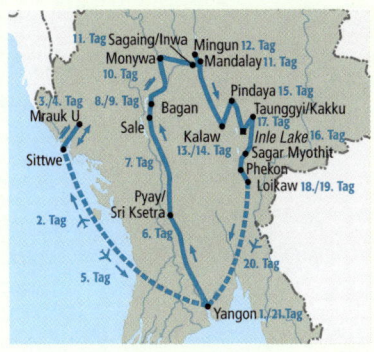

4. Tag: Ganztagsbesichtigung in Mrauk U und Umgebung
5. Tag: Rückfahrt mit Boot nach Sittwe, Flug nach Yangon
6. Tag: Fahrt nach Pyay und Besichtigung von Sri Ksetra
7. Tag: Ganztagsfahrt nach Bagan mit Halt in Sale
8. Tag: Besichtigung in Bagan
9. Tag: Besichtigung in Bagan
10. Tag: Bootsfahrt nach Pakokku und weiter über Hpo Win Daung nach Monywa
11. Tag: Ganztagsfahrt nach Mandalay mit Besuch von Sagaing und Inwa
12. Tag: Besichtigung in Mandalay und Bootstour nach Mingun
13. Tag: Fahrt nach Kalaw
14. Tag: Wanderung rund um Kalaw
15. Tag: Fahrt nach Pindaya, Besuch der Höhlen und weiter zum Inle Lake
16. Tag: Bootstour auf dem Inle Lake
17. Tag: Tagesausflug nach Taunggyi und Kakku
18. Tag: Ganztägige Bootsfahrt über Sagar Myothit nach Phekon, weiter nach Loikaw
19. Tag: Ganztagsausflug rund um Loikaw
20. Tag: Flug nach Yangon
21. Tag: Rückflug

Yangon–Mandalay (3 Wochen)

1. Tag: Ankunft in Yangon, Stadtbesichtigung

2. Tag: Fahrt via Bago nach Kyaikhtiyo, Besuch des Goldenen Felsens
3. Tag: Weiterfahrt nach Mawlamyine
4. Tag: Ganztagsbesichtigung von Mawlamyine und Umgebung
5. Tag: Bootsfahrt nach Hpa-an, Besichtigung von Stadt und Umgebung
6. Tag: Rückfahrt nach Yangon
7. Tag: Flug nach Bagan, Besichtigung
8. Tag: Besichtigung in Bagan
9. Tag: Fahrt nach Pindaya und Besuch der Höhlen
10. Tag: Fahrt zum Inle Lake und Bootstour
11. Tag: Ganztagsausflug auf dem Inle Lake mit Besuch von Sagar Myothit
12. Tag: Flug nach Mandalay, Stadtbesichtigung
13. Tag: Bootstour nach Mingun, weitere Besichtigung von Mandalay
14. Tag: Fahrt nach Mogok
15. Tag: Ganztagsausflug mit Wanderung im Mogok-Tal
16. Tag: Weiterreise nach Pyin U Lwin, Stadtrundgang
17. Tag: Zugfahrt nach Hsipaw, Stadtbesichtigung
18. Tag: Ganztagsausflug in die Umgebung von Hsipaw
19. Tag: Weiterfahrt nach Lashio, Stadtbesichtigung
20. Tag: Rückfahrt nach Mandalay
21. Tag: Rückflug

Wissenswertes über Myanmar

»Die fünf angenehmen Dinge in der Welt sind: der Schatten der Bäume, der Schatten der Eltern, der Schatten der Lehrer, der Schatten der Prinzen, der Schatten des Buddha.«
Shway Yoe (Sir James George Scott)

In der Hand des Erleuchteten – Novize beim liegenden Buddha auf dem Gelände der Shwesandaw Paya in Bagan

Steckbrief Myanmar

Daten und Fakten
Name: Republik der Union Myanmar (Pyidaungsu Thanmada Myanmar Nainngandaw)
Fläche: 676 577 km²
Hauptstadt: Naypyitaw (ca. 1,1 Mio. Einw.)
Amtssprache: Myanma (Birmanisch)
Einwohner: ca. 51,5 Mio.
Bevölkerungswachstum: 0,9 %
Lebenserwartung: Frauen 69,9 Jahre, Männer 63,9 Jahre
Analphabetenrate: Frauen 13,1 %, Männer 7,4 %

Währung: Kyat (MMK)
Zeitzone: MEZ + 5,5 Std.
Landesvorwahl: 0095
Internetkennung: .mm

Landesflagge: Die seit 21. Oktober 2010 gültige Fahne Myanmars zeigt einen weißen Stern (Symbol des ewigen Fortbestands der Union Myanmar) auf drei horizontalen Streifen in den Farben Gelb (Solidarität), Grün (Frieden, Ruhe, grünende Umwelt) und Rot (Courage).

Geografie

Mit 676 577 km² ist Myanmar nahezu doppelt so groß wie Deutschland und das zweitgrößte Land Südostasiens. Das Land erstreckt sich über maximal 2050 km von den Ausläufern des Himalaya im Norden (28. Breitengrad) bis zur schmalen Malaiischen Halbinsel im Süden (10. Breitengrad) und über maximal 935 km vom Golf von Bengalen im Westen (92. Längengrad) bis zum Mekong im Osten (101. Längengrad). Myanmars Küstenstreifen misst 2228 km. Die Grenze zu seinem nord- bzw. nordöstlichen Nachbarn China hat eine Länge von 2192 km, die Grenzen zu Laos und Thailand im Osten sind 235 bzw. 2096 km lang. Im hohen Nordwesten grenzt Myanmar auf 272 km an Bangladesch und auf 1332 km an Indien.

Das Kernland mit seinen weiten Ebenen und dem 35 000 km² großen Ayeyarwady-Delta wird im Westen, Norden und Osten von Bergen eingefasst. Myanmars höchster Gipfel, der Hkakabo Razi (5881 m), ist gleichzeitig die höchste Erhebung Südostasiens. Mit 2816 km ist der Thanlwin (Salween) der längste Fluss des Landes, gefolgt vom 2170 km langen Ayeyarwady und dem 960 km langen Chindwin. Die größten Städte sind Yangon (über 5 Mio. Einw.) und Mandalay (ca. 1 Mio. Einw.).

Geschichte

Erste Staatengebilde auf dem Gebiet des heutigen Myanmar wurden wahrscheinlich um die Zeitenwende von den Rakhine im Westen, den Pyu am Ayeyarwady und den Mon im Südosten gegründet. Im 10. Jh. beginnen die vermutlich aus Tibet eingewanderten Bamar mit der Etablierung des Bagan-Reichs. Ab Ende des 13. Jh. ist das Land für lange Zeit in verschiedene Machtbereiche aufgeteilt, erst ab dem 17. Jh. können sich die Bamar langfristig als stärkste Herrscherdynastie durchsetzen.

Nach den drei Anglo-Birmanischen Kriegen gehört das Land ab 1886 zu Britisch-Indien. Der japanischen Besatzung (1942–45) folgt am 4. Januar 1948 die Unabhängigkeit.

Zerrissen von ethnischen Konflikten und innenpolitischen Streitereien wird die junge Demokratie unter Staatspräsident U Nu 1962 von General Ne Win, dem damaligen Verteidigungsminister, weggeputscht. Dessen Militärdiktatur, gepaart mit einer fatalen sozialistischen Wirtschaftspolitik, reißt das Land in die Armut. Nach der Niederschlagung eines Volksaufstands 1988 führt eine neue Garde von Militärs die totalitäre Herrschaft fort, schlägt jedoch einen marktwirtschaftlichen Kurs ein. Einer neuen Verfassung folgen 2010 erste Wahlen, seitdem befindet sich Myanmar in einem demokratischen Transformationsprozess.

Staat und Politik

Die Republik der Union Myanmar untergliedert sich laut Verfassung von 2008 in sieben *divisions* bzw. Provinzen (Ayeyarwady, Bago, Mandalay, Magwe, Sagaing, Tanintharyi, Yangon) und in sieben nach ihrer jeweils dominierenden Volksgruppe benannte Staaten mit eigenen Länderregierungen und -parlamenten (Chin, Kachin, Kayah, Kayin, Mon, Rakhine, Shan). Darüber hinaus bestehen Selbstverwaltungszonen für sechs weitere Ethnien (die Naga in Sagaing, die Danu, Kokang, Palaung, Pa-O und Wa im Shan State).

Das Unionsparlament *(pyidaungsu hluttaw)* gliedert sich in zwei Kammern: die Nationalitätenkammer *(amyotha hluttaw)* mit bis zu 224 Sitzen und die Abgeordnetenkammer *(pyithu hhluttaw)* mit bis zu 440 Sitzen.

Dem alle fünf Jahre gewählten Staatsoberhaupt obliegt auch die Exekutive. Der Präsident darf nicht jünger als 45 Jahre sein und keine ausländischen Familienangehörigen haben. Letztere Bestimmung ist genauso umstritten wie die Reservierung von 25 % der Parlamentssitze für das Militär *(tatmadaw)*. Von 2011 bis 2016 bekleidete Thein Sein das Amt des Staatsoberhaupts von Myanmar.

Wirtschaft und Tourismus

Nach 27 Jahren sozialistischer Mangelwirtschaft kontrolliert seit Einführung der Marktökonomie 1989 eine Handvoll militärischer und militärnaher Unternehmenskonglomerate die In- und Auslandsgeschäfte. Erst seit dem Ende der Militärdiktatur 2010 und dem damit einhergehenden Wegfall vieler Sanktionen steigt die Zahl ausländischer Investitionen allmählich an. Zu den wichtigsten Devisenquellen zählen Bodenschätze wie Erdgas (ca. 40 %), Edelmetalle und Edelsteine. Auch Agrarprodukte und Tropenhölzer sind wesentliche wirtschaftliche Standbeine, dagegen spielt die weiterverarbeitende Industrie, außer im Textilbereich, kaum eine Rolle. Seit 2011 verzeichnet Myanmar ein jährliches Wirtschaftswachstum von über 7 % bei einer Inflation von 5–6 %.

Mit über 1,1 Mio. Besuchern 2014 (darunter 47 554 aus Deutschland, Österreich und der Schweiz im Vergleich zu 310 688 im Jahr 2010 erlebt der Tourismus einen enormen Aufschwung: Im Verhältnis zu anderen asiatischen Staaten ist dieser jedoch immer noch überschaubar. Die größte Gruppe stellen die Thais, die häufig als Grenzgänger nach Myanmar kommen, um dort Geschäfte zu machen.

Bevölkerung und Religion

Mit offiziell 135 Volksgruppen zählt Myanmar zu einem der ethnisch vielfältigsten Länder Asiens. Gut zwei Drittel der Gesamtbevölkerung stellen die Bamar, gefolgt von den Shan (9 %), den Kayin (7–8 %), den Rakhine (4,5 %), den Chinesen (2,4 %) und den Mon (2,4 %).

Fast 90 % der Gesamtbevölkerung sind Anhänger des Theravada-Buddhismus. Während die 6 % Christen (vorwiegend Baptisten) vor allem unter den Kayin, Kachin und Chin zu finden sind, stammen die 4 % Muslime zumeist von südasiatischen Einwanderern ab, die während der Kolonialzeit ins Land kamen. In den Städten gibt es zudem diverse hinduistische Gemeinden.

Natur und Umwelt

Zwischen den abgeschiedenen Bergen des Himalaya im hohen Norden und der über 2000 km südlich gelegenen Inselwelt des Myeik-Archipels entfaltet sich ein immenser Reichtum an Flora und Fauna. Immer wieder werden neue Arten entdeckt, viele sind noch kaum erforscht. Aber auch die Bedrohung einiger Spezies nimmt rapide zu.

Myanmars weite Zentralebene wird hufeisenförmig umschlossen von teilweise sehr schroffen Bergregionen im Westen und Norden sowie einem Hochplateau mit Mittelgebirge im Osten. Auf der Malaiischen Halbinsel im tiefen Süden geht der schmale, parallel zur thailändischen Grenze verlaufende Küstenstreifen in ein bewaldetes Mittelgebirge über. Trotz der erheblichen Höhenunterschiede herrschen im ganzen Land subtropische bzw. tropische Klimabedingungen.

Geografie

Norden, Nordwesten und Osten

An der Grenze zu Tibet, im nördlichen **Kachin State,** liegen die Ausläufer des Himalaya mit den beiden höchsten Gipfeln Südostasiens, dem 5881 m hohen **Hkakabo Razi** und dem 5870 m hohen **Gamlang Razi.** Richtung Nordwesten geht der Himalaya in drei Gebirgszüge über, die **Patkai Range,** die **Naga** und die **Chin Hills,** die sich entlang der indischen Grenze erstrecken und am **Saramati** eine Maximalhöhe von 3826 m erreichen. Aus sanften Bergzügen und Ebenen hingegen besteht der südwestliche Teil des Kachin State mit Myanmars größtem Binnengewässer, dem **Indawgyi Lake.**

Im **Osten** des Landes dehnt sich auf durchschnittlich 1000 m Höhe das riesige **Shan Plateau** aus, auf dem sich fruchtbare Ebenen und Bergketten abwechseln. Hier ist der **Loi Leng** mit 2673 m südöstlich von Lashio die höchste Erhebung. In einer der Ebenen liegt unweit von Taunggyi der **Inle Lake.** An den Berghängen wird Tee kultiviert, in den Ebenen neben Reis diverse Gemüsearten wie Kohl, Tomaten, Karotten, Kürbisse, Chayote *(Sechium edule)* und Gurken. Noch immer ist in abgelegenen Gebieten des Ostens der Opiumanbau verbreitet.

Westen und Zentralebene

Die Flüsse **Ayeyarwady** (früher Irrawaddy), **Chindwin** und **Sittaung** (früher: Sittoung, Sittang) dominieren Myanmars weite Zentralebene, die im Westen am parallel zur Küste verlaufenden Bergzug **Rakhine** (Rakhine Yoma, auch Arakan Range) endet. Mit dem 3053 m hohen **Natmataung** (Mt. Victoria) als höchster Erhebung ist dieses Gebirge für den geringen Niederschlag in nördlichen Teil Ober-Myanmars verantwortlich. Hier, zwischen Mandalay und Pyay, erstrecken sich savannenartige Landschaften, deren sandige Böden nur für den Anbau von Sesam, Bohnen, Erdnüssen und Sorghum geeignet sind. Häufig sieht man auch die vielseitig nutzbare Palmyrapalme. Zwischen den Flüssen Ayeyarwady und Sittaung zieht sich ein weiterer Gebirgszug über 435 km in Richtung Norden, der von dichten Teakwäldern bestandene **Bago Yoma** (Pegu Range).

Südlich von Pyay geht die Zentralebene in das 35 000 km² große **Ayeyarwady-Delta** über, dessen endlose Reisfelder sich bis zur

Andamanensee erstrecken. Fruchtbar ist auch der von zahllosen Flüssen durchzogene **Küstenstreifen** des Rakhine State am Golf von Bengalen, der zu den regenreichsten Gebieten Myanmars zählt.

Süden

Das Mündungsgebiet des 560 km langen **Sittaung** östlich von Yangon gilt als Eingangstor für den schmalen Landstreifen, der sich über mehr als 1000 km bis zu Myanmars südlichstem Grenzort Kawthaung erstreckt. Die fruchtbare **Küstenlinie** im Westen ist geprägt von vielen Kautschukplantagen und Kokospalmhainen, im Osten bilden zwei bis zu 2000 m hohe Gebirgszüge – der **Dawna Taungdan** (Dawna Range) und der **Tanintharyi Yoma** (Tennasserim Range) die natürliche Grenze zu Thailand. Wenngleich viel Edelholz von diversen Rebellenarmeen ins Nachbarland verhökert wurde, sind noch immer weite Teile des Grenzgebiets mit Primärregenwald bedeckt.

Rund um Hpa-an, die Hauptstadt des Kayin State, erheben sich viele markante **Karstberge** aus der Ebene, darunter der 723 m hohe **Zwekabin Mountain.** Ganz flach wird es südlich von Mawlamyine (Mawlamyaing, früher Moulmein), wo sich der **Thanlwin** in den Golf von Martaban ergießt.

Und schließlich liegt vor der Küste von Tanintharyi der **Myeik-Archipel,** dessen 800 Inseln noch kaum erschlossen sind.

Flora

Myanmar zählt zur sogenannten **Greater Mekong Subregion** (GMS, Erweiterte Mekong-Region), zu der u. a. auch Thailand, Kambodscha, Vietnam und die chinesische Provinz Yunnan zählen. Die Pflanzenvielfalt in dieser (sub-)tropischen Region ist immens: Auf über 20 000 Arten wird ihre Zahl insgesamt geschätzt, davon kommen allein in Myanmar etwa 11 800 Arten vor. Doch ihr Bestand ist bedroht. Neben Brasilien und Malaysia ist Myanmar ›führend‹ im **Raubbau an den Regenwäldern.** Allein in den letzten 25 Jahren schwand knapp ein Fünftel des gesamten Waldbestands (1989: 58 %, 2014: 47 %), nur noch ein Zehntel der Gesamtfläche des Landes ist mit unberührtem **Primärwald** bedeckt.

Edle Hölzer

Rund **2000 Baumspezies** werden in Myanmar gezählt, darunter viele hochwertige Nutzhölzer. Sie sind ein wichtiger Wirtschaftsfaktor und damit verantwortlich für den rasanten Schwund des Primärwaldes. Zu den besonders betroffenen Gebieten gehören die artenreichen Monsunregenwälder im Grenzland zu Thailand und China sowie auf den Gebirgszügen Bago und Rakhine. Allein dort sind 80 % des weltweiten Bestandes von **Teak** (*Tectona grandis*) zu finden. Aufgrund ihrer Härte geschätzt werden auch **Birmanisches Eisenholz** (*Xylia xylocarpa;* auf Myanma: *pyinkado*), **Burma-Padauk** (*Pterocarpus macrocarpus*) und **Tamalan** (*Dalbergia oliveri*). Die beiden Letzteren vermarktet man wegen ihrer Rotfärbung auch unter der Bezeichnung Birmanisches Rosenholz. Weltweite Abnehmer findet zudem der **Thinganbaum** (*Hopea odorata*).

Heilen und Würzen

Aus der heimischen Küche und Hausapotheke nicht wegzudenken sind die Blätter und Früchte der schattenspendenden **Niem-** (*Antelaea azadirachta*) und **Tamarindenbäume** (*Tamarindus indica*). Substrate aus dem Niembaum finden dank ihrer antiviralen und antibakteriellen Wirkung sowohl im medizinischen wie im landwirtschaftlichen Bereich (einer der Inhaltsstoffe, Azadirachin, wirkt z. B. als Insektizid) Verwendung. Und die Tamarinde, die Frucht des gleichnamigen Baums, hat antiseptische Wirkung – ihr Fruchtmark, dank der enthaltenen Weinsäure von säuerlichem Geschmack, ist ein beliebtes Würzmittel in der einheimischen Küche. Die helle Rinde des **Thanakabaums** (*Hesperethusa crenulata*) wiederum wirkt hitzelindernd (s. Thema S. 69).

Südostasiens gefährdete Bioschatzkammer

Bronzenatter-Art

Für internationale Wissenschaftler waren weite Gebiete Myanmars jahrzehntelang nicht zugänglich. Seit der Öffnung des Landes können nun auch entlegene Regionen erkundet werden, wobei immer wieder neue Arten entdeckt werden. Besonders der hohe Norden erweist sich als Fundgrube für unbekannte Flora und Fauna.

Die Monsunzeit schätzt der Burmesische Stumpfnasenaffe *(Rhinopithecus strykeri)* überhaupt nicht. Ständig läuft ihm das Regenwasser in die Nase und führt zu Niesanfällen. Für Jäger ist er daher ohne großen Aufwand aufzuspüren – und entsprechend leichte Beute. Das ermöglichte es den einheimischen Jägern, auch den Schweizer Forschern, die 2010 auf der Suche nach unbekannten Primatenarten in Myanmar unterwegs waren, problemlos den Aufenthaltsort dieser Affenart zu zeigen.

Das Tierchen mit dem schwarzen Fell ist im hohen Norden des Landes, rund um den Maw River nahe der tibetischen Grenze, zu finden. In einem etwa 270 km^2 großen Gebiet mit Höhen bis zu 3200 m sollen noch etwa 300 Exemplare leben. Doch schon bald könnte der *mey nwoah* (Affe mit aufgestellter Nase), wie ihn die dort lebenden Lisu nennen, Geschichte sein. Wilderei, Abholzung und Staudammprojekte bedrohen sein Habitat. Im Fall des *mey nwoah* hatten die Naturforscher Glück. Doch es ist ein Wettlauf mit der Zeit, will man – egal wo auf der Welt – neue Spezies aufspüre: Viele Arten dürften ausgestorben sein, bevor sie überhaupt entdeckt werden.

Pionierarbeit im Auffinden neuer Spezies in Myanmar leisteten die Expeditionsteilnehmer der US-amerikanischen Wildlife Conservation Society, als sie im Jahr 1999 in den nördlichen Wäldern des Kachin State mit dem nur rund 12 kg schweren Putao-Muntjak *(Muntiacus putaoensis)* eine bislang unbekannte Rotwildart identifizierten.

2014 präsentierte der World Wide Fund for Nature (WWF) eine Liste neuer Entdeckungen in der Mekong-Region: Von 369 gezählten Tier- und Pflanzenarten wurden 26 in Myanmar aufgespürt, darunter eine schlanke, giftgrüne (aber ungiftige) Bronzenatter-Art *(Dendrelaphis nigroserratus)* mit schwarzem Sägezahnmuster auf dem Rücken, die sehr elegant durch das Unterholz schleicht und vor allem im Tanintharyi Yoma im Landessüden unterwegs ist. Mehr Freude wird vermutlich eine neuentdeckte Aruwana-Art bereiten (auch Silbergabelbart genannt). Der wegen seines silbrigen Schuppenmusters Kritzel-Aruwana *(Scleropages inscriptus)* genannte Fisch kommt im Mündungsbereich des Tanintharyi-Flusses bei Myeik vor, wo er sich von kleineren Fischen ernährt. Markenzeichen der Aruwanas ist ihr großes Maul mit Öffnung in Augenhöhe. Man darf also gespannt sein, was Forscher in Myanmar noch alles entdecken und zugleich hoffen, dass die Bewohner erkennen, welch natürliche Schätze ihre Heimat birgt.

Flora

Vielseitige Palmen

Auch an Palmen hat Myanmar eine stattliche Vielfalt zu bieten. Während die **Kokospalme** *(Cocos nucifera)* bei Urlaubern eher für Feriensttimmung sorgt, dient sie den Einheimischen als wichtige Nutzpflanze, die zugleich Nahrungsmittel- (Fruchtfleisch, Palmsaft, -herzen, -sprossen etc.) und Materiallieferant (Holz, Palmwedel, Kokosfasern, Nussschalen etc.) ist. Zu den Markenzeichen von Trockengebieten zählt die **Palmyrapalme** *(Borassus flabellifer)*. Auch ihr Stamm und ihre Blätter werden für den Hausbau verwendet, zudem kann man ihren süßen Saft – *toddy* genannt – zu Palmzucker und Palmschnaps verarbeiten. Aus Flüssen und Kanälen indes ragen in Ufernähe vielfach die hohen Wedel der Nipapalme *(Nypa fruticans)* aus dem Wasser, die u. a. zum Decken von Dächern genutzt werden. Darüber hinaus wird aus dem Saft ihrer Blütenstände Zucker und Alkohol gewonnen und die Ummantelung ihrer Samen ist essbar. Der Nipapalme kommt an schlammigen Flussufern eine wichtige Funktion zu: Ihre niedrigen Stämme und ihr Wurzelwerk schützen vor Erosion.

Einer Statistik zufolge soll nahezu die Hälfte der Bevölkerung dem Genuss der **Betelnuss** (Arekanuss) verfallen sein, die in Büscheln unter der Krone der **Arekapalme** *(Areca catechu)* wächst. Die schmalen, wie Nadeln emporragenden Stämme dieser Spezies dürfen in keinem einheimischen Garten fehlen.

Nur selten hingegen sieht man eine 36 Arten der **Rotangpalme** (u. a. auch als Rattanpalme bezeichnet), die vor allem im Dschungel gedeiht und sich wie eine Liane durch das Unterholz windet. Ihre stachligen Stränge enden nach dem Schälen, Trocknen und Formen nicht zuletzt als Rattanmobiliar im Wohnzimmer. Der Nutzwert der großen, strahlenförmigen Blätter der Talipotpalme *(Corypha umbraculifera)* ist mittlerweile kaum mehr gegeben, sie fanden früher für die buddhistischen Palmblattmanuskripte Verwendung.

... und noch mehr Gewächse

Mit **96 Arten** verfügt Myanmar über eine enorme **Bambusvielfalt**, darunter die weltgrößte Art: der bevorzugt ab 1000 m Höhe wachsende **Riesenbambus** *(Dendrocalamus giganteus)*.

In diesen Höhenlagen gedeihen auch der für die Lackgewinnung wichtige **Thitsibaum** *(Melanorrhoea usitata)*, insbesondere im Shan State, und der wegen seines Öles geschätzte **Kusumbaum** *(Schleichera oleosa;* auf Myanma: *gyo)*. Vor allem im bergigen Norden sind **Bergpinien** *(Pinus khesiya)* und andere Nadelhölzer beheimatet.

Etwa ab 2000 m Höhe findet man in den **Nebelwäldern** des artenreichen **Natmataung National Park** zwei **endemische Rhododendrenarten** und – mit großem Glück – eine nur dort wachsende, erst 2003 entdeckte **Orchidee** namens *Phalaenopsis natmataungensis*. Letztere ist eine von insgesamt **841 Orchideenarten,** die in Myanmar vorkommen. Vermutet werden jedoch weit über 1000. Warum indessen die als **Pride of Burma** *(Amherstia nobilis)* bekannte Königin der Blütenbäume mit ihren wunderschönen roten Hängeblüten in Myanmar so selten anzutreffen ist, bleibt ein Rätsel.

In den **Trockenlaubwäldern** *(indaing)* der regenarmen Savannenlandschaft Zentral-Myanmars dominieren diverse **Dipterocarpus**-**Arten** (Zweiflügelbäume), teils immergrüne, teils laubabwerfende, hoch wachsende Bäume, die nicht selten Brettwurzeln aufweisen.

Riesige **Mangrovenwälder** säumten einst die Mündungsbereiche der Flüsse, doch heute sind sie ein seltener Anblick, weil ihr Holz von Einheimischen gerne zu Holzkohle verarbeitet wird. Seit den 1980er-Jahren verringerte sich die Fläche um zwei Drittel ihrer Größe auf nunmehr 900 km². Nicht unproblematisch, denn mit ihren Stelz- und Luftwurzeln dienen die Mangroven als natürlicher Salzwasserfilter und als Erosionsschutz.

Natur und Umwelt

Silberreiher im Mangrovensumpf

Fauna

Vögel

Es gibt sie also doch noch: die hübsche **Goldbrustpitta** *(Pitta gurneyi)*, deren braun-gelbes Gefieder und blaue Krone das Herz jedes Ornithologen höher schlagen lassen. Nach über sechs Jahrzehnten wurde sie 2003 erstmals wieder in Myanmar gesichtet, gilt aber weiterhin als gefährdete Art.

Als in Myanmar endemisch gelten **fünf Vogelarten.** Zu ihnen gehören die **Birmanische Buschlerche** *(Mirafra microptera)*, die **Kapuzenbaumelster** (auch: Spatelschwanzelster, *Crypsirina cucullata*), der **Weißbrauenkleiber** *(Sitta victoriae)* und der zu den Sperlingsvögeln zählende und eher unscheinbare **Weißbauch-Mennigvogel** *(Pericrocotus erythropygius)*.

Mit über 1100 Vogelarten herrscht im Land eine gewaltige Vielfalt. Am ehesten kommt man als Besucher mit den **Wasservögeln** in Kontakt, etwa mit der im hohen Norden an den Flüssen verbreiteten **Rostgans** *(Casarca ferruginea)*, mit dem **Sichler** *(Plegadis falcinellus)*, dem **Stelzenläufer** (*Himantopus himantopus*) und der **Weidenammer** (*Emberiza aureola*) auf dem Inle-See oder mit dem mächtigen **Saruskranich** *(Grus antigone)*, der in Feuchtgebieten des Ayeyarwadi-Deltas und am Indawgyi Lake zu Hause ist. Für die scheue, erst 2014 entdeckte **Fleckenbrust-Zaunkönigstimalie** *(Elachura formosa)* muss man weite Wege zurücklegen. Der etwa 10 cm messende kleine Singvogel lebt in den

Fauna

bewaldeten Bergen der Sagaing Division und des Chin State.

Säugetiere

Auch die Welt der Säugetiere präsentiert sich mit **251 Arten** äußerst vielfältig. Vor allem in den Mittelgebirgswäldern des Rakhine und Bago Yoma sollen konservativen Schätzungen zufolge noch etwa 2000 **Elefanten** in freier Wildbahn leben, andere Quellen sprechen von 4000–5000 Tieren. Hinzu kommen etwa 4700, über das Land verteilte Arbeitselefanten. Als Arbeitstiere zum Einsatz kommen u. a. auch **Wasserbüffel** (Bubalus arnee; auf den Reisfeldern in den Ebenen) und **Zebus** (Indisches Buckelrind; Bos primigenius indicus).

Nahezu völlig verschwunden sind das einhörnige **Java-** (Rhinoceros sondaicus) und das zweihörnige **Sumatra-Nashorn** (Dicerorhinus sumatrensis) – die kleinste, urtümlichste und als einzige leicht behaarte rezente Nashornunterart –, der **Gaur** (Bos gaurus), größter lebender Vertreter der Rinder, der **Leierhirsch** (Cervus thamin) und der **Malaiische Tapir** (Tapirus indicus).

Auch die relativ kleinen (Gewicht knapp 30–65 kg, Schulterhöhe ca. 70 cm) **Malaiische Sonnenbären** (kurz auch: Sonnenbär oder Malaienbär; Helarctos malayanus) streifen durch die Wälder des Landes. Ihr Fell ist schwarz mit einem weißlichem oder gelblichem Fleck auf der Brust, ihre Schnauze von heller gelblicher bis blassorangener Farbe. Ebenso lebt hier ihr größeres Pendant, der **Asiatische Schwarzbär** (Selenarctos thibetanus/Ursus thibetanus), wegen seines markanten, sich quer über die Brust ziehenden mondsichelförmigen hellen Streifens auch Mondbär genannt. Der **Kleine** oder **Rote Panda** (Ailurus fulgens) ist zwar weltweit in vielen Zoos zu Hause, doch in seinem ursprünglichen Habitat in den südlichen Ausläufern des Himalaya eine Rarität.

Unter den Großkatzen sind **Leoparden** (Panthera pardus), darunter auch **Schwarze Panther** (Leoparden, bei denen durch Vererbung eines rezessiven Gens, die Schwarzfärbung entsteht), und im hohen Norden der äußerst seltene **Nebelparder** (Neofelis nebulosa) in Myanmar beheimatet. Der Nebelparder ist etwas kleiner als ein Leopard und hat deutlich größere, hellere, durch den Farbverlauf an Wolken oder kleine Nebelfelder erinnernde Flecken. Myanmar ist übrigens das einzige Land Südostasiens, in dem sowohl **Bengalische** oder **Königstiger** (Panthera tigris tigris) als auch der ihm ähnliche (da nah verwandte) **Indochinesische Tiger** (Panthera tigris corbetti) vorkommen. Doch diese Raubkatzen sind auch hier extrem bedroht. Schätzungen des World Wide Fund for Nature (WWF) zufolge pirschen nur noch 50 Indochinesische Tiger durch Myanmars Dschungel (Südostasien gesamt: 310–395 Exemplare).

Reptilien

370 Reptilienarten wurden in Myanmar bislang gezählt, darunter viele Schlangenarten. Bei Erkundungsgängen in der Natur sollte man daher immer Vorsicht walten lassen.

Mit um die 3,70 m Länge (selten auch größer) dürfte der **Birmanische Python** oder **Dunkle Tigerpython** (Python bivittatus), eine der weltweit größten Schlangen, kaum zu übersehen sein. Diese Würgeschlangen bevorzugen den Regenwald als Lebensraum, junge Tiere halten sich teils auf Bäumen auf, ältere verlagern ihren Aufenthalt primär auf den Boden, wo sie die meiste Zeit verborgen im Unterholz leben. Sie sind übrigens gute Schwimmer.

Einige der **39 hochgiftigen Schlangenarten** Myanmars fühlen sich besonders in der Trockenzone zwischen Pyay und Mandalay wohl, dazu gehören diverse **Vipern,** der in Myanmar endemische **Birmanische Krait** (Bungarus magnimaculatus) und die hier ebenfalls endemische **Mandalay-Kobra** (Naja mandalayensis). Der Krait wird durchschnittlich 1,10 m lang und hat einen schlanken Körper. Sein Rücken ist weiß (mit schwarzen Punkten)-schwarz gestreift, der Bauch weiß. Von ähnlicher Länge, aber deutlich kräftigerem Körperbau ist die in Brauntönen marmorierte Speikobra mit hellem, schwach gefleckten Bauch.

Strom des Lebens – der Ayeyarwady

Als »Road to Mandalay« wurde der Ayeyarwady vom britischen Schriftsteller Rudyard Kipling in einem seiner Gedichte verewigt. Der legendäre Fluss beginnt seinen Weg in den Bergen des Kachin State, durchfließt karge Savannenlandschaften und mündet nach 2170 km in die Andamanensee.

Sein Geburtsort liegt in einer wahrlich idyllischen Bergwelt. Der Ayeyarwady entsteht 42 km nördlich von Myitkyina durch den Zusammenfluss des 480 km langen Mali Hka und des 320 km langen Nmai Hka (auch May Hka), die beide ihren Ursprung in den Ausläufern des Himalaya haben.

Nach dem Thanlwin ist der Ayeyarwady mit 2170 km zwar nur der zweitlängste Strom des Landes, aber mit Abstand der wichtigste. Auf über 1500 km für größere Binnenfrachter schiffbar, dient er ab Bhamo als Transportweg. Sein Einzugsbereich ist mit 411 000 km^2 etwa so groß wie Deutschland und die Schweiz zusammen und samt seiner Nebenflüsse sorgt er für die Bewässerung von über 50 % der Gesamtfläche Myanmars. Millionen Menschen sind direkt oder indirekt vom Ayeyarwady abhängig. Als die Militärregierung 2002 das gewaltige Myitsone-Staudammprojekt nördlich von Myitkyina initiierte, war die Angst der Bevölkerung groß, dass ihre Lebensader für immer in den Fluten eines 766 km^2 großen Stausees versinken würde. Aufgrund massiver Proteste ließ der damalige Präsident Thein Sein das 6000-Megawatt-Vorhaben jedoch 2011 auf Eis legen.

Der Ayeyarwady ist eng mit der wechselvollen Geschichte Myanmars verflochten. An ihm entlang wanderten die Bamar vom Tibetplateau gen Süden, an seinen Ufern liegen uralte Kulturstätten: Sri Ksetra, die Metropole der Pyu, ebenso wie das berühmte Bagan. Viele Jahrhunderte später nutzte das Britische Empire den Strom, um Mandalay einzunehmen und den letzten birmanischen König Thibaw ins indische Exil zu schicken. Und mit der 1865 gegründeten Irrawaddy Flottilla Company (IFC) war auf dem Ayeyarwady die seinerzeit weltgrößte Binnenflotte unterwegs – in den 1930er-Jahren transportierten die mehr als 600 Dampfer jährlich über 8 Mio. Passagiere und 1,5 Mio. t Frachtgüter.

Für den birmanischen Namen Ayeyarwady stand das altindische Sanskritwort *airavata* Pate. Der hinduistischen Mythologie entnommen, bezeichnet es jenen weißen Elefanten, der von der Flussgöttin Iravati geboren wurde und dem Gott Indra als Reittier (Sanskrit: *vahana*) dient. Bis zu seiner Namensänderung 1989 hieß der Fluss Irrawaddy, auf Deutsch auch Irawadi geschrieben.

Sein langer Weg vom bergigen Norden bis zum Meer führt durch die unterschiedlichsten Landschaften, das Gefälle zwischen Ursprung und Mündung beträgt allerdings nur 145 Höhenmeter. Gespeist von den Gletschern der Ausläufer des Himalaya, durchfließt er zwischen Myitkyina und Mandalay drei Schluchten (sogenannte *defiles*), bevor er die weite Ebene Zentral-Myanmars durchquert. Hier ist der Wasserweg während der Trockenzeit mit unzähligen Sandbänken durchsetzt, die sich immer wieder verändern. Aufgrund der schwierigen Navigation werden auf diesen Flussabschnitten örtliche Lotsen eingesetzt, um die tückischen Untiefen zu umschiffen. Ab März ist für größere Boote kaum ein Durchkommen mehr.

Am, im und auf dem Ayeyarwady – der Fluss prägt das Leben der Menschen

Bei Myanaung, etwa 70 km nördlich der Stadt Hinthada und 290 km vor seiner Mündung in die Andamanensee, verzweigt sich der Fluss schließlich zu einem 35 000 km² großen Delta. Schier endlose, zur Monsunzeit häufig überflutete Felder bilden eine der fruchtbarsten Gegenden Myanmars. Das von zahlreichen Flussläufen und Kanälen durchzogene Delta gilt seit der Kolonialzeit als Reiskammer des Landes. Infolge der heftigen Regenfälle von 2000 bis 3500 mm in den Monaten Mai bis Oktober sowie der mittransportierten Sedimente ›wächst‹ das Delta jährlich etwa 50 m ins Meer hinein.

Die landschaftliche Vielfalt entlang des Stromes spiegelt sich auch in der Fauna wider. In und am Ayeyarwady tummelt sich eine Vielzahl an kleineren und größeren Tieren – von der hübschen Rostgans *(Tadorna ferruginea)* im hohen Norden bis zum Furcht einflößenden Leistenkrokodil *(Crocodylus porosus)* und der urtümlichen Batagur-Schildkröte *(Batagur baska)* im Delta. 43 Fischarten wurden hier bislang identifiziert, darunter die schmackhaften, zur Heringsfamilie zählenden Ilisha-Alsen *(Tenualosa ilisha)*. Zu den bekanntesten tierischen Flussbewohnern zählt jedoch der Irawadi-Delfin *(Orcaella brevirostris)*, der sich in mehreren Dutzend Exemplaren bevorzugt auf dem 550 km langen Abschnitt zwischen Mandalay und Bhamo aufhält. Ziemlich unscheinbar dagegen ist *Ichthyophis multicolor*, eine erst 2014 entdeckte und nur hier endemische Schleichenlurchart. Das nur mäßig erforschte Gebiet entlang des Ayeyarwady hält sicherlich noch einige Überraschungen der Natur parat.

Natur und Umwelt

Belastet Umwelt und Mensch – Brandrodung bei Hsipaw im Shan State

Mit zahlreichen **Eidechsen-** und **Geckoarten, Schildkröten** – darunter immer auch endemische Arten – und dem in seinem Bestand in Myanmar als gefährdet einzustufenden **Leistenkrokodil** *(Crocodylus porosus)* bietet sich im Land ein breites Spektrum an Reptilien.

Umwelt- und Naturschutz

Natur auf dem Rückzug

Ein Blick auf die ländlichen Märkte zeigt: Den meisten Wildtieren ist der Mensch zum Hauptfeind geworden, weil sie seine Speisekarte bereichern, seine Potenz steigern (sollen) oder schönen Körperschmuck liefern. Vor allem Chinesen zahlen viel Geld für seltene Tiere, durch den zunehmenden Wohlstand im Nachbarland steigt die Nachfrage. **Wilderei** ist folglich ein lukratives Geschäft, besonders für die arme Bevölkerung in abgelegenen Regionen. Zwar intensivieren sich die Bemühungen, den illegalen Handel mit Wildtieren zu stoppen, doch der Erfolg lässt auf sich warten. Unterbezahlte Beamte, eine gravierende Korruption und nahezu rechtsfreie Räume in den nach wie vor von Rebellenarmeen besetzten Gebieten machen nahezu alle Bemühungen zunichte.

Doch nicht nur die Tierwelt, auch die Wälder sind vor menschlicher Habgier nicht sicher. seit 2010 fielen jährlich weit über 5460 km² **Primärwald** der Kettensäge zum Opfer – **Kahlschlag** in großem Stil. Das gerodete Land wird in landwirtschaftliche Nutzfläche umgewandelt, das Holz exportiert. In den Höhenlagen stellt der bei den Bergvölkern praktizierte **Wanderfeldbau** *(taungya)* ein Problem dar. Um Bergreis, Maniok, Mais oder Gemüse anzupflanzen, werden die Hänge durch **Brandrodung** urbar gemacht. Nur durchschnittlich zwei Jahre wirft ein solches Feld eine lohnende Ernte ab, danach muss sich der Boden regenerieren. Früher

Umwelt- und Naturschutz

überließen die Bauern die Agrarfläche für mehr als eine Dekade der Natur, doch infolge des Bevölkerungsdrucks wird heute bereits nach wenigen Jahren wieder mit dem Anbau begonnen. Die Folge sind ausgelaugte Böden und Erosion.

Nachhaltige Forstwirtschaft

Angesichts der rapiden Abholzung sollte man nicht vermuten, dass Myanmar das Geburtsland der nachhaltigen tropischen Forstwirtschaft ist. Ihr Begründer war der deutsche Botaniker Dr. Dietrich Brandis, der 1856 für die koloniale Forstverwaltung im Bago Yoma ein Rotationsverfahren für das Fällen von Teakbäumen entwickelte: Der Durchmesser eines Stammes musste auf Brusthöhe je nach Untergrund und Baumart 63–73 cm betragen, bevor er abgeholzt werden durfte. Hieraus entwickelte sich später das umfassendere **Myanmar Selection System** (MSS). Danach wird ein Waldgebiet in 30 Zonen eingeteilt, in denen in einem 30-Jahre-Zyklus Teak und andere Nutzbäume gefällt werden dürfen. Viel genützt hat es dem Wald bislang nicht, denn ein Großteil des Holzexports erfolgt auf illegale Weise. Ob das zum 1. April 2014 erlassene Ausfuhrverbot für unverarbeitetes Holz daran etwas ändern wird, bleibt abzuwarten.

Umweltprobleme

Mit zunehmendem Wohlstand nehmen auch die damit verbundenen Umweltprobleme zu. Verpestete Luft und verstopfte Straßen stellen zwar in erster Linie für Yangon und Mandalay ein Problem dar, doch wachsende Müllhalden machen auch vermehrt den Ortsverwaltungen auf dem Land zu schaffen. Es gilt als modern, gekaufte Ware in **Plastiktüten** zu packen und diese nach Gebrauch wegzuwerfen. Vorbei sind die Zeiten, als Bananen- und Teakblätter zum Verpacken von Waren dienten. Die ambitionierten Bemühungen der Behörden, ganze Stadtviertel plastikfrei zu halten, verliefen bislang alle im Sand.

Mit Öffnung des Landes und zunehmendem Energiehunger wird auf **Wasserkraft** gesetzt, so sind entlang des **Thanlwin-Flusses** mehrere Staudämme geplant und auch das 2011 auf Eis gelegte **Myitsone-Staudammprojekt** nördlich von Myitkyina ist noch nicht vom Tisch. Über die ökologischen und sozialen Folgen wird heftig gestritten.

Das gilt auch für den **Bergbau,** wo z. B. die **Kupferminen von Letpadaung** irreparable ökologische Schäden angerichtet haben.

Unter dem Entwicklungsdruck hat auch der berühmte **Inle Lake** zu leiden. Unkontrollierte **Überdüngung, Entwaldung** der umliegenden Berge und zunehmender **Tourismus** fordern ihren Tribut. In den letzten 70 Jahren hat sich seine Fläche auf 163 km² halbiert. Möglicherweise wird der See irgendwann völlig verlanden.

Immerhin nimmt seit der Öffnung des Landes die Zahl **umweltpolitisch engagierter Vereine und Individuen** zu. Auch internationale Organisationen sind in diesem Bereich vor Ort aktiv, beispielsweise Fauna & Flora International (FFI), der World Wide Fund for Nature (WWF) oder die Wildlife Conservation Society (WCS). Das Thema Umweltschutz tritt zunehmend ins Rampenlicht der Öffentlichkeit.

Naturschutzgebiete

Den Anfang in Myanmar machte König Hsinbyushin 1775, als er den Teakbaum zum Königlichen Baum und sein Fällen zum royalen Monopol erhob. 1850 erklärte König Pagan (Bagan; reg. 1846–53) den Umkreis des Königspalasts von Amarapura zu Myanmars erstem Refugium für Wildtiere.

In der Kolonialzeit begann das Britische Empire mit dem Anlegen von Schutzgebieten und deklarierte 1918 die ersten drei **Wildlife Sanctuaries: Shwe U Daung** und **Pyin U Lwin** nördlich von Mandalay sowie **Pidaung** im Kachin State. Bis zur Unabhängigkeit kamen acht weitere hinzu und heute gibt es insgesamt **43 Naturschutzgebiete,** die knapp 43 000 km² bzw. etwas mehr als 7 % der Landesfläche umfassen. Aktuell ge-

Natur und Umwelt

plant sind sieben weitere Schutzgebiete mit insgesamt knapp 7000 km², bis 2030 soll ein Zehntel der Gesamtfläche Myanmars Schutzstatus genießen. Die mit Abstand größten Areale liegen im Norden des Landes, wo die **Wildlife Sanctuaries** Hukaung Valley Tiger Reserve und Hponkanrazi sowie der Hkakabo Razi National Park einen riesigen Korridor entlang der Grenze zu Indien und Tibet bilden.

An die Schutzgebiete anschließende **Pufferzonen** stellen einen Kompromiss zwischen menschlicher Nutzung und Naturschutz dar. Sie dienen dazu, bei minimalem Eingriff in die Natur den Lebensunterhalt der lokalen Bevölkerung sicherzustellen. Langfristig soll in diesen Regionen auch der **Ökotourismus** als alternative Einkommensquelle erschlossen werden.

Für die Verwaltung der Schutzgebiete ist das **Ministry for Environmental Conservation and Forestry** (MOECAF) verantwortlich. Allerdings stehen nur klägliche Budgets zu Verfügung, was eine dünne Personaldecke sowie schlecht ausgebildete und wenig motivierte Mitarbeiter zur Folge hat. An gut gemeinten Bemühungen mangelt es nicht, doch wirkliche Verbesserungen sind bislang kaum erkennbar.

Nationalparks

Zurzeit gibt es in Myanmar neun Nationalparks: der Alaungdaw Kathapa National Park (Sagaing Division), der Hkakabo Razi National Park (s. u. und S. 431) im Kachin State, der Natmataung (Mt. Victoria) National Park (s. u. und S. 239) im Chin State, der Hlawga National Park (s. u. und S. 174) im Norden der Yangon Division, der Lenya National Park (Tanintharyi Division), der Lampi Island Marine National Park (s. u. und S. 469) im Myeik-Archipel, der Loimwe National Park im östlichen Shan State, der Popa Mountain National Park (s. u. und S. 280) in der Mandalay Division und der Tanintharyi National Park (Tanintharyi Division). Vier besonders interessante Nationalparks seien hier kurz vorgestellt, doch nur der Natmataung National Park kann ohne größeren Aufwand besucht werden. Bei den anderen dreien fehlt es teils komplett an einer touristischen Infrastruktur.

Der 1605 km² große **Alaungdaw Kathapa National Park** liegt drei Fahrstunden von Monywa entfernt im westlichen Ober-Myanmar und ist vorwiegend für seine Teakwälder und seine Elefantenpopulation bekannt. Etwa 50 wilde Dickhäuter sollen hier beheimatet sein, außerdem zwischen 20 und 40 Leoparden. Der Park ist nach einem hier einst lebenden legendären Einsiedlermönch benannt, dessen Schrein viele buddhistische Pilger anzieht. Ausländische Besucher indes verirren sich wegen seiner abgelegenen Lage nur selten dorthin.

Ein Ziel von Alpinisten ist der 3821 km² große **Hkakabo Razi National Park** (s. S. 431) rund um den gleichnamigen Gipfel an der Grenze zu Tibet. Die zwischen 600 und fast 6000 m hohe Bergregion wurde 1996 zum Naturschutzgebiet, 1998 dann zum Nationalpark erklärt, nachdem der Hkakabo Razi, Myanmars höchste Erhebung, zwei Jahre zuvor erstmals bestiegen worden war.

Bereits 1996 wurde ein Teil des Myeik-Archipels in Myanmars Süden zum **Lampi Island Marine National Park** (s. S. 469) erklärt. Das touristische Potenzial ist angesichts der bunten Unterwasserwelt, zahlreicher unberührter Strände und des dichten Dschungels im Inselinnern gewaltig, doch auch die Umweltprobleme sind groß – angefangen von der Dynamitfischerei über die Sandgewinnung bis zur Abholzung der Mangrovenwälder.

Über 800 Pflanzenarten, darunter endemische Orchideen und Rhododendren, sowie etwa 300 Vogelspezies machen den 723 km² großen **Natmataung National Park** (s. S. 239) rund um den 3053 m hohen Natmataung im Westen Myanmars zu einem Dorado für Naturfreunde. Das Gebiet gehört zum Rakhine-Gebirgszug und ist vor allem von Chin besiedelt.

Weitere Naturreservate

Zwischen den Patkai und den Kuomon Mountains im Nordwesten des Landes erstreckt sich das lang gezogene Hukaung-Tal, durch das die legendäre, im Zweiten Weltkrieg von

Umwelt- und Naturschutz

Auch im Hukaung-Tal nicht sicher – der Indochinesische Tiger

westlichen Alliierten angelegte Ledo Road verläuft, eine Verbindung zwischen Ledo im indischen Bundesstaat Assam und der chinesischen Stadt Kunming. Noch viel bekannter ist das Tal allerdings für das **Hukaung Valley Tiger Reserve,** das mit Unterstützung der Wildlife Conservation Society (WCS) 2010 geschaffene weltgrößte Tigerreservat. Allerdings machen die immense Fläche von knapp 22 000 km² und der Reichtum an natürlichen Ressourcen (Gold, Jade, Bernstein etc.) einen zufriedenstellenden Schutz nahezu unmöglich. In dem Gebiet gibt es zahlreiche illegale Minen, auch die Wilderei und die Abholzung der Primärwälder gehen ungehindert weiter. Tanaing, der Hauptort des Tales, ist eine Tagesreise von Myitkyina entfernt und Ausgangspunkt von Exkursionen.

Etwa sechs holprige Fahrstunden trennen Myitkyina im hohen Norden des Landes von Myanmars größtem See, dem Indawgyi Lake. Rund um das 24 km lange und 10 km breite Binnengewässer wurde 2004 das 815 km² große **Indawgyi Lake Wildlife Sanctuary** (s. S. 420) gegründet, das besonders für Ornithologen ein attraktives Ziel ist: 448 Vogelarten kommen hier vor. Ein Ökotourismusklub bietet Kajakfahrten an, ansonsten ist die Infrastruktur eher mager, sodass bislang nur wenige Touristen den See besuchen. In dem Gebiet leben rund 48 000 Shan-Ni (Rote Shan).

Die Nähe zum 113 km südwestlich gelegenen Yangon macht das 104 km² große **Moyingyi Wetland Wildlife Sanctuary** (s. Tipp S. 180) rund um einen 1904 angelegten Stausee zu einem beliebten Ziel für Vogelfreunde. Über 130 Arten (inkl. Zugvögel) wurden in dem Feuchtgebiet bislang gezählt, darunter Grau- und Rosapelikane, Bunt- und Schwarzstörche, Zimtdommeln sowie diverse Ibis-, Reiher-, Kormoran- und Kranicharten.

Etwa 180 km südwestlich von Yangon im Mündungsgebiet der Flüsse Bogale und Kadonkani erstreckt sich die Meinmahla Kyun, die Insel der Schönen Mädchen. Seit 1993 ist das 137 km² große Eiland wegen der ökologischen Bedeutung seiner Mangrovenwälder als **Meinmahla Kyun Wildlife Sanctuary** (S. 205) geschützt. Für Besucher ist es aufgrund der dort lebenden Leistenkrokodile und 117 Vogelarten von Interesse.

Wirtschaft und Soziales

Das ressourcenreiche Myanmar zählt wirtschaftlich zu den Schlusslichtern Südostasiens. Ein Vierteljahrhundert sozialistische Misswirtschaft und zwei Jahrzehnte Militärmonopol haben Millionen von Menschen in die Armut getrieben. Jetzt sucht das Land Anschluss an seine prosperierenden Nachbarn.

Vom Sozialismus zur Marktwirtschaft

Armes Land

Der 5. September 1987 war ein schwarzer Tag für die Bevölkerung Myanmars. Der langjährige Diktator Ne Win ließ ohne Vorwarnung die weit verbreiteten 25-, 35- und 75-Kyat-Noten entwerten und durch 45er- und 90er-Scheine ersetzen. Drei Viertel des Geldes war damit von heute auf morgen wertlos geworden. Hinzukam ein massiver Preisverfall bei Holz und Reis, auf deren Export ein Großteil der Staatseinnahmen beruhten. Im selben Jahr konnte Myanmar seine internationalen Schulden nicht mehr begleichen und erhielt den UN-Status eines Least Developed Country (LDC).

Die Unzufriedenheit der Bevölkerung mündete 1988 im größten Volksaufstand der jüngeren Geschichte des Landes. Ne Win trat zurück und eine neue Generation von Militärs übernahm die Macht. Damit ging der 27 Jahre währende **Birmanische Weg zum Sozialismus** zu Ende. Er hatte die meisten Menschen in die Armut und nur wenige Militärangehörige zu Reichtum geführt. Die einstige ökonomische Elite war infolge der Verstaatlichungspolitik bereits in den 1960er-Jahren außer Landes geflohen. Zurück blieben Korruption, Vettern- und Mangelwirtschaft sowie ein blühender Schwarzmarkt.

Diese Probleme blieben auch nach 1988 erhalten. Zwar schlug der Staatsrat zur Wiederherstellung von Recht und Ordnung (SLORC) einen marktwirtschaftlichen Kurs ein, nutzte diesen jedoch aufgrund des Militärmonopols in Schlüsselindustrien wie Forstwirtschaft, Rohstoffgewinnung oder Auto- und Kraftstoffimport vorwiegend zur Selbstbereicherung. Zur gleichen Zeit begann der Aufstieg von Wirtschaftsoligarchen aus dem Dunstkreis des Militärs, die dank ihrer exzellenten Vernetzung heute das Rückgrat der Nationalökonomie bilden.

Die erhofften Investitionen aus dem Ausland erfolgten indes nur tröpfchenweise. Mit den 2011 eingeleiteten demokratischen Reformen sucht Myanmar nun Anschluss an die Weltwirtschaft. Zwar erlebt das Land mit über 7 % ein beeindruckendes jährliches Wirtschaftswachstum, doch ist es infolge seiner hausgemachten Probleme von einem asiatischen Wirtschaftswunder noch weit entfernt.

Reiches Land

Die schönste Jade, die edelsten Rubine, die größten Teakbestände der Welt. Hinzukommen eindrucksvolle Erdgasvorkommen im Meer. Hinsichtlich natürlicher Ressourcen sucht Myanmar seinesgleichen in Südostasien. Auch im Agrarsektor ist das Land gut aufgestellt: Es gibt umfangreiche landwirtschaftliche Nutzflächen, vier von fünf Bewohnern sind Bauern. Das Potenzial ist gewaltig, kann aufgrund schlechter Infrastruktur, ausufernder Bürokratie, mangelnder Rechtssicherheit und vielerorts unklarer Besitzverhältnisse jedoch nicht ausgeschöpft

Vom Sozialismus zur Marktwirtschaft

werden. Dank internationaler Hilfe und zunehmender Investitionen verbessert sich die Situation allerdings zusehends. Die chronischen Stromausfälle gibt es zwar immer noch zuhauf, doch sollen neue Kohle- und Wasserkraftwerke bald für Besserung sorgen. Bislang werden 75 % der Energie aus Wasserkraft gewonnen, drei Viertel der Menschen leben ohne Elektrizität.

Neben Erdgas (fast 40 %), gefördert im Golf von Martaban und im Golf von Bengalen, zählen die Bereiche Nahrungsmittel (18,6 %), Rohstoffe (11,7 %) sowie Textilien und Bekleidung (4,5 %) zu den wichtigsten **Exportprodukten** Myanmars. Hauptabnehmerstaaten sind Thailand, China, Indien und Japan. Die EU spielt nur eine marginale Rolle. Ein Blick in den **Import** zeigt, dass ein Großteil der Waren (fast 60 %) – vor allem Konsumgüter – aus den Nachbarländern China und Thailand stammt. Im Fiskaljahr 2014/15 wurden Produkte im Wert von 16,34 Mrd. US-$ eingeführt, die Ausfuhren erreichten eine Höhe von 11,45 Mrd. US-$. Damit stieg das Außenhandelsdefizit auf 4,9 Mrd. US-$.

Um mehr ausländische Direktinvestoren anzulocken, hat die Regierung in den Hafenorten Thilawa bei Yangon, Dawei im Süden und Kyaukphyu an der Westküste **Sonderwirtschaftszonen** eingerichtet.

Jade, Teak und Reis

Hpakant und Mogok lassen Eingeweihte an tiefgrüne **Jade** und blutrote **Rubine** denken. Die beiden Orte sind jedoch nicht die einzigen mit einem Reichtum an Bodenschätzen. In Letpadaung südlich von Monywa gewinnen chinesische Unternehmen **Kupfer** und in den Zuflüssen des Ayeyarwady suchen Einheimische nach **Gold.**

Was allein an Edelsteinen tatsächlich umgesetzt wird, ist angesichts des großen Anteils von illegalem Handel unklar. Eine Vorstellung vermittelt ein Bericht von Global Witness über das Geschäft mit Jade. Die Nichtregierungsinstitution schätzt, dass zwischen 2005 und 2014 Jade im Wert von 122,8 Mrd. US-$ gehandelt wurde.

Auch mit **Edelhölzern** lässt sich in Myanmar viel Geld verdienen. Im Wirtschaftsjahr 2014/15 wurden offiziell Forstprodukte im Wert von 489 Mio. US-$ exportiert, zwei Drittel davon **Teak.** Vermutlich, so Experten, ist dies nur ein Drittel der realen Exporterlöse – das meiste Holz gelangt auf illegale Weise in die Nachbarländer.

Die alten Zeiten scheinen zurückgekehrt: Vor dem Zweiten Weltkrieg und Anfang der 1960er-Jahre war Myanmar mit bis zu 1,7 Mio. t Weltmeister im Export von **Reis**. 1997 wurden gerade einmal 15 000 t ausgeführt. Mittlerweile ist die Produktion bei 29 Mio. t angelangt, und mit über 1,7 Mio. t exportiertem Reis im Fiskaljahr 2014/15 hat das Land die eigenen Erwartungen übertroffen. Damit liegt Myanmar zwar weit abgeschlagen hinter den führenden Exportnationen Thailand, Vietnam und Indien, die zusammen zwei Drittel des Reisexports stellen, doch das Potenzial des Landes ist gewaltig. Bei einer Fahrt von Yangon durchs Ayeyarwady-Delta sowie gen Osten in Richtung Mawlamyine erstrecken sich die herrlich grünen Reisfelder bis zum Horizont. Zweimal jährlich kann in den fruchtbaren Schwemmböden des Deltas das goldene Korn geerntet werden. Die einen Pflug ziehenden Wasserbüffel, und Bauern, die das reife Getreide mit der Sichel schneiden, sind zwar schön fürs Fotoobjektiv, aber als Arbeitsverfahren/Arbeitsmittel ziemlich ineffizient. Auch hier besteht noch großer Verbesserungsbedarf.

Zunehmend an Bedeutung in der Agrarwirtschaft gewinnt **Kautschuk,** was an den zahlreichen neuen Plantagen vor allem im Landessüden sichtbar wird.

Industrie im Aufwind

Die Industrie ist nicht zuletzt infolge der langen Isolation des Landes bislang nur rudimentär ausgeprägt, verzeichnet aber eine positive Entwicklung. So hat sich in der **Textilproduktion** die Zahl der Angestellten innerhalb von vier Jahren mehr als verdreifacht. In den rund 200 Fabriken arbeiteten 2014 an die 250 000 Menschen, die einen

Wirtschaft und Soziales

Sorgsames Polieren ist erforderlich, um den Schimmer der Jade herauszuarbeiten

Umsatz von über 1,56 Mrd. US-$ ermöglichten. Allerdings profitieren die schlecht bezahlten, meist weiblichen Arbeiter nur wenig davon. Viele von ihnen leben in einfachen Bambushütten im Umkreis der Fabriken. In Yangons westlichem Stadtteil Hlaing Thayar, wo sich die meisten Betriebe befinden, herrschen teils slumähnliche Zustände. Darüber hinaus gibt es in Myanmar keine nennenswerte Industrie.

Tourismus

Mit dem Nachbarn Thailand als großem Vorbild setzt auch Myanmar zunehmend auf den Fremdenverkehr. Nach einer langen Phase der Stagnation mit gerade einmal 200 000 bis 300 000 Touristen jährlich erlebt das Land derzeit ein kräftiges Wachstum. 2014 wurden über 1,1 Mio. ausländische Besucher registriert, darunter jedoch viele glücksspielende und Handel treibende Grenzgänger aus Thailand und China. Urlauber aus Deutschland, Österreich und der Schweiz spielen mit 47 554 Gästen dabei eine marginale Rolle.

Trotz überschaubarer Besucherzahlen stößt Myanmar schon jetzt an seine Kapazitätsgrenzen, was in Yangon, Mandalay, Bagan und am Inle-See zu überhöhten Übernachtungspreisen geführt hat. Folglich wird kräftig in Hotelneubauten investiert.

Doch nicht alle profitieren gleichermaßen vom Tourismuswachstum. Zwar generiert der Tourismus einerseits zahlreiche Einkommensmöglichkeiten, führt aber andererseits zur Verteuerung der Lebenshaltungskosten. Landspekulationen resultieren vermehrt in der Verdrängung der lokalen Bevölkerung, vor allem in den von der Regierung deklarierten Hotelzonen. Auch die Umweltbelastungen nehmen rapide zu, da fast nirgends die Abwasser- und Müllentsorgung geregelt ist. Es steht zu befürchten, dass Myanmar die

Langer Weg aus der Armut

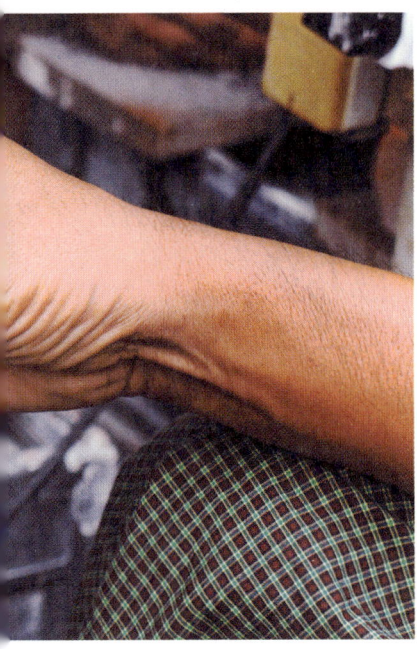

Fehler anderer Touristendestinationen wie Thailand oder Bali wiederholt.

Langer Weg aus der Armut

Von Selbstversorgern und Billiglohnempfängern

Jahrzehnte desolater Wirtschaftspolitik und der seit der Unabhängigkeit andauernde Konflikt mit verschiedenen ethnischen Minderheiten ließen Myanmar zu einem der Armenhäuser Asiens verkommen. Das jährliche **Bruttoinlandsprodukt** wird zwar seitens der Regierung mit rund 1270 US-$ pro Kopf angegeben, doch angesichts generell fragwürdiger Statistiken sollte man diese Zahl mit Vorsicht betrachten. Die **Armutsrate** liegt bei derzeit 26 %, jeder Vierte muss mit weniger als 1 US-$ pro Tag auskommen. Um vieles schlimmer ist es auf dem Land, wo 70 % der Bevölkerung vorwiegend als **Selbstversorger** leben. Dem jährlich erscheinenden Bericht des Entwicklungsprogramms der Vereinten Nationen (UNDP) zufolge rangiertr Myanmar 2015 bezüglich des Entwicklungsindex unter insgesamt 187 Ländern noch hinter Bangladesh und Pakistan auf Rang 148. Doch angesichts des natürlichen Reichtums und der hohen Alphabetisierungsrate stehen die Chancen gut für eine baldige Besserung der Lebensumstände.

Als klassisches **Billiglohnland** ist Myanmar vor allem für arbeitsintensive Industriezweige attraktiv und rangiert mit einem Monatslohn zwischen 60 und 150 US-$ im unteren Feld. Auch bei den 2 Mio. Staatsbediensteten sieht die Einkommenssituation düster aus. Noch 2011 mussten sie sich mit einem Minimumgehalt von 37 US-$ begnügen. Nach zweimaliger Anhebung hat sich ihr Lohn 2014 zwar nahezu verdreifacht, doch ob damit die hohe Inflationsrate von derzeit rund 7 % ausgeglichen werden kann, ist fraglich. Trotz großen Widerstands vor allem seitens der Textilindustrie gilt seit 2015 ein Mindestlohn von 3600 Kyat/Tag. In den Städten benötigt eine vierköpfige Familie im Schnitt 200 US-$ (ca. 255 000 Kyat) pro Monat, vorausgesetzt sie hat eine eigene Wohnung. Vielen erscheint es daher attraktiver, im Ausland auf Arbeitssuche zu gehen. Schätzungsweise 3 Mio. Myanmaren – etwa 5 % der Gesamtbevölkerung – arbeiten in Thailand, Malaysia und anderen asiatischen Ländern.

Zwar besteht durch den **Social Security Act** von 1954 schon lange ein Wohlfahrtsprogramm zur sozialen Absicherung der Bevölkerung, faktisch jedoch sind die finanziellen Ressourcen des Social Security Board derart rudimentär, dass die Menschen nicht zuletzt im **Alter** auf sich und ihre Angehörigen angewiesen sind. Ein mit 60 Jahren pensionierter Beamter erhält nach 30 Dienstjahren 50 % seines letzten Gehalts und bleibt angesichts des miserablen Einkommens

Bildung tut not

Trotz einer hohen Alphabetisierungsrate gleicht das Bildungssystem Myanmars einer Großbaustelle. Nach einem halben Jahrhundert sträflicher Vernachlässigung sollen nun weitreichende Reformen Abhilfe schaffen, doch dafür braucht es jede Menge Geld, viel Zeit und noch mehr Engagement.

Endlich war es so weit: Die buddhistische Klosterschule in Ah Lant Chaung westlich von Yangon konnte Anfang 2014 ihren Computerraum einweihen. Lange hatten die Lehrkräfte warten müssen, bis der Zoll die gespendeten Geräte freigab. Dank der Burmahilfe Leipzig e. V. (www.burmahilfe-leipzig.de) verfügen nun rund 700 Schüler über einen Zugang zu modernen Lernmitteln. Bereits ein Jahr zuvor war es – ebenfalls mit sächsischer Unterstützung – gelungen, die nötigen Unterrichtsräume zu schaffen, um den Schulbesuch bis zur Mittleren Reife zu verlängern.

Die 1993 von ihrem engagierten Abt gegründete Klosterschule von Ah Lant Chaung ist nicht das einzige Beispiel dieser Art. In Myanmar existieren gut 1600 solcher buddhistischer Lehranstalten mit insgesamt über 260 000 Schülern, die in der Regel aus benachteiligten Familien stammen. Bei freier Kost und Logis können deren Sprösslinge auch als Novizen im Kloster wohnen. Vor allem in armen ländlichen Regionen bilden diese Einrichtungen das Rückgrat für die allgemeine Bildung, denn entweder gibt es dort in der näheren Umgebung gar keine staatliche Schule oder aber den Eltern fehlen die nötigen finanziellen Mittel. Mittelschulen sind darüber hinaus in abgelegenen Gebieten rar gesät.

Als General Ne Win mit Ende des Schuljahres 1965 alle Schulen in privater oder religiöser Trägerschaft verstaatlichte und Englisch als Unterrichts- und Fremdsprache verbot, hatte dies fatale Folgen für das Bildungsniveau, denn vor allem die zur Kolonialzeit gegründeten christlichen Schulen genossen einen guten Ruf. Erst seit 1992 dürfen buddhistische Klöster wieder Grundschul-, seit 2014 auch Mittelschulbildung anbieten. 2012 wurden zudem private Bildungseinrichtungen genehmigt, die allerdings vorwiegend auf eine betuchte Klientel abzielen. Auch die Zahl christlicher Einrichtungen nimmt wieder zu.

Lehrkräftemangel aufgrund schlechter Bezahlung, heruntergekommene Schulgebäude und veraltete Curricula haben dem Bildungssystem Myanmars arg zugesetzt. Im Staatsbudget sind gerade einmal 4,4 % dafür vorgesehen. Zwar können neun von zehn Bewohnern Myanmars lesen und schreiben, doch nur zwei Drittel der Schüler beenden die insgesamt fünf Jahre dauernde Vor- und Grundschule (Basic Education Primary School/BEPS, Grade 1–5) und nur jeder fünfte Bewohner Myanmars schließt die vierjährige Basic Education Middle School (BEMS, Grade 6–9) ab. Nach der darauf folgenden zweijährigen Basic Education High School (BEHS, Grade 10–11), in der sich die Schüler bereits auf Geistes- *(arts)* oder Naturwissenschaften *(science)* festlegen müssen, beginnt die College- bzw. Universitätszeit. Doch gerade einmal 10 % der Schulabgänger können sich diesen Weg finanziell leisten. Auch wenn die Gebühren für den College- bzw. Unibesuch nicht sehr hoch sind – je nach Fach 5000–10 000 Kyat pro Semester – bleiben genügend Kosten für Essen und Unterkunft sowie Unterrichtsmaterialien, die aufzubringen sind. Eine etwas günstigere Alternative bilden Fernstudiumsprogramme. Meist sind die Unianfänger nicht älter als 16 Jahre und vom Wissensstand her ihren Altersgenossen in den Nachbarländern weit unterle-

Klöster sind zumeist auch Lehrinstitute – studierender Mönch in einer Klosterschule bei Inwa

gen. Während deutsche Schüler sich auf das Abitur vorbereiten, büffeln birmanische Studenten in einer der 163 Universitäten und Colleges des Landes bereits für ihren Bachelor – sofern es die Umstände überhaupt zulassen, denn die Einrichtungen sind meist katastrophal und Lehrmaterial ist Mangelware.

Als nach den Unruhen von 1988 die Hochschulen immer wieder für längere Zeiträume geschlossen wurden, um potenzielle Proteste bereits im Keim zu ersticken, ließ die Militärregierung weit außerhalb der Städte neue Institutionen errichten. Mit dieser Maßnahme wollte man die Studenten von vornherein isolieren. So gibt es heute mitten im Reisfeld u. a. jede Menge Computer Universities – allein es fehlen die entsprechenden Geräte, sofern überhaupt regelmäßig Strom fließt.

Die Regierung will das Erziehungssystem nun grundlegend reformieren, wofür 2015 ein neues National Education Law verabschiedet wurde, um »physisch, mental, moralisch, sozial und psychisch gut entwickelte Bürger mit kritischem Denkvermögen« hervorzubringen, wie es in Kapitel 2, Absatz 2 heißt. Ein hehrer Anspruch, denn dazu müsste ein Kulturwandel in der Erziehung stattfinden und der Frontalunterricht durch moderne Methoden ersetzt werden. Dafür mangelt es nicht nur an Geld, sondern sehr häufig am Enthusiasmus des Lehrpersonals: Mit einem durchschnittlichen Monatslohn von 100–150 US-$ ist der Lehrerberuf nicht gerade attraktiv. Kaum jemand möchte in einer Dorfschule arbeiten, wo die Bedingungen mit Klassenstärken von 30 bis 40 Schülern und desolaten Gebäuden besonders schlecht sind. Außerdem bestehen auf dem Land kaum Möglichkeiten, durch private Tutorien oder Abendkurse zusätzliches Geld zu verdienen. Als Folge ist Bestechung weit verbreitet. Häufig müssen daher die Eltern der Schüler den kargen Lehrerlohn aufstocken. So bedarf es in Myanmar vieler engagierter Menschen wie den Abt von Ah Lant Chaung, die sich für eine gute Schulbildung einsetzen. Denn auch in diesem Land gilt: Wer in Kinder investiert, investiert in seine eigene Zukunft.

Wirtschaft und Soziales

trotzdem auf die Unterstützung seiner Kinder angewiesen. Noch schlechter sieht es bei der Landbevölkerung aus, welche gänzlich von ihren Angehörigen abhängig ist. Mit dem 2012 verabschiedeten **Social Security Law** gibt es inzwischen auch eine **Arbeitslosenversicherung,** welche den Versicherten im Falle der Arbeitslosigkeit für zwei Monate Überbrückungsgeld gewährt.

Problem Korruption

Eines der gesellschaftlichen Grundübel ist die Korruption, die das Leben der Myanmaren von der Wiege bis ins Grab begleitet. Laut Transparency International steht Myanmar seit 2015 auf der Korruptionsskala von 168 Ländern an 147. Stelle (die Skala beginnt mit den korruptionsärmsten Ländern). Das hohe Maß an Bestechlichkeit ist nicht nur ein Hemmschuh für Wirtschaftsinvestitionen, sondern auch dafür verantwortlich, dass die Menschen ein tiefes Misstrauen gegenüber Regierung und Verwaltung hegen.

Krankes Gesundheitssystem

Die Zahlen sind ernüchternd. Auf 1000 Menschen kommen in Myanmar 1,3 Ärzte und Krankenschwestern, die Weltgesundheitsorganisation empfiehlt aber einen Minimumschlüssel von 2,3 Ärzten je 1000 Einwohner. Kein Wunder, dass die Müttersterblichkeit mit zwei pro 1000 Geburten noch immer sehr hoch ist. 62 von 1000 Kindern sterben bei der Geburt und 72 von 1000 erleben nicht ihr fünftes Lebensjahr. Wer es sich leisten kann, geht daher zum Check-up nach Thailand oder Singapur. Wer nicht, der muss sich mit einer desolaten medizinischen Versorgung zu Hause begnügen. Nur 3,9 % des Gesamthaushalts sind für das Gesundheitsressort bestimmt, das entspricht einem Drittel der Ausgaben für das Militär. Nur wenige Birmanen sind versichert, für sie ist die Grundbehandlung in ausgewählten Krankenhäusern kostenlos. Alle weiteren anfallenden Kosten muss der Patient selbst tragen. Aufgrund der eher schlecht ausgestatteten staatlichen Hospitäler, größere gibt es eh nur in den Städten, sucht, wer es sich leisten kann, lieber direkt eine Privatklinik auf, deren Zahl seit einiger Zeit zunimmt. Für die arme Landbevölkerung indes bleibt kaum eine Alternative zu den insgesamt gut 1500 ambulanten Krankenstationen, welche aus nicht viel mehr bestehen als einem leeren Gebäude, wo an bestimmten Tagen ein Ärzteteam vorbeischaut. Es besteht also noch großer Handlungsbedarf.

Schul- und Bildungswesen

Es ist immer wieder schön anzusehen, wenn nach Schulschluss die Schüler in ihren grünen Uniformen voller Energie auf die Straße laufen, um von ihren Eltern in Empfang genommen zu werden. Selbst auf dem Land ist dies ein gewohnter Anblick. Auf den ersten Blick scheint Myanmar mit einer Alphabetisierungsrate von 89,5 % relativ gut dazustehen. Doch bei der Volkszählung 2014 gaben immerhin 3,5 Mio. Menschen an, weder lesen noch schreiben zu können. Sie findet man vor allem in den abgelegenen Regionen, etwa im Kayin State, wo nach Jahrzehnten des Bürgerkriegs die Analphabetenrate bei über 25 % liegt, oder im Chin State (über 20 %). Da nützt es auch nichts, dass bis zur fünften Klasse Schulpflicht besteht. Kontrolliert wird nicht, zumal vielerorts Lehrer und adäquate Schulgebäude fehlen. Um den Schülern einen längeren Schulbesuch zu ermöglichen, wurden zwischen 2011 und 2015 die Gebühren für Grund-, Mittel und Oberschule schrittweise abgeschafft. Auch Schuluniformen und Unterrichtsmaterialien sind frei. Doch angesichts schlechter Ausstattung der Schulen und miserabler Lehrergehälter müssen die Eltern letztlich ihren Teil beisteuern: Gerade auf dem Land sind viele Lehrer auf materielle Unterstützung seitens der Eltern angewiesen (s. auch Thema S. 38).

Geschichte

Zwei Faktoren prägen die Geschichte Myanmars besonders: der Buddhismus und die große ethnische Vielfalt im Land. Sorgt die Religion für Stabilität, so ist der Bevölkerungsmix bis heute Auslöser für immer wieder aufflackernde Konflikte. Nach langen Phasen der großen Dynastien, der Kolonialherrschaft und der Militärdiktatur befindet sich das Land nun auf dem Weg zu einem demokratischen Neuanfang.

Die Anfänge

Frühgeschichte

Die Erforschung der Frühgeschichte Myanmars steht erst am Anfang. In einigen Höhlen im Shan State, allen voran Padah Lin nordwestlich von Pindaya, wurden Werkzeuge und Felszeichnungen entdeckt, die dem Zeitraum um 10 000–4000 v. Chr. und damit der **Jungsteinzeit** zugeordnet werden.

Die **Bronzezeit** begann in Myanmar spätestens Mitte des 2. Jt. v. Chr. und endete um 500 v. Chr. Funde lassen darauf schließen, dass damals vor allem in den Flussebenen Ober-Myanmars Siedlungen existierten. Eine der größten war Budalin nördlich von Monywa, wo Grabbeigaben wie Waffen und Schmuck zutage gefördert wurden.

Benannt nach dem 161 km langen Samon-Fluss, der in den Shan-Bergen entspringt und bei Inwa in den Myitgne mündet, prägen reichhaltige Grabfunde die **bronze- und eisenzeitliche Samon-Kultur**. Offensichtlich überschnitten sich Bronze- und und Eisenzeit in der Periode zwischen ca. 500 und dem 3. Jh. v. Chr. Die Grabbeigaben umfassen Keramikgefäße, Ritualgegenstände aus Bronze sowie Eisenwerkzeuge. Von großer Schönheit sind die dort zutage geförderten Schmuckanhänger aus grünem Chalzedon, versteinertem Holz und bräunlichem Karneol.

Frühe Stadtkulturen

Ab dem 3. Jh. v. Chr. sind **urbane Zentren** in den Flussebenen nachweisbar. Ob es bereits damals eine Art Staatenbund gab, von welchen Volksgruppen die Orte besiedelt waren und in welcher Sprache kommuniziert wurde, liegt im Dunkeln. Das gilt auch für Myanmars älteste Städte Halin, Beikthano und Sri Ksetra, die in der Ebene des Ayeyarwady liegen und von Wissenschaftlern unter der Bezeichnung **Pyu-Kultur** zusammengefasst werden. Dank ihrer Nähe zu Wasserwegen lagen alle diese Orte an Handelsrouten zwischen Indien und China und kamen auf diese Weise bereits um die Zeitwende mit hinduistischem und buddhistischem Gedankengut in Verbindung. Chinesische Chroniken belegen, dass intensive Kontakte zur Tang-Dynastie (618–907 n. Chr.) bestanden. Auf das 5. Jh. gehen die ältesten buddhistischen Bauten in Beikthano zurück.

Über 1500 Jahre alte Siedlungen wurden auch am **Golf von Martaban (Mottama)** nachgewiesen, wo zwischen den Mündungen des Sittaung und Thanlwin bei den heute unscheinbaren Orten Ayetthema, Winka und Zothok alte Häfen lagen, die vom regen Handel zwischen Sri Lanka und Südindien mit südostasiatischen Häfen profitierten. Auch bei diesen Orten ist unklar, welche Volksgruppen hier lebten. Die meisten Historiker rechnen sie der **Mon-Kultur**

Geschichte

zu. Fraglich ist ebenfalls, ob diese Region mit Suvannabhumi, dem Goldenen Land, identisch ist, in das die beiden indischen Mönchen Sona und Uttara nach dem Ende des Dritten Buddhistischen Konzils (3. Jh. v. Chr.) im indischen Pataliputra, heute Patna, zur Missionierung entsandt wurden, so zumindest berichtet es die sri-lankische Mahavamsa-Chronik. Fakt indes ist, dass auch hier sehr früh indisches Gedankengut auf fruchtbaren Boden fiel: Es wurden nicht nur die religiösen Ideen des Subkontinents übernommen, sondern auch Schrift, Musik und Tanz.

Erstes Jahrtausend

An der Westküste entstand mit der **Rakhine-Kultur** ein weiteres von Indien geprägtes Staatengebilde. Seine geografische Lage am Golf von Bengalen prädestinierte den 640 km langen Küstenstreifen für enge Kontakte mit dem Subkontinent. Legenden erzählen, dass die Stadt **Dhanyawadi** schon vor dem Erscheinen Buddhas, also vor dem 6. Jh. v. Chr. existierte, und dieser Dhanyawadi besucht und dort während seines Aufenthalts die berühmte Mahamuni-Skulptur geschaffen worden sei (s. S. 305 Gesichert ist, dass vom 4. bis 8. Jh. **Vesali (Wethali)** nördlich von Mrauk U wichtigstes urbanes Zentrum der Rakhine-Kultur war.

Spätestens ab dem 8./9. Jh. breiteten sich dann am Oberlauf des Ayeyarwady die **Bamar** aus. Die Glaspalastchronik von 1829 benennt Tagaung als »Geburtsort der Bamar«. Dort habe sich einst ein Zweig des Sakya-Geschlechts niedergelassen und 850 v. Chr., also noch vor Lebzeiten Siddharta Gautamas (des späteren Buddha aus dem Hause Sakya/Shakya; s. S. 56), die Stadt gegründet. Fakt ist, dass die Bamar aus dem Norden (vermutlich aus Tibet) ins heutige Myanmar einwanderten. Fakt ist auch, dass Tagaung bereits in der Bronzezeit besiedelt und später mit seinem ressourcenreichen Umfeld ein wichtiges Pyu-Zentrum war. Ab wann die Bamar hier das Sagen hatten, ist hingegen unklar. Als wichtigstes historisches Datum gilt das Jahr 849, in welchem die Bamar **Pyugama**, das heutige **Bagan**, zu ihrem Machtzentrum ausbauten. Von hier aus vergrößerten sie ihren Einflussbereich und kontrollierten die Handelswege entlang des Ayeyarwady.

Auch im Shan State östlich von Mandalay veränderte sich in der zweiten Hälfte des 1. Jt. das ethnische Machtgefüge. Mit dem Zerfall von Nanzhao, einem eigenständigen Reich in der heutigen chinesischen Provinz Yunnan, migrierten ab dem 9. Jh. verstärkt **Tai** in Richtung Süden und ließen sich im Norden von Vietnam, Thailand und Laos sowie im Nordosten von Myanmar nieder. Im Laufe der Zeit drangen sie immer weiter nach Westen vor und eroberten 832 Halin, eine weitere bedeutende Metropole der Pyu nordwestlich von Mandalay.

In Nieder-Myanmar existierten einige den **Mon** zugeschriebene Hafenstädte wie **Bago** und **Thaton.** Unklar ist jedoch, wie diese politisch zusammenhingen.

Bagan-Ära

Aufstieg zur Großmacht

Die rund 250 Jahre zwischen der Mitte des 11. und dem Ende des 13. Jh. gelten als goldene Ära Myanmars. Während dieser Zeit wurden in den Bereichen Architektur, Kunst und Literatur neue Maßstäbe gesetzt. Als Begründer des Bagan-Reichs gilt der Bamar **Anawrahta** (reg. 1044–77), der nach seinem Halbbruder Sokkate (reg. 1038–44) die Regentschaft übernahm. Der neue König formte aus einer Vielzahl eigenständig agierender Stadtstaaten ein Großreich. Maßgeblich dafür war die Eroberung der Hafenmetropole Thaton an der Südküste Myanmars im Jahr 1057, mit der Anawrahta Zugang zum lukrativen Seehandel erhielt. Ob Thaton zu diesem Zeitpunkt Zentrum eines buddhistischen Mon-Königreiches namens Ramaññadesa war, wie in diversen Chroniken verzeichnet, bleibt fraglich.

Anfänglich war das Bagan-Reich elementar von der unterworfenen Pyu-Kultur beeinflusst, etwa im Hinblick auf Städtebau

Nach der Regenzeit erheben sich die Pagoden Bagans aus dichtem Grün

und Architektur. Auch Beziehungen zu Rajarata, dem Land der Könige auf Sri Lanka, sind nachgewiesen. Unverkennbar ist der Einfluss des nordindischen Pala-Reichs (8.–12. Jh.), der sich vor allem in den Wandmalereien und Skulpturen in den Tempeln aus dem 11. und frühen 12. Jh. zeigt, die zahlreiche Motive aus dem Mahayana-Buddhismus aufgreifen.

Unter Anawrahta jedoch avancierte der **Theravada-Buddhismus** zur dominierenden, reichseinigenden Religion. Durch die Stiftung zahlreicher Klöster band er den *sangha*, die buddhistische Mönchsgemeinde, auch ökonomisch eng an das Königshaus. Die gängige Praxis, durch Spenden und Stiftungen religiöse Verdienste *(kutho)* anzusammeln und damit in der Gesellschaft Anerkennung *(hpon:)* zu erhalten, diente nun auch zur Legitimation königlicher Macht. Anawrahtas Versuch jedoch, die weit verbreiteten animistischen Kulte und tantrischen buddhistischen Praktiken zurückzudrängen, gelang nur teilweise.

Ein Reich auf dem Zenit

Nach dem Tod von Anawrahtas Sohn und Nachfolger **Sawlu** (reg. 1077–84) wurde mit **Kyanzittha** (reg. 1084–1113) ein früherer General sein Nachfolger. Er setzte die Konsolidierungspolitik Anawrahtas fort und schuf mit der Vollendung des Shwezigon-Stupas und des Ananda-Tempels in Bagan zwei der bis heute bedeutendsten Heiligtümer Myanmars. Wie sehr der Buddhismus im Selbstverständnis der Herrscher verankert war, zeigte sich unter Kyanzitthas Enkel und Nachfolger König Alaungsithu (reg. 1113–67), dessen Namensteil *alaung* sich von *payalaung* (zukünftiger Buddha), ableitet. Alaungsithu war einer der bau- und reisefreudigsten Regenten des Bagan-Reichs, der intensive Be-

Geschichte

ziehungen mit Sri Lanka und Indien pflegte. Der Handel blühte, nicht zuletzt dank des unter ihm vereinheitlichten Steuersystems und einer zentralen Verwaltung. Als wirtschaftliches Rückgrat der wachsenden Bevölkerung dienten das Gebiet um Kyaukse südlich von Mandalay sowie die südwestlich von Mandalay gelegene Minbu-Ebene zwischen den Flüssen Man und Salin. Hoch entwickelte Kanalsysteme garantierten dort zwei Reisernten im Jahr. Geschätzte 400 000 Menschen lebten damals im Großraum Bagan, das ein Magnet für Handwerker, Künstler und Intellektuelle war.

Niedergang

Im 13. Jh. gelangten immer mehr buddhistische Klöster durch großzügige Schenkungen der Könige in den Besitz von Ländereien und abgabepflichtigen Dörfern. Die Einnahmen hieraus waren steuerbefreit, was mit der Zeit immens große Löcher in die Staatskasse riss. Gegen Ende des 13. Jh. befanden sich fast zwei Drittel der landwirtschaftlichen Nutzfläche des Reiches unter klösterlichem Einfluss und waren für die Herrscher unantastbar. Die damit einhergehende Macht der Mönchsgemeinschaften entwickelte sich zu einem massiven Problem, die Reichseinheit begann zu erodieren.

Doch schließlich war es eine externe Macht, die zum Ende der Bagan-Ära führen sollte: die **Mongolen.** Auf ihren aggressiven Eroberungszügen unter der Führung Khublai Khans (reg. 1260–94) drangen sie immer weiter nach Südostasien vor. 1253 eroberten mongolische Truppen das Nanzhao-Reich im heutigen Yunnan, etablierten 1279 die über ganz China herrschende **Yuan-Dynastie** und unternahmen in den 1280er-Jahren drei Vorstöße ins Reich der Mian, wie sie Myanmar in ihren Chroniken nannten. Vermutlich gelangten die gefürchteten Reiter nie bis vor die Tore Bagans, setzten allerdings dem damaligen Herrscher, dem souveränen König **Narathihapate** (reg. 1255–87), schwer zu. Er floh 1287 vor den Eindringlingen zu seinem Sohn nach Pyay, der ihn jedoch töten ließ. Narathihapate ging als Tayok-pye-min (König, der vor den Chinesen floh) in die Geschichte des Landes ein.

Im folgenden Machtkampf mischte die chinesische Yuan-Dynastie kräftig mit. Auf dem Thron saß nun Narathihapates Sohn, **Kyawswa** (reg. 1287–98), der allerdings im Zuge eines Machtkampfs von den drei Brüdern und königlichen Ministern **Athinkaya, Thihathu** und **Yazathingyan** abgesetzt wurde. Vermutlich erhoben sie seinen Sohn **Sawhnit** (reg. 1298–1325) auf den Thron von Bagan, besaßen jedoch faktisch selbst die Kontrolle über Ober-Myanmar und bauten ihren Machtbereich stetig aus. Gemeinsam verteidigten die drei Brüder ihr Territorium 1301 gegen eine Invasion chinesischer Truppen und teilten ihr Gebiet danach in drei Machtzentren auf, die sie von Sagaing, Pinya und Myinsaing aus kontrollierten. Bagan spielte fortan nur noch eine zeremonielle Rolle.

Glanzzeiten, Krisenzeiten

Ava, Bago und Mrauk U

Dem Gouverneur von Tagaung, einer Stadt am Oberlauf des Ayeyarwady, gelang es 1364, das zerrissene Ober-Myanmar zu einen und als König **Thadominbya** (reg. 1364–67) von **Ava** (heute Inwa) aus zu kontrollieren. In Nieder-Myanmar kontrollierte bereits 1281, noch zu Glanzzeiten des Bagan-Reichs, ein **Shan** namens **Wareru** die wichtige Hafenstadt **Mottama.**

Ein möglicher Verwandter von ihm, **Byinnya U** (reg. 1353–85) verlegte jedoch den Herrschersitz nach Bago und begründete damit das Mon-Reich **Hanthawaddy,** das unter seinen Nachfolgern **Rajadarit** (Yazadarit, reg. 1385–1423), der frommen Königin **Shinsawbu** (reg. 1453–72) und dem ehemaligen Mönch **Dhammazedi** (reg. 1472–92) eine Blütezeit erlebte.

Glanzzeiten, Krisenzeiten

Auch am Golf von Bengalen veränderte sich das Machtgefüge. Während sich in Bengalen (heute Bangladesh) nach dem Zerfall des Pala-Reichs ab dem frühen 13. Jh. der Islam durchzusetzen begann, blieb der Küstenstreifen von Rakhine buddhistisch. Unter König **Narameikhla** (reg. 1404–33) entwickelte sich **Mrauk U** ab 1433 zum Mittelpunkt eines starken gleichnamigen Küstenstaats, der über 350 Jahre lang den Seehandel im Golf von Bengalen dominierte und mit den muslimischen Shahi Bangla, den Sultanen von Bengalen, je nach Phase in einem mehr oder weniger freundschaftlichem Verhältnis stand (s. auch Thema S. 230).

Venezianer und Portugiesen

Als erster europäischer Besucher Myanmars gilt der venezianische Kaufmann **Niccolò di Conti.** Er hatte sich 1435 am **Hof von Bago** aufgehalten und in späteren Reiseberichten dessen Pracht beschrieben. Doch für die ›Invasion‹ der Europäer war ein anderes Datum von weit größerer Bedeutung: der 20. Mai 1498, als **Vasco da Gama** in der südindischen Hafenstadt Calicut (heute: Kozhikode) landete und damit für die Portugiesen den Seeweg nach Asien eröffnete. Innerhalb weniger Jahrzehnte entrissen die Südeuropäer unter **Afonso de Albuquerque** durch die Eroberung der Hafenstädte Goa (1510) in Indien und Melaka (1511) in Malaysia den Arabern das Monopol im lukrativen Gewürzhandel. 1511 vereinbarte Don Afonsos Gesandter, **Rui Nunes da Cunha,** mit dem Regenten des **Mon-Königreichs Hanthawaddy** (= Bago/Pegu) ein Abkommen, das ihm einen weiteren Handelsstützpunkt in Bago ermöglichte. Acht Jahre später wurde dem portugiesischen Kaufmann **Antonio Correa** vom Vizekönig der Mon gestattet, das Reich auf dem Landweg zu durchqueren, um so von der Hafenstadt Mottama nach Siam zu gelangen.

Auch mit dem **Königreich Rakhine** (Kolonialname: Arakan) am Golf von Bengalen pflegten die Portugiesen intensive Kontakte – zunächst jedoch als Störenfriede, weil portugiesische Piraten Küstenbewohner verschleppten, um sie als Sklaven zu verkaufen. Später traten einige Portugiesen jedoch in den königlichen Dienst ein und versorgten den Hof von Mrauk U mit modernen Waffen.

Die mit Abstand schillerndste europäische Gestalt war zu Beginn des 17. Jh. **Philip de Brito y Nicote,** ein ehemaliger Schiffsjunge. Nachdem der König von Mrauk U, Razagri, 1599 die Stadt Bago erobert hatte, übertrug er dem Portugiesen die Zollverwaltung der Hafenstadt Syriam (Thanlyin). Doch dieser dankte es ihm nicht. Philip de Brito übernahm kurzerhand die Kontrolle und stellte Syriam unter portugiesische Souveränität. 13 lange Jahre terrorisierte er den Golf von Martaban (Mottama) und zwang alle Handelsschiffe in den Hafen des heutigen Thanlyin. Erst 1613 konnte er gefangen genommen werden. Philip de Brito y Nicote wurde durch Pfählung hingerichtet.

Taungoo-Dynastie

Aus dem kleinen Fürstentum Taungoo (auch: Toungoo) am Oberlauf des Sittaung erwuchs unter **König Minkyinyo** (reg. 1486–1531) im Laufe von vier Jahrhunderten das nach Bagan zweite Großreich der Bamar. **König Tabinshwehti** (reg. 1531–50), Minkyinyos Sohn, weitete es Richtung Süden bis nach Dawei an der Küste von Tanintharyi und Richtung Westen bis nach Pyay am Ayeyarwady aus. 1539 verlagerte er seinen Sitz ins strategisch günstiger gelegene Bago. Als Zenit dieser Ära jedoch gelten die 31 Jahre, in denen sein Schwager und Nachfolger, **König Bayinnaung** (reg. 1550–81), die Krone innehatte. Nie wieder sollte Myanmar eine solche Ausdehnung haben wie unter dem Älteren Bruder des Königs, so die Bedeutung des Namens Bayinnaung. Vor allem die Shan und Tai lernten seine Expansionsgelüste kennen. Der Eroberer der Zehn Richtungen (Thai: *Phu chana sip thit*), wie er genannt wurde, unterwarf

Geschichte

1556/57 mehrere Shan-Fürstentümer sowie die siamesischen Königreiche Lan Na (1558) und Ayutthaya (1563/64). Doch schon unter seinen Nachfolgern gingen die meisten Neueroberungen wieder verloren.

Konbaung-Dynastie

Aufstieg zur Großmacht

Auch die dritte und letzte Königsdynastie der Bamar wurde in einem zuvor unbedeutenden Ort in Ober-Myanmar gegründet: **Shwebo.** Von dort aus gelang es einem General namens Aung Zeya auf Kosten der Mon und Shan in Zentral-Myanmar ein geeintes Reich zu formen. Als Großer Herr und Zukünftiger Buddha, **Alaungpaya** (reg. 1752–60), ließ er sich 1752 krönen und schuf damit die Grundlage für die Konbaung-Dynastie. Fünf Jahre später brach er mit der Zerstörung Bagos 1757 endgültig den Widerstand der Mon.

Mit seiner Hauptkönigin Yun San zeugte er drei unmittelbare Nachfolger. Während Sohn Nummer eins, **Naungdawgyi** (reg. 1760–63), in seiner kurzen Regentschaft mit Rebellionen zu kämpfen hatte, wurde unter Sohn Nummer zwei, **Hsinbyushin** (reg. 1763–76), der östliche Nachbar einmal mehr Opfer birmanischer Expansionsgelüste. 1767 machte der Herr über den Weißen Elefanten, so die Bedeutung seines Namens, nach langer Belagerung das mächtige siamesische Königreich Ayutthaya dem Erdboden gleich.

Im Jahr 1782 putschte sich Sohn Nummer vier, **Bodawpaya** (reg. 1782–1819), gegen seinen Neffen und den Nachfolger seines Bruders an die Macht und schuf mit **Amarapura,** der Stadt der Unsterblichkeit, eine neue Königsresidenz. Er setzte die Expansionsbestrebungen seiner Familie fort und annektierte 1784/85 den krisengeschüttelten Küstenstaat Rakhine. Zu Bodawpayas Beute gehörten nicht nur Zehntausende Bewohner, sondern auch der hochverehrte Mahamuni-Buddha (s. S. 305). Auch außenpolitisch hatte die Annexion von Rakhine Folgen: Erstmals besaßen Myanmar und Britisch-Indien eine gemeinsame Grenze.

Kriege mit dem Britischen Empire

Da Soldaten der Konbaung-Könige immer wieder Rebellen bis tief ins Gebiet Britisch-Indiens hinein verfolgten, war ein offener Schlagabtausch mit dem Empire nur eine Frage der Zeit. 1819 entsandte **König Bagyidaw** (reg. 1819–37) kurz nach seiner Thronbesteigung eine Strafexpedition ins nordwestlich an Rakhine angrenzende indische Fürstentum Manipur, ein britisches Protektorat. Er wollte dem dortigen Raja eine Lektion erteilen lassen, weil jener bei seiner Krönungsfeier gefehlt hatte. Bei dieser Gelegenheit eroberte Bagyidaws bester General, **Maha Bandula,** auch gleich noch die durch Machtkämpfe geschwächte indische Provinz Assam, zu der Manipur gehörte. Das konnte die britische Protektoratsmacht selbstverständlich nicht dulden und marschierte am 5. März 1824 in Rakhine ein. Dieser **Erste Anglo-Birmanische Krieg** sollte zwei lange und vor allem blutige Jahre dauern. Am 24. Februar 1826 wurde König Bagyidaw von den Briten gezwungen, den **Friedensvertrag von Yandabo** zu unterzeichnen. Er musste seine Armee nicht nur aus den besetzten Gebieten abziehen, sondern auch die Küstenregionen Rakhine und Tanintharyi an das Empire abtreten und 1 Mio. Pfund Entschädigung zahlen.

Nach der Abdankung Bagyidaws im Jahr 1837 schwächten endlose Intrigen das Königshaus von Amarapura. Zu einem Tiefpunkt kam es 1846, als nach dem Ableben von **König Tharrawaddy** (reg. 1837–46) dessen erster Sohn **Pagan** (reg. 1846–53) die Krone übernahm und im Zuge dessen zig potenzielle Widersacher niedermetzeln ließ. Unter dem neuen Herrscher verschlechterte sich das ohnehin angespannte Verhältnis zum Empire rapide. Im Dezember 1851 ließ Pagan zwei britische Schiffskapitäne im Hafen von Rangoon (heute: Yangon) wegen angeblichen Mordes verhaften und löste damit den **Zweiten Anglo-Birmanischen Krieg** (1852/53) aus. Die Truppen des Empire besetzten ganz Nieder-Myanmar.

Letzte Blüte in Yadanabon

Diese Demütigung führte zu einem Machtwechsel am Hof von Amarapura. König Pagan wurde von seinem Halbbruder **Mindon** (reg. 1853–78) abgesetzt, der sich um einen friedlichen Austausch mit dem Britischen Empire bemühte. Gegenüber europäischen Ideen recht aufgeschlossen, modernisierte er Wirtschaft und Verwaltung, führte ein neues Steuersystem ein und reformierte die Schulbildung, indem er christliche Lehranstalten erlaubte und ausgewählte Untertanen zum Studium nach Europa entsandte. Religiös und kulturell war Mindon jedoch ganz der Tradition verhaftet. Den 2400. Todestag Buddhas nahm er zum Anlass, seinen Königssitz 1857 ins neu gegründete Yadanabon (Mandalay) zu verlegen und dort zahlreiche Klöster und Pagoden zu stiften. 1871 rief er die Fünfte Buddhistische Synode ein, um die im Palikanon festgelegte Lehre Buddhas wieder ins öffentliche Bewusstsein zu rücken. Diese goldene Zeit von Mandalay nahm jedoch mit dem Tod Mindons ein jähes Ende.

Britische Kolonie

Ein Reich verschwindet

Noch war der todkranke Mindon nicht gestorben, da kam es einmal mehr zu Palastintrigen. Der Monarch hatte nach der Ermordung seines Wunschkandidaten und Bruders Kanaung im Jahr 1866 keinen Nachfolger bestimmt. Als Mindon am 1. Oktober 1878 starb, hinterließ er 62 Frauen sowie 110 Kinder, darunter 81 mit einem gesetzmäßigen Anrecht auf den Thron. Das Rennen im Machtkampf machte Sprössling Nummer 41, der 19-jähri-

Das letzte Herrscherpaaar der Konbaung-Dynastie – König Thibaw Min und Königin Supalayat mit Kindern und Angehörigen des Hofstaats

Geschichte

ge **Thibaw** (reg. 1878–85), dessen politische Entscheidungen jedoch stark beeinflusst waren von seiner Hauptfrau und Halbschwester Supayalat sowie deren Mutter Hsinbyumashin und dem einflussreichen Minister Kinwun Mingyi.

Das Verhältnis zu den Briten verschlechterte sich rapide, als das Königshaus den Franzosen Handelskonzessionen gewährte. Ein Streit mit der britischen Bombay Burmah Trading Corporation um die Vergabe von Lizenzen für die Holzausfuhr gab dem Empire Anlass, den **Dritten Anglo-Birmanischen Krieg** (7.–29.11.1885) zu erklären. Nach wenig Gegenwehr nahmen knapp 10 000 britische Soldaten am 28. November 1885 die Stadt Mandalay ein. Der Palast wurde geplündert und die Königsfamilie ins südindische Ratnagiri verbannt, wo der letzte birmanische Monarch 1916 starb. Am 1. Januar 1886 bekam Königin Victoria das einst so mächtige Reich als ›Geschenk‹ überreicht, das als eine weitere Provinz in die Kolonie Britisch-Indien eingegliedert wurde. 51 Jahre lang blieb Myanmar von der politischen Landkarte verschwunden.

Divide et impera

Die ersten Jahre nach der kompletten Annexion durch die Briten waren geprägt von unzähligen Aufständen, die vorwiegend von der entmachteten Elite ausgingen. Es kam zu Massenhinrichtungen und brutalen Übergriffen auf die Zivilbevölkerung. Erst Anfang der 1890er-Jahre waren die neuen Herrscher in der Lage, ihre Kolonialstrukturen umzusetzen. Mit der bewährten politischen Strategie des Divide et impera (teile und herrsche) verstand es die viktorianische Weltmacht auch in Myanmar, die ethnische Vielfalt für ihre Zwecke auszunutzen.

Die koloniale Administration unterteilte das Land in *Burma Proper* (Zentral-Birma) und *Frontier Areas* (Randgebiete). Während sie in **Burma Proper** die traditionellen Herrschaftsstrukturen abschaffte und durch eine straff organisierte Kolonialverwaltung ersetzte, beschränkte sie sich in den teilweise schwer zugänglichen **Frontier Areas** auf eine indirekte Machtausübung. Davon profitierten die dort herrschenden Fürsten und Anführer diverser Volksgruppen wie Chin, Kachin oder Shan erheblich. Im Shan States Act von 1888 etwa wurde den Shan-Fürsten *(saopha)* weitgehende Autorität über ihre Gebiete zugesichert, im Gegenzug konnten die Briten die dortigen Rohstoffe ausbeuten. Ähnliche Abkommen wurden mit anderen Volksgruppen geschlossen. Ein Großteil der Bevölkerung der Frontier Areas kam zudem in den Genuss westlicher Bildung und Gesundheitsversorgung, da **christliche Missionare** Schulen und Krankenhäuser gründeten. Insbesondere bei den Chin, Kachin und Kayin führte dies zur Konversion vieler Menschen zum Christentum und zur Bildung einer Elite.

Da es dem Empire vor allem um die **wirtschaftliche Ausbeutung** des Landes ging, wurde die bis dato rudimentäre **Infrastruktur** massiv ausgebaut. Am 1. Mai 1877 schnaufte die erste Eisenbahn von Yangon nach Pyay, die bereits 1865 gegründete Irrawaddy Flottila Company entwickelte sich binnen weniger Jahrzehnte zur weltgrößten Binnenflotte und auch der Straßenbau wurde forciert. Monopolisten wie die Burmah Oil Company (BOC) und die Bombay Burmah Trading Corporation (BBTC) teilten das königliche Monopol auf Erdöl und Teak unter sich auf. Dank der Urbarmachung des Ayeyarwady-Deltas avancierte das Land zum Exportweltmeister von Reis. Der im Jahr 1876 erlassene Burma Land and Revenue Act regelte die Landverteilung – selbstredend zugunsten britischer Großgrundbesitzer. 1900 war Myanmar das profitabelste Land Südostasiens.

Die einheimische Bevölkerung indes hatte wenig bis nichts von der kolonialen Exportwirtschaft. Davon profitierten in erster Linie britische Händler sowie Migranten aus Südasien und China. Südindische Kaufleute und Geldverleiher *(chettiar)* benachteiligten die in Geldangelegenheiten unerfahrenen einheimischen Bauern, indem sie ihnen zu Wucherzinsen Kredite gewährten. Viele Birmanen gerieten in die Schuldenfalle und verloren ihr gesamtes Eigentum an Gläubiger. Als Landlose mussten sie in den

Städten mit Tagelöhnern vom Subkontinent konkurrieren, die in immer größerer Zahl nach Myanmar einwanderten und als billige Arbeitskräfte sehr gefragt waren. Anfang der 1930er-Jahre lag der Anteil der Bamar in Yangon nurmehr bei einem Drittel der Stadtbevölkerung.

Streben nach Unabhängigkeit

Einige Jahre nach Indien gewährte die Kolonialmacht 1923 endlich auch Myanmar eine beschränkte Verwaltungsautonomie. Doch das war den meisten nicht genug. In den Städten avancierte die 1906 gegründete **Young Men's Buddhist Association** (YMBA) zum Sammelbecken nationalistisch gesinnter Intellektueller. Weitaus politischer agierten **Studentengruppen,** die 1920 zum ersten großen Streik gegen eine neue Universitätsverordnung aufriefen.

Die 1930 von Intellektuellen gegründete **Dobama Asiayone** (Wir-Birmanen-Vereinigung) brachte buddhistische Nationalisten mit studentischen Idealisten zusammen und hatte sich die Unabhängigkeit auf die Fahnen geschrieben. Ihre Mitglieder nannten sich *thakin* (Herren), eine Anrede, die sonst nur Kolonialherren vorbehalten war. Mit Streiks und Demonstrationen wurde regelmäßig das öffentliche Leben in den Stillstand gezwungen. Zu den Anführern der Organisation gehörten **Aung San** und **U Nu,** die später zu Schlüsselfiguren der Unabhängigkeit werden sollten.

Der 1935 in London beschlossene **Government of Burma Act** machte das Land zur eigenständigen Kolonie, die zwei Jahre später mit einem neu gegründeten Abgeordneten- und Oberhaus rechtskräftig wurde. Dobama Asiayone kämpfte weiterhin für die völlige Unabhängigkeit von Großbritannien und rief zum Streik auf. Viele Mitglieder wurden verhaftet. Aung San ging in den Untergrund und ließ sich von jener Macht militärisch ausbilden, die durch ihre aggressive Expansionspolitik zum Schrecken Asiens geworden war: **Japan.**

Mönchsaktivisten und der Saya-San-Aufstand

Mit der Trennung von Religion (respektive der Gemeinschaft der Mönche, Sanskrit: *sangha*) und Staat geriet der Buddhismus in eine tiefe Krise. Das Vakuum füllten **Mönchsaktivisten** wie U Ottama (gest. 1939) und U Wisara (gest. 1929), die sich aus antikolonialem Protest zu Tode hungerten.

Der ehemalige Mönch Saya San mobilisierte verarmte Bauern, ließ sich 1930 in der Delta-Stadt Tharrawaddy zum König ausrufen und nahm den vielsagenden Titel Galon Raja, König Garuda, an. Der Galon (Garuda) gilt in der hinduistischen Mythologie als Reittier Vishnus, eines der drei höchsten Götter im hinduistischen Pantheon, und ist der Gegner und Besieger der *naga*, der Schlangen(götter). Im Kontext der britischen Kolonialherrschaft steht der Galon für Myanmar und die *naga* stehen für Britannien. Erst nach der Hinrichtung Saya Sans am 28. November 1931 konnte der nach ihm benannte **Saya-San-Aufstand** 1932 endgültig zerschlagen werden.

Kolonie im Krieg

In einem atemberaubenden Feldzug hatte die kaiserliche japanische Armee Teile Südostasiens überrollt und erreichte in der dritten Januarwoche 1942 auch Myanmar. An ihrer Seite kämpften **Aung San und Seine Dreißig Kameraden** mit der von ihnen 1941 gegründeten **Burma Independence Army** (BIA). Die Kolonialarmee konnte sich nur unter großen Verlusten nach Nordostindien zurückziehen.

Die zunächst gefeierten Befreier entpuppten sich jedoch sehr schnell als brutale Besatzer. Der von ihnen zum 1. August 1943 ausgerufene unabhängige **State of Burma** bestand nur auf dem Papier. Als im Dezember 1944 im Zuge der **Burma Campaign** die Rückeroberung durch alliierte Truppen begann, änderte Aung San seine Strategie. Er schloss sich mit seinen Soldaten dem Kolonialheer an und marschierte ab

Geschichte

dem 27. März 1945 gegen Japan. Verlustreiche Schlachten, vor allem in Meiktila und Mandalay, zwangen die japanische Armee zum schnellen Rückzug. Anfang Mai war Yangon befreit. Nach den Atombombenabwürfen durch die USA kapitulierte die ostasiatische Macht im August endgültig.

Die Unabhängigkeit

Tod eines Visionärs

Die Nachkriegsjahre verliefen turbulent. Während die britische Regierung das zerrissene Land als Kolonie weiterführen wollte, verlangten Aung San und seine 1945 aus diversen politischen Strömungen hervorgegangene **Anti-Fascist People's Freedom League** (AFPFL) die baldige Unabhängigkeit. Diese wurde schließlich nach regelmäßigen Generalstreiks am 27. Januar 1947 im **Aung San-Attlee Agreement** vereinbart. Nur gut zwei Wochen später unterzeichnete Aung San mit den Anführern der Kachin, Shan, Chin und anderer Minderheiten am 12. Februar das **Panglong Agreement**, das in neun Punkten die Kooperation zwischen den unterzeichnenden Volksgruppen vorsah und allen Minderheiten fundamentale demokratische Grundrechte zugestand. Noch war die neue Verfassung nicht ausgearbeitet, da geschah die Katastrophe: Am 19. Juli fielen Aung San und acht seiner Mitstreiter im Yangoner Secretariat Building dem Attentat eines Rivalen zum Opfer. Der selbstbewusste Kämpfer und pragmatische Visionär sollte seinen großen Traum von der Unabhängigkeit nicht mehr erleben.

Holprige Demokratie

Am 4. Januar 1948 um 4.20 Uhr war die **Union of Burma** nach 62 Jahren Kolonialherrschaft wieder ein souveräner Staat. Der 40-jährige **U Nu** von der Anti-Fascist People's Freedom League wurde zum ersten Premier gewählt, der Shan-Fürst von Yawnghwe (Nyaung Shwe), **Sao Shwe Thaik,** zum ersten Präsidenten, und General **Smith Dun,** ein Kayin, zum ersten Armeechef der jungen Regierung. Doch diese geriet sehr bald in arge Bedrängnis.

Teile der **Communist Party of Burma** (CPB) und der **People's Volunteer Organisation** (PVO) sowie die 1947 gegründete **Karen National Union** (KNU) starteten ihren militärischen Widerstand. Die Macht von U Nu reichte zeitweise nicht über Yangon hinaus. Ein weiterer Unruheherd entstand im östlichen Shan State. Dorthin waren 1950 Einheiten der nationalchinesischen **Guomindang** (Kuomintang/KMT) geflohen, nachdem sie von Mao Zedong und dessen Volksarmee im Bürgerkrieg geschlagen worden waren.

Wirtschaftlich versuchte U Nu mit seinem **Pyidawtha-Programm** (Königlich-Glückliches Land) einen buddhistischen Wohlfahrtsstaat zu schaffen. Er nationalisierte den Großgrundbesitz zugunsten landloser Bauern und begann mit dem Wiederaufbau der kriegszerstörten Industrie. Doch fehlende Mittel, Misswirtschaft und Korruption machten es schwer, die Pläne voranzutreiben.

Der fromme U Nu verstand sich wie einst die Könige als Patron des Buddhismus, stiftete zahlreiche Pagoden und rief 1954 die Sechste Buddhistische Synode ein. 1955 wurde Myanmar Mitglied der neu gegründeten Bewegung der Blockfreien Staaten. Doch mit zunehmenden Parteiquerelen und Aufständen von zeitweise über 20 Rebellenarmeen begann die Autorität U Nus zu bröckeln. Als ihm die Probleme über den Kopf wuchsen, ließ er 1958 das Parlament auflösen und setzte seinen Armeechef, General **Ne Win,** als Chef einer **Interimsregierung** ein.

In seiner 18-monatigen Regierungszeit vermochte Ne Win tatsächlich wieder Ordnung zu schaffen. Doch damit war es schnell wieder vorbei, als **U Nu** bei den Wahlen 1960 erneut an die Macht kam. Vor allem sein Plan, den Buddhismus zur Staatsreligion zu erheben, brachte viele christlich dominierte Volksgruppen gegen ihn auf. Die Shan und Kayin rebellierten, das Land drohte sich zu spalten.

Die Unabhängigkeit

General Ne Win als Interimspräsident im Jahr 1959 – 1962 putschte er sich an die Macht und führte das Land in die Isolation

Ne-Win-Diktatur

Am 2. März 1962 endete das demokratische Experiment. In der Überzeugung, nur die Armee könne die Union retten, putschte sich General **Ne Win** an die Macht, warf über 50 Politiker ins Gefängnis und schloss die Universitäten, um Protestaktionen zu verhindern. Auf der Höhe des Kalten Krieges verordnete er dem Land eine völlige Isolation – Visa wurden nur noch für 24 Stunden (Maximalaufenthalt von Ausländern drei Tage, ab Mitte der 1970er-Jahre dann 1-Woche-Visa) gewährt. 1978 verließ er sogar die Bewegung der Blockfreien Staaten. Die Macht legte er in die Hände des Revolutionsrats, die einzige zugelassene Partei war die von Ne Win gegründete **Burma Socialist Program Party** (BSPP). Anfang März 1974 löste Ne Win den Revolutionsrat auf und rief die **Sozialistische Republik der Union Birma** aus – mit ihm selbst als Staatspräsidenten.

Wirtschaftlich proklamierte der General den **Birmanischen Weg zum Sozialismus.** Ausländische Firmen wurden des Landes verwiesen und alle Betriebe verstaatlicht. Viele Unternehmer verließen das Land. Es war ein Weg in die nationale Pleite. 1987 beantragte die bankrotte Regierung den Status als Least Developed Country (LDC), um günstige Kredite zu erhalten und Schulden erlassen zu bekommen.

Die Stimmung in der Bevölkerung war entsprechend schlecht. Ein in einem *teashop* eskalierter Streit führte im März 1988 zu den ersten Ausschreitungen, die sich bald zu Massendemonstrationen und -streiks ausweiteten. Einmal mehr standen die Universitäten im Mittelpunkt der Protestaktionen.

Am 27. Juli 1988 trat Ne Win zurück und ließ seinen Nachfolger **U Sein Lwin** die Demonstrationen niederschlagen. Allein am 8. August wurden Tausende getötet. Die Lage beruhigte sich erst, als der ›Schlächter von Rangoon‹ bereits 17 Tage später von dem Zivilisten **Dr. Maung Maung** abgelöst wurde. Während dieser Zeit hielt die bis dato unbekannte **Aung San Suu Kyi,** Tochter des 1947 erschossenen Aung San, an der

Geschichte

Aktuelle und koloniale Ortsnamen in Myanmar/Birma	
Neu	**Alt**
Myanmar	Birma/Burma
Ayeyarwady	Irrawaddy
Bagan	Pagan
Bago	Pegu
Dawei	Tavoy
Inwa	Ava
Kyaikkami	Amherst
Mawlamyine	Moulmein
Mottama	Martaban
Mrauk U	Myohaung
Myeik	Mergui
Pathein	Bassein
Pyay	Prome
Pyin U Lwin	Maymyo
Rakhine	Arakan
Sittwe	Akyab
Tanintharyi	Tenasserim
Thandwe	Sandoway
Thanlwin	Salween
Thanlyin	Syriam
Yangon	Rangoon

Die neue Militärjunta benannte das Land im Juni 1989 in **Republik der Union Myanmar** um, führte die Marktwirtschaft ein und kündigte Wahlen an. Einen Monat später wurden Aung San Suu Kyi und andere NLD-Mitglieder unter Hausarrest gestellt bzw. inhaftiert. Als die **Parlamentswahlen** am 27. Mai 1990 tatsächlich stattfanden, errang die NLD trotz aller Repressalien (u. a. durfte Aung San Suu Kyi nicht kandidieren) mit 59 % der Stimmen vier Fünftel der Parlamentssitze, die aus der BSPP hervorgegangene **National Unity Party** (NUP) lediglich zehn. Allerdings war bereits zuvor verkündet worden, dass das gewählte Parlament erst nach Erarbeitung einer neuen Verfassung zusammentreten würde – bis dahin vergingen am Ende 18 Jahre … Eine verfassungsgebende Versammlung trat zwar 1993 erstmalig zusammen, doch nach dem Boykott durch die NLD schon 1996 vorerst letztmalig.

Die politische Stabilität im Land gründete auf einem harten Durchgreifen gegenüber jeglicher Art von Opposition. Positiver verliefen die Bemühungen des SLORC um **Waffenstillstandsabkommen** mit den Unabhängigkeitsorganisationen und Befreiungsarmeen von 20 Volksgruppen. Einigen Ethnien im Shan State wie den Kokang, den Pa-O und den Wa wurden Selbstverwaltungszonen zugestanden.

Trotz seiner relativen Isolation verzeichnete das Land in diesen Jahren einen gewissen wirtschaftlichen Aufschwung, der insbesondere Investitionen aus den asiatischen Nachbarländern zu verdanken war. 1997 wurde Myanmar Mitglied des Wirtschaftsverbandes **Association of Southeast Asian Nations (ASEAN)** und die Militärs nannten ihre Partei in **State Peace and Development Council** (SPDC) um. Doch von wirklichem Frieden war wenig zu spüren: Zwangsarbeit zur Durchführung größere Bauprojekte war ebenso an der Tagesordnung wie die Unterdrückung der Opposition und das brutale Vorgehen gegen Minderheiten.

2003 verkündete der Geheimdienstchef und damalige Premier **Khin Nyunt** (reg. 2003/04) seinen **Wegweiser zu einer**

Shwedagon Paya ihre erste Rede und avancierte zum Gesicht der Demokratiebewegung. 1991 sollte sie für ihre Bemühungen um eine gewaltlose Demokratisierung ihres Landes den Friedensnobelpreis erhalten.

Neue Militärs

Am 18. September 1988 kam es zu einem Machtwechsel innerhalb des Militärs. Als Dr. Maung Maung und die BSPP vom **State Law and Order Restoration Council (SLORC,** Staatsrat zur Wiederherstellung von Recht und Ordnung) unter **Saw Maung** abgelöst wurden, herrschte im Land völlige Anarchie. Noch im selben Jahr gründete **Aung San Suu Kyi** mit zwei Exoffizieren die **National League for Democracy** (NLD), derweil jegliche Art von Protest rigide unterdrückt wurde. Tausende von Studenten wurden verfolgt und flüchteten ins Grenzgebiet oder nach Thailand.

Gelenkten Demokratie, der in sieben Schritten von der verfassungsgebenden Versammlung zu »freien und fairen« Parlamentswahlen führen sollte. Auch dieses Vorhaben zog sich in die Länge. Zunächst ließ die Militärregierung eine neue Hauptstadt errichten, Naypyitaw, die 2006 bezogen werden konnte. Ein erneuter Rückfall in die Diktatur erfolgte im September 2007, als friedliche **Mönchsproteste** niedergeschlagen wurden. Am 1. Mai 2008 schließlich fegte der **Zyklon Nargis** über das Ayeyarwady-Delta und Yangon hinweg, forderte mindestens 138 000 Menschenleben und hinterließ eine Schneise der Verwüstung – einer Unterstützung durch internationale Hilfsorganisationen stand das Militär im Wege.

Aktuelle Politik

Erste Reformen …

Trotz der Naturkatastrophe hielt das Militär an dem für Mitte Mai 2008 anberaumten Referendum über die neue Verfassung fest. Das Ergebnis: Sie wurde mit 92,48 % der gültigen Stimmen abgesegnet. Diese unrealistische Zahl ließ erahnen, dass auch die geplanten Wahlen nur gefälschte Ergebnisse hervorbringen würden. Doch trotz des Boykotts durch die NLD nahmen die meisten Oppositionsgruppen teil. Als am 10. November 2010 zum Urnengang gerufen wurde, konnten die Birmanen zwischen 37 politischen Parteien wählen. Wie erwartet, gewann die von den Militärs geführte Union Solidarity and Development Party (USDP) haushoch mit 76,79 % der Stimmen für die Nationalitätenkammer und 78,49 % der Stimmen für das Parlament. Da dem Militär laut Verfassung ohnehin ein Viertel aller Parlamentssitze zusteht, schien es absehbar, dass die neue Führung kompromisslos regieren würde. Doch es kam anders.

Zwar wurde mit **Thein Sein** ein hoher General und Expremier zum Präsidenten gewählt, doch ordnete er schon bald nach seiner Amtseinführung im März 2011 eine Vielzahl von Reformen an. So wurden neben **Aung San Suu Kyi** die meisten politischen Gefangenen freigelassen, die Zensur und das Versammlungsverbot weitgehend abgeschafft, das Monopol militäreigener Unternehmen gebrochen und das umstrittene Myitsone-Staudammprojekt (s. S. 428) im Kachin State auf Eis gelegt.

… und erste Erfolge

Seit Nachwahlen im April 2012 ist auch die NLD mit **Aung San Suu Kyi** vertreten. Die allmähliche Öffnung des Landes wird immer weiter vorangetrieben. Neue Gesetze sollen Auslandsinvestitionen anlocken, was nach Abschaffung wesentlicher Sanktionen durch den Westen auch Erfolg zeigt. Geschäftsleute aus aller Welt geben sich die Türklinke in die Hand, vor allem der Immobilienmarkt und der Tourismus boomen.

Doch der militärische Geist ist weiterhin präsent. Anstelle demokratischer Diskussionskultur und Kooperation auf Augenhöhe herrscht in Behörden und Ministerien eine Top-down-Mentalität. Alte Seilschaften, Intransparenz und Korruption bestimmen das Wirtschaftsleben, was u. a. zu umstrittenen Enteignungen zugunsten lukrativer Großprojekte führt. Auch Aversionen gegenüber Minderheiten flammen erneut auf, was vor allem die Muslime sowie die Volksgruppe der Kachin schmerzhaft zu spüren bekommen – trotz Friedensbeteuerungen seitens der Regierung wird der Krieg mit der Kachin Independence Organisation (KIO) fortgesetzt, führt zu Tod und Vertreibung. Änderungen in der Verfassung, um Aung San Suu Kyi die Präsidentschaft zu ermöglichen, scheinen bis auf Weiteres ausgeschlossen. Wie groß ihre Popularität ist, zeigten indes die Wahlen vom 8. November 2015. Mit der NLD errang Aung San Suu Kyi in beiden Häusern des Unionsparlaments die absolute Mehrheit: über 60 % der Sitze in der Nationalitäten- und knapp 58 % in der Abgeordnetenkammer. Die USDP verspricht einen friedvollen Wechsel. Doch nach ihrem Amtsantritt Anfang April 2016 steht die regierungsunerfahrene NLD vor einem gewaltigen Berg an Aufgaben.

Zeittafel

ab ca. 10 000 v. Chr. Jungsteinzeit: Werkzeugfunde belegen erste Siedlungen im Shan State.

1500–500 v. Chr. Bronzezeit: Zahlreiche Waffenfunde in Ober-Myanmar.

ab 2. Jh. v. Chr. Erste urbane Zentren der Pyu, Mon und Rakhine. Der Buddhismus beginnt sich auszubreiten.

9. Jh. n. Chr. Die Bamar nutzen die politische Schwäche der Pyu und nehmen 849 deren Stadt Pyu-gama (Bagan) ein. Im Shan State lassen sich Tai nieder.

1044–1287 Bagan-Ära: Unter König Anawrahta und seinen zehn Nachfolgern erlebt das Land eine kulturelle Blütezeit. Nach einer Invasion der Mongolen zerfällt das Reich.

14.–16. Jh. Von Ava (Inwa) aus beherrschen die Bamar die Zentralebene, von Bago aus Nieder-Myanmar und von Mrauk U aus die Westküste. Die Ära der Taungoo-Dynastie im 16. Jh. ist von zahlreichen Kriegen gegen die Mon, Rakhine und Siamesen geprägt.

1752–1824 Alaungpaya begründet in Inwa die Konbaung-Dynastie und erobert 1757 das Mon-Königreich Bago. Sein zweiter Nachfolger, Hsinbyushin, zerstört 1767 die siamesische Hauptstadt Ayutthaya. Unter Bodawpaya wird 1784 der Küstenstaat Rakhine unterworfen.

1824–1886 Nach dem Ersten Anglo-Birmanischen Krieg (1824–26) geraten Rakhine und Tanintharyi unter britische Herrschaft, nach dem Zweiten Anglo-Birmanischen Krieg (1852/53) ganz Nieder-Myanmar. 1857 gründet König Mindon die Stadt Mandalay. Der dritte Krieg mit dem Empire ab 1885 führt zur Annexion ganz Myanmars. 1886 wird das Land ein Teil Britisch-Indiens.

frühes 20. Jh. Migrationswelle aus Südasien. Diverse Aufstände der Birmanen scheitern an der Übermacht des Empire. In den 1930er-Jahren entwickelt sich die Organisation Dobama Asiayone zum Sammelbecken antikolonialer Kräfte, darunter Aung San, eine spätere Schlüsselfigur der Unabhängigkeit.

1942–1947 Dreijährige japanische Besatzung. Aung San und Seine Dreißig Kameraden kämpfen an der Seite Japans gegen die Kolonialmacht, wechseln jedoch später zu den Alliierten. Nach der Rückeroberung des Landes durch die Briten regeln das Aung San-Attlee und das Panglong Agreement 1947 die Unabhängigkeit des Vielvölkerstaats. Am 19. Juli 1947 fällt Aung San einem Attentat zum Opfer.

Der Unabhängigkeit am 4. Januar 1948 folgt eine schwierige Phase der Demokratie. Unter Premier U Nu wird die Union of Burma Teil der Bewegung der Blockfreien Staaten. Innenpolitisch gerät das Land durch kommunistische Milizen, ethnische Unabhängigkeitsarmeen und marodierende Truppen der nationalchinesischen Guomindang unter Druck. 1958 übernimmt Verteidigungsminister Ne Win die Regierungsgeschäfte, muss sie jedoch zwei Jahre später wieder an U Nu abgeben.	**1948–1962**
Am 2. März 1962 putscht sich Ne Win erneut an die Spitze und bündelt alle Macht beim Militär. Sein Birmanischer Weg zum Sozialismus endet 1987 im Staatsbankrott. Die katastrophale wirtschaftliche Situation führt 1988 zu Massenprotesten, die vom Militär brutal niedergeschlagen werden. Die spätere Friedensnobelpreisträgerin Aung San Suu Kyi betritt die politische Bühne und gründet die National League for Democracy (NLD).	**1962–1988**
Nach dem Rücktritt Ne Wins übernimmt der State Law and Restauration Council (SLORC) die Macht, benennt das Land in Republik der Union Myanmar um und leitet marktwirtschaftliche Reformen ein. Jeglicher politischer Protest wird im Keim erstickt. Die Wirtschaft liegt in den Händen militäreigener Konglomerate und einiger Oligarchen. Mit mehreren ethnischen Organisationen werden Waffenstillstandsabkommen geschlossen. Seit der Verfassungsänderung 2008 können Birmanen, deren Ehepartner oder Kinder einen ausländischen Pass halten, nicht Staatspräsident werden.	**1988–2010**
Die umstrittenen Wahlen gewinnt die militärnahe Union Solidarity and Development Party (USDP), deren Präsident Thein Sein überraschend tiefgreifende Reformen einleitet. 2012 wird Aung San Suu Kyi ins Parlament gewählt.	**2010–2013**
Myanmar erlebt einen Wirtschaftsaufschwung. Friedensgespräche mit diversen ethnischen Gruppen werden vom Krieg gegen die Kachin und von Konflikten mit den Muslimen überschattet.	**2014**
Bei den Wahlen am 8. November erlangt die NLD unter Führung von Aung San Suu Kyi einen Erdrutschsieg und gewinnt über 60 % der Sitze in der Nationalitäten- und knapp 58 % in der Abgeordnetenkammer.	**2015**
Der Regierungswechsel Anfang April läutet eine neue politische Ära ein. Die Parteivorsitzende der NLD, Aung San Suu Kyi, kann ohne erneute Verfassungsänderung zwar nicht selbst als Staatspräsidentin amtieren, gilt aber zweifellos als oberste Entscheiderin.	**2016**

Gesellschaft und Alltagskultur

Als Land der Goldenen Pagoden besungen, prägt unübersehbar die Lehre Buddhas das Leben der Menschen in Myanmar. Doch auch der Geisterglaube ist überall zugegen. Mit 135 offiziellen Volksgruppen präsentiert sich das Land zudem als buntes Gemisch verschiedener Traditionen.

Religion

Buddhismus

Wie ein Monsunregen durchtränkt der Buddhismus den kulturellen Boden Myanmars. Vorstellungen wie die Vergänglichkeit allen Daseins, Wiedergeburt oder das Ansammeln von Verdiensten beeinflussen das Handeln und Denken der Menschen. Das zeigt sich u. a. in der großen Spendenfreudigkeit (Sanskrit: *dana*) der Gläubigen, die immer neue Buddhas und Stupas finanzieren. Eine solche Gabe bringt ihnen gleich fünffachen Segen ein: Sie macht sie beliebt, bringt sie mit guten Menschen zusammen, führt zu einem guten Ruf, stärkt das Selbstbewusstsein und garantiert eine gute Wiedergeburt. Aber Achtung: Das funktioniert nur, wenn das Geben uneigennützig geschieht.

Buddha – der Erleuchtete

Die buddhistische Lehre geht auf Siddhartha Gautama zurück, der 563 v. Chr. in das nordindische Adelsgeschlecht der Sakya (Shakya) hineingeboren wurde und daher später auch den Titel Shakyamuni (Weiser der Shakya) verliehen bekam. Ein Zweig dieser Volksgruppe soll dem Ursprungsmythos der Bamar zufolge nach Myanmar eingewandert sein. Am Hof seines Vaters, des Königs von Kapilavashtu im heutigen Nepal, führte Prinz Siddhartha ein angenehmes Leben. Doch trotz des Wohlstands war sein Leben von Melancholie und Nachdenklichkeit geprägt. Im Alter von 29 Jahren verließ er seine Frau Yashodhara und ihren gemeinsamen Sohn Rahula, da er bei Begegnungen mit Menschen außerhalb des Palasts erkannt hatte, dass alles Leben mit Leiden behaftet ist. Fortan führte er das Dasein eines Hauslosen (Sanskrit: *bikshu*, Pali: *bikkhu*) und zog als Wanderasket umher. Er besuchte religiöse Gurus, meditierte einsam im Wald und hungerte sich mit fünf Gleichgesinnten fast zu Tode. Auf diese Zeit verweisen Darstellungen Buddhas als ausgemergelter Asket. Doch Siddhartha musste erkennen, dass auch diese extreme Art der Selbstaufopferung keine Befreiung für ihn darstellte. So lockerte er seine Askese, praktizierte aber weiterhin konsequent der Meditation und widmete sich ganz der Suche nach seinem eigenen Weg der Erlösung. Endlich, in seinem 36. Lebensjahr, als Siddhartha unter einer Pappelfeige *(Ficus religiosa)* im heutigen Bodh-Gaya meditierte, erkannte er in der dritten Nacht die Ursache allen Leidens und den Weg zu seiner Überwindung. Er ›erwachte‹, erlangte Erleuchtung (Sanskrit: *bodhi*) und wurde zum Buddha, zum Erleuchteten. Daher wird die Pappelfeige auch Bodhi-Baum genannt.

Seine neuen Erkenntnisse legte Buddha im Gazellenhain von Sarnath bei Varanasi fünf Asketen, seinen früheren Gefährten dar, die so die ersten Mitglieder der buddhistischen (Mönchs-)Gemeinschaft (Sanskrit: *sangha*) wurden. In den folgenden Jahrzehnten zog er durchs Land und predigte seine Erkenntnis, setzte damit das Rad der Lehre (Sanskrit: *dharmachakra*) in Gang. Immer mehr Anhänger

Religion

versammelten sich um ihn und so gründete Buddha den Orden der buddhistischen Mönche, bhikshu (Pali: bhikku) sangha, und etwas später den Nonnenorden, bikshuni (Pali: bhikkuni) sangha. Zur Regelung des monastischen Zusammenlebens entstand der **Vinaya Pitaka,** eine Sammlung mit heute 227 Mönchs- und 311 Nonnenregeln.

Buddhas Lehre fand auch unter Adeligen Anklang, die ihn immer wieder einluden und seine Asketenbewegung – seinerzeit eine unter vielen – materiell unterstützten. Nach 40–45 Jahren der Lehrtätigkeit soll er im Alter von 80 Jahren in Kushinara an einer Lebensmittelvergiftung verstorben sein. Die buddhistische Zeitrechnung beginnt mit dem Jahr 544 oder 543 v. Chr., dem nach der sogenannten (südindischen) unkorrigierten langen Chronologie Todesjahr Buddhas, die korrigierte Version geht vom Jahr 484/483 v. Chr. aus. Neuere Forschungen verschieben seine Lebensdaten gar um über 100 Jahre, gehen von seinem Eingang ins Nirvana zwischen 420 und 368 v. Chr. aus.

Der Dharma – die Lehre

Den Kern der Lehren Buddhas bilden die **Vier Edlen Wahrheiten:** 1. die Wahrheit vom Leiden (alles Dasein ist leidvoll); 2. die Wahrheit von der Entstehung des Leidens (Begierde und Anhaftung binden ein Wesen an den Kreislauf der Wiedergeburten); 3. die Wahrheit von der Aufhebung des Leidens (durch die restlose Aufgabe von Begierde und Anhaftung); 4. die Wahrheit vom Weg, der zur Aufhebung des Leidens führt (der Edle Achtfache Pfad). Der **Edle Achtfache Pfad** besagt, dass jeder Mensch durch sittliches Verhalten, wissende Einsichtigkeit und Konzentration das Nirvana, das Verlöschen, und damit die Befreiung aus dem Kreislauf der Wiedergeburten (Sanskrit: samsara), erlangen kann.

Zudem lehrt Buddha, dass alle Erscheinungen dem ständigen Prozess des Werdens und Vergehens unterworfen sind. Sie können nicht isoliert existieren, sondern nur in bedingter Abhängigkeit zueinander. Damit verwirft Buddha die Auffassung der Hindus, der Welt liege ein ewiges göttliches Sein (Sanskrit: brahman) und den Lebewesen ein unveränderbares, unsterbliches Selbst (Sanskrit: atman) zugrunde. Buddha zufolge ist das Ich nicht mehr als ein ständig sich veränderndes Zusammenspiel von Körper, Sinnesempfindungen, Sinneswahrnehmung, Geistesregung und Bewusstsein. Daher wird nicht die menschliche Person wiedergeboren, sondern die im Laufe eines Lebens angesammelte karmische Energie, also das Denken und Tun (Sanskrit: karma) dieser Person. Solange das Karma von Gier, Hass und Verblendung motiviert ist, bleibt es Teil des Wiedergeburtenkreislaufs. Erst wenn es sich vollkommen davon befreit hat, endet der Kreislauf – das Nirvana ist erreicht.

Der Sangha – die Gemeinde

Nach Buddhas Tod begann sich die junge Religion bald in mehrere Schulen aufzuspalten. Die in Myanmar dominierende Lehre der Ältesten, **Theravada,** stützt sich weitgehend auf die erste überlieferte Sammlung von Lehrreden des Buddha, den **Palikanon.** Etwa im 2. Jh. v. Chr. entwickelte sich in Indien der Mahayana-Buddhismus (Sanskrit: mahayana, Großes Fahrzeug), der auch in Myanmar Spuren hinterlassen hat, etwa in Form der Bodhisattva-Darstellungen in Bagan.

Im Theravada steht der Mönch (Myanma: pongyi) im Mittelpunkt der Religion, so auch in Myanmar, wo schätzungsweise mehr als 170 000 Ordinierte die weinrote Robe tragen. Manche Mönche ziehen als Meditationslehrer Schüler aus dem In- und Ausland an, andere sind als Gelehrte (Myanma: sayadaw) gefragte Berater. Viele Gläubige konsultieren Mönche aber auch aufgrund ihrer angeblich magischen Kräfte und hängen deren Porträts als Amulett in Häuser und Fahrzeuge.

Wie in Thailand, Laos und Kambodscha ist auch in Myanmar jeder Mann mindestens einmal im Leben eine Zeit lang Mönch. Besonders feierlich begangen wird die **Shin-Pyu-Zeremonie** für Jungen zwischen zehn und zwölf Jahren: Familienangehörige und Freunde begleiten den prachtvoll als Prinzen gekleideten Sprössling in einer Prozession mit Musik und Tanz zum Klos-

Gute Geister, schlechte Geister – Nat

Die Nat können zu Reichtum verhelfen oder einem den letzten Kyat aus der Tasche ziehen, sie vermögen, Menschen ins Unglück zu stürzen oder mit Glücksmomenten zu segnen. Grund genug, die Geister durch Geschenke, Opfer oder gar extravagante Feste zu umgarnen.

Die Dame ist leicht zu erkennen. Stets trägt sie schwarze Kleidung und auf ihrem Haupt den gehörnten Kopf eines Wasserbüffels. Ihr originelles Outfit hat mit ihrer Geschichte zu tun. Es lebte einmal eine Wasserbüffelkuh namens Nankaraing in der Umgebung der Mon-Königsstadt Bago. Eines Tages fand die Kuh ein schreiendes Kind, nahm es auf und zog es groß. Als der Junge älter wurde und seine Identität als Prinz erkannte, kehrte er zurück in den Königspalast. Weil die Wasserbüffelkuh auf der sorgenvollen Suche nach ihm in den Dörfern und auf den Feldern große Schäden anrichtete, befahl der König seinem Sohn, das Tier zu töten. Nur widerwillig gehorchte der Prinz. Bald darauf erzählte er seinem Vater reumütig seine Geschichte, woraufhin der König die Kuh mit allen Ehren bestatten ließ. Seitdem genießt sie als Bago Maedaw, Königsmutter von Bago, den Status eines *nat* und wird mit den üblichen Opfergaben – dunkelgrünen Bananen, Kirschmyrtenblättern und Kokosnüssen mit abstehendem Zweig – verehrt.

Die *nat*-Verehrung reicht in vorbuddhistische Zeit zurück und steht ursprünglich in Bezug zu animistischen Glaubensvorstellungen, wobei die *nat* heute auch in das buddhistische Pantheon integriert sind. Der Name *nat* leitet sich vom Sanskritwort *natha* für Herr oder Beschützer ab, doch kann ein *nat* auch böse sein und viel Schaden anrichten. Im Verhältnis zu den *nat* spiegelt sich die Ambivalenz der Menschen gegenüber der Umwelt wider und um die Geister gnädig zu stimmen, bedarf es zahlreicher Rituale.

Nat gibt es als Naturgeister, als Körperwächter, als Hauswächter oder als Territorialwächter. Ein Naturgeist ist meist namenlos und bezieht sich auf Naturphänomene wie Berge *(taung saung nat)*, Wald *(taw saung nat)* oder Bäume *(yokkazoe nat)*. Als Körperwächter *(kosaung nat)* stehen in jeder Person sechs gute und sechs schlechte Geister im Widerstreit, die für Gesundheit und Krankheit verantwortlich sind. Als wichtigster Hauswächter *(ein saung nat)* gilt seit der Bagan-Ära Maung Tinde. (s. S. 258). Fast jedes Dorf besitzt am Ortseingang einen Schrein *(nat sin)* zur Verehrung seines Schutzgeists. Als Dorf- bzw. Stadtwächter dienen je nach Region unterschiedliche Gestalten, etwa im Gebiet der Mon die Bago Maedaw (s. oben). Auf dem Berg Popa wird die Popa Maedaw (s. S. 280) verehrt, selbst ein mächtiger Schutzgeist und Mutter der Taungbyone-*nat* (s. S. 314). Vor allem im südlichen Landesteil sieht man oft stehende Figuren mit einem Wanderstab in der Hand, verehrt als Bobogyi, Großvater. Rund um Pakkoku gilt Ko Gyi Kyaw (auch U Min Kyaw) als Schutzgeist, während sein Bruder, der Herr der Neun Städte, Ko Myo Shin, für Pyin U Lwin, Hsipaw und einige Städte im Shan State zuständig ist. Bootsleute im Ayeyarwady-Delta indes haben zu U Shin Gyi, dem Beschützer der Wasserwege, ein besonderes Verhältnis.

Im Laufe der Zeit avancierten legendäre Gestalten ebenso wie reale Personen zu Schutzgeistern: etwa der von seinem eigenen Sohn ermordete Bagan-König Alaungsithu oder König Phra Mekuti aus (dem thailändischen) Chiang Mai, der nach Bago verschleppt wurde, dort 1564 an Diarrhöe starb und nun als Yun Bayin Verehrung genießt. Zum *nat* kann im Grunde jedes menschliche Wesen werden, so es eines plötzlichen Todes – durch Krankheit, Unfall oder gar Mord – starb.

Die Popa Maedaw mit Gatte und Zwillingssöhnen – den Taungbyone Nat

Nicht selten waren die *nat* zuvor Menschen von moralisch zweifelhafter Natur. So war Ko Gyi Kyaw ein notorischer Trinker, der von einem Baum erschlagen wurde. Dargestellt wird er auf einem Pferd reitend und mit Whiskyflaschen behängt. Amae Gyan, Mutter Gyan, trieb als rauchende und trinkende Gattin eines Räuberprinzen aus Inwa ihr Unwesen, bis sie von einem Soldaten getötet wurde, weil sie ihn wüst beschimpfte und ihm vorwarf, er habe ihren Reisweinkrug zerbrochen. Heute wird sie bei Diebstahl konsultiert.

Auch einige hinduistische Gottheiten fanden Eingang in die Welt der *nat*, etwa Sarasvati (Myanma: Thuratthadi), die als Schutzgeist der Literaten für allerlei Probleme der Schüler und Studenten zuständig ist. Seit der Bagan-Ära steht Indra als König Sakka (Sanskrit: Shakra, Myanma: Thagyamin) an der Spitze der *nat*: Nachdem König Anawrahta (reg. 1044–77) beim Versuch scheiterte, den verbreiteten Geisterglauben zu verbieten, führte er den offiziellen Kult um die 37 Großen Nat inklusive Thagyamin als Oberhaupt ein – womit die *nat* letztlich in den Volksbuddhismus Myanmars integriert wurden. Die Liste der *nat* wurde im Laufe der Zeit immer wieder verändert, da manche *nat* an Bedeutung verloren, andere hingegen wichtiger wurden. Sehr populär ist etwa die auf einem Lotosthron stehende Shwe Nabe mit *naga*-Krone. Ob sie eine Dorfschönheit war, die einen *naga* ehelichte, der sie später verließ, oder die Tochter eines *naga*-Königs die mit dem später gewaltsam zu Tode gekommenen Maung Tinde aus Bagan liiert war? Wie auch immer: Sie starb aus Gram. Neben diesen 37 Großen Nat werden unzählige Niedere Nat verehrt, die oft noch deutlicheren Bezug zum Animismus aufweisen, zumeist namenlose Naturgeister, die etwa auf Bäumen, Bergen oder in Flüssen zu Hause sind.

Zu Ehren der *nat* wird oft ein *nat pwe* abgehalten, bei welchem eine Frau oder ein Transvestit als Schutzgeist-Gattin, *nat kadaw*, sich wie ein *nat* kleidet und durch theatralischen Tanz mit ihm Kontakt aufnimmt. Bei Bago Maedaw ist klar, welches Outfit die *nat kadaw* trägt: schwarze Kleidung und Wasserbüffelkopf.

Gesellschaft und Alltagskultur

ter, wo er einige Tage als Novize (Myanma: *koyin*) verbringen wird. Das Gewand soll an die adelige Herkunft Buddhas erinnern. Im Kloster angekommen, schneidet ihm ein Mönch die Haare ab, bevor er den Abt um die Aufnahme des Jungen in den *sangha* bittet. Dann legt man ihm die weinrote Robe an und hängt die Almosenschale über seine Schulter. Die kommenden Tage – oft nur drei, fünf oder neun – wird er mit den Mönchen durch die Straßen ziehen, um Opfergaben einzusammeln und so den Gläubigen ermöglichen, durch ihre Gaben Verdienste anzusammeln.

Die Thilashin

Obwohl Buddha auch einen Nonnenorden gründete und im **Theri Gata,** einer buddhistischen Lehrschrift, das herausragende Leben von Nonnen porträtiert wird, kommt Frauen im heutigen Buddhismus Myanmars eine untergeordnete Rolle zu. Viele glauben, nur ein Mann könne das Nirvana erreichen. Die Berührung besonders wertvoller Buddhastatuen und Stupas ist für Frauen ein Tabu.

Auch wenn in Myanmar der Nonnenorden nie existierte, gibt es Zehntausende sogenannter *thilashin*, die in einer der über 2700 religiösen Gemeinschaften leben. Die *thilashin* sind zwar nicht offiziell ordiniert, genießen in der Bevölkerung jedoch viel Respekt. Sie befolgen die zehn Sittenregeln (Myanma: *thila*), die sie u. a. zu Keuschheit, Armut und der Enthaltsamkeit von Speisen nach zwölf Uhr verpflichten. Manche leiten Waisenhäuser oder sind in der Lehre tätig (s. Thema S. 38). Anders als die Mönche gehen sie nicht auf allmorgendlichen Almosengang, sondern sammeln zweimal wöchentlich Spenden ein. Kahlköpfige Frauen und Mädchen in weißrosa Gewändern gehören daher zum Straßenbild.

Christentum

Mit etwa 6 % die größte religiöse Minderheit Myanmars blicken die Christen auf ein halbes Millennium Geschichte zurück. Doch trotz der langen Anwesenheit ist das Verhältnis zur buddhistischen Mehrheit von Misstrauen bestimmt. Noch immer werden Christen als Fremdkörper und vom Ausland gesteuerte Gruppe betrachtet. Die mit Abstand größte christliche Gemeinde bilden die Baptisten.

Katholiken

Rund 600 000 Mitglieder zählt die katholische Kirche Myanmars. Erstmals wurde der Glaube 1510 durch portugiesische Kaufleute in die Hafenstädte gebracht. Zwischen 1554 und 1557 hielt sich dann der französische Franziskanerbruder **Peter Bonfer** zum Studium von Sprache und Kultur in Bago auf. Es folgten im 17. Jh. regelmäßige Besuche von Missionaren in den Hafen- und Königsmetropolen. Die ersten ständigen Missionsstationen wurden jedoch erst 1722 von italienischen Barnabiten in Bago und Inwa etabliert, wo die Ordensbrüder aufgrund ihrer Gelehrsamkeit bald Respekt am Königshof genossen. Der ehemalige Missionsleiter, der Barnabitenpater **Segismundo Calchi**, verfasste 1725 das erste (Übersetzungs-)Wörterbuch: Birmanisch-Portugiesisch-Latein. Doch insgesamt hielten sich die missionarischen Erfolge der katholischen Kirche in Grenzen.

Baptisten

Weit mehr erreichte der US-amerikanische Baptist **Adoniram Judson**, was sich heute noch darin zeigt, dass die Baptisten die größte christliche Gemeinschaft Myanmars bilden. Am 13. Juli 1813 betrat er in Yangon erstmals den Boden des Landes und taufte bereits sechs Jahre später die ersten Einheimischen. Als er 1850 starb, hatte er die Bibel ins Myanma übersetzt, ein Wörterbuch und eine Grammatik herausgebracht, 75 Kirchen erbauen lassen und fast 8000 Anhänger gewonnen.

Besonders im Fokus der Missionierungsversuche standen die nicht-buddhistischen ethnischen Minderheiten. Vor allem unter den Chin, Kachin und Kayin zeigten sich viele interessiert an der christlichen Religion, zumal mit der Präsenz der Missionare auch

Religion

Nicht so friedlich wie das Bild von benachbarter Moschee und Pagode, hier in Mandalay, ist das Verhältnis der Birmanen zur muslimischen Minderheit

eine bessere Gesundheitsversorgung und Schulbildung einherging. Die Folge war ein überdurchschnittliches Bildungsniveau dieser Ethnien, was sich später in einer überproportionalen Präsenz in der Führungsriege diverser Unabhängigkeitsbewegungen niederschlug. Ein gutes Beispiel hierfür ist die Karen National Union (KNU; s. S. 64).

Unter Ne Win wurden in den 1960er-Jahren christliche Einrichtungen wie Krankenhäuser und Bildungsstätten verstaatlicht und alle Ausländer, inklusive der Missionare, des Landes verwiesen. Erst seit wenigen Jahren sind wieder christliche Schulen zugelassen.

Islam

Offiziell 4 % der Bevölkerung Myanmars sind Muslime – vermutlich sind es sogar mehr, denn in fast jeder Stadt gibt es eine Moschee. Größtenteils handelt es sich um Nachfahren von Einwanderern aus dem indischen Subkontinent, die während der Kolonialzeit ins Land kamen. Deren Geschichte geht ins 1. Jt. zurück, als arabische Händler sich am Golf von Bengalen niederließen. Die ersten Gemeinden im heutigen Myanmar entstanden ab dem 9. Jh. im Küstenstaat Rakhine und im Ayeyarwady-Delta, wo sie als *pati* bekannt waren. Aus China stammende Muslime, *panthay* genannt, dominierten die Karawanenwege zwischen China und Südostasien und ließen sich in Mandalay und anderen Städten des Nordens nieder.

Trotz ihrer langen Anwesenheit im Land sehen sich die Muslime bis heute regelmäßigen Übergriffen ausgesetzt. Kaum eine Gruppe ist unter den Myanmaren verhasster als sie. Schon während der japanischen Besatzungszeit verließen viele südasiatische Muslime das Land. Gerade in den letzten Jahren kam es wiederholt zu pogromartigen Szenen, etwa 2012 in Meiktila und 2014 in Mandalay.

Zwei Muslime haben einen festen Platz in der birmanischen Welt der Legenden:

Gesellschaft und Alltagskultur

die mit übernatürlichen Kräften ausgestatteten indischen Brüder **Byatta** und **Byatwi**. Der Sage nach verführte Byatwi die Tochter des Herrschers von Thaton. Als er daraufhin hingerichtet wurde, floh sein Bruder nach Bagan, wo er in der Armee des Königs Anawrahta diente. Nachdem sich Byatta in eine Schönheit vom nahe gelegenen Mt. Popa namens Mae Wanna verliebt hatte und infolgedessen seinen Dienst völlig vernachlässigte, wurde auch er hingerichtet.

Rohingya

Völlig desolat ist die Lage der in Rakhine siedelnden muslimischen Rohingya (eine Ableitung von Rakhanga, einem alten Begriff für Rakhine), wie sie sich selbst bezeichnen. Offiziell nicht als eigene Volksgruppe anerkannt und daher quasi staatenlos, werden sie abschätzig Bengali genannt und als illegale Migranten betrachtet. Auch ein Großteil ihrer Vorfahren wanderte während der Kolonialzeit, als Myanmar Teil Britisch-Indiens war, aus Bengalen nach Rakhine ein. Doch auch nach der Unabhängigkeit hielt der Zustrom an. Die Rohingya entwickelten ihre eigene birmanisch-muslimische Identität und stellen mit mehr als 1 Mio. Angehörigen über ein Drittel der Gesamtbevölkerung von Rakhine, wo sie vielerorts den Handel dominieren. Immer wieder kam es zu offenen Konflikten mit der buddhistischen Mehrheit, etwa 1978, als General Ne Win einen Zensus durchführen ließ, um die illegalen Rohingya zu vertreiben, oder 1992, als nach massiven Übergriffen über 250 000 Rohingya nach Bangladesh flohen. Zuletzt kam es 2012 zu Pogromen mit Hunderten Toten und Zigtausenden Vertriebenen.

Viele Völker, viele Kulturen

Die Eltern der Mutter Bamar und Mon, die Eltern des Vaters Shan und Chinese – schon eine normale Familie gleicht oftmals einem ethnologischen Flickenteppich. Mit offiziell 135 offiziell anerkannten Ethnien (Myanma: lu myo, nationale Rassen) zählt Myanmar zu den ethnisch vielfältigsten Ländern Südostasiens. Die Zahl 135 beruht auf einer von der Kolonialregierung durchgeführten Volkszählung aus dem Jahr 1931, bei der die Gruppen nach einem sprachlichen Raster unterschieden wurden. Experten stellen diese hohe Anzahl zwar in Frage, vermögen aber mangels neuer Erkenntnisse keine Alternative zu nennen.

Die Ethnien werden in acht Hauptgruppen unterteilt: Bamar (9 Ethnien), Shan (34), Kayin/Karen (12), Rakhine (7), Mon (1), Kayah/Karenni (9), Chin (51) und Kachin (12). Moderne Linguisten bevorzugen eine andere Methode der Klassifikation und unterscheiden die Volksgruppen anhand ihrer Zugehörigkeit zu einer der großen Sprachfamilien. In Myanmar sind dies die sinotibetische Familie, zu der das **Tibetobirmanische** zählt, die austroasiatische Familie mit **Mon-Khmer** als Hauptzweig und die Austro-Tai-Familie mit **Tai-Kadai.** Bei den Sprachen der Kayin und Kayah herrscht Unsicherheit, ob auch sie der sinotibetischen Familie zugeordnet werden können.

Den mit Abstand größten Bevölkerungsanteil haben mit 68 % die Bamar, gefolgt von 9 % Shan, 7–8 % Kayin, 4,5 % Rakhine, 2,4 % Mon, 2 % Chin, 1 % Kachin und 0,5 % Kayah. Während manche der Gruppen wie etwa die Mon, Rakhine oder Kayin schon über 1500 Jahre in Myanmar ansässig sind, wanderten andere erst in den letzten 150 Jahren ein, darunter viele Kachin und Chin. Können einige Ethnien auf einstmals eigene Fürstentümer und Königreiche zurückblicken, handelt es sich bei anderen nur um kleine Volksgruppen mit oft wenigen Hundert Mitgliedern, die zumeist recht isoliert in abgelegenen Bergregionen lebten und leben.

Bamar

Seit dem 11. Jh. dominieren die **Bamar** das Land und stellen heute über zwei Drittel der Bevölkerung, besiedeln jedoch nur knapp die Hälfte des Gesamtterritoriums Myan-

Viele Völker, viele Kulturen

mars. Die ersten Bamar wanderten Mitte des 1. Jt. vermutlich vom Tibetplateau aus ein und ließen sich zunächst entlang des Ayeyarwady nieder. Durch ihre Expansion nach dem Ausbau von Bagan zu ihrem Machtzentrum verdrängten sie andere Volksgruppen und sind für das Ende der eigenständigen Reiche der Mon und Rakhine Mitte des 18. Jh. verantwortlich.

Von den Mon und den Pyu übernahmen sie Schrift und Religion, den Buddhismus. Tief verankert ist ihr Selbstverständnis »Bamar-Sein heißt Buddhist-Sein«, was immer wieder zur Diskriminierung nicht-buddhistischer Volksgruppen führt. Während der Kolonialzeit durch die Briten selbst systematisch diskriminiert, dominieren die Bamar seit der Unabhängigkeit Wirtschaft, Kultur und Politik, hochrangige Vertreter aus anderen Ethnien gibt es praktisch nicht. Die ethnische Bezeichnung Bamar ist übrigens der Grund für die verwirrende Verwendung der beiden Ländernamen Birma und Myanmar: Alte Quellen bezeichnen die Volksgruppe manchmal als Bamar und manchmal als Mranma bzw. Myanma.

Shan

Myanmars zweitgrößte Volksgruppe ist zugleich eine der größten Südostasiens, die sich in Chinas Autonomen Bezirk Xishuangbanna der Dai ebenso findet wie in Laos, Thailand und Nordvietnam. Die Vorfahren der heute etwa 4 Mio. in Myanmar lebenden **Shan** wanderten ab der zweiten Hälfte des 1. Jt. entlang des Mekong und des Thanlwin in den Shan State ein und etablierten in den fruchtbaren Flussebenen Fürstentümer, die von sogenannten *saopha*, Himmlischen Herren, regiert wurden. Zu den wichtigsten der zeitweise 48 Fürstentümer zählten Yawnghwe (Nyaung Shwe), Hsipaw (Thibaw), Mongwa und Kengtung (Kyaing Tong). Ihre Kultur ist wesentlich vom Buddhismus geprägt, ihre Wirtschaft traditionell vom Nassreisanbau.

Während der Kolonialzeit konnten die *saopha* ihre Macht behalten und waren maßgeblich am Panglong Agreement von 1947 (s. S. 50) beteiligt. Doch mit der Unabhängigkeit verschlechterte sich die Situation der Shan dramatisch. Große Teile des Shan State fielen zunächst unter die Kontrolle aufständischer Kommunisten und der Guomindang, später bewaffneter Drogenbarone und diverser ethnischer Armeen. Auch Shan selbst gingen in den bewaffneten Widerstand und formierten unter anderem die Shan State Army (SSA).

Bis heute leben die Shan großteils im Shan State in Ost-Myanmar, der rund ein Viertel der Gesamtfläche des Landes umfasst. Doch auch im Kachin State sind viele Shan-Gruppen zu finden..

Karen – Kayin und Kayah

Die **Kayin** bzw. **Karen**, wie sie in der Kolonialzeit genannt wurden, stellen die drittgrößte Bevölkerungsgruppe des Landes und konzentrieren sich im Kayin State entlang der Grenze zu Thailand sowie im Ayeyarwady-Delta. Ihre Herkunft ist nicht eindeutig zu bestimmen, doch vermutlich wanderten die **Pga K'Nyaw**, wie sie sich selbst nennen, bereits im 1. Jt. v. Chr. aus dem nördlichen China ein. Offiziell werden die Kayin in drei Hauptgruppen unterteilt: die Pwo und die Sgaw, die zusammen ca. 70 % der Karen stellen, sowie die Bwe. Die **Pwo** siedeln traditionell vor allem in den fruchtbaren Ebenen und stellen die Mehrheit im Ayeyarwady-Delta, wohin sie während der Kolonialzeit migrierten. Die **Sgaw**, zu denen auch die Pa-Ku (Weiße Karen) zählen, sind eher in den Bergregionen zu finden, vor allem entlang der Grenze zu Thailand. Ihren traditionell praktizierten Wanderfeldbau, *taungya*, mussten sie aus Umweltschutzgründen weitgehend aufgeben. Abgesehen von der Sprache sind die beiden Gruppen indes heute kaum noch voneinander zu unterscheiden. Beide leben bevorzugt in Stelzenhäusern aus Holz und Bambus und beide tragen die typischen Baumwollhemden mit Fransen und V-Ausschnitt. Die dritte Gruppe, die **Bwe**, gliedert sich in die **Kayah** bzw. **Karenni** (Rote Karen) und die **Karennet** (Schwarze Karen). Die Bwe werden in

Gesellschaft und Alltagskultur

Traditionelles Kunsthandwerk – Angehörige der Chin-Minderheit am Webstuhl

Myanmar offiziell als eigene Ethnie geführt. Einige Untergruppen der Bwe haben ihre kulturelle Identität bewahrt, allen voran die buddhistischen **Pa-O**. Knapp 1 Mio. von ihnen lebt im südlichen Shan State, wo sie sich vermutlich im 11. Jh. niederließen und heute über eine Selbstverwaltungszone verfügen. Größere Pa-O-Gruppen sind auch rund um Thaton zu finden.

Traditionell sind die Kayin tief im **Geisterglauben** verwurzelt, bei dem die Harmonie mit den Naturgeistern eine wichtige Rolle spielt und die Vorstellung existiert, dass 33 Seelen *(k'la)* den menschlichen Körper ›bewohnen‹. Die Mehrheit der Kayin folgt heute jedoch dem **Buddhismus**. Allerdings wurden während der Kolonialzeit auch zahlreiche Kayin von **Baptisten christianisiert**, wobei eine alte Legende die Missionsarbeit erleichterte. Diese berichtet von einem »Buch des Lebens«, das der Gott Ywa einst seinem Sohn Karen übergab. Der Knabe jedoch verlor die Schrift und erlitt daraufhin viel Leid und Unterdrückung. Weiter heißt es, sein »weißer Bruder« habe das Buch gefunden, sei fortgegangen und nie wieder zurückgekehrt. Als die westlichen Missionare von dieser Legende erfuhren, verbreiteten sie, dass es sich bei dem verlorenen Buch um die Bibel, bei Ywa um den Gott Yahwe und bei dem Bruder um Jesus handele. Heute sind 15 bis 25 % der Kayin Christen. Das Christentum ist auch dafür verantwortlich, dass sich unter den gebildeten Kayin zunehmend eine eigene Identität entwickelte. Um ein gemeinsames Sprachrohr zu haben, wurde bereits 1842 von christlichen Kayin die Zeitung Morning Star herausgegeben und 1881 die **Karen National Organisation** (KNA) gegründet. Doch folgenreicher war 1947 die Etablierung der **Karen National Union (KNU),** die ebenfalls von einer christlichen Elite angeführt wurde und nach der Unabhängigkeit für ein eigenständiges Land namens Kawthoolei zu kämpfen begann. Unter der KNU formierte sich eine der schlagkräftigsten Armeen, die über ein halbes Jahrhundert die Grenzregion zu Thailand zu kontrollieren vermochte. Folge waren aber auch im Gegenzug brutalste Menschenrechtsverletzungen seitens des birmanischen Militärs und Hunderttausende Vertriebene. Erst 2012 wurde ein Waffenstillstand mit der Unionsregierung geschlossen.

Die **Kayah** bzw. **Karenni** besiedeln Myanmars kleinsten Staat im Osten des Landes an der Grenze zu Thailand und verdanken ihr Staatsgebilde den Briten, die ihnen bereits 1875 die Unabhängigkeit zusicherten. Im Panglong Agreement erhielten die Kayah dieselben Rechte wie die Shan, doch auch ihre Fürsten mussten 1959 auf ihre Rechte und Privilegien verzichten. Der Name Karenni (Rote Karen), leitet sich von der dominierenden Farbe ihrer Tracht ab.

Mon und Rakhine

Das Schicksal der **Mon** ist exemplarisch für die Verschiebungen der ethnischen Machtverhältnisse im Lauf der Jahrhunderte. Obwohl ein Volk mit großer Geschichte, haben sich die heute etwa 1 Mio. Mon kulturell weitgehend assimiliert. Über ihre Anfänge in Myanmar wird heftig debattiert. Gesichert ist, dass sie bereits im 1. Jt. in der fruchtbaren Ebene des Flusses Chao Praya im heutigen Thailand siedelten und im heutigen Myanmar ab dem 9. Jh. das Mon-Reich Hanthawaddy mit seiner Hauptstadt Bago etablierten (s. S. 174), das 1757 von der Konbaung-Dynastie der Bamar absorbiert wurde. Ob dagegen die Bewohner der Mon-Siedlungen im Mündungsbereich des Thanlwin am Golf von Martaban tatsächlich Nachkommen von Angehörigen der Mon-Khmer-Sprachgruppe sind, konnte bislang nicht eindeutig geklärt werden.

Durch ihre rege Handelstätigkeit kamen die Mon früh mit Indien und dem Theravada-Buddhismus in Kontakt und sind neben den Pyu für dessen Verbreitung verantwortlich. Heute leben die meisten Mon in dem nach ihnen benannten Staat entlang der Küste südlich und nördlich der Hafenstadt Mawlamyine. Ihren seit 1949 geführten bewaffneten Kampf für ein unabhängiges Land gaben sie bereits 1995 auf.

Auch die **Rakhine** fielen den Expansionsgelüsten der Bamar zum Opfer. Arakan, wie ihr Reich in alten Dokumenten genannt wird, wurde 1784/85 unter König Bodawpaya von der Konbaung-Dynastie eingenommen. Die heute etwas mehr als 2 Mio. Rakhine sind Buddhisten und werden wie die Bamar der tibetobirmanischen Sprachgruppe zugerechnet. Vermutlich kamen auch sie bereits vor ca. 2000 Jahren mit indischem Gedankengut in Berührung.

Chin

Die ebenfalls zur tibetobirmanischen Sprachgruppe gehörenden **Chin** wanderten vermutlich aus dem Nordwesten Chinas ein und ließen sich in den abgelegenen Bergregionen des heutigen Chin State und der Sagaing Division sowie in angrenzenden indischen Bundesstaaten und in Bangladesh nieder. In Indien und Bangladesh werden sie als Kuki bezeichnet. Noch heute leben sie weitgehend in isolierten Gruppen als Selbstversorger, bauen an durch Brandrodung urbar gemachten Berghängen Mais, Hirse und Trockenreis an.

Aufgrund ihrer isolierten Lebensweise unterscheiden sich die über 40 Untergruppen in Sprache, Kultur/Traditionen und Kleidung teils erheblich. Und dennoch haben ca. 80 % aller Chin eine gemeinsame Basis: das **Christentum,** mit dem sie durch US-amerikanische Missionare im Zuge der Kolonialisierung in Kontakt kamen. Der christliche Glaube ließ eine eigene Chin-Identität entstehen, die in die Gründung diverser Befreiungsorganisationen mündete. 1933 formierte sich die **Chin National Union** (CNU), um für einen eigenen Staat zu kämpfen. Mit den postkolonialen Grenzziehungen zwischen Indien, Bangladesh und Myanmar waren die Chin auf alle drei Länder verteilt, sodass es bis heute Bestrebungen gibt, einen

Gesellschaft und Alltagskultur

eigenen Staat zu gründen. In Myanmar ist die 1988 gegründete **Chin National Front** (CNF) wichtigstes Sprachrohr der etwa 1 Mio. Chin und vereinbarte mit der Unionsregierung 2012 einen Waffenstillstand.

Kachin

Unter der Bezeichnung **Kachin** werden in Myanmar sechs ethnische Gruppen zusammengefasst, die allesamt der tibetobirmanischen Sprachfamilie zugerechnet werden: die **Kachin/Jingpaw (Jingpo)** im engeren Sinn, die **Lisu, Maru, Lashi, Atsi** und **Rawang.** Allerdings ist diese ethnische Zusammenfassung umstritten. Vermutlich ist ein Großteil der Volksgruppe erst im Lauf des 19. Jh. von China aus in den hohen Norden Myanmars eingewandert, wo heute der Kachin State nach ihnen benannt ist.

Von den Briten wurden die Kachin erst in den 1930er-Jahren administrativ erfasst. Viele nahmen den christlichen Glauben an und heute sind die meisten der gut 600 000 Kachin Baptisten. Den Missionsschulen ist es zu verdanken, dass die Kachin einen relativ hohen Bildungsstand haben und zahlreiche hohe Ämter bekleiden. Auf Basis des lateinischen Alphabets entstand sogar eine eigene Schrift. Die Kachin haben ein ausgeprägtes ethnisches Selbstbewusstsein entwickelt, das nicht zuletzt die Gründung der **Kachin Independent Organisation (KIO)** im Jahr 1961 erklärt. Seither ist der ressourcenreiche Kachin State Schauplatz eines Bürgerkriegs, der nach einem 1994 geschlossenen Waffenstillstand 2011 wieder aufflammte.

Sprache und Schrift

Die Amtssprache Myanma

Mingalabar (Hallo) oder *Nej kaun yæ la* (Wie geht's?) – schon die Begrüßung klingt sehr melodisch. Und das kommt nicht von ungefähr, denn **Myanma** zählt – wie andere Idiome der großen sinotibetischen Familie – zu den tonalen Sprachen. Für fast 80 % der Myanmaren ist die Sprache der größten ethnischen Gruppe des Landes, der Bamar, die Muttersprache. Seit der Unabhängigkeit die offizielle Amtssprache, wird sie in nahezu allen öffentlichen Schulen gelehrt – auch in den Gebieten der Minderheiten. Verschiedene Ethnien sprechen einen Myanma-Dialekt, etwa die Rakhine an der Westküste, die Intha am Inle-See oder die Bewohner rund um die Hafenstadt Dawei in Tanintharyi.

Beim Myanma handelt es sich um eine überwiegend monosyllabische Sprache, d. h. eine Silbe entspricht zumeist einem Wort. Bei mehrsilbigen Wörtern handelt es sich häufig um Lehnwörter aus indoeuropäischen Sprachen (Pali, Englisch). Pali-Begriffe haben durch den Buddhismus Eingang ins Myanma gefunden, Hindi- und englische Lehnwörter in bzw. seit der Kolonialzeit: etwa aus dem Englischen *ko-hpi* für Kaffee oder *bija* für Bier. Aus dem Hindi wurde u. a. die Zahlenangabe *lakh* für 100 000 übernommen.

Tonale Aussprache und Grammatik

Wohl dem, der ein musikalisches Gehör hat, denn dem erschließen sich die **Tonhöhen** leichter, die im Myanma die Bedeutung einer Silbe und damit eines Wortes gravierend verändern können. Doch nicht allein die Tonhöhe, sondern auch Dauer und Intensität/Lautstärke der gesprochenen Silbe beeinflussen die Bedeutung. Insgesamt gibt es vier Tonhöhen: Der erste Ton (Transkriptionszeichen: -.) ist kurz, setzt hoch an und fällt abrupt ab. Der zweite Ton (ohne Transkriptionszeichen) ist lang gezogen, setzt tief an und bleibt gleich. Der dritte Ton (-:) ist ebenfalls lang gezogen, setzt aber hoch an, wird stark betont und fällt dann abrupt ab. Auch der vierte Ton (-´) setzt hoch an, ist aber sehr kurz und abgehackt. Es gibt zudem einen abgeschwächten unbetonten Vokal (ª, gesprochen wie e in Hocke).

So kompliziert die Töne sind, so einfach ist die **Grammatik,** hat man sich an die Satzstruktur gewöhnt: Subjekt – Orts-/Zeitbestimmung – Objekt – Verb (Ich – Laden in – Geschenk – kaufe). Es gibt weder eine Deklination von Substantiven noch eine

Sprache und Schrift

Für die meisten Nicht-Birmanen ein Buch mit sieben Siegeln – Myanma

Konjugation von Verben. Substantive besitzen darüber hinaus kein grammatikalisches Geschlecht, doch sind ihnen sogenannte Klassifikatoren zugeordnet, die insbesondere als Zählwort eine Rolle spielen: etwa *hku* für Dinge, *kaun* für Tiere oder *loun* für eine runde Form Bei Zahlenangaben findet folgende Satzstellung Verwendung: Objekt – Zahl – Klassifikator. Die Übersetzung von ›drei Mangos‹ beispielsweise lautet *thajæthi thoun loun* (Mango drei Rundes). Der Plural wird durch Anhängung des Partikels *t(w)e* kenntlich gemacht. An Verben angehängte Partikel finden Verwendung, um Vergangenheit *(-tae)* oder Zukunft *(-mae)* deutlich zu machen.

Komplizierter ist der Umstand, dass es Statusebenen gibt, deren Erklärung hier zu weit führen würde. Wichtig für den allgemeinen Gebrauch ist, dass die Personalpronomen der ersten und zweiten Person je nach Geschlecht unterschiedlich lauten:

Sagt ein Mann ich, sagt er *kyªnaw*, eine Frau *kyªmá*; in der Anrede Sie wird ein Mann mit *khªmyá*, eine Frau mit *shin* angesprochen.

Die Schrift – ein Erbe Südindiens

Händler, Brahmanenpriester und buddhistische Mönche aus dem südindischen Pallava-Reich brachten im 1. Jt. die dort verwendete Schrift nach Südostasien, wo sie von den verschiedenen Volksgruppen weiter entwickelt wurde, so auch von den Mon, Pyu und Rakhine. Nach Vorbild der Pyu und Mon entwickelten die Bamar schließlich ihr eigenes Schriftsystem. Eines der interessantesten und ältesten Dokumente aus dieser Zeit sind die beiden in Mon, Pyu, Pali und Myanma beschriebenen **Rajakumar-Stelen** (s. S. 261) aus dem Jahr 1113 in Bagan.

Das birmanische Alphabet besteht aus 33 Konsonantenzeichen sowie sieben Vokalen und Diphthongen, die für Laien wie eine Folge von Kringeln und Kreisen ausse-

Gesellschaft und Alltagskultur

hen. Da es in der Schrift weder Groß- und Kleinschreibung noch Wort- oder Satztrennungen gibt und auch Satzzeichen fehlen, herrscht bei der Transkription ein ziemliches Chaos. Städtenamen werden nicht selten unterschiedlich geschrieben, etwa die neue Hauptstadt Nay Pyi Taw und Naypyidaw, Magwe als Magway oder Mawlamyine als Mawlamyaing. Fatale Folgen für die Aussprache hat häufig die blinde Übernahme englischer Übertragungen, so im Falle des alten (englisch-)kolonialen Ländernamens Burma. Ursprünglich eine Ableitung von Bamar, wurde Burma (sprich: *bœrma*) auch ins Deutsche übertragen, wo dann die Bezeichnung Burma bzw. Birma üblich wurde.

Frausein in Myanmar

»Ihr Mann als Herr, ihr Sohn als Gott« lautet ein altes birmanisches Sprichwort, das die Eltern ihrer Tochter vor der Heirat gerne mit auf den Weg geben. Doch daran halten sich besonders in den Städten immer weniger Frauen. Sie stehen heute durchaus selbstbewusst in der Öffentlichkeit, sind präsent in den Medien, lehren an Hochschulen und dominieren viele Bereiche des Handels. Auch im mittleren Managementbereich sind sie gut vertreten, in Führungspositionen oder gar in der Politik jedoch sieht man sie äußerst selten. Umso mehr dagegen in den (Textil-)Fabriken, wo vorwiegend junge Frauen bis zu zwölf Stunden täglich zumeist für einen Hungerlohn schuften. Auch die miese Bezahlung als *sayama* (Lehrerin) lässt sich eher das weibliche Geschlecht gefallen. Zu Hause mag die Frau zwar als unumstrittene Managerin des Einkommens gelten, doch lastet auf ihren Schultern die Mehrfachverantwortung von Hausarbeit, Erziehung und Erwerb.

Ein Blick in die Geschichte Myanmars zeigt, dass Frauen schon vor langer Zeit durchaus gewisse Rechte besaßen. Bereits während des Bagan-Reichs waren sie in Familien- und Erbangelegenheiten dem Mann gleichgestellt und konnten frei über ihr Eigentum verfügen. Inschriften belegen wohlhabende Frauen als Stifterinnen insbesondere im religiösen Kontext. Doch kaum einmal trugen sie Regierungsverantwortung. In Erinnerung geblieben ist nur Shinsawbu (1453–72), die fromme Mon-Königin von Bago. Während der Kolonialzeit und der Militärherrschaft waren Frauen völlig aus der politischen Führungsriege verbannt. Aktuell genießt Aung San Suu Kyi (s. S. 127) hohes Ansehen in der Bevölkerung. Dies hat sicherlich mit ihrem mutigen Widerstand während der Militärdiktatur zu tun, aber mehr noch damit, dass sie die Tochter des Freiheitshelden Aung San ist. Mit gerade einmal 64 von 657 Sitzen in den beiden Kammern des Parlaments, welche birmanische Frauen seit den Wahlen 2015 innehaben, kann auch in der Politik noch nicht von einer Emanzipation gesprochen werden.

Frauen zählen auch zu den ersten Verlierern der Globalisierung. Sie stehen ganz oben auf der Liste derjenigen, die frühzeitig die Schule verlassen müssen, um das Einkommen ihrer Familie aufzubessern, aber sie sind auch die ersten, die ihre Jobs verlieren. Armut treibt manche in die Hände von Schleuserbanden, die sie nach China zwangsverheiraten oder in Thailands Sexindustrie arbeiten lassen – ein Problem vor allem in der Grenzregion.

Polygamie war selbst in niederen Ständen verbreitet und ist seit 2015 gesetzlich verboten. Doch auch heute noch gelten Nebenfrauen als Statussymbol vornehmlich wohlhabender Männer. Auch arrangierte Ehen gehörten früher zur gängigen Praxis, spielen heute im Gegensatz zu beispielsweise Indien jedoch kaum noch eine Rolle. Lässt sich eine Ehe nicht mehr aufrechterhalten, können sie sowohl Frauen als auch Männer beenden und sich scheiden lassen. Haushalt und Kinder werden zumeist der Frau zugeschlagen. Es mag nicht mehr üblich sein, dass sich die Frau vor ihrem Gatten als dem Hausherrn verneigt, bevor sie sich schlafen legt, doch bis zur wirklichen Gleichberechtigung ist es noch ein weiter Weg – wie in der restlichen Welt auch.

Burma Beauty

Longyi statt Minirock, Thanaka statt Feuchtigkeitscreme. Um schön zu sein, brauchen Myanmars Frauen weder Designerboutiquen noch Edelparfümerien oder Kosmetikinstitute. Ihre Beautyprodukte finden sie auf jedem Dorfmarkt und an jedem Pagodeneingang für wenige Kyat – und damit sind diese auch für die einfache Bäuerin oder Straßenbauarbeiterin erschwinglich.

Thanaka ist nicht nur das traditionelle Sonnenschutzmittel

Drei Dinge braucht die Frau: einen flachen, runden Reibstein *(kyauk bin)*, etwas Wasser und einen Ast des Thanakabaums. Dessen weiche Rinde zerreibt sie auf dem mit Wasser benetzten Stein, bis eine weißliche Paste entsteht. Im Gesicht und auf den Armen verteilt, schließt sie die Poren und schützt so die Haut vor der Austrocknung. Auch gegen Akne und Entzündungen hilft sie. Zudem verhindert die Paste, dass der Teint noch bräunlicher wird, denn wie in vielen nichteuropäischen Ländern gilt auch in Myanmar eine helle Hautfarbe als Schönheitsideal. Gerne wird *thanaka*-Paste in Mustern aufgetragen, was zuweilen an die Kriegsbemalung indigener amerikanischer Völker erinnert. Aber die Zeiten ändern sich auch in Myanmar, denn Thanaka-Äste und Reibsteine passen nun mal schlecht in die schicke Handtasche einer modernen Frau. So finden sich zubereitete, teils aromatisierte und in Döschen hübsch verpackte Pasten schon in vielen Regalen der Parfümerien. Auch Wellnessoasen werben zunehmend mit *thanaka*-Anwendungen.

Hinter dem in Myanmar gebräuchlichen Namen *thanaka* verbirgt sich ein Baum mit der melodisch klingenden lateinischen Bezeichnung *Hesperethusa crenulata* (auch *Naringi crenulata* oder *Limonia crenulata*), der vor allem in der Trockenzone Myanmars gedeiht und dessen Rinde sehr hell und weich ist. Am bekanntesten sind das nach der Region bei Pakokku benannte *shinmataung thanaka* und jenes aus dem Gebiet bei Shwebo. Während der Thanakabaum in Myanmar kaum medizinisch genutzt wird (die Kayin tragen die schwach riechende Rindenpaste als Insektenschutzmittel auf), findet er in der indischen Ayurveda-Medizin unterschiedliche Verwendung. So werden seine Wurzelextrakte als Medizin gegen Erbrechen, Durchfall und Magenkoliken verabreicht, sein gekochter Fruchtsud gegen Insektenvergiftungen eingesetzt und seine Rinde bei Stauchungen und Schwellungen auf der Haut zerrieben.

Aber was wäre *thanaka* ohne das richtige Outfit – und dazu gehört natürlich ein *longyi*. Dieser 2 m lange und 1 m breite Baumwoll- oder Seidenstoff wird an den Enden zusammengenäht und wirkt daher wie ein Wickelrock. Frauen verknoten ihn an der linken Hüfte, wodurch ein elegant aussehender Falt entsteht, der Po betont wird und jedes Gehen zum eleganten Schreiten avanciert. Auch Männer tragen gerne *longyi*, doch sie binden ihn vor dem Bauch zusammen, um ihre Beinfreiheit zu bewahren. Bei feierlichen Anlässen wie Hochzeiten oder Shin-Pyu-Zeremonien sind Muster und Farbe des *longyi* farblich auf die Bluse abgestimmt – das Schaulaufen der Frauen kann beginnen.

Architektur und Kunst

Unübersehbar prägen buddhistische Pagoden die architektonische Landschaft Myanmars. Auch die traditionelle Musik und Malerei, die Handwerks- und Bühnenkunst haben ihren Ursprung meist in der religiösen Welt, beginnen jedoch zunehmend sich davon zu lösen und neue, modernere Wege zu beschreiten.

Architektur

Nach indischem Vorbild wurden auch in Myanmar nur religiöse Gebäude aus permanentem Material errichtet. Da die profanen, meist aus Holz bestehenden Palastbauten und Wohnhäuser im Laufe der Jahrhunderte größtenteils in sich zusammengefallen sind, kann man beim Besuch ehemaliger Königsmetropolen wie Bagan oder Inwa durchaus den Eindruck gewinnen, es handle sich um reine Tempelstädte.

Erst mit Anwesenheit der Europäer entstanden Profangebäude aus Stein. Yangon, das im Zuge der Kolonialisierung komplett neu entstand, sollte den Bewohnern Myanmars die viktorianische Pracht des Britischen Empire vor Augen führen. Wie weltliche Kathedralen wirken repräsentative Gebäude wie der einschüchternde Supreme Court und das ehemalige Ministers' Office. All die neogotischen, -romanischen und -barocken Kirchen, aber auch die schmucken Villen – teilweise aus Teakholz – wirken heute wie ein morbider Gruß des Abendlands. Einwanderer aus dem indischen Südkontinent wiederum brachten ebenfalls ihre Architektur mit, sodass manche Moschee in der Downtown Yangons wie ein kleiner Mogulpalast wirkt.

Doch auch die schlichten Häuser aus Holz und/oder Bambus auf dem Land zeugen von der Kreativität der Bevölkerung. Die kunstvollen geometrischen Muster der Bambuswände oder die wunderschönen Schnitzereien an den Holzbalustraden, auf die man immer wieder trifft, sind eine Augenweide. Je nach Lage sind die Häuser auf Stelzen errichtet – beispielsweise in Flussnähe oder Gebieten mit viel Regen. Nicht fehlen darf bei Buddhisten ein Erker für den Hausaltar auf der Ostseite des Hauses.

Traditionelle sakrale Architektur

Dass in Myanmar bis zum heutigen Tag so viele sakrale Bauten geschaffen wurden, ist in erster Linie auf das große Bedürfnis vieler Buddhisten zurückzuführen, mit der Stiftung eines Stupas *hpoun* (Verdienste; Sanskrit: *punya*; Pali: *puñña*) anzusammeln. Auf diese Weise wollen die Gläubigen nicht nur ein gutes Karma für die nächste Wiedergeburt heraufbeschwören, sondern bereits im hiesigen Leben als moralische und spirituelle Instanz anerkannt werden. Die inflationäre sakrale Bautätigkeit hat aber auch damit zu tun, dass frühere Herrscher immer wieder neue Königssitze etablierten. Allein während der 133 Jahre währenden Konbaung-Dynastie (1752–1885) wurde die Hauptstadt sechsmal verlegt. Eine Folge davon war, dass immer neue Königspaläste und in deren Umgebung eine Vielzahl neuer Stupas, Tempel und Klöster entstanden.

Der Stupa (Zedi)

Der Stupa (abgeleitet von Sanskrit *stup*: anhäufen, aufrichten, erhöhen) bzw. auf Myan-

Betagte Schönheiten – buddhistische Holzklöster

Von großer künstlerischer Schaffenskraft zeugen Myanmars zauberhafte Holzklöster, die von Zimmerleuten und Holzschnitzern bis Ende des 19. Jh. überall im Land errichtet wurden. Als Schule und spirituelles Zentrum sind sie Lehrbücher des Glaubens. Ihr Verfall gemahnt an die Vergänglichkeit, ihre filigranen Verzierungen erinnern an die Frömmigkeit der Stifter.

Holzschnitzerei am Shwenandaw Kyaung

Die Förstergattin Ma Shwe U widerstand zunächst Min Lays Avancen. Doch er ließ nicht locker. Nachdem er und sein Bruder Min Gyi verstorben und zu den mächtigen *nat*-Brüdern Taungbyone Min Nyinaung (auch: Shwe Min Nyinaung) geworden waren, schickte Min Lay einen Tiger, der die Dorfschönheit von ihrem Webstuhl geradewegs in den Wald entführte. Die Treue zu ihrem Ehemann musste Ma Shwe U zwar mit dem Tod bezahlen, doch schon bald wurde sie von den Webern zu ihrem Schutz-*nat* erkoren. Diese dramatische Geschichte ist ein beliebtes Motiv in den Klöstern Myanmars, die in ihrer Funktion als spirituelles Zentrum und oftmals Schule immer auch ein künstlerisches Lehrbuch des Glaubens und der Moral sind. So finden sich neben *jataka*, den Erzählungen über die früheren Inkarnationen Gautama Buddhas, vielfach Ereignisse aus volkstümlichen Legenden wie jener von Ma Shwe U bildlich dargestellt.

In den *youk-soun kyaung*, den Holzklöstern, sind die Szenen meist sehr filigran aus Holz geschnitzt und an der Außenseite der Balustraden angebracht oder im Inneren an der Eingrenzung vor dem Buddha-Altar (z. B. in Mandalay im Shwe In Bin Kyaung, s. S. 304, oder im Shwenandaw Kyaung, s. S. 301). So können die Besucher beim Umschreiten die Darstellungen betrachten und die ›Moral der Geschichte‹ daraus ziehen. Leider sind viele der alten Holzklöster dem Zahn der Zeit zum Opfer gefallen, sodass die ältesten vorwiegend aus dem 19. Jh. stammen. Doch auch sie sind bedroht. Teakholz ist teuer geworden und lieber stiften Gläubige einen Neubau aus Stein, als dass sie das betagte Gebäude renovieren. Dies mag besser für das Karma sein, ist aber schlecht für den Denkmalschutz.

Künstlerisch ließ man sich durchaus von neuen Strömungen beeinflussen. Mit Ankunft der Briten wurden gerne Elemente aus der Kolonialarchitektur integriert, etwa Erker und Türmchen, halbrunde Portale oder Pilaster. Häufig errichtete man die Basis aus Ziegelstein und den oberen Teil aus Holz. Selbst oben spitz zulaufende Fenster und buntes Glas sind zu finden, wie etwa beim U Nar Auk Kyaung (s. S. 456) nördlich von Mawlamyine. Dieses und andere Klöster zeugen vom Reichtum der Stifter, vielfach betuchte Händler, die ihren Status mit einer Klosterschenkung ausdrücken und zugleich Verdienste für ihre Wiedergeburt ansammeln wollten. So wundert es nicht, dass einige schöne Exemplare in der Reiskammer Ober-Myanmars zwischen Man- und Salin-Fluss südwestlich von Bagan liegen. Dort findet sich in den Klöstern von Sale (s. S. 282) und Sagu (s. S. 287) übrigens auch die tragische Geschichte von Ma Shwe U wieder, deren Schicksal daran erinnert, dass mit den *nat* nicht zu spaßen ist.

Architektur und Kunst

Stupa (Zedi) und Pagode

In vielen deutsch- oder englischsprachigen Texten werden buddhistische Sakralbauten in Myanmar allgemein als Pagode *(pagoda)* bezeichnet. Der Begriff leitet sich von dem Sanskritwort *dhatugarbha* (Reliquenkammer) ab, meint aber eigentlich die Grundform eines Stupa oder in Mahayana-buddhistischen Ländern wie China oder Japan hochaufragende ›Tempeltürme‹. Im erweiterten Sinne meint man in Myanmar damit aber einen Stupa plus die dazugehörigen Hallen und Schreine (z. B. bei der Shwedagon-Pagode). Auf Myanma heißen diese ›pauschal‹ *paya* (von Sanskrit: *brah*, heilig), wobei damit auch ein einzelnes Buddhabildnis gemeint sein kann. In den offiziellen Namen von Stupas (s. S. 70) findet sich auch der Myanma-Begriff *zedi*, etwa beim Mingalazedi in Bagan.

Wir verwenden bezogen auf einen buddhistischen Tempel im vorliegenden Buch primär den Begriff die *paya*, Pagode, und der/das *paya* für einen Buddha, ein Buddha-Abbild. Innerhalb einer Beschreibung tauchen die Begriffe *zedi* bzw. Stupa auf, um zu verdeutlichen, dass es um den konkreten Bau Stupa geht. Tempel verwenden wir im Allgemeinen für hinduistische Heiligtümer, Schrein für *nat*-Heiligtümer etc.

ma *zedi* (abgeleitet von Pali *cetiya*: heilige Stätte; Sanskrit: *caitya*) ist das buddhistische Architektursymbol schlechthin. Er entwickelte sich aus aufgeschütteten Grabhügel, die der Bestattung von ranghohen Persönlichkeiten dienten. Nach dem Tod und der Einäscherung des historischen Buddha (Siddharta Gautama) im 4./5. Jh. v. Chr. wurden seine sterblichen Überreste der Überlieferung zufolge an acht buddhistische Königreiche verteilt und dort bestattet. Zu Zeiten des indischen Herrschers Ashoka (reg. ca. 273/268–236/232 v. Chr.) begann die Weiterentwicklung dieser Gräber zu Orten der Verehrung Buddhas. Damit begann auch die Entwicklung architektonisch-künstlerischer und regionaler Vielfalt. Gute Beispiele aus dieser frühen Epoche sind nur noch im indischen Sanchi und im nepalesischen Patan zu sehen. Stupas sind ein Symbol für den mühevollen Weg vom Wiedergeburtenkreislauf zum Nirvana.

Bei allen Unterschieden, die Stupas je nach Land und Epoche aufweisen, ist ihr Grundkonzept gleich: Eine Art Zaun (Sanskrit: *vedika*) umschließt den Stupa, den heiligen Bereich. Auf einem quadratischen, manchmal auch achteckigen oder sternförmigen Sockel (Sanskrit: *medhî*), dem drei oder mehrere

Architektur

Wahrzeichen Yangons ist die sich auf einer großen Marmorplattform erhebende Shwedagon Paya mit ihrem goldenen Stupa

sich verjüngende Terrassen aufgesetzt sind, ruht eine halbkugelförmige Kuppel (Sanskrit: *anda* = Ei; auch: *garbha* = Schoß), die in Myanmar jedoch meist Glockenform besitzt. Dem *anda* sitzt die zumeist viereckige *harmika* auf (in Myanmar fast nur in Bagan), durch die ein Mast (Sanskrit: *yasti*) einerseits tief in den *anda* oder gar den Boden verläuft und andererseits nach oben in die Höhe ragt und den oder die Ehrenschirme (Sanskrit: *chattra*) trägt, oft unterbrochen oder abgeschlossen von stilisierten Lotusblättern oder Bananenblüten. Dieser *yasti* symbolisiert den Weltenberg Meru. Oberhalb der Ehrenschirme bildet dann häufig ein (kugelförmiges) Kleinod (Sanskrit: *mani*) oder eine Vase (Sanskrit: *kalasha*), in Myanmar auch eine Bananenblüte, oft vergoldet und mit Edelsteinen besetzt, den Abschluss des *yasti*.

Ein Stupa enthält eine Reliquienkammer voller Miniaturbuddhas und -stupas, nur selten mit Kopien von Reliquien des Erleuchteten (und noch seltener: eine echte Buddhareliquie), aber manchmal die Asche Verstorbener. Mit dem dreifachen Umrunden des Stupas erinnern sich die Gläubigen an

Architektur und Kunst

das Leben des Erleuchteten (Buddha), seine Lehre (Sanskrit: *dharma*) und seine Gemeinschaft (Sanskrit: *sangha*).

Das Innere eines Stupas ist traditionell nicht zugänglich, obgleich es in Myanmar seit den 1950er-Jahren Beispiele von innen begehbaren Stupas gibt, etwa die Botataung oder Kaba Aye Paya in Yangon. Darüber hinaus gibt es innen begehbare Tempelbauten, sogenannte *pahto* (s. S. 246).

Stupas können für sich alleine stehen, finden sich aber auch auf dem Areal von Klöstern *(kyaung)*.

Buddhistische Klöster (Kyaung)

Klöster sind prägender Bestandteil des religiösen Lebens in Myanmar. Sie finden sich in fast allen größeren Dörfern des Landes und sind nicht nur Orte der Einkehr, sondern Schule (s. Thema S. 38), sozialer Treffpunkt etc. Architektonisch kann ein Kloster vielerlei Gestalt haben. Es kann aus einer schlichten Holzhalle inklusive Küche und Schlafraum für den Abt bestehen, aus einem Häuserkomplex mit verschiedenen Hallen oder gar ein ganzes Viertel mit riesigen Küchen und Aufenthaltsräumen für über tausend Mönche bilden. Waren früher die Klosterbauten aus Holz, so sind die heutigen zumeist aus Stein.

Auf dem **ummauerten Klostergelände** verteilen sich je nach Größe diverse Bauten, etwa ein seitlich offener Pavillon für den Aufenthalt der Gläubigen, *zayat* genannt, und begehbare Schreine aus Stein mit Buddhafiguren im Inneren, *gyo daing*. Die *tazaung*, eigenständige Hallen – oft von einem schmuckem Staffeldach (*pyathat*) gekrönt und seitlich offen –, dienen der Verehrung einer Buddhastatue oder der Versammlung der Mönche. In größeren Klöstern gibt es eine eigene Ordinationshalle für die Mönche, *thein* genannt. Weitere wichtige Gebäude sind die Schlafräume oder Hütten für die Mönche, ein Glockenturm sowie eine Bibliothek, *pitaka taik*.

Am klarsten ist die Struktur eines traditionellen **Holzklosters** *(youk-soun kyaung)*, wie es leider nur noch selten anzutreffen ist (s. Thema S. 71). Es besteht aus einer länglichen, erhöht liegenden **Halle in Ost-West-Richtung,** *hsaung ma gyi*, die von einer **Terrasse** umgeben ist. Das Grundgerüst bilden teilweise über 200 mächtige Teakholzsäulen, welche hoch bis zum Dach reichen und dem gesamten Holzkomplex Stabilität verleihen. Die Halle ist häufig zweigeteilt und mit einem hohen Staffeldach versehen, sodass es innen auch in den heißen Sommermonaten dank der Luftzirkulation angenehm kühl ist. Hier finden religiöse Zeremonien und Belehrungen der Mönche statt, aber auch Unterricht und die Mahlzeiten der Mönche. Manchmal durch eine Holzwand abgetrennt, dienen Teile der Halle als Schlafstätte der Mönche und Novizen. Als eigenständigen Bau gibt es in der östlichen Verlängerung zur Halle einen **quadratischen Raum zur Verehrung des Buddha,** der nach dem elaboriert gestalteten mehrstöckigen Dach, das nach oben hin spitz zuläuft, *pyathat hsaung* genannt wird. Er ist meist verschlossen und nur dem Abt oder anderen höher gestellten Mönchen zugänglich.

Bildende Künste

Als **Zehn Blumen** *(pan hsæ myo)* werden Myanmars traditionelle Handwerkskünste bezeichnet, nämlich 1. Schmiedearbeiten *(pan: bæ)*, 2. Gold- und Silberschmiedekunst *(pan: dein)*, 3. Metallguss *(pan: tin)*, 4. Stukkatur *(pan: taut)*, 5. Modellierkunst *(pan: pu:t)*, 6. Holzschnitzerei *(pan: ba bu)*, 7. Bildhauerei *(pan: yan)*, 8. Steinmetzkunst *(pan: tamault)*, 9. Malerei *(pan: chi)* und 10. Lackkunst *(pan: yun)*. Diese Künste sind noch überall lebendig, zumal viele von ihnen im sakralen Kontext benötigt werden. Oft sind es Familienbetriebe die einem dieser Kunsthandwerke nachgehen. Nicht zuletzt aufgrund steigender Touristenzahlen erleben einige dieser Künste derzeit sogar eine Renaissance, auch wenn die Qualität der Produkte unter der zunehmenden Massenherstellung leidet.

Bildende Künste

Für Gravur und Bemalung von Lackwaren ist eine ruhige Hand erforderlich

Lackkunst

Von der Mönchsschale bis zum Opfergefäß – viele Gegenstände des religiösen Lebens sind Lackarbeiten. Der **Lack** wird aus dem Harz des Thitsibaums *(Melanorrhoea usitata)* gewonnen, der zumeist in höheren Lagen des Shan State wächst. Nicht ohne Grund hat die Lacktechnik gerade in dieser Region eine lange Tradition. Als wichtigstes Zentrum der Handwerkskunst gilt jedoch seit dem 11. Jh. die alte Königsstadt Bagan.

Als (**Unter-)Grundmaterial** wird Holz, Bambus oder ein Stoffgewebe verwendet, in Bagan für Trinkgefäße sogar Rosshaar. Zunächst werden die Unebenheiten des Gegenstands mit einer Mischung aus Lack und Asche verschlossen und nach dem Trocknungsprozess mithilfe eines Steins, Knochens oder feinen Schmirgelpapiers glatt geschliffen. Danach trägt man die **Lackschichten** auf, die jeweils drei bis sieben Tage trocknen müssen. Die Qualität des Produkts hängt nicht zuletzt von der Anzahl der Schichten ab, deren letzte aus dem feinsten Lack besteht. Erst jetzt kann mit der Verzierung begonnen werden. Die Gegenstände erhalten eine **Bemalung** oder durch eine Abfolge von **Gravur, Bemalung** und **Abschleifen** eine mehrfarbige Ornamentik. Für jede Farbe müssen diese drei Arbeitsgänge wiederholt werden. Die wertvollsten Stücke haben fünf verschiedene Farben – Schwarz, Rot, Grün Orange und Gelb – und ihre Herstellung kann mehrere Monate dauern. Andere Lackgefäße werden mit Blattgold verziert, das man in die eingeritzten Muster einer lackierten Fläche einfügt. Das überlappende Gold wird anschließend in einem Wasserbecken mit einem Schwamm abgewischt. Übrig bleibt das Gold in dem eingeritzten Muster.

Lack wird auch zur Konservierung von Holz eingesetzt und bildet oft die Grundierung für die anschließende Vergoldung von Stupas oder Buddhafiguren.

Malerei

Myanmars schönste und älteste Zeugnisse von **Wandmalereien** haben sich dank des dortigen trockenen Klimas in Bagan

Architektur und Kunst

(s. S. 244) erhalten. An ihnen wird deutlich, dass sich im Laufe der Jahrhunderte nicht nur der Malstil änderte, sondern auch der auf das Ziegelmauerwerk aufgetragene Malgrund. Die Putzschicht als solche bestand zumeist aus einer Mischung aus Lehm, Sand und Baumharz, auf eine Kalkschicht wurde dann u. U. eine Farbgrundierung aufgetragen, später scheint allein mit mehreren Kalkschichten als Malgrund gearbeitet worden zu sein.

Die frühesten in **Bagan** erhaltenen Arbeiten gehen auf das **11./12. Jh.** zurück. Ihr Malstil ähnelt den aus dem 5./6. Jh. (Gupta-Zeit) stammenden Wandmalereien in den Höhlenklöstern von Ellora und Ajanta. Typisch für die Malerei der Gupta-Zeit sind etwa die realistisch wiedergegebenen Darstellungen von Körpergliedern und Gesichtern, was auch für die Malereien in Bagan gilt. Bestes Beispiel ist der Gubyaukgyi Pahto in Myinkaba, wo die feinen Gesichtszüge selbst bei den kleinen Motiven faszinieren. Auch wenn die Malereien ausschließlich religiöser Natur sind, geben Kopfschmuck, Frisur und Kleidung Hinweise auf die Mode jener Zeit. Die klare Strukturierung der Motive, etwa bei den jeweils quadratisch eingerahmten Darstellungen der *jataka,* lassen sie eher förmlich wirken.

Malereien aus dem **13. Jh.** – z. B. im Payathonzu Pahto – wirken etwas lebendiger, etwa bei Tierdarstellungen, floralen Mustern und Fantasiewesen. Typisch für jene Zeit sind auch mit Rahmen versehene Szenen aus dem Leben Buddhas (Geburt, Erleuchtung, erste Predigt etc.), die in die komplett bemalten Wände integriert sind, aber durch den Rahmen wie aufgehängte Bilder wirken.

In späteren Jahrhunderten – vor allem während der **Konbaung-Dynastie** (1752–1885) – wurden die Bilder deutlich expressiver, präsentieren aber weiterhin überwiegend religiöse Themen. Das zeigt sich etwa an übergroßen Darstellungen der Fantasie entstammender Vögel, Dämonen und Pflanzen. Auch geben die Menschendarstellungen wichtige Aufschlüsse auf Kleidung, Schmuck und Schauplätze jener Zeit. Gut zu sehen ist dies im Ananda Ok-Kyaung (s. S. 257).

Moderne Kunst

Seit der Öffnung des Landes befindet sich auch die lokale Kunstszene in Aufbruchsstimmung. Die Zahl der Galerien und Ausstellungen nimmt zu, mit Kunst aus Myanmar wird mittlerweile ordentlich Kasse gemacht.

Als Pioniere der modernen Malerei gelten **Kin Maung** (›Bank‹, 1910–83) und **Ba Thet** (1903–72), die sich ab den 1940er-Jahren von der Dominanz westlicher Vorbilder lösten und traditionelle Motive in ihre Werke einfließen ließen. Von ihren Ateliers in Mandalay aus inspirierten sie die jüngere Generation, darunter **Bagyi Aung Soe** (1924–90), der sich einerseits als frommer Buddhist von den Wandmalereien in Bagan anregen ließ, andererseits vielfach sehr abstrakt malte. Auch **Paw Oo Thet** (1936–93) zählt dazu, der sein Geld mit Karikaturen für Zeitungen verdiente und darüber hinaus ein großes Œuvre aus Aquarellen schuf. **U Lun Gywe** (geb. 1930) ging seinen eigenen Weg und gilt heute als einer der führenden Impressionisten Myanmars.

Dieser kreativen Anfangsphase folgten unter der Ne-Win-Diktatur ab 1962 schwierige Zeiten. Künstler unterlagen der Zensur und waren in ihrer Kreativität stark eingeschränkt. **Bagyi Lynn Wunna** (geb. 1970) musste 1994 für ein Jahr ins Gefängnis, weil er einen Pfau – das Symbol der Studentenbewegung – in ein Bild integrierte. Erst seit den 1990er-Jahren genießen sie wieder größere Freiheiten, auch wenn die beiden Kunstakademien in Yangon und Mandalay mangels Budget schlechte Rahmenbedingungen für die Ausbildung bieten. Inspiriert von der internationalen Kunstszene, folgen die Künstler nun individuellen Richtungen und experimentieren nicht nur in der Malerei, sondern auch mit Performances, Installationen oder Videokunst. Dies kommt auch **Sandar Khine** (geb. 1971) zugute, die mit ihren Malereien, darunter Akte, immer wieder Ausstellungsverbot hatte. Zunehmend wird die Arbeit der Künstler durch internationale Auszeichnungen anerkannt, so wurden die

Maler **Aung Myint** (geb. 1946) und **Min Zaw** (geb. 1972) im Rahmen des renommierten ASEAN Art Award ausgezeichnet.

Musik

Ob auf dem Bau oder im Reisfeld, selbst bei der Arbeit trällern die Birmanen gerne ein Lied vor sich hin. Und zur Entspannung geht es abends häufig in die Karaokebar. Myanmar ist ein Land der Sängerinnen und Sänger, auch wenn ihr Gesang für europäische Ohren nicht immer eingängig klingt.

Traditionelle Musik

Die birmanische Musik kennt weder Chromatik noch Akkorde, weshalb sie als disharmonisch empfunden wird. Eine **Folge von sieben Tönen** bildet die Basis eines Stückes, aus der heraus sich die Grundmelodie entwickelt. Für die Interpretation werden zwei voneinander nahezu unabhängige Melodien gespielt bzw. gesungen, wobei viel Raum für individuelle Improvisation ist. Die Töne der Melodie selbst sind immer höher als die Töne der Begleitung.

Das **Repertoire** entstammt häufig der klassisch-höfischen birmanischen Liedsammlung **Maha Gita** (Myanmar: *thachin: gyi*, Großes Lied), deren älteste Stücke auf das frühe 14. Jh. datieren. Die Texte sind teils auf Pali, teils gemischt in Pali und Myanma und haben Legenden, religiöse Themen, den Ruhm der Könige, die Schönheit der Landschaft, die Frauen, die Liebe etc. zum Inhalt. Anders als die Texte wurden die Notenfolgen nicht schriftlich fixiert. Die Maha Gita besteht u. a. aus den sogenannten *kyo* (Saiten), von Harfen begleiteten Liedern, die schon sehr alt sind und im 17./18. Jh. am Hof von Inwa große Popularität genossen. Auch die sogenannten *yodaya*-Lieder (aus Ayutthaya) finden sich in der Maha Gita. Sie gehen auf siamesische Künstler zurück, die im Zuge der Einnahme Ayutthayas unter dem Konbaung-König Hsinbyushin 1767 nach Inwa verschleppt wurden. Dort lebten sie in eigenen Vierteln und durften am Königshof ihre Musik und Tänze vorführen. Der kunstsinnige Minister Myawaddy Mingyi U Sa (1766–1853) war davon so angetan, dass er die Melodien übernahm, zunächst sogar die Thai-Sprache beibehielt, und sie später mit Texten in Myanma unterlegte. Ihm taten es später weitere Künstler Myanmars gleich. Als Quelle dienten u. a. die *phleng na phat*, Instrumentalstücke aus dem Ramakien, der thailändischen Version des Ramayana, die mit Texten versehen wurden. Auch die Kolonialzeit hat ihre Spuren hinterlassen: Die Musik wurde für unsere Ohren melodischer, und es kamen westliche Instrumente wie Klavier oder Violine zum Einsatz. Heute gibt es kaum eine traditionelle Aufführung, in der nicht zumindest ein Stück aus dem Maha-Gita-Repertoire integriert ist.

Instrumente

Das typische birmanische Instrumentalensemble, *hsaing waing* genannt, wird von Schlaginstrumenten dominiert, welche die Geschwindigkeit und Dynamik eines Musikstücks vorgeben. Da der Rhythmus nicht gleichmäßig getaktet ist, wirkt alles sehr unruhig, ja sogar aufwühlend. Während die Zahl der Musiker zwischen sieben und zehn variieren kann, dürfen folgende Instrumente nicht fehlen: *pat waing* bzw. *hsaing waing*, ein Kreis von 21 Trommeln, die von einem Spieler geschlagen werden, die zwei Gongs *kyæ waing* und *maung zaing*, diverse Einzeltrommeln wie *pat ma, sa khun* und *chauk lone pat* sowie *si* (Zimbeln), *wa* (Holzklappern) und *wa let khou* (Bambusklappern). Die durch Mark und Bein gehende *hne*, eine Art Oboe mit einem Rohrblatt, dominiert die Melodie. Zuweilen werden auch eine *palwe* (Bambusflöte) und ein *pattala* (Bambusxylophon) eingesetzt. Je nach Anlass treten außerdem Sänger auf, die auf Basis der Grundmelodie und der Vorgaben durch die tonale Sprache improvisieren.

Eher im Soloeinsatz erklingt die *saung gauk*, die Birmanische Harfe, das zarteste aller traditionellen Instrumente. Die Bogenharfe, ursprünglich mit fünf, im 18. Jh. mit 13,

Architektur und Kunst

Das ›Nationalinstrument‹ des Landes, die birmanische Bogenharfe, wird auch in einfachen Varianten mit weniger Saiten als Souvenir angeboten

heute zumeist mit 16 Saiten, erinnert in ihrer Form an ein Boot, die Saiten sind vom Klangkörper bis zum Ende des geschwungenen Halses gespannt.

Rock, Indie und Pop

Die Dauerbeschallung durch koreanische Filmhits, japanische Popsongs und amerikanischen Rock hinterlässt auch in Myanmar ihre Spuren. Hip-Hop-Sängerinnnen in Hotpants und Rockmusiker in zerrissenen Jeans erfreuen sich einer großen Gefolgschaft, auch die Punkszene ist aufgewacht und musiziert lautstark. Und bei jungen Rapper-Stars wie **Anegga** oder **Sai Sai Kham Hlaing** wird so manches Mädchen schwach. Mit der Öffnung des Landes gewinnt auch die Subkultur immer mehr Freiräume, Indiebands wie **Side Effect** haben eine große Fangemeinde auch außerhalb der Landesgrenzen. Alte Hasen und seit vielen Jahren mit großem Erfolg im Geschäft sind dagegen die Rockmusiker von Bands wie **Emperor, Lazy Club** oder **Iron Cross.**

Theater – Pwe

Eine provisorische Halle aus Bambus, der Boden mit Bambusmatten ausgelegt, eine erhöht gelegene Bühne und fertig ist das Theater. Zwischen November und April ziehen Schauspieler von Ort zu Ort, um auf den Tempel-/Pagodenfesten ihre Künste darzubieten. Keine religiöse Feierlichkeit wäre denkbar ohne eine **Darbietung** *(pwe)*, zumeist traditionelles Theater mit Musik und Tanz. Zur Aufführung kommen meist *zat pwe*, Theaterstücke mit traditionellen Themen (s. S. 79).

Das *pwe* hatte seine Blütezeit während der Konbaung-Dynastie, weshalb viele Schauspieltruppen immer noch in Mandalay beheimatet sind. Zu den großen Künstlern des vergangenen Jahrhunderts zählen Aung Ba La (1882–1913), Sein Ga Done (1875–1929) und

Theater – Pwe

U Po Sein (1881–1952). Nach einer langen Zeit der Stagnation erfährt die traditionelle darstellende Kunst heute eine Wiederbelebung. So werden an den 1993 bzw. 2001 offiziell eröffneten Nationaluniversiäten für Kunst und Kultur in Yangon und Mandalay Schauspieler und Tänzer wieder in diesen Genres ausgebildet. Zu den bekanntesten *zat-pwe*-Ensembles zählen heute **Shwe Man Thabin,** benannt nach Shwe Man Tin Maung (1919–69), der die Truppe 1932 in Mandalay gründete, die in dritter Familiengeneration die alte Kunst fortführt. Auch die **Phoe-Chit-Truppe** ist landesweit bekannt. Trotz alledem lässt sich nicht leugnen, dass es unter den Jungen eine Minderheit ist, die sich für die traditionellen Tanz-, Theater- und Musikformen interessieren, entsprechende Aufführungen besuchen oder sich gar in diesen Künsten ausbilden lassen. So wie **Han Zar Moe Win** (geb. 1984), einem Schauspieler und Tänzer, der versucht Altes mit Neuem zu mischen.

Zat Pwe

Eine Vorführung kann die ganze Nacht dauern und wird mal mehr, mal weniger gebannt verfolgt. Das Publikum sitzt auf Bambusmatten und vertreibt sich die Stunden mit Essen, Trinken, Schlafen, Unterhalten – und Zuschauen. Zur Aufführung kommen längere Geschichten zumeist älteren Ursprungs, unterbrochen von Gesangs-, Tanz- und Scherzeinlagen, bei denen Altes mit Neuem vermischt wird. Auch ein Musikensemble gehört unbedingt dazu.

Seinen Stoff beziehen die *zat pwe* aus drei Quellen: überlieferten Legenden, dem indischen Nationalepos Ramayana und den *jataka*. Das Ramayana handelt von Prinz Rama und der schönen Prinzessinn Sita: Der Gott Vishnu kommt als Prinz Rama auf die Welt und heiratet die schöne Sita. Als der Dämonenkönig Ravana (Dasagiri), der ebenfalls ein Auge auf die Königstochter geworfen hat, sie auf die Insel Lanka entführt, kommt es zum dramatischen Showdown. Nach zahlreichen Kämpfen kann Rama mithilfe des Affenkönigs Hanuman und dessen Armee endlich Ravana töten und Sita befreien. Damit hat das Gute über das Böse gesiegt.

Ebenfalls um das Gute, das Mitleidvolle geht es in den *jataka*. Die Erzählungen aus den früheren Leben Buddhas handeln davon, wie der Erleuchtete bei seiner ersten Fleischwerdung als schlaues, selbstaufopferndes Tier wiedergeboren wird und in seinen letzten zehn Existenzen jeweils als Prinz auf die Welt kommt. So erzählt der letzte *jataka* die Geschichte des freigiebigen Prinzen Vessantara (Wai Than Daya). Nachdem dieser den magischen weißen Elefanten des Königshauses ans notleidende Nachbarreich verschenkt hatte, musste ihn sein eigener Vater auf Drängen der Bevölkerung, die ob des Verlusts des Elefanten nun Dürre und Not fürchtete, aus seinem Land verbannen und selbst erneut die Herrschaft übernehmen. Vessantara zog mit seiner Frau und den beiden Kindern in den Wald. Später überließ er seine Kinder einem alten, gierigen Brahmanen, der ihn als Bettler um Hilfe bat, und war auch bereit, seine Frau herzugeben. Doch dank des Schutzes der Götter wurde die Familie am Ende glücklich wiedervereint, das Nachbbarreich gab den weißen Elefanten zurück – und Vessantara herrschte als wohltätiger König über sein angestammtes Reich.

Zat Gyi und Anyeint Pwe

Das eher förmliche Tanztheater *zat gyi* ist mit dem Untergang der Monarchie in Myanmar fast ausgestorben. Es geht auf das 18. Jh. zurück und wurde wesentlich vom siamesischen Maskentanz *(khon)* beeinflusst, auch dies ein Erbe der nach der Zerstörung Ayutthayas 1767 nach Myanmar verschleppten Künstler. Auch manche Tänze, die *yodaya zat*, gehen auf diese Zeit zurück.

Das *anyeint pwe* ist mit einer Komödie vergleichbar, bei der sich mehrere Akteure, *lu shwin do* genannt, mit Witzen und Slapsticks einen munteren Schlagabtausch liefern. Oftmals wird dabei auch Kritik an bestehenden Verhältnissen geübt. In den Pausen tritt eine Tänzerin auf.

Architektur und Kunst

Yokthe Pwe

Respekt vor Buddha und Prüderie machten es für menschliche Darsteller einst schwierig, romantische und religiöse Szenen auf der Bühne zu zeigen. Mit der Einführung des **Marionettentheaters** konnte dieses Problem umgangen werden. Vermutlich ursprünglich aus Indien stammend, findet sich ein erster schriftlicher Hinweis in einer Inschrift König Narapatis (reg. 1442–68) an der Htupayon Paya in Sagaing (s. S. 321) aus dem Jahr 1444. Während der Konbaung-Dynastie erlebte das *yokthe pwe* (Theater der Kleinen Leute) seinen Höhepunkt: 1776 wurde es von dem unter König Singu (reg. 1776–82) wirkenden Minister für Königliche Unterhaltung *(thabin wun)*, U Thaw Win, zur offiziellen Kunstform erhoben und die erlaubte Zahl der Marionetten auf 28 festgelegt. Eine Bestimmung von 1821 erlaubte acht weitere Charaktere.

Eine komplette Aufführung konnte früher mehrere Tag und Nächte dauern. Doch was Touristen heute zu sehen bekommen, ist ein knapp einstündiges Potpourri aus dem reichen Repertoire: Am Anfang wird der rituelle Tanz einer weiblichen Marionettenfigur zur Verehrung eines *nat* dargeboten, gefolgt vom Tanz des mythischen Pferdes A Thar War Ni, dessen Zähmung den Beginn der menschlichen Zivilisation markiert. Der Kampf zwischen Schlange *(naga)* und Vogel *(galon)* darf ebenso wenig fehlen wie der Tanz des Affens und Dämonen *(bilu;* Sanskrit: *yaksha)*. Bald ist der durch die Lüfte fliegende, rot gekleidete Zauberer *(zawgyi)* an der Reihe. Zum Repertoire gehören auch eine höfische Szene mit Page, Minister und Königspaar sowie der romantische Tanz von Prinz *(mintha)* und Prinzessin *(minthami)*.

Literatur

Ein Blick auf die Straßen von Yangon zeigt, dass die Bewohner der Stadt gerne lesen. Seit Abschaffung der Zensur 2013 ist die Zahl von Zeitungen, Magazinen und Büchern sprunghaft angestiegen. Schriftsteller und Journalisten nutzen die errungenen Freiheiten, der intellektuelle Geist hat wieder Luft zum Atmen. Kritische Texte, für die einst hohe Haftstrafen drohten, sind heute auf der ersten Zeitungsseite zu lesen. Einst verbannte Bücher und Übersetzungen stehen wie selbstverständlich in den Regalen.

Von buddhistischen Quellen bis ins 19. Jh.

Wie bei den anderen Künsten sind auch die Anfänge der Literatur Myanmars eng mit dem Buddhismus verwoben. Mit seinem reichen Schatz an Lehrsprüchen, Legenden und Geschichten hat er die frühen Autoren tief beeinflusst. Zu den wichtigsten Quellen zählen die 547 *jataka*, Geschichten über die früheren Inkarnationen und Erzählungen aus dem Leben des historischen Buddha Siddhartha Gautama. Zudem waren Lobpreisungen von Königen, *eigyin*, sowie Dichtungen mit moralischen Themen, *pyo*, verbreitet. Doch auch Themen wie Natur oder Liebe fehlten nicht. Literatur waren Texte in gebundener Rede oder Lyrik. Lediglich Chroniken, Biografien etc. wurden in freier Prosa verfasst.

Nicht zuletzt dank der verschleppten siamesischen Elite nach dem Fall Ayutthayas 1767 löste sich ab Mitte/Ende des 18. Jh. die Literatur aus der moralischen Umklammerung des Buddhismus. Mit den vielen Erzählungen aus dem Ramayana (die erste Myanma-Übersetzung des indischen Nationalepos verfasste 1775 U Aung Pyo) oder den Liebesabenteuern des ostjavanischen Prinzen Panji wurde die Literatur lebhafter und dramatischer – und auch die freie Prosa begann, als Literatur wahrgenommen zu werden.

Als Meilenstein der Literaturgeschichte gilt der ›Goethe von Myanmar‹, **Salay U Ponnya** (1812–67). Zeitweise stand er in den Diensten des Kronprinzen Kanaung, dem 1866 einem Attentat zum Opfer gefallenen Halbbruder von König Mindon. Die realitätsnahen Dramen, in denen Salay U Ponnya auch hintergründige Kritik am Hofleben übte, sowie seine *myitta-sa* genannten ›Freundschaftsbotschaften‹ mit häufig satirischem Inhalt zählen zu den Klassikern einheimischer Literatur.

Literatur der Kolonialzeit

Infolge der Kolonialisierung kam es zu einschneidenden Veränderungen. Mit dem Verlust des Königshauses gingen die adeligen Auftraggeber verloren und die in den Schulen gelehrte englische Sprache führte zu einer Öffnung nach außen. Druckerpressen ermöglichten die Verbreitung von Literatur und machten sie erschwinglicher.

In den Anfängen wurde gerne westliche Belletristik als Vorlage benutzt und adaptiert. So ließ sich der Autor **James Hla Kyaw** (auch Gyaw, 1866–1919) bei seinem 1904 erschienenen Erstlingswerk »Maung Yin Maung und Ma Mae Ma« von Alexandre Dumas' Klassiker »Le Comte de Monte-Cristo« inspirieren.

Im frühen 20. Jh. beschäftigten Themen wie kulturelle Entfremdung und nationale Eigenständigkeit die literarische Szene. Zu den wichtigsten Autoren zählt **U Lat** (1866–1919), der sich in seinen Büchern »Sabebin« (1912) und »Shwepyisoe« (1914) mit gesellschaftlichen Themen auseinandersetzte. Bis heute hochverehrt ist **Thakin Ko Taw Hmaing** (1876–1964), ein führendes Mitglied der nationalistischen Organisation Dobama Asiayone. Sayagyi (Großer Lehrer), wie er respektvoll genannt wurde, setzte wichtigen politischen Ereignissen literarische Denkmäler und war nach der Unabhängigkeit unermüdlicher Verfechter eines friedlichen Zusammenlebens der Volksgruppen. Zu seinen Ehren wurde 1964 in den Kandawin Gardens in Yangon ein Mausoleum (s. S. 142) errichtet.

Die Schriftstellerin und Filmemacherin **Dagon Khin Khin Lay** (1904–81) beschäftigte sich in ihren Romanen oft mit dem harten Leben der Bauern während der Kolonialzeit.

Mit seinen Romanen und Kurzgeschichten verhalf **P. Monin** (1873–1941) der Prosaliteratur zum Durchbruch. Davon inspiriert, entstand in den 1930er-Jahren eine literarische Strömung mit Fokus auf das Alltagsleben der Menschen, **Khitsan** (Test der Zeiten). Sprache und Themen waren eingängig, was die Werke unter Normalbürgern recht beliebt machte. Für politisch denkende Schriftsteller jedoch war diese Literatur zu banal. Sie verstanden ihr Schreiben als politisches Instrument und organisierten sich 1937 im Buchklub **Nagani** (Roter Naga), der in den nur vier Jahren seiner Existenz 71 Werke, vor allem Übersetzungen politischer Schriften, aber auch Romane und Kurzgeschichten herausgab.

Literatur ab der Unabhängigkeit

Bereits in die Zeit nach dem Zweiten Weltkrieg fällt der 1955 erschienene Bestsellerroman »Nicht aus Hass« von Journal **Kyaw Ma Ma Lay** (1917–82). In ihm beschreibt sie das unglückliche Leben einer mit einem Ausländer verheirateten Birmanin. Ma Ma Lay, die zu den führenden Autoren Myanmars zählt, gründete gemeinsam mit ihrem Mann die Zeitung The Journal Kyaw, die sie nach seinem frühen Tod zunächst weiterführte. Doch in der journalistischen Arbeit führte – wie selbst in der Literatur – ab 1962 die **Zensur** zu massiven Einschränkungen.

So waren auch in der Literatur kritische Themen tabu, und wenn sozialpolitische Themen überhaupt aufgegriffen wurden, dann im Geiste des birmanischen Sozialismus. Ein gutes Beispiel hierfür ist der 1977 erschienene Roman »Schatten« von **Ma Sandar** (geb. 1947), in dem die Autorin das Ideal der Arbeiterfamilie dem bourgeoisen Leben gegenüberstellt. Auch unpolitische Themen traten in den Vordergrund, etwa im 1964 erschienenen Bestseller »Ich werde dich weiter eine Familie nennen, Khain« von **Tekkatho Hpoun Naing** (1930–2002), der das Erwachsenwerden von Freunden beschreibt. Durch die Aufhebung der Zensur im Jahr 2013 eröffnen sich nun wieder neue Möglichkeiten für die Schriftsteller.

Wissenswertes für die Reise

Anreise und Verkehr
Übernachten
Essen und Trinken
Outdoor
Feste und Veranstaltungen
Reiseinfos von A bis Z

In der Umin Thonze Paya in Sagaing wachen 45 Buddhastatuen

Buddhistischer Mönch im Shwe Yan Pyay Kyaung bei Nyaung Shwe

Im Inle Lake liegt das Dorf Kay La mit dem Kloster Nga Phe Chaung

Anreise und Verkehr

Einreisebestimmungen

Vor der Einreise nach Myanmar muss bei der diplomatischen Vertretung oder online ein **Visum** beantragt werden. Voraussetzung dafür ist ein Reisepass, der über das Ende des Aufenthaltes hinaus noch mindestens sechs Monate Gültigkeit hat. Kinder benötigen unabhängig vom Alter ein eigenes Reisedokument und ein eigenes Visum. Auf den Websites der Botschaften (s. S. 104) stehen die beiden Visa-Antragsformulare zum Herunterladen bereit, die ausgefüllt zusammen mit dem Reisepass, zwei aktuellen Passfotos, der Visagebühr (bar oder in Form eines Überweisungsbelegs) sowie einem ausreichend frankierten Einschreiben-Rückumschlag an die zuständige Botschaft geschickt werden. Die Bearbeitungszeit kann während der Hochsaison bis zu vier Wochen dauern.

Das 28 Tage gültige **Touristenvisum** kostet 25 € (30 CHF) pro Person und muss innerhalb von drei Monaten ab dem Ausstellungsdatum in Anspruch genommen werden. Das Gleiche gilt für das 50 US-$ teure **E-Visum** (Elektronikvisum, Bearbeitungszeit ca. drei Tage). Es berechtigt zur Einreise über Yangon, Mandalay und Naypyitaw und kann auf http://evisa.moip.gov.mm beantragt werden. Eine **Visaverlängerung** ist unbürokratisch möglich: Wer seinen Aufenthalt im Land ausdehnen will, zahlt bei der Ausreise für die ersten 30 Tage nach Ablauf des Visums 3 US-$ täglich, danach 5 US-$. Bitte in diesem Fall gleich am Ausreiseschalter die Beamten informieren.

Wer einen längeren **Kloster-(Meditations-)aufenthalt** plant, benötigt ein Empfehlungsschreiben des Klosters und erhält dann eine vier- bis zwölf Wochen gültige Aufenthaltserlaubnis.

Businessvisa erhält man bei Vorlage einer Bestätigung des Arbeitgebers und einer Einladung einer in Myanmar ansässigen Firma.

Achtung: Journalisten, Fotografen etc. benötigen eine Sondererlaubnis – und müssen bei Visabeantragung mit Rückfragen oder sogar einer Visaverweigerung rechnen.

Ein- und Ausfuhr von Waren

Bei der Einreise ist eine **Zollerklärung** auszufüllen. Ausländische Währungen müssen ab einem Wert von 2000 US-$ deklariert werden, ebenso mitgebrachte Kameras, Tablets, Computer und wertvolle Schmuckstücke. Die Ein- und Ausfuhr von Kyat ist nicht erlaubt.

Für den Eigenbedarf dürfen **zollfrei eingeführt** werden: 200 g Zigaretten oder 50 Zigarren oder 250 g Tabak, 1 l Alkohol und 500 ml Parfüm. Waffen, Munition und Drogen dürfen selbstverständlich nicht eingeführt werden, auch der Import von pornografischem Material ist verboten.

Bezüglich der Ausfuhr aus Myanmar/Einfuhr nach Europa gilt: Bitte dem Rat des Zolls folgen und keine Souvenirs erwerben, für deren Herstellung Tiere oder Pflanzen bzw. Teile davon verwendet wurden. Gänzlich untersagt ist die Ausfuhr von **bedrohten Arten,** die dem Washingtoner Artenschutzübereinkommen unterliegen bzw. aus ihnen hergestellten

AUSWEISKOPIEN KEINESFALLS VERGESSEN

An manchen Straßenkontrollposten in Myanmar muss immer noch der Reisepass vorgezeigt, teilweise sogar eine Kopie davon abgegeben werden. Man sollte daher ausreichend Kopien dabeihaben, zumal sie bei Passverlust das Ausstellen eines Ersatzdokuments erleichtern. Auch ein paar Passfotos gehören ins Gepäck.

Gegenständen: etwa Korallen, Schildkröten und Orchideen oder Elfenbein. Die Einfuhr **gefälschter Produkte** nach Europa ist grundsätzlich untersagt, meist drückt der Zoll bei einem für den eigenen Gebrauch bestimmten Teil beide Augen zu. Im Falle der Nichtbeachtung ist mit Beschlagnahme und einem Straf- oder Bußgeldverfahren zu rechnen. Wer **Antiquitäten** kauft, muss sich vor der Ausreise eine Ausfuhrerlaubnis von der Zollverwaltung ausstellen lassen. Größere **Buddhafiguren** aus Holz dürfen nicht exportiert werden, bei **Edelsteinen** ist ein Echtheitszertifikat erforderlich.

Reisefreimengen: Bzgl. Tabakwaren und Alkohol s. Einfuhr. Insgesamt darf der Warenwert aller zollfrei eingeführten Produkte 300 € (bzw. im Falle einer Flugreise 430 €), Schweiz 300 CHF, bei Reisenden unter 15 Jahren 175 € nicht überschreiten.

Anreise

Mit dem Flugzeug

Myanmar verfügt über drei internationale Flughäfen: **Yangon, Mandalay** und **Naypyitaw**. Die meisten ausländischen Besucher landen in Yangon, zumal Mandalay und Naypyitaw derzeit nur mit Singapur und dem thailändischen Bangkok durch regelmäßige Flüge verbunden sind. Die bei der Ausreise fällige Flughafensteuer ist im Ticketpreis eingeschlossen.

Direktflüge aus Europa gibt es nicht. Die meisten Besucher reisen über die Drehscheiben Bangkok und Singapur an, die von zahlreichen Airlines angeflogen werden, neben **Lufthansa** (www.lufthansa.com) und anderen europäischen Fluglinien, etwa von **Thai Airways International** (www.thaiairways.com) und **Singapore Airlines** (www.singaporeair.com). Eine gute Anreiseoption bietet **Qatar Airways** (www.qatarairways.com), die täglich von Berlin, Frankfurt/M., München, Wien und Zürich aus über Doha nach Yangon fliegt. Zeitlich aufwendiger, aber preislich häufig attraktiv ist die Anreise mit **Etihad Airways** (www.etihad.com) in Kooperation mit Air Berlin und Bangkok Airways und Zwischenstopps in Abu Dhabi und Bangkok. Tickets gibt es saisonabhängig ab ca. 800 € (Hin- und Rückflug).

Singapur–Myanmar: Maschinen von **Silk Air** (www.silkair.com) und **Singapore Airlines** (www.singaporeair.com) verbinden 3 x tgl. Singapur mit Yangon, mehrmals wöchentlich mit Mandalay. Auch **Myanmar Airways International** (www.maiair.com) und die Billigfluglinie **Tiger Air** (www.tigerair.com) fliegen mehrmals täglich von dem Stadtstaat nach Yangon.

Thailand–Myanmar: Am dichtesten ist das Flugnetz zwischen Bangkok und Myanmar, das von einem halben Dutzend Airlines

---

VOM FLUGHAFEN IN DIE STADT

Der **Yangon International Airport (RGN)**, www.yangonairportonline.com, liegt im Stadtteil Mingaladon, ca. 20 km nördlich der Downtown. Da keine Verbindung mit öffentlichen Verkehrsmitteln in die Stadt besteht, ist man auf ein **Taxi** angewiesen. In Stoßzeiten brauchen Taxis (7000–8000 Kyat) bis zu 1 Std. für die Strecke zwischen Flughafen und Zentrum. Taxischalter gibt es in der Ankunftshalle, aber man wird auch von Vermittlern angesprochen, mit denen der Preis unbedingt vorher ausgehandelt werden muss.

Der **Mandalay International Airport (MDL)**, www.mandalayairport.com, liegt rund 35 km südlich der Stadt und ist von dort in 40–50 Min. mit Sammeltaxis (4000 Kyat) oder Taxis (12 000 Kyat) zu erreichen.

Etwa 25 km sind es vom südöstlich der Hauptstadt Naypyitaw gelegenen Flughafen, dem **Nay Pyi Taw International Airport (NYT)**, zu den Hotelzonen. Es gibt keine öffentlichen Verkehrsmittel und selbst Taxis sind rar. Es empfiehlt sich daher, vorab ein Taxi über das Hotel zu reservieren.

aus Thailand angesteuert wird, darunter 2 x tgl. **Myanmar Airways International** (www.mai.com), 3 x tgl. **Thai Airways International** (www.thaiairways.com) und bis zu 4 x tgl. **Bangkok Airways** (www.bangkokair.com), die auch Mandalay und Naypyitaw anfliegen. Die Billigfluglinie **Air Asia** (www.airasia.com) verbindet 3 x tgl. den Don Muang Airport in Bangkok mit Yangon sowie mehrmals wöchentlich mit Mandalay. Thailands **Nok Air** (www.nokair.com) fliegt 1–3 x tgl. von Bangkoks Don Muang Airport nach Yangon und bedarfsorientiert mit Zwischenstopp in der Grenzstadt Mae Sot nach Mawlamyine. Schließlich konkurriert mit **Golden Myanmar Airlines** (www.gmairlines.com) eine weitere Billigfluglinie auf dem lukrativen Streckennetz Yangon–Bangkok.

Malaysia/Vietnam/Kambodscha–Myanmar: Die malaysische Hauptstadt Kuala Lumpur wird 1–2 x tgl. durch **Malaysia Airlines** (www.malaysiaairlines.com), **Myanmar Airways International** (www.maiair.com) und **Air Asia** (www.airasia.com) mit Yangon verbunden. Von den vietnamesischen Metropolen Hanoi und Ho-Chi-Minh-Stadt fliegen **Vietjet Air** (www.vietjetair.com) bzw. **Vietnam Airlines** (www.vietnamairlines.com) und von den kambodschanischen Städten Phnom Penh und Siem Reap **Myanmar Airways International** (www.maiair.com) saisonabhängig mehrmals wöchentlich nach Yangon.

Weitere Flugverbindungen aus Myanmar: Regelmäßig werden u. a. Kolkata und Gaya (für Pilger nach Bodhgaya) in Indien, Kunming, Guangzhou und Hongkong in China, Tokio in Japan, Taipeh auf Taiwan und Incheon in Südkorea angeflogen.

Auf dem Landweg

Dank der zunehmenden politischen Öffnung Myanmars ist auch die Ein- bzw. Ausreise über Land nicht mehr so kompliziert wie früher, als die meisten Grenzen ganz oder zeitweilig geschlossen waren bzw. nur mit einem speziellen Permit passiert werden durften. Allerdings kann sich die politische Großwetterlage schnell wieder ändern, sodass man sich vorab – etwa beim Auswärtigen Amt (Stichwort: Reise-und Sicherheitshinweise; s. S. 118) - aktuell informieren sollte. Aus/nach Bangladesh und Laos kann man zzt. nicht auf dem Landweg reisen.

Grenzüberschreitende Busverbindungen gibt es bislang nicht, auch mit dem Auto darf man ohne Genehmigung nicht ein- bzw. ausreisen. Für Individualtouristen bleibt nur die Möglichkeit, mit (Sammel-)Taxis oder Bussen weiterzureisen. Ein **Einreisevisum** ist grundsätzlich erforderlich, an den Grenzübergängen in Tachileik (s. Kasten S. 396) und Kawthaung (s. Kasten S. 472) kann man sich ein örtlich eingeschränkt gültiges Visum ausstellen lassen.

Aus/nach China: Derzeit gibt es nur eine Möglichkeit für Individualtouristen, die Grenze zwischen China und Myanmar zu passieren: den Grenzübergang **Ruili–Muse,** etwa 150 km nördlich von Lashio an der historischen Burma Road (s. Kasten S. 413). Für die **Einreise nach Myanmar** bedarf es einer **Sondererlaubnis,** die das Konsulat von Myanmar in Kunming, ca. 100 km nordöstlich von Ruili, problemlos arrangiert. Es ist auch bei der Buchung des obligatorischen Guides behilflich. Der Grenzübergang Daluo–Mong La, östlich von Kyaing Tong, darf von Ausländern derzeit nicht genutzt werden. Wer von Myanmar **nach China** fahren möchte, muss ein gültiges Visum für die Volksrepublik besitzen (chin. Botschaft s. S. 105) und ein Ausreisepermit von Myanmar. Letzteres stellt Myanmar Travels & Tours (MTT; s. S. 155) in Yangon problemlos aus.

Aus/nach Indien: Vom indischen Bundesstaat Manipur führt der Grenzübergang **Moreh–Tamu** in die Sagaing Division. Er darf von Ausländern mit gültigem Visum und einer von MTT erteilten Genehmigung genutzt werden. Der Grenzübergang am 1136 m hohen **Pangsau Pass** an der Ledo Road im Kachin State ist für internationale Besucher nicht offen.

Aus/nach Laos: Über die **Laos-Myanmar Friendship Bridge** zwischen Keng Lap (Myanmar) und Houy Koum bei Xieng Kok (Laos) gibt es seit 2015 einen offiziellen Grenzübergang. Bis auf Weiteres ist er jedoch für Ausländer geschlossen (s. Kasten S. 396).

Aus/nach Thailand: Zu den interessantesten der vier möglichen Einreiseoptionen aus Thailand zählt der **Grenzübergang Mae Sai–Tachileik** (s. Kasten S. 396) im hohen Norden Thailands bzw. im Osten Myanmars. Mae Sai ist über die thailändische Stadt Chiang Rai (Flughafen) gut mit öffentlichen Verkehrsmitteln zu erreichen. **Sammeltaxis** fahren von Tachileik nach Kyaing Tong (Kengtung), von wo aus die Weiterreise ins Landesinnere von Myanmar jedoch nur per Flugzeug möglich ist. Sowohl Tachileik als auch Kyaing Tong verfügen über Inlandsflughäfen. An der **Grenze von Tachileik** ist ein **eingeschränktes Visum** (10 US-$) erhältlich, das lediglich einen Aufenthalt von maximal zehn Tagen in Tachileik und Kyaing Tong gestattet. Der Pass wird einbehalten und ein temporärer Ausweis ausgestellt, d. h. man muss das Land auf demselben Weg wieder verlassen.

Über die Grenzorte **Mae Sot–Myawaddy** (s. Kasten S. 459) kann man in die Landeshauptstadt des Kayin State, Hpa-an, fahren und von dort in den Mon State, entweder nach Mawlamyine oder Thaton, weiterreisen.

In Tanintharyi im Süden liegt der touristisch zzt. noch uninteressante Grenzübergang **Phunamron (Ban Phu Nam Ron)–Htee Kee.** In Thailand ist er über Kanchanaburi (65 km, 1 Std.) zu erreichen, in Myanmar in fünf bis sechs Fahrstunden ab Dawei (150 km). Im äußersten Süden Myanmars gibt es noch den Grenzübergang **Ranong–Kawthaung.**

Wer **nach Thailand** ausreisen möchte, benötigt für einen dortigen Aufenthalt von bis zu 30 Tagen kein Visum.

Auf dem Seeweg

Abgesehen von Kreuzfahrtschiffen steuern derzeit keine Personenschiffe Myanmar an.

Verkehrsmittel im Land

Flugzeug

Mehr als ein halbes Dutzend lokaler Fluggesellschaften bedient die Strecken innerhalb von Myanmar. Zum Einsatz kommen größtenteils ATR-Propellermaschinen mit 72 Sitzen.

Über das dichteste Netz verfügt das staatliche Unternehmen **Myanmar National Airlines** (www.flymna.com), das auch abgelegene Destinationen ansteuert. Lange Zeit wegen seiner veralteten Maschinen vor allem von ausländischen Besuchern nur ungern gebucht, wurde die Flotte inzwischen kräftig modernisiert. Noch hapert es jedoch mit der Zuverlässigkeit bzgl. der Flugzeiten, sodass man sich vor der Abreise unbedingt über die aktuelle Flugzeit informieren sollte – vielfach werden kurzfristig Abflüge verschoben, und es ist keine Seltenheit, dass die Maschine vor der geplanten Abflugzeit abhebt. Zur Sicherheit sollte man daher unbedingt rückbestätigen und rechtzeitig am Flughafen sein! Das gilt grundsätzlich auch bei Privatanbietern wie **Air Bagan** (www.airbagan.com), **Air Mandalay** (www.airmandalay.com), **Asian Wings** (www.asianwingsair.com), **Air KBZ** (www.airkbz.com), **Golden Myanmar Airlines** (www.gmairlines.com), **Mann Yadanarpon Airlines** (www.airmyp.com) und **Yangon Airways** (www.yangonair.com).

Die Hauptstrecken sind in der Saison stark ausgelastet, besonders die Verbindungen zwischen Yangon und Nyaung U, Mandalay sowie Heho. Es sollte also rechtzeitig gebucht werden.

Flugtickets sind nicht günstig und saisonabhängig, hier einige **Preisbeispiele** (einfache Strecke): Mandalay–Heho ca. 70 US-$, Yangon–Heho ca.120 US-$, Yangon–Mandalay ca. 120 US-$, Yangon–Myeik ca. 140 US-$, Yangon–Myitkyina ca. 200 US-$, Yangon–Nyaung U ca. 120 US-$. Die Flughafensteuer von 1000 Kyat ist im Ticketpreis enthalten.

Bahn

Am 1. Mai 1877 startete die koloniale Irrawaddy Valley State Railway zu ihrer Jungfernfahrt von Rangoon (heute: Yangon) ins 262 km entfernte Prome (heute: Pyay). Bis 1941 waren 3300 km Schienen verlegt, heute beträgt das Eisenbahnnetz über 5400 km und wird nach wie vor erweitert. In den Zügen jedoch scheint die Zeit stehen geblieben zu sein: Es wackelt und schaukelt als befände man sich auf hoher See, Magenempfindliche sollten die Einnahme einer Reisetablette in Erwägung ziehen. Auch die Bahnhöfe muten sehr historisch an und die Fahrpläne sind eher als Hoffnungsmanifeste zu verstehen. Doch die staatliche **Myanma Railways (MR)** arbeitet kräftig daran, den Status quo zu verbessern. Viele Infos und Bilder inklusive Fahrpläne findet man unter www.seat61.com. Wie überall auf der Welt sollte man in der Bahn das Gepäck vor Diebstahl schützen und gut verstauen.

Die **Fernzüge** verfügen über bis zu drei Klassen: **Upper Class** (weiche, verstellbare Sitze) bzw. **Upper Sleeper Class** (mit Liegen), **First Class** (nicht vom Namen irreführen lassen, meist mit Holzbänken!) und **Ordinary Class** (mit Holzbänken). **Reservierungen** bis drei Tage vor Abfahrt sind nur für die Upper Class möglich. **Tickets** sind an den Bahnhöfen erhältlich und seit 2014 in Kyat zu bezahlen.

Die **Hauptlinie Yangon–Myitkyina** verläuft von Yangon über Naypyitaw, Mandalay (Yangon–Mandalay 12750 Kyat, ca. 9 €) und Katha bis nach Myitkyina (1261 km). Beim **Knotenpunkt Thazi** wenige Kilometer östlich von Meiktila kreuzt sie die **Linie Myingyan–Nyaung U-Kalaw-Shwe Nyaung** (Yangon–Nyaung U 16 500 Kyat, ca. 11 €; Thazi–Shwe Nyaung 3000 Kyat, ca. 2 €). Die **Linie Mandalay–Lashio** verläuft via Pyin U Lwin, Kyaukme, den Gokhteik-Viadukt und Hsipaw. Die **Südlinie Yangon–Dawei** führt über Bago, Kyaikhto und Mawlamyine.

Besonders empfehlenswerte Strecken
Yangon–Mandalay: Die schnellsten der drei täglichen Zugpaare benötigen für die 622 km lange Strecke 15 Std. und verfügen über relativ bequeme Liegewagen. Tickets kosten 4600–12 750 Kyat (ca. 3–10 €). Außerhalb der Monsunzeit sind diese Züge relativ pünktlich.

Thazi–Shwe Nyaung: Diese wunderbare und gemächliche Variante, den Shan State zu erleben, verläuft über Kalaw und Aungban nach Shwe Nyaung, das nur 11 km vom Inle-See und wenige Kilometer von Taunggyi entfernt liegt. Für die 247 km benötigen die Züge etwa zehn Stunden (3000 Kyat, ca. 2 €).

Pyin U Lwin–Hsipaw: Mit gut 7 Std. ist die Reisezeit für die 144 km lange Strecke überschaubar (2750 Kyat, ca. 2 €). Zu den Highlights zählt die Überquerung des spektakulären, 1901 fertiggestellten Gokhteik-Viadukts, aber auch die chöne Hügellandschaft hat ihren Reiz.

Myitkyina–Hopin oder **Nabe (Katha)–Hopin:** Im hohen Norden lässt sich eine interessante Bahnfahrt mit dem Besuch des Indawgyi-Sees kombinieren. Mit dem Morgenzug fährt man von Myitkyina bis nach Hopin (ca. 7 Std., 1750 Kyat, ca.1,50 €) und von dort per Mopedtaxi oder Pick-up (ca. 1,5 Std.) nach Lonton am See. Eine Alternative ist die Anreise ab Katha am Ayeyarwady (3000 Kyat, ca. 2 €).

Bus

Auch in Myanmar gehen die Zeiten schrottreifer Busse langsam dem Ende entgegen, man begegnet ihnen meist nur noch auf Nebenstrecken. Die Gebrauchtwagen ostasiatischer Herkunft zeichnen sich durch schmale Sitze und geringe Beinfreiheit aus, was vor allem für groß gewachsene Europäer zur Qual werden kann. Wesentlich bequemer sind die modernen Fahrzeuge privater Busunternehmen, die allerdings nur auf den Hauptstrecken eingesetzt werden. Längere Fahrten, etwa zwischen Yangon, Mandalay, Bagan und Taunggyi, starten meist am späten Nachmittag oder frühen Abend und enden in den frühen Morgenstunden. In durchaus passablen Raststätten werden unterwegs regelmäßig Pausen eingelegt. Gerade bei Nachtfahrten gehören unbedingt Pullover und Schal ins Handgepäck, da manche Busfahrer ihr Fahrzeug mit einem Kühlschrank verwechseln. Auch Ohrenstöpsel sind nicht verkehrt, falls man am lärmenden Unterhaltungsprogramm kein Interesse hat. Die **Straßen** werden zunehmend besser und über den Yangon-Mandalay Highway fahren die Busse mit 70 km/h Durchschnittsgeschwindigkeit. Ansonsten sollte man mit 30–40 km/h kalkulieren. Manche Strecken indes sind immer noch sehr schlecht, etwa zwischen Dawei, Myeik und Kawthaung.

Tickets: Mehrere **private Busunternehmen** verlangen von Ausländern höhere **Ticketpreise.** Zum Teil hat es damit zu tun, dass die Tickets über **Vertragsbüros** verkauft werden, die wiederum mehrere Busunternehmen vertreten. Sie liegen meist zentral in der Stadt, beispielsweise in Yangon an der Südseite des Aung San Stadium,

NACHHALTIG REISEN

Die Umwelt schützen, die lokale Wirtschaft fördern, intensive Begegnungen ermöglichen, voneinander lernen – nachhaltiger Tourismus übernimmt Verantwortung für Umwelt und Gesellschaft. Die folgenden Webseiten geben Tipps, wie man seine Reise nachhaltig gestalten kann.

www.fairunterwegs.org: »Fair Reisen« anstatt nur verreisen – dafür wirbt der schweizerische Arbeitskreis für Tourismus und Entwicklung. Außerdem erhält man hier ausführliche Infos zu Reiseländern in der ganzen Welt.

www.sympathiemagazin.de: Länderhefte mit Infos zu Alltagsleben, Politik, Kultur und Wirtschaft; Themenhefte zu den Weltregionen, Umwelt, Kinderrechten und Globalisierung.

Mit der Öffnung des Landes nehmen auch in Myanmar soziale Initiativen zu, um etwa das lokale Handwerk zu fördern. Entsprechende Geschäfte gibt es derzeit in Yangon und Bagan. Auf **www.tourismtransparency.org** gibt die Organisation Tourism Transparency Tipps und Adressen, wie man sozialverantwortlich durch Myanmar reisen kann. Ein Reiseknigge im Comic-Stil mit Tipps und Hinweisen ist auf **www.dosanddontsfortourists.com** zu finden. Über 100 Veranstalter bieten auf **www.forumandersreisen.de** nachhaltige Touren auch für Myanmar an.

---

da sich die **Busbahnhöfe** vielfach weit außerhalb befinden. Anbieter und Ziele sind in den Verkaufsschaltern nur in Myanma angeschrieben, was etwas verwirrend ist. Nichtsdestotrotz ist alles gut organisiert: In einem Sitzplan wird der Passagiername eingetragen, sodass man seinen festen Platz hat. Zu den **etablierten Unternehmen** auf den Hauptstrecken zählen **Elite Express, Lumbini Express, JJ Express** und **Mandalar Minn.** Hier eine Auswahl an **Ticketpreisen:** Yangon–Nyaung U ab 13 000 Kyat (ca. 9 €), Nyaung U–Nyaung Shwe (Inle Lake) ab 11 000 Kyat (ca. 8 €), Nyaung U–Mandalay ab 8000 Kyat (ca. 6 €), Mandalay–Nyaung Shwe ab 12 000 Kyat (ca. 8 €), Yangon–Mandalay ab 11 000 Kyat (ca. 8 €), Yangon–Mawlamyine ab 6000 Kyat (ca. 4 €).

Boot

Die wohl älteste Weise, Myanmar zu bereisen, ist per Schiff auf seinen Flüssen. Einen geradezu legendären Ruf besitzt die 1865 gegründete Irrawaddy Flottila Company, die zeitweilig die größte private Binnenflotte der Welt unterhielt. Sie wurde 1948 von dem staatlichen Unternehmen **Inland Water Transport** (**IWT**, www.iwt.gov.mm), übernommen, dessen Boote mitunter wie aus der Zeit gefallen wirken. Daneben gibt es zahlreiche private Gesellschaften, die ihre Dienste offerieren und über moderne, fast luxuriöse Schiffe verfügen, u. a. **Road to Mandalay** (www.belmond.com) und **Pauken Cruises** (www.ayravatacruises.com).

Unter Touristen am beliebtesten sind Fahrten auf dem 190 km langen Abschnitt des **Ayeyarwady** zwischen Mandalay und Bagan, die von den unterschiedlichsten Anbietern in jeder Preisklasse angeboten werden. Der Ayeyarwady ist von seinem Delta bis hinauf nach Bhamo mit größeren Booten ganzjährig schiffbar, allerdings lauern ab Mitte Januar zahlreiche Sandbänke, welche die Navigation schwierig, aber selten unmöglich machen. Im Kachin State wiederum bietet sich von Myitkyina aus eine Fahrt mit kleinen Booten zur Wiege des **Ayeyarwady** nach Myitson an.

Nördlich von Pakkoku mündet der **Chindwin** in den Ayeyarwady, der mit flachen Booten bis ins 792 km entfernte Hkamti befahrbar ist. Größere Boote müssen weit vorher umkehren.

Auf dem insgesamt 2816 km langen Thanlwin verkehren Privatboote nur noch zwischen Hpa-an und dem 53 km südlich gelegenen Mawlamyine, flussaufwärts ist eine Weiterfahrt aufgrund der vielen Stromschnellen und Untiefen nicht möglich.

Von großem Reiz sind die 65 km lange Fahrt mit Charterbooten auf dem **Kaladan** zwischen Sittwe und Mrauk U sowie die ca. 20 km lange Strecke auf dem **Leymyo** von Mrauk U zu Dörfern der Chin.

Zum Standardprogramm fast jeder Myanmarreise gehört eine Bootsfahrt auf dem **Inle Lake** im Shan State. Man kann jedoch auch von dort auf dem **Nam Pilu** und über den **Sagar Lake** Richtung Süden via Sagar (Samkar) nach Phekon fahren.

Geschlossene und klimatisierte, aber wenig gemütliche **Schnellboote** bedienen die 395 km lange Strecke **Dawei–Myeik–Kawthaung** entlang der birmanischen Küste auf der **Andamanen-See,** Vor allem die Fahrt durch den Myeik-Archipel zwischen Myeik und Kawthaung ist landschaftlich sehr attraktiv.

Mietwagen

In Myanmar ist es Touristen nicht gestattet, selbst ein Auto zu steuern. Dafür kann man in nahezu jedem halbwegs touristischen Ort einen **Wagen mit Fahrer** auftreiben, fraglos die komfortabelste Option für eine Reise durchs Land. **Etablierte Agenturen** stellen gute Fahrzeuge meist zu einem Pauschalpreis zur Verfügung, der bei 70–90 US-$ täglich liegt und den Lohn für den Chauffeur, die Versicherungen und die gefahrenen Kilometer beinhaltet. Das Benzin muss immer extra bezahlt werden. Wichtig ist, nicht nur die Bedingungen vorab genau festzulegen – etwa ob Kost und Logis des Fahrers im Pauschalbetrag inbegriffen sind –, sondern auch die gewählte Route vor der Abfahrt schriftlich zu fixieren, um spätere Missverständnisse auszuschließen. Zwar verlangen die etablierten Anbieter mehr als kleinere Reisebüros, doch im Falle eines Unfalls wird meist schneller ein Ersatzfahrzeug bereitgestellt. Verlässliche Anbieter sind z. B. **Golden Express Tours,** 97-B Wadan St., Lanmadaw, Yangon, Tel. 01 22 67 79, 01 22 55 69, www.goldenexpresstours.com, sowie **Nyan Myint Thu Car Rental,** Bo Ywe Rd., Lathar, Tel. 01 24 65 51, 01 37 52 83, www.nyanmyintthucarrental.com.

Die meisten **Fahrer** sprechen allerdings kaum Englisch, was die Kommunikation unterwegs erschwert. Auf jeden Fall sollte man ihnen am Ende der Reise ein nicht zu knappes **Trinkgeld** zukommen lassen, da ihr Grundlohn sehr niedrig ist.

Nicht irritieren lassen: In Myanmar herrscht Rechtsverkehr, allerdings haben viele importierte Fahrzeuge ihr Lenkrad ebenfalls auf der rechten Seite.

Nahverkehrsmittel

In Städten: In größeren Städten sind **Nahverkehrsbusse** *(ba'sa ka:)* im Einsatz. Für Ausländer stellt sich das Problem, dass deren Fahrziele nie auf Englisch angegeben sind, und das auch nur selten Englisch gesprochen wird. Es bedarf also ein wenig Entdeckergeists, will man auf diese Art von Transport zurückgreifen.

Auf dem Land: ist man im Nahverkehr auf **Pick-ups** *(kau' te)* oder gar **Pferdekutschen** *(myin: hle:)* angewiesen. Auch **Fahrradrikschas** *(hsai'ka:)* sind hier noch weit verbreitet, wohingegen ihre Zahl in Yangon und anderen größeren Orten stark begrenzt wurde.

Taxis: Zuverlässige **Taxis** *(tè'ke si)* gibt es in großer Zahl nur in Yangon. Selbst in Mandalay und anderen touristisch relevanten Orten sind sie Mangelware. Die wenigen Taxis finden sich dort zumeist an den Flughäfen. Wer einen Wagen benötigt, sollte dies über die Unterkünfte organisisieren lassen. Die meisten Taxis haben ein gelbes Taxischild auf dem Dach, aber keinen Taxameter. Folglich muss der Preis vorab ausgehandelt werden. Für 1 km zahlt man ca. 1500–2000 Kyat.

Mopedtaxis: Mopedtaxis *(mo to hsain ke)* bilden in Mandalay und zunehmend in Provinzstädten die effektivste Option sich fortzubewegen. Sie warten oft an belebten Straßenkreuzungen. Man winkt sie herbei, vereinbart das Ziel, handelt den Preis aus (ca. 1000 Kyat/km) und los geht's. Einen Schutzhelm gibt es selten – hoffen wir, dass der Fahrer nicht lebensmüde ist.

Übernachten

Allgemein

Bis Anfang der 1990er-Jahre dominierten in Myanmar staatliche Unterkünfte mit sozialistischem Charme und schleppendem Service. Dann wurde in den touristischen Zentren und in größeren Städten von privater Hand kräftig investiert. Auch internationale Hotelgruppen haben Myanmar nun in ihrem Portfolio. Doch trotz des Baubooms kommt es seit der Öffnung des Landes 2011 zu extremen Engpässen, vor allem während der Hochsaison. Es wird noch einige Zeit dauern, bis genügend Unterkünfte für die stetig steigende Zahl von Besuchern vorhanden sind, solange muss man mit einem schlechten Preis-Leistungs-Verhältnis rechnen. Das gilt auch für abgelegene ländliche Regionen, wo die Auswahl generell sehr beschränkt ist. Die wenigen Unterkünfte, die es gibt, sind oft in einem schlechten Zustand und übertevert.

Preise

Die Übernachtungspreise variieren von Ort zu Ort erheblich. Yangon ist derzeit das teuerste Pflaster. Auch in Bagan und am Inle-See wird in der Saison kräftig zugelangt, während die Unterkünfte in Mandalay dank großer Konkurrenz preislich akzeptabel sind. Ein Zimmer in einem einfachen Guest House kostet im Schnitt 10–20 US-$, in einem Mittelklassehotel ab 30 US-$. 4- bis 5-Sterne-Hotels verlangen für die günstigste Zimmerkategorie ca. 90–120 US-$, während Luxusherbergen ihre Gemächer selten unter 150 US-$ vermieten.

In einfachen Unterkünften richtet sich der Zimmerpreis meist nach der Anzahl der Personen, d. h. Einzelreisende können ohne Mehrkosten ein Doppelzimmer belegen. Die Übernachtungspreise in gehobeneren Herbergen werden pro Zimmer berechnet, zwischen Einzel- und Doppelbelegung besteht nur ein marginaler Preisunterschied. Wie überall sind auch in Myanmar die Zimmerpreise stark saisonabhängig, in der Nebensaison kann man mit Preisnachlässen rechnen.

Nur bei einfachen Unterkünften sind die Preise in Kyat ausgeschrieben, sonst in US-$. **Achtung:** Teurere Unterkünfte addieren auf die Rechnung noch 10 % Mehrwertsteuer (VAT = Value-added tax) und 10 % Service Charge.

Teure Reisezeiten

Die Reisesaison währt in Myanmar von Mitte Oktober bis Anfang März. Vor allem über **Weihnachten und Neujahr** schießen die Übernachtungspreise in die Höhe. An den Stränden kann es zudem in der **zweiten Aprilhälfte** teurer werden, denn die beiden Wochen nach Thingyan, dem Neujahrsfest Myanmars, nutzen viele Einheimische zu ausgedehnten Reisen.

Zimmerreservierung

Frühzeitige Reservierungen sind vor allem in den touristischen Hauptorten und in der Hochsaison ratsam. Bei gehobenen Unterkünften ist dies über deren Website, eine lokale Agentur oder eine Buchungsmaschine möglich. Hier lohnt sich der Preisvergleich. Im Falle von einfacheren Unterkünften ohne Internet bleibt nur der Griff zum Telefon. Sofern Reservierungen überhaupt akzeptiert werden, sollte man mehrfach anrufen und eine Rückbestätigung vornehmen. Da an der Rezeption nicht immer Englisch gesprochen wird, empfiehlt es sich, die telefonische Kommunikation einem Einheimischen zu überlassen. Beim Einchecken muss der Reisepass hinterlegt werden.

Im Internet

Noch sind viele Unterkünfte Myanmars nicht auf den einschlägigen Websites gelistet. Einen Blick lohnen bislang:

www.agoda.com
www.booking.com
www.expedia.de.
www.go-myanmar.com

Bewertungen (kritisch zu betrachten) einiger Hotels findet man auf www.tripadvisor.de und www.hotelbewertung.de.

Hotels

Internationale Hotelketten halten nur langsam Einzug in Myanmar. U. a. sind Shangri-La (www.shangri-la.com), Sedona (www.sedonahotels.com.sg), Hilton (www.hiltonhotels.de) und Accor (www.accorhotels.com) aktiv. In der Hauptstadt Naypitaw gibt es ein Haus der Kempinski-Gruppe (www.kempinski.com).

Lokale Unternehmen engagieren sich schon längere Zeit im Tourismusbereich, darunter die Htoo-Gruppe mit ihren Marken (www.myanmartreasureresorts.com) und Aureum (www.aureumpalacehotel.com) sowie Max Hotels (www.maxmyanmargroup.com) und Amazing Hotels (www.amazing-hotel.com). Zudem gibt es eine Reihe einheimischer Geschäftsleute, die eine oder gleich mehrere Unterkünfte besitzen, etwa die Princess Resorts am Inle-See (s. S. 368) und in Mrauk U (s. S. 233).

Mit dem Strand Hotel (s. S. 157) und der Belmond Governor's Residence (s. S. 157) birgt Yangon **koloniale Schätze,** deren Potenzial allerdings noch lange nicht ausgeschöpft ist.

Noch dominieren optisch wenig ansprechende **Touristen- und Geschäftshotels** mit meist gesichtslosen Zimmern, die allein wegen relativ günstiger Preise eine passable Wahl sind.

Guest Houses

In touristischen Orten mit großer Konkurrenz zeichnen sich **Gästehäuser** durch ein relativ gutes Preis-Leistungs-Verhältnis aus, denn hier sind die Eigentümer eher bestrebt durch Ambiente und Service zu punkten. Dagegen ist das Angebot in abgelegenen Orten recht bescheiden, da dort nur die wenigsten Unterkünfte eine Lizenz zur Aufnahme von Ausländern besitzen. Nicht selten muss man mit muffelnden Matratzen und schimmelschwarzen Bädern vorliebnehmen. Es empfiehlt sich, einen Seidenschlafsack oder ein Bettlaken mitzunehmen, auch ein eigenes Moskitonetz ist nicht verkehrt. Wenn überhaupt angeboten, ist das Frühstück tendenziell mager – besser man geht zum nächsten *teashop*.

Wer ein klimatisiertes Zimmer bucht (falls vorhanden), sollte bedenken, dass Stromausfälle oder schwache -spannungen den Nutzen einer Klimaanlage einschränken können. Auch sollte man – zwecks Ohrenschonung – ein Zimmer weitab vom Generator nehmen.

Hostels

Der weltweite Hostelboom erreicht Myanmar erst langsam. Erste Häuser haben in Yangon, Kalaw und Bagan eröffnet. Die Bettenpreise bewegen sich ab 10 US-$ aufwärts und sind preislich eher für Einzelreisende interessant. Es lohnt sich ein Blick auf www.hostelworld.com.

Bed & Breakfast, Klöster

Offiziell ist das Übernachten in **Privathäusern** nicht gestattet, in **Klöstern** nur im Rahmen einer organisierten Trekkingtour. Doch auf mehrtägigen Touren in den Bergen bleibt keine andere Wahl. So gibt es in abgelegenen Reisezielen wie Thandaung Gyi **B&B-Angebote,** kleine Gästehäuser mit weniger als zehn Zimmern (ab 10 000 Kyat/Nacht) und sehr einfachem Standard. Als Toilette dient oft ein Holzverschlag mit Donnerbalken/Loch im Boden, als Bad eine Zisterne oder ein Plastikbehälter mit Schöpfkelle. Da es von Dezember bis Februar nachts empfindlich kühl werden kann, sollte man einen Schlafsack mitnehmen. Auch Toilettenpapier und andere Hygieneartikel, ein Handtuch und ein Wickelrock fürs Baden gehören ins Gepäck.

Wer in einem **Kloster** (ab 5000 Kyat/Nacht) nächtigt, sollte die Würde des Ortes beachten und auf freizügige Kleidung, Rauchen und Alkohol verzichten.

Essen & Trinken

Beeinflusst von seinen Nachbarn und bereichert von der Vielfalt seiner Volksgruppen und Landschaften, hat Myanmar eine ganz eigene Küche geschaffen. Bei fast allen Gerichten ist Reis ein ständiger Begleiter, sei es als Korn, verarbeitet zu Nudeln oder in einer Süßspeise. Eine Reise durch Myanmar geht immer auch durch den Magen.

Kulturelle Gepflogenheiten

Essenszeiten

In Myanmar wird gerne früh gegessen, gefrühstückt oft schon ab 6 Uhr. Viele Einheimische nehmen ihr Frühstück zur Arbeit mit oder besuchen zuvor einen *teashop* oder einen Essensstand mit **Mohinga**. Mittagessen gibt es oft bereits ab 11 Uhr und Abendessen ab 18 Uhr. Da vor allem die Currygerichte sehr früh zubereitet und dann warm gehalten werden, empfiehlt es sich, nicht allzu spät zum Essen zu gehen. Bei größeren Gruppen stellt man eine Auswahl von Speisen zusammen und teilt sie dann miteinander.

Löffel, Gabel, Stäbchen

Hauptgerichte werden in der Regel mit Löffel und Gabel verspeist, wobei man das Essen mit der links gehaltenen Gabel auf den rechts gehaltenen Löffel schiebt und diesen dann zum Mund führt. Bei **Nudelsuppen** werden zum Löffel meist Stäbchen gereicht, mit denen bei Laien der Kampf um die Nudel beginnt. Mit den Stäbchen fischt man die größeren Ingredienzien heraus und lädt sie auf den Löffel. Die Handhabung ist gar nicht so schwierig wie es aussieht. Während das untere Stäbchen fest auf dem Ringfinger und in der Falte zwischen Daumen und Zeigefinger ruht, bleibt das obere Stäbchen beweglich, indem man den vorderen Teil zwischen Zeige- und Mittelfinger einklemmt und den hinteren mit dem Daumen gegen den Zeigefinger drückt. Hier gilt: Übung macht den Meister.

Kulinarische Vielfalt

»Sa: bi: bila?« (»Hast du schon gegessen?«), schallt es zur Mittagszeit durch die Büroräume und Straßen. Dann bewegen sich Chefs und Angestellte gleichermaßen in Richtung Garküche oder Restaurant. Doch auch der Gang zum Markt oder zur Pagode geht meist nicht ohne einen kulinarischen Zwischenstopp vonstatten. So ist es kein Wunder, dass an belebten Orten eine Vielzahl von Essensständen mit allerlei Leckereien steht. Und wer sich nicht selbst bewegen will, braucht nicht lange zu warten, denn irgendwann kommt irgendjemand mit Gebrutzeltem, Gegrilltem oder Süßem vorbei.

Birmanisches Frühstück

Der Morgen ist an vielen Essensständen erfüllt vom Geräusch des genussvollen Schlürfens von **Mohinga** *(moun hin: ga:)*, das fast den Status eines Nationalgerichts besitzt. Dafür wird Fisch zusammen mit kleingehackten Bananenblüten, Garnelenpaste, Zitronengras, Galgant, Zwiebeln und Knoblauch zu einer reichhaltigen Suppe verkocht und mit dünnen Reisnudeln serviert. Hinzu kommen allseits beliebte Beilagen wie frittierte Tofustücke, Chilipulver, geröstete Kichererbsen, hart gekochte Eier und Frühlingszwiebeln. Eine ausgepresste Limette und frischer Koriander verpassen der Suppe den letzten Kick. Mohinga gibt es in verschiedenen lokalen Varianten.

Ebenfalls beliebt am Morgen sind **Reisnudeln in Kokosnusssoße** *(on: no khau' hswæ:)*. Kokosnussmilch wird mit Hühnerfleisch, Zwiebeln und Bohnen gekocht und mit Reisnudeln gemischt. Dazu munden besonders gut frittierte Bohnen oder Gurken, Chilipulver, frisch gepresster Limettensaft und gekochte Eier. Gerne essen die Einheimischen auch **Klebereis mit Trockenfisch oder frittierten Gurken** *(kau' hnyin: paun:)*, gelegentlich sind Bohnen beigemischt.

Traditionelles birmanisches Frühstück – Mohinga mit allem, was dazugehört

Currys und mehr

Die Küche Myanmars zelebriert die Vielfalt der **Currys** *(hin:)*. Ein Curry wird wie auch jedes andere ›Hauptgericht‹ nie allein serviert. Traditionelle Beilage ist **gekochter Reis** *(ht^a min)*. Dazu kommen diverse Extraschalen auf den Tisch: Als **Gemüse** gibt es etwa Chayote *(su ka' thi:)*, Balsamapfel *(dsch^a hein ga thi:)* oder Auberginen *(hk^a yan:)*, gerne auch das indische **Dhal** *(k^a l^h be: hin:*; eine breiige Masse aus Linsen). Obligatorisch sind eine **Suppe** *(hin: jo)*, in Myanmar zumeist auf der Basis von Linsen *(k^a l^h be:*; wer es etwas würziger mag, lässt sie mit Senfblättern, *mon hnyin: ywe'*, zubereiten) sowie ein ›Salat‹-Teller mit rohen Gurken, Karotten, grüner Mango, Okra und diversen Kräutern. Ferner kommen **Gewürze** bzw. **Gewürzpasten** auf den Tisch: z. B. frischer, getrockneter **Chili** *(ng^a yo' thi:)* oder Chili als Paste (ähnlich dem indonesischen Sambal), **Fischsoße** *(ngan bya yei:)* oder **Fischpaste** *(ng^a pi)* oder **Garnelenpaste** *(b^{z}zun ng^a pi)*. Letztere mögen für die europäische Nase gewöhnungsbedürftig sein, geben dem Mahl aber die richtige Würze.

Als **Basis für ein Curry** dienen wahlweise **Huhn** *(dsche')*, **Schwein** *(we' tha)*, **Rind** *(^{a}me: dha)*, **Garnelen** *(b^{z}zun)* oder **Fisch** *(nga:)*, in der Trockenzone auch **Lamm** *(tho: dha:)*. Fleisch oder Fisch werden mit einer Gewürzmischung in reichlich hinzugefügtem Erdnuss- oder Sesamöl über längere Zeit gekocht. Die Grundbestandteile der Gewürzmischung sind Kurkuma (Gelbwurz, *hsa nwin:*), Kreuzkümmel *(ziya)*, Koriander *(nan nan)*, gemischt mit zerstampftem Ingwer *(dschin:)*, Zwiebeln *(dsche thun ni)* und Knoblauch *(dsche' thun byu)*.

Salate und Nudeln

Sehr kreativ sind Myanmars Köche – oder häufiger Köchinnen – auch beim Kreieren von Salaten. Als eines der kulinarischen Highlights gilt **Lethoke** *(le' tho')*, was so viel wie ›von Hand zubereitet‹ bedeutet. Der pikante Salat hat als Grundlage rohes Gemüse, Obst oder Kräuterblätter. Gewürzt wird mit Fisch- oder Sojasoße, Chilipaste und Sojabohnenpulver. Hinzu kommen Tamarinde, Limette oder eine eingelegte Frucht, die einen säuerlichen Geschmack erzeugen. Zur Abmilderung dienen getrocknete Shrimps, Erdnüsse, geröstete Kichererbsen, Sesam oder Sojabohnen. Alles zusammen wird mit Sesamöl vermischt, um es dann mit angebratenen Zwiebeln, Knoblauch, gerösteten Chilis und Kräutern wie Minze, Koriander, Limettenblättern oder Zitronengras abzurunden.

Nudelgerichte können ebenfalls eine raffinierte Mischung verschiedener Ingredienzien sein, etwa im Fall des in Mandalay populären **Mishee** *(mi: shi:)*. Reisnudeln mit Schweinehackfleisch bzw. frittiertem oder scharf gebratenem geschnetzelten Schweinefleisch, frittiertem Sojabohnengelee (sehr weichem Tofu), frittierten Sojasprossen und gepökelten fermentierten Senfkörnern. Ein oder zwei Schuss Knoblauch- und Chilisoße gehören ebenso dazu wie eine etwas salzige Soße aus Sojabohnengelee und Chili. Abgerundet wird das Ganze mit frisch geschnittenen Zwiebeln. Mishee wird meist in darauf spezialisierten Lokalen oder an entsprechenden Essensständen serviert.

Ein etwas einfacheres, aber genauso verführerisches **Nudelgericht** stammt ursprünglich aus dem Shan State. Beim *khauʿ hswæ:* werden Hühnerstückchen zusammen mit viel Zwiebeln, Knoblauch, Ingwer und Chili in einer pikanten Kokosnusssoße gekocht und anschließend über Eiernudeln gegossen. Zur geschmacklichen Bereicherung dienen ein kleingeschnittenes gekochtes Ei, angebratene Zwiebeln und Chilistücke. Korianderblätter und ein paar Spritzer Limettensaft geben dem fertigen Gericht eine angenehme Frische.

Regionale Besonderheiten

Die landschaftliche Vielfalt schlägt sich auch in der Küche nieder. In **Nieder-Myanmar**, wo das Meer nicht weit ist und es Flüsse zuhauf gibt, sind Meeresfrüchte zweifellos die wichtigsten Proteinspender. Getrockneter Fisch, Tintenfisch oder Shrimps werden gerne als Snack gegessen. Kleine getrocknete Garnelen sind beliebte Zutaten für Salate, Suppen oder Currygerichte. Ohne **Balachaung** *(bala chaung)*, einem Mix aus zerstampften getrockneten Garnelen, angebratenem Knoblauch und Zwiebeln sowie Essig und Chilipulver, kommt kein Gericht aus. Meist wird die Würzmischung separat serviert.

Wiederum ihre eigene kulinarische Ausprägung hat die trockene **Zentralebene zwischen Mandalay und Pyay**. Da auf den kargen Feldern vorwiegend Bohnen *(pe:)*, Hirse *(pyaun hsan)* und Linsen *(ka la be:)* gedeihen, sind sie auch oft in der Küche zu finden. Bevorzugt werden Currys mit Schweine- oder Rindfleisch.

Leckeren Fisch und Garnelen liefern der **Ayeyarwady** und seine Zuflüsse. In Mandalay haben sich darüber hinaus einige Spezialitäten erhalten, etwa der besonders hier mundende Nudelsalat **Nan Gyi Thoke** *(nan: dschi: thoʿ)* aus dicken Reisnudeln und Hühnercurry oder **getrocknete Fischkuchen** *(ngᵃ pi chauʿ)* mit Zwiebeln, Koriander, Frühlingszwiebeln, Enteneiern und zerriebenem Trockenchili.

Im hohen **Norden** genießen die **Kachin** eine recht pikante, gemüsereiche Kost. Zu den typischen Speisen gehören etwa **Mae Lot Si Sann**, ein Salat mit zerkleinertem Schweinefleisch, Zwiebeln, Knoblauch, reichlich Chili und Erdnussöl und **Am Mae Thaung**, Rinderhackfleisch mit Chili. Sehr bekömmlich ist **Si Par**, gemischtes Gemüse mit Kürbis, Aubergine und Senfblättern, sowie gedünsteter Flussfisch, der als **Nayok Gaung** mit Sichuanpfeffer oder als **Nga Ka Lay Chet** mit Koriander schmackhaft gemacht wurde.

In den fruchtbaren Ebenen des **Shan State** gedeihen aufgrund des gemäßigten Klimas zahlreiche Gemüse- und Obstsorten wie Avocado, Chayote oder Weißkohl. Unbedingt probieren sollte man die lokale Variante einer **Reisnudelsuppe** namens *shan: khauʿ hswæ:* oder den durch Kurkuma gelb gefärbten **Reissalat** *(hta min chin)*.

LEPHET TOKE

In Myanmar wird Tee nicht nur getrunken, sondern auch gegessen. Für **Lephet Thoke** *(la hpeʿ thoʿ)*, Teesalat, werden junge Teeblätter zerkleinert, mit Salz und Sesamöl angereichert und in einem geschlossenen Bambusrohr fermentiert. Als Appetizer oder ›Digestif‹ werden die fermentierten Teeblätter, oft in einer unterteilten Lackschale, begleitet von zerkleinerten Limetten, geröstetem Knoblauch, getrockneten Shrimps, Sesam, gerösteten Bohnen und Erdnüssen serviert – erst zusammen mit diesen ›Beilagen‹ entfalten die Teeblätter ihren ganz eigenen Geschmack.

VORSICHT WASSERQUALITÄT!

Man sollte nur abgekochtes Wasser bzw. Wasser aus geschlossenen Behältern trinken und Kaltspeisen, ungeschältes Obst, Eiswürfel in Getränken sowie Salate meiden.

Süße, saure, salzige Snacks

Birmanen lieben die Mahlzeit zwischendurch – entsprechend groß ist die Zahl der Essensstände, die **Snacks** *(mon)* anbieten. Die Köche stehen oder sitzen vor einem Wok, der auf einem kleinen Kohleherd steht. In siedendem Öl frittieren sie Fleischbällchen und kleine Fladen aus gewürzten Linsen, getrockneten Bohnen oder Shrimps. Ganz oben auf der Liste des Frittierten stehen auch **gefüllte Teigtaschen** *(sa mu hsa;* vergleichbar den indischen Samosa) und **gefüllte Pfannkuchen** *(to shei;* vergleichbar den indischen Dosa). An anderen Ständen gibt es **gewürzte Nüsse, gesalzene Bohnen, Bananenchips, bunt gefärbte süße Geleestücke** oder **eingelegte Früchte**, die von Zucker und Chili umhüllt sind. Auch die **Teashops** sind Hochburgen des Naschens.

Wer in Bagan weilt, sollte es nicht versäumen, die erfrischenden **Tamarindenplättchen** *(ma dschi: pa leik)* zu probieren. Ihr säuerlich-süßer Geschmack regt nach einem üppigen Essen vorzüglich die Verdauung an.

Tropische Früchte

In Myanmar gedeihen all die herrlichen **Früchte** *(thi' thi),* die ein tropisches Land zu bieten hat. Manche gibt es nur saisonal, andere das ganze Jahr hindurch. Im Frühjahr können im Shan State dank seines gemäßigten Klimas **Erdbeeren** *(so to be ri),* **Passionsfrüchte** *(pin hme)* und **Avocados** *(hto: ba')* geerntet werden. Die besten **Mangos** *(tho ye')* bekommt man allerorten vor allem zwischen Mai und August, ebenso wie **Litchis** *(lai' chi:)* und die vielfach verwertbaren **Mangostanen** *(min gu'),* deren braune Schale unter anderem zum Färben, etwa für Mönchsroben, herangezogen wird. Beliebt ist die Mangostane jedoch, weil das weiße Fruchtfleisch süß und gleichzeitig erfrischend schmeckt.

Papaya *(thin: bo:),* **Ananas** *(na na')* und zahlreiche Sorten von **Bananen** *(ngo pyo:)* – je kleiner, desto süßer – bereichern das Angebot ganzjährig. Die mit der Grapefruit verwandte **Pomelo** *(dschwe: go:)* ist viel süßer als man denkt und schmeckt vorzüglich, wenn sie in eine Chili-Salz-Mischung gedippt wird. Bis zur Größe eines Babys schafft es die **Jackfrucht** *(pein: ne:),* die direkt am Stamm des gleichnamigen Baumes wächst. Aus ihrem Inneren schneidet man daumengroße gelbe Stücke heraus, die reif als Obst und unreif als Gemüse verspeist werden. Mit der Jackfrucht wird oft die berüchtigte **Durian** *(du: yin:)* verwechselt – wehe dem, der die riesige eierförmige Frucht mit ihren markanten Stacheln in geschlossenen Räumen aufbewahrt. Die Durian stinkt höllisch, schmeckt aber himmlisch, meinen ihre Liebhaber.

Vor allem an heißen Tagen löscht der aus der Stange des **Zuckerrohrs** *(dschan)* gepresste Saft den Durst. Eine erfrischende und kühlende Wirkung haben auch das geschmacklich neutrale Fruchtfleisch der **Guaven** *(ma lo ga)* und **Rosenäpfel** *(nin:)* sowie das süße, saftige Fleisch der **Frucht der Palmyrapalme** *(htan:),* die in der Trockenzone gedeiht.

Getränke

Eine Kanne **Grüntee** *(le hpe' yei')* wird in fast in jedem Restaurant zum Essen serviert. In *teashops* trinkt man gerne gesüßten **Tee mit Milch** *(le hpe acho dschau').* **Kaffee** *(co phi)* gibt es meist abgepackt in Pulverform, gemischt mit Milchpulver und Zucker. Das Pulver wird in heißem Wasser aufgelöst. Frisch gebrüht ist er nur in guten Hotels und Cafés zu finden.

Unter den lokalen **Bieren** *(bi ya)* dominiert Myanmar Beer, gefolgt von dem etwas herberen Mandalay Beer sowie Dagon Beer. In

Sachen **Wein** *(wain)* leitet die deutsch geführte Winzerei Aythaya im Shan State (www.myanmar-vineyard.com) seit 1999 Pionierarbeit. Auf den Anhöhen am Inle-See gedeihen die Reben des Red Mountain Estate. **Reiswein** (Shan: *lao khauk*) wird viel im Shan State produziert, während man in der Trockenzone Zentral-Myanmars den vergorenen Saft der Palmyrapalme zu **Palmwein** bzw. **Toddy** *(hta yei)* destilliert.

Essen gehen

Restaurants und Teashops

Myanmars kulinarische Szene steht sicherlich im Schatten seiner Nachbarn, doch mittlerweile gibt es selbst in Provinzstädten eine ordentliche Auswahl an Restaurants. In Yangon und Mandalay konkurrieren die großen Hotels mit Themenessen wie Seafood Special oder International Buffet. Richtig gute internationale Lokale gibt es in einigen Touristenhotels, ansonsten nur in Yangon. Fernab der Touristenzentren geht es eher bescheiden zu. Hier sind oft nur einfache Lokale zu finden, die abends früh schließen. Dort, wo aufgrund von Büros, Geschäften oder Schulen ein Bedarf an schneller Mittagsküche besteht, bieten Restaurants vielfach Büfetts an.

Verglichen mit Vietnam oder Thailand sind die hygienischen Zustände der **Garküchen** ziemlich schlecht. Hier sollte man besondere Achtsamkeit walten lassen und unbedingt die Faustregel der Weltgesundheitsorganisation (WHO) beherzigen: ungekochte oder nicht gebratene Nahrungsmittel ebenso meiden wie ungeschältes Obst und Gemüse. Unter Berücksichtigung dieser Vorsichtsmaßnahmen lässt es sich in den Garküchen gut und günstig essen – wer allzu ängstlich ist, wird einige wunderbare kulinarische Erlebnisse versäumen.

Abends sind **Open-Air-Lokale,** sogenannte **BBQs,** beliebt, in denen Grillstationen aufgebaut werden. Mit dem Finger zeigt man auf die Zutaten seiner Wahl – seien es Kartoffeln, Okra, Hühnerschenkel oder Garnelen – die dann wie beim Schaschlik aufgespießt, gegrillt und zusammen mit diversen Soßen an den Tisch gebracht werden. Dazu gibt es Fassbier.

Ein nicht zu verpassendes Erlebnis ist der Besuch eines **Teashop** *(le hpe' yei hsain)*. Selbst in Dörfern anzutreffen, gelten sie in Myanmar als eine nationale Institution. Die Teehäuser öffnen früh, schließen spät und sind das ›Wohnzimmer‹ vieler, vor allem männlicher Birmanen. Hier treffen sie sich zum Plaudern mit Freunden, zum Filme schauen oder einfach nur, um den Tag an sich vorüberziehen zu lassen. Alkohol ist fast immer tabu, dafür gibt es Tee(meist als Chai), Kaffee und diverse Snacks.

Bezahlen

Einzelabrechnungen sind unüblich. Traditionell übernimmt einer die Gesamtrechnung, die bei Gruppen dann selbst auseinanderdividiert wird. Trinkgeld wird in einfachen Lokalen nicht erwartet, in besseren Restaurants sollte man ca. 10 % geben. Addieren letztere Lokale von vornherein ein Service-Entgelt (S.C. = *service charge*) von 7 % auf ihre Rechnung, dann genügt es, ein paar Hundert Kyat beizulegen; s. hierzu aber auch S. 118.

DIE BETELNUSS

Sie ist Myanmars Genussmittel Nummer eins: die **Betelnuss** *(khun: dhi:)*. Mit einer speziellen Zange wird die pflaumengroße Frucht der Arecapalme kleingeschnitten und in ein Blatt des Betelpfeffers *(Piper betle)* gelegt. Hinzu kommen gelöschter Kalk sowie je nach Vorliebe Anis oder Tabakblätter. Das zusammengefaltete Blatt wird dann gekaut. In Verbindung mit dem Speichel entsteht eine braunrote Flüssigkeit, die später ausgespuckt wird. Die Folge davon sind unzählige rostbraune Flecken auf dem Boden und schwarz gefärbte Zähne. Im asiatischen Raum wird die Betelnuss geschätzt als Stimulans und wegen ihrer verdauungsfördernden Wirkung.

Outdoor

Das Potenzial ist gewaltig. Im alpinen Norden könnte man Skifahren und im tropischen Süden die Unterwasserwelt erkunden. Allein es fehlt die touristische Infrastruktur. Bislang hat sich vor allem im Trekkingbereich einiges getan, auch die Zahl der radelnden Urlauber steigt.

Fahrradfahren

Eine schöne Art der aktiven Fortbewegung ist das Radfahren. **Fahrräder** *(seˈ bein)* können in einfacher, d. h. meist gangloser und zuweilen schlecht gewarteter, Version, an touristischen Punkten wie Bagan, Nyaung Shwe am Inle-See oder an den Stränden ausgeliehen werden. Bei anspruchsvolleren Touren wird es mangels Ausleihmöglichkeiten von guten Mountainbikes oder Tourenrädern schwierig. Am besten nimmt man sein eigenes Gefährt samt Ersatzteilen im Flugzeug mit oder vertraut sich einem Spezialveranstalter an, der in der Regel Räder stellt. Empfehlenswerte Adressen sind **Grashopper Adventures** (www.grasshopperadventures.com) mit Niederlassungen in Mandalay und Bagan sowie **Uncharted Horizon** in Yangon (www.uncharted-horizons.com; S. 166). Hilfreiche **Infos** finden sich auf www.rad-forum.de.

Schöne **Fahrradtouren** führen ins Umland von Mandalay und durch den Shan State, z. B. von Aungban nach Pindaya oder in die Umgebung von Hsipaw. Trotz Rechtsverkehr ist der lokale Fahrstil gewöhnungsbedürftig, vor allem in den Städten, wo enormer Trubel herrscht und nur wenige Regeln beachtet werden.

Golf

Wie in vielen anderen Ländern der Welt erfreut sich auch in Myanmar vor allem die betuchte Gesellschaft am Golfen. Sehr gute Anlagen mit internationalem Standard gibt es rund um Yangon, allen voran der 1909 gegründete **Yangon Golf Club** (s. S. 168) und der **Pun Hlaing Golf Club** (s. S. 168) im Osten der Stadt. Wer in kolonialem Ambiente schwelgen möchte, dem sei der **Pyin Oo Lwin Golf Club** (s. S. 331) in Pyin U Lwin empfohlen, wo auch günstig Equipment ausgeliehen werden kann. Myanmars ältester, 1887 gegründeter Golfplatz, befindet sich in Thayet am Ayeyarwady, ca. 130 km nördlich von Pyay (Thayet Golf Club, 9 Loch).

Kajakfahren

Die schönste Kulisse für Seekajakfahrten bietet der **Myeik-Archipel** mit seiner ursprünglichen Inselwelt. Mangels Anbietern ist man jedoch auf Charterboote angewiesen, die bei ihren mehrtägigen Tauch- und Schnorcheltouren manchmal auch Kajaks an Bord haben.

Zunehmend werden Kajaktrips auf dem **Inle-See** bzw. dessen Zuflüssen angeboten. Besonders empfehlenswert sind dort die Paddeltouren zwischen Shwe Nyaung und Nyaung Shwe. Auf dem **Indawgyi-See** im Kachin State offeriert der Klub der Seeliebhaber, Inn Chit Thu, sehr interessante Kajaktouren (s. Aktiv S. 422).

Segeln und Surfen

Bislang bestehen wenige Möglichkeiten, da kaum eines der großen Resorts Segelboote oder Surfbretter verleiht. Das sollte sich mit zunehmenden Tourismuszahlen jedoch bald ändern.

Tauchen und Schnorcheln

Der Tauchsport steckt in Myanmar noch in den Kinderschuhen. Gute Reviere erstrecken sich vor den **Stränden von Ngwe Saung** bei Pathein und **Ngapali** bei Thandwe, doch es fehlen kompetente Anbieter. Das mit Abstand größte Potenzial hat der inselreiche **Küstenstreifen von Tanintharyi** ganz im Süden des Landes mit dem **Myeik-Archipel** und den **Burma Banks.** Dorthin bieten Tauchveranstalter von der thailändischen Insel Phuket aus mehrtägige Live-aboard Cruises an. Auch immer mehr Veranstalter aus Myanmar sind in dieser Gegend aktiv. Gute **Tipps** rund ums Tauchen und Anbieteradressen findet man auf www.taucher.net.

Vogelbeobachtung

Mit fast 1100 Arten, davon fünf endemischen, ist Myanmar eine attraktive Destination für Vogelfreunde. Zu den ersten Adressen zählt der **Natmataung National Park** im Rakhine State mit etwa 300 Arten. Ein Dorado für Ornithologen sind auch die Gewässer, allen voran der **Indawgyi Lake** mit 448 gelisteten Vogelarten, das **Moyingyi Wetland Wildlife Sanctuary** gut 100 km nördlich von Yangon mit über 130 Arten, die Delta-Insel **Meinmhala Kyun** südlich von Bogale mit 117 Arten sowie **Lampi Island** (Myeik-Archipel) mit 228 bekannten Spezies.

Tipp: Auf http://avibase.bsc-eoc.org kann eine deutschsprachige Vogelliste heruntergeladen werden.

Trekking im Shan State

Wandern

Zwei Drittel der Landesfläche Myanmars bestehen aus Bergen und Hügeln. Es gibt also mehr als genug Wanderreviere, aber insgesamt noch zu wenig Infrastruktur. Außerdem sind viele Gebiete für ausländische Touristen gesperrt. Für **anspruchsvolle Wanderungen** sollte man die eigene **Ausrüstung** (Wanderschuhe, Schlafsack, Daunenjacke etc.) mitnehmen. Auf **mehrtägigen Trekkingtouren** wird vorwiegend in Häusern der Minderheiten übernachtet. Man muss sich dort meist auf fehlenden Komfort und mangelnde Hygiene einstellen. Zudem sollte man die lokalen Gepflogenheiten beachten.

Preislich am günstigsten und daher am beliebtesten sind die **geführten Wandertouren im südlichen Shan State,** der mit schöner Landschaft und verschiedenen Ethnien besticht. Vor allem **Kalaw** avancierte zu einer Art Hochburg des Trekkingtourismus. Das Angebot reicht von eintägigen Rundtouren bis zu mehrtägigen Streckenwanderungen mit Übernachtung in Klöstern oder Privathütten. Empfehlenswert sind die Touren von Kalaw nach **Pindaya** oder an den **Inle-See,** von wo aus Wanderungen in die östlichen Berge, insbesondere nach **Kakku,** starten. Reizvolle Möglichkeiten existieren auch rund um **Kyaukme** und **Hsipaw.**

Die Bergregionen im **westlichen Chin State** und in der **Sagaing Division** sind noch nahezu unerschlossen – mit einer Ausnahme: dem **Natmataung National Park,** der nicht zuletzt wegen seiner vielfältigen Vogelwelt von Reiz ist.

Wer die **alpine Bergwelt im Kachin State** erwandern möchte, muss dies über einen Spezialveranstalter organisieren lassen, z. B. **Snow Land Travel & Tours** (www.snowlandmyanmar.com; bei Redaktionsschluss gehackt!; oder **Putao Trekking House** (www.putaotrekkinghouse.com). In Myanmars hohem Norden ragen mehrere Fünftausender in den Himmel, für deren Erklimmen eine gute Kondition unerlässlich ist.

Feste und Veranstaltungen

Vom Neujahrsfest im April bis zum Lichterfest im November – in Myanmar gibt es fast immer einen Grund zum Feiern. Zu den buddhistischen Vollmondfesten kommen regionale Tempelfeierlichkeiten, Festivals der ethnischen Minderheiten und religiösen Gemeinschaften sowie staatliche Feiertage. Im Jahresverlauf folgen die meisten, nicht nur die buddhistischen, Gedenktage dem Mondkalender und sind deshalb variabel. Wenn also ein Vollmond am Himmel steht, dann findet garantiert irgendwo ein Fest statt – manchmal sehr feierlich, fast immer sehr schrill und laut. Die ansonsten eher zurückhaltenden Birmanen sind dann wie ausgewechselt.

Thingyan – das Wasserfest

Wenn im April die Sonne aus dem Sternzeichen des Fisches in das des Widders übertritt, beginnt wie auch in Indien und bei den südostasiatischen Nachbarn ein **neues Jahr** in Myanmar, was mit dem **Wasserfest Thingyan** gefeiert wird. Im Geiste der Erneuerung und der Versöhnung werden zuvor neue Kleider gekauft, das Haus oder die Wohnung gereinigt, Schulden beglichen und Streitigkeiten nach Möglichkeit beendet. Die Feierlichkeiten ziehen sich über eine knappe Woche hin, Büros, Behörden und Läden sind geschlossen. Viele Birmanen nutzen die Zeit zum Reisen und Pilgern, weshalb Unterkünfte an den Stränden oder in Bagan vielfach voll sind. Der Reiseverkehr ist vor allem vor und zum Ende von Thingyan sehr stark.

Das Wasserfest zählt zu den ausgelassensten Feierlichkeiten im Jahreslauf. Den einen zur Freude, den anderen zum Leid wird im heißesten Monat des Jahres Wasser über Passanten geschüttet – ob aus Wasserschläuchen oder Spritzpistolen: Am Körper bleibt kein trockener Fleck. Üblicherweise macht man an diesem Tag Eltern und Verwandten die Aufwartung, auch der Gang zur Pagode darf nicht fehlen. Traditionell wird an Thingyan die Herabkunft von Thagyamin, dem Oberhaupt der *nat* (s. Thema S. 58), gefeiert. Er bringt Segen für das neue Jahr und verteilt Lob oder Tadel für die Taten in den vergangenen zwölf Monaten. Während Thingyan ist bei der Jugend Party angesagt. Lässige Jeans und knappe Hotpants gehören zum angesagten Outfit, Techno und Hip-Hop zum Sound. In den Städten werden entlang der Hauptstraßen Bühnen aufgebaut, wo zu lauter Musik getanzt wird, reichlich Alkohol fließt und alles in einer Dauerwasserschlacht endet.

Buddhistische Vollmondfeste

Vollmondtag im Tabaung: An diesem Tag wird an eine Predigt Buddhas in Rajagaha erinnert, die er vor 1250 Erleuchteten hielt. Zu diesem Anlass wird gern für ein neues oder die Restaurierung eines alten Heiligtums gespendet. Viele Pagodenfeste finden statt, etwa in Yangon an der Shwedagon Paya oder in Mandalay an der Mahamuni Paya.

Vollmondtag im Kason: Das weltweit wichtigste buddhistische Fest, oft als **Buddhas Geburtstag** bezeichnet, erinnert an die Geburt, die Erleuchtung und den Tod Buddhas. An diesem ›dreifach gesegneten Tag‹ weht die bunt gestreifte buddhistische Flagge an den geschmückten Pagoden und Klöstern und Wasser wird über die Wurzeln von Bodhi-Bäumen gegossen, denn unter einem solchen Baum erlangte Buddha die Erleuchtung.

Vollmondtag im Waso: Dieser Tag erinnert an die **erste Predigt Buddhas in Sarnath** bei Varanasi und läutet die dreimonatige **buddhistische Einkehrzeit** ein. Wenn der Regen (*waso*, Pali: *vassa*) das Land unter Wasser setzt und die Menschen die Felder bestellen, sind Hochzeiten und andere Feierlichkeiten untersagt.

Mönche dürfen ihr Kloster nicht verlassen und müssen sich der Meditation und dem Studium widmen.

Vollmondtag im Thadingyut: An diesem Tag wird das erste **Lichterfest** begangen, welches das **Ende der buddhistischen Einkehrzeit** markiert. Das Fest erinnert an die Rückkehr Buddhas aus dem legendären Tavatimsa-Himmel, wo er drei Monate lang den Göttern und seiner verstorbenen Mutter Maya seine Lehre verkündete. Danach leuchteten ihm himmlische Wesen den Weg zurück zur Erde. Zur Feier dieses Tages erstrahlen Pagoden in einem Lichtermeer, an Häusern werden Lampions aufgehängt. Gläubige errichten Holzgerüste, *padeitha bin* (Pali: *padesa*, Wunschbaum), an denen neue Roben, Geld und andere Mönchsrequisiten angebracht werden. Sie werden an einem individuell nach dem Vollmond festgelegten Tag im Rahmen von *kahtein*-Zeremonien zum Kloster gebracht und den Mönchen überreicht.

Vollmondtag im Tazaungmon: Auch anlässlich des Tazaungmon-Vollmonds erstrahlen die Pagoden im Glanz zahlloser **Lichter,** außerdem messen sich vielerorts Frauen beim schnellen und fehlerlosen Weben von Roben, deren schönste später Buddhastatuen zieren. Es endet die Zeit der *kahtein*-Zeremonien.

DIE BIRMANISCHEN MONDKALENDER-MONATE

Tagu – März/April
Kason – April/Mai
Nayon – Mai/Juni
Waso – Juni/Juli
Wagaung – Juli/Aug.
Tawthalin – Aug./Sept.
Thadingyut – Sept./Okt.
Tazaungmon – Okt./Nov.
Nadaw – Nov./Dez.
Pyatho – Dez./Jan.
Tabaung – Febr./März
Tabodwe – Jan./Febr.

seit der Unabhängigkeit 1948 zu einem festen Zeitpunkt – an mehreren Tagen rund um den **Kachin-Nationalfeiertag** (10. Jan.) – in Myitkyina statt. Dann kommen Zehntausende, vielfach in prächtige traditionelle Trachten gekleidete Kachin auf einem großen Platz zusammen, wo Tänze rund um die bunt bemalten hoch aufragenden Pfähle, den *manao taing*, stattfinden und Reden gehalten werden. Dazu fließt reichlich Alkohol.

Manao Festival

Manao-Feste der Jinghpaw

Im Kachin State veranstalten die Jinghpaw zu Ehren ihres obersten Himmelswesens, Lamu Madai, pompöse Feiern, *manao* (auch: *manau*) genannt. Der Tag, an dem ein *manao* zu einem bestimmten Anlass gefeiert werden soll, wird von den Ältesten, den *duwa*, festgelegt. U. a. gibt es den **Sut Manao** für Reichtum, den **Padang Manao** für Siege im Krieg, den **Ju Manao** für Gesundheit oder den **Daw Jau Manao** für Lob und Dank.

Manao-Feste der Kachin

Die christlichen Kachin haben den Geisterkult adaptiert und feiern *manao* zu Ehren des christlichen Gottes. Nur ein *manao* findet

Feste der religiösen Minderheiten

Die religiösen Minderheiten haben ihren eigenen Festzyklus, so feiern die **Hindus** ihr **Lichterfest Deepavali** am Neumond im Okt./Nov., um an die Rückkehr Ramas in seine Geburtsstadt Ayodhya nach dem Sieg gegen Ravana zu erinnern. Die **Muslime** begehen mit dem **'Id al-Fitr** das Ende des Fastenmonats Ramadan, mit **Maulid al-Nabi** den Geburtstag des Propheten Mohammed und mit **'Id al-Adha** das Ende der jährlichen Hadsch, der Pilgerfahrt nach Mekka. Die drei Feste richten sich nach dem Mondkalender. In **Yangons Chinatown** künden die Geschäfte bereits ab Januar das **chinesische**

Neujahrsfest an, während **Weihnachten** am 25.12. aus Respekt vor den **Christen** gesetzlicher Feiertag ist.

Heim des Verstorbenen *payeik*. Auch am **Tag der Totenfeier** *(adhu ba)* werden sie eingeladen, bevor der Leichnam zur Verbrennungs- oder Begräbnisstätte gebracht wird.

Familienfeiern

Wie in vielen anderen Ländern Asiens werden Familienfeste gern und ausgiebig gefeiert – wenn es die Finanzen zulassen, dann im wahrsten Sinne des Wortes: Für eine **Shin-Pyu-Zeremonie** oder eine **Hochzeit** greifen Familien tief in die Tasche. Der Buddhismus spielt auch bei feierlichen Anlässen in der Familie eine wichtige Rolle, denn zu vielen Anlässen werden Mönche eingeladen, um *payeik* (Pali: *paritta sutta*) zu rezitieren, buddhistische Schutzformeln zur Abwehr böser Geister und Gefahren.

Innerhalb der ersten 100 Tage nach der Geburt eines Kindes laden seine Eltern Angehörige und Freunde zur **Feier der Namensgebung** *(na me pei: kin bon that)* ein. Oftmals werden auch Mönche zur Segnung eingeladen. Der Kindsname hängt vom Wochentag seiner Geburt ab, weshalb das Neugeborene meist einen völlig anderen Namen als seine Eltern trägt.

Mit Abstand wichtigstes Ereignis in der Kindheit eines Jungen ist die **Ordinationszeremonie** *(shin pyu)*, die aus einer prachtvollen Prozession besteht und über diverse Zwischenstationen an Pagoden zum Kloster führt. Dort werden dem Jungen die Haare geschoren und der Abt legt ihm die Robe an. Für Mädchen im ähnlichen Alter (zwischen 9 und 12 Jahren) findet am gleichen Tag die **Ohrstechzeremonie** *(na: htwin)* statt.

Hochzeiten *(mingala zaun)* sind rein säkularer Natur und bestehen aus einem großen Fest mit Hunderten von Gästen.

Todesfälle: Stirbt ein Birmane, wird er traditionell zu Hause aufgebahrt und frühestens nach drei Tagen begraben oder verbrannt. Eine Münze wird ihm in den Mund gelegt, damit er den ›Fährmann‹ bezahlen kann, der seine Seele ›über den Fluss‹ ins nächste Leben bringt. Bis zu seiner Beisetzung rezitieren Mönche allabendlich und manchmal auch morgens im

Festkalender

Staatliche Feiertage *(gazetted holidays)*: s. auch S. 107.

Januar/Februar/März

Manao zum Kachin-Nationalfeiertag: 10. Jan.; s. S. 101.
Htamane: 21.2.2016, 10.2.2017, 30.1.2018. Das birmanische Erntefest findet zum Tabodwe-Vollmond statt und ist nach dem Klebereis *(hta ma hne:)* benannt, der in Klöstern und an Pagoden zu diesem Anlass in Öl gebraten und mit Kokosnuss, Sesam, Erdnuss und Ingwer gemischt wird. Ein Teil bekommt Buddha, der Rest wird verteilt.
Tabaung-Vollmond: 22.3.2016, 11.3.2017, 1.3.2018; s. S. 100.

April

Thingyan: 11.4.–20.4.2016, 12.4.–21.4.2017, 12.4.–21.4.2018 Myanmars Neujahrsfest findet immer für eine Woche ab Mitte April statt, s. S. 100.

Mai/Juni

Kason-Vollmond: 20.5.2016, 9.5.2017, 28.5.2018; s. S. 100.

Juli/August

Waso-Vollmond: 18.7.2016, 7.7.2017, 26.7.2018; s. S. 100.

September/Oktober

Thadingyut-Vollmond: 15.10.2016, 4.10.2017, 24.10.2018; s. S. 101.

November/Dezember

Tazaungmon-Vollmond: 3.11.2016, 3.11.2017, 22.11.2018; s. S. 101.
Neujahrsfest der Kayin: 9.1.2016; 28.12.2017.

Sonnenschutz ist auch bei Mondfesten nicht selten vonnöten

Ausgelassenheit prägt das Wasserfest anlässlich des birmanischen Neujahrs

Reiseinfos von A bis Z

Alkohol

Durch die Straßen schlendernde Traveller mit Bierflasche in der Hand sind leider auch in Myanmar zunehmend anzutreffen, doch man sollte es unterlassen, auf öffentlichen Plätzen zu trinken. Zwar trinken auch Myanmars Männer gerne und häufig (die Frauen weniger), aber sie tun dies in den entsprechenden Lokalitäten. An religiösen Orten ist Alkohol offiziell verbannt.

Auskunft

In keinem der drei deutschsprachigen Länder gibt es zzt. ein offizielles Fremdenverkehrsamt. Bei Fragen hilft folgende Agentur weiter, die das Tourismusbüro von Myanmar vertritt:
ICS Travel Group
Haus A, Steinerstr. 15, D-81369 München
Tel. 089 219 09 86 60, www.icstravelgroup.com
Mo–Fr 9–17.30 Uhr.

In Myanmar selbst ist die staatliche Tourismusbehörde in Yangon eine gute Anlaufstelle für Informationen über das ganze Land: **Myanmar Travels & Tours (MTT**; s. S. 155).

Baden

Bademeister und Rettungsschwimmer sucht man selbst an Myanmars etablierten Stränden wie Ngwe Saung oder Ngapali vergeblich. Baden geschieht immer in Eigenverantwortung. Während der Regenzeit kann es zu gefährlichen Unterströmungen kommen.

Barrierefrei reisen

Myanmar hat faktisch keine Infrastruktur für Behinderte, die u. a. mit steilen Treppen, schlechten Gehwegen und hohen Bordsteinkanten zu kämpfen haben. Zumindest im öffentlichen Bereich sind Aufzüge Fehlanzeige. Über entsprechende Einrichtungen verfügen nur die großen Hotels und Resorts. Andererseits reichen die gastfreundlichen Einwohner bei Bedarf gerne eine helfende Hand.

Bei der Reisevorbereitung hilft das Webportal www.metareha.de mit einer Vielzahl von Links, Erfahrungsberichten und Kontakten weiter. Gute Informationen bekommt man auch bei Tourismus für Alle Deutschland e. V. – NatKo, Fleher Straße 317a, 40223 Düsseldorf, Tel. +49 (0)211 336 80 01, www.natko.de.

Bettler

In den Augen der Einheimischen sind alle ausländischen Touristen reich, weshalb sich Bettler besonders von ihnen Geld erhoffen. So mitleiderregend sie teils auch aussehen mögen, sollte man bedenken, dass Almosengeben das Betteln fördert. Das gilt besonders bei (Straßen-) Kindern, die nicht selten von ihren Eltern oder einem Bandenchef zum Betteln geschickt werden. Selbst Geschenke wie Süßigkeiten, Kugelschreiber etc. sollte man nicht grundlos machen.

Wer Notleidenden effektiv helfen möchte, kann einer gemeinnützigen Organisation vor Ort oder im Heimatland spenden. Es gibt viele private Vereine, die Projekte in Myanmar unterstützen, etwa die Burmahilfe Leipzig, www.burmahilfe-leipzig.de, oder der Förderverein Myanmar, www.help-myanmar.net.

Botschaften und Konsulate

... in Deutschland
Botschaft der Republik der Union Myanmar
Thielallee 19, 14195 Berlin
Tel. 030 20 61 57 10
www.botschaft-myanmar.de

(auch zuständig für Österreich)
Visaanträge: Annahme Mo–Fr 10–12, Abholung Mo–Fr 13–14 Uhr

... in der Schweiz
Generalkonsulat der Republik der Union Myanmar
Ave. Blanc 47, 1202 Genève
Tel. 022 906 98 70, www.myanmargeneva.org
Mo–Fr 9–12.30 Uhr

... in China
Consulate-General of the Republic of the Union of Myanmar
99 Yingbin Lu, Guandu Qu, 650214 Kunming
Tel. 0871 68 16 28 04, 0871 68 16 28 14
www.mcgkunming.org
Konsularbereich: Mo–Fr 8.30–12, 13–14 Uhr

... in Singapur
Embassy of the Republic of the Union of Myanmar
15 St. Martin's Drive, Singapore 257996
Tel. 67 35 02 09, 67 35 16 72
www.mesingapore.org.sg
Visaanträge: Annahme Mo–Fr 8–12, Visaabholung Mo–Fr 16.30–17.30 Uhr

... in Thailand
Embassy of the Republic of the Union of Myanmar
132 Sathorn Nua, Bangkok 10500
Tel. 022 33 72 50, 022 34 46 98, 022 34 47 89
www.myanmarembassybkk.com
Mo–Fr 9–12, 13–15 Uhr

... in Myanmar
Deutsche Botschaft
9 Bogyoke Aung San Museum Rd., Yangon
Tel. 01 54 89 51, 01 54 89 52, www.rangun.diplo.de
Mo–Do 9–12, 13.30–14.30 Uhr
Notfalltel. (außerhalb der Bürozeiten): 09 502 32 09

Österreichisches Honorarkonsulat
38 G Myitzu St., Parami Ave., Yangon
Tel. 01 66 43 86, 01 66 47 56
morsbach@myanmar-vineyard.com.mm
Mo–Fr 9.30–17.30 Uhr
Intern. Notfalltel.: +43 1 901 15 44 11

Schweizerische Botschaft
11 Kabaung Lane, 5 ½ Mile, Pyay Rd., Yangon
Tel. 01 53 47 54, 01 51 28 73, 01 50 70 89
www.eda.admin.ch/yangon
Mo–Fr 9–11 Uhr
Intern. Notfalltel. +41 800 24 73 65

Embassy of the People's Republic of China
1 Pyidaungsu Yeik Thar Rd., Yangon
Tel. 01 22 12 80, 01 22 12 81
www.chinese-embassy.info/
Mo–Fr 8–11.30, 14–16.30 Uhr

Consulate General of the People's Republic of China
65/66 35th St., Mandalay
Tel. 02 344 57, 02 344 58, 02 359 37
http://mandalay.chineseconsulate.org
Mo–Fr 8–11.30, 14–16.30 Uhr

Embassy of India
545–547 Merchant (Kondheji) Rd., Yangon
Tel. 01 38 84 12, 01 243 97
www.indiaembassyyangon.net
Konsularbereich: Mo–Fr 9.30–11 Uhr

Consulate General of India
1/25 65th St., Ecke Ngu War St., Mandalay
Tel. 02 803 55, 02 810 19
Mo–Fr 9–17.30 Uhr

Dos and Don'ts

Birmanen beeindrucken Besucher immer wieder durch ihre aufgeschlossene, freundliche Haltung. Man kommt erstaunlich schnell mit ihnen ins Gespräch, sei es auch nur mit Händen und Füßen. Es wird nicht erwartet, dass man die Lebensweise vollständig nachahmt, aber man sollte sie respektieren, besonders alles, was mit Religion zu tun hat. Folgende Hinweise mögen helfen, kulturelle Fettnäpfchen zu vermeiden.

Begrüßung

Bei der Begrüßung schüttelt man die rechte Hand nur dann, wenn die Initiative von einem Einheimischen ausgeht. Als Zeichen der Wertschätzung berührt man während des Händeschüttelns mit der linken Handfläche die Beuge des eigenen rechten Ellbogens. Ansonsten reicht zur Begrüßung ein wohlwollendes Nicken und ein freundliches »*Mingalabar*«.

Beim **Besuch im Kloster** begrüßen Gläubige zunächst die Buddhastatue, indem sie sich niederknien und dreimal mit dem Oberkörper bis zum Boden verbeugen. Dabei heben sie ihre zusammengelegten Hände über den Kopf. Das gleiche Ritual wird anschließend vor dem Mönch wiederholt.

Besuch bei Minderheiten

Ein solcher Besuch macht nur mit einheimischem Führer Sinn, der mit den Bewohnern kommunizieren kann und sie bereits kennt. Bitte besondere **Zurückhaltung** üben und ein Haus erst auf Einladung betreten. Respekt vor dem Hausaltar, die Achtung von Tabuzonen oder -zeichen sowie das Vermeiden von Berührungen sind weitere Grundregeln, die in Wohnhäusern gelten. **Fotografieren** sollte man nur mit Zustimmung der Einheimischen (eventuell per Zeichensprache fragen). Anstatt Geldspenden zu hinterlassen, sollte man zur Unterstützung des Dorfes besser lokale Produkte erwerben.

Gastgeschenke

Ist man irgendwo eingeladen, so freuen sich die Gastgeber über ein Mitbringsel. Bei Erwachsenen beliebt sind Souvenirs aus dem Heimatland – Schweizer Schokolade, Berliner Ampelmännchen, Salzburger Mozartkugeln etc. Postkarten und Kalender aus Europa oder kleine Spielsachen für Kinder kommen ebenfalls gut an. Hat man nichts von daheim dabei, so freuen sich die Gastgeber über Blumen oder Snacks. Aber auch Souvenirs aus anderen Regionen Myanmars sind nie verkehrt.

Kommunikation

Die Kommunikation zwischen Birmanen und Ausländern ist nicht nur aufgrund der fehlenden Sprachkenntnisse oft von Missverständnissen geprägt. Folgende **Grundregeln** vereinfachen die Begegnung: auch bei Auseinandersetzungen höflich bleiben, auf Kompromisse bedacht sein und nie laut werden oder gar schreien, ein zögerliches Ja oder ein verlegenes Lächeln ersetzt häufig ein Nein, Älteren und Höhergestellten mit besonders freundlicher Zurückhaltung begegnen. Als oberstes Prinzip bei der Kommunikation gilt, darauf zu achten, dass jeder sein Gesicht wahren kann.

Kopf und Fuß

Als bedeutendster Körperteil darf der Kopf nicht berührt werden, was auch bei Kleinkindern gilt. Niemals sollte man seine Füße in Richtung von Personen oder religiösen Objekten wie etwa Buddhafiguren strecken. Vor dem Betreten von Privathäusern müssen die Schuhe ausgezogen werden. Das Klostergelände und die Pagode darf man nur barfuß betreten, selbst Stützstrümpfe sind tabu.

Lächeln

Grundsätzlich gilt: Ein Lächeln öffnet viele Türen und Humor hilft über manche Unpässlichkeit hinweg.

Mimik und Gestik

Freundschaftliches Schulterklopfen, mit dem Finger auf jemanden zeigen, schallendes Lachen oder wildes Gestikulieren – im Westen völlig selbstverständlich, in Myanmar nicht. Dies gilt auch für verschränkte Arme vor der Brust oder in die Hüften gestemmte Hände. Beim Äußern von Gefühlsregungen sollte man genauso zurückhaltend sein wie bei Berührungen des anderen Geschlechts oder gar öffentlichen Zärtlichkeitsbekundungen.

Drogen und Prostitution

Die Behörden sind bei Rauschgiftdelikten nicht zimperlich. Schon der Besitz geringer Drogenmengen führt zu hohen Freiheitsstrafen. Auch auf den sexuellen Missbrauch von Kindern stehen hohe Haftstrafen (Verdachtsfälle können unter folgender Adresse gemeldet werden: www.nicht-wegsehen.net). Prostitution ist in Myanmar ebenfalls illegal.

Einkaufen

Viel Platz im Koffer lassen, denn mit seinem riesigen Angebot von Kunsthandwerk ist Myanmar in Südostasien Spitzenreiter. Das Spektrum reicht von Marionetten über edle Wandbehänge bis zu Holzschnitzereien und Handgewebtem. Oder sollen es bemalte Stoffschirme sein? Wie wäre es mit Küchenutensilien aus Palmholz und Bambus? Selbst edler Jadeschmuck und abstrakte Kunst sind einigermaßen erschwinglich.

Denken Sie an die europäischen **Zollbestimmungen** und an **Ausfuhrbeschränkungen** seitens Myanmars (z. B. Antiquitäten, Buddhafiguren etc.): s. S. 84.

Wo kaufen?

Wie überall in Asien ist der Besuch eines **Marktes** *(zei:)* eine Wonne für alle Sinne. Meist sind die Stände für Haushaltswaren, Konsumgüter, Kleidung und Souvenirs in den Markthallen untergebracht, während außerhalb davon oder in einem abgetrennten Bereich Lebensmittel feilgeboten werden. Beliebte Mitbringsel von Märkten sind Gewürze, Tee, Kaffee und lokale Spirituosen, die hier um einiges günstiger sind als in Geschäften. Auch Kleidung und Schuhe (vorwiegend asiatische Größen) kann man auf dem Markt billig erstehen – allerdings keine Marken- und Designermode, die es nur in **Shoppingmalls** gibt. Sie schießen vor allem in Yangon aus dem Boden, aber auch Mandalay verfügt inzwischen über ein paar Einkaufszentren. **Supermärkte** mit Importware sind bislang nur in den großen Städten zu finden, aber **Tante-Emma-Läden** gibt es auch in Kleinstädten.

Kunsthandwerk

Als letzte Königsstadt ist **Mandalay** bis heute das Zentrum für traditionelles Kunsthandwerk. Während sich früher ganze Viertel auf die Herstellung eines Produkts spezialisiert hatten, gibt es heute immerhin noch ein paar Straßenzüge, die zum Beispiel für die Blattgoldherstellung, die Bronzegießerei oder Holzschnitzereien bekannt sind. **Bagan** pflegt eine lange Tradition in der Lackkunst, **Amarapura** im Weben von *longyi*. Im **Shan State** findet man vor allem Web- und Flechtarbeiten der dort lebenden Volksgruppen. **Yangon** indes hat sich mit seiner zunehmenden Zahl an Galerien zum Zentrum für moderne Kunst entwickelt.

Elektrizität

Die Netzspannung beträgt fast überall 220 V/50 Hz, allerdings ist das Stromnetz in abgelegenen Orten schwach bis gar nicht vorhanden und vielfach sind Generatoren im Einsatz. Da verschiedene Steckertypen verbreitet sind, leistet ein Weltreiseadapter gute Dienste, der auch vor Ort besorgt werden kann.

Feiertage

Die im Folgenden aufgeführten Feiertage sind staatliche Feiertage *(gazetted holidays):* An diesen Tagen bleiben Behörden, Ämter, Banken

---

BITTE FEILSCHEN

Beim Einkauf auf dem Markt oder am Souvenirstand heißt es feilschen. Mit etwas Verhandlungsgeschick lässt sich der Preis um 25–40 % herunterhandeln. Ist man sich über den zu zahlenden Betrag einig geworden, so gilt der Handel als abgeschlossen – ein Rückzug ist für beide Seiten nur unter Gesichtsverlust möglich. In etablierten Geschäften und Boutiquen gelten meist Festpreise, manchmal wird ein Nachlass von bis zu 10 % gewährt. Wer von Guides oder Fahrern in Geschäfte geführt wird, kann davon ausgehen, dass ihnen eine Provision gezahlt wird, die man selbst aufgeschlagen bekommt.

und Schulen geschlossen. Außer zum Neujahrsfest, wenn viele über die offiziellen Feiertage im April bis zu einer Woche Betriebsferien machen, sind die meisten jedoch Läden geöffnet.

4. Jan. – Unabhängigkeitstag. Paraden und Ansprachen in der Hauptstadt Naypyitaw beschwören die Souveränität des Landes seit seiner Unabhängigkeit 1948.
12. Febr. – Unionstag. In Erinnerung an die Unterzeichnung des Panglong Agreement (s. S. 50) 1947 wird bei öffentlichen Veranstaltungen die nationale Einheit beschworen.
2. März – Tag der Bauern
März/April – Tabaung-Vollmondtag. 22.3.2016, 11.3.2017, 1.3.2018; s. S. 100.
27. März – Tag der Streitkräfte. Militärparaden in Naypyitaw erinnern an die Wende 1945, als die birmanische Armee die Fronten wechselte und auf Seiten der Alliierten gegen die japanischen Besatzer zu kämpfen begann.
Mitte April – Neujahrsfest (Thingyan), 1 Woche ab Mitte April; s. S. 100.
1. Mai – Tag der Arbeit. Der Internationale Tag der Arbeit wird auch in Myanmar von den Gewerkschaften genutzt, um für die Interessen der Arbeiter zu demonstrieren.
Mai/Juni – Kason-Vollmondtag. 20.5.2016, 9.5.2017, 28.5.2018; s. S. 100.
Juli/Aug. – Waso-Vollmondtag. 18.7.2016, 7.7.2017, 26.7.2018; s. S. 100.
19. Juli – Tag der Märtyrer. Am Tag des Attentats auf Bogyoke Aung San und seine acht Mitarbeiter 1947 finden Kranzniederlegungen vor dem Martyrs' Mausoleum in Yangon statt. Der Raum des Attentats im früheren Ministers' Office ist für die Öffentlichkeit zugänglich.
Sept./Okt. – Thadingyut-Vollmondtag. 15.10.2016, 4.10.2017, 24.10.2018; s. S. 101.
Nov./Dez. – Tazaungmon-Vollmondtag. 13.11.2016, 3.11.2017, 22.11.2018; s. S. 101.
Ende Nov./Anfang Dez. – Nationalfeiertag. 23.11.2016, 13.11.2017, 02.12.2018 (10 Tage nach dem Tazaungmon-Vollmond). Erinnert an die ersten Studentenproteste 1920, die mit Geheimtreffen an der Shwedagon Paya begannen und in die Unabhängigkeitsbewegung mündeten.
25. Dez. – Weihnachten
Ende Dez./Jan. – Neujahrsfest der Kayin. 9.1.2016, 28.12.2017

Fotografieren

Fotografieren ist nahezu überall gestattet, ausgenommen sind militärische Einrichtungen, Flussbrücken und die Exponate staatlicher Museen. An touristischen Orten wird manchmal eine Fotogebühr erhoben. Bei der Motivwahl sollte man unbedingt die Würde des Ortes und die Privatsphäre der Einheimischen berücksichtigen, das gilt vor allem bei meditierenden Menschen, badenden Frauen und Angehörigen der Bergminderheiten.

Speicherchips für Digitalkameras, Batterien und Ersatzakkus gängiger Kameras bekommt man in den Fotogeschäften der Städte, meist sogar etwas günstiger als im Heimatland.

Frauen

Myanmar zählt für allein reisende Frauen zu den angenehmsten Reisezielen Asiens. Die Menschen begegnen ihnen neugierig, aber höflich. Allerdings sollte man hier keine allzu freizügige Kleidung tragen und im Kontakt mit einheimischen Männern zurückhaltend sein. In alkoholisiertem Zustand können auch hier die Herren der Schöpfung aufdringlich werden – dann hilft nur noch ignorieren oder den Ort wechseln.

Geld

Währung

Die Landeswährung ist der Kyat (MMK, sprich: *dschat*), den es als 50-, 100-, 200-, 500-, 1000-, 5000- und 10 000-Kyat-Schein gibt. In besseren Hotels, Restaurants oder Läden sind die Preise oft in US-Dollar (US-$) ausgeschrieben, der als inoffizielle Zweitwährung weit verbreitet ist. Meist kann man den Dollarbetrag auch in Kyat begleichen. Der Kyat ist eine reine Binnenwährung und daher erst in Myanmar erhältlich.

Banken

Unter den einheimischen Geldinstituten verfügen die CB Bank, die AGD Bank und die KBZ Bank über das dichteste Filialnetz, selbst an populären Pagoden findet man ihre Geldautomaten. Internationale Geldinstitute sind bislang kaum vertreten.

Geldwechsel

Noch immer behindern US-Sanktionen den Zahlungsverkehr mit **Kreditkarten.** Man sollte sich also darauf einstellen, das meiste in bar zu bezahlen. Dennoch sollte man Kredit- und Bankkarten mit sich führen, da man mit ihnen an ATMs (s. u.) Geld abheben kann.

Bargeld sollte in Form von US-Dollar und Euro dabei haben. Schweizer Franken kann man in den Banken eintauschen, in Wechselstuben (Money Changer) hingegen werden sie selten angenommen. **Reiseschecks** sind in Myanmar nicht üblich. **Wichtiger Hinweis zu Geldscheinen:** Die US-Dollar- und Euro-Scheine müssen unbedingt sauber, unbeschriftet und unbeschädigt sein, selbst tiefe Falten sind oft ein Grund, dass sie abgelehnt werden.

Bitte **nicht auf dem Schwarzmarkt wechseln,** hier sind viele schwarze Schafe unterwegs. Es gibt an touristisch relevanten Orten genügend offizielle **Money Changer**, diese privaten Wechselstuben tauschen zumeist nur Bargeld um. Natürlich kann man auch bei den **Banken** (s. u.) Geld wechseln.

Wechselkurs: (Januar 2016) 1 €/1 CHF/ 1 US-$ = 1391 Kyat/1270 Kyat/1278 Kyat, 1000 Kyat = 0,70 €/0,76 CHF/0,76 US-$. Die aktuellen Kurse können abgerufen werden unter www.oanda.com.

Kredit- und Bankkarten

In Myanmar werden derzeit **MasterCard** und **Visa** akzeptiert, allerdings noch sehr selten zur Begleichung von Rechnungen in Hotels, Restaurants oder Souvenirshops – und wenn, dann oft gegen eine Gebühr. Mit Kreditkarten kann man jedoch an **Geldautomaten** (**ATMs** = Automated Teller Machines) bis zu dreimal täglich einen Höchstbetrag von 300 000 Kyat abheben. Falls der Bankautomat das Maestro- oder Cirrus-Zeichen trägt, sind Bargeldabhebungen auch mit herkömmlichen **Bankkarten** möglich. In beiden Fällen benötigt man seine **Geheimnummer** (PIN).

Es wird zum aktuellen Tageskurs abgerechnet und eine Gebühr von 5000 Kyat erhoben. Hinzu kommen die Kosten, welche die heimische Bank erhebt. Mit den Kreditkarten einiger Geldinstitute, zum Beispiel der DKB, kann man weltweit kostenlos Geld abheben. Bei allen Transaktionen sollte man unbedingt einen Beleg anfordern.

SPERRUNG VON BANK- UND KREDITKARTEN

Um bei Verlust oder Diebstahl von Bank- oder Kreditkarten den Zugriff von Fremden auf das Konto zu unterbinden, muss es telefonisch gesperrt werden. Das geht allerdings nur, wenn das ausstellende Geldinstitut dem Sperrservice angeschlossen ist (Übersicht unter www.sperr-notruf.de):
+49 116 116
oder +49 30 40 50 40 50 .
Weitere Sperrnummern:
– MasterCard: +49 69 79 33 19 10
– Visa: +49 69 79 33 19 10.

Bitte halten Sie Ihre Kreditkartennummer, Kontonummer und Bankleitzahl bereit! Die meisten der deutschen Banken sind an dieses Notfallsystem angeschlossen. Detaillierte Informationen und eine Liste aller angeschlossenen Geldhäuser und -karten findet man unter der Webadresse.

Gesundheit

Aktuelle reisemedizinische Informationen finden sich auf den Websites www.fit-for-travel.de und www.gesundes-reisen.de.

Gesundheitsvorsorge

Vor der Abreise sollte unbedingt eine **Auslandskrankenversicherung** abgeschlossen werden, die den kostenfreien Rücktransport ins Heimatland mit einschließt. Bei einer Behandlung vor Ort werden die Kosten nach Einreichung einer detaillierten Rechnung (Name, Behandlungsort, -datum, Diagnose, Leistungsbeschreibung, Unterschrift des Arztes) erstattet.

Schutzimpfungen sind für die Einreise nur dann erforderlich, wenn man aus einem Infektionsgebiet einreist. Es empfiehlt sich jedoch ein Impfschutz gegen Diphtherie, Tetanus und Polio sowie gegen Hepatitis A und B. Bezüglich einer **Malariaprophylaxe** (zu Malaria s. auch Gesundheitsrisiken) zu der die Weltgesundheitsorganisation (WHO) rät, sollte man vor der Reise einen mit Tropenkrankheiten vertrauten Arzt konsultieren. Das Gleiche gilt für die **Japanische Enzephalitis** (s. auch Gesundheitsrisiken).

Reiseapotheke

Chronisch Kranke müssen daran denken, regelmäßig einzunehmende Medikamente in genügender Menge einzupacken. Wer sich längere Zeit in Malariarisikogebieten aufhält, sollte ein Stand-by-Mittel dabeihaben (s. Gesundheitsrisiken). In die Reiseapotheke gehören u. a. Medikamente gegen Übelkeit, Magenbeschwerden, Darmerkrankungen, Erkältungen und Schmerzen sowie zur Desinfektion und Wundheilung, außerdem Verbandszeug, Einwegspritzen, Sonnen- und Mückenschutz.

Gesundheitsrisiken

Magen- und Darmerkrankungen: Sie zählen zu den häufigsten Leiden und sind meist eine Folge des Verzehrs unhygienischer Nahrung. Man sollte nur abgekochtes Wasser bzw. Wasser aus geschlossenen Behältern trinken und Kaltspeisen, ungeschältes Obst, Eiswürfel in Getränken sowie Salate meiden. Vorsicht ist auch bei Garküchen und an Essensständen geboten.

Malaria: Ein ganzjähriges Malariarisiko besteht vorwiegend in Gebieten unter 1500 m. Besonders betroffen sind die waldreichen Bergregionen entlang der thailändischen Grenze. Im Hinterland der Stranddestinationen Ngapali und Ngwe Saung treten hin und wieder Fälle auf, in den Städten besteht kaum eine Gefahr. Erhöhte Übertragungsrisiken herrschen während der Regenzeit. Neben einem allgemeinen Schutz vor Moskitostichen durch lange, helle Kleidung, Mückenschutzmittel und eventuell Moskitonetze ist ein Stand-by-Medikament unerlässlich.

Denguefieber: Es wird über infizierte Aedes-Mücken übertragen und tritt sporadisch auf. Zu epidemischen Ausbrüchen kommt es gelegentlich während und kurz nach der Regenzeit. Typische Krankheitssymptome sind u. a. Muskel- und Gelenkschmerzen sowie Fieber. Zur Vorbeugung helfen Schutzmaßnahmen gegen Mückenstiche.

Japanische Enzephalitis: Diese eher seltene Virusinfektion wird durch nachtaktive Moskitos übertragen und kann zu einer schweren Hirnhautentzündung führen. Erhöhte Gefahr herrscht während der Regenzeit. Eine Schutzimpfung ist bei längeren Aufenthalten auf dem Land in Erwägung zu ziehen.

Kindliche Gesundheit

Es ist sinnvoll, Kinder vor der Abreise medizinisch untersuchen und frühzeitig impfen zu lassen – auch gegen Kinderkrankheiten. Für die Auswahl der Malariaprophylaxe sollte man einen erfahrenen Tropenarzt aufsuchen. Die Art und die Dosierung der Medikamente müssen auf das Körpergewicht des Kindes abgestimmt sein. Vor Ort gilt es noch stärker auf saubere Nahrung und eine hygienische Umgebung zu achten als zu Hause. Bitte auch darauf achten, dass die Kinder viel trinken, und sie eindringlich vor Berührungen auch noch so niedlicher Haustiere warnen.

Apotheken in Myanmar

Einigermaßen sortierte **Apotheken** *(hsej: zain)* gibt es nur in größeren Orten. Beim Kauf der Medikamente sollte man auf das Haltbarkeitsdatum schauen. Vorsicht ist vor gefälschten Medikamenten geboten, die – schön verpackt – auf Märkten oder auf der Straße angeboten werden.

Ärztliche Versorgung

Die medizinische Versorgung Myanmars zählt zu den schlechtesten in Südostasien. Auf dem Land ist die Lage recht problematisch, in den Städten hingegen eröffnen zunehmend Privatkliniken. Ein Glück, dass Bangkok nur eine Flugstunde entfernt ist – dorthin kann man sich im Notfall ausfliegen lassen. Zu den wenigen **empfehlenswerten Krankenhäusern** gehören:
... in Yangon
International SOS: Inya Lake Hotel, 37 Kaba Aye Pagoda Rd., Tel. 01 66 78 71, 01 66 78 77, www.internationalsos.com, 24 Std.
Victoria Hospital (Leo Medicare): 68 Tawwin Rd., 9 Mile, Mayangone, Tel. 01 966 61 41, 09 49 21 84 10, www.leomedicare.com, 24 Std.

... in Nyaung U, Bagan
Royal Bagan Clinic: Nyaung U-Kyaukpadaung Rd., Bagan, Tel. 061 600 60/61, 24 Std.

... in Mandalay
Palace Specialist Clinic: 71th St. (zwischen 28th St. und 29th St.), Tel. 02 361 28, 02 604 45, 24 Std.

... in Taunggyi
Tun Hospital: 177 Yae Htwet Oo St., Kon Shae, Tel. 081 212 32 55 (Hotline), 081 212 44 54, 24 Std.

Internetzugang

Noch zählen Myanmars Internetverbindungen zu den langsamsten und unzuverlässigsten in ganz Asien. Dies soll sich jedoch in naher Zukunft verbessern, denn hier wird kräftig investiert. Mit dem Einzug von Smartphones und Tablets sind klassische Internetcafés auf dem Rückzug und heute vorwiegend Jugendtreffs für Computerspiele. Wer mit einem WLAN-fähigen Gerät reist, findet immer mehr Unterkünfte und Lokale, die einen drahtlosen Internetzugang bieten, meist kostenlos. Zudem kann man seinen Surfstick mitnehmen und mit einer lokalen SIM-Karte bestücken.

Karten

Am Flughafen in Yangon, in Buchhandlungen sowie an manchen Souvenirständen findet man ordentliche Karten und Stadtpläne von Design Printing Services (DPS), u. a. zu Yangon, Bagan und dem Inle-See.

Mit Kindern unterwegs

Der lange Flug und die Zeitverschiebung sind immer beschwerlich. Gerade mit kleinen Kindern sollte man Verbindungen mit kurzen Umsteigezeiten wählen. Im Flugzeug hat sich für die ganz Kleinen eine Rückentrage bewährt, die man auch aufstellen und dem Kind damit ein Minimum an Bewegungsfreiheit geben kann. Es empfiehlt sich, Windeln, Babynahrung und Wechselwäsche für zwei Tage im Handgepäck zu haben, falls der Koffer einmal nicht ankommt. Für die ersten Nächte sollte man ein möglichst ruhiges Hotel reservieren und nachts etwas Ess- und Trinkbares bereithalten.

Myanmar ist ein familienfreundliches Land und mit Kindern gut bereisbar. Allerdings muss man sich auf etliche Herausforderungen einstellen: ungewohntes Essen, mangelnde Hygiene, Gedränge auf den Märkten, staubige Straßen sowie die teils überschwängliche Kinderliebe der Einheimischen, die – besonders bei Blonden und Lockenköpfen – anstrengend sein kann. Praktisch nirgends findet man einen Spielplatz, auch Freizeitparks sind in Myanmar weitgehend Fehlanzeige. Damit der Nachwuchs trotzdem seinen Spaß hat, sollte man ihn bei der Planung mit einbeziehen, auf den richtigen Mix von Kultur und Natur achten, ein gemächliches Reisetempo einlegen und stundenlange Fahrten vermeiden. Dann kommt jeder auf seine Kosten.

Kleidung und Ausrüstung

Birmanen legen Wert auf eine korrekte Erscheinung – Shorts und knappe T-Shirts sind am Pool oder Strand angebracht, nicht jedoch beim Stadtbummel und schon gar nicht an religiösen

Stätten, auch wenn es noch so heiß sein sollte. Bewährt hat sich die goldene Reiseregel: So viel wie nötig, so wenig wie möglich. Die Kleidung sollte leicht, bequem und unempfindlich sein.

Empfehlenswert sind strapazierfähige, aber nicht allzu feste oder dicke Schuhe, die wegen der vielen Pagodenbesuche einfach auszuziehen sein sollten. Für den Aufenthalt in klimatisierten Räumen oder Fahrzeugen ist es wichtig, eine dünne Jacke oder einen Pulli sowie eventuell ein Halstuch griffbereit zu halten. Auch wer zwischen November und Februar reist, muss einen warmen Pullover und eine winddichte Jacke dabeihaben, denn nach Sonnenuntergang fallen die Temperaturen rapide – das gilt besonders für die Bergregionen, aber auch für Ober-Myanmar.

Wegen der schlechten Stromversorgung gehört eine Taschen- oder besser: Stirnlampe ins Gepäck. Gute Reisebegleiter sind auch Taschenmesser und Regenschirm, der bei viel Sonne überdies für ein schattiges Plätzchen sorgt.

Ein großes Tuch, das man sich in Form eines *longyi* auch billig vor Ort besorgen kann, ist gleich mehrfach einsetzbar: als Schultertuch in unterkühlten Räumen, als zusätzliches Bettlaken sowie als Hand- oder Strandtuch.

Ein eigenes Moskitonetz und ein Schlafsack sind für all jene sinnvoll, die eine längere Trekkingtour planen.

Klima und Reisezeit

Myanmar ist ein klassisches **Winterreiseziel**, d. h. die trockenen, kühleren Monate zwischen November und Februar eignen sich am besten für einen Besuch des Landes. **Klimatisch am unangenehmsten** sind Reisen zwischen Ende April und Anfang Juni, wenn sowohl die Temperaturen als auch die Luftfeuchtigkeit für Mitteleuropäer ins Unerträgliche gehen können.

Während der **Regenzeit** zwischen Juli und Oktober sollte man die regionalen Unterschiede beachten.

Drei Jahreszeiten

Angenehmer Winter: Die trockenen Monate von November bis Februar sind bei durchschnittlichen Tagestemperaturen von 25 bis 30 °C sehr angenehm. Die Sonne scheint, die Luftfeuchtigkeit hält sich in Grenzen und Regenwolken verirren sich eher selten an den Himmel. In den Bergregionen, etwa im Shan State, kann die Quecksilbersäule nachts unter 10 °C fallen, in größeren Höhen sogar unter den Gefrierpunkt. Schneeflocken sind allerdings nur auf den Gipfeln des Chin und des Kachin State bekannt. Für ein Freiluftdinner in Bagan oder Mandalay und für eine morgendliche Bootsfahrt auf dem Ayeyarwady oder auf

ZWEI MONSUNE

Wie ganz Südostasien unterliegt auch Myanmar dem Einflussbereich zweier Monsune: dem **Südwestmonsun** von etwa Mitte Mai bis Mitte Oktober und dem **Nordostmonsun** von etwa Ende Oktober bis Ende April. Die Monsunwinde haben ihre Ursachen in zwei verschiedenen klimatischen Konstellationen. Ein von März bis Mai über Süd- und Zentralasien dominierendes umfangreiches Hitzetief nimmt feuchte Luftmassen aus dem Indischen Ozean auf und führt als Südwestmonsun zu regional unterschiedlich starken Regenfällen. In dieser Zeit gehen in Myanmar 90 % der jährlichen Niederschlagsmenge nieder, vor allem während der Monate Juli und August. Umgekehrt ist es im Winter, wenn sich die aus einem kräftigen Kältehoch über Sibirien entstandenen, trockenen Luftmassen in Richtung Indischer Ozean bewegen. Dabei erwärmen sie sich und sorgen als kühler Nordostmonsun für eine mehrmonatige Trockenphase. Allerdings wird dieser Rhythmus durch den Klimawandel immer wieder durcheinandergebracht. Über Regen im Februar und Trockenheit im Juli darf man sich nicht wundern.

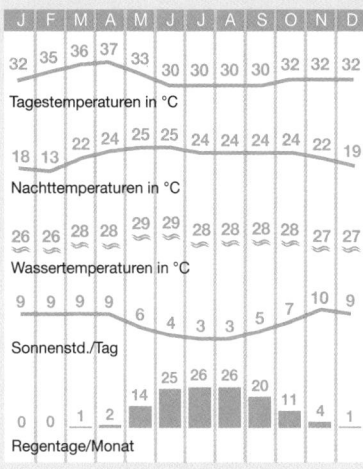

Klimadaten Yangon

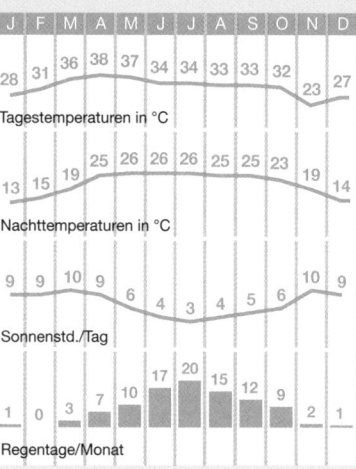

Klimadaten Mandalay

dem Inle-See benötigt man in jedem Fall eine warme Jacke.

Feuchtheißer Sommer: Ab März nehmen sowohl die Temperaturen als auch die Luftfeuchtigkeit zu. Tagsüber kann es über 35 °C heiß werden und mit 25 °C ist auch nachts keine wirkliche Abkühlung zu erwarten. In Ober-Myanmar, beispielsweise in Bagan und Mandalay, klettert das Thermometer ab Ende April, Anfang Mai nicht selten auf über 40 °C. Erträglicher ist es in den Bergen, wo häufig ein kühlendes Lüftchen weht. Ab Anfang, Mitte Mai kündigt sich der Südwestmonsun mit ersten Regenfällen an.

Nasse Regenzeit: Der Juni ist noch geprägt von feuchtheißer Schwüle bei bereits regional unterschiedlich starken Niederschlägen. Mit den Monaten Juli/August ist die regenreichste Zeit erreicht. In **Nieder-Myanmar** (Yangon) herrschen dann tagsüber meist um die 30 °C. Dort sowie entlang der Süd- und Westküste sorgt der Südwestmonsun für ergiebige, oft tagelang anhaltende Regenfälle – also kein Wetter für Badeurlauber. Angenehmer ist es zu dieser Jahreszeit in Ober- (Bagan, Mandalay) und Nord- (Shan State) und Teilen von Zentral-Myanmar (Pyay), da sich die Regenwolken bereits am Rakhine Yoma abregnen. Je nach Intensität des Monsuns klingt die Regenzeit im Laufe der zweiten Oktoberhälfte aus. Ober-Myanmar (Bagan, Mandalay), der Shan State und der Norden des Landes präsentieren sich dann wunderschön grün, immer wieder lacht auch die Sonne. Man sollte allerdings beachten, dass während der Regenzeit Überschwemmungen oder Erdrutsche das Reisen erheblich einschränken können.

Links und Apps

Links

www.myanmar-guide.de – Dieses informative Reiseforum ermöglicht den Austausch zu allen reiserelevanten Themen (dt.).

liportal.giz.de/myanmar – Für Auslandsmitarbeiter der Gesellschaft für Internationale Zusammenarbeit (GIZ) kompilierte Informationen (dt.).

www.asienhaus.de/burma – Webseite der Burma Initiative mit gelegentlichen Berichten zu Myanmar. Link zum eigenen Archiv des Asienhauses (dt.).

www.myanmartourism.org – Veröffentlichungen des Ministry of Hotels and Tourism zu Neuigkeiten im Tourismussektor (engl.).

www.mmtimes.com – Die Onlineausgabe der Myanmar Times ist eine gute Quelle für tagesaktuelle Informationen sowie touristisch relevante Themen und Tipps (engl.).
www.mizzima.com – Website des gleichnamigen Wochenmagazins mit Neuigkeiten zu Politik, Wirtschaft und Gesellschaft (engl.).
www.irrawaddy.org – Die Onlineausgabe des Monatsmagazins Irrawaddy zählt zu den besten Infoquellen über aktuelle Entwicklungen im Land (engl.).
www.burmalibrary.org – Ein gewaltiges Archiv mit Tausenden von Texten und Artikeln zu allen möglichen Themen (engl.).
www.go-myanmar.com – Die Website der britischen Onlineagentur besticht durch viele aktuelle reiserelevante Informationen (engl.).

Apps
English-Myanmar Dictionary – Myanma-Begriffe werden ohne Umschrift angezeigt (von Naing Group).
Learn Myanmar – Sehr anwenderfreundliche App zum Myanma-Lernen. Leider nur für iPhones (von Thu Wai).

Literatur

Sachbücher
Grünfelder, Alice und Leitess, Lucien (Hg.): Reise nach Myanmar. Kulturkompass fürs Handgepäck. Zürich 2009. Dank dieser wunderbaren Sammlung von Geschichten und Berichten namhafter Autoren aus verschiedenen Phasen der Geschichte des Landes kann man sich literarisch auf Zeitreise begeben.

BÜCHER IN MYANMAR

In einigen Yangoner Buchhandlungen und bei Straßenhändlern sind teilweise sehr interessante englischsprachige Sachbücher und Romane erhältlich. Auch Antiquarisches wird in Kopie angeboten.

Köster, Ute, Trong und Phuong Le und Grein, Christina (Hg.): Handbuch Myanmar. Berlin 2014. Eine Vielzahl von Myanmarkennern beschäftigt sich auf 495 Seiten mit allen möglichen gesellschaftsrelevanten Themen.
Rabinowitz, Alan: Auf verbotenen Pfaden. Durch den hohen Norden Myanmars. München 2007. Der einstige Expeditionsleiter der New Yorker Wildlife Conservation Society (WCS) berichtet über seine abenteuerlichen Reisen im Kachin State der 1990er-Jahre.
Sargent, Inge: Dämmerung über Birma. Mein Leben als Shan-Prinzessin. Zürich 2015. Die mit dem 1962 getöteten Shan-Fürsten von Hsipaw verheiratete und heute in Kanada lebende Kärntnerin Inge Sargent beschreibt ihr bewegtes Leben zu jener Zeit.
Schiller, Bernd: Gute Geister im Land der goldenen Pagoden. Zeitreisen in Myanmar/Burma. Wien 2011. Die handliche und leicht zu lesende Reportagensammlung vermittelt gute Einblicke in die vielen Facetten Myanmars.
Thanegi, Ma: Pilgerreise in Myanmar. Zürich 2004. Humorvoll und selbstironisch beschreibt die renommierte Publizistin Ma Thanegi ihre Erlebnisse mit einer Pilgergruppe auf der Fahrt zu den wichtigsten Wallfahrtsorten Myanmars.
dies.: Auf dem Ayeyarwady. Berlin 2015. Ein weiteres Lesevergnügen der begnadeten Beobachterin ihrer Landsleute. Augenzwinkernd berichtet Thanegi von ihrer Reise auf Myanmars wichtigstem Fluss.
Thant, Myint-U: Burma – der Fluss der verlorenen Fußspuren. München 2009. Eine kenntnisreiche Abhandlung über die geschichtlichen Entwicklungen Myanmars vom Enkel des ehemaligen UN-Generalsekretärs U Thant.

Belletristik
Ghosh, Amitav: Der Glaspalast. München 2006. Die opulente Familiensaga umspannt die Jahrzehnte nach der Abdankung des letzten Königs bis in die 1990er-Jahre. Dank der vielen Bezüge zu wichtigen Ereignissen wird auch die Geschichte des Landes intensiv beleuchtet.
Orwell, George: Tage in Burma. Zürich 2003. Der Klassiker aus der Feder des zeitweise in Myanmar stationierten Autors vermittelt einen

kritischen Einblick in die von Korruption und Rassismus geprägte britische Kolonie.
Schröder, Klaus R. und Noack, Georg (Hg.): Myanmar/Burma erzählt: 25 zeitgenössische Kurzgeschichten. Bielefeld 2009. In ihren Texten beleuchten 24 birmanische Autoren verschiedenste Facetten des Lebens im Land.
Sendker, Jan-Philipp: Das Herzenhören. München 2012. Spannend und rührselig geschriebener Liebesroman, ein Bestseller, bei dem eine New Yorker Anwältin anhand eines 40 Jahre alten Briefes den Spuren ihres verschollenen Vaters nach Myanmar folgt.
ders.: Herzenstimmen. München 2012. Fortsetzung von »Das Herzenhören«, in der die Anwältin auf einer weiteren Reise durch das politisch zerrissene Land in dessen Seele blickt.
Tan, Amy: Der Geist der Madame Chen. München 2006. Amüsant und flüssig geschrieben, entfaltet das Buch die skurrilen Erlebnisse der Chinesin Bibi Chen und ihrer Freunde bei einer Reise von San Francisco nach Myanmar.

Bildbände

Horstmann, Ingrid und Schramm, Manfred: Burma – abseits ausgetretener Pfade. Gnas 2007. Die wohltuende Alternative zu den vielen kitschigen Fotobüchern präsentiert tolle Porträts und Bilder aus der abgelegenen Bergwelt der beiden Staaten Kachin und Chin.

Maße und Gewichte

Längenmaße

1 le'ma	= 1 inch	= 2,54 cm
1 htwa	= 0,25 yard	= 22,75 cm
1 pe	= 1 foot	– 30,48 cm
1 taung	= 0,5 yard	= 45,70 cm
1 kai	= 1 yard	= 91,44 cm
1 ta		= 3,20 m
1 hpa lon	= 1 furlong (1/8 mile)	= 201,17 m
1 main	= 1 mile	= 1,61 km

Gewichte

1 ngamu tha	= 0,29 ounze	= 8,16 g
1 kyat tha	= 1 tical	= 16,32 g
1 paun	= 1 pound	= 450 g
1 ngase tha	= 1,8 pound	= 816,46 g
1 pei' tha	= 1 viss	= 1,632 kg

Medien

Radio und TV

In Myanmar gibt es erst seit 1979 Fernsehen. Populär sind die über Antenne zu empfangenen Programme von **Myanmar Radio and Television (MRTV)** und **Myawaddy Television (MWD)**. Zu den politisch interessantesten Kanälen zählt **Democratic Voice of Burma** (www.dvb.no), der jedoch, ebenso wie die sehr beliebten südkoreanischen Soaps, nur über Satellit zu empfangen ist. Inwischen verfügen sehr viele einheimische Familien über Satellitenschüsseln und auch die meisten großen Hotels bieten Satellitenfernsehen, wo neben **CNN** und **BBC World** vielfach **DW TV** (Fernsehprogramm und Radiofrequenzen unter www.dw-world.de) zu sehen sind.

Zeitungen und Zeitschriften

Für Besucher sind vor allem die englischsprachige **Myanmar Times** (www.mmtimes.com), die wöchentlich publizierten Magazine **Mizzima** (www.mizzima.com) und **Frontier Myanmar** (www.frontiermyanmar.net) sowie das Monatsmagazin **Irrawaddy** (www.irrawaddy.org) interessant. Touristische Informationen werden in der bilingualen Wochenzeitung **The Traveller Journal** publiziert.

Meditation

International bekannte und in Myanmar beheimatete Mönchsgelehrte wie U Pandita Sayadaw (geb. 1921) oder Pa-auk Tawya Sayadaw (geb. 1934) machen das Land zu einer der ersten Adressen für buddhistische Meditation. Meist werden Techniken des Vipassana gelehrt, bei dem die Atemkonzentration im Vordergrund steht. Die Schweigekurse dauern gewöhnlich über eine Woche und erfordern eine enorme Disziplin. Gewisse Vorkenntnisse sollten vorhanden sein, denn die Meditation ist körperlich wie psychisch sehr anspruchsvoll. Der Tag beginnt zumeist frühmorgens gegen 4 Uhr und endet spätabends. Bei längeren Meditationsaufenthalten in Myanmar kann ein Sondervisum (s. S. 85) beantragt werden. Informationen über empfehlenswerte Zentren findet man unter www.retreatinfos.de und www.dhamma.org.

Nachtleben

Myanmar ist ein Land der Frühaufsteher und der Frühschläfer – Nachteulen haben das Nachsehen. Die einzige Ausnahme bildet Yangon, wo einige Bars und Nachtklubs bis tief in die Nacht geöffnet haben. Ansonsten ist meist gegen 22 Uhr Schluss. Bei einheimischen Männern besteht die Abendgestaltung zumeist aus dem Besuch eines *teashop* (zum Fernsehen), eines BBQ (zum Essen und Biertrinken) oder einer Karaokebar (zum Singen). Beliebt sind auch Lokale mit einer Stage Show, bei der hübsche Mädchen mal mehr, mal weniger singfest populäre Schlager trällern, derweil sich die zumeist männlichen Gäste Bier, Whisky und vorwiegend chinesische Gerichte schmecken lassen.

Eine **Kneipen- und Barszene** existiert faktisch nur in **Yangon,** wo seit der Öffnung des Landes zahlreiche, darunter viele von Ausländern betriebene Lokale eröffnet haben, und rudimentär in Mandalay. Um im zunehmenden Wettbewerb zu bestehen, werden regelmäßig Themenabende veranstaltet. Livemusik bekommt man überwiegend in den großen Hotels geboten, in Yangon auch in einigen Kneipen. Hier treten manchmal Rock- und Hip-Hop-Bands aus Myanmars reger Musikszene auf. Ebenfalls vorwiegend in Yangon findet man **Nachtklubs und Diskotheken,** die meist Hotspots der Prostitution sind. Für gewöhnlich wird eine Eintrittsgebühr erhoben, in der ein Getränk enthalten ist. Für Freunde der gehobeneren Unterhaltung finden in Yangon unregelmäßig **Klassikkonzerte** und Filmvorführungen statt, auf Einladung der Botschaften und Kulturzentren wie dem Goethe-Institut gastieren auch gelegentlich ausländische Ensembles in der Stadt. Wer **lokales Theater** erleben möchte, hat es mit Ausnahme des Marionettentheaters in Yangon schon etwas schwerer, auch Aufführungen im National Theatre finden nur ab und zu statt. Wer zufällig in ein **Pagodenfest** hineingerät, kann abends ein traditionelles *pwe* (s. S. 78) besuchen.

Öffnungszeiten

Privatgeschäfte: tgl. ca. 9–21 Uhr. Es gibt keine gesetzliche Regelung, weshalb die Ladeninhaber nach eigenem Gutdünken handeln. Muslime schließen manchmal während des Freitagsgebets, Christen am Sonntag.
Märkte: meist tgl. ca. 7–17 Uhr, meist jedoch nicht an Vollmond- und Neumondtagen.
Banken: meist Mo–Fr 9–16 Uhr.
Wechselstuben/Money Changer: Mo–Fr ca. 9–17 Uhr, oft auch am Wochenende.
Museen: ca. 9.30–16 Uhr, meist Mo geschlossen.
Buddhistische Pagoden: Sonnenaufgang bis -untergang
Einkaufszentren in den Städten: ca. 9.30–21 Uhr
Post: Mo–Fr 9–16.30 Uhr, Sa. 9–12 Uhr

Post

Die Post *(sa dai')* in Myanmar ist nicht unbedingt zuverlässig – es gehört schon etwas Glück dazu, dass die Ansichtskarte daheim ankommt. Auch mit der Schnelligkeit will es nicht so recht klappen: In Yangon oder Mandalay aufgegebene Luftpost ist mindestens zehn Tage unterwegs, von Filialen in der Provinz dauert es noch länger. Briefe und Postkarten bis 20 g kosten 500 Kyat nach Europa.

Rauchen

Mit der *cheroot* zählt Rauchen fast zum Nationalsport. In Myanmar paffen Männer häufig und ausgiebig. Um dem entgegenzuwirken, hat die Regierung 2006 das **Control of Smoking** and Consumption of Tobacco Product Law verabschiedet, welches Rauchen in öffentlichen Gebäuden verbietet, etwa in Schulen, Krankenhäusern, Museen. Aus Rücksicht auf die Nichtraucher sollte man das Rauchen in religiösen Stätten oder Restaurants unterlassen, auch wenn es gesetzlich nicht verboten ist.

> **NOTRUFNUMMERN**
>
> **Notruf:** 192
> **Rettungswagen:** 1830
> **Feuerwehr:** 191
> **Polizei Yangon:** 119, 01 296 02
> **Polizei Mandalay und Bagan:** 199, 061 296 02

Reisekasse

Abgesehen von den derzeit überzogenen Übernachtungspreisen ist Myanmar ein recht günstiges Reiseland, wobei natürlich viel von den eigenen Bedürfnissen abhängt. Anspruchslose, die in Gästehäusern wohnen, in einfachen Lokalen einkehren und öffentliche Transportmittel nutzen, kommen problemlos mit einem Tagesbudget von 25 bis 35 € aus. Wer etwas gediegener reist, wird Ausgaben von mindestens 50 bis 70 € haben, nach oben sind keine Grenzen gesetzt.

Die Essenspreise und Eintrittsgebühren werden in Myanmar zumeist in Kyat angegeben und entrichtet, für Übernachtung, Mietwagen, Flugtickets meist in US-$. Bei den folgenden Angaben wurden die umgerechneten Euro-Werte leicht auf- bzw. abgerundet.

Essen und Trinken: Myanmars typische Frühstückssuppe, die Mohinga, kostet gewöhnlich unter 1000 Kyat (0,75 €), eine Shan-Nudelsuppe unter 2000 Kyat (1,45 €). In einfachen Lokalen kann man bereits für 2500 Kyat (1,85 €) ein Currygericht verspeisen. Hauptspeisen in landestypischen Restaurants kosten um 4000–5000 Kyat (2,90–3,65 €), in gehobeneren Lokalen unter 10 000 Kyat (7,50 €). Getränke sind ebenfalls nicht teuer. Softdrinks bekommt man ab 800 Kyat (0,60 €), einen Tee oder Kaffee im *teashop* für rund 300 Kyat (0,20 €), ein Glas Bier vom Fass ab 800 Kyat (0,60 €) und ein Bier in der 0,66-l-Flasche für etwa 2000 Kyat (1,45 €). Wein ist wegen der hohen Steuern ziemlich teuer und selten unter 6000 Kyat (4,40 €) pro Glas zu haben.

Übernachten: s. S. 91

Transportmittel: Für die Strecke Yangon–Bagan zahlt man im Bus bis zu 15 000 Kyat (10 €/12 US-$), im Zug bis zu 21 500 Kyat (14,50 €/17 US-$). Trotz der großen Konkurrenz sind Flugtickets überdurchschnittlich teuer. Ein Flug von Yangon nach Bagan kann in der Hochsaison mit über 120 000 Kyat (80 €/120 US-$) zu Buche schlagen. Für einen Halbtagsausflug im Mietwagen mit Chauffeur sind ca. 50 000–51 000 Kyat (33–35 €/ 40 US-$) zu veranschlagen, für eine Ganztagstour je nach Entfernung ab 76 000 Kyat (50 €/60 US-$).

Eintrittsgebühren: Der Ticketpreis für staatliche Museen liegt bei durchschnittlich 2000–5000 Kyat (1,35–3,40 €). In Yangon ist der Eintritt zur Shwedagon-Pagode mit 8000 Kyat (5,40 €) recht happig, während man zur Besichtigung von Bagan passable 25 000 Kyat (ca. 18 €) bezahlt. Für die Sehenswürdigkeiten in Mandalay und Bago werden pauschal jeweils 10 000 Kyat (6,80 €) verlangt, für den Besuch des Inle-Sees sind es 13 000 Kyat.

Schwule und Lesben

Laut § 377 des birmanischen Strafgesetzbuchs ist Geschlechtsverkehr unter Homosexuellen zwar strafbar, doch wird der altertümliche Paragraf nicht angewandt. Hinsichtlich Sexualität ist Myanmar allgemein noch recht konservativ, aber dies ändert sich im Zuge der Öffnung des Landes. Das kommt auch der sogenannten LGBT-Szene (Lesbian, Gay, Bisexual and Transgender) zugute. Es gibt einschlägige Bars und immer wieder Aktionen. Vor allem die *nat*-Festivals sind zu Schwulentreffen avanciert, da viele der sogenannten *nat kadaw* (s. S. 59) Transsexuelle sind.

Sicherheit

Im Großen und Ganzen gilt Myanmar als sicheres Reiseland, aber Langfinger sind auch hier unterwegs. Man sollte daher die **üblichen Vorsichtsmaßnahmen** walten lassen und Wertsachen sowie Reisedokumente im Hotelsafe einschließen bzw. sicher am Körper verstauen. Passkopien sollte man immer im Gepäck haben (s. auch Kasten S. 84). Für den Notfall hat es sich auch bewährt Kopien der Reisedokumente (Flugticket etc.) und gegebenenfalls Pass/Visa (Scans) in seinem Mailaccount zu hinterlegen.

In der Vergangenheit kam es vor allem in Yangon immer wieder zu **Bombenexplosionen** in Hotels, Märkten und Einkaufszentren. Es ist daher nicht verkehrt, auf öffentlichen Plätzen eine erhöhte Aufmerksamkeit walten zu lassen. Meiden sollte man politische **Demonstrationen** und Kundgebungen. Wer in ehemaligen **Bürgerkriegsgebieten** unterwegs ist, tut gut daran, die Anordnungen des Militärs zu respektieren, denn immer noch sind viele Gebiete nicht befriedet.

Aktuelle Informationen zur Sicherheitslage sowie allgemeine Reisetipps findet man auf den Internetseiten der Auswärtigen Ämter: www.auswaertiges-amt.de (Deutschland), www.bmaa.gv.at (Österreich), www.eda.admin.ch (Schweiz).

Telefonieren

Festnetz

Sogenannte **IDD-Telefone** (International Direct Dialling) für **Auslandsgespräche** sind in fast jedem Hotel vorhanden, allerdings liegen die Gebühren mit 5 US-$ (über 6330 Kyat/4,40 €) pro Minute recht hoch. Man sollte beachten, dass bereits der Wählversuch kostenpflichtig ist und man auch bei nicht zustande gekommenen Verbindungen zur Kasse gebeten wird.

Für **Inlandsgespräche** kann man sich nach einem **privaten Telefonservice** umsehen, zu erkennen an einem Tischchen mit Telefon darauf (allerdings werden sie in Zeiten der Smartphones immer seltener). Ansonsten fragt man einfach in einem Lokal. Die Gebühren liegen bei 25–100 Kyat (0,05 €)/Min.

Mobiltelefone

Seit der Privatisierung des Mobilfunknetzes sind neben dem einstigen Staatsmonopolisten **Myanma Posts and Telecommunication** (**MPT;** www.mpt.com.mm/en), seit 2014 zwei (internationale) private Anbieter aktiv: **Ooredoo** (www.ooredoo.com.mm) aus Qatar und **Telenor** (www.telenor.com.mm) aus Norwegen. Sie bauen ihre Funknetze rapide aus, sodass sich nicht nur die Qualität, sondern auch die Reichweite verbessern wird. Vieltelefonierer können sich bei den genannten Anbietern eine SIM-Karte mit neuer Nummer besorgen, die bereits ab 1500 Kyat erhältlich ist.

Natürlich sind auch **Roaminggespräche** mit dem eigenen Handy und der eigenen SIM-Karte möglich (www.roaming-myanmar.com). Die Gebühren hierfür, die auch bei eingehenden Anrufen berechnet werden, sind allerdings sehr hoch und von Anbieter zu Anbieter verschieden – hier sollte man sich vor der Abreise genau informieren. Für **Prepaidtarife** gelten Sonderregelungen.

Internationale Vorwahlnummern

Myanmar: 00 95
Deutschland: 00 49
Österreich: 00 43
Schweiz: 00 41.

Trinkgeld

In einfachen **Lokalen, Garküchen** und *teashops* sind Trinkgelder traditionell unüblich, aber natürlich kann man ein paar kleine Scheine liegen lassen, um damit seine Zufriedenheit auszudrücken. Erwartet werden Trinkgelder hingegen in **besseren Restaurants.** Oft bekommt man die Rechnung in einem kleinen Mäppchen gebracht, in dem man etwa 10 % des Rechnungsbetrags zurücklässt – falls eine Servicegebühr (Service Charge) von 10 % addiert wurde, auch weniger.

Die großen **Hotels** addieren auf ihre Rechnungen automatisch 10 % Mehrwertsteuer (VAT = Value added tax) sowie eine Servicegebühr von 7 % bis 10 %. Dennoch sollte man das Personal mit einem Trinkgeld bedenken – für Kofferträger sind 500–1000 Kyat angemessen, für Zimmermädchen 500–1000 Kyat/Tag. Ein Fahrer oder ein Reiseführer erhält etwa 1500 Kyat pro Reisegast und Reisetag.

Ruhebereich im Natshimae Spa des Mrauk Oo Princess Resort, Mrauk U

Wasser

Das Wasser aus dem Hahn ist in Myanmar nicht trinkbar (s. Kasten S. 96, s. auch S. 110), kann aber normalerweise zum Zähneputzen verwendet werden. Geschlossene Wasserflaschen werden in guten Hotels fast immer kostenlos bereitgestellt, in Gästehäuser gegen eine Gebühr. Manchmal steht auch eine Teekanne mit abgekochtem Wasser bereit.

Wellness

Dem weltweiten Trend des lukrativen Gesundheitstourismus hinkt Myanmar noch etwas hinterher, auch wenn mittlerweile fast jedes größere Resort und Hotel einen eigenen Spa-Bereich besitzt. Die Qualität schwankt jedoch erheblich. In den meisten Touristenorten kann man sich günstige Massagen geben lassen, deren Techniken auf eine lange Tradition zurückblicken und mit denen in Thailand vergleichbar sind.

Zeit

Myanmar ist der Mitteleuropäischen Zeit (MEZ) im Winter 5,5 Std., im Sommer (MESZ) 4,5 Std. voraus. Für Indien stellt man die Uhr von Myanmar kommend 1 Std. zurück, für Thailand 30 Min. und für China 1,5 Std. vor.

Zuschauersport

Im Bereich Sport sind die Birmanen vor allem dem *chinlon* verfallen, bei dem ein Rattanball in Kanonenkugelgröße möglichst kunstvoll mit dem Fuß oder dem Knie gespielt wird. Das Ziel ist es, den Ball so lange wie möglich in der Luft zu halten, ohne dass er den Boden berührt. *Chinlon* wird als Freizeitvergnügen meist in Gruppen oder auch wie Tennis mit ein bis zwei Personen über ein Netz gespielt. Alljährlich im Juni/Juli findet über fast zwei Monate in einem Stadion unweit der Mahamuni Paya in Mandalay das **Waso Chinlon Festival** statt, an dem auch internationale Teams teilnehmen.

Ein beliebtes Spektakel für Zuschauer ist *let weih,* die birmanische Variante des Kickboxens. Diese Kampfsportart hat eine vermutlich 1000-jährige Tradition und ist stark ritualisiert. Vor dem Beginn eines Wettbewerbs wird unter musikalischer Begleitung dem Schutzgeist geopfert und festgelegt, wann ein Kampf beendet ist – traditionellerweise gibt es kein Zeitlimit, und Verlierer ist derjenige, der dreimal sein Blut vom Körper gewischt hat.

In der Küstenregion von Rakhine hat **Ringen** eine lange Tradition.

Unterwegs in Myanmar

»Der einzige große See in den Staaten ist der Inle bei
Yawnghwe, etwa zwölf Meilen lang und sechs breit, der
sich über den Nam Pilu in den Salween entleert.«
The Imperial Gazetteer of India (Vol. 22)

Fischer auf dem Inle Lake

Kapitel 1

Yangon und Zentral-Myanmar

Für die meisten ausländischen Besucher bildet Yangon, die ehemalige Hauptstadt und einstige Perle des Britischen Empire, das Eingangstor zu Myanmar. Schon hier wartet ein absoluter Höhepunkt des Landes: die atemberaubend schöne Shwedagon-Pagode. Beim Bummel durch die Downtown sieht man zahlreiche prächtige und noch mehr morbide Kolonialfassaden und begegnet einem bunten Bevölkerungsgemisch. Alltagsleben pur lässt sich auf der Fahrt mit der Ringbahn oder mit der Fähre auf die andere Seite des Yangon River nach Dala erleben. Die verstopften Straßen, die modernen Shoppingmalls und die futuristischen Hotels wiederum sind Zeichen einer Metropole im Aufbruch. Da ist man als Besucher schon froh, bei der Teatime im Strand Hotel, beim Sundowner in der Belmond Governor's Residence oder beim Spaziergang entlang des Kandawgyi-Sees einmal ruhig durchatmen zu können.

Im Rahmen eines Tagesausflugs bzw. auf der Fahrt gen Norden nach Zentral-Myanmar ist Bago ein spannendes Ziel, wenngleich außer vielen buddhistischen Monumenten nichts mehr an die glorreiche Ära als Königsmetropole erinnert. Auch in Taungoo weist wenig auf die Zeit vor gut 500 Jahren hin, als die Stadt das Machtzentrum des zweiten birmanischen Reiches war, dessen Grenzen bis ins heutige Thailand reichten. Allerdings ist der Ort ein guter Startpunkt für Ausflüge in die bergreiche Umgebung.

Wer die grünste oder auch menschenleerste Hauptstadt Asiens kennenlernen möchte, sollte es nicht versäumen, in Naypyitaw einen Zwischenstopp einzulegen. Auf dem Reißbrett geplant, befindet sich hier seit 2005 der jahrelang abgeschottete Regierungssitz, der weniger mit Sehenswürdigkeiten als mit einer bizarren Atmosphäre punktet. Bislang oft links liegen gelassen, zieht auch Sri Ksetra bei Pyay immer mehr Besucher an, zumal das Ruinengelände der einstigen Pyu-Metropole seit 2014 auf der Liste des UNESCO-Welterbes steht.

Yangons Wahrzeichen– die Shwedagon Paya

Auf einen Blick:
Yangon und Zentral-Myanmar

Sehenswert

⭐ **Yangon:** Myanmars größte Metropole präsentiert sich als ein wunderbarer Mix aus kolonialem Charme, buddhistischer Frömmigkeit und viel Multikulti (s. S. 126).

⭐ **Bago:** Plünderungen und Erdbeben haben der alten Mon-Stadt ziemlich zugesetzt, geblieben sind stimmungsvolle Tempel und provinzielle Gelassenheit (s. S. 174).

Taungoo: Die Wiege des zweiten birmanischen Großreichs ist eine schöne Basis für Ausflüge in die bergreiche Umgebung (s. S. 181).

⭐ **Sri Ksetra:** Über ein halbes Jahrtausend lang eine wichtige Metropole der Pyu, versprüht die UNESCO-Welterbestätte mit einigen sehenswerten Monumenten noch heute viel ländlichen Charme (s. S. 192).

Schöne Routen

Von Yangon nach Bago: Frühmorgens ist die beste Zeit, um diese rund 80 km lange Fahrt zu beginnen, dann erwacht die Millionenmetropole Yangon allmählich aus der Tropennacht und die Straßenränder füllen sich zunehmend mit Menschen. Unterwegs warten interessante Stopps. So sollten Sie nicht versäumen, dem Schutzgeist des Goldenen Banyanbaums, Shwe Nyaung Pin Nat, einen Besuch abzustatten und die getragene Stimmung auf dem gepflegten Soldatenfriedhof von Htaukkyant zu erleben (s. S. 173).

Meine Tipps

Entspannt im Rangoon Tea House: In der Pansodan Street unweit des wuchtigen High Court kann man in schönem Ambiente leckere birmanische Currys schlemmen. Und Tee gibt es auch (s. S. 161).

Prachtvolles Gebetshaus: Es überrascht, im buddhistischen Yangon ein solch prachtvolles jüdisches Gebetshaus zu finden wie die Musmeah Yeshua Synagogue an der 26th Street (s. S. 138).

Sunset in Pyay: Von der Shwesandaw Paya eröffnet sich ein schöner Ausblick über Stadt und Fluss. Bei Sonnenuntergang ist die Stimmung besonders reizvoll (s. S. 189).

Buddha mit Durchblick: In der Shemyetman (Goldene Brille) Paya in Shwedaung ist eine der ungewöhnlichsten Darstellungen des Erleuchteten zu finden (s. S. 194).

Aktiv

Buddhas von Kyaukpun

Bummel durch die koloniale Vergangenheit: Vorbei an kolonialen Prachtbauten des Empire (s. S. 133).

Durch Little India und Chinatown: Der Spaziergang durch diese quirligen Viertel macht mit der Geschichte der Einwanderung in Myanmar vertraut (s. S. 136).

Zu Fuß durch Bago: Bei einem entspannten Spaziergang kann man einige der interessantesten Tempel besichtigen und Land und Leute kennenlernen (s. S. 178).

Mit dem Zweirad von Taungoo nach Thandaung Gyi: Es geht in touristisches Neuland, denn dieser Teil des Kayin State wurde erst 2014 für den Tourismus geöffnet. Auf der Fahrt eröffnen sich herrliche Ausblicke in die Berglandschaft (s. S. 184).

 Yangon

▶ J 24

Die Fünf-Millionen-Metropole ist aufgewacht. Überall wird gewerkelt, die Straßen ersticken im Verkehr und modisch eifert die Jugend ostasiatischen Serienstars nach. Koloniale Villen und Prachtbauten erinnern indes an jene Zeit, als die Hafenstadt ein wichtiger Stützpunkt im riesigen Britischen Empire war. Und über allem erstrahlt die Shwedagon-Pagode.

Was hat sie nicht alles schon erlebt, die goldene Shwedagon. Majestätisch thront sie auf einem Hügel und überragt die trotz Baubooms noch immer recht grüne Stadt. Die Pagode stand schon, als das küstennahe Gebiet kaum besiedelt war, als hier vorwiegend Mon lebten und dann von den Bamar verdrängt wurden. Sie sah portugiesische Seefahrer den Yangon River hinauffahren und britische Eroberer, die nach europäischem Vorbild eine moderne Metropole schufen. Sie sah japanische Flugzeuge die Stadt bombardieren und sie sah Yangon jahrzehntelang in einen sozialistischen Dornröschenschlaf versunken.

Inzwischen wacht sie über eine Millionenmetropole im Umbruch. Überall wird gegraben und gebaut, die Straßen ersticken im Verkehr, Miniröcke und Jeans ersetzen die herkömmlichen *longyi*. Die Menschen scheinen all das nachholen zu wollen, was ihnen bis zur ersten vorsichtigen Öffnung des Landes im Jahr 2011 unerreichbar schien. Endlich sind Autos bezahlbar, endlich bekommt man die neuesten Smartphones und endlich werden die kulinarischen und die kulturellen Angebote vielfältiger.

Doch der Wandel birgt auch Risiken. Yangon platzt schon jetzt aus allen Nähten, allein in den letzten vier Jahrzehnten hat sich die Einwohnerzahl fast verdreifacht. Immer mehr wird die Stadt zum Spielball von Spekulanten. Boden- und Mietpreise erreichen Spitzenwerte, in guten Lagen verdrängen Luxusapartments zunehmend die schlichten Behausungen alteingesessener Bewohner. Und das bedeutet vor allem für die historisch gewachsene Downtown wenig Gutes. Die lange Isolation des Landes während der Militärdiktatur wirkte wie ein unfreiwilliges Konservierungsprogramm und schützte Yangons Altstadt vor der Abrissbirne. Wer durch ihre schmalen Gassen und über ihre schattigen Boulevards spaziert, wähnt sich zuweilen in die Kolonialzeit zurückversetzt. Geschwungene Fensterrahmen und verspielte Stuckelemente zieren die Fassaden, in den Hauseingängen knarren steile Holztreppen. Doch die Menschen haben das Leben zwischen Moos und Schimmel satt und wollen auch nicht mehr ständig von Stromausfällen und undichten Dächern geplagt werden. Sie träumen von geräumigen Wohnungen und schicken Möbeln, und so droht wertvolle Bausubstanz für immer verloren zu gehen. Zwar sind Veränderungen unvermeidlich, doch bleibt zu hoffen, dass diese charaktervolle Stadt sich nicht anschickt, die Fehler anderer asiatischer Metropolen zu wiederholen und zu einem gesichtslosen Moloch zu werden.

Geschichte

Vom Fischerdorf zum Handelszentrum

Wann genau eine erste Siedlung am Zusammenfluss von Bago und Yangon existierte, liegt im Dunkeln. Gesichert ist, dass es spätestens ab dem 12. Jh. am Fuß des Singut-

Geschichte

tara-Hügels ein Fischerdorf der Mon namens Dagon gab, das seine spätere Entwicklung zur Hauptstadt des birmanischen Reiches allein der Shwedagon Paya verdankte. Bedeutender war damals der jenseits des Flusses gelegene Hafen von Syriam, dem heutigen Thanlyin, wo sich im 16. Jh. die ersten Europäer niederließen.

Den Grundstein für die heutige Metropole legte König Alaungpaya (reg. 1752–60), der Begründer der Konbaung-Dynastie, nachdem er 1755 endgültig das Mon-Reich unterworfen hatte. Er war es auch, der das Fischerdorf in Yangon, Ende des Streites, umtaufte. Schnell avancierte der Ort auf Kosten des Hafens von Thanlyin zum wichtigsten Umschlagplatz des Landes. Yangon galt als Zentrum des Holzexports und des Schiffsbaus, zu Beginn des 19. Jh. lebten hier 30 000 Menschen.

Koloniales Rangoon

Im Zuge des Ersten Anglo-Birmanischen Krieges (s. S. 46) hielten britische Truppen Yangon zwei Jahre lang besetzt und zogen erst 1826 wieder ab. Endgültig in die Hand des Empire gelangte die Stadt 1852 nach dem Zweiten Anglo-Birmanischen Krieg (s. S. 127), der katastrophale Auswirkungen hatte: Aufgerieben in den Kämpfen zwischen den Truppen des britischen Kolonialreichs und König Pagans aus Amarapura gingen ganze Quartiere in Flammen auf. Im Jahr 1886 jedoch erkoren die neuen Machthaber Yangon zu ihrer kolonialen Hauptstadt und machten sich daran, den von ihnen Rangoon genannten Ort entsprechend pompös umzugestalten.

Die Briten beauftragten den Armeearzt Dr. William Montgomerie damit, einen Masterplan für die Stadtentwicklung zu erarbeiten. Der gelernte Chirurg war bereits am Aufbau Singapurs beteiligt gewesen. In Zusammenarbeit mit dem Ingenieur und Leutnant Alexander Fraser entwarf er ein schachbrettartiges Straßennetz mit breiten Boulevards und kleinen Gassen, das sich am Nordufer des Yangon River erstreckte. Man wollte sich die Flussbrise zunutze machen, um der Stadt etwas Abkühlung zu verschaffen.

Reminiszenz an die britische Kolonialzeit – das Strand Hotel

Yangon

Schon bald lockten die hafennahen Viertel Migranten aus Indien und China an, während die Briten im schicken Golden Valley zwischen der Shwedagon-Pagode und dem neu angelegten Inya-See, welcher der Wasserversorgung diente, residierten. Dank des florierenden Handels mit Reis, Teak und Öl wuchs die Stadtbevölkerung rapide – waren es 1856 rund 46 000 Einwohner, so lebten bereits um die 1900 über 250 000 Menschen in Rangoon. Um die Größe der Kronkolonie Britisch-Indien zu demonstrieren, ließ man von namhaften Architekten ›Kathedralen des Empire‹ errichten, darunter das President's House und die Jubilee Hall – beide inzwischen verschwunden – sowie das wuchtige Ministers' Office, (s. S. 132; auch Secretariat Building).

Fünf Jahrzehnte Stagnation

Von den Zerstörungen während der japanischen Besatzung zwischen 1942 und 1945 erholte sich Rangoon nur sehr langsam. Erst 1948, nach der Unabhängigkeit von Großbritannien und unter dem demokratischen Premier U Nu, erlebten die damals etwa 750 000 Einwohner wieder einen kleinen Aufschwung. Ganz besonders boomte der Pagodenbau: Die kriegszerstörte Botataung wurde neu errichtet und auf dem weitläufigen Gelände nordöstlich des Inya-Sees entstand mit der Kaba-Aye-Pagode ein Symbol der buddhistischen Renaissance.

Durch die Machtübernahme des Militärs ab 1962, dem sogenannten Birmanischen Weg zum Sozialismus (s. S. 51) und den damit einhergehenden Enteignungen fiel die Stadt in eine lange Phase der Vernachlässigung. Während sich die Bevölkerung mehr als verdoppelte, wurden die Mittel zur Verbesserung der Infrastruktur immer knapper. Die alten Kolonialbauten verfielen zusehends, Neubauten waren schon kurz nach ihrer Fertigstellung wieder baufällig. Erst mit Einführung der Marktwirtschaft im Jahr 1989 erlebte die Stadt – nun wieder Yangon genannt – abermals eine verstärkte Bautätigkeit. So entstanden an der Sule Pagoda Road mit dem Sule Shangri-La und dem Sakura Tower die ersten Hochhäuser, während am Westufer des Hlaing River ein komplett neues Wohn- und Industrieviertel aus dem Boden gestampft wurde, die Hlaing Thayar New Town. Auch der Pagodenbau nahm wieder Fahrt auf – neue kamen hinzu, altehrwürdige Heiligtümer wie die Shwedagon erfuhren eine umfassende Renovierung. Seit dem Umzug der Regierung 2005 nach Naypyitaw harren viele Gebäude einer neuen Nutzung.

Orientierung

Als natürliche Grenzen rahmen im Westen der **Hlaing River,** im Süden der **Yangon River** und im Südosten der **Bago River** die lang gezogene Metropole ein. Wer von Norden oder Osten aus nach Yangon hineinfährt, gelangt obligatorisch über die **Pyay Road** oder die **Kaba Aye Pagoda Road** ins Zentrum. Diese beiden häufig verstopften Einfallstraßen verlaufen westlich bzw. östlich des weit verzweigten **Inya Lake** sowie des im Süden anschließenden Nobelviertels **Golden Valley.** Vorbei an der markanten **Shwedagon Paya** beginnt südlich der Bahnlinie die dicht besiedelte **Downtown** mit der zentralen **Sule Paya.** Im Süden wird die schachbrettartig angelegte Downtown begrenzt von der parallel zum Yangon River verlaufenden **Strand (Kannar) Road.**

Ganz Yangon ist in Stadtteile, sogenannte **Townships,** eingeteilt, die in diesem Buch zur besseren Orientierung bei Adressen mit angegeben werden. Ganz im Norden befinden sich **Insein** mit dem gleichnamigen berüchtigten Gefängnis sowie **Mingaladon** mit dem **internationalen Flughafen.** Im Nordosten sind in den Stadtteilen **North Okkalarpa** und **South Okkalarpa** zahlreiche neue Wohnsiedlungen entstanden. Weiter südlich erstrecken sich das schicke Viertel **Bahan** und ab der Shwedagon-Pagode der Stadtteil **Dagon.**

Die Orientierung in Yangons ›Altstadt‹-Zentrum, der kolonialzeitlich geprägten **Down-**

town,** ist recht einfach, da die Straßen gitterförmig angelegt wurden. Während die Nord-Süd-Verbindungen größtenteils nummeriert sind, tragen die meisten Querstraßen wie bereits zur Kolonialzeit die Namen bedeutender historischer Persönlichkeiten – die allerdings wurden im Laufe der Zeit ausgetauscht: die Montgomery Road wandelte sich zur Bogyoke Aung San Road (der myanmarische Unabhängigkeitskämpfer schlechthin), die Fraser Road zur Anawrahta Road (nach dem gleichnamigen König) und die Dalhousie Road zur Maha Bandoola Road (zu Ehren eines tapferen Generals im Ersten Anglo-Birmanischen Krieg). Merchant und Strand Road konnten ihre alten Namen zwar behalten, sind bei Einheimischen aber eher unter den Myanma-Namen Kondheji (Merchant) und Kannar (Strand) Lan bekannt.

Downtown

Cityplan: S. 130

Sule Paya 1

Kreisverkehr Maha Bandoola Rd./Sule Pagoda Rd., tgl. 6–21 Uhr, 3000 Kyat

Im Herzen der Altstadt erhebt sich ein 44 m hoher, vom Kreisverkehr umbrauster Stupa, der **Sule Zedi.** Lange Zeit das höchste Gebäude in Downtown, haben inzwischen mehrere Hochhäuser dem Stupa den Rang abgelaufen. Der Sakralbau existierte bereits, als es Yangon noch gar nicht gab: Archäologen vermuten seine Ursprünge im 1. Jt. n. Chr. An Bedeutung gewann das Bauwerk allerdings erst nach dem Zweiten Anglo-Birmanischen Krieg, als ihm die Stadtplaner bei der Neugestaltung Yangons einen prominenten Platz zuwiesen.

Legenden verknüpfen die Geschichte der Sule-Pagode mit jener der Shwedagon (s. S. 142). Nachdem zwei birmanische Händler namens Tapussa und Bhallika mit den Haarreliquien Gautama Buddhas aus Indien zurückgekehrt waren und diese an der Stelle der heutigen Botataung-Pagode (s. S. 134) ihrem König Okkalapa übergeben hatten, verwies sie der Sule-*nat*, der Schutzgeist der Pagode, auf den Singuttara-Hügel. Dort, wo heute die Shwedagon steht, würden sie die verschollenen Reliquien von drei früheren Buddhas finden. Bestärkt wird diese Legende durch eine lebensgroße Statue des Sule-*nat*, die in einem Schrein auf der Pagodenplattform steht und zur Shwedagon hin ausgerichtet ist. Wie sehr der Schutzgeist verehrt wird, kann man an den vielen Schals und Opfergaben erkennen.

Einer weiteren Legende zufolge birgt auch der Stupa der Sule Paya eine Haarreliquie des Erleuchteten. Hierauf weist ihr alter Mon-Name Kyaik Athok (Stupa, der ein heiliges Haar birgt) hin. Der Name Sule hingegen leitet sich vermutlich von *su wei* (Versammlung) ab.

Seine heutige Gestalt erhielt der Sule Zedi bei den letzten größeren Umbauten ab den 1920er-Jahren. Auffallend ist seine achteckige Struktur, die sich von der Basis bis zum Schirm fortsetzt. Diese Formgebung macht deutlich, wie viele Ideen der birmanische Buddhismus aus der hinduistischen Kosmologie und Astrologie übernommen hat: Die acht Seiten beziehen sich auf die acht Himmelsrichtungen, denen wiederum der Wochentage zugeordnet sind, wobei der Mittwoch zweigeteilt ist. Jeder Wochentag wird durch einen Planeten und ein Tiersymbol repräsentiert.

Rund um die Basis der Sule-Pagode reihen sich zahlreiche kleinere Geschäfte, in denen nicht zuletzt mehrere Wahrsager ihre Dienste anbieten.

Rund um die Sule Paya

Um die Sule-Pagode gruppieren sich einige der prominentesten Gebäude aus der Kolonialzeit. Im Norden steht die nach Plänen des einheimischen Architekten Sithu U Tin zwischen 1925 und 1940 errichtete **City Hall** 2 (Maha Bandoola Rd., Nordostecke des Kreisverkehrs), die sich heute in zarten Lilatönen präsentiert. Als einer der weni-

Yangon-Downtown

Sehenswert

1. Sule Paya
2. City Hall
3. Zentrale der Aya Bank
4. Immanuel Baptist Church
5. High Court
6. Independence Monument
7. Ehemaliger Ministers' Office
8. Sakura Tower
9. Waziya Cinema
10. Pansodan Gallery
11. Sofaer's Building, Gekko (Restaurant)
12. Indische Botschaft
13. Gebäude (ungenutzt) der US-Botschaft
14. Myawaddy Bank
15. Hafenbehörde

28	Kwan Yin Temple
29	Keng Hock Keong
30 – 43	s. Cityplan S. 139
44 – 46	s. Cityplan S. 157

Übernachten

1	s. Cityplan S. 139
2	The Strand Hotel
3	Sule Shangri-La
4 – 8	s. Cityplan S. 139
9	Parkroyal
10 – 11	s. Cityplan S. 157
12	Alfa Hotel Yangon
13	Hotel Grand United Chinatown
14	s. Cityplan S. 157
15	Hotel 51
16	Royal Star Guest House
17	s. Cityplan S. 139
18	Hninn Si Budget Inn
19	Chan Myaye Guest House

Essen & Trinken

1	s. Cityplan S. 139
2 – 4	s. Cityplan S. 157
5 – 10	s. Cityplan S. 139
11	s. Cityplan S. 157
12	Monsoon
13	Rangoon Tea House, Sharky's
14	s. Cityplan S. 139
15	Fatman Steak Bistro & Café
16	Golden Pho
17 – 21	s. Cityplan S. 139
22	Café Genius
23	Aung Mingalar
24	Thu Ka Yeik Food Center
25	Let Ywe Sin
26	19th Street

16	Britische Botschaft (ehem. Sitz der J & F. Graham Company)
17	Pansodan Jetty
18	Central Post Office
19	Botataung Paya
20	Bogyoke Aung San Zei
21	Sri Kamichi Temple
22	St. John's Church
23	Sri Kali Temple
24	Thein Gyi Zei
25	Musmeah Yeshua Synagogue
26	Surti Sunni Jammae Masjid
27	Mughal Shia Masjid

Einkaufen

1 – 2	s. Cityplan S. 139
3	City Mart (Aung San Branch)
4	s. Cityplan S. 139
5	s. Cityplan S. 157

Fortsetzung: S. 132

Yangon

- **6** – **8** s. Cityplan S. 139
- **9** Yangoods
- **10** Rosy's Chin Fabrics
- **11** Bagan Book House
- **12** Innwa Bookstore
- **13** Myanmar Book Centre
- **14** s. Cityplan S. 139
- **15** Pomelo
- **16** River Ayeyarwaddy
- **17** – **19** s. Cityplan S. 139
- **20** s. Cityplan S. 157
- **21** Gallery 65
- **22** Pansodan Scene Gallery
- **23** – **24** s. Cityplan S. 139
- **25** s. Cityplan S. 157

Abends & Nachts
- **1** s. Cityplan S. 157
- **2** s. Cityplan S. 139
- **3** 50th Street Bar & Grill
- **4** Hummingbird
- **5** Union Bar & Grill
- **6** The Phayre's
- **7** Ko San
- **8** s. Cityplan S. 139
- **9** National Theatre
- **10** Htwe Oo Myanmar
- **11** s. Cityplan S. 157
- **12** – **13** s. Cityplan S. 139

Aktiv
- **1** Yangon Heritage Trust
- **2** s. Cityplan S. 157
- **3** Uncharted Horizons
- **4** – **8** s. Cityplan S. 139
- **9** Sapel Traditional Burmese Foot Spa
- **10** – **11** s. Cityplan S. 157

---

gen frühen Bauten dieser Zeit besitzt das **Rathaus** birmanische Stilelemente, etwa die gestaffelte Dachkonstruktion über dem ausladenden Haupteingang und die Pfauenornamente an der Fassade.

Östlich davon erhebt sich die **Zentrale der Aya Bank** **3** (416 Maha Bandoola Rd.). Von 1910 bis zur Verstaatlichung 1964 beherbergte dieses Gebäude zunächst den Rowe & Co. Department Store – das ›Harrods of the East‹, Yangons erste Shoppingadresse –, und im Anschluss daran bis 2005 die Einwanderungsbehörde. Nach grundlegender Restaurierung ließ sich 2014 die Aya Bank hier nieder. Schräg gegenüber schließt sich an die kleine **Immanuel Baptist Church** **4** der massive, 1911 eröffnete **High Court** **5** (Oberster Gerichtshof) samt wuchtigem Uhrturm im viktorianischen Stil an.

Maha Bandoola Garden
Zwischen Sule Pagoda Rd. und Maha Bandoola Garden St. bzw. Maha Bandoola Rd. und Merchant (Kondheji) Rd., tgl. 6–18 Uhr, Eintritt frei

Der **Maha-Bandoola-Garten** südlich der Sule Paya trägt den Namen des berühmten Generals, der 1825 im Ersten Anglo-Birmanischen Krieg fiel und daraufhin zum Nationalhelden avancierte. In der Parkmitte, wo früher eine Marmorstatue von Queen Victoria ihre Untertanen grüßte, erhebt sich seit 1950 das markante **Independence Monument** **6** (Unabhängigkeitsdenkmal). Ein 46 m hoher Obelisk ist von fünf kleineren Exemplaren umgeben, welche die ersten fünf Mitgliedsstaaten der Union symbolisieren: Kachin, Shan, Kayin, Kayah und Chin. Die Art der Darstellung soll die ›familiäre Verbindung‹ mit dem großen birmanischen Bruder suggerieren.

Ehemaliges Ministers' Office
Maha Bandoola Rd., zwischen Bo Aung Kyaw St. und Thein Byu St..

Einige Blöcke östlich der Sule Paya erhebt sich auf einem 6,5 ha großen Areal der einschüchternde viktorianische Protzbau des **Ehemaligen Ministers' Office** **7**. Das ziegelrote Gebäude mit seinem Labyrinth an Korridoren wurde 1905 nach 16 langen Jahren vollendet und beherbergte die Zentralverwaltung der Kolonie, genannt The Secretariat. In einem der Räume fielen General Aung San sowie acht seiner Mitstreiter am 19. Juli 1947 einem fatalen Attentat zum Opfer, und im Innenhof wurde am 4. Januar 1948 die offizielle Unabhängigkeitsfeier abgehalten. Seit dem Regierungsumzug 2005 nach Naypyitaw steht der Bau leer und harrt einer neuen Bestimmung. Geplant sind Geschäfte und ein Luxushotel.

Bummel durch die koloniale Vergangenheit **8** – **15**, **2**
s. Aktiv S. 133

Downtown

BUMMEL DURCH DIE KOLONIALE VERGANGENHEIT

Tourinfos
Start: Sakura Tower 8 , Sule Pagoda Rd.
Ende: The Strand Hotel 2

Länge: 2 km
Dauer: ca. 1 Std.
Cityplan: S. 130

Der Spaziergang in Downtown führt zu einigen der markantesten Gebäude der Kolonialzeit. Vom **Sakura Tower** 8 an der Sule Pagoda Road geht es die **Bogyoke Aung San Road** entlang gen Osten. Als in den 1950er-Jahren Myanmars Filmindustrie eine Hochphase erlebte, war dieser Straßenabschnitt als **Cinema Row** bekannt. Nur wenige der alten Kinos sind übrig – und die meisten in traurigem Zustand. Doch die schmucke Beaux-Arts-Fassade des **Waziya Cinema** 9 an der Ecke zur 33rd Street lässt Cineasten-Herzen höher schlagen. Das Kino begann seine Karriere in den 1920er-Jahren als Sprechtheater und wurde nach dem Zweiten Weltkrieg in das Excelsior Cinema umgewandelt.

Vorbei an den weiteren, meist in der Nachkriegszeit erbauten **Kinos,** und unter der Brücke hindurch auf die andere Straßenseite geht es rechts hinein in die breite **Pansodan Street.** Hier lässt sich vor allem im unteren Bereich in Hafennähe noch vieles an kolonialer Pracht entdecken. Die Bauten stammen aus einer Ära, als die von Regenbäumen gesäumte Phayre Street, wie sie nach dem ersten Kolonialverwalter genannt wurde, zu den führenden Geschäftsadressen zählte. Vorbei an der kleinen **Pansodan Gallery** 10 (1. Stock, 286 Pansodan St., tgl. 10–18 Uhr), die ein beliebter Treff unabhängiger Künstler ist, geht es entlang zahlreicher Geschäfte mit Haushaltsgeräten bis zur Merchant Road und dort rechts hinein.

Die **Merchant (Khondeji) Road** trägt angesichts der ehrwürdigen **Bankgebäude** zurecht auch noch ihren kolonialen Namen. Zunächst aber erhebt sich an der Ecke das **Sofaer's Building** 11 mit schmucker Beaux-Arts-Fassade, das nach einer jüdischen Migrantenfamilie benannt ist, die das Geschäftshaus etwa um 1906 erbauen ließ. Hier hatte u. a. der deutsche Fotograf Philip Klier (1845–1911) sein Studio, der 1871 begonnen hatte in Myanmar zu arbeiten und seit 1880 in Yangon lebte. Seine Aufnahmen gelten als wichtige Bilddokumente aus der Kolonialzeit. Folgt man nun der Merchant Road nach Westen, so erblickt man die 1911 erbaute **Indische Botschaft** 12 . Weiter Richtung Sule Pagoda Road liegt auf der linken Straßenseite dann das heute ungenutzte, repräsentative Gebäude der **US-Botschaft** 13 (581 Merchant Rd.). Kurz darauf erreicht man die Sule Pagoda Road mit der 1939 im neoklassizistischen Stil erbauten **Myawaddy Bank** 14 (24–26 Sule Pagoda Rd.), bis 1993 Sitz der Zentralbank.

Über die schattige **Bank Street** geht es zurück nach Osten in die **Pansodan Street.** Vorbei an der markanten **Hafenbehörde** 15 mit mächtigen Säulen, wunderschön geschwungenen Bögen und ihrem charakteristischem Eckturm geht es links in die Strand Road hinein, um im nahen **Strand Hotel** 2 (s. S. 134, 157) den Bummel stilgerecht in edlem Kolonialambiente ausklingen zu lassen.

Strand Road (Kannar Lan)

Die parallel zum Yangon River verlaufende **Strand Road** bildet den südlichen Abschluss der Downtown und wird von großen Hafenanlagen dominiert. Während der Kolonialzeit legten hier die großen Linienschiffe mit den Neuankömmlingen an. Die inzwischen eher wenig ansehnliche Straße war damals das Aushängeschild der Stadt, und so reihen sich bis heute zwischen der Sule Pagoda Road und der Bo Aung Kyaw Street einige repräsentative Bauten jener Zeit aneinander.

The Strand Hotel 2
92 Strand (Kannar) Rd., Tel. 01 24 33 77, www.hotelthestrand.com; s. S. 157

Das mit Abstand prachtvollste Erbe dieser Zeit ist das **Strand Hotel** (Abb. S. 127) gegenüber dem Hafen, welches bereits Anfang der 1990er-Jahre stilvoll renoviert wurde und seitdem wieder eine der besten Herbergen am Platz ist. Zusammen mit dem Raffles Hotel in Singapur (eröffnet 1887) und dem Eastern & Oriental Hotel im malaysischen Penang (eröffnet 1885) gehört das 1901 eingeweihte Strand zu jenen südostasiatischen Hotellegenden, die von den armenischen Sarkies-Brüdern Arshak, Aviet und Tigran geschaffen wurden. Wer nicht in einer der 31 vornehmen Suiten absteigt, kann die gediegene Kolonialatmosphäre beim Afternoon Tea im Café oder beim Strand Sour, dem Hauscocktail, in der Bar erleben. Zur gesellschaftlichen Institution in Yangon hat sich die Happy Hour jeden Freitagabend entwickelt. Im 1913 errichteten Hotelanbau residiert heute die **Australische Botschaft.**

In der Nachbarschaft des Strand Hotel

Das Nachbargebäude beherbergte einst die Niederlassung der Glasgower Reederei **J. & F. Graham Company** 16, heute befindet sich hier die **Britische Botschaft.** Auf der anderen Straßenseite legen vom **Pansodan Jetty** 17 die Fähren nach Dala (s. Tipp S. 170) ab.

Auch wer keinen Brief aufgeben muss, sollte einen Blick ins wuselige Innere des 1908 eröffneten **Central Post Office** 18 (Hauptpostamt; Mo–Fr. 9.30–16.30, Sa/So 10–12 Uhr) werfen. An einem der Schalter begann in den 1930er-Jahren die Karriere General Ne Wins vom Postangestellten zum Präsidenten.

Botataung Paya 19
Strand (Kannar) Rd., tgl. 6–21 Uhr, 2000 Kyat

Weiter Richtung Osten führt die Strand Road an einem der Containerterminals vorbei und eröffnet bald den Blick auf den goldenen Stupa der **Pagode der 1000 Offiziere.** Der Name bezieht sich auf die Shwedagon-Legende, derzufolge König Okkalapa und dessen Soldaten an dieser Stelle die Haarreliquien Buddhas von den beiden Kaufleuten Tapussa und Bhallika in Empfang genommen haben (s. S. 142). Angeblich hat der König später der Botataung Paya ein Haar des Erleuchteten vermacht.

Auch die Anfänge dieses Bauwerks liegen im Dunkeln. Der ursprüngliche Stupa, der vermutlich aus der gleichen Zeit wie der Shwedagon datiert, wurde am 8. November 1943 bei einem Bombenangriff der Alliierten zerstört. Als bei den darauf folgenden Aufräumungsarbeiten der Reliquienschrein zutage trat, ließ man bei dem neuen, 1953 eingeweihten Stupa das Innere hohl, um den Gläubigen das Allerheiligste zugänglich zu machen. Daher kann man heute sowohl den originalen goldenen Miniaturstupa mit der Haarreliquie als auch zahlreiche der hier aufgefundenen Buddhafigürchen und Votivtafeln aus Terrakotta bewundern.

Interessant sind darüber hinaus diverse **Schreine** auf dem Pagodengelände, vor allem drei hinter einem Wasserbecken verborgene Exemplare auf der Südseite, in denen *nat* verehrt werden (s. Thema S. 58): Thagyamin, der König aller *nat*, Bobogyi (Großvater), sowie im Nachbarschrein die Hindugottheit Sarasvati in Gestalt des weiblichen Thurutthadi-*nat*. Großer Beliebtheit erfreut sich auch die Statue der grün gekleideten Dame des Smaragdpalasts, Mya Nan Nwe (Thaiknanshin), die auf eine reale Person zurückgeht und Schutzgeist der Pagode ist. Gläubige konsultieren sie vor allem in Geldangelegenheiten.

Gegenüber der Botataung Paya befindet sich ein kleiner Markt, auf dem neben Essen auch bemalte Kokosnüsse verkauft werden, typische Opfergaben für die *nat*. Der an der Pagode vorbeiführende Weg zum Fluss endet an einer Anlegestelle, von wo sich ein schöner Blick bis hinüber nach Thanlyin, dem alten Syriam, eröffnet.

Bogyoke Aung San Zei [20]

Bogyoke Aung San Rd., Di–So 9–17 Uhr
Yangons bedeutendste Einkaufsstätte ist zweifelsohne der große **Bogyoke-Aung-San-Markt** in der gleichnamigen Straße im Abschnitt zwischen Shwedagon und Sule Pagoda Road. Viele Einheimische bezeichnen ihn noch wie vor der Unabhängigkeit als **Scott Market,** benannt nach dem damaligen Verwaltungsbeamten Gavin Scott. Durch die 1926 erbaute Haupthalle des Marktes schlendern Yangoner ebenso gerne wie Touristen, denn in den unzähligen überquellenden Läden reicht das Angebot von traditionellen *longyi* und Mandalay Slippers bis zu angesagten Jeans und Hotpants. Eine ganze Abteilung widmet sich dem Verkauf von Edelsteinen und Schmuck. Vor allem für ausländische Besucher von Interesse sind vermutlich die Schnitzereien aus Sandel- und Teakholz, handgewebte Stoffe, Lackarbeiten, Musikinstrumente und Korbwaren.

Little India und Chinatown

Little India und Chinatown lassen sich auch gut ab dem Bogyoke Aung San Zei erkunden; s. Aktiv S. 136
Kaum ein Birmane sei in den Straßen von Rangoon zu sehen, notierte der siamesische Prinz Damrong bei seinem Besuch 1936. Damals lebten in der Stadt 200 000 Südasiaten und über 30 000 Chinesen. Nepalesische Gurkhas trafen auf tamilische Hindus, bengalische und Gujarati-Muslime auf Einwanderer aus Chinas Küstenprovinzen Guangdong und Fujian. Selbst Juden aus dem Mittleren Osten (insbesondere Bagdad), die nach dem Zweiten Anglo-Birmanischen Krieg aus dem indischen Teil des Britischen Empire hierher

Unzählige Verkaufsgassen durchziehen den Bogyoke-Aung-San-Markt

Yangon

DURCH LITTLE INDIA UND CHINATOWN

Tourinfos
Start: Bogyoke Aung San Zei 20
Ende: 19th Street 26

Länge: 2,3 km
Dauer: ca. 2 Std.
Cityplan: S. 130

Wirklich entspannend ist dieser Spaziergang wahrlich nicht, dafür herrscht zu viel Trubel in den Straßen. Allerdings bietet er die Gelegenheit, in das pulsierende multikulturelle Treiben von Little India und Chinatown einzutauchen, wo so viele architektonische Relikte von Yangons bewegter Vergangenheit erzählen. Von der Hektik sollte man sich nicht anstecken lassen, denn das Interessanteste ist oft erst auf den zweiten Blick zu sehen. Wer sich vor Schmutz ekelt und strenge Gerüche fürchtet, mag bisweilen an seine Grenzen stoßen. Doch rostbraune Betelnussflecken am Boden und streng duftende Durian an den Ständen gehören nun mal zum Lokalkolorit.
Die Tour startet am bekannten **Bogyoke Aung San Zei** 20 (Di–Do 9–17 Uhr; s. S. 135) und führt von dort auf der anderen Straßenseite über die Bogyoke Aung San Road zur **Bo Soon Pat Street.** Die Straßenecke lässt sich nicht verfehlen, denn hier steht der hinduistische **Sri Kamichi Temple** 21 (375 Bogyoke Aung San Rd.). Ihm schräg gegenüber steht die **St. John's Church** 22 (368 Bo Soon Pat St.). Durch die **Bo Soon Pat Street** mit ihren reizvollen **Kolonial-**

fassaden geht es zur Kreuzung **Anawrahta Road** (s. S. 137), in die man nach rechts einbiegt. Über diese trubelige, unverkennbar indisch geprägte Straße erreicht man den rechter Hand liegenden **Sri Kali Temple** 23 (tgl. 5–11, 15–21 Uhr, Eintritt frei) mit seinem farbenfrohen Eingangspavillon (Gopuram), der typisch ist für südindische Heiligtümer.

Auf dieser Höhe beginnt mit dem unter britischer Kolonialherrschaft im 19.Jh. von Indern gegründete **Thein Gyi Zei** 24 (tgl. 8–17.30 Uhr; s. S. 138) einer der größten Markthallenkomplexe Yangons. Im Süden grenzt er an die **Maha Bandoola Road.** Nach deren Überquerung sollte man unbedingt einen Blick in die schmucke, von jüdischen Einwanderern aus dem Mittleren Osten und Indien in der zweiten Hälfte des 19. Jh. errichtete **Musmeah Yeshua Synagogue** 25 (unregelmäßig geöffnet, meist 10–12 Uhr; s. S. 138) werfen.

Wer mag macht nun zunächst einen Abstecher nach Osten zu zwei Moscheen, der sunnitischen **Surti Sunni Jammae Masjid** 26 und der schiitischen **Mughal Shia Masjid** 27 (beide s. S. 138).

Folgt man der Maha Bandoola Road jedoch nach Westen, taucht man auch schon in Yangons **Chinatown** (Tayok Tan) ein – was sowohl an den Schriftzügen als auch an den Auslagen mancher Geschäfte zu erkennen ist. Ursprünglich siedelten in dieser Gegend die Einwanderer aus Guangdong, die auch den (chinesisch-)buddhistischen **Kwan Yin Temple** 28 (tgl. 7–20 Uhr, Eintritt frei; s. S. 138). Wer durchschnaufen möchte, findet hier eine Oase der Ruhe.

Weiter geht es auf der Maha Bandoola Road bis zur dritten Querstraße, der **Sint Oh Dan Street.** Ihr folgt man in südlicher Richtung bis zur Strand Road, vorbei an einigen alten Holzfassaden von Häusern der ersten Einwanderer aus Guangdong. Architektonisches Highlight ist jedoch der daoistische **Kheng Hock Keong Temple** 29 (tgl. 7–20 Uhr; s. Abb. links, S. 138), Yangons schönste chinesische Kultstätte, die besonders im späten Nachmittagslicht eine bezaubernde Stimmung verbreitet.

Wer hungrig und durstig geworden ist, sollte von hier die Strand Road entlang ein Stückchen gen Osten gehen und links in die **19th Street** 26 einbiegen, die bis hinauf zur Anawrahta Road verläuft. Besonders der obere Block zwischen Maha Bandoola und Anawrahta Road verwandelt sich abends mit zahllosen Garküchen in ein **Freiluftrestaurant**, wo man den Spaziergang wunderbar ausklingen lassen kann.

---

migrierten, fanden eine neue Heimat. Und alle gingen ihren Geschäften nach. »Verdiene wie die Chinesen, spare wie die Inder, aber sei nicht so verschwenderisch wie die Birmanen«, lautete ein gängiges Sprichwort.

Wie multikulturell Yangon auch heute noch ist, zeigt sich vor allem in den lebhaften Straßen von **Little India** und **Chinatown.** Für beide lassen sich keine exakten Grenzen bestimmen. Grob gesagt, beginnt Little India westlich der Sule Pagoda Road und erstreckt sich bis westlich der Shwedagon Pagoda Road, wo es dann fließend in Yangons Chinatown übergeht.

Buddhistische Pagoden folgen auf üppig verzierte Hindutempel und wuchtige Moscheen. Auf den Gehsteigen konkurrieren Obst- und Kleiderverkäufer, Betelnusshändler und Garküchenbesitzer um jedes noch so kleine Plätzchen, für die Fußgänger gibt es kaum ein Durchkommen. Ein jeder scheint hier Geld verdienen zu wollen, selbst wenn es nur wenige Tausend Kyat am Tag sind. Die Stadtverwaltung wurde die Straßenhändler zwar gerne vertreiben, doch für die meisten Touristen ist dieses chaotische Treiben eines der Highlights ihres Yangonbesuchs.

Anawrahta Road

Aufgrund der vielen Stände auf dem Gehsteig mutiert der Spaziergang auf der **Anawrahta Road** zum Hindernislauf. Dominiert wird der Straßenzug von der indischen Bevölkerung, wie man an den Restaurants und Geschäften unschwer erkennen kann. An ihr liegt auch der sehenswerte **Sri Kali Temple** 23 (zwischen 26th und 27th St.; s. Aktiv S. 136).

Thein Gyi Zei 24
Zwischen Anawrahta und Maha Bandoola Rd. sowie zwischen 24th St. und Kon Zay Dan St., tgl. 8–17.30 Uhr

Der 1905 als Surati Bara Bazaar gegründete **Thein-Gyi-Markt** ist einer der größten Märkte Yangons. Er erstreckt sich über mehrere Parallelstraßen westlich und östlich der Shwedagon Pagoda Road. Unzählige Eingänge und Läden, unter- und oberirdische Geschosse – ein Gewirr, das sich in vier Blöcke (A–D) gliedert.

Für Touristen am interessantesten sind die **Blöcke A** und **B** zwischen Kon Zay Dan Street und der 25th Street, in deren düsteren, 1938 erbauten Markthallen sich Hunderte von Ständen mit Bekleidung und praktischen Utensilien befinden. An umliegenden Straßen verkaufen Händler Gemüse und Obst. Die **Blöcke C** und **D** an der Shwedagon Pagoda Road, zählen zu den hässlichsten Betonbauten der Stadt und stammen aus den 1990er-Jahren. Während tagsüber die Einheimischen in den vielen Geschäften nach günstigen Kleider und Alltagsutensilien Ausschau halten, vergnügt sich abends in den Nachtklubs und Karaokebars das meist männliche Publikum.

Musmeah Yeshua Synagogue 25
85 26th Street, unregelmäßig geöffnet, meist 10–12 Uhr, Eintritt frei, Spende erwünscht; spezielle Touren hierher organisiert Myanmar Shalom Travel, Tel. 01 25 28 14, www.myanmar shalom.com

Als sich jüdische Migranten aus dem Mittleren Osten (insbesondere Bagdad) und aus Indien nach dem Zweiten Anglo-Birmanischen Krieg im aufstrebenden Rangoon niederließen, stellte ihnen die britische Kolonialregierung hier Land für den Bau einer Synagoge zur Verfügung. 1854 entstand zunächst ein Gebetsraum aus Holz. Mit zunehmendem Reichtum der Gemeinde konnte die heutige, 1896 fertiggestellte Synagoge erbaut werden, die in ihrer Hochphase die geistige Heimat von 2500 Juden war. Nach dem großen Exodus während der japanischen Besatzung lebt inzwischen kaum mehr als eine Handvoll Juden in Yangon. Das erhöhte Podium im Zentrum des Raums, Bima genannt, dient zum Vorlesen aus der reich geschmückten Thorarolle.

Surti-Sunni-Jammae- und Mughal-Shia-Moschee
Noch heute treffen sich je nach regionaler Herkunft die Muslime in eigenen Moscheen, wobei sie teils unterschiedlichen Richtungen des Islam anhängen. So versammeln sich in der gewaltigen **Surti Sunni Jammae Masjid** 26 (149 Shwe Bonthar Rd.) die Nachkommen der – sunnitischen – Einwanderer aus dem indischen Gujarat zum Freitagsgebet.

Die **Mughal Shia Masjid** 27 (30th St.) hingegen ist die bedeutendste Moschee der Yangoner Schiiten. Sie geht zurück auf die Mitte des 19. Jh., als persisch-indische Schiiten hier 1854 ein erstes Gotteshaus errichteten. Die heutige, weiß getünchte Moschee aus dem Jahr 1918 fällt mit ihren gerippten Minaretten sofort ins Auge.

Kwan Yin Temple 28
Maha Bandoola Road, Ecke Latha St., tgl. 7–20 Uhr, Eintritt frei

Die chinesische Gemeinde aus der Provinz Guangdong errichtete den buddhistischen **Guanyin-Tempel** (Hochchin.: Guanyin Gumiao, Alter Guanyin-Tempel) bereits 1823 aus Holz zur Verehrung des im Mahayana-Buddhismus populären Bodhisattvas des Mit-Leidens, Avalokiteshvara, in China oft als Göttin der Barmherzigkeit, Guanyin, verehrt. Nach einem Brand wurde 1868 der Grundstock für die heutige, ebenfalls recht prächtige Anlage gelegt. Auf die ausladenden Tische vor dem Hauptaltar werden Opfergaben gelegt.

Kheng Hock Keong 29
Strand (Kannar) Rd., Ecke Sint Oh Dan St., tgl. 7–20 Uhr, Eintritt frei

Yangons schönste chinesische Kultstätte, der daoistische **Qingfu Gong** (Feiern-das-Glück-Palast; Abb. S. 136). Er wurde 1861 von der Hokkien-Gemeinde aus der chinesischen Pro-

Downtown

vinz Fujian (Fujian-Chin.: Hokkien) gegründet und als Holzbau errichtet. Die heutige reich verzierte Haupthalle aus Ziegelmauerwerk stammt aus dem Jahr 1903. Der Tempel ist der Gottheit Mazu geweiht, die als Schutzpatronin der Seefahrer und Fischer vor allem von Bewohnern der südchinesischen Küstenprovinzen verehrt wird. Ihr Kult entstand im 10. Jh. auf der in der Taiwan-Straße gelegenen Insel Meizhou, 1683 verlieh der Kangxi-Kaiser (reg. 1662–1722) ihr den Titel Gemahlin des Himmels (chin. Tianhou). Ihr zur Linken wird General Guanyu verehrt, ihr zur Rechten der Gott der Medizin, Baosheng Dadi. Die im Tempel beheimatete Hokkien Clan Association unterhält eine kostenlose Sprachschule.

Yangon-Nord (Shwedagon Paya und Inya Lake)

(Karte S. 140)

Sehenswert
- **1** – **29** s. Cityplan S. 130
- **30** Grave of Bahadur Shah Zafar II.
- **31** Kandawin Garden
- **32** Maha Wizaya Paya
- **33** Shwedagon Paya
- **34** Martyrs' Mausoleum
- **35** National Museum
- **36** Bogyoke Aung San Park
- **37** Karaweik Nature Park
- **38** Yangon Zoological Garden
- **39** Bogyoke Aung San Museum
- **40** Ngahtatgyi Paya
- **41** Chaukhtatgyi Paya
- **42** U Thant House
- **43** Yangon Sailing Club
- **44** – **46** s. Cityplan S. 157

Übernachten
- **1** Belmond Governor's Residence
- **2** – **3** s. Cityplan S. 130
- **4** Savoy Hotel
- **5** Sedona Hotel
- **6** Chatrium Hotel Royal Lake
- **7** Kandawgyi Palace
- **8** Novotel Yangon Max
- **9** s. Cityplan S. 130
- **10** – **11** s. Cityplan S. 157
- **12** – **13** s. Cityplan S. 130
- **14** s. Cityplan S. 157
- **15** – **16** s. Cityplan S. 130

- **17** Thanlwin Guest House
- **18** – **19** s. Cityplan S. 130

Essen & Trinken
- **1** Le Planteur
- **2** – **4** s. Cityplan S. 157
- **5** Sharky's
- **6** Furusato
- **7** Signature
- **8** Pyongyang Koryo
- **9** Le Nacha
- **10** Acacia Tea Salon
- **11** s. Cityplan S. 157
- **12** – **13** s. Cityplan S. 130
- **14** House of Memories
- **15** – **16** s. Cityplan S. 130
- **17** Seinn Lann So Pyay Garden
- **18** The Rih Lake
- **19** Jing Hpaw Myay
- **20** Feel Myanmar Food
- **21** Khaing Khaing Kyaw
- **22** – **26** s. Cityplan S. 130

Einkaufen
- **1** Hledan Zei
- **2** Mingalar Zei
- **3** s. Cityplan S. 130
- **4** Marketplace by City Mart
- **5** s. Cityplan S. 157
- **6** Junction Square Shopping Centre
- **7** Ocean Supercenter
- **8** Man Made House of Fashion

- **9** – **13** s. Cityplan S. 130
- **14** Monument Books
- **15** – **16** s. Cityplan S. 130
- **17** Augustine's Antiques
- **18** Patrick Robert The Gallery
- **19** Treasure Land
- **20** s. Cityplan S. 157
- **21** – **22** s. Cityplan S. 130
- **23** New Treasure Art Gallery
- **24** Studio Square Gallery
- **25** s. Cityplan S. 157

Abends & Nachts
- **1** s. Cityplan S. 157
- **2** After Work Bistro & Bar
- **3** – **7** s. Cityplan S. 130
- **8** Vista Bar@Roof Top
- **9** – **10** s. Cityplan S. 130
- **11** s. Cityplan S. 157
- **12** Myanmar Event Park (MEP)
- **13** Institut Français, Goethe-Institut

Aktiv
- **1** s. Cityplan S. 130
- **2** s. Cityplan S. 157
- **3** s. Cityplan S. 130
- **4** Happy World
- **5** Happy Zone
- **6** Inya Spa
- **7** Thaya Day Spa
- **8** Nacha Spa
- **9** s. Cityplan S. 130
- **10** – **11** s. Cityplan S. 157

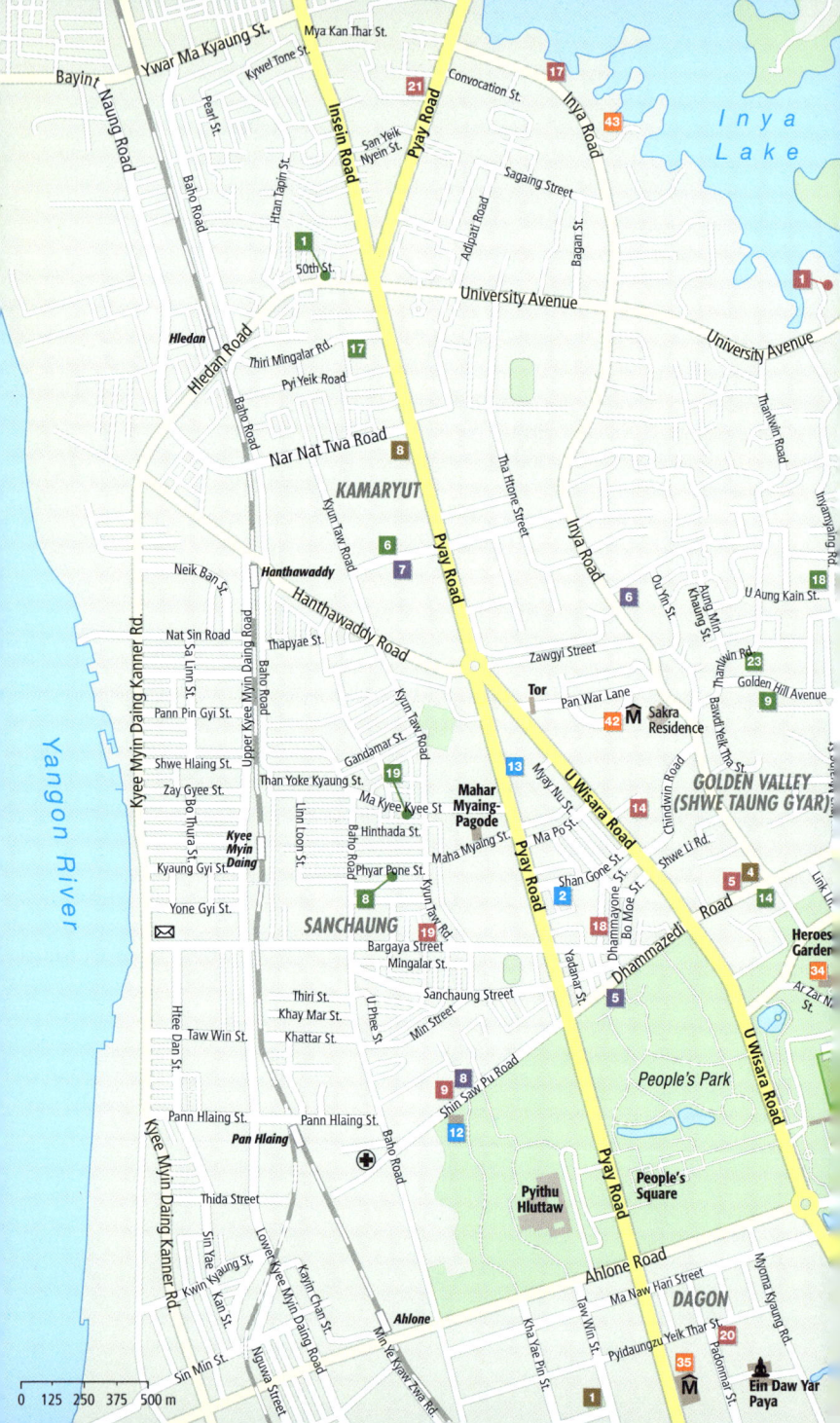

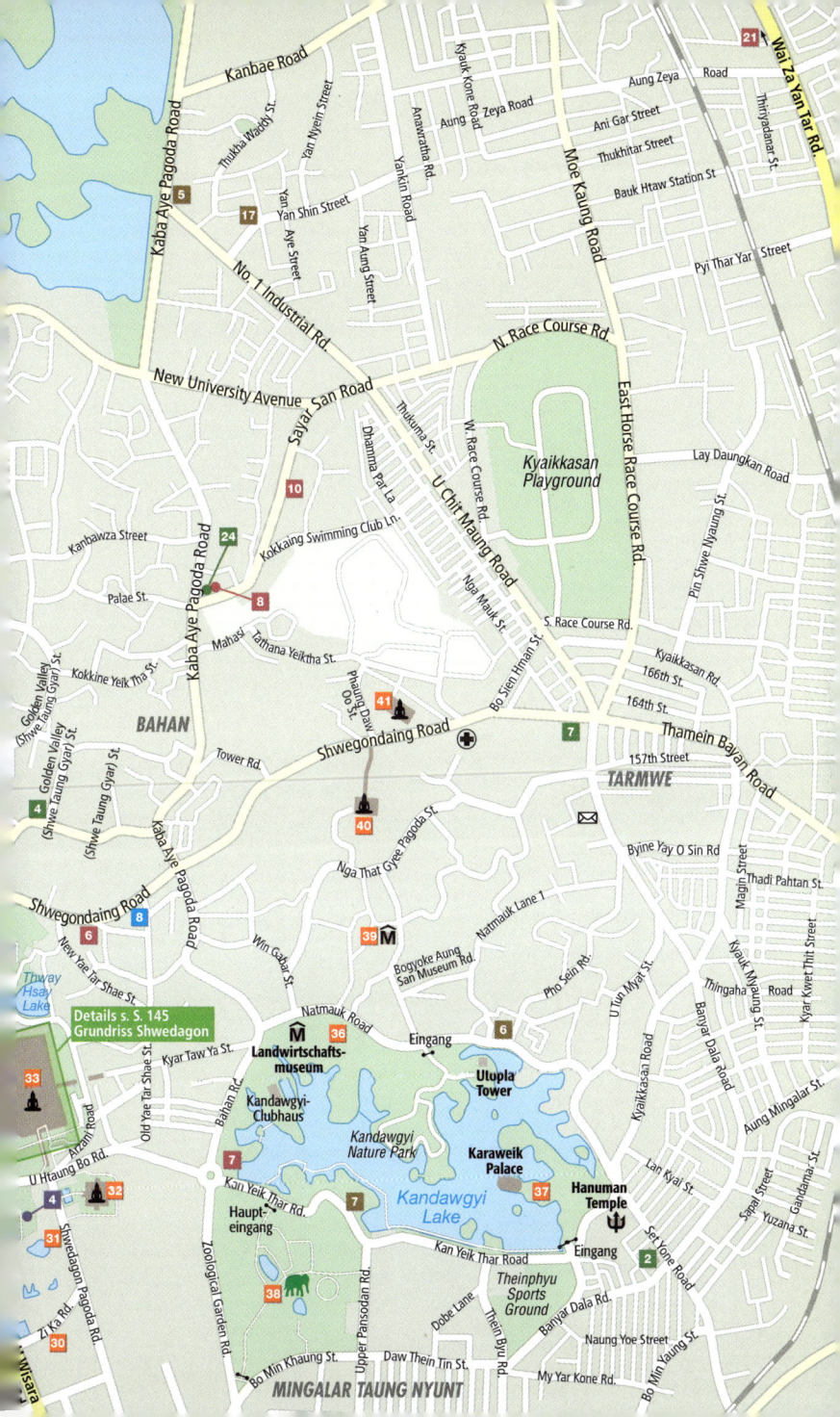

Yangon

Von der Downtown zur Shwedagon Paya

Cityplan: S. 139

Die **Shwedagon Pagoda Road** führt im Norden direkt auf den Südeingang des Wahrzeichens von Yangon, die Shwedagon Paya zu. Um sie herum entstand einst das Fischerdorf Dagon, aus dem die heutige Metropole hervorging. Wer sich mit ein wenig Muße zu Fuß auf diesen Weg macht, kann unterwegs noch einige Sehenswürdigkeit besuchen.

Grave of Bahadur Shah Zafar II 30

6 Zi Wa Ka St., tagsüber geöffnet, Eintritt frei

Das eher unscheinbare Grab von Bahadur Shah Zafar II., des letzten indischen Moguls, liegt auf dem Gelände einer Moschee. 20 Jahre nach seiner Thronbesteigung 1837 in Delhi wurden der Herrscher und Teile seiner Familie infolge der großen Rebellion gegen das Britische Empire nach Yangon verbannt, wo er 1868 starb. Sein Grab kam erst 1991 bei Bauarbeiten wieder zutage.

Kandawin Garden 31

Shwedagon Pagoda Rd., tgl. 9–17 Uhr, Eintritt frei

Nur einen Steinwurf entfernt vom Grab des letzten Moguln liegt der **Kandawin-Garten** mit vier sehenswerten Mausoleen: dem kubischen Grabblock des großen Literaten und Freiheitshelden Thakin Ko Taw Hmaing (1876–1964, s. S. 81), dem runden Grabmal der Gattin von Aung San, Daw Khin Kyi (1912–88), dem eleganten, weiß getünchten Schrein der letzten Königin Supayalat (1859–1925) und einer Halle mit den sterblichen Überresten von U Thant (1909–74), 1961–71 UN-Generalsekretär.

Maha Wizaya Paya 32

Shwedagon Pagoda Rd., tgl. 5–21 Uhr, Eintritt frei

Etwas weiter nördlich, am Ende eines alten Militärkomplexes (Cantonment), erstreckt sich das Gelände des **Stupa des Großen Sieges.** Er wurde 1980 auf Initiative von General Ne Win anlässlich der Vereinigung der zersplitterten Mönchsgemeinschaft *(sangha)* errichtet. Der innen zugängliche Stupa lohnt den Besuch wegen seiner Malereien, die allerdings etwas kitschig ausfallen. Szenen aus dem Leben des Erleuchteten und stilisierte Bäume zieren die Wände, diverse Sternzeichen die Decke. Zu sehen sind außerdem Miniaturdarstellungen von bekannten Pagoden aus ganz Myanmar sowie eine bronzene Buddhastatue, die von der nepalesischen Königsfamilie gestiftet wurde. Von der Maha Wizaya Paya gelangt man über eine Fußgängerbrücke auf die Südseite der Shwedagon.

Shwedagon Paya

Cityplan: S. 139
Grundriss: S. 145

Singuttara Hill, www.theshwedagonpagoda.com, tgl. 4–22, letzter Einlass 21.45 Uhr, Besucherzentrum tgl. 8–21 Uhr, 8000 Kyat

Auf dem 58 m hohen Singuttara-Hügel ragt der massive, bis auf 99 m spitz zulaufende Stupa der **Shwedagon Paya** 33 (Abb. S. 122) in den Himmel von Yangon, was vor allem bei der nächtlichen Beleuchtung äußerst mystisch wirkt. Eine 15 m hohe Mauer rahmt die 6 ha große Tempelplattform ein. In der weitläufigen Nachbarschaft der Tempelanlage, deren Einzugsbereich insgesamt 46 ha umfasst, verteilen sich darüber hinaus diverse Klöster, Pilgerhallen und Meditationszentren.

»Hier, auf dieser Höhe, ... steht majestätisch die Shwedagon-Pagode, dieses Monument all der Bemühungen unserer Nation um Liebe, dieser Schrein und Zufluchtsort all unserer unsterblichen Hoffnungen und grenzenlosen Inspirationen.« So leitete der Unabhängigkeitskämpfer Aung San am 20. Januar 1946 beim ersten Kongress der Anti-Fascist People's Freedom League (AFPFL) seine große Rede ein. Den Ort dafür wählte er nicht von ungefähr, denn für die buddhistischen Birmanen ist der goldene **Shwedagon Zedi** auf dem 58 m hohen Singuttara Hill das wichtigste Nationalsymbol. Immer wieder stand der Stupa im Mittelpunkt der wechselvollen Geschichte des Landes. Mal wurde um ihn gekämpft, mal wurde die Pagode geplündert und regelmäßig war sie Schauplatz von Demonstrationen der Macht. So etwa am 26. November 1871, als der in Mandalay residierende König Mindon für die Spitze des Stupa einen neuen Ehrenschirm *(hti)* stiftete. Zigtausende Gläubige nahmen an den Feierlichkeiten im britisch besetzten Rangoon teil, nicht jedoch der Monarch – ihm hatte das Empire aus Angst vor Ausschreitungen die Einreise verweigert. 1920 wurde auf der Plattform des Stupa der erste Studentenprotest gegen die Kolonialmacht geplant und am Tag der Unabhängigkeit, dem 4. Januar 1948, pflanzte Myanmars erster Präsident Sao Shwe Thaike dort einen Bodhi-Baum. Im Krisenjahr 1988 hielt die damals noch unbekannte Oppositionsführerin und spätere Friedensnobelpreisträgerin Aung San Suu Kyi vor Hunderttausenden von Demonstranten vor dem Heiligtum ihre erste große Rede.

Selbst für unbefangene Yangonbesucher gibt es wohl wenige Orte in Myanmar, die eine solche Anziehungskraft besitzen wie der Shwedagon Paya. Egal, von welcher Seite man sich der Anlage nähert: Dieses »goldene Wunder am Horizont«, wie der britische Schriftsteller Rudyard Kipling den auf einem Hügel thronenden Prachtbau beschrieb, zieht die Blicke auf sich wie ein Magnet. Der Name Shwedagon setzt sich aus *shwe* (Myanma für Gold) und der alten Mon-Bezeichnung *dagon* zusammen, die sich vom Sanskritwort *trihakumba* oder *trihumba* (drei Hügel) ableitet.

Gründungslegende

Die Bedeutung der Shwedagon Paya rührt von seiner legendären Verbindung zu Siddhartha Gautama, dem historischen Buddha, her. Im Mittelpunkt der Legende steht der sagenhafte König Okkalapa, der Herrscher von Asitanjana. Aus seinem Reich im heutigen Norden Myanmars reisten die beiden Händler Tapussa und Bhallika mit dem Schiff nach Indien, wo sie auf wundersame Weise zum

Besuch der Shwedagon Paya

Die **Shwedagon-Pagode** auf dem 58 m hohen Singuttara-Hügel hat vier Eingänge. Alle vier Aufgänge führen zu einer 6 ha großen, von einer 15 m hohen Mauer umrahmten **Terrasse** *(piccaya)* hinauf, in der sich mittig der **Hauptstupa** erhebt. Mit ihren zahllosen Pavillons und Schreinen *(tazaung)* wirkt die Plattform auf den ersten Blick sehr verwirrend. Am besten geht man die einzelnen Sehenswürdigkeiten **im Uhrzeigersinn** ab, das entspricht auch der traditionellen Umrundungsrichtung eines Stupa. Die Anlage darf **nur barfuß** betreten werden. Die Schuhe sollte man auf dem Rundgang am besten mitnehmen, um sich flexibel für einen Ausgang entscheiden sein zu können.

Die meisten ausländischen Besucher wählen den **Aufzug** (dort befindet sich auch der zentrale Ticketschalter) seitlich des fotogenen **Südaufgangs**, der von zwei stattlichen Wächterlöwen, *chinthe*, flankiert wird und das nördliche Ende der Shwedagon Pagoda Road markiert.

Der mit einer Rolltreppe versehene **Westaufgang** liegt in der U Wisara Road am Rand des weitläufigen People's Park, einer schönen Grünanlage.

Über die Ar Zar Ni Street mit dem Märtyrer-Mausoleum gelangt man zum relativ wenig frequentierten **Nordaufgang**.

Unter Einheimischen populär ist der **Ostaufgang**, weil sich ihm zu Füßen der lebendige **Bahan Market** ausbreitet. Hier offerieren viele Geschäfte und Werkstätten Devotionalien in allen Formen und Größen – von kleinen Papierschirmen bis zu großen marmornen Buddhafiguren ist alles zu haben. Die Ticketschalter befinden sich jeweils am oberen Ende der vier Aufgänge.

meditierenden Buddha nach Bodhgaya gelenkt wurden. Dort übernahmen sie als erste Gläubige die Lehre des Erleuchteten, der ihnen daraufhin acht seiner Haare übergab. Nach ihrer abenteuerlichen Rückreise überreichten Tapussa und Bhallika die Haarreliqui-

Yangon

en an Okkalapa. Der fromme König vereinte sie mit jenen der drei Vorgängerbuddhas, die man bereits auf dem Hügel entdeckt hatte und ließ über ihnen einen Stupa errichten. Am Vollmondtag im Tabaung (Febr./März), einem Mittwoch, soll die Pagode feierlich eingeweiht worden sein.

Diese Legende greift nahezu identisch Erzählungen aus dem »Mahavagga« und dem »Nidanakatha« (Kapitel »Santike Nidana«) auf, zwei zum buddhistischen Palikanon gehörenden Schriften, in denen von den beiden Händlern Tapussa und Bhallika die Rede ist. Eine Verbindung zwischen »Mahavagga« bzw. »Nidanakatha« und Shwedagon ist ab dem 15. Jh. nachweisbar, weil die Inschriften des Mon-Königs Dhammazedi (reg. 1472–92) auf dem Gelände der Shwedagon Paya über die Entstehung der Pagode berichten.

Geschichte

Wann der erste Stupa errichtet wurde, lässt sich nicht mehr rekonstruieren. Auch hier bringt erst die dreisprachige Dhammazedi-Inschrift etwas Licht ins Dunkel. Sie listet unter anderem Renovierungs- und Erweiterungsmaßnahmen auf, die von diversen Mon-Herrschern finanziert wurden. Der in Bago residierende Begründer der Hanthawaddy-Dynastie beispielsweise, Byinnya U (reg. 1353–85), ließ den verfallenen Stupa auf 18,5 m erhöhen. Von Königin Shinsawbu (reg. 1453–72) und deren Schwiegersohn und Nachfolger Dhammazedi, dem Initiator der Inschrift, wird berichtet, dass beide am Fuß des Stupas residierten und diesem eine Glocke sowie eine Plattform samt Schutzmauer stifteten.

Die heutige Gestalt der Shwedagon geht auf den Konbaung-König Hsinbyushin (reg. 1763–76) zurück. Nach dem Erdbeben von 1768 ließ er den *zedi* auf 99 m erhöhen und zum Vergolden Edelmetall aus dem von ihm zerstörten Ayutthaya verwenden.

Im Laufe der Zeit wurde die Anlage immer wieder von Plünderern heimgesucht. So entwendete der portugiesische Abenteurer Filipe de Brito e Nicote 1608 die unter König Dhammazedi gegossene Glocke. Beim Versuch, sie über den Fluss nach Syriam zu transportieren, versank sie jedoch. Das Gleiche passierte 1825 den Briten mit der 26,4 t schweren Mahagandha-Glocke. Als die Kolonialherren nach vergeblichen Bergungsversuchen aufgaben, erlaubten sie den Einheimischen die Glocke zu heben und an ihren ursprünglichen Platz zurückzubringen.

Doch auch die Natur forderte wiederholt ihren Tribut. Dem großen Erdbeben von 1888, dem der obere Teil des Stupa zum Opfer fiel, folgten 1919 und 1930 zwei kleinere Erschütterungen. Schlimmer wurde die Shwedagon Paya 1931 durch einen Brand getroffen. Das Feuer brach am frisch renovierten westlichen Treppenaufgang aus und breitete sich schnell über den nördlichen und östlichen Teil des Komplexes aus. Nach dem bislang letzten Erdbeben 1970 begann man mit dem Ausbau der Anlage und in den 1990er-Jahren wurde sie grundlegend renoviert. Wie einst die Monarchen scheuten die Militärs keine Kosten, um das Heiligtum – auf dem finanziellen Rücken des Volkes – prächtiger als jemals zuvor erstrahlen zu lassen.

Der Hauptstupa

Das Zentrum der auf einer marmornen Plattform ruhenden Anlage bildet der insgesamt 99 m emporragende, massive, sich allmählich nach oben verjüngende **Hauptstupa (1).** Ihn können Besucher ebenso wie die Laiengläubigen nur auf der Plattform unterhalb der eigentlichen Basis umrunden.

Auf **drei quadratische Terrassen** folgen **achteckige Terrassen** – ab hier ist der Stupa komplett mit Gold überzogen – deren vier Kardinalseiten gerade und die übrigen vier Seiten gezackt sind, wodurch diese Basis sehr dynamisch wirkt. Die achteckige Form der Terrassen leitet vom Quadrat des Sockels über zur sogenannten **Rundbandzone.**

Dieser Bänderzone sitzt der 15 m hohe, **glockenförmige Hauptkorpus** auf, den an seinem oberen Rand ringsum 16 Blattornamente schmücken. Nach oben sich

Shwedagon Paya

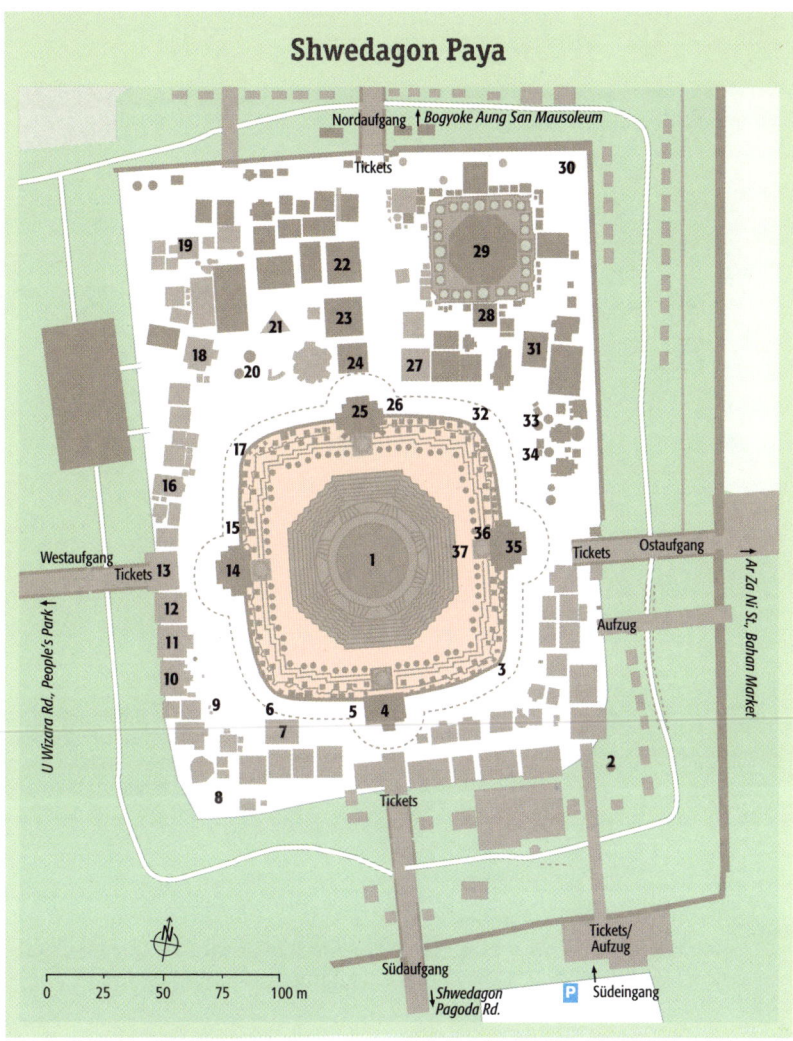

verjüngende **Ringe,** die den Hauptkorpus elegant abrunden, werden dann von vertikal ausgerichteten **Ornamenten in Lotosblütenform** abgelöst. Diese münden in die sogenannte **Bananenknospe.**

Über der Knospe erhebt sich der 13 m hohe und 5 t schwere, mit 4016 goldenen Glöckchen und 83 850 Edelsteinen verzierte **Schirm** *(hti).* Ein **Kegel** leitet zur ebenfalls mit zahlreichen Edelsteinen geschmückten **Wetterfahne** über. Den krönenden Abschluss bildet eine 76-karätige **Diamantkugel.**

Rundgang

Mit unzähligen Pavillons und Schreinen und den vier Ein- bzw. Ausgängen wirkt die Anlage auf den ersten Blick sehr verwirrend. Wir

Yangon

Auch das Fegen der Shwedagon-Plattform ist ein Weg, sein eigenes Karma aufzubessern

beginnen den Rundgang beim **Aufzug** östlich des **Südaufgangs.**

Südseite

Ein kurze Brücke führt von hier zu einem Ableger des **Bodhi-Baums (2)** aus Bodhgaya, unter dem Gautama Buddha in Indien Erleuchtung erlangt haben soll. Wenige Schritte sind es bis zur Südostecke des Hauptstupas und der **Mars-Andachtsstelle (3)** mit Buddha, nat und Löwen, die den Dienstagsgeborenen gewidmet ist.

Gegenüber dem Südaufgang birgt der **Konagamana Tazaung (4)** u. a. eine Statue des zweiten der vier letzten Buddhas auf Erden, Kanakamuni (Pali: Konagamana). Flankiert wird der *tazaung* von einer **Merkur-Andachtsstelle (5)** für all jene, die in der ersten Hälfte des Mittwochs geboren wurden. Während dieser Schrein von Buddha, einem *nat* und einem Elefanten mit Stoßzähnen geschmückt wird, ziert die südwestlich davon gelegene, mit dem Samstag verbundene **Saturn-Andachtsstelle (6)** ein *naga*. Versetzt davor befindet sich die **Halle der Chinesischen Gemeinde (7)** mit einem Buddha aus Jade. In der Südwestecke verbirgt sich hinter diversen Schreinen das **Studenten-Denkmal (8)** in Erinnerung an jene elf Anführer, die am 5. Dezember 1920 zum

ersten Universitätsstreik in der Geschichte Myanmars aufriefen.

Westseite

Am verglasten **Nat Schrein (9)** ist die **Westseite** erreicht. Der Schrein birgt Statuen der beiden Schutzgeister der Shwedagon Paya (Mitte), Thagyamin (links) und Bobogyi (rechts). Zu den schönsten Hallen zählt der benachbarte **Rakhine Tazaung (10)** mit seinem eleganten Staffeldach und den filigranen Schnitzereien zwischen den Säulen, welche zwei der Geburtsgeschichten Buddhas sowie eine Szene mit Königin Shinsawbu und ihrem Nachfolger König Dhammazedi darstellen. In der benachbarten nach ihrer Stifterin benannten **Daw-Pwint-Halle (11)** befindet sich ein liegender Buddha, der von seinen engsten Schülern – Ananda, Maudgalyayana (Pali: Mogallana) und Shariputtra (Pali: Sariputta) – umgeben ist. Es folgt der 1914 gestiftete **Tazaung der Chinesischen Händler (12)** mit einem eindrucksvollen Staffeldach. Den Abschluss des Westaufgangs markiert der **Two Pice Tazaung (13),** welcher nach dem Brand 1931 durch Spenden – *pice* war der Name einer indischen Münze zur Kolonialzeit – von Händlern des Surati Bara Bazaar (heute Thein Gyi Zei; s. S. 138) wiedererrichtet werden konnte.

Yangon

Der **Kassapa Tazaung (14)** gegenüber ist Kashyapa (Pali: Kassapa), dem dritten der vier letzten Buddhas gewidmet und wird von einer **Jupiter-Andachtsstelle (15)** mit Ratte für die am Donnerstag Geborenen flankiert. Ein 2013 errichteter Schrein nördlich des Westaufgangs birgt die Kopie einer aus China stammenden **Zahnreliquie des Buddha (16).**

An der Nordwestecke des Hauptstupa befindet sich die **Rahu-Andachtsstelle (17),** benannt nach jenem imaginären Planeten, der die Eklipsen von Sonne und Mond hervorrufen soll. Ihm zugeordnet sind der Elefant ohne Stoßzähne und die zweite Mittwochshälfte. Nordwestlich hiervon birgt eine Halle, die 26,4 t schwere **Mahagandha-Glocke (18)** von 1779, auch bekannt als Singu-Min-Glocke – nach ihrem Stifter, König Singu der Konbaung-Dynastie (reg. 1776–82). Seit sie von Gläubigen 1826 aus dem Fluss geborgen wurde, genießt sie besondere Verehrung (s. S. 144). Der unscheinbare Schrein nordwestlich dieser Halle birgt den hochverehrten **Shinsawbu-Buddha (19),** der von der gleichnamigen Königin gestiftet worden sein soll.

Nordseite

Hier erhebt sich die **Pagode der Acht Wochentage (20)** mit acht kleinen Buddhanischen. Ein freier Platz mit sternförmiger Markierung wird als **Wunscherfüllungsstelle (21)** von vielen Gläubigen frequentiert.

Unter den unzähligen Pavillons im Bereich des **Nordaufgangs** ist der aus den 1920er-Jahren stammende **Tazaung mit dem Fußabdruck Buddhas (22)** interessant, dessen Eingang zwei indische Wächter aus Eisen flankieren. Nebenan lagern mehr als 6000 Bücher und Schriften in der **Bibliothek der Zediyingana-Gesellschaft (23),** einer von sieben Vereinigungen, die für den Erhalt der Shwedagon verantwortlich sind. Zwischen der Bibliothek und dem Hauptstupa steht der 1879 errichtete, grün glasierte **Sandawdwin Tazaung (24)** über einer legendären Quelle, in der die acht Haare Buddhas gewaschen worden sein sollen, bevor man sie im Stupa einschloss. An der Nordseite des Hauptstupas erinnert der **Gautama Tazaung (25)** an den letzten der vier Buddhas auf Erden: Siddhartha Gautama (Pali: Siddhattha Gotama), den historischen Buddha Shakyamuni. Neben ihm liegt die **Venus-Andachtsstelle (26)** mit Meerschweinchen für die an einem Freitag Geborenen. Architektonisch aus dem Rahmen fällt der als einziger auf der Plattform nach indischem Vorbild errichtete **Mahabodhi-Tempel (27),** den die bekannte birmanische Schriftstellerin Dagon Khin Khin Lay (1904–81) stiftete.

Der **Shin Itzagona Tazaung (28)** ist nach einem Mönch benannt, der in der frühen Bagan-Periode (10./11. Jh.) Alchemie praktizierte, um damit den Stein der Weisen zu finden. Nach zahlreichen erfolglosen Experimenten, die das Land in Armut stürzten, stach er sich selbst die Augen aus. Kurz darauf soll sich der letzte Versuch des Mönchs als erfolgreich erwiesen haben. Daraufhin schickte der Meister seinen Schüler auf den Markt, damit ihm dieser als Ersatz entweder das Augenpaar einer Ziege oder eines Stiers brächte. Der Junge aber kam mit einem Ziegen- und einem Stierauge zurück, denen der Mönch seinen späteren Namen Shin Itzagona (Meister Ziege-Stier) verdankt. Mit dem magischen Stein im Besitz soll das Bagan-Reich aufgeblüht sein, weshalb die Gläubigen vor allem hierherkommen, um Reichtum zu erbitten.

Direkt dahinter erhebt sich der 46 m hohe **Naungdawgyi Zedi (29)** genau an der Stelle, wo die acht Haare Buddhas bis zur Fertigstellung des Hauptstupas provisorisch aufbewahrt worden sein sollen. In der Nordostecke der Plattform befinden sich der neuere **Pavillon der Dhammazedi-Inschriften (30)** aus dem 15. Jh. Die Inschriften erzählen in den drei Sprachen Myanma, Pali und Mon die Geschichte der Shwedagon. Auf dem Weg zurück zum Hauptstupa passiert man die 1841 von König Tharawaddy in Auftrag gegebene **Maha-Tissada-Glocke (31),** mit über 43 t Gewicht und 2,30 m Durchmesser die größte auf der Plattform.

Die Nordostecke des Stupas markiert die **Sonnen-Andachtsstelle (32)** mit dem mythischen Vogel Galon (Garuda), die den Sonntagskindern gewidmet ist. Ganz in der

Nähe findet man die Reste zweier *hti:* den **Schirm von König Hsinbyushin (33)** aus dem Jahr 1774 sowie den bronzenen **Ehrenschirm von König Mindon (34)** aus dem Jahr 1871. Letzterer wurde 1999 durch ein neues Exemplar ersetzt.

Gegenüber dem **Ostaufgang** steht der Tempel zu Ehren des ersten der vier letzten Buddhas, der **Kakusandha Tazaung (35).** Ihm zur Seite steht die **Mond-Andachtsstelle (36)** mit Buddha und Tiger für die Montagskinder. Eine nur für tiefgläubige buddhistische Männer mit Sondererlaubnis zugängliche Plattform birgt in einer Nische den **Tawa-Gu-Buddha (37)** (Buddha mit den Rubinaugen). Er ist vor dem verschlossenen Zugang zu einem 30 m langen Stollen platziert, den Ingenieure unter dem britischen Leutnant Fraser 1852 bohrten, um nach Schätzen im Zentralstupa zu suchen. Nach Protesten wurde die Operation abgebrochen.

Nördlich und südwestlich der Shwedagon

Cityplan: S. 139

Martyr's Mausoleum 34

Ar Zar Ni St., geöffnet nur am 19. Juli
Nördlich der Shwedagon steht auf einer kleinen Erhebung das **Märtyrermausoleum.** Von dem Architekten U Sun Oo mit sozialistischem Charme versehen, erinnert es an den Vater der Unabhängigkeit, Aung San (s. Thema S. 152), der mit acht seiner Mitstreiter am 19. Juli 1947 im Ministers' Office (s. S. 132) einem Attentat zum Opfer fiel.

National Museum 35

66/74 Pyay Rd., Ecke Pyidaungzu Yeik Thar Rd., Di–So 10–16, letzter Einlass 15.30 Uhr, 5000 Kyat
Von außen ein hässlicher Klotz und museumspädagogisch ein Trauerspiel, lohnt sich dennoch ein Besuch im 1996 eröffneten **Nationalmuseum.** Auf fünf Etagen verteilen sich Räume mit teils interessanten Exponaten.

Erdgeschoss: Ein eigener **Raum mit dem Löwenthron** in der Mitte ist das Herzstück des Museums. Als prächtigsten der acht Throne im Palast von Mandalay verschifften ihn die Briten 1902 ins Indische Museum nach Kolkata, wodurch er Kriegszerstörungen entging. Anlässlich der Unabhängigkeit des Landes 1948 erhielt ihn die neue Regierung zurück. Der vor über 180 Jahren aus Yamaneholz geschnitzte und vollständig vergoldete Löwenthron wurde für die dreimal jährlich stattfindenden Ehrenerweise *(kathaw)* der Minister, Generäle und anderer hochstehender Persönlichkeiten genutzt und war in eine hölzerne Trennwand zwischen Ankleideraum und Audienzhalle integriert. Durch eine verzierte Tür konnte er betreten werden. Seinen Namen verdankt der Thron den kleinen Löwenfiguren, die seine Nischen schmücken. Die anderen **sieben Throne** finden sich nur als Miniaturmodelle im selben Ausstellungsraum. Ein **größerer Raum** präsentiert **weitere Objekte aus dem Palast von Mandalay,** darunter die Gewänder des letzten Königspaars, Thibaw und Supayalat, ihre asketisch anmutenden Betten, silberne Behälter sowie Sänften. Sehr schön aufbereitet ist der **Epigrafische Saal,** der sich mit der Entwicklung der Schrift in Myanmar befasst.

Erster Stock: In einem großen **Saal** wird die **Geschichte Myanmars** chronologisch dargestellt. Sehenswert sind die Funde aus der Pyu-Periode, wie Miniaturstupas aus Sri Ksetra und ein beschrifteter Steinbehälter. In einem **weiteren Saal** sind hinter Gittern diverse **königliche Regalia** ausgestellt.

Zweiter und dritter Stock: Mehrere Räume thematisieren anhand von neueren Exponaten die **Musik, Kunst** und **Kultur** des Landes. Zudem präsentiert eine **Kunstgalerie** eine Gemäldesammlung mit Werken diverser Künstler aus dem 19. und 20. Jh.

Vierter Stock: Hier finden sich **Buddhadarstellungen** in Bild- und Reliefform sowie als Skulptur aus den verschiedensten Perio-

Yangon

den. Ein Raum widmet sich anhand von lebensgroßen Figuren den **Trachten** der unterschiedlichen Volksgruppen Myanmars.

Kandawgyi Lake und Umgebung

Cityplan: S. 139

Östlich der Shwedagon-Pagode fungiert der von den Briten Royal Lake (Königlicher See) genannte **Kandawgyi-See** mit den ihn umgebenden tropischen Parkanlagen als grüne Lunge der Stadt.

Bogyoke Aung San Park 36

Natmauk Rd., tgl. 6–21 Uhr, 2000 Kyat inkl. Karaweik Nature Park

Auf der Nordseite des 61 ha großen Kandawgyi-Sees lässt es sich in diesem **Park** unter den Wipfeln knorriger Baumriesen gut entspannen. Eine **Aung-San-Statue** erinnert hier an den für die Grünanlage namensgebenden Freiheitshelden. Kinderspielplätze und Picknickstellen am See machen diesen Park besonders für Familien attraktiv.

Karaweik Nature Park 37

Kan Yeik Thar Rd., tgl. 6–21 Uhr, 300 Kyat plus Fotogebühr oder Kombiticket mit Bogyoke Aung San Park 2000 Kyat

An der Ostseite des Kandawgyi-Sees erstreckt sich der **Karaweik-Naturpark**, benannt nach dem **Karaweik Palace,** einem Restaurant, das 1972 in Form einer königlichen Barke erbaut wurde. Der Doppelbug des markanten Bauwerks, das direkt am Seeufer ›vertäut‹ liegt, ist einem mythischen Vogel, dem Karaweik (Pali: Karavika), nachempfunden, der für seinen melodischen Ruf bekannt ist. Von hier bietet sich der wohl fotogenste Blick in Yangon: auf die sich im See spiegelnde Shwedagon Paya. Im Park verteilen sich diverse Cafés, ein Aquarium sowie eine Freilichtbühne, wo regelmäßig Aufführungen stattfinden.

Yangon Zoological Garden 38

Kan Yeik Thar Rd., tgl. 8–18, letzter Einlass 16.30 Uhr, 3000 Kyat

Myanmars Tierwelt kann – mäßig artgerecht gehalten – im **Zoologischen Garten** bestaunt werden. 1906 gegründet, erstreckt sich die 23,5 ha große Anlage zwischen dem Kandawgyi Lake im Norden und der Bo Min Khaung Street im Süden. Sehenswert ist insbesondere das **Edward VII Carnivora House** von 1915, das ein weißer Tiger bewohnt.

Zu den rund **70 Säugetierarten,** die im Zoo zu sehen sind, gehören Tapire, Elefanten, Rote Pandas, diverse Affenspezies etc. Sehr schön ist der **Baumbestand** mit über 200 Arten. Der Zoo eignet sich prima, um die tierbegeisterten Einheimischen zu beobachten, die sich vor allem für die **Schlangen- und Elefantenvorführungen** interessieren.

Das frei zugängliche **Natural History Museum** im Südteil des Zoos zeigt eine informative Mineralien- und Tropenholzsammlung.

Bogyoke Aung San Museum 39

15 Bogyoke Museum Lane, Natmauk Rd., Di–So 9.30–16.30 Uhr, 300 Kyat

Das frühere **Wohnhaus des Freiheitshelden Aung San** wurde in ein **Museum** umgewidmet. Es befindet sich in einer schmalen Straße, die nördlich des Kandawgyi Lake von der Natmauk Road abzweigt und an der Deutschen Botschaft vorbeiführt. Im etwas staubigen Ambiente einer schmucken Kolonialvilla erinnern Bilder, Möbel und weitere Gegenstände an Aung San und seine fünfköpfige Familie. Zu sehen ist auch das Kinderbettchen seiner 1945 geborenen Tochter und Friedensnobelpreisträgerin Aung San Suu Kyi. In dem kleinen Gartenteich ertrank 1953 im Alter von acht Jahren Aung Sans zweitältester Sohn, Aung San Lin. Nach dessen Tod zog Aung Sans Witwe, Daw Khin Kyi, mit ihren beiden anderen Kindern in die **University Avenue 54,** wo Aung San Suu Kyi noch heute lebt.

Ngahtatgyi Paya und Chaukhtatgyi Paya

Noch etwas weiter nördlich beeindrucken beidseits der belebten Shwegondaing Road zwei überdimensionale Darstellungen des Erleuchteten. Sie gehören zu ausgedehnten Klosteranlagen, massive Eisenkonstruktionen schützen sie vor Beschädigungen.

Auf dem Gelände des **Ashay Tawya Kyaung** (Shwegondaing Rd., tgl. 6–20 Uhr, Eintritt frei) findet sich der **Ngahtatgyi** 40, eine knapp 14 m hohe, sitzende Figur eines gekrönten Gautama Buddha aus dem Jahr 1900. Der Name Ngahtatgyi bedeutet so viel wie Großer Fünfstöckiger Buddha.

Zu dem **Kloster** (tgl. 6–20 Uhr, Eintritt frei) schräg gegenüber, in dem mehr als 500 Mönche leben, gehört der **Chaukhtatgyi** 41, der Große Sechsstöckige Buddha. Die liegende Figur wurde 1907 geschaffen und 1973 auf knapp 66 m verlängert. An ihren Fußsohlen symbolisieren die 108 Merkmale eines Erleuchteten die Drei Welten, in die das Universum dem Buddhismus zufolge aufgeteilt ist: die feinstoffliche Welt, die Welt des reinen Bewusstseins und die sinnliche Welt.

Golden Valley

Nur ein paar Hundert Meter nördlich der Shwedagon Paya beginnt mit dem heutigen **Shwetaung Gyar** eine der besten Wohngegenden Yangons. Das hügelige Wohnviertel mit seinen zahlreichen Villen und Wissenschaftsinstituten reicht bis an das Südufer des **Inya Lake** heran. Wer von der Shwedagon oder aus Downtown zum See fährt, kann auf dem Weg zum Inya Lake hier einen Stopp am U Thant House einlegen.

U Thant House 42

31 Pan War (auch: Wah) Lane, Zufahrt hinter der Sakura Residence in der Inya Rd., Fr–So 10–17 Uhr, Eintritt frei, Spende erwünscht
Seit 2014 ein Museum lohnt das einstige **Wohnhaus von U Thant** einen Besuch.

SUNDOWNER

Das **Kandawgyi Palace Hotel** 7 an der Südseite des gleichnamigen Sees ist der perfekte Ort, um einen anstrengenden Besichtigungstag zu beschließen. Auf der Terrasse seines **Thiri Café** kann man mit Blick auf die Shwedagon speisen oder auch nur einen Drink zu sich nehmen.
Thiri Café & Terrace 7 : im Kandawgyi Palace Hotel (s. S. 158), tgl. 6–22 Uhr, Gerichte ab 5 US-$, Getränke ab 3 US-$.

In den Jahren 1951–57 lebte der spätere UN-Generalsekretär in seiner Funktion als Sekretär von Premier U Nu in dieser schmucken Kolonialvilla. Das Gebäude von 1921 war Teil des **Windermere Park,** in dem die Briten Villen für hochrangige Staatsbedienstete erbaut hatten. Nach der Unabhängigkeit residierten hier birmanische Regierungsangehörige, so auch Premier U Nu selbst.

Von Interesse sind vor allem die Bilder aus U Thants Zeit als UN-Generalsekretär (1961–71) – unvergessen bleibt U Thants Vermittlerrolle während der Kubakrise. Doch als nach seinem Tod (25.11.1974) sein Leichnam von New York nach Yangon überführt wurde, verweigerte General Ne Win ihm ein Staatsbegräbnis. Er wollte, dass U Thant sang- und klanglos auf einem ›normalen‹ Friedhof beigesetzt würde. Das führte zu massiven Protesten seitens der Bevölkerung, bis hin zur ›Entführung‹ des Leichnams durch Studenten. Die Unruhen (U-Thant-Krise) wurden gewaltsam niedergeschlagen, U Thant aber letztlich im Kandawin Garden (s. S. 142), wo auch Königin Supayalat und Thakin Ko Taw Hmaing ruhen, beigesetzt.

Aung San – der Übervater

»Wenn wir wollen, dass sich das ganze Land entwickelt, müssen wir uns gemeinsam intensiv bemühen, mit all unseren Menschen, unserem Geld und Material ... Nur wenn wir zusammen arbeiten, werden wir profitieren.« (Aung San auf der Panglong-Konferenz im Jahr 1947)

Sein Leben war kurz und intensiv. Bemerkenswert, wie der Freiheitsheld sein Land durch die Wirren des Krieges in die Unabhängigkeit führte. Auch sieben Jahrzehnte nach Aung Sans gewaltsamem Tod bleiben seine Visionen von einer demokratischen Union unerfüllt. Doch sein Vorbild wirkt fort und inspiriert Generationen von Birmanen.

»Unser Vater«, so betitelte der Musiker Lay Phyu 2004 seinen Song über die Missstände im Land. Gemeint war Aung San, jener Held, der den Unabhängigkeitskampf energisch vorangetrieben hatte und als unbestrittener Architekt des neuen Myanmar gilt. Die Militärregierung wollte die Kritik nicht hören und belegte den populären Rocksänger mit einem Auftrittsverbot. Heute zählt der Song zu den Klassikern der Rockmusik.

Geboren am 13. Februar 1915 in Natmauk in Ober-Myanmar, war dem »Sprössling einer wohlhabenden Landadelsfamilie und einer angesehenen Ahnenreihe von Patrioten«, wie sich Aung San selbst beschrieb, der Nationalismus schon in die Wiege gelegt. Sein Vater U Pha arbeitete als Rechtsanwalt und sein Großvater Bo Min Yaung war im antikolonialen Widerstand engagiert. Nach dem Abitur in Yenangyaung schrieb sich der 18-Jährige an der Yangoner Universität ein und studierte Politikwissenschaften, Anglistik und Neue Geschichte. Schon bald war er einer der führenden Köpfe der Rangoon University Students' Union (RUSU) und schrieb regelmäßig kritische Artikel. Wegen seiner politischen Aktionen zweimal fast von der Universität geflogen, verließ er im Oktober 1938 die Hochschule und schloss sich der nationalistischen Bewegung Dobama Asiayone (Wir Birmanen) an. Aus Htein Lin, wie ihn seine Eltern nach seiner Geburt nannten, wurde Thakin (Herr) Aung San.

Bald nach seinem Eintritt in die Vereinigung Wir Birmanen wurde er zu deren Generalsekretär gewählt. Mit der von Dr. Ba Maw angeführten Partei Hsin Ye Tha (Arme Leute) und anderen Gruppierungen formierte er den Freedom Bloc und war 1939 sogar an der Gründung der Kommunistischen Partei beteiligt. Nach einem kurzzeitigen, seinen politischen Aktivitäten geschuldeten Gefängnisaufenthalt entschloss sich Aung San im März 1940 in den Untergrund zu gehen, um einer weiteren Verhaftung vorzubeugen. Dies sollte seinem Leben eine neue Wendung geben.

Er reiste zunächst ins japanisch besetzte Amoy (heute: Xiamen) im Südosten Chinas und von dort auf die kleine vorgelagerte Insel Gulangyu, zur damaligen Zeit Amoys ausländische Konzession mit Konsulaten von 13 Ländern. Somit war das Eiland perfekt geeignet, um hier für die Unterstützung seines Freiheitskampfs zu werben. Aung Sans Bemühungen hatten Erfolg. Die kaiserliche Regierung lud ihn nach Tokio ein und versprach Hilfe. Nach einem kurzen Aufenthalt in Myanmar kehrte er in Begleitung von Mitstreitern nach Japan zurück, wo sie ein Militärtraining absolvierten. Mittlerweile trug Aung San den Guerillanamen Bo Teza, seine Gruppe, die Dreißig Kameraden, sollte in die Geschichte eingehen.

Fotoplakate des am 19.7.1947 erschossenen birmanischen Freiheitshelden Aung San rahmen das Bild seiner Tochter, der Friedensnobelpreisträgerin Aung San Suu Kyi

Ende Dezember 1941 gründete Aung San in Bangkok die Burma Independence Army (BIA), die kurze Zeit später zusammen mit japanischen Truppen in Myanmar einmarschierte. Am 7. März 1942 war Rangoon eingenommen, Ende Mai das ganze Land. Am 1. August 1943 erklärte Japan die Unabhängigkeit des Landes mit Dr. Ba Maw als Premier und Aung San als Kriegsminister und Oberbefehlshaber der Burma National Army (BNA). Doch die Unabhängigkeit stand nur auf dem Papier. »Von Anfang an haben die Japaner alle Versprechen gebrochen«, beklagte Aung San und kritisierte deren Militarismus und das brutale Vorgehen gegen die Bevölkerung.

Schon bald nahm die BNA Kontakt mit der in Indien stationierten britischen Spezialeinheit Force 136 auf, welche die Rückeroberung Myanmars forcierte und dazu einheimische Kräfte benötigte. Unter der Befehlsführung des im sri-lankischen Kandy stationierten South East Asia Command (SEAC) begann im Dezember 1944 eine großangelegte Invasion durch alliierte Truppen. Bereits im August hatte Aung San zusammen mit sozialistischen und kommunistischen Gruppierungen die Anti-Fascist Organisation (AFO) gegründet. Am 27. März 1945 rief Aung San zum offenen Widerstand gegen Japan auf und schloss sich den ihm anfänglich skeptisch gegenüberstehenden Alliierten an. Als der britische Feldmarschall William Slim ihm erstmals begegnete, beschrieb er Aung San als ehrlichen Patrioten und ausgewogenen Realisten.

Aus der AFO ging nach dem Krieg die Anti-Fascist People's Freedom League (AFPFL) hervor, deren unbestrittener Anführer Aung San war. Mit dem britischen Premier Attlee vereinbarte er am 27. Januar 1947 die Unabhängigkeit und mit den Anführern diverser Minderheiten im Februar in Panglong eine Union. Dass Aung San zunehmend Gegner hatte, zeigte sich spätestens am 19. Juli 1947. Bei einem Treffen im Ministers' Office fielen er und acht weitere Mitglieder des Exekutivkomitees einem Tötungskommando seines Gegenspielers U Saw zum Opfer.

Inya Lake und Umgebung

Cityplan: S. 139

Am Inya Lake

s. auch Tipp S. 160

Etwa 7 km nördlich der Shwedagon-Pagode liegt der **Inya-See,** Yangons größtes Gewässer. Der See erstreckt sich über fast 3 km in Nord-Süd- und 2 km in West-Ost-Richtung zwischen den Hauptverkehrsadern Parami Road, University Avenue, Pyay Road und Kaba Aye Pagoda Road. Von den Briten zwischen 1882 und 1883 als Wasserreservoir angelegt und zunächst der Queen zu Ehren Victoria Lake genannt, ist das Gewässer nicht mehr aus Yangons Stadtbild wegzudenken.

An seinen Ufern liegen die **Residenzen** wohlhabender und/oder hochgestellter Persönlichkeiten: Im Süden des Sees lebt **Aung San Suu Kyi** in der Villa ihrer Familie (University Ave. 54), im Norden in der Ady Road nennt die Familie **General Ne Wins,** der dort bis zu seinem Tod 2002 ebenfalls wohnte, diverse Residenzen ihr Eigen.

Eher bodenständig geht es indes auf den Uferbefestigungen entlang der **Pyay Road** und der **Kaba Aye Pagoda Road** zu. Die dortigen **Spazierwege** werden von Jung und Alt gleichermaßen gern genutzt.

Auf dem Inya Lake segeln die Mitglieder des 1924 gegründeten **Yangon Sailing Club** [43] (132 Inya Rd., Tel. 01 53 52 98, www.yangonsailing.com, für Mitglieder tgl. 9–20 Uhr) um die Wette. Der Verein ist ein perfekter Ort für einen Sundowner, den hier auch Nichtmitglieder am Freitag zur Happy Hour (17–22 Uhr) genießen können.

Kaba Aye Paya [44]

Kaba Aye Pagoda Rd., tgl. 6–20 Uhr, Eintritt frei

In einem weitläufigen Gelände liegt an der nach ihr benannten Straße die **Weltfriedenspagode**. Sie entstand auf Initiative des ersten Premierministers Myanmars, U Nu (1907–95), und wurde 1952 eingeweiht. Höhe und Durchmesser des innen hohlen Stupas betragen je 34 m. Die fünf Eingänge sind Symbole für die vier Buddhas des jetzigen Zeitalters und des zukünftigen Buddha Maitreya (Pali: Metteya). Im Inneren des Stupas flankieren Reliquienbehälter eine Buddhafigur, für deren Guss 500 kg Silber verwendet wurden. Die Behältnisse bergen Reliquien der beiden engsten Schüler Buddhas, Sariputta (Sanskrit: Shariputtra) und Moggalana (Sanskrit: Maudgalyayana). Die Reliquien waren 1851 im indischen Sanchi vom englischen General Cunningham freigelegt und nach langen Jahren im Britischen Museum zur Einweihung der Pagode an U Nu übergeben worden.

Nördlich des Stupas ließ Premier U Nu auf dem Areal der Kaba Aye Paya die künstliche Grotte **Maha Passana Guha** als Tagungsort für die Sechste Buddhistische Synode erbauen. Vorbild war die Sattapanni-Grotte (Sanskrit: Saptapani) nahe der heutigen Stadt Rajgir (früher Sanskrit: Rajagriha, Pali: Rajagaha), in der kurz nach Buddhas Tod die erste Mönchssynode abgehalten wurde. Freiwillige verbauten innerhalb von 14 Monaten über 12 000 t Zement für die 139 m x 113 m große Grotte. Am 17. Mai 1954 schließlich wurde die Synode unter Teilnahme von 2500 Mönchen feierlich eröffnet. Erstmals nach über zwei Jahrtausenden trafen sich Gelehrte aus der gesamten buddhistischen Welt, um einen endgültigen Text des Palikanons festzulegen. Nach zwei Jahren wurde zum Vollmondfest am 25. Mai 1956 die Synode feierlich beendet. Heute dient die Grotte religiösen Versammlungen und Prüfungen der auf dem Gelände befindlichen buddhistischen Hochschule.

Der Norden Yangons

Cityplan: S. 157

Mae Lamu Paya [45]

Thu Dhamma Rd., North Okkalarpa, Circle Line bis Thadar Galay Station, tgl. 6–20 Uhr, Eintritt frei

Der Norden Yangons

Am Inya Lake liegen Gartenanlagen, auch von Hotels und Restaurants

Unweit des Kanals Nga Moe Yeik liegt die bei Gläubigen beliebte **Mae-Lamu-(auch: Mai-Lamu-)Pagode.** Benannt nach der Mutter des legendären Königs Okkalapa, wurde die weitläufige Anlage in den 1950er-Jahren nach der Wiederentdeckung des ursprünglichen Stupas neu errichtet. Auf dem Gelände finden sich zahlreiche Schreine mit lebensgroßen Darstellungen aus dem Leben des Erleuchteten, u. a. am Fuß des vergoldeten Stupas eine liegende Darstellung Buddhas – Gautama tritt ins Nirvana ein. Das gesamte Areal wirkt wie ein buddhistisches Bilderbuch in 3-D-Format.

Kyauktawgyi Paya 46

Min Dhamma Rd., tgl. 6–20 Uhr, Eintritt frei
Auf einem Hügel unweit der Pyay Road (10th Mile) erhebt sich die im Jahr 2000 eingeweihte **Pagode des Großen Königlichen Steines,** mit der sich die einstige Militärregierung ein Denkmal setzen wollte. Zentrales Element der Tempelanlage ist eine 606 t schwere, sitzende Buddhafigur, gefertigt aus einem einzigen Marmorblock. Sie ist mit 11 m größer als die von König Mindon gestiftete Statue aus der gleichnamigen Pagode in Mandalay (s. S. 299). In der Nähe fristen drei weiße Elefanten, die traditionellen Glückssymbole des Landes, ein eher tristes Dasein.

Infos
Myanmar Travels & Tours (MTT): 118 Maha Bandoola Garden St., bei der Sule Paya, Tel. 01 37 42 81, 01 37 12 86, 01 25 28 59, Tel.-Hotlines 067 40 64 58, 067 40 60 61, 067 40 64 66, www.myanmartourism.org, Mo–Fr 9–17 Uhr. Die staatliche Tourismusbehörde ist eine gute Anlaufstelle nicht nur für Informationen über Yangon, sondern über das ganze Land.

Reisen/Touren in Myanmar organisieren u. a. folgende in Yangon ansässige Agenturen: Diethelm Travel, 41 Merchant (Kondheji Rd., Ecke 45th St., Botataung, Tel. 01 861 04 58, 01 861 044 60, www.diethelmtravel.com. **Exo Travel,** 147 Shwegondaing Rd., Bahan, Tel. 01 860 49 33, 860 32 71; Niederlassung in Mandalay, s. S. 307; **Journeys,** 53 Nagayon Pagoda Lane, 8,5 Miles, off Pyay Rd., Mayangone, Yangon, Tel. 01 66 42 75, 01 66 01 04, www.journeysmyanmar.com. **Khiri Travel,** 5/9 Bogale Zei (Bogalay Zay) St.,

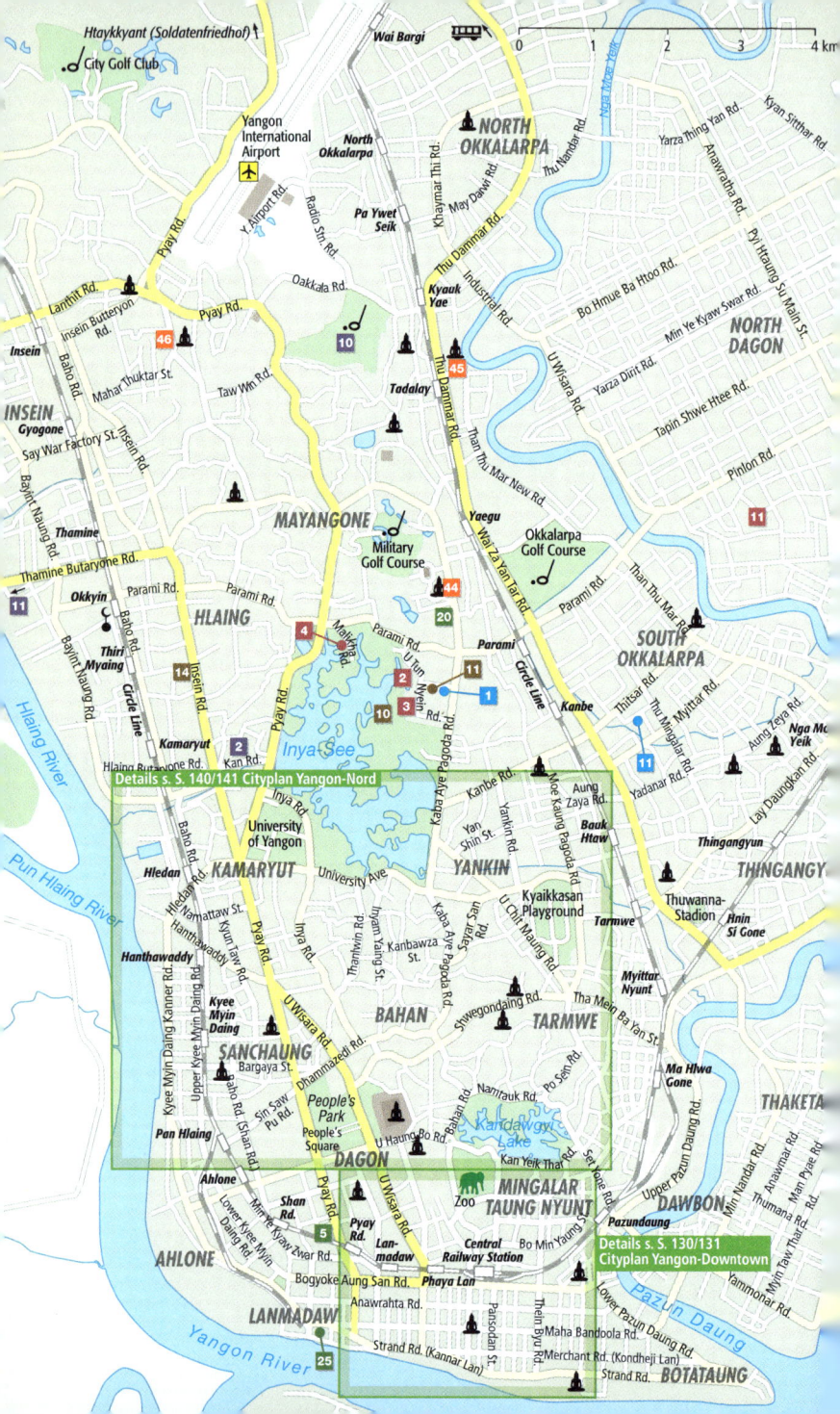

Yangon – Übersicht

Sehenswert
- **1** – **29** s. Cityplan S. 130
- **30** – **43** s. Cityplan S. 139
- **44** Kaba Aye Paya
- **45** Mae Lamu Paya
- **46** Kyauktawgyi Paya

Übernachten
- **1** s. Cityplan S. 139
- **2** – **3** s. Cityplan S. 130
- **4** – **8** s. Cityplan S. 139
- **9** s. Cityplan S. 130
- **10** Inya Lake Hotel
- **11** Kan Yeik Thar
- **12** – **13** s. Cityplan S. 130
- **14** Golden Guest Inn
- **15** – **16** s. Cityplan S. 130
- **17** s. Cityplan S. 139
- **18** – **19** s. Cityplan S. 130

Essen & Trinken
- **1** s. Cityplan S. 139
- **2** L'Alchimiste
- **3** L'Opera Yangon Italian Restaurant & Bar
- **4** Shwe Sa Bwe
- **5** – **10** s. Cityplan S. 139
- **11** Gekko
- **12** – **13** s. Cityplan S. 130
- **14** s. Cityplan S. 139
- **15** – **16** s. Cityplan S. 130
- **17** – **21** s. Cityplan S. 139
- **22** – **26** s. Cityplan S. 130

Einkaufen
- **1** – **2** s. Cityplan S. 139
- **3** s. Cityplan S. 130
- **4** s. Cityplan S. 139
- **5** Tar Win Center, Orange Supermarket
- **6** – **8** s. Cityplan S. 139
- **9** – **13** s. Cityplan S. 130
- **14** s. Cityplan S. 139
- **15** – **16** s. Cityplan S. 130
- **17** – **19** s. Cityplan S. 139
- **20** Gems Museum & Gems Mart
- **21** – **22** s. Cityplan S. 130
- **23** – **24** s. Cityplan S. 139
- **25** Transit Shed No. 1

Abends & Nachts
- **1** Escape Gastro Bar
- **2** s. Cityplan S. 139
- **3** – **7** s. Cityplan S. 130
- **8** s. Cityplan S. 139
- **9** – **10** s. Cityplan S. 130
- **11** Gitameit Music Center
- **12** – **13** s. Cityplan S. 139

Aktiv
- **1** s. Cityplan S. 130
- **2** Bike World Explores Myanmar
- **3** s. Cityplan S. 130
- **4** – **8** s. Cityplan S. 139
- **9** s. Cityplan S. 130
- **10** Yangon Golf Club
- **11** Pun Hlaing Golf Club

Botataung, Yangon, Tel. 01 37 55 77, www.khiri.com. **S. S. T. Tourism** S-6, 2. Stock, Nordflügel des Bogyoke Aung San Stadium, Zoological Garden Rd., City Mart, Mingalar Taungnyunt, Yangon, Tel. 01 25 55 36, 01 39 30 94, www.sstmyanmar.com. **Terraverde Travels,** 53 Damikawaddy St., Sanchaung, Yangon, Tel. 01 51 19 50, www.terraverdetravel.com.

Übernachten

Yangons Übernachtungspreise sind derzeit völlig überzogen. Aber es wird fleißig gebaut, sodass sich die Lage bald entspannen dürfte. Bis dahin darf man kein ausgeglichenes Preis-Leistungs-Verhältnis erwarten und muss auch beim Service Abstriche machen.

Koloniale Teakschönheit – **Belmond Governor's Residence 1 :** 35 Taw Win St., Dagon Tel. 01 22 98 60, www.belmond.com/governors-residence-yangon. Diese elegante Teakvilla im Botschaftsviertel begann ihre Karriere in den 1920er-Jahren als Yangoner Repräsentanz des Fürsten von Loikaw, Hauptstadt des Kayah State im Osten Myanmars. Heute kann jeder mit entsprechendem Budget eines der 48 dezent mit viel Holz ausgestatteten Zimmer beziehen. Auch Nicht-Gäste werden die feine Küche im Mandalay Restaurant oder den Sundowner in der gediegenen Atmosphäre der Mindon Lounge zu schätzen wissen. Tropengarten mit Pool. DZ/ÜF ab 488 US-$.

Legendärer Luxus – **The Strand Hotel 2 :** 92 Strand (Kannar) Rd., Kyauktada, Tel. 01 24 33 77, www.hotelthestrand.com, s. auch S. 134. 1901 von den Gebrüdern Sarkies eröffnet, wurde das Hotel 1993 völlig renoviert. Das heutige Ambiente der 31 geräumigen Suiten mit viel Teakdeko reflektiert die 1920er-Jahre, auch die Intimität von damals blieb bewahrt. Im Strand Grill lässt es sich abends vortrefflich dinieren, The Strand Café empfiehlt sich für den Afternoon Tea

Yangon

(tgl. 14.30–17 Uhr) und The Strand Bar für leckere Cocktails. Suiten/F ab 460 US-$.

Top-Geschäftshotel – **Sule Shangri-La** 3 : 223 Sule Pagoda Rd., Dagon, Tel. 01 24 28 28, www.shangri-la.com/yangon/suleshangri la. Schon seine Lage im Herzen der Downtown macht das Sule Shangri-La zur ersten Wahl unter den 5-Sterne-Hotels. Von den 500 modernen, komfortablen Zimmern bieten sich gute Ausblicke über die Dächer der Stadt. Während der Summer Palace eine der ersten Adressen Yangons für chinesisch-kantonesische Küche ist, punktet das Café Sule im Erdgeschoss mit üppigen Büfetts. In der Peacock Lounge und der Gallery Bar kostenloses WLAN. DZ/ÜF ab 290 US-$.

Deutsche Oase – **Savoy Hotel** 4 : 129 Dhammazedi Rd., Ecke Inya Rd., Bahan, Tel. 01 52 62 89, 52 62 98, www.savoy-myanmar.com. Das freundliche Boutiquehotel im Besitz der deutschen Uniteam-Gruppe durchweht ein Hauch deutschen Perfektionismus. Seine 24 Deluxe-Zimmer und 6 Suiten voller Antiquitäten strahlen eine warme Atmosphäre aus, der große Pool eignet sich prima zum Entspannen und die Captain's Bar ist eine bierselige Heimat in der Ferne. Im Kipling's Restaurant und in Le Bistro wird gute westliche Küche serviert. DZ/ÜF ab 220 US-$.

Beliebte Geschäftsadresse – **Sedona Hotel** 5 : 1 Kaba Aye Pagoda Rd., Yankin, Tel. 01 860 53 77, www.sedonahotels.com.sg. Die 366 hellen, geräumigen Zimmer strahlen eine moderne, aber wohnliche Ästhetik aus, sehr schön sind die auserlesenen Teppiche und Stoffe. Das Angebot der Restaurants erfreut sowohl asiatische als auch europäische Zungen. Abends wird in der Ice Bar regelmäßig Livemusik gespielt. Das Fitnesscenter und der große Swimmingpool stehen auch Nicht-Gästen offen. Seit 2015 stehen im Inya Wing 430 weitere Zimmer und ein Spa zur Verfügung. DZ/ÜF ab 215 US-$.

Dezenter Luxus – **Chatrium Hotel Royal Lake** 6 : 40 Natmauk Rd., Bahan, Tel. 01 54 45 00, www.chatrium.com. Trotz seiner 301 Zimmer wirkt dieses Hotel am Kandawgyi Lake noch überschaubar. Mit chinesischen und japanischen Restaurants ist die Küche fernöstlich, ebenso das Unterhaltungsangebot in der Ritz Exclusive Lounge, wo Karaoke auf dem Programm steht. Großzügiger Pool, schönes Nemita Spa. DZ/ÜF ab 200 US-$.

Stilvoll nächtigen am See – **Kandawgyi Palace Hotel** 7 : Kan Yeik Thar Rd., Mingalar Taungyunt, Tel. 01 24 92 55, www.kandawgyipalace-hotel.com. Das wunderschöne Hotelgebäude liegt direkt am See. Dank des vielen Teakholzes und der lokalen Handwerkskunst wirken insbesondere die 236 Zimmer äußerst ästhetisch, wenngleich einige relativ klein ausfallen. Besonders schön sind die (teureren) Zimmer mit Seeblick. Thiri Café (s. Tipp S. 151) mit Terrasse und Seeblick. DZ ab 200 US-$.

Urban Chique – **Novotel Yangon Max** 8 : 459 Pyay Rd., Kamaryut, Tel. 01 230 58 58, www.novotel.com. 2015 von der Accor-Gruppe eröffnet, ist dies eines der besten Geschäftshotels der Stadt. 366 moderne, funktional ausgestattete Zimmer und metropolitane Atmosphäre. Von der Dachterrasse mit Tennisplatz, Pool und Bar bieten sich tolle Ausblicke. DZ/ÜF ab 200 US-$.

Komfort im Szeneviertel – **Parkroyal** 9 : 33 Alan Pya Pagoda St., Dagon, Tel. 01 25 03 88, www.parkroyalhotels.com. Die Nähe zur Downtown und die vielen Ausgehmöglichkeiten in der Umgebung machen das 5-Sterne-Hotel zu einer guten Wahl. 359, geschmackvoll mit Rattan und Holz eingerichtete Zimmer, japanisches und chinesisches Restaurant, Brasserie, Fitnesscenter, Pool etc. Außerdem im Hotel: der stadtbekannte Klub 5. DZ/ÜF ab 180 US-$.

Komfortabel am See – **Inya Lake Hotel** 10 : 37 Kaba Aye Pagoda Rd., Mayangon, Tel. 01 966 28 66, 966 28 57, www.inyalakehotel.com, s. auch Tipp S. 160. Das 1962 eröffnete Hotel wurde 1995 grundlegend renoviert, doch es ist nicht zu übersehen, dass der Zahn der Zeit am Gebäude nagt. Traumlage inmitten eines Parks direkt am See, 239 komfortable, mit viel Teak ausgestattete Zimmer, Swimmingpool, Tennisplatz etc. Zum Sundowner empfiehlt sich die Lake View Bar. Auf dem gleichen Gelände befindet sich die Klinik International SOS (s. S. 111). DZ/ÜF ab 135 US-$.

Adressen

Ruhige Lage – Kan Yeik Thar 11: 4 Kan Yeik Thar Rd., Mayangon, Tel. 01 65 71 55, 09 254 37 75 22, www.hotelkyt.com. In einer ruhigen Nebenstraße unweit des Inya Lake Hotel gelegen, bietet das moderne Kan Yeik Thar 40 stilsicher eingerichtete, helle Zimmer mit teils schönem Seeblick. Das kulinarische Angebot ist bescheiden, aber es gibt gute Alternativen in der Nachbarschaft. DZ/ÜF ab 95 US-$.

Solide Mittelklasse – Alfa Hotel Yangon 12: 41 Nawaday St., Dagon, Tel. 01 37 79 60, www.alfahotelyangon.com. Das klotzige Gebäude, architektonisch wahrlich keine Schönheit, verfügt über 90 saubere Zimmer mit niedrigen Decken, teils blumigem Dekor, dunklen Teppichen und scheußlichen Vorhängen. Absolute Pluspunkte sind der atemberaubend schöne Blick auf die Shwedagon von der Sapphire Lounge aus und die Nähe zur Downtown. DZ/ÜF ab 80 US-$.

Mittelklasse in Chinatown – Hotel Grand United Chinatown 13: 621 Maha Bandoola Rd., Ecke Boywe St., Latha, Tel. 01 37 22 56, www.hotelgrandunited.com. Das Hotel okkupiert mehrere Etagen eines Gebäudes – alles wirkt etwas beengt, vor allem die 24 dunklen, allerdings funktionalen Zimmer. Das chinesische Dekor mit viel Plastik ist gewöhnungsbedürftig, aber die zentrale Lage und die nette Dachterrasse machen das wieder wett. In Yangon gibt es zwei weitere Grand-United-Ableger. DZ/ÜF ab 80 US-$.

Familiengeführt – Golden Guest Inn 14: 182 Insein Rd., nahe Than-Lann-Bushaltestelle, Hlaing, Tel. 01 52 46 42, www.goldenguestinn-travel.com. Eine geschäftstüchtige, aber freundliche chinesische Familie vermietet in ihrem großen Haus 15 saubere, mit viel Holz ausgestattete Zimmer. Schöner Garten zum Entspannen. Die Eigner arrangieren Touren, bewirten ihre Gäste und geben viele Tipps. Trotz der Entfernung zur Innenstadt sehr beliebt. DZ/ÜF ab 70 US-$.

Serviceorientiert – Hotel 51 15: 154/156 51st St., Pazundaung, Tel. 01 29 30 22, 01 29 44 60, www.hotel51myanmar.com. Der achtstöckige Hotelblock mit 42 funktionalen Zimmern und unterkühlter Lobby lässt keine heimelige Atmosphäre aufkommen, doch der zuvorkommende Service und die recht sauberen Räumlichkeiten machen diese Unterkunft zu einer guten Wahl. DZ/ÜF ab 70 US-$.

Schlichtes Wohnen – Royal Star Guest House 16: 321 Maha Bandoola Garden St., Kyauktada, Tel. 01 38 85 51, 01 24 89 21, www.royalstarguesthouse.com. Wer nur ein Bett im Herzen der Stadt sucht, findet in dieser Herberge zwölf funktionale, teils fensterlose, aber relativ saubere Zimmer, die meisten mit Gemeinschaftsbad. DZ/ÜF 25–50 US-$.

Familiäre Atmosphäre – Thanlwin Guesthouse 17: Y-25 Thanlwin Rd., Pyinnyawaddy Estate, (erreichbar via No. 1 Industrial Rd.), Yankin, Tel. 01 54 26 77, www.thanlwinguesthouse.com. Das beliebte Gästehaus liegt in einer Wohnsiedlung östlich des Sedona Hotel 5. Zur Auswahl stehen vier Betten in einem Schlafraum, drei Zimmer mit Gemeinschaftsbad und zwei Zimmer mit eigenem Bad. Nett ist die offene Esshalle aus Bambus im Garten. DZ/ÜF ab 30 US-$, Bett ab 18 US-$/Pers.

Gute Option für Budgettraveller – Hninn Si Budget Inn 18: 213/215 Botataung Pagoda Rd., Botataung, Tel. 09 501 24 65 01, www.hninnsibudgetinn.com. In einem gesichtslosen Stadthaus verteilen sich auf vier Etagen 15 karge AC-Zimmer ohne Bad. Um Sauberkeit ist man bemüht. Für Anspruchslose angesichts der zentralen Lage eine gute Wahl. DZ/ÜF ab 15 US-$.

Treff von Travellern – Chan Myaye Guest House 19: 4./7. Stock, 256/276 Maha Bandoola Garden St., Kyauktada, Tel. 01 38 20 22, 25 58 60, chanmyaye.gh@gmail.com. Respekt, wie die hilfsbereiten Angestellten das Niveau dieser einfachen Unterkunft zu halten wissen – dies und die tolle Lage wissen die Gäste zu schätzen. Es gibt klimatisierte Doppelzimmer mit/ohne Bad sowie saubere Schlafsäle mit genügend Gemeinschaftsbädern. DZ/ÜF 24–40 US-$, Bett ab 12 US-$/Pers.

Essen & Trinken

Edler Genuss am Inya-See – Le Planteur 1, L'Alchimiste 2, L'Opera Yangon Italian Restaurant & Bar 3: s. Tipp S. 160.

Yangon

EDLER GENUSS AM INYA-SEE

Wer das idyllische Gewässer in Ruhe genießen möchte, dem sei das weitläufige Ufergrundstück des **Inya Lake Hotel** 10 (s. S. 158) an der Kaba Aye Pagoda Road empfohlen. Die 1962 eröffnete Unterkunft war ein Geschenk der UdSSR und wirkt architektonisch etwas aus der Zeit gefallen: ein länglicher Klotz mit einem halbrunden Dachaufbau, der ein wenig an einen U-Boot-Aufsatz erinnert. Umso schöner ist das Gelände, das sich direkt am See erstreckt und über das man auch als Nichtgast streifen darf. Für einen Sundowner bietet sich die **Lake View Bar** (tgl. 10–24 Uhr) des Hotels an.

Zum Essen besucht man allerdings besser eines der beiden nahe gelegenen Restaurants, **L'Opéra** 3 oder **L'Alchimiste** 2, beide ebenfalls mit Seeblick. Dazu geht man vor der Hotelzufahrt gen Norden in die U Tun Nyein Road hinein. Am südlichen Seeufer liegt Yangons Spitzenrestaurant für französische Küche, **Le Planteur** 1 sowie mit dem **Seinn Lann So Pyay Garden** 17 (s. S. 161). ein gutes China-Thai-Restaurant.

Le Planteur 1 : 80 University Ave., Bahan, Tel. 01 51 42 30, www.leplanteur.net, tgl. 11.30–24 Uhr. 1998 gegründet und seitdem mehrmals umgezogen, ist das Restaurant zu Yangons erster Adresse für französische Küche avanciert. Das Seegrundstück und die Prachtvilla bieten den richtigen Rahmen für die sterneverdächtigen Gerichte. Vegetarier werden die mit Trüffel gefüllten Ravioli lieben. Hauptgerichte im Bistro vegetarisch 12 US-$/15 000 Kyat, im Gourmetrestaurant à la carte 36–64 US-$.

L'Alchimiste 2 : 5 U Tun Nyein Rd., Mayangon, Tel. 01 66 06 12, 01 65 79 28, www.lalchimisterestaurant.com, tgl. 11–22.30 Uhr. Nicht billiges, aber stilvolles Restaurant mit guten französischen Gerichten. Schicke Villa und schönes Seegrundstück.Hauptgerichte ab 16 US-$.

L'Opera Yangon Italian Restaurant & Bar 3 : 62D U Tun Nyein Rd., Mayangon, Tel. 01 66 55 16, 01 66 09 76, Reservierungen: 097 303 07 55, www.operayangon.com, tgl. 11–14, 18–22.30 Uhr. Yangons Pionier in Sachen italienische Küche. Pizzas, Pastas und Risotti sind hier unbestreitbar gut, die Preise allerdings saftig. Tolles Ambiente. Gerichte ab 15 US-$.

Essen & Helfen – **Shwe Sa Bwe** 4 : 20 Malikha Rd., Nähe American Club, Mayangon, Tel. 01 66 19 83, tgl. 11–14, 17–22 Uhr. Ein schöner Garten, stilvolle Räume und die engagierten Angestellten aus benachteiligten Familien sind Grund genug, die gute, aber nicht billige Haute Cuisine des Shwe Sa Bwe zu probieren. Der Gewinn fließt in die Ausbildung der Jugendlichen. 2-Gänge-Menü um 20 000 Kyat.

Schweizer Qualität – **Sharky's** 5 : 117 Dhammazedi Rd., Bahan, Tel. 01 52 46 77, 81 Pansodan St., Kyauktada, Tel. 01 252 702, beide tgl. 9–22 Uhr. Der birmanische Eigner verbrachte einige Jahre in der Schweiz. Für die Pizzen, Nudeln und Salate werden nur beste Zutaten verwendet – auch Bio ist angesagt, allerdings zu seinem Preis. Pizza ab 8000 Kyat. Ein **zweites Sharky's** befindet sich im selben Gebäude wie das Rangoon Tea House 13 .

Adressen

Japanisches Traditionslokal – Furusato 6 : 137 Shwegondaing Rd., Bahan, Tel. 01 55 62 65, tgl. 11–14, 17–22 Uhr. Seit seiner Eröffnung 1985 hat sich das Restaurant zu einer der ersten Adressen in Yangon für japanische Gerichte entwickelt. Sehr zu empfehlen sind die Sushis und die Grillspeisen. Gerichte ab 7000 Kyat.

Seafood am See – Signature 7 : Bahan Rd., Ecke Kan Yeik Thar Rd., Bahan, Tel. 01 54 64 88, tgl. 9–14, 18–22 Uhr. Allein die Lage direkt am Kandawgyi Lake ist einladend. Ob morgens zum Dim-Sum-Frühstück, mittags zum Pastaessen oder zum abendlichen Fine Dining mit herrlichen Meeresfrüchten: Die gebotene Fusionküche wird allen Bedürfnissen gerecht. Gerichte ab 7000 Kyat.

Kimchi kommunistisch – Pyongyang Koryo 8 : A-5 Sayar San Rd., in einer Seitenstraße hinter dem Pearl Condo, Yankin, Tel. 09 73 10 45 44, tgl. 18–22 Uhr. Das hallenartige Restaurant strahlt viel sozialistischen Charme aus, serviert aber leckere nordkoreanische Spezialitäten. Ab 20 Uhr unterhält eine Frauencombo mit Musik und Tanz, danach kann man man im zweiten Stock karaokemäßig selbst trällern. Gerichte ab 7000 Kyat.

Nordthailändisch – Le Nacha 9 : 86/A Shin Saw Pu Rd., Nähe Pyay Rd., Ahlone, Tel. 09 450 01 37 61, tgl. 11–14, 18–23 Uhr. Die Küchenchefs aus Chiang Mai zelebrieren die Kochkunst des thailändischen Nordens mit feinen Gewürzen und Kräutern – am besten bestellt man das Tagesmenü. Zuvor kann man sich im Nacha Spa nebenan eine Massage gönnen. Gerichte ab 5000 Kyat.

Tee vom Feinsten – Acacia Tea Salon 10 : 52 Sayar San Rd., Yankin, Tel. 01 55 47 39, tgl. 8–22 Uhr. Nicht nur zur Teatime eine gute Adresse – die Pastas und Fleischspeisen sind ebenso köstlich wie die süßen Verführungen aus der Patisserie. Schönes Kolonialambiente, jeden So Brunch. Gerichte ab 6000 Kyat.

Mondschein über Yangon – Gekko 11 : Sofaer's Bldg, 535 Merchant (Kondheji) Rd., Ecke Pansodan St., Kyauktada, Tel. 01 38 69 86, www.gekkoyangon.com, tgl. 11–23 Uhr. Das im prächtigen Sofaer's Building residierende Gekko (jap. für Mondschein) ist ein beliebter Treffpunkt zum Naschen von Snacks und kleinen Gerichten (überwiegend japanisch und koreanisch) und zum Schlürfen von Cocktails (teuer, aber originell). Empfehlenswert sind gegrillte Spießchen mit Fleisch oder Gemüse (jap.: yakitori). Gerichte ab 6000 Kyat.

Asiens Vielfalt – Monsoon 12 : 85–87 Thein Phyu Rd., Botataung, Tel. 01 29 52 24, tgl. 10–23 Uhr. Auf zwei Etagen in einem stilvollen Kolonialbau lässt sich kulinarisch die ganze Bandbreite der asiatischen Küche entdecken. Auch optisch werden die Gerichte ansprechend präsentiert. Während der Saison viele Reisegruppen. Gerichte ab 5000 Kyat.

Leckeres zum Stummfilm – Rangoon Tea House 13 : 77–79 Pansodan St., nördlich der Merchant (Kondheji) Rd., Kyauktada, Tel. 09 979 07 86 81, www.facebook.com/RangoonTeaHouse, tgl. 8–22 Uhr. Neben dem Sharky's führen knarrende Treppenstufen in dieses angenehme Restaurant, welches tolle birmanische Gerichte stilvoll serviert. Dazu läuft hinterm Tresen ein Stummfilm aus Myanmar. Gerichte ab 5000 Kyat.

Dinner mit Geschichte – House of Memories 14 : 290 U Wisara Rd., Nath Villa, Kamaryut, Tel. 01 52 51 95, www.houseofmemoriesmyanmar.com, tgl. 11–23 Uhr. Wo General Aung San einst das Hauptquartier seiner Burmese Independence Army hatte, kann man heute in kolonialem Ambiente einheimische und internationale Speisen kosten. Abends Klaviermusik, lange Cocktailliste, nette Bar mit Billardtisch. Gerichte ab 4000 Kyat.

Szeneviertel Yaw Min Gyi 1 – Fatman Steak Bistro & Café 15 , Golden Pho 16 : s. Tipp S. 162

Schlemmen am See – Scinn Lann So Pyay Garden 17 : Inya Rd., Kamaryut, Tel. 01 50 27 20, tgl. 6–22 Uhr. Das bei Einheimischen populäre, weitläufige Lokal erstreckt sich entlang des Inya Lake. Die chinesischen und Thai-Speisen sind gut, der Service effektiv. Gerichte ab 3000 Kyat.

Chin-Spezialitäten – The Rih Lake 18 : 67 (B) Dhammayone St., Nähe U Wisara Rd., Sanchaung, Tel. 01 50 27 61, Mo–Sa 9–20 Uhr. Das nach einem herzförmigen See im

SZENEVIERTEL YAW MIN GYI

Die Straßenzüge nördlich des Bogyoke Aung San Zei gehören zum Viertel Yaw Min Gyi im Stadtteil Dagon und etablieren sich immer mehr als Futtermeile. Neben traditionsreichen Lokalen nimmt die Zahl der vorwiegend asiatischen Lokale zu.

An der Kreuzung Bo Yar Nyunt und Nawaday Street finden sich gleich drei Lokale, darunter eines mit westlichen Gerichten, das bei Ausländern beliebte **Fatman Steak Bistro & Café** 15. Fatman lockt mit günstigem Bier und vielen Fleischgerichten, darunter Steak mit Pommes und diverse Wings-Teller. Das **Aung Mingalar** 23 hat sich mit seinen gut gewürzten Shan-Nudeln und Dumplings einen Namen gemacht. Dazu kann man frisch gepresste Fruchtsäfte bestellen. Das offene Lokal ist sauber, der Service effektiv. Das ganztägig als *teashop* fungierende **Thu Ka Yeik Food Center** 24 bietet mittags ein Büfett mit Currys an. Gerühmt wird das Frühstück – probieren Sie die leckere Mohinga. Nur einen Block entfernt lockt das **Golden Pho** 16 mit leckerer vietnamesischer Küche. In dem schlicht-modern gestalteten Lokal mit dezentem Vietnam-Dekor gibt es *pho*, die berühmten Nudelsuppen aus Hanoi, Garnelen am Spießchen, aber auch leckere Baguettes und vieles mehr. Der Service stimmt.

Fatman Steak Bistro & Café 15: 26A Bo Yar Nyunt St., tgl. 8–22 Uhr, ab 3000 Kyat.
Golden Pho 16: 62/A-4 Yaw Min Gyi St., Tel. 01 25 49 57, tgl. 10–22 Uhr, ab 3000 Kyat
Aung Mingalar 23: Ecke Bo Yar Nyunt St., Nawaday St., tgl. 7–21 Uhr, ab 1500 Kyat.
Thu Ka Yeik Food Center 24: Ecke Bo Yar Nyunt St., Nawaday St., tgl. 6–21 Uhr, ab 1500 Kyat.

Chin State benannte Lokal bietet Spezialitäten aus dieser abgelegenen Bergregion im Landeswesten, u. a. *sa-butti,* eine reichhaltige Suppe mit Fleisch und Mais, und *pork chang,* Klebereis mit Schwein. Gerichte ab 2500 Kyat.

Kachin-Gerichte – **Jing Hpaw Myay** 19: 2B Kyun Taw Rd, Nähe Bargayar St., Sanchaung, Tel. 01 52 45 25, tgl. 10–21 Uhr. Das Ambiente ist schlicht, doch die Küche aus Myanmars hohem Norden authentisch. Zu *shat jam,* gedämpftem Reis mit Huhn, Gemüse und Kräutern, kann man Rinder- oder Fischgerichte (teils in Bananenblätter eingewickelt) bestellen. Tipp: Probieren Sie getrocknetes Rind mit Knoblauch und Ingwer. Gerichte ab 2000 Kyat.

Große Auswahl – **Feel Myanmar Food** 20: 124 Pyidaungzu Yeik Thar St., Dagon, tgl. 7–22 Uhr. Sehr beliebt und häufig voll, daher herrscht meist eine recht hektische Atmosphäre. Aufgetischt wird die ganze Bandbreite birmanischer Currys. Das Feel ist auch eine gute Frühstücksadresse. Gerichte ab 2000 Kyat.

Curryvielfalt – **Khaing Khaing Kyaw** 21: 671A Pyay Rd. (5,5 Mile)**,** hinter der KBZ-Bank, Kamaryut, Tel. 01 52 42 08, sowie 42A Parami Rd., Ecke Wai Za Yan Tar Rd., tgl. 7–21 Uhr. Beide Filialen sind wegen ihrer großen und guten Auswahl an birmanischen Gerichten stadtbekannt – wer es schlicht und authentisch liebt, ist hier richtig. Gerichte ab 2000 Kyat.

Adressen

Biokaffee-Genuss in Downtown – **Café Genius 22** : 220 32nd St., Pabedan, www.facebook.com/myanmarGeniusCoffee, tgl. 10–19 Uhr. In diesem netten Café gibt es Biokaffee aus dem Shan State. Man kann ihn vor Ort trinken oder Kaffeebohnen kaufen. Außerdem werden Smoothies und Fruchtsäfte angeboten. Die Snacks sind eher mäßig. Snacks um 1800 Kyat.

Szeneviertel Yaw Min Gyi 2 – **Aung Mingalar 23** , **Thu Ka Yeik Food Center 24** : s. Tipp S. 162

Leckere Kaffeedüfte – **Let Ywe Sin 25** : 128 Sule Pagoda Rd., Kyauktada, tgl. 6–19 Uhr. Das schlichte Traditionscafé nördlich des Rathauses bietet wunderbaren Kaffee und Milchtee sowie leckere Snacks. Probieren Sie den Karamellpudding! Snacks um 1000 Kyat.

Futtermeile – **19th Street 26** : zwischen Anawrahta Rd. und Maha Bandoola Rd., Latha, tgl. 10–24 Uhr. In dieser Straße reiht sich ein Lokal ans andere, vor allem abends ist die 19th Street zum Ausgehen beliebt (s. auch Aktiv S. 137).

Einkaufen

Märkte – **Bogyoke Aung San Zei 20** : s. S. 135. **Thein Gyi Zei 24** : s. S. 138. **Hledan Zei 1** : Hledan Rd., nahe Pyay Rd., 500 m von der Circle-Line-Station Hledan, tgl. 7–17 Uhr. Ein Besuch in dem mehrstöckigen Gebäude empfiehlt sich vor allem frühmorgens, wenn sich die Einheimischen mit dem täglichen Bedarf eindecken. **Mingalar Zei 2** : Set Yone Rd., Ecke Banyar Dala Rd., Mingalar Taungyunt, tgl. 7–17 Uhr. Der vierstöckige Bau ist eine Scheußlichkeit, doch drinnen tobt das Händlerleben. Insbesondere morgens ist der Großmarkt für Kleider und Lebensmittel ein Erlebnis.

Supermärkte – **City Mart: Aung San Branch 3** , Aung San Stadium (Nordflügel), Gyo Phyu St., Mingalar Taungyunt; **Marketplace by City Mart 4** , 403A Dhammazedi Rd., Ecke Golden Valley (Shwe Taung Gyar) St., Bahan, tgl. 9–21 Uhr. Weitere Zweigstellen findet man auf www.citymart.com.mm/location. **Orange Supermarket 5** : Taw Win Center, 45 Pyay Rd., Dagon, tgl. 9–21 Uhr. Gut sortierte Supermarktketten.

Einkaufszentren – **Taw Win Center 5** : 45 Pyay Rd., Dagon, www.tawwincentre.com, tgl. 9–21 Uhr. In der zentral gelegenen Shoppingmall findet man zahlreiche Boutiquen und Restaurants sowie ein Kino. **Junction Square Shopping Centre 6** : zwischen Pyay Rd. und Kyun Taw Rd., Kamaryut, www.junctioncentregroup.com/junction-square, tgl. 9–21 Uhr. Angesagter Treff für Yangons Fashionistas mit Boutiquen, Kino sowie diversen Cafés und Restaurants. **Ocean Supercenter 7** : Shwegondaing Rd., Ecke Banyar Dala Rd., Tamwe, www.oceansupercenter.com.mm, tgl. 9–21 Uhr. Eine von mehreren Filialen mit einem breiten Sortiment an Kleidern und Haushaltswaren.

Lokales Design – **Man Made House of Fashion 8** : 23/25 Phyar Pone St., Sanchaung, Tel. 09 540 44 96, Mo–Sa 10–17 Uhr. Kreationen für beide Geschlechter der Designerin Lagang Zaw Seng. **Yangoods 9** : Bogyoke Aung San Zei, Bogyoke Aung San St., Pabedan, Tel. 09 973 78 05 01, www.yangoods.com, Di–So 9–17 Uhr. Originelle Retro-Accessoires mit nostalgischen Myanmar-Motiven. **Filiale im Le Planteur 1** , tgl. 10.30–22 Uhr.

Ethno-Mode – **SHAYI Fashion House:** www.facebook.com/SHAYI-online-store. In ihren Filialen in den Einkaufszentren **Taw Win Center 5** (1. Stock, Tel. 09 252 83 83 86) und **Junction Square 6** (Erdgeschoss, Tel. 09 31 85 20 47) verkauft die preisgekrönte Modeschöpferin Sann Bawk Rar, modische Kleider mit Kachin-Design. **Rosy's Chin Fabrics 10** : 159/D 39th St., Kyauktada, Tel. 09 43 09 12 30, www.facebook.com/RosyChin Fabrics, tgl. 10–17 Uhr. Schöne und gut gearbeitete Stoffe aus dem Chin State.

Bücher – **Bagan Book House 11** : 100 37th St., zwischen Maha Bandoola Rd. und Merchant (Kondheji) Rd., Kyauktada, tgl. 9–18 Uhr. Pilgerort für Bibliophile – vergriffene Bücher in liebevoller Eigenauflage. **Innwa Bookstore 12** : 246 Pansodan St., Kyauktada, tgl. 9–18 Uhr. Solide Auswahl an Magazinen und aktuellen Büchern. **Myanmar Book**

Yangon

Centre 13: 561–567 Merchant (Kondheji) Rd., Kyauktada, www.myanmarbook.com, tgl. 9–18 Uhr. Viele englischsprachige Bücher. **Monument Books** 14: 150 Dhammazedi Rd., Bahan, tgl. 9–19 Uhr. Yangons größtes Angebot an englischsprachigen Büchern, auch über Myanmar.

Kunsthandwerk – **Pomelo** 15: 89 Thein Phyu Rd., neben dem Restaurant Monsoon, Botataung, www.facebook.com/pomeloyangon, tgl. 10–21 Uhr. Vom Teakbrettchen über Baumwollschals bis zu Tieren aus Pappmaschee verkauft der Laden schöne Handarbeiten aus den Werkstätten sozial benachteiligter Menschen. **River Ayeyarwaddy** 16: 134 35th St., zwischen Anawrahta Rd. und Maha Bandoola Rd., Kyauktada, Tel. 09 450 01 19 56, tgl. 10–18 Uhr. Unten Galerie, oben Verkaufsraum für lokales Kunsthandwerk, das von Initiativen der gemeinnützigen Sunflower Group geschaffen wird. **Augustine's Antiques** 17: 23/A Thiri Mingalar St., nahe Pyay Rd., Kamaryut, Tel. 01 70 59 69, www.augustinesouvenir.com, Mo–Fr 11.30–19, Sa/So 14–19.30 Uhr. Bereits 1978 von Herrn Augustine gegründeter Laden, der mit Antiquitäten und viel anderem Gedöns vollgestopft ist. **Patrick Robert The Gallery** 18: 24 Inyamyaing Rd., Mangosteen Mansion, Bahan, Tel. 01 51 37 09, Mo–Sa 10–18 Uhr. Der französische Architekt und Restaurator der Governor's Residence verkauft in seiner Villa feinste Accessoires und Designerstücke.

Edelsteine – **Treasure Land** 19: 11 Ma Kyee Kyee St., Sanchaung, Tel. 01 52 62 86, tgl. 10–18 Uhr. Neben Edelsteinen und Schmuck gibt es hier auch hochwertige Souvenirs. **Gems Museum & Gems Mart** 20: 66 Kaba Aye Pagoda Rd., Mayangon, tgl. 9.30–16 Uhr. Riesige Auswahl an Edelsteinen auf drei Etagen. Sparen kann man sich den Eintritt fürs Museum (Mo geschl.) im obersten Stockwerk, da die besten Stücke im Gem Museum in Naypyitaw (s. S. 187) ausgestellt sind.

Kunstgalerien – Dank der Öffnung des Landes genießen auch die Künstler Myanmars immer mehr Freiheit. Besonders in Yangon gibt es inzwischen eine wachsende Anzahl von **Galerien** (meist tgl. 10–18 Uhr), in denen man die Werke besichtigen und kaufen kann. Im Folgenden nur eine kleine Auswahl, weitere Adressen findet man u. a. auf www.myanmore.com. **Gallery 65** 21: 65 Yaw Min Gyi St., Dagon, Tel. 01 24 63 17, www.gallerysixtyfive.com, tgl. 10–18 Uhr (nur bei Ausstellungen). Zeitgenössische Kunst aus Myanmar. im Erdgeschoss eines Kolonialbaus. **Pansodan Gallery** 10: 1. Stock, 286 Pansodan St., Kyauktada, www.pansuriya.wordpress.com, tgl. 10–18 Uhr, s. Aktiv S. 133. **Pansodan Scene Gallery** 22: 2. Stock, 144 Pansodan St., Kyauktada. Ableger der Pansodan Gallery (s. o.), tgl. 10–18 Uhr. **Lokanat Gallery** 11: 1. Stock, Sofaer's Bldg., 62 Pansodan St., Kyauktada, www.lokanatgalleries.com, tgl. 9–17 Uhr. Akademische und junge zeitgenössische Kunst. **New Treasure Art Gallery** 23: 84/A Thanlwin Rd., Bahan, Tel. 01 52 67 76, tgl. 10–18 Uhr. Viele Bilder von Min Wae Aung, der mit seinen Darstellungen von Mönchen Berühmtheit erlangte. **Studio Square Gallery** 24: 1. Stock, Pearl Condo A, Kaba Aye Pagoda Rd., Ecke Sayar San Rd., Yankin, Tel. 09 501 93 66, www.studiosquaregallery.com, unregelmäßig geöffnet. Hier stellen avantgardistische Newcomer aus. **Transit Shed No. 1** 25: zwischen Lanthit Jetty und Kaing Dan No. 1 Jetty, Lanthit, Tel. 09 250 06 46 94, www.facebook.com/transitshed1yangon, tgl. 10–18.30 Uhr. In dieser tollen Location gibt es viel Aktionskunst zu sehen.

Abends & Nachts

Yangons Nachtleben (bis 23 Uhr) ist aus dem Tiefschlaf erwacht. Die Kneipenszene wird immer bunter und interessanter, sodass für jeden Geschmack etwas dabei ist. Wer auf dem Laufenden sein möchte, schaut auf www.myanmore.com und www.yangonite.com nach. Hier einige gute Adressen.

Für die Schönen – **Escape Gastro Bar** 1: 31/D Kan Yeik Thar St., Mayangon, Tel. 01 66 07 37, www.escapegastrobar.com, tgl. 11–24 Uhr. Hier zeigen die Schönen und Reichen, was sie besitzen. Oft recht laute House Music, am Wochenende meist ausgiebige Partystimmung.

Adressen

Besucher in der Pansodan Scene Gallery

Entspannt – **After Work Bistro & Bar** 2 : 31/A1 Shan Gone St., Sanchaung, Tel. 942 023 98 22, www.facebook.com/Afterworkbistroandbar, tgl. 11–22.30 Uhr. Die wenigen Tische vor dem Lokal sind schnell besetzt – das abendliche Straßenleben bietet eine unterhaltsame Kulisse für einen Drink und solide Gerichte.

Freitagstreff – **50th Street Bar & Grill** 3 : 9/13 50th St., Nähe Merchant (Kondheji) Rd., Botataung, Tel. 01 39 70 60, www.50thstreetyangon.com, tgl. 10–24 Uhr. Vor allem am Wochenende der Lieblingsort der partyfreudigen Ausländergemeinde. Viele Themenabende und regelmäßig Fußballübertragungen. Die vorwiegend westlichen Speisen sind Durchschnitt und überteuert, der Service jedoch professionell.

Tiefe Sessel, Latin Food – **Hummingbird** 4 : 76 Phone Gyi St., Lanmadaw, Tel. 09 792 32 72 82, www.hummingbirdyangon.com, tgl. 9 23 Uhr. Auf drei Ebenen des Kolonialbaus kann man schick und teuer lateinamerikanische Gerichte gustieren, in tiefe Sessel geräkelt Tapas (ab 4 US-$) und edlen Wein (ab 7 US-$/Glas) genießen oder zum Bier auf der Terrasse in den Abendhimmel schauen.

Bierige Stimmung – **Union Bar & Grill** 5 : 42 Strand (Kannar) Rd., Ecke 42nd St., Seikan, Tel. 01 39 22 63, 093 101 82 72, http://unionyangon.com, tgl. 10–24 Uhr. Untergebracht im 1959 erbauten Myanmar Red Cross Building und modern gestaltet, zählt das Lokal zu den beliebtesten Locations für einen bierfreudigen Abend zu ordentlichen Speisen.

Gemütlich – **The Phayre's** 6 : 292 Pansodan St., Kyauktada, Tel. 01 24 69 68, www.facebook.com/phayregastronomy, tgl. 11–23.30 Uhr. Zu Kolonialzeiten war die ganze Straße nach dem Namensgeber des Lokals, dem britischen General Sir Arthur Purves Phayre, benannt. Bei günstigem Fassbier, guten Cocktails, Burgern und Snacks kommt man hier schnell mit Einheimischen in Kontakt.

Travellertreff – **Ko San** 7 : 108 19th St., Latha, Tel. 094 28 03 80 32, www.kosanmyanmar.com, tgl. 10–24 Uhr. Im Herzen der Chinatown und auf der ›Futtermeile‹ 19th Street (s. S. 163). Billige Cocktails und reichhaltige Portionen.

Sundowner mit Shwedagon-Blick – **Vista Bar@Roof Top** 8 : 168 Shwegondaing Rd., Ecke Yae Tar Shae Old Rd., Bahan, Tel. 01 55 94 81, 097 322 85 86, www.facebook.com/vista

Yangon

baryangon, tgl. 18–1 Uhr. Der Blick von der Dachterrasse (sechs Etagen ohne Aufzug) auf die Shwedagon-Pagode ist – vor allem zum Sonnenuntergang – traumhaft, die Drinks sind ganz ordentlich und das Essen ist so lala. Später am Abend ziemlich laute Musik.

Theater, Konzerte – **National Theatre** 9 : Myoma Kyaung Rd., Dagon. Es gibt keinen festen Spielplan, über Konzerte und Theatervorführungen informieren die Medien.

Marionettentheater – Yokthe pwe – **Htwe Oo Myanmar** 10 : s. Tipp S. 162.

Musikschule als Konzertveranstalter – **Gitameit Music Center** 11 : 219 Kanya Thukha Lane, Kanbe Station Rd., Yankin, Tel. 01 56 67 03, www.gitameit.com. Die Musikschule im Stadtteil Yankin widmet sich nicht nur der Ausbildung, sondern veranstaltet auch regelmäßige Konzerte an verschiedenen Orten.

Ausstellungen, Konzerte und mehr – **Myanmar Event Park (MEP)** 12 : Shin Saw Pu Rd., Sanchaung. In der geräumigen Halle finden Ausstellungen, Modeshows und Konzerte statt.

Europäische Kultur – **Institut Français** 13 : 340 Pyay Rd., Sanchaung, Tel. 01 53 69 00, www.afrangoun.org. Nicht zuletzt wegen des Restaurants The Rendez-Vous (www.facebook.com/therendezvous.yangon) im schönen Garten lohnt sich ein Besuch. **Goethe-Institut** 13 : c/o Institut Français (s. o.), Tel. 01 230 61 42, www.goethe.de. Regelmäßig Konzerte, Lesungen etc.

Aktiv

Stadtführungen des Denkmalschutzvereins – **Yangon Heritage Trust** 1 : 22–24 Pansodan St., Kyauktada, Tel. 01 24 05 44, www.yangonheritagetrust.org, 2,5-Std.-Tour, 30 US-$/Pers., zahlbar 15 Min. vor Tourstart im Büro. Mi, Sa und So Spaziergänge durch die Downtown. **Opening Up Burma Travel:** www.opening-up-burma-travel.info, 3-Std.-Tour, 1–2 Pers. 60 US-$, jede weitere Person 30 US-$. Stadtspaziergänge mit bestimmten Schwerpunkten, etwa zu Religion und Architektur. **Khin Myat Maw:** Tel. 09 508 34 36, m.myatmaw@gmail.com, Sehr kompetente deutschsprachige Reiseleiterin, die u. a. Touren zum Thema Deutsche in Yangon anbietet.

Fahrradtouren – Yangon ist wahrlich keine Stadt für Radfahrer, aber außerhalb gibt es einige interessante Routen, etwa durch Dala am gegenüberliegenden Ufer des Yangon River oder im Norden der Stadt. Der Pionier für organisierte Radtouren ist der Australier Jeff Parry von **Bike World Explores Myanmar** 2 : 10 F Khapaung Rd., Pyay Rd. (6 Miles), Tel. 01 52 76 36, 52 71 09, www.myanmarpanorama.com. Populär ist die Nachtfahrt durch Yangon (Fr 22–24 Uhr), während die sonntägliche Off-Road-Tour (6.45–14.30 Uhr) außerhalb von Yangon etwas für erfahrene Mountainbiker ist. Treffpunkt ist jeweils das Büro von Bike World. Die Agentur organisiert auch mehrtägige Radtouren, nicht nur in Yangon. **Uncharted Horizons** 3 : 136 46th St., Botataung, Tel. 09 784 61 15 85, 09 450 06 29 60, www.facebook.com/uncharted.horizons.myanmar. Der Radspezialist hat sechs verschiedene Fahrradtouren in und um Yangon im Programm, darunter halb- und ganztägige Yangon-Explorer-Touren und Ausflüge nach Dala, Twante und Thanlyin. Die Preise liegen bei 30–45 US-$.

Freizeitparks – **Happy World** 4 : am Kandawin Garden (auch: Kan Taw Mingalar Garden), tgl. 9–21 Uhr, 200 Kyat. Wer mit Kind und Kegel unterwegs ist, kann die Besichtigung der Shwedagon-Pagode mit dem Besuch dieses kleinen Vergnügungsparks verknüpfen. Hier gibt es Karussells und Geschicklichkeitsspiele, auf einem kleinen See kann man Tretboot fahren. **Happy Zone** 5 : People's Park, Dhammazedi Rd., Dagon, Tel. 01 52 35 88, tgl. 9–21 Uhr, 5000 Kyat. Der Freizeitpark bietet für einen saftigen Preis ein ähnliches Angebot wie Happy World, allerdings mehr Wassersportmöglichkeiten. **Yangon Zoological Garden** 38 : Kan Yeik Thar Rd., Mingalar Taungnyunt, beim südöstlichen Eingang, tgl. 8–18 Uhr, Zooeintritt 3000 Kyat und 200 Kyat zusätzlich für den Freizeitpark. Auf dem weitläufigen Gelände des Zoos gibt es auch einen Erlebnispark mit Achterbahn, Karussell und Schwimmbad für Kinder.

Adressen

MARIONETTENTHEATER – YOKTHE PWE

Yokthe pwe (s. S. 80) heißt diese bedrohte Kunstform in Myanmar, der sich u. a. Khin Maung Htwe und seine Truppe verschrieben haben. 2006 gründeten sie das **Htwe Oo Myanmar** 10**,** dessen Aufführungen bis 2015 in Khin Maung Htwes Privathaus stattfanden. Nun hat die Truppe in der Sule Pagoda Rd. ihre Bühne. Die meisten der hier auftretenden Puppenspieler verfügen über eine langjährige Erfahrung, sodass ein Besuch dieses Marionettentheaters ein ganz besonderes Erlebnis ist. Weibliche Figuren werden übrigens von Frauen und männliche Figuren von Männern gespielt, denn nur dann, so der Direktor, spiegeln sich die dargestellten Gefühle der kunstvoll gekleideten Holzmarionetten auch im Gesicht der Puppenspieler wider.

Htwe Oo Myanmar 10**:** 1. Stock, 174/176 Sule Pagoda Rd., Kyauktada, Kartenbestellung während der Bürozeiten Tel. 01 24 56 76, 24-Std.-Buchungshotline 095 12 72 71, 097 98 88 87 90, www.htweoomyanmar.com, Kartenverkauf tgl. 9–21, Vorführungen tgl. 18, 20 Uhr, 10 000 Kyat, Kinder 5000 Kyat.

Marionetten sind auch beliebte Souvenirs

Yangon

Wellness – Alle großen Hotels verfügen über einen mehr oder weniger guten Wellnessbereich. Das Angebot der Spas ähnelt sich und reicht von Body Scrub über Aromatherapien bis zu diversen Massageanwendungen. Fast immer im Programm sind ein- bis zweistündige Thai-Massagen, wie etwa im **Nemita Spa** 6 (Chatrium Hotel Royal Lake, s. S. 158, tgl. 10–23 Uhr, ab 25 US-$/Std.). Auch das **Inya Day Spa** 6 (16/2 Inya Rd., Bahan, Tel. 01 53 79 07, www.inyaspa.com, tgl. 10–20 Uhr) ist für seine guten Thai-Massagen bekannt (20 000 Kyat/90 Min.). Sehr beliebt ist dort zudem die Inya Signature Massage (45 000 Kyat/1 Std.), bei der Aromatücher zum Einsatz kommen. Ähnlich in Angebot und Preisen ist das **Thaya Day Spa** 7 (3. Stock, Bldg. 17, Junction Square, Pyay Rd., gegenüber dem Einkaufszentrum Junction Square, Kamaryut, Tel. 09 73 17 39 79, www.thayaspa.com, tgl. 10–20 Uhr). Ebenfalls eine gute Adresse für Thai-Massagen (20 000 Kyat/Std.) ist das **Nacha Spa** 8 (85A Shin Saw Pu Rd., Nähe Pyay Rd., Ahlone, Tel. 09 421 16 59 29, tgl. 10–20 Uhr, 20 000 Kyat/Stunde) neben dem gleichnamigen Restaurant. Das **Sapel Traditional Burmese Foot Spa** 9 (78, 16th St., Tel. 09 253 98 89 95, tgl. 10–24 Uhr) in Chinatown ist eine gute Adresse für Kopf-, Nacken-, Fußmassagen (18 000 Kyat/75 Min.).

Golf – **Yangon Golf Club** 10 : Kha Yae Pin St., Da Nyin Gone Ward, Insein, Tel. 01 63 55 63, 01 63 56 17, 09 73 25 48 35, www.yangongolfclub.com, Di–Fr 5.30–17, Sa/So 5.30–19.40 Uhr. Greenfee Ausländer Mo–Fr 40 US-$, Sa/So 50 US-$. 18-Loch-Platz. **Pun Hlaing Golf Club** 11 : Pun Hlaing Golf Estate Ave., Hlaing Tharyar, Tel. 01 68 40 21, 01 68 40 20 www.punhlainggolfestate.com, D–So 6–20 Uhr, Greenfee Ausländer Di–Fr 60 US-$, Sa/So 75 US-$. 18-Loch-Platz.

Termine

Shwedagon Festival: An den fünf Tagen bis zum Tabaung-Vollmond (22.3.2016, 11.3.2017, 1.2.2018; s. auch S. 100) findet das Fest der Shwedagon Paya statt, denn es soll an diesem Vollmond gewesen sein, dass König Okkalapa acht Haarreliquien in den Stupa eingefügt haben soll. Auf der Pagodenplattform finden Zeremonien und Prozessionen statt.

Human Rights Human Dignity International Film Festival: Seit 2013 findest das Filmfest alljährlich im Juni mit Beiträgen zum Thema Menschenrechte statt. Infos unter www.hrhdiff.org.

Martyrs' Day: 19. Juli; s. S. 108.

Verkehr

Fernverbindungen

Flüge: Yangon International Airport, Adresse/Verkehrsanbindung/internationale Verbindungen, s. S. 85. Einige **internationale Fluggesellschaften** haben ihr Büro im Sakura Tower an der 339 Bogyoke Aung San Rd., Ecke Sule Pagoda Rd., darunter **Bangkok Airways** (Tel. 01 25 51 22, 01 25 52 65, www.bangkokair.com), **Myanmar Airways International** (Tel. 01 25 52 60, www.maiair.com), **Nok Airlines** (Tel. 01 25 50 50, www.nokair.com), **Singapore Airlines & Silk Air** (Tel. 01 25 52 88, Flughafen: 01 53 32 37, www.singaporeair.com, www.silkair.com), **Thai Airways International** (Tel. 01 25 54 99, Flughafen: 01 66 26 61, www.thaiairways.com) und **Vietnam Airlines** (Tel. 01 25 50 66, 01 25 50 88, www.vietnamairlines.com). Weitere wichtige Airlines sind: **Air Asia** (La Pyi Wun Plaza, neben Parkroyal Hotel, 37 Alan Pya Pagoda St., Tel. 01 25 18 85, 01 25 18 86, www.airasia.com), **Malaysia Airlines** (Central Hotel, 335–357 Bogyoke Aung San Rd., Tel. 01 24 10 07 20, www.malaysiaairlines.com), **Qatar Airways** (Centre Point Towers, 65 Sule Pagoda Rd., Ecke Merchant (Kondheji) Rd., Tel. 01 37 98 45, 01 37 98 43, www.qatarairways.com). **Inlandsstrecken** (s. auch S. 87) werden von mehr als einem halben Dutzend nationaler Airlines bedient, die mehrmals täglich alle touristisch relevanten Ziele anfliegen, darunter Heho (für den Inle Lake), Nyaung U (für Bagan), Mandalay, Thandwe (für Ngapali Beach) und Sittwe. **Inlandsfluglinien: Air Bagan** (56 Shwe Taung Gyar St., Bagan, Tel. 01 51 33 22, www.airbagan.com), **Air KBZ** (147 Pyay Rd., 8 1/2 Miles, Mayangon, Tel. 01 967 00 01/-20), Hotline 01 967 00 07, www.airkbz.com), **Air Mandalay** (1A Pyay Rd.,

Adressen

5 1/2 Miles, Hlaing, Tel. 01 50 15 20, 01 52 54 88 Tel. 01 50 15 20, 01 52 54 88, www.airmandalay.com), **Asian Wings Airways** (34/A-1 Shwe Taung Gyar St., Bahan, Tel. 01 51 52 61-64, www.asianwingsair.com), **Golden Myanmar Airlines** (Sayar San Plaza, University Ave., Bahan, Tel. 01 40 14 84, 09 400 44 69 99, www.gmairairlines.com), **Myanmar National Airways** (104 Strand/Kannar Rd., Kyauktada, Tel. 01 27 48 74, 01 27 70 13, www.flymna.com), **Yangon Airways** (MMB Tower, 5. Stock, 166 Upper Pansodan St., Mingalar Taungnyunt, Tel. 01 38 31 00, www.yangonair.com).
Züge: Viele Hinweise und Fahrpläne finden sich auf www.seat61.com/Burma. Die **Yangon Central Railway Station** liegt nördlich der Downtown zwischen der Alan Pya Pagoda Street und der Upper Pansodan Street (Mingalar Taungnyunt). Es empfiehlt sich, die Fahrkarten 1–3 Tage vor der Abreise zu besorgen. Die **Fahrkartenschalter** befinden sich nicht im markanten Hauptbau, sondern in einem unscheinbaren Gebäude gegenüber dem Sakura Tower an der Bogyoke Aung San Road. Für die jeweiligen Destinationen gibt es eigene Ticketschalter (tgl. 6–10, 13–16 Uhr). **Züge nach Norden:** 3–5 x tgl. über Bago (74 km, 2 Std.), Naypyitaw (372 km, 9,5 Std.) und Thazi (493 km, 12 Std.), nach Mandalay (622 km, 15 Std.), Nachtzug nach Bagan (tgl. 16 Uhr, 632 km, ca. 17,5 Std.). **Züge nach Süden:** 3 x tgl. über Bago (74 km, 2 Std.), Kyaikhto (160 km, 5 Std.) nach Mawlamyine (281 km, 9,5 Std.); der Zug um 18.25 Uhr fährt weiter bis nach Dawei (600 km, 23,5 Std.).
Busse: Yangon besitzt zwei große Busbahnhöfe, die weit außerhalb liegen, sehr unübersichtlich sind und kaum englische Beschriftungen aufweisen. **Tickets** kann man vorab einfacher in der Stadt selbst besorgen: Vor allem im südlichen Teil des Bogyoke Aung San Stadium und in der Pansodan Street findet man private Verkaufsstellen, die

FAHRT MIT DER CIRCLE LINE

Weder ist sie bequem, noch schnell, doch die Fahrt mit der **Ringbahn** eröffnet wunderbare Einblicke in das Alltagsleben der Yangoner. Das bunte Völkergemisch der Passagiere und die vielen fliegenden Händler lassen in den schaukelnden Waggons keine Langeweile aufkommen. Für die knapp 46 km lange, durch 39 Stationen unterbrochene Strecke benötigen die Züge 3 Std.
Wer an der **Central Railway Station** in die Circle Line einsteigt und mit ihr gegen den Uhrzeigersinn fährt, wird zunächst durch eine recht ärmliche Gegend kommen, bei **Mingaladon** (ca. 1,5 Std.) viel Grün sehen und ab **Insein** (ca. 2 Std.) moderne Wohnsiedlungen passieren.
Von der **Haltestelle Thadar Galay** ist man schnell bei der **Mae Lamu Paya** 45 (s. S. 154), während sich auf den Bahnsteigen der **Station Danyingon** ein bunter **Gemüse- und Obstmarkt** ausbreitet.
Beim **Bahnhof Insein** befinden sich die **Lokschuppen** mit teils altertümlichen Zügen und ein Block nördlich davon an der **Lanthit Street** ein sehenswerter **Markt**.
Tickets: u. a. in der Yangon Central Railway Station, Bahnsteig 6/7, entfernungsunabhängig 300 Kyat.

Yangon

FÄHREN NACH DALA

Der Ort Dala liegt nur auf der anderen Seite des Yangon River und ist trotzdem eine gefühlte Welt entfernt. Anstatt urbaner Hektik begegnet einem provinzielles Flair, obwohl auch hier über 170 000 Menschen leben. Die Personenfähren pendeln von frühmorgens bis zum späten Nachmittag alle paar Minuten ab **Pansodan Jetty** 17 gegenüber dem Strand Hotel (2000 Kyat einfach).

---

ausländischen Touristen allerdings gerne einen höheren Preis abknöpfen. Die meisten **Fernbusse** starten morgens zwischen 5 und 10 Uhr oder abends. **Ziele in der näheren Umgebung** werden vormittags am häufigsten angesteuert. Zu den empfehlenswerten Unternehmen zählen **Elite Express, Lumbini Express, JJ Express** und **Mandalar Minn** (s. auch S. 88). **Aung Mingalar Bus Station** (auch: **Highway Bus Station**): Dieser Terminal liegt weit im Norden im Stadtteil North Okkalarpa (20 km, 50–60 Min., Bus Nr. 43 ab Sule Paya Taxi 7000 Kyat). Hier starten mit Abstand die meisten Busse, u. a. nach Bagan (620 km, 10 Std.), Bago (80 km, 2 Std.), Hpa-an (300 km, 7–8 Std.), Kyaikhto-Kyaiktiyo (168 km, 4–5 Std.), Mandalay (695 km, 9–10 Std.), Mawlamyine (300 km, 6–8 Std.), Naypyitaw (380 km, 5–6 Std.), Pyay (280 km, 5 Std.), Taunggyi (730 km, 17 Std.), Taungoo (280 km, 5 Std.) und via Gwa oder Pyay nach Thandwe (Ngapali Beach, 390 km bzw. 480 km, 18–20 Std.). **Dagon Ayar Bus Station**: Dieser Busbahnhof befindet sich weit im Westen jenseits des Hlaing River im Stadtteil Hlaing Thayar (23 km, 45–60 Min., Bus Nr. 333 ab Sule Paya, Taxi 7000 Kyat). Da sich der Verkehr auf der Flussbrücke sehr häufig staut, sollte man rechtzeitig starten. Von hier fahren Busse ins Ayeyarwady-Delta, u. a. nach Pathein (180 km, 4 Std.) und von dort weiter nach Ngwe Saung (226 km, 5,5–6 Std.) und Chaungtha (240 km, 6 Std.).

Boote: Infolge verbesserter Straßen werden immer mehr Schiffsverbindungen eingestellt. Aktuelle Infos über die **IWT-Fähren**: IWT-Zentrale, 50 Pansodan St., Kyauktada, Tel. 01 38 19 12, 01 38 19 10, www.iwt.gov.mm. In der (Kannar) Road befinden sich mehrere Anlegestellen. Ab dem **Lanthit Jetty** (Tel. 01 22 24 72, 01 22 24 75) am Südende der Lanthit Street starten Schiffe ins Ayeyarwady-Delta nach Bogale (18 Uhr, ca. 9 Std., 25 000 Kyat), Maubin, Wakema und Myaungmya. Ab **Phone Kyi Lan Jetty** (Strand/Kannar Rd., Ecke Phone Kyi St.) gibt es eine schnellere Verbindung nach Bogale mit dem Shwe-Pyi-Tan-Boot (tgl. 6 Uhr, ca. 6 Std., 11 000 Kyat). Die Fähren nach Dala legen vom **Pansodan Jetty** (s. Tipp oben) ab.

Innerstädtische Verkehrsmittel

Busse: Proppenvolle Rostmühlen ohne Klimaanlage und fehlende Beschriftungen auf Englisch lassen keine Freude bei den öffentlichen Bussen aufkommen. Zudem gibt es keine Busspuren, weshalb man genauso im Stau steht wie mit dem Taxi. Dafür sind die Tickets spottbillig und kosten nur ca. 200 Kyat. Wer das öffentliche Busnetz trotzdem nutzen möchte, sollte sich von Einheimischen am besten das Fahrziel aufschreiben lassen. Zwischen der Sule und der Shwedagon Paya fahren die Busse Nr. 37, 43 und 46.

Taxis: Sie sind in großer Zahl vorhanden, am gelben Taxischild zu erkennen und das mit Abstand bequemste Fortbewegungsmittel. Der Preis muss vorher ausgehandelt werden – für kürzere Entfernungen bis zu 2 km ist mit 1500–2000 Kyat zu rechnen, für eine Fahrt von der Downtown zur Kaba Aye Paya mit 4000–5000 Kyat. Nachts steigen die Raten.

Fahrradrikschas: Die *hsai' ka* dürfen in Yangon nur noch eine beschränkte Zahl von Straßen nutzen, sind aber für kürzere Entfernungen eine Option. Eine Strecke von 1 km sollte ca. 1000 Kyat kosten.

Die Umgebung von Yangon

Wie sehr Myanmars größte Metropole im Umbruch ist, zeigt sich auch bei Ausflügen ins Umland. Mit seinem neuen Industriehafen Thilawa präsentiert sich Thanlyin jenseits des Yangon River wieder als Tor zur Welt. Die verblasste Königsstadt Bago hingegen wartet noch darauf, vom geplanten internationalen Flughafen wachgeküsst zu werden.

Thanlyin und Kyauktan

Thanlyin ▶ J 24

In großen Schritten knüpft das einstige Syriam auf der anderen Flussseite von Yangon wieder an seine alte Rolle als eines der wichtigsten Handelszentren des Landes an. Die aufstrebende Stadt mit ihren 267 000 Einwohnern avanciert dank ihres erweiterten Industriehafens Thilawa und dessen Status als Sonderwirtschaftszone immer mehr zum ökonomischen Powerhouse Myanmars. Das zeigt sich u. a. an der Star City, einem riesigen Hochhauskomplex samt Einkaufszentrum und Golfplatz, wo es sich Ausländer und betuchte Einheimische gut gehen lassen. Aus der alten Zeit sind nur noch wenige Überreste zu sehen, doch für einen halbtägigen Ausflug eignet sich Thanlyin allemal. Bekannt ist Thanlyin für das alljährlich im Februar stattfindende Thaipusam-Fest (s. S. 172).

Geschichte

Man vermutet, dass Syriam bereits im 1. Jt. eine bedeutende Siedlung der Mon war. Zu zweifelhaftem Ruhm gelangte die Stadt im frühen 17. Jh., als sich der Portugiese Philip de Brito y Nicote zum König von Syriam erhob. De Brito stand zunächst in den Diensten des Herrschers von Rakhine, Razagri, der 1599 mit seiner Flotte die gesamte Küstenregion im Golf von Martaban samt der Stadt Bago erobert hatte. Er bestimmte den Portugiesen zum Gouverneur der Hafenstadt. Doch der einstige Schiffsjunge sah seine Stunde gekommen und übernahm kurzerhand die Kontrolle über die Stadt. De Brito heiratete die Nichte des portugiesischen Vizekönigs von Goa, die als Mitgift Kriegsschiffe und Soldaten zur Verfügung gestellt bekam. In den darauffolgenden Jahren terrorisierte De Brito die ganze Küstenregion, ließ zahlreiche buddhistische Heiligtümer, darunter die Shwedagon-Pagode, plündern oder gar zerstören. Erst 1613 gelang es der Armee des Königs von Inwa, Anaukpetlun (reg. 1606–28), Syriam zu erobern und de Brito festzunehmen. Dessen Ende war grausam: Er wurde gepfählt.

Im 17. und 18. Jh. befanden sich in Syriam Niederlassungen britischer und französischer Handelsgesellschaften. Kirchen und Handelshäuser nach europäischem Vorbild prägten die Stadt, die jedoch 1743 von Mon-Rebellen größtenteils niedergebrannt wurde. Das endgültige Ende von Syriam kam 13 Jahre später, als König Alaungpaya die Stadt im Zuge seiner Eroberungsfeldzüge dem Erdboden gleichmachte. Daraufhin verlagerte sich der Schwerpunkt des Handels in das von Alaungpaya gegründete Yangon. Erst unter den Briten entwickelte sich Thanlyin wieder zu einem nennenswerten Umschlagplatz, insbesondere für das Ayeyarwady-Delta, mit dem es seither über den Twante-Kanal verbunden ist.

Ancient Portuguese Church

Nähe Kyaik Khauk Pagoda Rd., unweit Mahabandoola Bridge über den Bago-Fluss, frei zugänglich

Die Umgebung von Yangon

Einige renovierungsbedürftige Bauten stammen aus der Kolonialzeit. Nurmehr Ruinen blieben von der **Portugiesischen Kirche** nahe der Brücke übrig, die daran erinnert, dass sich in Syriam auch eine Missionsstation der katholischen Kirche befand. Mit de Brito kamen zwei Jesuiten in die Stadt, um die Gemeinde – meist Portugiesen – zu betreuen. Nachdem diese unter König Anaukpetlun vertrieben wurden, siedelten sie sich in Dörfern um Sagaing bei Mandalay und Shwebo an, wo heute noch ihre Nachkommen, die Bayingyi, leben. Die Kirche samt Klerikerhaus und Schule wurde 1750 mit finanzieller Hilfe des armenischen Händlers Nicholas de Aguillar errichtet, aber schon sechs Jahre später von der Armee Alaungpayas zerstört.

Kyaik Khauk Paya

Kyaik Khauk Pagoda Rd., 8 km südlich der Brücke, tgl. 6–20 Uhr, Eintritt frei

Thanlyins Hauptattraktion ist die auf einem Hügel stehende **Kyaik-Khauk-Pagode,** deren goldener Stupa bereits von Yangon aus zu sehen ist. Vermutlich stand an dieser Stelle bereits im 1. Jt. ein Stupa, als Thanlyin noch eine Mon-Siedlung war. Auf dem Pagodengelände befinden sich die Gräber zweier bekannter Dichter aus der Inwa-Periode: Natshinnaung sowie Padetha Raza, der im 18. Jh. lebte und das erste Theaterstück für den Königshof schrieb.

Termine

Thaipusam: Jan./Febr. Thanlyin hat eine große indische Gemeinde, deren Wurzeln in der Zeit liegen, als die Briten das Ayeyarwady-Delta für den Reisanbau erschlossen und viele Arbeitskräfte vom Subkontinent anlockten. Zu Ehren des Kriegsgotts Skanda (Tamil: Murugan) feiern sie alljährlich ganz groß Thaipusam. Im Rahmen dieses Festes laufen Hindus über glühende Kohlen, stecken sich Spieße durch das Fleisch oder hängen sich scharfe Haken mit schweren Gewichten in die Haut.

Verkehr

s. Kyauktan S. 173

Per Boot müssen Pilger zur Pagode in der Mitte des Flusses übersetzen – Yele Paya von Kyauktan

Kyauktan ▶ J 25

Etwa 15 km südöstlich von Thanlyin liegt an einem Seitenarm des Yangon River der Ort **Kyauktan,** der wegen seiner **Yele Paya** (Pagode in der Mitte des Flusses, tgl. 6–20 Uhr, 2000 Kyat) ein populäres Pilgerziel ist. Die Pagode liegt auf einer künstlichen Insel etwa 200 m vom Ufer entfernt und ist nur per Boot (5000 Kyat) erreichbar. Spektakuläre Baukunst darf man hier nicht erwarten, aber die Lage des Heiligtums ist recht stimmungsvoll.

In Kyauktan erstreckt sich zwischen der Bushaltestelle und der Bootsanlegestelle eine Straße mit zahlreichen **Souvenirläden.** An der Mole kann man Fischfutter kaufen, um die hier vorkommenden, bis zu 1 m großen **Welse** (*catfish*) zu füttern.

Aktiv

Fahrradtour – **Uncharted Horizon:** s. S. 166. Die Agentur arrangiert ab Yangon einen schönen Ganztagsausflug (ca. 70 km, 9–10 Std., 45 US-$/Person). Mit dem Rad geht es nach Kyauktan, die Rückfahrt erfolgt mit der Bahn.

Verkehr

Yangon ist mit dem 20 km entfernten Thanlyin über eine Brücke verbunden, von dort sind es 15 km bis Kyauktan.
Busse nach Kyauktan via Thanlwin: ab Sule Paya, Yangon Downtown. Die Fahrtzeit per Bus oder Mietwagen mit Fahrer ist verkehrsabhängig (Thanlyin ca. 1–1,5 Std., Kyauktan ca. 2 Std.), Mietwagen ca. 40–50 US-$).

Von Yangon nach Bago
▶ J/K 23/24

Für die von Yangons Downtown aus gerechnet 80 km lange Fahrt sollte man rund 3 Std. reine Fahrzeit einplanen

Wenn die Nacht dem Tag weicht und die Feuchtigkeit noch bleiern in der Luft hängt, dann ist die beste Zeit, den Tagesausflug nach Bago zu beginnen. Es scheint ewig zu dauern, bis die Metropole hinter einem liegt. Vorbei an zahlreichen Militäreinrichtungen, deren Gebäude teilweise noch aus der Kolonialzeit stammen, erreicht man auf der Nationalstraße 1 schließlich die Außenbezirke Yangons. Bei Htaukkyant zweigt die bis Pyay (260 km) gut ausgebaute Nationalstraße 2 ab, die durch die Ayeyarwady-Ebene nach Ober-Myanmar verläuft. Um nach Bago zu gelangen, folgt man indes weiterhin der Nationalstraße 1, von der schon kurz darauf der 2010 eröffnete Yangon-Mandalay Expressway abgeht. Unterwegs gibt es bei Htaukkyant drei Orte, die einen Zwischenstopp lohnen.

Shwe Nyaung Pin Nat

N 1, 33 km ab Yangon-Zentrum
Viele Autofahrer, die sicher ans Ziel kommen wollen, statten dem **Schutzgeist des Goldenen Banyanbaums** einen Besuch ab. Sein Schrein liegt noch vor dem Beginn des Expressway auf der linken Seite der Nationalstraße 1 und ist an dem mächtigen Banyanbaum zu erkennen. Einige grüßen den Shwe Nyaung Pin Nat mit einem kräftigen Hupen, andere opfern ihm ein paar Geldscheine oder Blumen, bevor sie ihre Fahrt fortsetzen. Wer ein neues Auto kauft, fährt damit bis vor den Schrein und setzt seinen Wagen dreimal vor und zurück.

Htaukkyant War Cemetery

N1, 34 km ab Yangon-Zentrum, tgl. 7–11, 13–16.30 Uhr, Eintritt frei
Nur etwa 1 km weiter erreicht man den **Soldatenfriedhof von Htaukkyant.** Auf dieser gepflegten Gedenkstätte liegen die sterblichen Überreste von 6374 alliierten Soldaten, die im Zweiten Weltkrieg in Myanmar ums Leben gekommen sind. An den Wänden des mächtigen Säulenrondells sind 27 000 Namen eingraviert, vorwiegend von in britischen Diensten gefallenen Indern und Nepalesen, deren Ruheort unbekannt ist. In verschiedenen Sprachen, darunter Hindi, Bengali und Urdu, wird der Sinn ihres Todes auf einen Satz reduziert: »They died for all free men«. Für die Instandhaltung der parkähnlichen Anlage

Die Umgebung von Yangon

sind Angestellte der Commonwealth War Graves Commission verantwortlich.

Hlawga National Park

Haupteingang an der N 2, 35 km von Yangon, ca. 1 km hinter der Abzweigung nach Htaukkyant, tgl. 8–18 Uhr, 800 Kyat

Dieses 623 ha große Schutzgebiet wurde 1982 rund um den 1904 als Wasserreservoir für Yangon angelegten Hlawga Lake etabliert und ist aufgrund seiner Stadtnähe ein beliebtes Ausflugsziel. Ein Teil des Nationalparks wurde zu einem Tierpark umgestaltet, in dem unter anderem Malaiische Schwarzbären, Leoparden und Tiger in Gehegen und Käfigen vor sich hindämmern. Weit aktiver sind die frei laufenden frechen Affenhorden. Nicht nur für Ornithologen sind die bislang 193 im Park gezählten Vogelarten interessant.

 # Bago ▸ J/K 23

Cityplan: S. 176

Erdbeben und Zerstörungen haben Bago zwar immer wieder zurückgeworfen, doch noch heute künden zahlreiche Pagoden von seiner einstigen Bedeutung als Herrschersitz der Mon und später der Taungoo-Dynastie. Die heutige Hauptstadt der Bago Division zählt 500 000 Einwohner und bislang nur wenige Touristen. Mit Fertigstellung des geplanten Hanthawaddy International Airport dürfte die Stadt jedoch sicherlich einen enormen Aufschwung erleben.

Geschichte

Vor langer Zeit befand sich an der Stelle von Bago eine vom Meer umspülte Insel, die so klein war, dass sich nur ein Vogel darauf niederlassen konnte, erzählt die Legende. Eines Tages landete ein Rostgänsepaar (Pali: *hamsa*, Myanma: *hintha*) auf dem winzigen Eiland und das Weibchen setzte sich auf den Rücken ihres Gefährten, damit beide Platz hatten. Buddha sah dies und prophezeite, dass dort eine blühende Stadt entstehen würde. Durch die Legende erhielt die Stadt den Namen Hanthawaddy (Reich des Hamsa-Vogels) – und bis heute wird den Frauen von Bago nachgesagt, dass sie ihre Männer unter die Fittiche nehmen.

Chroniken berichten von den Brüdern Thamala und Wimala aus der Mon-Stadt Thaton, die Bago 825 gegründet haben sollen. Faktisch liegt der Ursprung der Stadt jedoch im Dunkeln. Ihr Aufstieg begann 1385 unter dem Mon-Herrscher Rajadarit (Yazadarit, reg. 1385–1423), der hier seinen Königssitz etablierte. Unter Königin Shinsawbu (reg. 1453–72) entwickelte sich Bago zu einem wichtigen buddhistischen Zentrum. Shinsawbu war 1430 nach ihrer Ehe mit dem König von Inwa (Ava) gemeinsam mit zwei buddhistischen Mon-Mönchen in die Heimat zurückgekehrt. Um den Lebensabend nahe ihrer geliebten Shwedagon-Pagode im heutigen Yangon verbringen zu können, ließ sie 1472 per Los entscheiden, welcher ihrer beiden engsten Berater die Regentschaft übernehmen sollte: Auserwählt wurde der Mönch Dhammazedi. Er avancierte zum bedeutendsten Herrscher von Ramannadesa (Land der Raman), wie das Reich damals in Chroniken genannt wurde. Unter Dhammazedi (reg. 1472–92) entstanden einige der prächtigsten Heiligtümer Bagos.

Darauffolgende Machthaber ließen den Einfluss der Stadt schrumpfen, die im Jahr 1538 von Tabinshwehti (reg. 1531–50) annektiert wurde. Der Herrscher aus der Taungoo-Dynastie machte sie zu seinem Königssitz, von dem aus er das zweite birmanische Reich regierte. Unter seinem Nachfolger Bayinnaung (reg. 1550–81) erlebte das Land seine größte Ausdehnung und Bago einen erneuten Aufschwung – damals galt die Metropole bei europäischen Besuchern als eine der glanzvollsten des gesamten Ostens.

Der Niedergang von Bago wurde im Jahr 1599 eingeleitet, als Anaukpetlun, ein Enkel Bayinnaungs, interne Machtkämpfe zu beenden versuchte, indem er die Stadt mithilfe des Königs von Mrauk U niederbrennen ließ. Obwohl Anaukpetlun (reg. 1606–28) Bago

Überblicken die Landschaft – die vier Buddhas von Kyaikpun

nach seiner Krönung wieder aufbaute, erreichte es nie mehr seine einstige Pracht.

Das endgültige Ende kam Mitte des 18. Jh., als Bago nochmals Hauptstadt eines kurzlebigen Mon-Reichs war. Im Zuge seines Eroberungsfeldzugs ließ der Begründer der Konbaung-Dynastie, König Alaungpaya, Bago am 6. Mai 1757 komplett zerstören. Viele Mon flohen daraufhin ins benachbarte Siam, und Bamar besiedelten verstärkt den Küstenstreifen. Unter König Bodawpaya (reg. 1782–1819) wurde Bago wieder aufgebaut, kam jedoch nie mehr über den Rang einer Provinzstadt hinaus. Das änderte sich auch unter den Briten nicht, die den alten Mon-Namen Bago (Schön) in Pegu umwandelten.

Besichtigung

Stätten, falls nicht anders angegeben, tgl. 7–19 Uhr; Sammelticket für Kyaikpun Paya, Shwemawdaw Paya, Kanbawzathadi Nantaw und Shwethalyaung: 10 000 Kyat (an allen vier Stätten erhältlich). Die anderen Bauwerke sind kostenlos zu besichtigen. An manchen Sehenswürdigkeiten werden zusätzlich Fotogebühren erhoben.

Kyaikpun Paya 1

Kyaikpun Pagoda Rd., ca. 3,5 km südwestlich des Stadtzentrums, 700 m westlich des Yangon-Mandalay Rd., Sammelticket

Von Yangon kommend, kann man noch vor Einfahrt in das Stadtzentrum von Bago nach links zu den vier 30 m hohen **Buddhas von Kyaikpun** fahren. Sie wurden 1476 im Auftrag von Dhammazedi erbaut und blicken – Rücken an Rücken – in die vier Himmelsrichtungen. Es handelt sich um Gautama Buddha (Pali: Gotama; Nordseite) und seine drei Vorgänger Konagamana (Südseite), Kakusandha (Ostseite) und Kassapa (Westseite). Es heißt, dass sich zu der Zeit, als die Buddhas errichtet wurden, vier hübsche Schwestern versprachen, bis an ihr Lebensende ledig zu bleiben. Andernfalls sol-

Bago

Sehenswert
1. Kyaikpun Paya
2. Shwemawdaw Paya
3. Hinthagone Paya
4. Kanbawzathadi Palace
5. Seinthalyaung Paya
6. Maha Kalyani Sima
7. Myathalyaung Paya
8. Shwethalyaung Paya
9. Mahazedi
10. Shwegugale Paya

Übernachten
1. Han Thar Gardens
2. Bago Star Hotel
3. San Francisco Guest House

Essen & Trinken
1. Hanthawaddy
2. Kyaw Swa Restaurant
3. Shwe Li
4. Frappe

le, so schworen sie, eine der Figuren auf dem Gelände von Kyaikpun einstürzen. Die jüngste Schwester verliebte sich, heiratete – und prompt erfüllte sich die Vorhersehung, eine der Statuen kollabierte beim Erdbeben 1930. Inzwischen hat man das Ensemble restauriert.

Shwemawdaw Paya 2
Pagoda Rd., Sammelticket

Mit 114 m Höhe ist die **Pagode der Goldenen Großen Reliquie** der größte Stupa Myanmars und bereits von Weitem zu sehen. Drei Erdbeben haben der Shwemawdaw allein im 20. Jh. zugesetzt: 1912, 1917 sowie vor allem 1930. Damals wurde sie nahezu völlig zerstört und war jahrzehntelang ein Trümmerhaufen. Ab 1951 baute man die Pagode auf Initiative des Premiers U Nu größer als je zuvor wieder auf und versah sie nach ihrer Fertigstellung 1954 mit einem neuen Ehrenschrim (*hti*). Es gibt diverse Entstehungslegenden: Während eine jener der Shwedagon-Pagode gleicht (s. S. 142), erzählt eine Inschrift aus dem Jahr 1486 von einem Besuch Buddhas in der Mon-Stadt Thaton, wo er sechs Einsiedlern je eines seiner Haare vermachte. Die Inschrift berichtet auch von Restaurierungsarbeiten unter Königin Shinsawbu und König Dhammazedi.

Auf die Terrasse der Shwemawdaw führen vier Aufgänge. Vor dem meistgenutzten **Westaufgang** stehen zwei riesige weiße **Löwenstatuen** (*chinthe*), in deren Mäulern sich jeweils eine Figur des Mönchs Shin Upakote befindet, der vor Sturm und Überschwemmungen schützen soll. In beiden Fällen wird er nach oben blickend, mit der Hand in einer Almosenschale dargestellt. Auf der **Plattform** stehen Birmanische Ebenholzbäume (*Diospyros burmanica*), zahlreiche neuere Hallen sowie ein kleines Museum mit Buddhafiguren, die man im Schutt des 1930 eingestürzten Stupas fand. An der **Nordostseite** wurde der beim Erd-

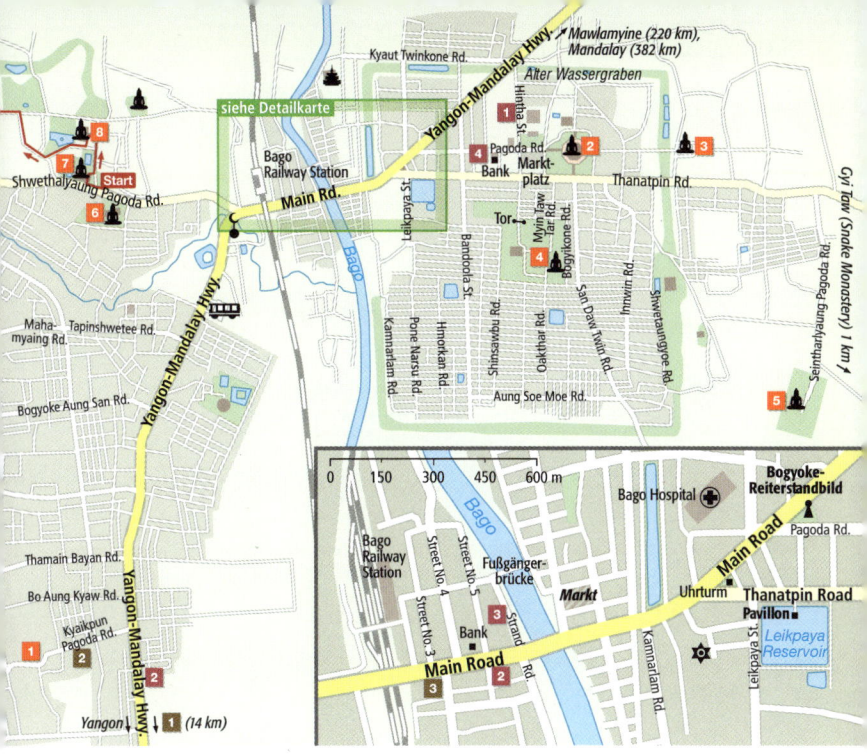

beben 1917 abgestürzte Teil der Spitze in den Bau integriert und mit einem kleinen Stupa versehen. Alljährlich Anfang April wird ein zweiwöchiges Pagodenfest gefeiert, das zu den größten der Umgebung zählt.

Hinthagone Paya 3
Auf dem Hinthagone

Vom Ostaufgang der Shwemawdaw gelangt man zur 800 m entfernten **Pagode des Hamsa-Hügels.** Von oben eröffnet sich ein schöner Ausblick auf die Stadt. Der Hügel soll einst die höchste Erhebung des legendären Eilands (s. Bago, Geschichte) gewesen sein, woran eine Darstellung des Vogelpaars erinnert. Populärer ist allerdings ein **Nat-Schrein** mit Bago Maedaw (Königsmutter von Bago; s. Thema S. 58), dem Schutzgeist der Stadt. Sie ist leicht an ihrer schwarzen Kleidung und einem Wasserbüffelschädel auf ihrem Kopf zu erkennen. Am Stupa finden häufig, zumeist sonntags, *nat pwe* statt.

Kanbawzathadi Palace 4
Bogyikone Rd., tgl. 9–16 Uhr, Sammelticket

Etwa 600 m südlich der **Shwemawdaw-Pagode** begannen Archäologen im Jahr 1990 mit der Ausgrabung der Grundmauern des **Kanbawzathadi-Palasts.** Dabei stießen sie u. a. auf 176 etwa 2 m lange Teakstämme mit Brandspuren. Ob diese jedoch zum 1566 von König Bayinnaung errichteten Palast gehörten, ist unklar. Der ummauerte Herrschaftssitz mit einer Seitenlänge von 1,8 km wurde 33 Jahre nach seiner Erbauung komplett zerstört. Bei den heutigen Gebäuden, allen voran zwei **Audienzhallen** mit Löwen- und Bienenthron sowie ein **Schlafraum,** handelt es sich um Rekonstruktionen aus Stein und Beton.

In einem kleinen **Museum** werden einige interessante Ausstellungsstücke gezeigt, darunter eine Sammlung von Buddhafiguren, Gebrauchsgegenstände und Keramikgefäße.

ZU FUSS DURCH BAGO

Start: Maha Kalyani Sima 6
Länge: 2,8 km
Dauer: ca. 2–2,5 Std. inklusive Besichtigungen
Hinweis: Die Wege sind meist schattenlos, daher Schirm und Wasser mitnehmen. Erfrischungsgetränke sowie Snacks gibt es auch an diversen Ständen zu kaufen. Am besten startet man morgens oder nachmittags.
Cityplan: S. 176

Bago mag zwar nicht die attraktivste Stadt Myanmars sein, aber besonders rund um die Pagoden westlich des Zentrums entfaltet der Ort seinen Charme. Wer mit dem Mietwagen unterwegs ist, sollte dem Fahrer eine Pause im *teashop* gönnen und die wichtigsten Sehenswürdigkeiten zu Fuß erkunden. Alternativ kann man über das San Francisco Guest House 3 (s. S. 179) Fahrräder ausleihen (2000 Kyat/Tag).

Ein guter Startpunkt ist die **Maha Kalyani Sima** 6 (Große Kalyani-Ordinationshalle), die in einem netten Klostergelände liegt. Sie wurde 1476 im Auftrag von König Dhammazedi errichtet, um den zersplitterten Mönchsorden zu einen und unter seine Kontrolle zu bringen. Zu diesem Zweck entsandte der Herrscher 22 Mönche nach Sri Lanka, wo sie im Kelaniya Raha Maha Vihara am Fluss Kelani ordiniert wurden. Nach ihrer Rückkehr ließ Dhammazedi für sie die Ordinationshalle bauen und benannte sie nach dem sri-lankischen Fluss. Dhammazedis Tat und die Bedeutung seiner *sangha*-Reform sind auf zehn großen Stelen nachzulesen. Die Maha Kalyani Sima wurde im Laufe der Zeit mehrmals verwüstet und neu aufgebaut, u. a. 1757 nach ihrer Zerstörung durch Alaungpaya (s. S. 46) sowie 1930 nach einem schweren Erdbeben. 1953 erhielt sie ihre einstige Bestimmung zurück und ist heute Teil eines Klosters.

Nur gut 200 m sind es von hier bis zum ersten von drei liegenden Buddhas in Bago, dem **Myathalyaung Paya** 7 (Smaragdener Liegender Buddha). Mit 68 m Länge und 21 m Höhe ist er zwar größer als sein Vorbild der Shwethalyaung, aber nicht unbedingt schöner – trotz seines wohlklingenden Namens. Ende 2006 wurde er an dem Ort fertiggestellt, wo Ziegelsteinhaufen vermuten lassen, dass sich dort bereits im 15. Jh. eine liegende Figur befand. Seine Fußsohlen sind mit den 108 Merkmalen eines Erleuchteten verziert.

300 m die Straße entlang in Richtung Norden erreicht man den **Shwethalyaung Paya** 8 (Goldener Liegender Buddha; Sammelticket), eine der Hauptattraktionen von Bago. Mit einer Länge von 55 m und einer Höhe von 16 m handelt es sich zwar nicht um die größte, wohl aber die schönste Darstellung dieser Art in ganz Myanmar. Der Legende nach soll König Migadepa der Jüngere die Figur 994 errichtet haben, nachdem er von seiner Schwiegertochter zum Buddhismus bekehrt worden war – durch ihr (erzwungenes) Gebet vor einer *nat*-Statue war diese zerbrochen, was den König ungeheuer erschreckte. Diese Geschichte ist sehr plastisch auf der Rückseite der Figur illustriert. Im 16. Jh. wurde der liegende Buddha unter König Bayinnaung restauriert, geriet jedoch infolge der Zerstörung von Bago im Jahr 1757 in völlige Vergessenheit und verschwand im Dickicht des Dschungels. Erst 1852 traten seine Reste beim Bau der

Eisenbahnlinie zutage. 30 Jahre später wurde der Shwethalyaung rekonstruiert und 1896 mit einer Eisenhalle überbaut. Auf Kopfhöhe der Statue befindet sich eine Darstellung der Göttin des Friedens, **Lawkanat** (auch: Lokanat, Schutzgeist des Universums; übrigens auch als Bodhisattva Avalokiteshvara/Lokanat identifiziert), die einer Erzählung zufolge mit Zimbelklang und Tanz den Kampf zwischen Löwen und Elefanten schlichtete. Die meisten Besucher allerdings interessieren sich mehr für die Erfrischungsgetränke und die schönen Souvenirs, darunter Schnitzarbeiten aus Palmholz und dem rötlichen Holz des Padauk-Baums, die es am Haupteingang zu kaufen gibt.

Zum 1 km weiter westlich gelegenen **Mahazedi** 9 (Großer Stupa) führt zwar eine direkte Straße, doch es lohnt sich, den Weg durch das hiesige Wohnviertel zu nehmen, um den Alltag der Menschen zu beobachten. Den weithin sichtbaren Großen Stupa kann man gar nicht verpassen. Er entstand 1560 auf Anordnung des ehrgeizigen Königs Bayinnaung, der darin eine Zahnkopie Buddhas unterbringen wollte. Allerdings entwickelte sich das Bauwerk zum Symbol für Bayinnaungs zerbrechliche Großmachtträume. Kaum fertiggestellt, fiel der Stupa einem Erdbeben zum Opfer. 1601 plünderte der Portugiese de Brito den edelsteinbesetzten Ehrenschirm der wiederaufgebauten Pagode, die auch in den folgenden Jahrhunderten immer wieder Erdbeben und Zerstörungen zum Opfer fiel, zuletzt 1930. Erst mit der feierlichen Anbringung des neuen Schirms im Jahr 1982 fand der Mahazedi wieder zu seinem alten Glanz zurück und besitzt mittlerweile sogar eine vergoldete Spitze. Nur Männern ist es erlaubt, die steilen Treppen der Stupabasis zu erklimmen und von dort den schönen Blick auf Bago zu genießen.

Knapp 500 m Meter weiter südlich des Mahazedi erhebt sich die **Shwegugale Paya** 10, um deren Stupa in einem dunklen Korridor 64 sitzende Buddhafiguren gruppiert sind. Die Pagode wurde 1494 von König Dhammazedis Nachfolger, Byinnya Ran (reg. 1492–1526), gestiftet.

Seinthalyaung Paya 5

Seinthalyaung Pagoda Rd.

Im äußersten Südosten der Stadt befindet sich eine große Figur des Erleuchteten: der von einer seitlich offenen Halle geschützte **Diamantene Liegende Buddha.** Er entstand in den 1990er-Jahren auf den Resten einer Vorgängerfigur komplett neu. Sehr schön sind der Lotosteich auf dem Tempelgelände und die natürliche Umgebung.

Maha Kalyani Sima 6, **Myathalyaung Paya** 7, **Shwethalyaung Paya** 8, **Mahazedi** 9, **Shwegugale Paya** 10: s. Aktiv S. 178.

Übernachten

Da Bago für die meisten nur eine Zwischenstation ist, übernachten dort kaum Touristen – entsprechend mager ist das Angebot. Man sollte keine zu großen Erwartungen hegen.

Lichtblick – **Han Thar Gardens** 1: 34 Bulleinn Tar Zone Village, Yangon–Mandalay Rd., Tel. 09 428 17 72 17, www.hanthargardens.com. Die großzügige Anlage liegt 14 km südwestlich von Bago am Rand des Hanthawaddy-Golfplatzes in einer schönen ländlichen Umgebung, aber ohne eigenes Fahrzeug ist man hier verloren. Stilvolle, saubere Zimmer, netter Pool, und überraschend leckeres Essen – insgesamt eine gute Wahl. DZ/ÜF ab 100 US-$.

Holzbungalows – **Bago Star Hotel** 2: 11–21 Kyaikpun Pagoda Rd., Tel. 052 300 66, 01 052 53 55 63. An der Zufahrt zu den vier Buddhas von Kyaikpun liegt dieses in die Jahre gekommene Hotel, das über 32 dunkle, hellhörige Holzbungalows mit Klimaanlage, Moskitonetz und funktionalem Bad verfügt. Das Essen ist mäßig und die Atmosphäre wenig einladend, aber eine Nacht kann man hier verbringen. Fahrradverleih. DZ/ÜF ab 30 US-$.

Schlicht, aber zentral – **San Francisco Guest House** 3: (auch als San Francisco Motel bekannt), 14 Main Rd., Tel. 052 222 65. Das Gästehaus ist etwas veraltet, doch seine zentrale Lage und die hilfsbereiten

Die Umgebung von Yangon

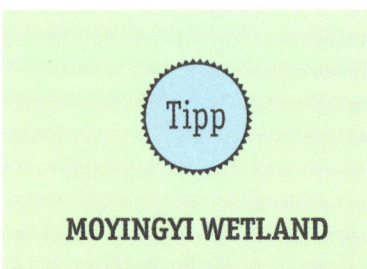

MOYINGYI WETLAND

Für Naturfreunde lohnt sich der Besuch im **Moyingyi Wetland Wildlife Sanctuary,** das etwas über 40 km nördlich von Bago liegt. Das 104 km² große, rund um einen Stausee aus dem Jahr 1904 angelegte Feuchtgebiet zieht wegen seines Vogelreichtums vor allem Ornithologen an. Über 133 Arten wurden bislang gezählt, darunter Grau- und Rosapelikane, Bunt- und Schwarzstörche, Zimtdommeln sowie diverse Ibis-, Reiher-, Kormoran- und Kranicharten.
Moyingyi Wetland Wildlife Sanctuary: ▶ J 23, von Bago via N 1 Richtung Norden bis Payagyi, wo man nach Westen abbiegt.

Mitarbeiter machen es für Anspruchslose zu einer guten Adresse. Helle, aber kleine Zimmer mit Ventilatoren und Bad, durch die Hauptstraße recht laut. Es gibt hier kein Frühstück, aber einen Fahrrad- und Mopedverleih. DZ ab 15 US-$.

Essen & Trinken

Entlang der Hauptstraße zwischen Eisenbahn- und Flussbrücke reihen sich viele *teashops* und einfache Lokale, doch insgesamt ist die Auswahl bescheiden.

Essen mit Ausblick – **Hanthawaddy** **1** : 129 Hintha St., Tel. 052 20 16 47, tgl. 10–21 Uhr. Das zweigeschossige Holzhaus ist mittags eine beliebte Anlaufstation für Reisegruppen – zu Recht, denn der Blick von der großen Terrasse im Obergeschoss ist toll und die Küche mit einer großen Auswahl an chinesischen und Thai-Gerichten ganz ordentlich. Gerichte ab 3500 Kyat.

Etabliert – **Kyaw Swa Restaurant** **2** : 6 Main Rd., Tel. 09 55 22 16 10, tgl. 6–22 Uhr. Das 1954 eröffnete Lokal mit Klimaanlage tischt solide und preislich akzeptable chinesische Küche mit guten und empfehlenswerten Fischgerichten auf. Große Filiale am Yangon-Mandalay Highway. Gerichte ab 3000 Kyat.

Gut und Günstig – **Shwe Li** **3** : 194 Strand (Kannar) Rd., tgl. 8–21.30 Uhr. Das beliebte Lokal direkt am Fluss bietet vorwiegend chinesische Speisen, aber auch birmanische Currygerichte. Gerichte ab 2000 Kyat.

Jugendtreff – **Frappe** **4** : Pagoda Rd., Ecke Hintha St., tgl. 9–21.30 Uhr. Ein Hauch Urbanität liegt bereits im Namen … Hier trifft sich Bagos Jugend gerne zu Säften und Softdrinks. Das Essen ist eher bescheiden, aber mit gebratenem Reis oder Nudelgerichten kann man nicht viel falsch machen. Gerichte ab 2000 Kyat.

Verkehr

Flüge: Nach einem langen Baustopp wird am Hanthawaddy International Airport nun wieder weiter gewerkelt. Der Flughafen liegt nur 8 km westlich von Bago und soll die Stadt für den internationalen Tourismus erschließen.

Züge: Bago ist Haltepunkt aller wichtigen Züge. Die **Bago Railway Station** liegt zentral, etwas westlich vom Bago River. Verbindungen u. a. 9 x tgl. nach Yangon (74 km, 2 Std.), 3–5 x tgl. über Naypyitaw (300 km, 7,5 Std.) und Thazi (420 km, 10 Std.) nach Mandalay (550 km, 13 Std.) sowie 3 x tgl. über Kyaikhto (86 km, 3 Std.) nach Mawlamyine (207 km, 7,5 Std.). Der Zug um 20.19 Uhr nach Mawlamyine fährt weiter nach Dawei (526 km, 21,5 Std.).

Busse: Der **Busbahnhof** liegt an der Hauptstraße, einige Hundert Meter südlich des Zentrums. Tickets für Fernziele sollten am Vortag gekauft werden. Während der Trockenzeit starten morgens Busse zum Goldenen Felsen und nach Kyaikhtiyo, abends nach Mandalay (560 km, 7–8 Std.) sowie mehrmals täglich nach Mawlamyine (232 km, 4–6 Std.), Taunggyi (560 km 15 Std.), Taungoo (207 km, 3 Std.) und Yangon (90 km, 2 Std.).

Zentral-Myanmar

Durch den Umzug der Regierung in die neue Hauptstadt Naypyitaw ist die Landesmitte wieder zur politischen Drehscheibe geworden. Das war sie auch früher schon: Mit Taungoo und der UNESCO-Welterbestätte Sri Ksetra bei Pyay liegen hier zwei Königsstädte, die für die Entwicklung des Landes von großer Bedeutung waren – Grund genug, hier einen Halt einzulegen.

Taungoo (Toungoo)

▶ J 20

Geschichte

Mit dem Namen der Stadt verbinden die Bewohner Myanmars vor allem das mächtige Zweite Großreich der Bamar, wenngleich die Herrscher der sogenannten Taungoo-Dynastie vor allem von Bago und später von Inwa aus regierten. Allerdings nahm die Dynastie in Taungoo ihren Ausgang: Im Jahr 1510 ließ der lokale Fürst Minkyinyo (reg. 1486–1531) die damals 5 km² große Stadt befestigen und nannte sie Kaytumadi. Sein Sohn Tabinshwehti (reg. 1531–50) weitete das zunächst kleine Reich auf Kosten der Mon aus und verlagerte den Königssitz 1539 ins strategisch günstiger gelegene Bago. Von da an fungierte der Ort am Sittaung River nurmehr als Gouverneursposten.

Unter den Briten wurde in Taungoo ein Flugplatz gebaut und die Stadt avancierte zu einem wichtigen Militärstützpunkt. Der Fall von Taungoo am 29. März 1942 ermöglichte den vorrückenden japanischen Truppen die zügige Eroberung des Nordens von Myanmar.

Heute ist die ca. 280 km nördlich von Yangon gelegene 230 000-Einwohner-Stadt aufgrund ihrer Nähe zu den Bergregionen des Bago Yoma und des Kayin State ein wichtiger Umschlagplatz für Teak und andere Harthölzer. Die vielen Arecapalmen in der Umgebung versorgen den einheimischen Markt mit den allseits beliebten Betelnüssen.

Sehenswertes

An Taungoos Zeit als königliche Hauptstadt erinnern noch heute Teile der quadratisch angelegten **Stadtbefestigung** mit dem restaurierten, 2,1 x 2,4 km lange **Wassergraben,** der das Zentrum und die wichtigsten Sehenswürdigkeiten umschließt.

Kandawgyi Lake und Umgebung

Der rechteckige **Große Königliche See** 37 ha) diente der Wasserversorgung. Vor dem Nord- und Südufer erstrecken sich jeweils zwei kleine Inseln mit schmucken Pavillons, die über Holzstege erreicht werden können und zur Rast einladen. Sehr beliebt ist am Westufer der **Freizeitpark Kyet Minn Nyi Naung,** der in Nachbarschaft zum Royal Kaytumadi Hotel liegt und von Einheimischen gerne zum Tretbootfahren und Picknicken genutzt wird.

Shwesandaw Paya

Tgl. 6–20 Uhr, Eintritt frei

Nahezu in der Stadtmitte befindet sich die **Pagode der Goldenen Haarreliquie** mit zwei Stoppeln des Erleuchteten, die er sich aus seinem geschorenen Haupt gezupft haben soll. Der Ursprung des Heiligtums liegt im Dunkeln. Gesichert ist nur, dass der heutige vergoldete Stupa im Jahr 1597 über einem Vorgängerbau errichtet wurde.

In einer Halle unweit des Nordzugangs sind **Statuen der Könige** der Taungoo-Dynastie aufgestellt. Ein weiteres Gebäude beherbergt einen **liegenden Buddha,** der

Zentral-Myanmar

von seinen Schülern und Devas umgeben ist. Aus dem Jahr 1912 stammt der **sitzende Buddha** in einer auf der Westseite gelegenen Halle (*tazaung*). Die Größe dieser 3,6 m hohen Figur wurde bestimmt durch das Gewicht ihres Stifters, der sich mit Silber und Bronze aufwiegen ließ. Er starb drei Jahre nach Fertigstellung der Figur und aus Dank für seine Großzügigkeit setzte man seine Asche hinter dem Buddha bei.

Myasigon Paya

250 m südlich der Shwesandaw, tgl. 6–20 Uhr, Eintritt frei

Auch die **Myasigon-Pagode** lohnt einen kurzen Besuch. Neben etwas verblassten Bildern der Taungoo-Monarchen ist die Hauptattraktion der Myasigon eine gekrönte Buddhafigur aus Silber und Bronze. Ihr gegenüber stehen Bronzestatuen von zwei daoistischen Gottheiten, die einer Inschrift zufolge 1901 von einem deutschen Buddhisten gestiftet wurden.

Aufmerksamkeit erregen in einem kleinen **Museumsgebäude** zwei britische Kanonen von 1897, eine aus Thailand stammende Buddhafigur sowie eine Darstellung von Airavata, dem dreiköpfigen Elefanten und Reittier der hinduistischen Gottheit Indra.

Übernachten

Palast am Seeufer – **Royal Kaytumadi Hotel:** Taw Win Kaytumadi Rd., Tel. 054 247 61, 054 251 45, www.kmahotels.com. Die im Stil eines Palasts gestaltete Anlage erstreckt sich entlang des westlichen Seeufers und umfasst sogar einen kleinen Stupa. Insgesamt stehen 66 Zimmer, darunter 15 Suiten, zur Verfügung, die eine geradezu royale Atmosphäre verströmen. Sehr geschmackvoll sind auch das geräumige Restaurant Tabinshwehti mit Seeblick, das Spa und der große Pool im Garten. DZ/ÜF ab 96 US-$.

Ordentlich und funktional – **Hotel Amazing Kaytu:** 8 Ohtkyauttan, Tel. 054 239 77, www.hotelamazingkaytu.com. Das bei Reisegruppen beliebte Hotel liegt in einer kleinen Seitenstraße nahe der Hauptstraße in Richtung Mandalay. Die 18 klimatisierten Zimmer sind sauber, diejenigen der Standardversion allerdings etwas klein. Recht nüchternes Restaurant, verbesserungswürdiger Service. DZ/ÜF ab 44 US-$.

Ruhig und solide – **Myanma Thiri Hotel:** 335 Mingalar St., Tel. 054 237 64, 243 70,

Acht Himmelsrichtungen und acht Planetenstellen

Die acht Planetenstellen rund um den Stupa dürfen an einem buddhistischen Heiligtum nicht fehlen. Im Buddhismus sind allen acht Himmelsrichtungen jeweils ein Wochentag, ein Sternzeichen und ein Tiersymbol zugeordnet. Vom Wochentag der Geburt werden Charaktereigenschaften, Beziehungskonstellationen und der Geburtsname abgeleitet.

Himmelsrichtung	Wochentag	Sternzeichen	Tiersymbol
Süden	Mittwoch (0–12 Uhr)	Merkur	Elefant mit Stoßzähnen
Südwesten	Samstag		Saturn Naga
Westen	Donnerstag	Jupiter	Ratte
Nordwesten	Mittwoch (12–24 Uhr)	Rahu	Elefant ohne Stoßzähne
Norden	Freitag	Venus	Meerschweinchen
Nordosten	Sonntag	Sonne	Garuda
Osten	Montag	Mond	Tiger
Südosten	Dienstag	Mars	Löwe

Taungoo (Toungoo)

Reisfelder im Umland von Taungoo

www.myanmathiri.com. Das einst staatliche Hotel liegt südwestlich des Zentrums und verfügt über einen zweistöckigen Hauptbau mit modernen, geräumigen Zimmern und vier Holzbungalows mit Terrasse. Das Restaurant versprüht noch den Charme sozialistischer Trostlosigkeit. DZ ab 33 US-$.

Beste Budgetoption – **Myanmar Beauty Guest House II–IV:** 801 Pauk Hla Gyi Rd., Tel. 054 250 73, drchanaye@gmail.com. Etwa 2 km südlich des Zentrums am Stadtrand gelegen, bietet der Komplex aus drei Lolzhäusern mit insgesamt 20 Zimmern eine schöne Aussicht auf die Reisfelder – vor allem Haus IV. Professionelle, gastfreundliche Leitung, reichhaltiges Frühstück, kostenloser Fahrradverleih. Ein guter Ort zum Entspannen. DZ/ÜF 20–45 US-$.

Essen & Trinken

Chinesisch – **Diadem Restaurant:** 8/24 Yangon–Mandalay Rd., etwas nördlich des Hotels Pun Swe Taw, Tel. 054 241 77, tgl. 10–21.30 Uhr. Der Charme fehlt, aber an den runden Tischen werden ordentliche Speisen aus dem Land der Mitte aufgetischt. Man kann auch auf der Terrasse sitzen und das Straßenleben studieren. Gerichte ab 3000 Kyat.

Beliebt – **Mothers House Restaurant:** 501 Yangon–Mandalay Rd., tgl. 7–21.30 Uhr. Das etablierte Gästehaus, 1 km südlich des Stadtzentrums gelegen, blickt auch auf eine lange Zeit als Restaurant zurück. Hier werden schmackhafte chinesische und birmanische Speisen aufgetischt. Gerichte ab 2500 Kyat.

MIT DEM ZWEIRAD VON TAUNGOO NACH THANDAUNG GYI

Start: Taungoo
Ziel: Thandaung Gyi (▶ K 20)
Länge: 45 km
Dauer: 2,5 Std. (Moped). In umgekehrter Richtung, also bergab, wäre eine Fahrradfahrt eine schöne Option (ca. 3 Std.), allerdings ist dies nur organisiert über eine Agentur möglich.
Höhenunterschied: 1200 m
Hinweis: Dieser Ausflug führt in touristisches Neuland, da die Region jahrzehntelang für Ausländer gesperrt war. Sie sollten sich vorab nach den örtlichen Gegebenheiten erkundigen und die Tour nur mit einem lokalen Führer unternehmen. Gute Mountainbikes sind vor Ort nicht erhältlich, Mopeds kann man über Unterkünfte in Taungoo organisieren oder über eine Agentur. Die Tour ist von Taungoo zwar problemlos an einem Tag zu bewältigen, allerdings gibt es auch in und um Thandaung Gyi genug zu erkunden. Es empfiehlt sich daher eine Übernachtung einzuplanen (Passkopie mitnehmen!).

Infos, Organisation, Buchung: Khiri Travel (s. S. 155), **IMS Travel and Tours** (7 Shwe Maung Ogh Lane, off U Loo Nee St., Yangon; Kontaktperson: Htwe Htw Hla/Rachael) und für Fahrradtouren **Uncharted Horizons** (s. S. 166) – alle in Yangon

Übernachtung in Thandaung Lay: Shwe Than Daung Resort, 13 Miles, Tel. 054 440 45, www.kmahotels.com. Zehn einfache Bungalows, DZ/ÜF ab 20 US-$

Übernachtung in Thandaung Gyi: Zion Baptist Church, Tel. 054 450 27, 09 31 76 19 02. Arrangiert Bed & Breakfast etwa im **Grace for Grace** (Tel. 054 450 26, 09 36 43 63 63) oder **I Wish** (Tel. 054 450 24), 10 US-$/Person inkl. Frühstück

Kochte Naw Bu Baw ein halbes Reiskorn, war der Topf nachher übervoll. Steckte sie einen Silberkamm in ihr volles Haar, erstrahlte sie wie die Sonne. Legte sie den Kamm unter ihre Füße, war sie unsichtbar. Als ihr geliebter Gatte eines Tages in den Krieg ziehen musste, gab sie ihm den wundersamen Kamm mit auf den Weg. Ihr Mann jedoch kam trotzdem ums Leben. Naw Bu Baw wurde zur Hexe erklärt und am Tod ihres Gatten für mitschuldig befunden. Man schleppte sie auf den höchsten Berg in der Umgebung und überließ sie ihrem Schicksal. Böse Kräfte sollen Naw Bu Baw dort vertilgt haben, die sich daraufhin in einen mächtigen Schutzgeist verwandelte. Seit damals zieht der 1470 m hohe **Daw Par Kho** jährlich zigtausend Pilger der Kayin-Minderheit an, besonders viele strömen an Neujahr auf den Gipfel. Der inzwischen von einem Kreuz gekrönte Berg erhebt sich bei Thandaung Gyi, dem Ziel dieses Ausflugs.

Von **Taungoo** (54 m) folgt man zunächst der Straße Nr. 5 Richtung Osten. Die ersten 10 km sind noch ziemlich eben. Nach 23 km und ein paar leichten Steigungen ist **Thandaung Lay** auf 127 m erreicht, seit 1959 Sitz der Distriktverwaltung. Heute leben hier rund 30 000 Menschen. Mit dem **Shwe Than Daung Resort** (s. oben), das am Pathi River inmitten einer Betelnussplantage liegt, gibt es eine akzeptable Übernachtungs- und Rastoption.

Die restlichen 22 km gestalten sich weitaus beschwerlicher, da mehr als 1000 Höhenmeter zu überwinden sind. Als Entschädigung eröffnen sich unterwegs immer wieder herrliche Ausblicke auf die wunderschöne Berglandschaft. Nach insgesamt 45 km ab Taungoo ist das entspannte **Thandaung Gyi** erreicht. Der 4000-Seelen-Ort liegt auf 1240 m und wurde bereits von den Briten als Sommerfrische genutzt. Ab 1852, nach dem Ende des Zweiten Anglo-Birmanischen Krieges, legten sie Tee- und Kaffeeplantagen an, die vielen Menschen – meist christliche Kayin – noch immer ein Auskommen garantieren. Allerdings war die Region infolge des Bürgerkriegs jahrzehntelang für Ausländer gesperrt. Erst seit 2013 ist es wieder erlaubt, den hübschen Ort zu besuchen. Obligatorisch ist natürlich der Aufstieg über 374 Stufen zum ›Andachtsberg‹, dem legendenumwobenen **Daw Par Kho** oder Prayer Mountain. Bei einem längeren Aufenthalt kann man Ausflüge zu Kayin-Dörfern in der Umgebung unternehmen, eine Teefabrik oder verschiedene Familienbetriebe besuchen.

Plastikambiente – **Yangon Food Villa:** 185 No Hmu Pho Kun St., tgl. 9–21.30 Uhr. Bei Taungoos Jugend scheinen die bunten Kunstledersessel und kleinen Tische dieses Restaurants anzukommen. Während die Klimaanlage surrt, kann man chinesische und thailändische Speisen genießen. Gerichte ab 2500 Kyat.

Aktiv

Besuch im Elefantencamp – Im Gebirgszug Bago Yoma westlich von Taungoo verteilen sich mehrere Elefantencamps des staatlichen **Myanmar Timber Enterprise (MTE).** Wer Interesse an einem Besuch hat, kann an einer der vielerorts in Taungoo angebotenen, ein- bis zweitägigen Touren dorthin teilnehmen. Übernachtungsmöglichkeiten bestehen u. a. in **Shwe Taung Ngwe Taung** (▶ J 20), einem Dorf der Kayin-Minderheit, die dort noch ihre eigenen Trachten herstellt. **Buchung:** über die meisten Hotels in Taungoo oder direkt bei dem erfahrenen Guide Maung Soe, Tel. 09 428 11 45 18, maungsoe 07@gmail.com (ca. 100 US-$/Person und Tag bei mehreren Teilnehmern).

Verkehr

Züge: In der **Taungoo Railway Station** südöstlich des Zentrums halten die Züge, die zwischen Mandalay und Yangon verkehren. Verbindungen 3 x tgl. über Bago (200 km, 5 Std.) nach Yangon (280 km, 7 Std.), 3–5 x tgl. über Naypyitaw (100 km, 3,5 Std.) und Thazi (220 km, 7 Std.) nach Mandalay (350 km, 8 Std.).

Busse: Es gibt einen **Busbahnhof für Nahverkehrsbusse** östlich des Stadtzentrums, die **Überlandbusse** halten vor den Büros der jeweiligen Busgesellschaft an der Yangon-Mandalay Road. Verbindungen u. a. nach Bago (200 km, 5 Std.), Mandalay (370 km, 7 Std.), Nay Pyi Taw (120 km, 3 Std.) und Yangon (280 km, 4,5 Std.).

Naypyitaw ▶ J 18

Seit dem 6. November 2005, 6.37 Uhr hat Myanmar eine neue Hauptstadt. Die ersten Monate noch namenlos, verkündeten die Militärs zum Tag der Streitkräfte am 27. März 2006 den Namen der Kapitale: **Naypyitaw** (Sitz der Könige). Allerdings residierten dort nie Monarchen, sondern zunächst einmal grün uniformierte Generäle – und die wollten unter sich bleiben. Ausländischen Touristen war der Besuch untersagt, auch die Bevölkerung wurde auf Distanz gehalten.

Mit 7054,4 km² etwa achtmal so groß wie das Land Berlin, verlieren sich in Naypyitaw nur rund 1,1 Mio. Einwohner. Es handelt sich um eine Hauptstadt der Leere mit nahezu autofreien achtspurigen Straßen und unvorstellbar weitläufigen Hotel-, Verwaltungs- und Regierungszonen. Der gemeine Mensch wirkt verloren und klein, genau das hatte der damals federführende General Than Shwe auch

Zentral-Myanmar

Weite und Größe charakterisieren die Hauptstadt Myanmars, das beweist auch die Plattform der Uppatasanti Paya

so geplant. Andererseits kann man Naypyitaw als grünste Hauptstadt Asiens preisen. Man atmet frische Luft, überall grünt und blüht es. Die zahlreichen Hotelresorts lassen an tropische Blumengärten denken. Dagegen ist Yangon stickig, voll und schmutzig.

Noch immer gilt in der Hauptstadt: *work in progress*. Seit Naypyitaw jedoch der Sitz des Unionsparlaments bzw. der gewählten Regierung ist und hochrangige Politiker aus aller Welt vorbeischauen, lohnt die Stadt durchaus einen Besuch. Die Unterkünfte sind gut und preislich passabel, zudem kreuzen sich in der Stadt die Wege zu einigen der Highlights des Landes: Nach Bagan sind es 250 km, nach Mandalay 270 km, nach Taunggyi 260 km und nach Yangon 380 km. Die Sehenswürdigkeiten der Hauptstadt selbst sind wahrlich unspektakulär, aber ein paar Stunden kann man mit ihrer Besichtigung verbringen. Also willkommen in Naypyitaw.

Uppatasanti Paya

Yaza Htarni Rd., tgl. 7–18 Uhr

Naypyitaws Hauptattraktion ist fraglos die **Pagode zum Schutz des Friedens** im östlichen Teil der Stadt. Im März 2009 nach nur dreijähriger Bauzeit eingeweiht, erhebt sich der Stupa auf einer gewaltigen Plattform, die eine wunderschöne Aussicht bis zu den Bergen des Shan State bietet. Dass in architektonischer Hinsicht Yangons Shwedagon Paya Pate stand, lässt sich nicht übersehen, allerdings fällt die Uppatasanti mit ihrer Höhe von 98,5 m etwas kleiner aus. Außerdem ist das Heiligtum innen hohl, was man an heißen Tagen zu schätzen weiß.

Im **Inneren** befinden sich vier **Jadebuddhas** sowie eine Serie von **Friesen** mit Szenen aus dem Leben des Erleuchteten und aus der Geschichte des Buddhismus in Myanmar.

Naypyitaw

steinmuseum, das in seiner Überdimensionalität gut zur Hauptstadt passt. Auf einem sieben Fußballfelder großen Gelände erhebt sich ein moderner dreigeschossiger Bau, der u. a. die mit 6,2 cm Länge und 3 cm Breite weltgrößte Perle und den mit 21 450 Karat (4,3 kg) weltgrößten Rubin beherbergt. Wem dies nicht genügt: Es wird auch ein 60 000 Karat (12 kg) schwerer Saphir ausgestellt.

Im Erdgeschoss sind zahlreiche **Souvenirstände** untergebracht und in der benachbarten **Mani Yadana Jade Hall** findet alljährlich die Edelsteinmesse **Myanmar Gems Emporium** statt, die vor allem Händler aus China anzieht.

Nicht versäumen sollte man die lebendigen sechs **Weißen Elefanten** *(hsin hpyu daw)* in einem Pavillon seitlich der Pagode. Die Tiere sind zwar eher rosafarben, aber das tut ihrer Bedeutung keinen Abbruch: Wie in den vergangenen Jahrhunderten sind sie noch heute ein Symbol der Macht, des Friedens und der Prosperität. Nur Experten können einen Weißen Elefanten identifizieren: Er muss u. a. besonders lange Schwanzhaare, eine markante Hautfalte an den Schultern und weiße oder rosafarbene Zehennägel haben. Seine Grundfarbe liegt zwischen rosa und kastanienbraun.

Gem Museum

Yarza Thingaha Rd., Di–So 9.30–16.30 Uhr, 5000 Kyat, Passkopie!
Etwas südlich des großen Kreisels, der die Stadtmitte markiert, befindet sich das **Edel-**

Zoo und Parkanlagen

Naypyidaw Zoological Gardens
Östlich der Yangon-Mandalay Rd., Di–So 8.30–20 Uhr, 10 000 Kyat
Zur Unterhaltung der Einwohner eröffnete 2008 etwa 30 km nordöstlich des Zentrums der mit 2,5 km^2 landesgrößte **Zoo von Naypyitaw.** Auf dem riesigen Gelände sind über 600 Tiere zu sehen, darunter Pinguine, die in einem klimatisierten Gebäude leben. Ebenfalls auf dem Areal angesiedelt sind ein **Safaripark** und ein **Planetarium.**

National Landmark Garden
Yamethin, tgl. 7–17.30 Uhr, 10 000 Kyat inkl. Buggy
Östlich des Zoos schließt sich Myanmar en miniature an. Der **National Landmark Garden** hat exakt den Umriss des Landes, als Meer muss ein Teil des Yezin-Stausees herhalten. Auf 160 ha werden die 14 Unionsstaaten mit ihren markantesten **Sehenswürdigkeiten,** traditionellen **Häusern** und **Trachten** der Minderheiten präsentiert. Einen sehr guten **Rundblick** eröffnen zwei stählerne Türme.

Water Fountain Garden
Zwischen Yaza Thingaha Rd. und Taungnyo Rd., Stadtzentrum, tgl. 8.30–20.30 Uhr, 500 Kyat
Abends empfiehlt sich ein Besuch des **Fontänengartens,** der zur Dämmerung il-

Zentral-Myanmar

luminiert wird. Es gibt einen **Spielplatz** und **einfache Lokale**.

Abstecher nach Kyidaunggan ▶ J 18

Der Ausflug kann über Ko Thet Naing, Tel. 09 259 12 07 64, 09 797 85 90 73 arrangiert werden, Wagenmiete ca. 60 000 Kyat/Tag

Wem die Hauptstadt zu leer und steril ist, kann einen Abstecher nach **Kyidaunggan** unternehmen, das etwa 14 km nördlich der Uppatasanti Paya bzw. 4,5 km nördlich des Bahnhofs von Naypyitaw liegt. Der gemütliche Ort lädt mit altem Baumbestand und urigem Markt zu einem Spaziergang ein. Kyidaunggan birgt zudem einige hübsche Kolonialbauten aus den 1920er-Jahren, etwa das Büro der NLD-Partei oder ein Haus mit Reismühle in seinem hinteren Grundstückbereich. Beide Gebäude liegen in der vom Markt gen Norden abzweigenden Straße.

Übernachten

Es gibt insgesamt drei Hotelzonen, in denen mittlerweile ein reiches Angebot an Unterkünften besteht. Auch das Preis-Leistungs-Verhältnis kann sich sehen lassen, allerdings herrscht bei günstigen Gästehäusern Fehlanzeige. Wer mit dem öffentlichen Bus anreist, sollte dem Fahrer den Namen der Unterkunft nennen, da die meisten Busse an den Hotelzonen vorbeifahren.

Modern-minimalistisch – **The Lake Garden Nay Pyi Taw:** National Guest House, Dekkhina Thiri Rd., Hotelzone 3, Tel. 067 810 50 59, www.mgallery.com. Wie die anderen Nationalen Gästehäuser auch ist diese weitläufige Anlage vor allem auf Staatsgäste ausgerichtet. Das von der Accor-Gruppe gemanagte Hotel lässt keine Wünsche offen und verfügt über 165 stilvoll und komfortabel gestaltete Zimmer. Im Kulinarischen ist noch Luft nach oben. Schöner Pool und idyllische Parklandschaft mit See. DZ/ÜF ab 110 US-$.

4 ha Garten – **Emerald Palace:** 40/41 Yaza Thingaha Rd., Hotelzone 1, Tel. 067 41 93 21, www.emeraldpalace.com. Die 59 geschmackvollen, mit viel Holz ausgestatteten Zimmer und Bungalows sowie die weitläufige, schön gestaltete Gartenanlage machen das Resort zu einer guten Wahl. Gemütlich wird's abends in der Bar. DZ/ÜF ab 100 US-$.

Preislich gut – **Royal Kumudra Hotel:** 10 Yaza Thingaha Rd., Hotelzone 1, Tel. 067 42 07 60, www.maxhotelsgroup.com. In einer Parkanlage verteilen sich ein zweigeschossiger Bau mit günstigeren Zimmern sowie höherpreisige Bungalows. Schöner Pool und nettes Restaurant, auch der Service ist in Ordnung. DZ/ÜF ab 60 US-$.

Funktional-steril – **Excel Capital Hotel:** 23/24 Yaza Thingaha Rd., Hotelzone 3, Tel. 067 810 60 11, www.exceltreasurehotel.com. Der Hotelklotz wirkt ziemlich steril, die Zimmer sind gesichtslos, aber sauber, das Restaurant lässt an eine Halle denken. Keine Bar, kein Pool, kein Spa – für die Freizeit sollte man sich Alternativen suchen. Bei dem Preis dennoch eine passable Option. DZ/ÜF ab 45 US-$.

Essen & Trinken

Gehobenes Ambiente – **Siam Lotus:** 11 Tha Pyay Gone Restaurant Hill, Tel. 067 43 23 37, tgl. 10–23 Uhr. Das Thai-Restaurant ist wegen seiner gut gewürzten, optisch ansprechenden Speisen und wegen seines stilvollen Ambientes eine gute Adresse – dafür lohnt es sich, das Hotel abends noch einmal zu verlassen. Gerichte ab 4000 Kyat.

Solide gekocht – **YKKO:** im Capital Hypermarket, Yaza Thingaha Rd., tgl. 10–22 Uhr. Typisch für diese Restaurantkette ist die moderne, etwas sterile Atmosphäre, doch die Auswahl an chinesischen und birmanischen Gerichten ist sehr groß. Gerne bestellt werden Seafood sowie *kyay oh*, Reisnudeln und Fleischbällchen, mit oder ohne Brühe. Gerichte ab 3500 Kyat.

Asiatisches Allerlei und Fassbier – **Maw Khan Nong:** 273 Tha Pyay Gone Restaurant Hill, Tel. 067 41 44 80, tgl. 7–21.30 Uhr. Wenn die große Halle voll ist, geht es ziemlich wuselig zu, aber das Essen – von chinesisch über Shan-Nudeln bis zu birmanischem Curry – schmeckt gut und die Preise sind passabel. Gerichte ab 2500 Kyat.

Einkaufen

Einkaufszentrum – Junction Center: Yaza Thingaha Rd., www.junctioncentregroup.com, tgl. 10–21 Uhr. Neben Boutiquen und einem großen Supermarkt gibt es hier auch ein Kino.

Supermarkt – Capital Hypermarket: Yaza Thingaha Rd., neben dem Junction Center, tgl. 9–21 Uhr. Nüchterner als der Supermarkt im Junction Center, aber genauso gut sortiert.

Markt – Myoma Market: Taungnyo Rd., Ecke Yan Myo Thant Sin Rd., tgl. 9–17.30 Uhr. Lebendiger und bodenständiger Markt mit vielen Obst- und Gemüseständen sowie einem großen Angebot an Kleidung und Haushaltswaren. Wenn abends die Stände und Garküchen des großen **Nachtmarkts** (tgl. ab 17 Uhr bis spät) öffnen, ist hier gut was los.

Verkehr

Fernverbindungen

Flüge: Der **Nay Pyi Taw International Airport** (Adresse/Internationale Verbindungen/ Verkehrsanbindung; s. S. 85) liegt etwa 25 km südöstlich des Zentrums. Die Inlandsflüge von/nach Yangon sind aufgrund des regen Geschäftsverkehrs häufig ausgebucht.

Züge: An der futuristischen **Nay Pyi Taw Railway Station** 18 km nordöstlich des Zentrums halten die Züge zwischen Mandalay und Yangon. Verbindungen 3 x tgl. über Taungoo (100 km, 3,5 Std.) und Bago (300 km, 8 Std.) nach Yangon (372 km, 9,5 Std.) und 3 x tgl. über Thazi (120 km, 2,5 Std.) nach Mandalay (250 km, 5 Std.).

Busse: Die **Überlandbusse** fahren am Myoma Market ab, wo sich auch die Schalter der Busunternehmen befinden. Für Yangon (380 km, 4,5 Std.) und Mandalay (270 km, 4–5 Std.) sind **JJ Express** und **Elite** zu empfehlen. Weitere Verbindungen gibt es vom **Busbahnhof in Pyinmana,** den man in ca. 30 Min. per Taxi (ca. 10 US-$) von den Hotelzonen oder per Shuttlebus vom Myoma Market aus erreicht. U. a. startet hier der Nachtbus nach Taunggyi (260 km, ca. 7 Std.).

Innerstädtische Verkehrsmittel

Angesichts der großen Entfernungen in Naypyitaw ist man auf Nahverkehrsmittel angewiesen. ›Echte‹ **Taxis** gibt es jedoch kaum, Wagen mit Fahrer organisiert man am besten über die Hotelrezeption (ab 60 000 Kyat/ Tag). Aufgrund fehlender öffentlicher Busse sind **Mopedtaxis,** die günstigste Variante. Man bestellt sie über die Hotelrezeption; ansonsten warten die Fahrer auch an belebten Orten wie dem Myoma Market, den Einkaufszentren oder dem Water Fountain Garden. Man sollte eine zweisprachige Hotelkarte dabeihaben, denn kaum jemand spricht Englisch.

Pyay ▶ G 20

Die 250 000-Einwohner-Stadt ist touristisch etwas mehr ins Rampenlicht gerückt, seit die nahe gelegene Pyu-Stätte Sri Ksetra (s. S. 192) im Jahr 2014 von der UNESCO zum Welterbe erklärt wurde. Von Yangon 280 km entfernt, eignet sich Pyay (*pjie* ausgesprochen) perfekt als Zwischenstation auf dem Weg in das noch 340 km entfernte Bagan.

Die Stadt am Ayeyarwady war schon zur Bagan-Zeit im 11. Jh. ein wichtiger Hafen. Unter den Briten wurde Pyay – damals Prome genannt – zu einem Umschlagplatz für die 1865 gegründete Irrawaddy Flottilla ausgebaut. Noch heute ist die Stadt ein bedeutender Knotenpunkt für den Ost-West-Verkehr zwischen Taungoo und Rakhine.

Shwesandaw Paya

Tgl. 6–21 Uhr, Eintritt frei

Hauptattraktion ist die berühmte **Pagode der Goldenen Haarreliquie** auf einer Anhöhe direkt am Fluss, deren goldener Stupa die ganze Stadt überragt. Die Ursprungslegende ähnelt jenen der Shwedagon Paya in Yangon bzw. der Shwemawdaw Paya in Bago, allerdings mit ein paar Abweichungen: So soll der Erleuchtete höchstpersönlich von Indien herübergekommen sein, und die beiden Mon-Händler hießen Ajjita und Bhallika. Sie sollen ihm, nachdem er ihnen drei seiner Haare vermacht hatte, einen Smaragdthron geschenkt haben. Wie dem

auch sei, vermutlich stand auf dem Hügel schon während der Pyu- und der Bagan-Ära ein Heiligtum. Schenkungen sind ab dem 18. Jh. nachgewiesen, als König Alaungpaya den Stupa neu vergolden ließ, 1841 stiftete König Tharrawaddy einen neuen *hti*. Das heutige Bauwerk wurde nach dem Erdbeben von 1858 mit finanzieller Unterstützung eines reichen Händlers grundlegend erneuert.

Mit einem **Lift** an der Nordwestseite oder über einen der **Treppenaufgänge** an den Achsenpunkten gelangt man auf die **Plattform.** Dort zieht einen zunächst der goldglitzernde 23 m hohe **Stupa** in seinen Bann. Er ruht auf drei quadratischen **Terrassen,** seinen heutigen *hti* ließ die Militärregierung 2002 neu anfertigen.

Unter den diversen Hallen ist die **Halle der Zahnreliquie** von besonderem Interesse. Ihre im Jahr 1899 gestiftete Reliquienkopie stammt aus dem sri-lankischen Kandy. Alljährlich zum Tazaungmon-Vollmond (Okt./Nov.) wird sie den Besuchern der Pagodenanlage zugänglich gemacht. In einem kleinen Raum dieser Halle sind Terrakottatafeln aus der Pyu-Ära zu sehen, die 1953 in einem nahe gelegenen Stupa entdeckt wurden.

Von der **Plattform** genießt man vor allem spätnachmittags einen herrlichen Blick auf die Flusslandschaft im Westen. Richtung Osten erspäht man den Großen Zehnstöckigen Buddha, **Sehtatgyi Paya,** zu dem ein überdachter Weg von der Shwesandaw Paya aus führt und der nachdenklich gen Westen blickt

Shwebontha Paya

Straße am Westufer des Ayeyarwady, 7 km von Pyay, tagsüber, Eintritt frei
Am Westufer des Ayeyarwady steht die **Pagode der Goldenen Höchsten Welt,** die in den 1990er-Jahren verschönert wurde. Der **Stupa** ist wenig interessant, doch Gläubi-

Goldener Stupa und Ehrenschirm in der Shwesandaw Paya

ge kommen wegen zwei **nat-Schreinen** hierher, in denen u. a. die Große Schwester Smaragddame, Amaedaw Mya Sein, verehrt wird.

Schön ist auch der Flussblick mit der **Nawaday-Brücke** im Hintergrund, über welche die Pagode gut mit dem Auto erreichbar ist.

Payagyi und Payama

Am östlichen Stadtrand erhebt sich wie ein überdimensionales Ei die **Payagyi** (Große Pagode, tagsüber, Eintritt frei). Der Stupa wurde vielfach restauriert und präsentiert sich mit seiner Höhe von knapp 50 m ziemlich eindrucksvoll. Es ist nicht ganz klar, ob der rote Ziegelbau in seiner heutigen Form auf die Pyu-Zeit zurückgeht, doch Funde von vier königlichen Urnen aus dem 7. und 8. Jh. in der Nähe legen diese Vermutung nahe. Bei heutigen Buddhisten ist die Payagyi populär, weil sie auf den legendären König Duttabaung zurückgehen und den rechten großen Zehennagel des Erleuchteten bergen soll.

Etwas weiter östlich erhebt sich in ähnlich konischer Form die **Payama** (Hauptpagode, tagsüber, Eintritt frei), die vermutlich zur gleichen Zeit erbaut wurde. Die beiden Heiligtümer markieren bereits die Nordseite der alten Metropole Sri Ksetra (s. S. 192).

Übernachten

Tropische Oase – **Mingalar Garden Resort:** Flying Tiger Garden, Aung Chan Thar, nahe der Payagyi, Tel. 053 286 61, 053 286 62, www.mingalargardenresort.com. Die Anlage befindet sich an der östlichen Stadtgrenze. In einem herrlichen Tropengarten verteilen sich rund um einen künstlichen See stilvolle Bungalows mit Veranda, japanischem Deko-Touch und viel Holz. Frühstücken kann man in offenen Pavillons am Wasser. DZ/ÜF ab 80 US-$.

Zentral mit Komfort – **Lucky Dragon Hotel:** 772 Strand (Kannar) Rd., Tel. 053 24 22 22, www.luckydragonhotel.com. Kompakte Hotelanlage an der Uferstraße im Stadtzentrum

Zentral-Myanmar

mit sauberen, schön gestalteten Bungalows. Die 30 Zimmer sind modern, mit viel Holz und einem sauberen Bad ausgestattet. Kleiner Pool, gutes Restaurant, Fahrradverleih. DZ/ÜF ab 50 US-$.

Essen & Trinken

Flussblick – **Hline Ayar Restaurant:** Strand (Kannar) Rd., tgl. 10–22.30 Uhr. Während Provinzschönheiten abends ihre Sangeskunst präsentieren, knabbert man mit dem Fluss als Kulisse an Grillspießchen oder verspeist Seafood. Gerichte ab 2500 Kyat.

Alteingesessen – **San Francisco Restaurant:** Strand (Kannar) Rd., südlich des Lucky Dragon Hotel, tgl. 10–22 Uhr. Wie so oft bei chinesischen Lokalen mangelt es auch hier am Ambiente, aber der effektive Service und die schmackhaften Gerichte machen es zu einer guten Wahl. Serviert wird im klimatisierten Inneren oder draußen. Gerichte ab 2500 Kyat.

Leckeres aus Nippon – **Yokohama Restaurant:** 417 Strand (Kannar) Rd., Tel. 09 531 29 90, tgl. 11.30–14, 17–22 Uhr. An der Uferstraße gelegenes Lokal mit guter japanischer Küche, freundlichem Service und einer teils überdachten Terrasse. Gerichte ab 2500 Kyat.

Birmanische Currys – **Mey Wet War (Auntie Mo's):** Kan St., gegenüber der Post, tgl. 7–21.30 Uhr. Beliebte Adresse für birmanische Speisen, die büfettmäßig aufgetischt werden. In dem großen, hallenartigen Lokals kann es allerdings etwas laut zugehen. Ab 2000 Kyat.

Verkehr

Züge: Zwar fährt von der **Pyay Railway Station** 1 x tgl. ein Zug nach Yangon (280 km, 7 Std.), doch angesichts der langen Fahrtzeit ist dieses Transportmittel wenig attraktiv.

Busse: Vom **Busbahnhof** am östlichen Ortsausgang u. a. Verbindungen nach Magwe (200 km, 5–6 Std.), Mandalay (430 km, 11 Std.), Yangon (280 km, 5–6 Std.) und Bagan (17 Uhr, 340 km, 8 Std.). Ebenfalls am Busbahnhof starten 1–2 x tgl. Minibusse nach Ngapali (230 km, 12 Std., Kontakt: Yoma Yar Zar, Tel. 09 423 65 90 28, 09 31 21 63 65).

Innerstädtischer Verkehr
Kürzere Strecken werden mit **Fahrradrikschas,** längere mit **Mopedtaxis** bestritten. Kurzfahrten kosten jeweils um 1000 Kyat.

Die Umgebung von Pyay ▶ G 20

Nahe der Bahnstation Hmwaza, etwa 8 km östlich von Pyay, liegen die berühmten Ruinen der ehemaligen Pyu-Stadt **Sri Ksetra.** Wer ein Augenleiden hat, sollte den Ort **Shwedaung** (s. S. 194) etwa 12 km südlich von Pyay besuchen.

 Sri Ksetra

Karte: S. 193

In der Vergangenheit haben sich nur recht wenige Touristen nach **Sri Ksetra** (Thayekhittaya) verirrt. Seit die Stätte jedoch im Jahr 2014 zusammen mit Halin (s. S. 336) und Beikthano (s. Tipp S. 290) zum ersten UNESCO-Welterbe Myanmars erklärt wurde, ändert sich dies langsam.

Geschichte

Thayekittaya, wie Sri Ksetra auf Myanma heißt, war zwischen dem 4. und 9. Jh. das wichtigste Zentrum der Pyu-Kultur. Wer sich hinter dieser Ethnie genau verbirgt, ist unklar, vermutlich handelt es sich um Angehörige der tibetobirmanischen Sprachgruppe, die von Norden aus am Ayeyarwady entlang gen Süden migrierte und in der Flussebene mehr oder weniger eng zusammenhängende urbane Zentren gründete. Ebensowenig weiß man, ab wann die Pyu die alten Handelswege zu kontrollieren begannen. Münzfunde belegen, dass Handelskontakte bis nach China und Indien bestanden.

Die ältesten Bauwerke in Sri Ksetra stammen aus dem 5. Jh. Zu jener Zeit waren der Buddhismus und brahmanische Kulte am Königshof bereits fest etabliert. Die im 9. Jh. im China der Tang-Zeit verfasste Chro-

Die Umgebung von Pyay

nik »Xin Tangshu« (Neues Buch der Tang) beschreibt Shilichadaluo als eine Stadt mit 160 Li (80 km) Umfang, die von einer runden Ziegelsteinmauer mit zwölf Toren umgeben war. Faktisch hatte die Stadtmauer jedoch »nur« eine Länge von 14 km. In der Chronik wird auch von einer Gesandtschaft der Piao (wahrscheinlich = Pyu) berichtet, die 802 unter Führung des Kronprinzen Sunanda nach China kam und von einer 35-köpfigen Musiktruppe begleitet wurde. Zu Beginn der Bagan-Ära im 11. Jh. wurden die Pyu von den Bamar unterjocht. Frühestens in dieser Zeit tauchte erstmals die Bezeichnung Sri Ksetra (Sanskrit: Shri Kshetra, Glorreiches Feld) auf.

Besichtigung

Di–So 10–16 Uhr, 5000 Kyat inklusive Museum und archäologischem Feld; Aufgrund der Wegstrecke von über 7 km bietet es sich vor allem bei großer Hitze an, die Distanzen zwischen den Sehenswürdigkeiten mit einem Transportmittel zu überwinden – und was wäre stilvoller als ein Ochsenkarren. Mehrmals täglich starten am Archäologischen Museum Rundtouren, bei denen man gemütlich in 2–3 Std. durch das Areal kutschiert wird und unterwegs an allen interessanten Punkten hält (ca. 5000 Kyat/Person)

Sicherlich stehen die Monumente von Sri Ksetra im Schatten jener von Bagan. Doch ihr besonderer Reiz liegt in der wunderba-

Zentral-Myanmar

ren Mischung von ländlichem Flair und historischen Monumenten. Lange Zeit dem Dschungel anheimgefallen, fanden die ersten Grabungen in den Jahren 1906/07 unter dem französischen Forscher General Léon de Beylié statt. Einige der interessantesten Funde von Sri Ksetra zeigt heute das **Archeological Museum** [1] am Eingang zur Ausgrabungsstätte. Zu sehen sind u. a. Votivtafeln aus Terrakotta, Steinurnen, Sandsteinreliefs, Buddhadarstellungen, Hindugottheiten, Perlen und Münzen.

Mit dem Ochsenkarren oder zu Fuß macht man sich von hier auf, um die einstige Pyu-Stadt zu erkunden (Rundweg gut 7 km). Vorbei an der rechtwinklig (650 x 350 m) angelegten **Palastanlage** [2], von der nurmehr wenige Mauerreste zu sehen sind, geht es zunächst etwa 3 km gen Süden, wo man das einst ummauerte Areal der oval angelegten Stadt an der Südwestseite verlässt. Dort passiert man den **Rahanda Kan**, einen Teich, zur Linken und zur Rechten den **Rahanda (Yahanda) Gu Pahto** [3], einen kleinen länglichen Ziegelbau mit drei Eingängen, der im Inneren eine Galerie von acht Buddhareliefs aus Sandstein birgt.

Zum spirituellen Schutz wurden früher außerhalb der Stadtbefestigung Stupas errichtet, von denen drei erhalten sind. Sie zählen zu den interessantesten Bauwerken Sri Ksetras, allen voran der 46 m hohe, zylindrische **Stupa der Bawbawgyi Paya** [4], der ins 6. Jh. datiert wird. In jüngerer Zeit mit einem *hti* versehen, ist er beliebtes Ziel buddhistischer Pilger. Etwa 300 m östlich davon erhebt sich der **Bebe Pahto** [5], der mit seinem Ziegelsteinkubus samt aufgesetztem Stupa als architektonisches Vorbild für die begehbaren *pahto* in Bagan gilt. Ob dies indes seine ursprüngliche Gestalt war, lässt sich aufgrund der vielen Restaurierungsarbeiten, die im Laufe der Zeit stattfanden, nicht mit Bestimmtheit sagen. Durch einen Eingang im Osten betritt man das Innere, wo ein Sandsteinrelief an der Basis Buddha mit zwei Schülern (samt Pyu-Inschrift) zeigt. Der Tempel der Vier Eingänge, **Leymyethna Pahto** [6], nur 300 m weiter östlich, ist ähnlich gestaltet, allerdings breiter und wuchtiger. Auch hier ist der quadratische, aus Ziegelstein aufgemauerte Unterbau zugänglich. Vier Eingänge erschließen sein Inneres, das ebenfalls Reliefs mit Darstellungen des Erleuchteten birgt, eines zeigt einen von zwei Stupas flankierten Buddha.

Auf dem 4,3 km langen Rückweg lohnen drei weitere kurze Stopps, zunächst nach 300 m beim **Cemetery of Queen Beikthano** [7], einem überdachten Gräberfeld mit vier runden, in den Boden gelassenen Bassins, die Urnen mit menschlichen Überresten und Beigaben bargen. Es liegt noch südlich der einstigen Stadtbefestigung.

Wieder innerhalb der Mauern Sri Ksetras passiert man nach einem knappen Kilometer linker Hand einen weiteren begehbaren Ziegelbau. Es handelt sich um den nach Osten hin ausgerichteten **Ashe (East) Zey Gu Pahto** [8] (evtl. 8. Jh.), der mit 8 x 7 m nicht sehr groß, aber aufgrund der guten Verarbeitung der Pilaster ein Beweis der hohen Kunstfertigkeit der Pyu ist.

Am Nordende des Dorfes Sinbyukan ist wegen seines zurückversetzten Terrassendachs noch ein weiterer *pahto*, der quadratische **Paya Htaung** [9] (evtl. 10. Jh.), einen Stopp wert. Der Hauptzugang im Osten des Komplexes und die Nischen auf den drei anderen Seiten sind vermutlich neueren Datums, da der einst im Inneren verlaufende Korridor zugeschüttet ist.

Verkehr
Für die Anfahrt von Pyay empfiehlt sich ein **Mopedtaxi**, das hin und zurück ca. 10 000 Kyat kostet.

Shwedaung
Sollten Sie ein Augenleiden haben, lohnt sich ein Ausflug in den Ort **Shwedaung** etwa 12 km südlich von Pyay. Dort ist die **Shwemyetman Paya** (Pagode der Goldenen Brille, tgl. 6–20 Uhr, Eintritt frei) Ziel vieler Pilger. Sie beherbergt einen sitzenden Buddha mit goldener Rundbrille, den die Gläubigen um besseren Durchblick bitten. Die

Die Umgebung von Pyay

Den Durchblick soll er gewähren – der Buddha mit der Goldenen Brille

ungewöhnliche Praxis, einem Buddha eine Brille auf die Nase zu setzen, stammt wohl aus der späten Konbaung-Zeit (19. Jh.). Das heutige Nasengestell stammt übrigens von einem englischen Offizier, dessen Frau hier auf wundersame Weise von einem Augenleiden geheilt wurde. Damit der Durchblick auch gewahrt bleibt, wird im Zweiwochenrhythmus die Brille von neun Mönchen geputzt.

Verkehr

Pick-ups: Zwischen dem Busbahnhof in Pyay und der Ortschaft Shwedaung verkehren tagsüber in regelmäßigen Abständen Pick-ups.

Kapitel 2

Ayeyarwady-Delta und der Westen

Das Ayeyarwady-Delta zählt zu den eindrücklichsten Landschaften Myanmars. Aus der Vogelperspektive wirkt es wie ein grünblauer Irrgarten mit gewaltigen Strömen und fadendünnen Kanälen. Touristisch ist die Region noch kaum erschlossen, hat jedoch immenses Potenzial – auch, weil an der Küste westlich des Flussdeltas mit dem Ngwe Saung Beach einer der schönsten Strände liegt. Auf dem Weg von Yangon dorthin machen die meisten einen Zwischenstopp in Pathein, während der Delta-Ort Twante eher im Rahmen eines Tagesausflugs von Yangon aus besucht wird. Eines aber ist allen Ausflügen gemeinsam: Wer sich die Mühe macht, die Gegend zu erkunden, wird von erstaunten Menschen freundlich begrüßt.

Nördlich daran angrenzend erstreckt sich über mehr als 450 km entlang des Golfs von Bengalen der schmale Küstenstaat Rakhine. Auch hier verbergen sich wunderschöne Strände, die noch ihrer Entdeckung harren. Derzeit konzentriert sich der Tourismus auf wenige Badeorte, allen voran Ngapali Beach, das über eine zunehmend gute Auswahl an Unterkünften verfügt. Ein kultureller Höhepunkt im Rakhine State ist das weiter nördlich, schon in Reichweite von Bangladesh gelegene Mrauk U. Über 350 Jahre hinweg war der Ort Sitz des maritimem Königreichs der Rakhine, bis es im 18. Jh. von den Bamar erobert wurde. Noch heute fasziniert Mrauk U mit seiner Mischung aus mächtigen Monumenten und ländlichem Flair. Einige der Tempel wirken wie Festungen.

Der bergige, von diversen Volksgruppen nur dünn besiedelte Chin State im hohen Nordwesten war lange nicht zugänglich und öffnet sich erst langsam den Besuchern. Hier ist der Natmataung National Park vor allem bei Vogelfreunden ein populäres Ziel.

Solche Boote dienen als Personenfähren über den Ayeyarwady

Auf einen Blick: Ayeyarwady-Delta und der Westen

Sehenswert

 Ngwe Saung Beach: Am Silberstrand lassen sich tropische Faulenzertage unter Palmen verbringen und herrliche Spaziergänge unternehmen (s. S. 214).

 Ngapali Beach: Klingt irgendwie italienisch, liegt aber am Golf von Bengalen – Dolce Vita am Traumstand (s. S. 219).

 Mrauk U: Über 350 Jahre lang Zentrum eines mächtigen Reiches, zählt Mrauk U heute zu den bezauberndsten Städten Myanmars. Kulturinteressierte finden hier über 70 Monumente, die eine Besichtigung lohnen (s. S. 227).

Meinmahla Kyun Wildlife Sanctuary: Die Insel der Schönen Mädchen ist eine faszinierende Mangrovenlandschaft und letzter Rückzugsort der bedrohten Leistenkrokodile (s. S. 205).

Schöne Routen

Von Yangon nach Bogale (Bogalay): Diese gut 150 km lange Route führt tief in den Süden des Deltas hinein, zu Fischern, Fährleuten und Reisbauern. Touristen werden in dieser Gegend eher selten gesichtet (s. S. 203).

Nach Dhanyawadi und zum Selagiri: Von Mrauk U geleitet die Straße durch eine reizvolle Landschaft und die frühe Geschichte Rakhines. Zum Abschluss kann man vom Selagiri aus den Blick über den Kaladan River schweifen lassen (s. S. 235).

Meine Tipps

Königliches Kloster: Das Min Kyaung in Pyapon ist mit seinen Holzschnitzereien eine künstlerische Perle und lädt zum meditativen Verweilen ein (s. S. 203).

Schlemmen zur Livemusik: Im Royal Flower Restaurant in Ngwe Saung treten allabendlich der Gitarrist Aung San Phyo und seine Kollegen auf (s. S. 216).

Pagode der 90 000 Buddhas: Die Kothaung Paya in Mrauk U beeindruckt durch ihre Sandsteinreliefs und Stupareihen (s. S. 233).

Alte Heimat des Mahamuni: Wo einst am Rand von Dhanyawadi die berühmte Buddhastatue von Mandalay stand, herrscht heute eine beschauliche Atmosphäre (s. S. 236).

Aktiv

Bootsfahrt durch die Deltakanäle: Von der Deltametropole Pathein aus lässt sich das Flussleben im Ayeyarwady-Delta wunderbar per Boot erkunden. Dabei lernen Sie auch das einfache Leben der Kayin-Minderheit kennen (s. S. 210).

Per Boot zu den Chin: Auf dem Lemro River östlich von Mrauk U kann man per Boot zu einigen Dörfern der Chin-Minderheit fahren und bei einem Spaziergang ihre Lebensweise kennenlernen (s. S. 234).

Trekking im Natmataung National Park: Von den Briten Mount Victoria genannt, ist das Gebiet rund um die 3053 m hohe Erhebung ein beliebtes Wandergebiet und Ziel von Vogelfreunden (s. S. 238).

Ayeyarwady-Delta

Ein Gewirr aus breiten Flussarmen und schmalen Kanälen, Nipapalmen und Mangroven in den Uferzonen, dazwischen endlos erscheinende Reisfelder – das Ayeyarwady-Delta präsentiert sich als außergewöhnliche Kulturlandschaft, doch touristisch ist Myanmars fruchtbarster Landesteil noch weitgehend ein unbeackertes Feld. Anders an der Westküste, wo wunderschöne Strände und nette Baderesorts locken.

Bei Myanaung (▶ G 21), etwa 70 km nördlich der Stadt Hinthada (▶ G/H 22) und 290 km vor seiner Mündung in die Andamanensee, weitet sich Myanmars bedeutendster Fluss zu einem gewaltigen Delta aus. Mit über 35 000 km² etwa so groß wie Baden-Württemberg, verbreitert es sich gen Süden kontinuierlich. Infolge der mittransportierten Sedimente wächst das Delta im Schnitt etwa 50 m pro Jahr ins Meer hinein. Schier endlose, zur Monsunzeit häufig überflutete Felder bilden zwischen den vielen Flussläufen und Kanälen eine der fruchtbarsten Gegenden des Landes.

Seitdem die Briten das Ayeyarwady-Delta ab Mitte des 19. Jh. zur Reiskammer des Landes ausbauten, gehört es zu den dicht besiedeltsten Regionen des Landes. Über 6,1 Mio. Menschen leben hier, die meisten davon Bamar und Kayin. In den Städten wie Pathein, Bogale oder Hinthada finden sich viele Bewohner mit südasiatischen Wurzeln.

Durch seine Mangrovenwälder ist das Deltagebiet ökologisch von großer Bedeutung, denn die Bäume mit ihren Stelzwurzeln wirken wie ein natürlicher Salzwasserfilter, bieten Schutz gegen Küstenerosion und sind Heimat vieler bedrohter Tierarten, darunter das Leistenkrokodil und die Batagur-Schildkröte. Doch das ökologische Gleichgewicht ist infolge der intensiven landwirtschaftlichen Nutzung und dichten Besiedlung bedroht. Seit den 1980er-Jahren schwand die Fläche der Mangrovenwälder um zwei Drittel auf 900 km² – eine fatale Entwicklung, vor allem angesichts zunehmender Wirbelstürme infolge des Klimawandels. Experten sind überzeugt, dass der Zyklon Nargis im Mai 2008 so viele Opfer forderte (mindestens 138 000), weil die Mangrovengürtel vielerorts fehlen und die Sturmflutwellen ungehindert menschliche Siedlungen niederwalzen konnten.

Trotz des natürlichen Reichtums leben viele Menschen in der Deltaregion am Existenzminimum. Die wirtschaftliche Lage verbessert sich nur langsam, was u. a. an der schlechten Verkehrsinfrastruktur liegt. Seit einigen Jahren wird jedoch in den Straßenbau investiert und damit verbessern sich allmählich die Abtransportmöglichkeiten der landwirtschaftlichen Produkte. Neben dem Reisanbau spielen ölhaltige Pflanzen wie Sesam oder Sonnenblumen, sowie Mais, Zuckerrohr und diverse Hülsenfrüchte eine wichtige Rolle. Auch die Fischindustrie ist von großer Bedeutung – nicht nur für den einheimischen Speiseplan, aus dem Currys mit getrockneten Garnelen und Fischpaste nicht wegzudenken sind.

Twante (Twantay)
▶ H 24

Twante (sprich: Twundeh) bietet sich von Yangon aus als interessanter Tagesausflug an. Die heutige Kleinstadt (ca. 50 000 Einw.) war eine alte Siedlung der Mon und während der Bagan-Ära von gewisser Bedeu-

Twante (Twantay)

tung. Darauf lassen Terrakottatafeln mit dem Signum von König Anawrahta (reg. 1044–77) schließen, die man in der 11 km östlich gelegenen **Maung Di Paya** fand.

Bereits damals war Twante als Töpferstadt bekannt, vor allem wegen der hier hergestellten 1 m hohen, schön glasierten **Martaban-Gefäße.** Der arabische Seefahrer Ibn Battuta beschrieb die Martaban 1350 als große Vorratsbehälter, in denen u. a. in Salz eingelegte Zitronen und Mangos für lange Überfahrten aufbewahrt wurden. Heute beschäftigen sich nur noch wenige Familien in Twante mit der Herstellung von Tongefäßen.

Mitte des 19. Jh. ließen die Briten zwischen Twante und Yangon den 34 km langen **Twante-Kanal** graben, um Schiffen die Fahrt aus dem Deltagebiet zum Überseehafen von Yangon zu ermöglichen. Bis heute stellt er eine wichtige Verkehrsverbindung zwischen der ehemaligen Hauptstadt und dem Ayeyarwady-Delta dar.

ERKUNDUNG DES AYEYARWADY-DELTAS

Von Yangon aus kann man mit einem kleinen Zeitbudget den äußersten Süden des Ayeyarwady-Deltas in ein bis drei Tagen erkunden. Abgesehen vom Tagesausflug nach Twante sind die Ausflüge nach Pyapon (1–2 Tage) oder Bogalay (2–3 Tage hin und zurück) auf eigene Faust nur sehr kompliziert zu organisieren, denn dort spricht kaum jemand Englisch. Von daher bietet sich die Unterstützung durch eine Agentur bzw. einen Reiseleiter an. Gute Kontakte s. u. Nur ca. 35 km (Fähre/Sammeltaxi bzw. Pick-up) bzw. 50 km per Mietwagen sind es ins Städtchen **Twante** (s. S. 200) mit seinem Töpferviertel und der außerhalb stehenden Shwesandaw-Pagode.

Rund 120 km sind es im Mietwagen, 95 km mit Fähre und Sammeltaxi von Yangon bis **Pyapon** (s. S. 203). Um einiges abenteuerlicher gestaltet sich die Anreise dorthin zunächst mit der Fähre nach Dala und weiter per Bus oder Sammeltaxi. Nach einer Runde über den Markt am Pyapon River empfiehlt sich eine zwei- bis dreistündige Bootsfahrt durch die Kanäle, auf der man authentische Einblicke in das Leben am und mit dem Wasser erhält.

Danach steht noch ein Besuch der drei buddhistischen Heiligtümer im Stadtzentrum auf dem Programm, bevor es auf dem gleichen Weg zurück nach Yangon geht.

Wer das Delta intensiver kennenlernen möchte, kann den Ausflug nach **Bogale** (s. S. 204) fortsetzen, das etwa 30 km westlich von Pyapon liegt und einfache Unterkünfte besitzt. Allerdings wäre es schade, ohne das **Meinmahla Kyun Wildlife Sanctuary** (s. S. 205) und das Fischerdorf **Kadonkani** (s. S. 206) besucht zu haben, nach Yangon zurückzukehren. Dieser südliche Teil des Deltas ist touristisches Neuland, kaum jemand spricht Englisch. Es wird daher empfohlen, sich einer geführten Tour anzuschließen.

Gute Adressen, um eine Tour ins Delta zu buchen, sind das **Nature and Wildlife Conservation Department** (s. S. 204), **S. S. T. Tourism** (s. S. 155) sowie die beiden privaten Reiseleiterinnen **Thiri Than Than Aye,** Tel. 09 507 96 14, thiritouristguide@gmail.com, und **Ei Thu Htut,** Tel. 09 513 99 61, eithuhtut@gmail.com, die sogar Deutsch spricht. Alle sind in Yangon ansässig.

In Twante werden bis heute die traditionellen Martaban-Gefäße hergestellt

Töpferviertel Oh Bo

Vor allem in **Oh Bo** am östlichen Rand von Twante leben noch Familien, die das Töpferhandwerk ausüben. Um dorthin zu gelangen, folgt man der Hauptstraße etwa zehn Gehminuten über das Unabhängigkeitsdenkmal hinaus und biegt dann links in eine Seitenstraße ein. Hier liegen beidseitig die Häuser und Werkstätten der Töpfer.

Shwesandaw Paya

Tgl. 6–20 Uhr, 2000 Kyat

Sehenswert ist darüber hinaus die 75 m hohe **Shwesandaw-Pagode** im Süden der Stadt, die – wie ihr Name vermuten lässt – Haarreliquien *(sandaw)* des Erleuchteten enthält. Die Pagode entstand vermutlich im 1. Jt., allerdings hat sich ihre Gestalt seitdem mehrfach verändert. An einer Stelle auf dem Gelände wird an die Niederschlagung eines Aufstands der Mon durch König Bayinnaung im Jahr 1564 erinnert. Als der Herrscher seine Gefangenen bei lebendigem Leib verbrennen lassen wollte, intervenierten die Mönche, woraufhin Bayinnaung außer 70 Anführern alle Rebellen am Leben ließ. Seitdem gilt diese Stelle als besonders magisch und wird gern von Gläubigen aufgesucht, die sich hier die Erfüllung eines Wunsches erhoffen.

Verkehr

Yangon–Twante mit öffentlichen Verkehrsmitteln: Vom **Pansodan Jetty** gegenüber dem Strand Hotel pendeln von frühmorgens bis spätnachmittags **Fähren** zwischen Yangon und Dala (2000 Kyat/Strecke). Gegenüber der Anlegestelle in Dala starten **Pick-ups** und **Kleinbusse** (300 Kyat/Strecke) nach Twante (27 km, 40 Min.).

Yangon–Twante per Mietwagen: Mit dem Mietwagen (60–80 US-$) kann man über die **Twante Bridge** (50 km, ca. 1,5 Std.) fahren, doch dies ist aufgrund des Stadtverkehrs in Yangon wesentlich zeitaufwendiger.

Von Yangon nach Bogale (Bogalay)

Auf dieser gut 150 km langen Fahrt nach Südwesten taucht man ein ins Deltaleben. Die Reise führt über **Payagyi** mit der alten Shwesandaw Kyaw Paya, welche kurzzeitig Buddhas Haarreliquien für die Shwedagon barg und die Brücke von **Dedaye** (▶ H 25) bis **Pyapon.** Von dort sind es noch ca. 30 km nach **Bogale.**

Pyapon ▶ H 25

Wer als Nicht-Asiat in der 190 000 Einwohner zählenden, am gleichnamigen Fluss gelegenen Stadt Pyapon vorbeischaut, fällt auf. Ausländische Touristen lassen sich hier nur selten blicken, sodass sie meist neugierig und überrascht betrachtet werden. Die an einem Flussknie, nur 20 km vom Meer entfernt gelegene Stadt ist vor allem als Ausgangspunkt für **Bootstouren durch die Deltakanäle** (s. Aktiv) interessant, bei denen man auf stimmungsvolle Landschaften und einfache Dörfer der Bamar und Kayin stößt. Selbst heute kann man hier noch die Schäden betrachten, die der Zyklon Nargis 2008 anrichtete.

In der Stadt selbst sind außer dem **Markt** am Fluss drei buddhistische Heiligtümer einen Besuch wert, die alle in der Hauptstraße, der **2nd Street,** liegen.

Min Kyaung
2nd St., tagsüber, Eintritt frei
Nördlich des Zentrums befindet sich das **Königliche Kloster,** Min Kyaung, das 1846 von dem royalen Bootsführer U Shwe Baw gestiftet wurde, nachdem dieser infolge von blutigen Thronstreitigkeiten am Hof von Amarapura seinen Job verloren und in Pyapon Zuflucht gefunden hatte. Die betuchten Nachfahren U Shwe Baws unterstützen das Kloster noch heute. Das Gebäude beeindruckt durch seine massiven Teakholzsäulen und feinste Schnitzereien am Buddhaaltar.

Shwe Nat Gu Kyaung
2nd St., tagsüber, Eintritt frei
Mehr in der Stadtmitte liegt von Teichen umgeben das **Kloster der Goldenen Schutzgeisthöhle**, dessen Mönche sich allmorgendlich mit großen Almosenbehältern aufmachen, um die Gaben einzusammeln – die schön lackierten Gefäße sind so schwer, dass sie nur mit Unterstützung von Gläubigen getragen werden können. Im Kloster werden neben dem Buddhaaltar die Masken und Kopfbedeckungen für die Aufführung des Ramayana-Epos ausgestellt, die hier jährlich nach dem Thadingyut-Vollmond stattfindet (s. S. 204).

Thazi Paya
2nd St., tagsüber, Eintritt frei
Im Süden der Stadt liegt zwischen 2nd Street und Pyapon River die **Thazi Paya,** wo seit 1887 ein sitzender Buddha stoisch auf den Fluss blickt. Durch den Zyklon Nargis stark beschädigt, wurde die Anlage 2012 grundlegend erneuert und durch einige Hallen und Schreine erweitert.

Übernachten
Einfach – An der 2nd Street gibt es drei Gästehäuser mit ähnlichem Angebot: **La Pyayt,** Nr. 34, Tel. 045 411 47; **Shwe Myaing,** Nr. 28, Tel. 045 412 72; **Shwe War Win,** Nr. 3, Tel. 045 415 19. Kleine, einfache Zimmer mit/ohne AC samt Bad, kein Frühstück. Beschriftung nur auf Birmanisch. DZ mit AC 18 000 Kyat/Pers., DZ mit Ventilator ab 9000 Kyat/Pers.

Essen & Trinken
Pyapon ist bekannt für Mohinga mit Fischbrühe. In der Hauptstraße, **2nd Street,** findet man diverse Teashops und einfache Lokale wie das **STK Restaurant.**

Aktiv
Bootstour – **Bootsführer:** beim Markt am Pyapon River, Strand (Kannar) Rd., 2–3 Std., ca. 20 000 Kyat/Person. Da keiner der Bootsführer Englisch spricht, sollte man dafür einen Guide aus Yangon engagieren (s. Tipp S. 201). Die Tour beginnt und endet beim Markt. Sie führt

Ayeyarwady-Delta

durch diverse Kanäle, vorbei an Dörfern der Kayin und Bamar.

Termin

Ramayana-Aufführung: Ab dem 1. Tag nach dem **Thadingyut-Vollmondtag** im Sept./Okt. findet im Shwe Nat Gu Kyaung über neun Nächte hinweg ein *zat pwe* mit einer Vorführung des berühmten Ramayana-Epos statt. Die Tradition der von der Schauspieltruppe Pyapon Yama Zat Daw auf die Bühne gebrachten Variante reicht bis ins Jahr 1878 zurück. Zzt. findet die Tanzaufführung nach dem Tazaungmon-Vollmond (Okt./Nov.) statt, wird aber nach Fertigstellung einer in Bau befindlichen neuen Halle wieder auf den traditionellen Termin verlegt werden.

Verkehr

Busse: Ganztägig, nahezu stündlich ab Dala via Pyapon (95 km, 2,5–3 Std.) nach Bogalay. Es verkehren auch Minibusse ab Dala.
Sammeltaxis: Die Strecke Dala–Pyapon kostet ca. 6000 Kyat.
Mietwagen: Für die Tagestour ab Pyapon bezahlt man etwa 120 US-$ inkl. Fahrer.

Bogale (Bogalay) ▶ G 25

Das gut 150 km südwestlich von Yangon am Bogale River gelegene **Bogale** ist Heimat von 320 000 Menschen und ein wichtiger Umschlagplatz für Meeresfrüchte und Reis, die beiden Haupteinnahmequellen der Region. Infolge der schwindenden Mangrovengürtel nimmt die Versalzung des Grundwassers jedoch immer weiter zu, was auch den Reisanbau zunehmend schwieriger gestaltet.

Für Touristen bietet die Stadt nichts Besonderes, dient aber als perfekter Ausgangspunkt für Bootsfahrten durch die Kanäle, ins Meinmahla Kyun Wildlife Sanctuary (s. S. 205) oder zum Fischerdorf Kadonkani (s. S. 206). Per Boot sind auch die River Doctors von der Tutzinger Artemed Stiftung (www.artemedstiftung.de) unterwegs. Da die Gesundheitsversorgung in diesen abgelegenen Gebieten ein großes Problem darstellt, kommt eine schwimmende Klinik zum Einsatz, um den hier lebenden Menschen mit einer medizinischen Grundversorgung zu helfen.

Übernachten

Die Gästehäuser servieren kein Frühstück.
Auf zwei Etagen – **Arkar Kyaw:** 71 3rd St., Tel. 045 450 63. Das einfache Gästehaus verfügt über mäßig saubere Zimmer mit Bad, teilweise mit AC. DZ ab 20 000 Kyat.
Schlicht – **Shwe Linn Eain:** 9 Bo Tayza St., Tel. 045 456 48. Hier gibt es 20 nicht gerade saubere Zimmer, teilweise mit Gemeinschaftsbad. DZ ab 20 000 Kyat.
Kolonial – **Forestry Department Guest House:** Strand (Kannar) Rd., Tel. 045 455 78. Gästehaus des Forstministeriums von 1930/31 mit akzeptablen Zimmern. Ab 15 000 Kyat/Person.

Aktiv

Deltatouren per Boot – Am Pier von Bogale kann man nach **Privatbooten** zur **Krokodil-Aufzuchtstation des Meinmahla Kyun Wildlife Sanctuary** oder nach **Kadonkani** (5–6 Std., 80 000 Kyat) fragen.
Mehrtägige Ausflüge ins südliche Delta – Diese sollten bereits in Yangon gebucht werden, z. B. beim **Nature and Wildlife Conservation Department** (Ministry of Forestry, The Warden of Meinmahla Kyun Wildlife Sanctuary, Strand (Kannar) Rd., nördlicher Teil, Tel. 045 455 78, 09 859 56 31. Hier erhält man Infos über das Schutzgebiet und kann den Transport per Boot sowie Übernachtungen in der Ranger Station (25 000 Kyat/Person) arrangieren. Touren organisiert auch **S. S. T. Tourism** (s. S. 155).

Verkehr

Busse: Ganztägig, nahezu stündlich von Dala via Pyapon nach Bogalay (130 km, 3–4 Std.). Auch Minibusse frequentieren die schöne Strecke.
Sammeltaxis: Die Strecke Dala–Bogale kostet ca. 6000 Kyat/Person.
Mietwagen: Ein Wagen mit Fahrer kostet ab Yangon ca. 140 US-$ täglich, bei zwei Tagen fast das Doppelte.

Von Yangon nach Bogale (Bogalay)

Boote: Abfahrt nach Bogale ab **Lanthit Jetty** (Yangon) gegen 18 Uhr (ca. 13 Std., 25 000 Kyat). Infos unter Tel. 01 22 24 72, 01 22 24 75. Ab **Phone Kyi Lan Jetty** (Yangon) fährt das schnellere Shwe-Pyi-Tan-Boot (Tel. 09 862 81 45, 09 43 14 11 79) um 6 Uhr und zurück ab Bogale um 7 Uhr (ca. 6 Std., 11 000 Kyat). Am Pier kann man aber auch nach Privatbooten fragen (nach Kadonkani (5–6 Std., 80 000 Kyat).

Meinmahla Kyun und Kadonkani ▶ G 26

Die knapp 26 km lange und fast 10 km breite Insel der Schönen Mädchen, **Meinmahla Kyun,** liegt im unteren Mündungsgebiet der Flusszweige Bogale und Kadonkani, etwa 20 km südlich von Bogale. Bereits seit 1895 stehen die dortigen Mangrovenwälder unter Naturschutz, 1994 wurde das 140 km² große Eiland zum **Meinmahla-Kyun-Wildschutzgebiet** ernannt. Vor allem das Leistenkrokodil (*Crocodylus porosus*) soll vor dem Aussterben bewahrt werden, denn aktuell leben hier nur noch knapp 100 Exemplare. Die von zig Kanälen durchzogene Insel beheimatet außerdem 26 Schlangenarten und 117 Vogelspezies, darunter diverse Reiherarten, die Große Blauflügelpitta (*Pitta megarhyncha*), den Weißbauch-Seeadler (*Haliaeetus leucogaster*) und die Brahminenweihe (*Haliastur indus*).

Im Rahmen einer ganztägigen Bootstour von Bogale aus (s. S. 204) kann man eine **Aufzuchtstation für Krokodile** besichtigen. Um die nachtaktiven Reptilien allerdings in freier Natur zu erleben, muss man in der **Ranger Station** auf der Insel übernachten und noch bei Dunkelheit zu einer Erkundungstour starten. Die beste Zeit hierfür sind die Wochen vor und nach Vollmond während der Trockenperiode, d. h. zwischen November und Februar. Zur gleichen Zeit lassen sich mit etwas Glück auch Irawadi-Delfine (*Orcaella brevirostris*) erspähen.

Noch klein und harmlos – ›Baby‹-Leistenkrokodil

Pathein

Sehenswert
1. Shwemokhtaw Paya
2. Shwezigon Paya
3. Twenty-Eight Pagoda
4. Settawya Paya
5. Shwe Sar Umbrella Workshop
6. St. Peter's Cathedral
7. Zerbadi Sunni Jamae Masjid

Übernachten
1. Htike Myat San Motel
2. New Pammawaddy Hotel
3. Sein Pyae Hlyan Inn

Essen & Trinken
1. Top Star
2. Shwe Ayer
3. Shwe Zin Yaw
4. Café Café
5. Mann San Thu
6. Nyaung Yoe 1

Südwestlich des Schutzgebiets liegt das große Fischerdorf **Kadonkani** im Mündungsbereich des nach ihm benannten Flussarms. Kadonkani ist ein wichtiger Umschlagplatz für allerlei Meeresgetier.

Infos, Übernachten, Verkehr
Nature and Wildlife Conservation Department: s. S. 204

Pathein ▶ F 24

Cityplan: S. 206
Die Hauptstadt der Ayeyarwady Division erstreckt sich knapp 100 km nördlich der Mündung am Ostufer des nach ihr benannten Flusses. Mit dem 180 km entfernten Yangon ist Pathein über eine gut ausgebaute Straße in rund vier Stunden erreichbar und ein beliebter Zwischenstopp auf dem Weg zu den Stränden der Westküste.

Geschichte

Neben Mottama (Martaban) bei Mawlamyine war Pathein bereits im 1. Jt. ein bedeutender Mon-Hafen. Der erste schriftliche Beleg stammt von 1266. Damals tauchte die Stadt als Pusim in einer Inschrift der Bagan-Dynastie auf, der sie als Tor zum Golf von Bengalen diente. Das blieb auch in der Folgezeit so, etwa während der Regentschaft des Mon-Monarchen Dhammazedi (reg. 1472–92). Im Hafen wurden viele Produkte aus Indien und China umgeschlagen, darunter Porzellan der Ming-Dynastie und Stoffe aus Bengalen.

Nach dem Zweiten Anglo-Birmanischen Krieg entwickelte sich Bassein, wie die Kolonialmacht die Stadt nannte, zum wichtigsten Hafen der westlichen Deltaregion. In den folgenden Jahrzehnten ließen sich viele Migranten vom südindischen Kontinent hier nieder, die noch heute das Stadtbild prägen.

Sehenswertes

Trotz seiner mehr als 280 000 Einwohner verströmt Pathein eine eher kleinstädtische Atmosphäre. Es lohnt sich, mit der Fahrradriksha eine Runde durch die Gassen zu drehen, wo noch viele koloniale Bauten zu finden sind.

Shwemokhtaw Paya 1
Shwezedi Rd., tgl. 5–21 Uhr, Eintritt frei
Im Herzen der Stadt, nördlich des Zentralmarkts, erhebt sich die **Edle Pagode.** Über ihre Ursprünge kursieren viele Geschichten. Der Bagan-König Alaungsithu habe an dieser Stelle bereits 1115 einen ersten Stupa errichtet, heißt es und sogar von einer muslimischen Prinzessin namens Ommadanti ist die Rede. Sie soll mit ihrem buddhistischen Gatten, dem Mon-Adligen Smodagossa, im Jahr 1263 den heutigen Stupa in Auftrag gegeben und Shwemokhtaw genannt haben.

Der 47 m hohe vergoldete **Stupa** *(zedi)* ist von einem mit viel Gold und Edelsteinen verzierten, dreistufigen **Schirm** *(hti)* gekrönt. Bei einem Rundgang über die **Plattform** lassen sich einige interessante Gestalten entdecken. Der **Htiloshin Pondawpyi** genannte Buddha auf der Südseite soll der

Legende nach übers Meer aus Sri Lanka nach Pathein gekommen sein. In der Nordwestecke der Plattform steht in einem Wasserbassin ein **Schrein für Shin Upagot.** Der von Fischern verehrte, legendäre Mönch und Arhat (Pali: *arahant*), der die Gläubigen vor Gefahren, insbesondere vor Fluten und Stürmen, schützen soll. Mit seiner Hand greift er in eine Almosenschale und blickt gen Himmel. Unweit davon werden in weiteren **Schreinen** zwei populäre buddhistische Magier (*weizza*; Sanskrit: *vidyadhara*) und der hinduistische Elefantengott Ganesha verehrt.

Shwezigon Paya 2

Nordende der Shwezigon Pagoda Rd., tagsüber, Eintritt frei

Die große sitzende Buddhafigur der im nördlichen Zentrum gelegenen **Shwezigon-Pagode** rechtfertigt den Abstecher hierher wahrlich nicht, wohl aber die ***nat*-Schreine** an der Nordwestseite des Gebäudes. Dargestellt sind Thuratthadi, die birmanische Version der Hindugöttin Sarasvati, sowie Ko Myo Shin, der aus dem Shan State stammende, schwarz gekleidete Herr der Neun Städte (zu *nats* s. auch Thema S. 58).

Ayeyarwady-Delta

Twenty-Eight Pagoda 3
28 Pagoda Rd., tagsüber, Eintritt frei
Im Nordosten des Zentrums lohnt die unter ihrem englischen Namen bekannte **Achtundzwanzig-Pagode** (Nha Kyat Shitsu Paya) einen kurzen Stopp. Benannt ist sie nach der Zahl der bislang in der Welt erschienenen Buddhas, die in einer unspektakulären Tempelhalle verehrt werden.

Settawya Paya 4
Settawya Pagoda Rd., tagsüber, Eintritt frei
Etwas weiter nordöstlich gleicht die **Settawya-Pagode** mit ihren auf kleinen Anhöhen verstreuten Schreinen und Stupas sowie einer 11 m hohen Buddhafigur einem religiösen Themenpark. Im Zentrum der Verehrung steht ein **Fußabdruck des Erleuchteten**, den er höchstpersönlich hinterlassen haben soll.

St. Peter's Cathedral und Zerbadi Sunni Jamae Masjid
Wie sehr Pathein eine multikulturelle Stadt ist, zeigt sich an ihren Kirchen und Moscheen. Im südlichen Zentrum steht die sehr schöne **St. Peter's Cathedral** 6 (Tagaung Pagoda Rd., Ecke Maxwell Rd. unregelmäßig geöffnet) aus grün bemaltem Ziegelstein. Nach fast einem halben Jahrhundert Bauzeit wurde sie 1921 eingeweiht und dient mit den anderen Gebäuden auf dem Gelände als Sitz des katholischen Bischofs.

Betuchte Muslime aus Bengalen stifteten die **Zerbadi Sunni Jamae Masjid** 7 (Mosque Rd., nur von außen). Die zwischen 1902 und 1905 erbaute Moschee wirkt mit ihren verspielten Türmchen, Erkern und dem mächtigem Minarett wie ein indischer Mogulpalast.

Infos
Travel Information Pathein: Kontakt über **New Pammawaddy Hotel** 2 , Tel. 09 250 32 23 68, 31 78 93 85 (Soe Moe Aung), pathein.touristinformation@gmail.com. Bietet Infos und arrangiert Moped- sowie Bootstouren rund um Pathein. Mopedausflüge ab 15 000 Kyat/Tag, Bootstouren ab 30 000 Kyat (halber Tag; s. Aktiv S. 210).

Übernachten
Die Auswahl an Unterkünften ist ebenso bescheiden wie deren Ambiente.

Familienunternehmen – **Htike Myat San Motel** 1 : 8 Maha Bandoola Rd., Tel. 042 227 42, htikemyatsan@gmail.com. Die Unterkunft an der Hauptstraße wird von den Eigentümern gut geführt, hier gibt es sogar Frühstück. 26 teils einfache, teils plüschig-komfortable Zimmer mit Gemeinschaftsbad. Der Speiseraum im 4. Stock bietet einen Blick über die Stadt. WLAN. DZ/ÜF 20–50 US-$.

Schlichtes Wohnen – **New Pammawaddy Hotel** 2 : 14A Mingyi St., Tel. 042 211 65, new pammawaddy@gmail.com. Der vierstöckige, charmefreie Bau im Schuhschachtelformat verfügt über 28 einfache, aber saubere Zimmer mit Bad und AC. DZ ab 20 US-$.

Unterschiedliche Kategorien – **Sein Pyae Hlyan Inn** 3 : 32 Shwezedi Rd., Tel. 042 216 54. Die Unterkunft besteht aus einem älteren und einem neuen Gebäude mit insgesamt 30 Zimmern. DZ im Altbau ab 8 US-$, im Neubau um 25–30 US-$.

Essen & Trinken
Das kulinarische Angebot ist stark vom indischen Subkontinent beeinflusst. Zu den lokalen Spezialitäten zählt *halawa* (Halwa), eine klebrig-süße Masse aus Sesam, karamellisiertem Zucker, Honig und Pflanzenöl.

Fassbier am Fluss – **Top Star** 1 : Strand (Kannar) Rd., Höhe Shwezedi Rd., tgl. 11–22 Uhr. Mit zunehmendem Bierkonsum kann es in dem Lokal etwas laut werden, aber man isst und trinkt hier gut und günstig. Chinesische Gerichte ab 2500 Kyat.

Leckere Biryanis – **Shwe Ayer** 2 : Mingalar St., tgl. 8–21 Uhr. Das Angebot an indisch-birmanischen Speisen kann sich in dem muslimischen Lokal sehen lassen. Sehr lecker sind die Gemüsesalate. Gerichte ab 2000 Kyat.

Gute Currys – **Shwe Zin Yaw** 3 : 24/25 Shwezedi Rd., tgl. 6.30–21 Uhr. Das muslimische Lokal bietet birmanische Curry- und indische Biryanigerichte, zu empfehlen ist Ziegenleber. Gerichte ab 2000 Kyat.

Jugendtreff – **Café Café** 4 : Shin Pin Bone Pwint St., tgl. 6–22 Uhr. Tatsächlich gibt es

Pathein

SCHIRME AUS PATHEIN

Ende des 19. Jh. stand der Kunsthandwerker U Shwe Sar in den Diensten des letzten birmanischen Königs Thibaw. Sein Job: die Herstellung von Zeremonialschirmen, mit über 50 Arbeitsschritten ein aufwendiger Prozess. Nachdem jedoch sein Dienstherr im November 1885 von den Briten ins Exil geschickt wurde, stand der königliche Schirmemacher vor dem Nichts. Er zog mit seiner Familie von Mandalay nach Pathein, wo er mit dem fortfuhr, was er am besten konnte. Schnell sprach sich die Qualität seiner Bambusschirme herum und seit damals ist **Pathein Hti,** Schirm aus Pathein, ein fester Begriff.

Noch heute sind etwa 20 Familien mit der Herstellung der *hti* beschäftigt, darunter auch die Nachfahren von U Shwe Sar. Im ganzen Land stößt man auf die bunten Schirme mit Muster, die mal als Sonnen-, mal als Regenschutz Verwendung finden. Mönchen und Nonnen sind die dunkelroten Exemplare mit schwarzen Rändern vorbehalten.

Wer einen *hti* erwirbt, sollte ihn auf jeden Fall vor Gebrauch gut auslüften, um den intensiven Harzgeruch loszuwerden.

Die meisten Werkstätten in Pathein liegen nördlich der Twenty Eight Pagoda. Im **Shwe Sar Umbrella Workshop** 5 kann man den gesamten Herstellungsprozess verfolgen.

Shwe Sar Umbrella Workshop 5 **:** 653 Settawya Pagoda (Tawyakyaung) Rd., Tel. 042 251 27, www.shwesar-parasol.com, tgl. 8–17 Uhr.

Schutz vor Sonne und vor Regen bieten die bunten Pathein Hti

BOOTSFAHRT DURCH DIE DELTAKANÄLE

Start/Ziel: Pathein
Länge: ca. 20 km
Dauer: 3–6 Std.
Hinweis: Der Trip führt in touristisch bislang unerschlossenes Gebiet und kann nicht individuell durchgeführt werden. Je nach Tide gestaltet sich der Ein- und Ausstieg bei den landestypischen Booten etwas schwierig. Bei Niedrigwasser kann der schmale Seitenkanal nur mit kleinen Booten befahren werden. Wegen der Hitze sollte man früh starten.
Buchung: Travel Information Pathein, s. S. 208. Halbtägiger Ausflug 30 000 Kyat, Tagestour 40 000 Kyat, Transfer zum ca. 6 km östlich von Pathein gelegenen Startpunkt in Shan Ywa ca. 4000 Kyat

Dieser Ausflug bietet die schöne Möglichkeit, unverfälschtes Deltaleben kennenzulernen. Zunächst geht es mit dem Mopedtaxi oder Mietwagen von **Pathein** aus etwa 6 km auf der Ngputaw Road gen Südosten bis zum Dorf **Shan Ywa,** das direkt am gleichnamigen Arm des Pathein-Flusses liegt. Wer früh genug ankommt, kann sich hier vor der Bootsfahrt noch in einem *teashop* stärken.

Per Boot fährt man zunächst auf dem Shan Ywa stromaufwärts bis zum Dorf **Hpaya Pyo,** Heimat von etwa 150 Familien der Pwo-Karen, die vorwiegend in einfachen Holz- und Bambushütten wohnen. Fast alle Einwohner sind Buddhisten und leben vom Reisanbau. Bei einem Rundgang durch den Ort erhält man einen Einblick in das einfache Leben dieser Menschen, die dennoch viel Zufriedenheit ausstrahlen.

Zurück im Boot geht es nun wieder ein Stück flussabwärts und dann durch einen schmalen, gut 6 km langen **Seitenkanal,** der in einem großen Bogen zurück zum Shwan Ywa führt. Diesen wunderschönen Abschnitt säumen Mangrovenbäume mit ihren markanten Stelzwurzeln und Nipapalmen, deren Wedel aus dem Wasser ragen. Ein Stopp lohnt im idyllisch an diesem Seitenkanal gelegenen Dorf **Thaung Gyi,** wo etwa 130 Familien der Sgaw-Karen leben. Im Gegensatz zu den Pwo-Karen sind die meisten Bewohner Baptisten, was ihnen nach dem verheerenden Zyklon Nargis im Jahr 2008 zum Vorteil gereichte: Christen aus Norwegen finanzierten den neuen Schulbau. Sonst ist es um das arme Dorf eher schlecht bestellt, nicht einmal Strom gibt es hier. Im Anschluss an den Besuch in Thaung Gyi geht es zurück zum Ausgangspunkt nach **Shan Ywa.** Je nach Vereinbarung und Zeitbudget lässt sich die Bootstour auf andere Kanäle ausweiten.

hier überraschend guten Kaffee, aber auch Fruchtsäfte und Softdrinks. Das Ambiente ist modern. Einfache Gerichte ab 1500 Kyat.
Teashops – **Mann San Thu** 5 und **Nyaung Yoe 1** 6 : Shwezigon Pagoda St., tgl. 6–22 Uhr. Beide Häuser nördlich der Shwemokhtaw-Pagode sind gute Adressen, um die typische Atmosphäre eines populären birmanischen *teashop* zu erleben. Snacks ab 500 Kyat.

Einkaufen

Bambusschirme – **Shwe Sar Umbrella Workshop** 5 : s. Tipp S. 209

Aktiv

Boots- und Mopedtouren – **Travel Information Pathein:** s. S. 208

Termine

Shwemokhtaw-Pagodenfest: am Kason-Vollmond (April/Mai). Eines der größten Feste dieser Art im Delta, dessen Termin mit dem höchsten buddhistischen Feiertag, oft Buddhas Geburtstag genannt (s. S. 100), zusammenfällt.

Verkehr

Busse: Patheins **Busbahnhof** liegt 3,5 km nordöstlich des Zentrums im Stadtteil Yinsuntan. Tickets erhält man an den Verkaufsschaltern der Busunternehmen im Stadtzentrum entlang der Shwezedi Road. Von dort fahren kostenlose Shuttles zum Busbahnhof. Etwa alle 2 Std. fahren Busse nach Yangon (180 km, 4–5 Std.), 1 x tgl. ein Lokalbus nach Pyay (6 Uhr, 290 km, 5–6 Std.), tagsüber alle 2 Std. nach Chaungtha (58 km, 2,5–3 Std.) sowie 4 x tgl. nach Ngwe Saung (46 km, 1,5 Std.). Nach Mawdin Sun (100 km, 4 Std.) startet tgl. mittags ein Bus. Die aus Yangon kommenden Busse fahren teils weiter nach Ngwe Saung (46 km, 1,5 Std.) und Chaungtha (58 km, 2 Std.).

Boote: von einem Pier im Nordteil der Strand (Kannar) Road gegen 19 Uhr nach Kyauk Chang bei Mawdin Sun (100 km, 9 Std.).

Fortbewegung in der Stadt: Pathein lässt sich am bequemsten mit einer **Fahrradrikscha** erkunden, allerdings sprechen nur wenige Fahrer Englisch. Unbedingt vorher den Preis aushandeln, der für 2–3 Std. bei 6000 Kyat liegt.

Mawdin Sun ▶ E 26

Eine der wichtigsten Pilgerstätten des Deltagebiets ist die Mawdin Sun Paya an der Mündung des Pathein River in die Andamanensee ca. 100 km südlich von Pathein. Die kleine Ortschaft **Mawdin Sun** (Mawdin Point) liegt am gleichnamigen Kap, das Seefahrern früher als wichtiger Navigationspunkt unter dem Namen Cape Negrais bekannt war. Die britische East India Company durfte 1753 hier einen Handelsstützpunkt einrichten, nachdem sie dem damaligen König Alaungpaya (reg. 1752–60) für seinen Krieg gegen die Mon Waffenlieferungen zugesagt hatte. Nur sechs Jahre später änderte der König seine Meinung und ließ die britische Niederlassung zerstören.

Als **Mawdin Sun Paya** werden gemeinhin zwei goldene Stupas bezeichnet – der eine liegt direkt beim Ort, der zweite, kleinere der Küste vorgelagert auf einem Felsen im Wasser: Bis heute stellen sie eine Art Willkommensgruß für Seefahrer dar. Auch von diesem Ort berichtet die Überlieferung, dass hier der Buddhismus ins Land gekommen sei, auch hier sollen Buddhas Haarreliquien von Tapussa und Bhallika aufbewahrt worden sein. Alljährlicher Höhepunkt an diesem abgeschiedenen Fleckchen Erde ist das berühmte **Pagodenfest** vor dem Tabaung-Vollmond.

Mawdin Sun ist ein herrlich entspannter Ort, an dem es sich gut einige Tage aushalten lässt – zumal man hier nach dem Motto »Buddhas und Beachen« auch noch wunderbar den kilometerlangen Strand genießen kann.

Infos

Der Inhaber der **Travel Information Pathein** (s. S. 208), Soe Moe Aung, gibt Auskunft und arrangiert Trips nach Mawdin Sun.

Übernachten

Überraschend angenehm – **Silvermountain Hotel:** Tel. 09 514 82 73, 09 510 57 84. Relativ komfortable Übernachtungsoption. DZ 40–60 US-$.

Schlafsaal – **Myat Shwe Ein Guest House:** auf der Flussinsel Haigyi (Haigyi Kyun) ca. 5 km vor Mawdin Sun. Die Insel ist mit dem Festland (Kyauk Chaung/Kha Mauk Hmaw) über eine Brücke verbunden. Günstiges Übernachten im Schlafsaal. 12–15 US-$/Person.

Termin

Mawdin-Sun-Pagodenfest: Start 2 Wochen vor dem Tabaung-Vollmond (Febr./März). Alljährlicher Höhepunkt im Festkalender ist dieses berühmte 15-tägige Pagodenfest.

Verkehr

Bus: tgl. morgens nach Pathein (4 Std.)
Boot/Fähre: Von Kyauk Chaung, 5 km von Mawdin Sun entfernt, startet zwischen November und Juni tgl. um 19.30 Uhr ein Boot nach Pathein (100 km, 9 Std.).

Chaungtha Beach

▶ E 24

Knapp 60 km nordwestlich von Pathein erstrecken sich im Mündungsbereich des U Do Chaung River der sichelförmige, 2,5 km lange **Chaungtha Beach** und der gleichnamige Fischerort. Der Name bedeutet so viel wie Schöner Strom, doch leider ist eben jener dafür verantwortlich, dass der Strand nicht strahlend weiß ist. Offenbar lässt auch die Umweltfreundlichkeit der Besucher zu wünschen übrig, der breite Sandstrand ist zeitweise ziemlich vermüllt. Dennoch: Er eignet sich gut für morgendliche Joggingrunden und Ballspiele – und leider auch zum Mopedfahren. Wesentlich schöner und ruhiger ist es am nördlich anschließenden **White Sand Beach,** der noch keine Hotelanlagen aufweist. An beiden Stränden geht es flach ins Wasser hinein.

Überall bieten Bootsleute ihre Dienste an, insbesondere für Fahrten zur **White Sand Island** (The Pyu Kyun; 1 km, 30 Min, ca. 10 000 Kyat).

Übernachten

Eine gute Auswahl an Übernachtungsmöglichkeiten findet man auf www.chaungthabeachhotels.com. In fast allen Unterkünften wird tagsüber der Strom abgeschaltet.

Großes Resort – **Hotel Max:** Chaungtha Rd., nördlicher Strandabschnitt, Tel. 042 423 49, 423 47, www.maxhotelsgroup.com. Chaungthas beste Unterkunft ist vor allem bei betuchten Einheimischen beliebt, entspre-

Sanft ins Meer abfallender Chaungtha Beach

chend ist das Angebot, darunter Karaoke und Minigolf. 70 Bungalows bzw. Standardzimmer in einem zweigeschossigen Gebäude, schöner Pool, Tennisplatz, etwas steriles Restaurant. DZ/ÜF ab 100 US-$.

Boutiquebleibe – **Belle Resort:** Chaungtha Rd., nördlicher Strandabschnitt, Tel. 042 423 20, 042 423 21, www.belleresorts.com. Stilmäßig sticht diese Anlage in Chaungtha angenehm heraus. Die besseren der 56 Zimmer sind geschmackvoll gestaltet, auch der Garten ist ganz schön und der kleine Pool perfekt für Familien. Servicemäßig und kulinarisch besteht noch Luft nach oben. DZ/ÜF ab 75 US-$.

Travellertreff – **Shwe Hin Tha Hotel:** Chaungtha Rd., im Nordteil des Strandes, Tel. 042 421 18, 423 22, www.chaungthabeachhotels.com/shwehintha.html. Der effektive Service, auch in puncto Tourangebot, und die schöne Strandlage machen diese Unterkunft zur ersten Wahl für Traveller. Die 48 Zimmer, darunter Bungalows mit Veranda und Meerblick, in verschiedenen Kategorien und Ausstattungen sind für das Gebotene jedoch zu teuer. Oft ausgebucht, daher besser reservieren. DZ ab 35 US-$.

Hideaway auf einem Hügel – **Hill Garden Hotel:** 1 Shwe Thaungyan Rd., ca. 1,5 km nördlich außerhalb des Ortskerns von Chaungtha, Tel. 09 49 57 60 72, 09 422 45 99 66, hillgarden.ct@gmail.com. Wer Ruhe sucht, ist in dieser Anlage (nicht direkt am Strand) richtig. Die 14 einfachen Bambusbungalows mit Moskitonetzen, aber ohne Klimaanlage verteilen sich in einem schönen Garten. Auch das offene Restaurant zaubert tropisches Urlaubsfeeling. Zum ruhigen White Sand Beach sind es nur 5 Fußminuten. DZ/ÜF ab 25 US-$.

Preisgünstig & gut – **Shwe Ya Min:** 30A Chaungtha Rd., Tel. 042 421 26, 421 27. Das Gästehaus liegt an der Hauptstraße, ca. 100 m vom Strand entfernt. Mit einem Restaurant fing es an, mittlerweile gibt es 21 teils klimatisierte Zimmer mit Moskitonetzen, Bad und kleiner Veranda. DZ ab 20 US-$.

Essen & Trinken

Italienisch unter bunten Schirmen – **Pasta Fresca Restaurant:** 30 Khine Shwe War St., nördlich des Dorfzentrums, Tel. 09 422 44 51 38, tgl. 11–21.30 Uhr. Das Gartenlokal liegt etwas abseits, doch die hausgemachten Nudelgerichte und die guten Pizzas sind den Weg und ihr Geld wert. Gerichte ab 4000 Kyat.

Meeresfrüchte – Entlang der Hauptstraße, der Chaungtha Road, findet man zahlreiche einfache Lokale, die ordentliche und dazu preisgünstige Meeresfrüchte servieren, u. a. May Kha Lar, Golden Sea, Beach Paradise und William Restaurant (gegenüber dem Lai Lai Hotel). Gerichte ab 3000 Kyat.

Aktiv

Moped- und Radverleih – Viele Unterkünfte verleihen Mopeds (ab 10 000 Kyat/Tag) und Fahrräder (ab 1000 Kyat/Tag).

Mopedtour zum Ngwe Saung Beach – Wer den traumhaften Nachbarstrand erkunden möchte, kann sich ein Moped für einen Tagesausflug leihen. Viele Unterkünfte verlei-

Ayeyarwady-Delta

hen Mopeds (ab 10 000 Kyat/Tag) und Fahrräder (ab 1000 Kyat/Tag). Zunächst geht es zum **U Do Chaung River,** den man mit der Fähre überquert. Teils am Strand, teils durch einen Kokospalmenhain tuckert man nun gut 4 km bis zum **Ye Do Chaung River** (Fähre) und dann 3 km weiter zum **Tazin Chaung River** (Fähre). Nun verläuft der Weg durch eine sanfte Hügellandschaft über den **Tazin Point** bis zum **Ngwe Saung Beach** (s. S. 214) 4 km südlich und dem gleichnamigen Dorf. Einfache Fahrzeit: 1,5–2 Std. Wegen der Hitze empfiehlt es sich, früh zu starten.

Verkehr

Busse: Vom zentral im Dorf gelegenen **Busbahnhof** tagsüber alle 2 Std. nach Pathein (58 km, 2,5–3 Std.) und saisonabhängig vormittags alle 2 Std. nach Yangon (240 km, 6–7 Std.).
Mietwagen: Die Fahrt nach Yangon kostet ca. 150 US-$.

Ngwe Saung Beach
▶ E 24

Cityplan: S. 215
Die Karriere des **Silberstrands** *(ngwe saung)* ist irgendwie typisch für die jüngere Geschichte von Myanmar: Kurz vor der Hochsaison im Jahr 2000 vertrieb die Militärregierung einige Fischerfamilien aus dem Dorf Ngwe Saung und ›befahl‹ hörigen Geschäftsleuten, innerhalb von 45 Tagen ein Hotel zu bauen. Das hat zwar nicht geklappt – selbst ein öffentliches Stromnetz gibt es bis heute nicht –, aber im Laufe kürzester Zeit entwickelte sich das Fischerdorf zum führenden Badeort des Landes.

Der 14 km lange Strand von Ngwe Saung ist nicht nur wesentlich länger als der Chaungtha Beach, sondern mit seinen Palmhainen und dem weißen Sand auch um einiges schöner. Das Übernachtungsangebot befindet sich auf einem relativ hohen Preisniveau, im Dorf Ngwe Saung gibt es eine Vielzahl von Ausgehmöglichkeiten und Aktive können unter diversen Angeboten wählen, obgleich es bislang kaum Wassersportmöglichkeiten gibt. So langsam scheint der Massentourismus hier anzukommen – mit allen Vor- und Nachteilen, die das mit sich bringt.

Ein beliebter Treff einheimischer Urlauber sind die beiden auf einen Felsblock gebauten Stupas **Kyauk Maung Hna Ma** **1** – wie überall sonst in Myanmar gilt auch für Ngwe Saung: kein Strand ohne Pagode. Vor allem zum Sonnenuntergang herrscht hier reger Trubel.

Vogelfreunde sollten zur Dämmerung einen Spaziergang zu dem kleinen, künstlichen **Wasserreservoir** **2** unternehmen, das auf der Höhe des Central Hotel über einen kurzen Fußweg erreichbar ist. In den Morgen- und Abendstunden tummeln sich hier viele Wasservögel.

Auf halbem Weg zwischen Ngwe Saung und Pathein befindet sich ein kleines **Elefantencamp** **3**, wo man auf den Dickhäutern auch reiten kann. Einige Resorts organisieren Ausflüge dorthin (tgl. 8–12 Uhr, 5000 Kyat, 30-minütiger Elefantenritt plus 10 000 Kyat).

Übernachten

Es gibt keine Gästehäuser im Budgetbereich. Insgesamt sind die Preise zu hoch, was jedoch u. a. an den hohen Energiekosten liegt: Da es kein öffentliches Stromnetz gibt, sind die Unterkünfte auf ihre eigenen Generatoren angewiesen (die wenigsten bieten Elektrizität rund um die Uhr). Alle im Folgenden genannten Unterkünfte liegen am Strand, die Kilometerangaben beziehen sich auf ihre Entfernung zum Dorf Ngwe Saung.

Spitzendesign – **Bay of Bengal Resort** **1** **:** am nördlichen Dorfrand, Tel. 042 403 46, www.bayofbengalresort.com. Die große Anlage mit mehr als 500 m Strand verfügt über 62 Zimmer und Villen in modernem Design aus der Feder des bekannten Architekten Stephen Zaw Moe Shwe, dessen Markenzeichen die spitz zulaufenden Eckern und Dä-

Ngwe Saung Beach

Sehenswert
1. Kyauk Maung Hna Ma
2. Wasserreservoir
3. Elefantencamp

Übernachten
1. Bay of Bengal Resort
2. Palm Beach Resort
3. Emerald Sea
4. Eskala Hotels & Resorts
5. Silver Coast Beach
6. Shwe Hin Tha Hotel

Essen & Trinken
1. Royal Flower
2. West Point
3. Thidar San

Abends & Nachts
1. Fisherman Bar
2. Ume Café

Aktiv
1. Ngwe Saung Yacht Club & Resort

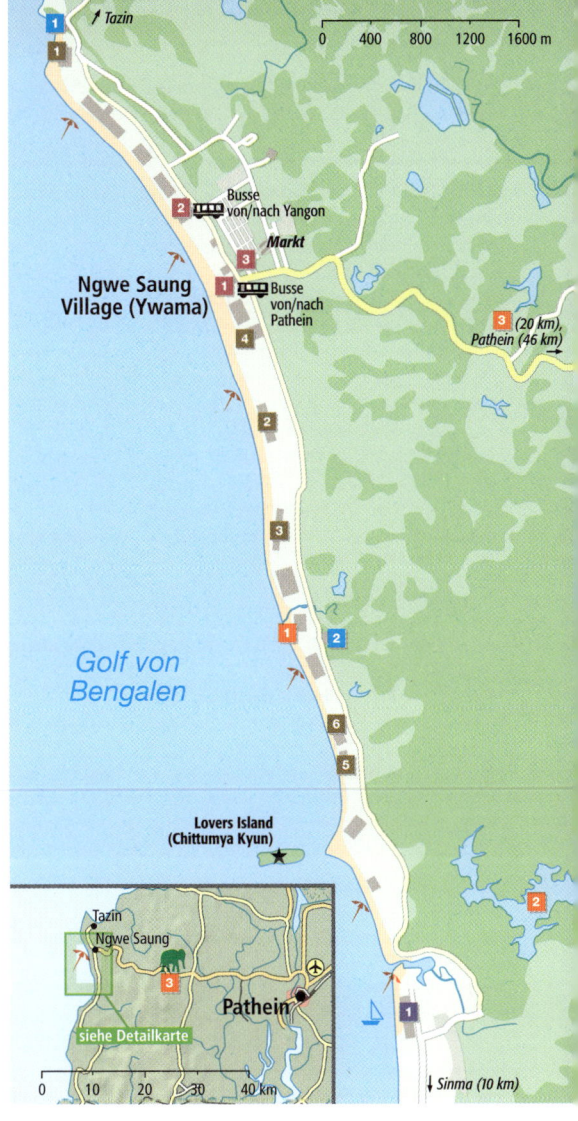

cher sind. Zum Angebot gehören ein Tennisplatz, Wassersportausrüstung, ein großer Pool, ein Spa sowie die offene **Fisherman Bar,** die wie geschaffen ist für den Sundowner. DZ/ÜF ab 130 US-$.

Etabliertes Strandhotel – **Palm Beach Resort** 2 : 1,2 km außerhalb, Tel. 042 402 33, 042 402 34, res.palmresorts@gmail.com. Viele Palmen, viel Tropengrün und viel Holz machen das Resort zum beliebtesten von Ngwe Saung. Die 31 Chalets sind liebevoll eingerichtet, Entspannung bietet das gute Spa, körperlichen Ausgleich der Tennisplatz und die Wassersportmöglichkeiten. Auch Nichtgäste nehmen gerne ihren Sunset Cocktail auf der Terrasse und genießen die westlichen Gerichte im Restaurant. DZ/ÜF ab 130 US-$.

Ayeyarwady-Delta

Im Palmenhain 1 – **Emerald Sea** 3 : 2 km außerhalb, Tel. 042 402 47, 042 403 94, www.emeraldsearesorts.com. Unter Palmen verteilen sich 23 mit viel Holz und Rattan ausgestattete Bungalows, an denen das Klima jedoch seine Spuren hinterlassen hat. Relativ großer Pool, offenes Spa, persönliche Atmosphäre. DZ/ÜF ab 110 US-$.

Stylish – **Eskala Hotels & Resorts** 4 : 3 km außerhalb, Tel. 042 403 41, 042 403 43, www.eskalahotels.com. Die Palmen müssen noch etwas wachsen, aber insgesamt strahlt das Resort tropisches Laisser-faire aus. 60 Zimmer in vier Kategorien mit Balkon oder Veranda und mit Meer- oder Gartenblick, verteilt auf zwei eng stehende Bungalowreihen und zwei dreigeschossige Bauten. Sehr gelungen sind das Interieur – eine gute Mischung aus modernem Design mit lokalen Dekomaterialien – und die große Lounge mit ihren Rattanmöbeln. Familien werden den großen Pool zu schätzen wissen. DZ/ÜF ab 110 US-$.

Im Palmenhain 2 – **Silver Coast Beach** 5 : 5,5 km außerhalb, Tel. 042 403 24, 042 403 25. Auf einem großen Gelände stehen Bungalowreihen mit 18 etwas fantasielos gestalteten Zimmern, immerhin mit Veranda, Bad und meist mit AC und Meerblick. Der Service ist freundlich und das Essen im offenen Strandlokal ordentlich. DZ/ÜF mit AC ab 45 US-$

Populäre Travellerbleibe – **Shwe Hin Tha Hotel** 6 : 5 km außerhalb, Tel. 042 403 40, 09 520 06 18. Wegen des guten Services die beliebteste Option unter den günstigeren – aber nicht billigen – Unterkünften. Alle 34 Bambushütten bieten Meerblick, sind aber in die Jahre gekommen. Schöne Atmosphäre beim Dinner, Strom gibt's nur von 18–6 Uhr, Fahrrad- und Mopedverleih (auch für Nicht-Gäste). DZ 30–55 US-$.

Essen & Trinken

Im Dorf Ngwe Saung reiht sich entlang der Hauptstraße ein Restaurant ans andere. Alle bieten einen weitgehend ähnlichen Qualitätsstandard mit ordentlichen Seafood-Gerichten.

Seafood und Musik – **Royal Flower** 1 : Main Rd., Ngwe Saung (Dorf), tgl. 8–22 Uhr. Hier lauscht man von 18 bis 22 Uhr der guten Livemusik von Gitarrist Aung San Phyo und Kollegen bei leckeren Drinks und gutem Seafood. Gerichte ab 3000 Kyat.

Seafood und Meerblick – **West Point** 2 : Main Rd., Ngwe Saung (Dorf), tgl. 10–22 Uhr. Von den Speisen her unterscheidet sich das Angebot kaum von dem des Royal Flower, aber hier kann man beim Essen aufs Meer blicken. Gerichte ab 3000 Kyat.

Authentisch birmanisch – **Thidar San** 3 : Main Rd., Ngwe Saung (Dorf), tgl. 9–22 Uhr. Hier gibt es mittags schmackhafte Currys. Gerichte ab 2500 Kyat

Einkaufen

Im Dorf gibt es zahlreiche **Souvenirstände**, die u. a. kitschige Dekoartikel und Schmuck aus Muscheln (Finger davonlassen!) anbieten sowie **kleine Shops** für den alltäglichen Bedarf (Wasserflaschen, Getränke etc.).

Abends & Nachts

Ideal für den Sundowner – **Fisherman Bar** 1 : Nordende des Bay of Bengal Resorts, tgl. 10–22 Uhr. Die Bar liegt im hinteren Strandbereich und verbindet tropisches Laisser-faire mit Stil. Die Drinks sind gut und ab 2000 Kyat nicht teuer.

Livemusik zum Dinner – **Royal Flower** 1 : s. S. 216.

Cocktails zur Feuershow – **Ume Café** 2 : Auf Hügel zwischen den Resorts Silver Beach- und Yamonnar Oo Resorts, tgl. 10–22 Uhr. Die Küche ist japanisch angehaucht, die Cocktails sind gut und abends gegen 19.30 Uhr läuft eine ›Fire Show‹.

Aktiv

Baden – Es können stellenweise gefährliche Unterströmungen auftreten, daher sollte man sich nicht zu weit hinauswagen.

Wassersport – **Ngwe Saung Yacht Club & Resort** 1 : 7 km außerhalb, Tel. 01 53 95 87, 09 49 58 73 41, http://ngwesaungyachtclub.com. Das weitläufige Resort markiert das Südende des Strandes und wurde 2013

Ngwe Saung Beach

STRANDTOUR PER MOPED NACH SINMA

Start: Ngwe Saung
Ziel: Sinma
Länge: 64 km (hin- und zurück)
Fahrzeit: 4 Std. (hin- und zurück, ohne Bootstour)
Mopedverleih: Shwe Hin Tha Hotel 6 ; s. S. 216. Wer nicht selber steuern möchte, kann auch ein Moped mit Fahrer anheuern, z. B. Tom Tom (Tun Lin Htaik, s. S. 217, bzw. Shwe Hin Tha Hotel),
Hinweise: Unbedingt an Sonnenschutz und genügend Wasser denken – und vor Abfahrt volltanken!

Ein schöner Tagesausflug führt von **Ngwe Saung Beach** Richtung Süden bis zum Dorf des Elefantenmädchens, **Sinma** (18 km, 1,5 Std.). Der Weg ist unkompliziert, man folgt entweder der Küstenstraße oder fährt bei Ebbe über den meist menschenleeren Strand. Dann sollte man allerdings etwas im Mogeübt sein, um mit dem Gefährt nicht im Sand zu versinken.
Hat man erst einmal das massive **Ngwe Saung Yacht Club & Resort** hinter sich gelassen, zeigt sich typisches Küstenidyll. Kokospalmen, wohin man blickt, hin und wieder Bauern auf dem Weg zum Feld oder Fischer, die gemeinsam die Netze einholen. Etwa 2 km vor Sinma passiert man linker Hand einen Hügel mit einem **kleinen Kloster** samt Stupa, von dem sich ein wunderschöner Ausblick eröffnet. Etwa 3 km südlich von Sinma lädt der **Sarchit Beach** zum Baden ein.
Man kann von Sinma aus auch eine Bootstour durch den südlich des Dorfes ins Meer mündenden Sinma Chaung unternehmen (1–2 Std., ca. 10 000 Kyat, Arrangement über Tom Tom; s. Aktiv unten).

für die South East Asia Games errichtet (wofür Fischerfamilien vertrieben wurden). Doch trotz des Namens offeriert es bis dato keine nennenswerte Wassersportaktivitäten. Das mag sich in Zukunft ändern.
Boots- und Schnorcheltouren – Neben **Tom Tom** (Tun Lin Htaik, 09 422 46 29 04, tom.tunlin@gmail.com; Kontakt auch über Shwe Hin Tha Hotel 6) arrangiert **Kyaw San Win**, Tel. 09 250 22 62 27, www.mrwinmyanmar.com, Bootstouren, u. a. zur Bird Island (13 km, 1,5 Std., ab 20 000 Kyat/Person inkl. Schnorchelausrüstung). Allerdings sind die Boote betagt und häufig herrschen starke Strömungen.

Tauchen und Schnorcheln – Zwar gibt es attraktive Tauchmöglichkeiten, allein es fehlt bislang an Anbietern. Auch das mag sich vielleicht in naher Zukunft ändern.
Moped- und Radverleih – Einige Unterkünfte verleihen **Fahrräder** (ab 1000 Kyat/Tag), das Shwe Hin Tha Hotel 6 auch **Mopeds** (ab 10 000 Kyat/Tag).

Verkehr

Busse: ab Busbahnhof 5 x tgl. direkt nach Yangon (230 km, 5,5 Std.), 4 x tgl. nach Pathein (46 km, 1,5 Std.).
Mietwagen: Die Fahrt nach Yangon (ca. 5 Std.) kostet etwa 170 US-$.

Myanmars Westen

Der 450 km lange Küstenstreifen von Rakhine hat einen ganz eigenen Charakter. Im Osten von einem langen Gebirgszug, dem Rakhine Yoma, geschützt, etablierte sich hier am Golf von Bengalen ein mächtiges maritimes Königreich, das mehr als vier Jahrhunderte lang existierte. Heute können die Besucher in Mrauk U dessen Spuren folgen oder aber in Ngapali Myanmars berühmtesten Strand genießen.

Thandwe ▶ E 21

Für die meisten Besucher dient **Thandwe** (knapp 70 000 Einw.) nur als Sprungbrett, um an den den Strand von Ngapali zu gelangen, doch hat sie als einstige koloniale Verwaltungsstadt durchaus ihren Reiz. Sie blickt auf eine lange Geschichte zurück, auch wenn kaum mehr Spuren zu finden sind. Bereits im frühen 1. Jt. befand sich an dieser Stelle das Zentrum eines kleinen indisierten Fürstentums namens Dvaravati, das später unter die Herrschaft der Rakhine geriet. 1826, nach dem Ersten Anglo-Birmanischen Krieg, erhoben die Engländer den Ort in den Rang einer Garnisonsstadt, die sie Sandoway nannten. Der Schriftsteller George Orwell (1903–50), der ab 1922 fünf Jahre in Myanmar verbrachte, fristete hier eine Zeitlang sein Dasein als Kolonialbeamter.

Sehenswertes

In der Stadt lohnt sich ein Spaziergang durch die Straßen mit noch einigen schönen **Teakholzhäusern**. Sehenswert ist vor allem in den geschäftigen Morgenstunden der 2013 nach einem Brand wieder aufgebaute **Markt** mit seinem vielfältigen Angebot an Meerestieren und Gemüse. Zudem herrscht dort eine gute Auswahl an *longyi*, denn Thandwe ist auch als Weberstadt bekannt. Die im Grundton zumeist hellblauen Stoffe mit karierten Mustern werden von den Nachkommen südasiatischer Migranten bevorzugt. Viele davon sind Muslime, die fast ein Drittel der Stadtbevölkerung ausmachen und sich in einer der sechs **Moscheen** der Stadt treffen.

Drei Stupas krönen je einen Hügel am Stadtrand von Thandwe und eröffnen wunderbare Ausblicke in die Umgebung. Einen der schönsten Sonnenaufgänge der Region erlebt man vom höchsten der drei Hügel, auf dem nordwestlich des Stadtzentrums die **Nandaw Paya** steht. Der Stupa birgt eine Rippe Buddhas, während der Stupa der **Shwesandaw Paya** im Süden ein Haar und der Stupa der östlich des Thandwe River gelegenen **Andaw Paya** einen Zahn des Erleuchteten enthalten sollen.

Essen & Trinken

Angesichts der Nähe zu Ngapali gibt es keine große Restaurantauswahl. Einige *teashops* liegen gegenüber dem Busbahnhof und rund um den Markt. Solide Küche tischt **Rainbow Bakery & Café** (87 U Kyaw Yin St., Tel. 09 851 52 35, tgl. 8–21 Uhr) mit Gerichten ab 1500 Kyat auf.

Verkehr

Flüge: Der **Thandwe Airport** liegt 10 km westlich der Stadt beim Dorf Mazin direkt am Meer. Die Verbindungen unterliegen saisonal starken Schwankungen. Während der Hauptreisezeit in den Wintermonaten gibt es täglich Flüge diverser Fluglinien, die auf ihrem Weg zwischen Sittwe und

Yangon einen Zwischenstopp in Thandwe einlegen. Wer eine Unterkunft am Ngapali Beach gebucht hat, wird meist abgeholt. Ein Taxi kostet ca. 8000 Kyat. **Airline-Büros: Air Mandalay,** 14 Min Tae St. (Ecke Thandwe-Nagpali Rd./Ngapali Main Rd. = Straße zum Flughafen), Tel. 043 424 04, 423 08; **Air Bagan,** gegenüber dem Amazing Ngapali Resort (s. S. 219), Tel. 043 424 29, 09 73 14 09 72.
Busse: Mehrere Gesellschaften fahren täglich entweder über Gwa (130 km, 5–6 Std.) oder Pyay (230 km, 10–11 Std.) nach Yangon (390 km bzw. 480 km, 18–20 Std.).
Sammel-Tuk-Tuks: verkehren entlang der Strandstraße zwischen Mazin/Thandwe Airport und Ngapali Beach (ca. 1000 Kyat).

Ngapali Beach

▶ E 21

Cityplan: S. 220
Ob ihm sein Name von heimwehgeplagten Neapolitanern verabreicht wurde oder sich vom birmanischen Wort für ›verführerischer Fisch‹ ableitet, ist eigentlich egal – Ngapali steht für Dolce Vita am Meer, für tropisches Laisser-faire und Fischköstlichkeiten in allen Variationen. Nur durch einen kleinen Felsvorsprung unterbrochen, erstreckt sich der eigentliche Strand von Ngapali über 7 km vom Golfplatz im Norden bis zum Dorf Lontha im Süden. Doch firmieren auch die Buchten weiter nördlich bis zum Flughafen unter diesem Namen. Wie auch immer, der Strand bietet jede Menge Platz zum Entspannen. Bislang konzentrieren sich die meisten Unterkünfte (s. S. 219) im südlichen Teil, doch Richtung Flughafen wird fleißig gebaut.

Ausflüge zu Fischerdörfern und Eilanden

Wer das Leben der Fischer kennenlernen möchte, kann zu Fuß oder mit dem Fahrrad zu einem der naheliegenden Fischerorte fahren. Im Norden des Strandes liegen die drei Dörfer **Ngapali, Lintha** und **Ziphyugon,** im Süden **Myapyin, Lontha** und **Gyeiktaw.**

Lontha, Gyeiktaw und die Andrew Bay

In **Lontha** ganz im Süden werden tagsüber am Strand Fische getrocknet. Von dort kann man spätnachmittags entlang des herrlichen Strandes der **Andrew Bay** (Andwe Kywe) spazieren. An derem östlichen Ende liegt der **Maday Mountain** **1**, auf dem sich eine **stehende Buddhafigur** erhebt und von wo sich schöne Ausblicke bieten.

Am Südende des Ngapali Beach erstreckt sich das urige Dorf **Gyeiktaw** mit einem netten kleinen **Markt** **2** an der Hauptstraße, der vor allem morgens sehr stimmungsvoll ist. Im Dorf gibt es zudem einige buddhistische Klöster.

White Sand und Pearl Island

Fischerboot ab südlichem Teil des Nagpali Beach 15 000–20 000 Kyat/Tag; auch Hotels und Restaurants organisieren die Tour (50 US-$)
Südlich von Lontha, direkt der Westspitze der Andrew Bay vorgelagert, liegt die Kayi Kyun, **White Sand Island** **3**. Ebenso wie Pearl Island weist sie einen netten Strand auf.

Die ca. 500 m vor der Küste liegende, lang gezogene **Pearl Island** **4** (Balet Kyun). eignet sich auch zum Schnorcheln, obwohl die Strömung recht stark sein kann.

Übernachten

Die meisten Unterkünfte konzentrieren sich am südlichen Strandabschnitt, doch entstehen auch immer mehr Hotels im Norden Richtung Flughafen. Trotz der regen Bautätigkeit sind die Preise wie in anderen touristischen Orten Myanmars derzeit überzogen.
Lokales Design – **Amazing Ngapali Resort** **1** : Ziphyugon, Tel. 043 420 11, 043 420 22, www.amazingngapaliresort.com. 47 schön gestaltete Bungalows sowie zweistöckige Villen mit Meerblick an einem langen Strandabschnitt. Alles ist geschmackvoll in lokalem Design gestaltet, großzügiger Pool und ebensolches Restaurant, empfeh-

Ngapali Beach

Sehenswert
1. Maday Mountain mit stehendem Buddha
2. Markt von Gyeiktaw
3. White Sand Island (Kayi Kyun)
4. Pearl Island (Balet Kyun)

Übernachten
1. Amazing Ngapali Resort
2. Bayview – The Beach Resort
3. Thande Beach Hotel
4. Crescent Cove Resort
5. Yoma Cherry Lodge
6. Laguna Lodge Ngapali
7. Linn Thar Oo Lodge
8. Memento Resort

Essen & Trinken
1. Pleasant View Islet
2. Silver Full
3. The Green Umbrella
4. Smile Restaurant
5. Min Thu

Einkaufen
1. Ngapali Art Gallery
2. Htein Linthar Gallery

Abends & Nachts
1. Sunset View Bar
2. enjoy!

Aktiv
1. Ngapali A-1
2. Sunshine Paddle Shak
3. Asia Whale Ngapali Water Sport Center

---

lenswertes Thukha Spa, Shuttleservice nach Thandwe. DZ/ÜF ab 215 US-$.
Deutsche Besitzer – **Bayview – The Beach Resort** 2 **:** Lintha, Tel. 01 50 44 71 (Reservierung), www.bayview-myanmar.com. Ein deutsch geführtes Hideaway, seit den 1990er-Jahren gut etabliert, mit 43 Bungalows (Garten- und Meerblick) sowie 2 Suiten, die sich im Garten und am Strand verteilen. Viele Wassersportmöglichkeiten, Pool und Spa. Zum Sundowner und Seafood-Schlemmen trifft man sich in der Sunset Bar, wo es

Ngapali Beach

für Heimwehkranke auch ein Wiener Schnitzel gibt. DZ/ÜF ab 150 US-$.

Solides Strandresort – Thande Beach Hotel 3: südlich von Lintha, Tel. 043 421 78, 421 79, www.thandebeachhotelmyanmar.com. Die 38 Deluxe-Bungalows und 24 Superior-Zimmer mit viel Teakholz- und Rattanmobiliar stehen unter Kasuarinen und Palmen an einem schönen Strandabschnitt. Zwei Restaurants, schöne Strandbar, Spa. Insgesamt eine gute Wahl. DZ/ÜF ab 115 US-$.

Urlaub mit Fischern – Crescent Cove Resort 4: Lintha, Tel. 043 420 70, 01 52 63 25, www.crescentcoveresort.com. 20 lilafarbene, von Palmen umgebene Bungalows mit schön gestalteten Holzdächern, gemütlichem Interieur, großer Fensterfront und Terrasse. Von vier der Bungalows sieht man das Meer. Der Strandabschnitt wird auch von den Fischern des Dorfes genutzt, sodass man einen guten Einblick in ihren Alltag erhält. DZ/ÜF ab 100 US-$.

Stilvolle Anlage – Yoma Cherry Lodge 5: Lintha, Tel. 043 423 39, www.yomacherrylodge.com. Sympathisches Boutiquehotel mit schönem Garten. Im Garden Pavilion verteilen sich auf zwei Etagen acht Zimmer, im Beach Pavilion gibt es fünf Zimmer mit Meerblick und großer Gemeinschaftsterrasse. Stilvolle Einrichtung mit viel Holz- und Rattanmobiliar. Auch dieser Strandabschnitt wird von den Fischern aus Lintha genutzt. DZ/ÜF ab 80 US-$.

Rustikaler Charme – Laguna Lodge Ngapali 6: Myapin, Tel. 043 423 12, 01 50 11 23 (Reservierung), www.lagunalodge-myanmar.com. Dies ist ein Gästehaus mit Charakter – durch manche Räume wachsen Palmen. Insgesamt 18 individuell gestaltete Zimmer mit Strand- oder Gartenblick, gelobt wird das Frühstück. Wer es liebt, lässig die Füße in den Sand zu strecken, ist hier richtig, wer klinisch reinen Komfort sucht, falsch. DZ/ÜF ab 70 US-$.

Familiäre Bleibe – Linn Thar Oo Lodge 7: Lintha, Tel. 043 423 22, 442 66, www.lintharoo-ngapali.com. Eine der etablierten Anlagen an einem schönen Strandabschnitt mit Bungalows in zwei Preiskategorien, alle mit Meerblick. Gut geführt und recht sauber, doch das Design der 31 Zimmer wirkt teils etwas altbacken. Am besten: Holzbungalows. Strom von 18–6 Uhr. DZ/ÜF 70–100 US-$.

Erschwinglich – Memento Resort 8: südlich von Lintha, Tel. 043 424 41, ngapalimementoresort@gmail.com. Entlang des Strandes stehen klimatisierte Bungalows, deren Inneres recht nett mit Bambus dekoriert ist. Die Zimmer, darunter zwei für Familien, in einem zweistöckigen Gebäude in der zweiten Reihe haben ein karges Bad und sind etwas dunkel, aber für den Preis in Ordnung. DZ/ÜF 35–70 US-$.

Essen & Trinken

Die Auswahl an Lokalen ist groß. Vor allem entlang der parallel zum Strand verlaufenden Straße konkurrieren viele einfache Seafood-Restaurants miteinander, alle mit gutem Preis-Leistungs-Verhältnis.

Das Auge isst gern mit – Pleasant View Islet 1: Myapin, auf kleiner Insel am Süden de des Strandes, über eine Brücke erreichbar, 043 422 -24, -25, -26, 043 424 73, www.pvrngapali.com/pvi.html, tgl. 9–23 Uhr. Hier stimmt das Ambiente, zumal man mit herrlichem Meerblick speist. Abends gibt es Gegrilltes aus dem Golf von Bengalen, ganztägig ein breites Angebot an asiatischen Speisen. Grillgerichte ab 4000 Kyat.

Auch Kochkurse – Silver Full 2: Myapin, Tel. 09 49 65 27 90. Der Eigentümer begann als Ober im Silver Beach Hotel und managt nun perfekt dieses wunderbare Seafood-Lokal mit guter Küche zu günstigen Preisen. Gäste können aus dem frischen Fang auswählen. Und wer selbst kochen möchte, kann sich für einen Kurs anmelden. Seafood-Gerichte ab 4000 Kyat.

Seafood auf dem Sand – The Green Umbrella 3: südlich von Lintha, direkt am Strand, tgl. 9–22 Uhr. Ein paar Schirme am Strand, Happy Hour zum Sonnenuntergang und Gegrilltes aus dem Meer – so macht man Urlauber glücklich. Gerichte ab 3000 Kyat.

Spaghetti zu heimischem Wein – Smile Restaurant 4: nördlich von Myapin, hinter dem Ngapali Beach Hotel, tgl. 10–22 Uhr. Das eta-

Myanmars Westen

Auf den blauen Planen werden kleine Fische getrocknet

blierte Lokal wird wegen seiner soliden Küche, seiner großen Auswahl und seinen vernünftigen Preisen geschätzt. Auch die Pasta gelingt ganz ordentlich. Gerichte ab 3000 Kyat.

Lobster mit Wein – **Min Thu 5 :** Myapin, Main Rd., südlich des Aureum Palace Hotel, Tel. 09 250 60 48 59, tgl. 10–22.30 Uhr. Benannt nach dem Eigner, ist das kleine Lokal eine gute und preislich passable Adresse für leckeres Seafood. Empfehlenswerte Curryvarianten. Gerichte ab 3000 Kyat.

Einkaufen

Souvenirs – Muschelketten, Badetücher etc. gibt es jede Menge am Strand und in den Dörfern.

Kunst – Lohnend ist ein Blick in die **Ngapali Art Gallery 1** mit Werken des lokalen Künstlers San Naing, der dort auch sein Atelier hat, sowie nebenan in die **Htein Linthar Gallery 2 .** Beide liegen in der Straße südlich von Lintha und sind ganztägig geöffnet.

Abends & Nachts

Entspannt am Strand – **Sunset View Bar 1 :** südlich von Lintha, nahe dem Thande Beach Hotel, Tel. 09 250 45 22 01, tgl. 9–22 Uhr. Unter den diversen ›Sunset Bars‹ entlang dieses Strandabschnitts ist die von Ma Cho Win Hlaing geführte immer noch die gemütlichste. Gutes Seafood (ab 4000 Kyat), kühles Bier und bequeme Sitzmöglichkeiten direkt am Strand bilden die perfekte Formel für einen netten Abend.

Mojito und Co. – **enjoy! 2 :** Myapin, Main St., südlich des Sandoway Resort, Tel. 09 421 76 98 38, tgl. 10–22 Uhr. Die Drinks sind gut gemixt, das Seafood (ab 3000 Kyat) ist lecker, der Service zuvorkommend. Auch in diesem kleinen Lokal lässt sich der Abend gut verbringen.

Aktiv

Ausflüge 1 – **Angel Travel & Tours** `6` : Laguna Lodge Ngapali (s. S. 221), Tel. 043 423 12, angel@myanmar.com.mm. Arrangiert Ausflüge in die Umgebung und ist bei der Weiterreise behilflich.

Ausflüge 2 – **Gunter Otero** `6` : Laguna Lodge Ngapali (s. S. 221), Tel. 09 421 73 10 79, guntherhotero@gmail.com. Der aus Costa Rica stammende Guide lebt seit mehreren Jahren hier und bietet diverse Ausflüge ins Hinterland an, etwa frühmorgens 5.30–7.30 Uhr mit einem Pick-up zu einem Berg im Hinterland ab 10 US-$/Person.

Fahrräder – Nahezu jede Unterkunft verleiht Fahrräder (5000 Kyat/Tag), oft ohne Gänge und schlecht gewartet, sodass sie sich nur für Ausflüge in die nähere Umgebung eignen. Besser sind die Räder der **Yoma Cherry Lodge** `5` (s. S. 221), die Mountainbikes (11 000 Kyat/Tag) auch an Nicht-Hotelgäste verleiht, und von **Ngapali A-1** `1` (im Ambrosia Restaurant, gegenüber dem Amata Resort, Tel. 09 421 76 99 10). Hier bekommt man Mountain- und E-Bikes für 10 000 Kyat/Tag.

Kayaking – Die **Laguna Lodge Ngapali** `6` (s. S. 221), hat zwei Kajaks im Verleih (7000 Kyat/Std.), **Sunshine Paddle Shak** `2` (Strandmitte, nahe Meerjungfrau) verleiht aufblasbare Kanus (ab 7000 Kyat/Std.).

Schnorcheln und Tauchen – **Asia Whale Ngapali Water Sport Center** `3` : zwischen Flughafen und Amazing Ngapali Resort, Tel. 09 49 57 70 70, www.ngapaliwatersport.com. Bislang der einzige Tauchanbieter am Ort, der aber aufgrund mangelnder Sicherheitsstandards in der Kritik steht. Anfänger sollten die Finger davon lassen. Tauchgänge ab 110 US-$) zzgl. Tauchausrüstung (25 US-$) Empfehlenswerter sind die halbtägigen Schnorchelausflüge (ab 70 US-$).

Surfen – Wenn ab Mai der Südwestmonsun einsetzt, beginnt mit seinen Winden am Ngapali Beach die beste Zeit für Surfer, allein es fehlt an Verleihmöglichkeiten von Brettern.

Verkehr

Flüge: Der **Thandwe Airport** (s. S. 218) liegt beim Dorf Mazin direkt am Meer. Ein Taxi dorthin kostet ca. 8000 Kyat.

Busse: Busse nach Yangon starten in Thandwe (s. S. 219). Ein Minibus fährt 1 x tgl. ab Linn Thar Oo Lodge nach Pyay (245 km, 13 Std.).

Sammel-Tuk-Tuks: verkehren entlang der Strandstraße zwischen Ngapali Beach und Mazin/Thandwe Airport (ca. 1000 Kyat).

Sittwe ▶ C 17

Die heutige, 150 000 Einwohner zählende Hauptstadt von Rakhine war lange Zeit nicht mehr als ein Fischerdorf an der Mündung des Kaladan River und erlangte erst durch die Engländer ihre jetzige Bedeutung. Nach dem Ersten Anglo-Birmanischen Krieg wurde Sittwe 1826 im Vertrag von Yandabo dem Britischen Empire zugesprochen. Damit begann der Aufstieg zu einem wichtigen Zentrum für Verwaltung und Handel. Es folgte eine Einwanderungswelle von Muslimen aus Bengalen über die nur 90 km entfernte Grenze. Zwischen Akyab – so der bengalische, von den Briten verwendete Name – und dem nur 550 km Luftlinie entfernten Kalkutta (heute: Kolkata) pendelten mehrmals täglich Frachter. Der Stadtname Sittwe, Stadt, wo der Krieg begann, ist erst seit 1989 gebräuchlich. Er bezieht sich auf die einst hier tobende Schlacht zwischen den Konbaung und den Rakhine, in deren Folge Bodawpaya Ende 1784 die Rakhine-Hauptstadt Mrauk U einnahm.

Sicherheitshinweis

Infolge des 2012 wieder aufgeflammten Konflikts zwischen den buddhistischen Rakhine und den muslimischen Rohingya ist die Lage in der Stadt ziemlich angespannt und kann jederzeit eskalieren. Vor der Anreise empfiehlt sich daher ein Blick in die Sicherheitshinweise der Auswärtigen Ämter (s. S. 118).

Myanmars Westen

Im letzten Jahr des Zweiten Weltkriegs war Sittwe Schauplatz heftiger Kämpfe zwischen den Alliierten und der japanischen Armee. Ein Großteil der Stadt wurde damals beschädigt oder zerstört. Daher ist Sittwe für Touristen wenig attraktiv und wird zumeist nur als Zwischenstopp besucht, um von hier die Bootsfahrt nach Mrauk U anzutreten.

Das Zentrum Sittwes liegt auf einer Art Halbinsel zwischen dem Westufer des Kaladan River und dem Ostufer des Sayokya Chaung, eines Kanals. Im Süden erstreckt sich die Stadt bis zur Mündung des Kaladan River in den Golf von Bengalen. Die Main Road (No. 1) und die parallel verlaufende King Minbar Gyi Road (Main Rd. No. 2) bilden die Hauptstraßen der Stadt.

Main Road No. 1 und Umgebung

Am südlichen Rand des Zentrums dominiert der **New Clock Tower** von 1991 die Hauptstraße Nr. 1. Folgt man dieser nun nach Norden, erreicht man das Kulturmuseum.

Rakhine State Cultural Museum
Main Road No. 1, Di–So 10–16 Uhr, 2000 Kyat
Einen Block südlich des Old Clock Tower ist eine Runde durch das **Staatliche Rakhine-Kulturmuseum** schnell gedreht, denn in den überdimensionierten Räumlichkeiten verlieren sich die wenigen interessanten Exponate. Aus der Vesali- und Mrauk-U-Ära sind Steininschriften und Buddhabildnisse ausgestellt, zudem verstaubte Alltagsgegenstände und Trachten der Rakhine. Bewundert werden können auch 64 Perücken. Es handelt sich um Nachbildungen der Frisuren der (steinernen) Palastdamen aus der Htukkhan Thein in Mrauk U (s. S. 232).

Vom Museum zum Kaladan River
Wendet man sich am Museum in östliche Richtung gelangt man am Kaladan River zum am dortigen Hafen gelegenen **Fischmarkt,** wo in großen Mengen frisches und getrocknetes Meeresgetier umgeschlagen wird. Auch der **Obst- und Gemüsemarkt** befindet sich hier.

Zur Main Road No. 2
Zurück auf der Main Road No. 1 gen Norden erblickt man einen weiteren Uhrturm: den 1887 von niederländischen Kaufleuten aus Stahl errichteten **Old Clock Tower** kurz hinter der Kreuzung mit der Zeigyo/Market Street. Folgt man dieser nach Westen trifft man auf die auch als Main Road No. 2 bezeichnete King Mingbar Road.

Über die Main Road No. 2 zum Sayokya-Kanal

Die Main Road No. 2 führt nach Norden direkt auf den Hafen am Sakyoka-Kanal zu. Doch statt schnurstracks diesen anzusteuern, lohnt sich ein Abstecher nach Westen.

Chantha Payagyi (Atulamarazei Pyelone)
U Ottama St., tgl. 8–19 Uhr, Eintritt frei
Nur einen Block westlich der Main Road No. 2 stößt man auf Sittwes wichtigstes buddhistisches Heiligtum, die **Große Chantha-Pagode.** Dort birgt eine mit Glasmosaiken verzierte Halle einen um 1899 gegossenen, 8 t schweren Bronzebuddha mit vergoldetem Gesicht. Sehr schön ist auch das **Holzkloster** auf dem Gelände.

Shwezedi Kyaung
Ganztägig, Eintritt frei
Wenige Meter westlich der Chantha Payagyi genießt das **Kloster des Goldenen Stupas** überregionales Renommee. 1903 im Kolonialstil errichtet, gelangte es als Residenz des Mönchsaktivisten U Ottama (s. S. 49) Berühmtheit, der von hier aus bis zu seinem Hungertod 1939 seine gewaltlosen, von Mahatma Gandhi inspirierten Kampagnen gegen die Kolonialherrschaft leitete. In seiner Tradition begreifen sich die Mönche des Klosters auch heute noch als Speerspitze eines politischen Buddhismus. Zuletzt traten sie während der Unruhen 2007 (s. S. 53) ins Rampenlicht.

Sittwe

Hier deckt sich die Bevölkerung mit frischem Gemüse ein – der Central Market in Sittwe

Mahakuthala Kyaungdawgyi

Main Rd. No. 2, tagsüber, Spende erwünscht
Zurück auf der Main Road No. 2 erreicht man gen Norden das **Große Kloster der Großartigen Verdienste.** Auf dem Klostergelände birgt ein Kolonialbau das **Buddhistische Museum** mit der wohl besten Sammlung von Buddhafiguren an der Westküste Myanmars. Die für Rakhine typischen Darstellungen gekrönter Buddhas stammen zum Großteil aus Mrauk U, aber es gibt auch Figuren aus Vesali und anderen Teilen Asiens.

Übernachten

Stilvoll und zentral – **The Strand Hotel Sittwe:** 9 Strand (Kannar) Rd., Tel. 043 228 81. In dieser zentral gelegenen Unterkunft hat man die Auswahl zwischen acht Zimmern und Suiten im schmucken Kolonialhaus oder 13 geräumigen Bungalows mit Holzfußboden und Veranda. Das Frühstück ist indes bescheiden, kein Restaurant. Hilfsbereites Personal. DZ/ÜF ab 60 US-$.

Modernes Stadthotel – **Hotel Memory:** 19 Akauk Yone St., Tel. 043 217 94, 043 227 01, www.hotelmemorysittwe.com. Mit seinen 30 gut ausgestatteten Zimmern in drei Kategorien ist das Hotel eine gute Wahl. Das Interieur mit viel Holz wirkt modern, die Bäder sind sauber. Vom Dachrestaurant eröffnet sich ein schöner Ausblick. DZ/ÜF ab 50 US-$.

Ordentliche Mittelklasse – **Shwe Thazin Hotel:** 250 Main Rd. No. 1, Tel. 043 235 79, 043 239 47, www.shwethazinhotel.com. Auf vier Etagen verteilen sich funktionale, etwas kleine Zimmer mit AC, Holzboden und Bad. Das Frühstück wird, mit schöner Aussicht, im 5. Stock serviert. Guter Service und gute Lage nahe dem New Clock Tower. DZ/ÜF 45 US-$.

Tipp

DER PERFEKTE ORT FÜR DEN SUNSET

Genießen Sie die Nachmittagsstimmung an der schlicht **The Point** (▶ C 17/18) genannten Landzunge ca. 3 km südlich des Zentrums. Die schön angelegte Plattform an der Mündung des Kaladan in den Golf von Bengalen ist ein beliebter Treffpunkt der Einheimischen, vor allem zum Sonnenuntergang. Von hier bietet sich ein schöner Blick auf die vorgelagerten Inseln: Tief im Westen ist der 40 m hohe Leuchtturm (1892) auf der Austerninsel, **Mayu Kyun** (▶ B 17; Oyster Island), zu erkennen.

Nicht unbedingt nobel – **Noble Hotel:** 45 Main Rd. No. 1, Tel. 043 235 58, anw.noble@gmail.com. Sechsstöckiger Klotz mit sauberen, etwas plüschigen Zimmern, die große Fenster, aber nur sehr durchschnittliche Bäder haben. Der Service ist ziemlich mau, etwas Trost spendet die Auswahl an internationalen Fernsehprogrammen. DZ/ÜF ab 30 US-$.

Essen & Trinken

Gute Rakhine-Küche – **River Valley Restaurant:** 5/7 Main Rd. No. 1, Tel. 043 238 99, tgl. 7–22 Uhr. Das gut geführte Lokal ist für seine würzigen Fischgerichte bekannt. Sehr beliebt bei Reisegruppen, daher entsprechend preislich überzogen. Gerichte ab 4000 Kyat.

Holzhaus am Meer – **City Point Restaurant:** 42 Strand (Kannar) Rd., Tel. 043 236 60, tgl. 10–22 Uhr. Lage, Essen und Service machen es zu einer beliebten Adresse für Familienfeiern. Die chinesischen Speisen und Seafood-Gerichte sind ihr Geld wert. Gerichte ab 3000 Kyat.

Essen zum Gesang – **May Yu Restaurant:** Strand (Kannar) Rd., südlich des Fischmarkts, tgl. 11–22 Uhr. Man kann draußen oder drinnen sitzen und den Sangeskünsten der Damen lauschen, dazu gibt's durchschnittliches chinesisches Essen und Fassbier. Gerichte ab 2500 Kyat.

Verkehr

Flüge: Der **Sittwe Airport** liegt ca. 3 km südlich des Zentrums. Mit Tuk Tuks kostet die Fahrt in die Stadt ca. 2000 Kyat. Täglich Verbindungen u. a. mit **Air Mandalay**, 102 U Oak Ta Ma Rd., Tel. 043 216 38, 240 89, und **Air Bagan,** 206 Htee Tan St., 043 230 35, 09 852 22 56, nach Yangon, oft mit Zwischenstopp in Thandwe (Ngapali Beach).

Busse: Ab der **Bushaltestelle** in Sittwe (Main Rd.1, in Marktnähe) bedient der **Shwe La Min/Shwe Moe Express** (Academy Highway Express) die Strecke Sittwe–Mrauk U–Magwe–Mandalay (ca. 15 Uhr ab Sittwe, ca. 18.30 Uhr ab Mrauk U/wetterabhängig, Gegenrichtung: 16 Uhr ab Mandalay, 770 km, 25 Std., Gesamtstrecke 25 000 Kyat). Nach Mrauk U (145 km, 4,5 Std.) starten 3 x tgl. Busse der Firma **Shwe Pye Htit** (Tel. 043 221 66). Darüber hinaus fahren Mi und Sa **Minibusse** der **Yadana Company** (Tel. 09 853 22 02) via Mrauk U, Ann und Taungup (Taunggok) nach Thandwe (530 km, 18 Std.).

Boote: Es gibt ein **öffentliches Boot,** das für gewöhnlich morgens von Sittwe nach Mrauk U fährt (tgl., 65 km, 4–5 Std., 10 US-$), So, Mi verkehrt zusätzlich ein **Expressboot** (ca. 7 Uhr, 2,5 Std., 20 US-$). Auch **Privatboote** fahren nach Mrauk U (5–6 Std., 160–200 US-$ hin und zurück, inkl. bis zu 3 Tagen Wartezeit in Mrauk U). Sie sind am Pier des Sayokya Chaung zu finden. Die Strecke Sittwe–Kyaukpyu–Taungup (Taunggok; 360 km, 10–11 Std., 45 000 Kyat) wird 2 x wöchentlich bedient von **Malikha Express (**358 Main Rd. 1, Tel. 043 234 41, 043 240 37) sowie 1–2 x wöchentlich von **Shwe Pyi Tan** (Strand/Kannar Rd., Tel. 043 219 29, 09 862 81 45,

35 000 Kyat). Von Taungup kann man dann per Bus weiter nach Pyay fahren (regelmäßige Verbindung).

 Mrauk U ▸ C 17

Cityplan: S. 229

Die alte Hauptstadt von Rakhine ist einer der bezauberndsten Orte Myanmars. Touristen sind – nicht zuletzt infolge der muslimisch-buddhistischen Spannungen – hier eher selten anzutreffen. Auch wer meint, schon genug Pagoden gesehen zu haben, wird von den hiesigen Monumenten fasziniert sein. Zudem liegt Mrohaung (Alte Stadt), wie Mrauk U von den Rakhinern genannt wird, traumhaft schön – eingebettet in eine tropische Kulturlandschaft mit vielen Stauseen und Strömen.

Geschichte

Wasser ist das Element, von dem Mrauk U jahrhundertelang profitierte. Es gewährleistete den Transport von Waren und schützte vor Feinden. Als König Narameikhla (Min Saw Mon; reg. 1404–33) am 20. August 1430 die neue Hauptstadt des Küstenreichs Rakhine (s. S. 45) gründete und drei Jahre später bezog, begann der kometenhafte Aufstieg eines Herrschergeschlechts, das 352 Jahre lang den Handel am Golf von Bengalen dominieren sollte und dabei vor allem von den wachsenden Beziehungen mit Portugal profitierte: Nach der Ankunft Vasco da Gamas im südindischen Calicut am denkwürdigen 20. Mai 1498 weitete Portugal sein Handelsnetz innerhalb weniger Jahrzehnte auf ganz Asien aus. Die Wirtschaft, aber auch Kunst und Kultur blühten. Mitte des 17. Jh. hatte die Stadt an die 160 000 Einwohner.

Bereits die Lage von Mrauk U macht deutlich, weshalb die Stadt jahrhundertelang feindlichen Angriffen standhalten konnte. Ein ausgeklügeltes System von Wällen und Wassergräben wurde geschickt in die Hügellandschaft platziert, zur Verstärkung dienten Forts. Die noch heute genutzten Stauseen stellten nicht nur die Wasserversorgung sicher, sondern waren teilweise so konstruiert, dass sie innerhalb kurzer Zeit entleert werden konnten, um Belagerer zu vertreiben.

Das Ende von Mrauk U gegen Ende des 17. Jh. war eine Folge von zermürbenden internen Machtkämpfen, die der expansionsfreudige König Bodawpaya (reg. 1782–1819) aus Amarapura ausnutzte, um Rakhine 1784 zu annektieren. Ein Jahr später war es für ihn ein Leichtes, die einst unbezwingbare Hauptstadt Mrauk U einzunehmen. Doch schon nach weiteren vier Jahrzehnten stand das Britische Empire vor der Tür und verlagerte den Verwaltungssitz an die Mündung des Kaladan River nach Sittwe. Mrauk U versank in einem tropischen Dornröschenschlaf, die Gebäude verfielen und liegen teilweise bis heute unter einer dichten Vegetationsdecke verborgen.

Im Laufe der Zeit haben sich jedoch wieder Rakhine hier angesiedelt, die dem Ort den Namen Myohaung, Alte Stadt, gaben. 1901 wurden 2800 Bewohner gezählt, heute leben etwa 36 000 Menschen hier.

Das **Zentrum** konzentriert sich zwischen Shittaung Paya und dem Aung Dat Chaung, der die Stadt mit dem Kaladan verbindet. Der lebendige **Markt** befindet sich südwestlich der alten Palastruinen.

> ### Besichtigung von Mrauk U
>
> In Mrauk U verteilen sich insgesamt 70 Tempel und Pagoden. Die interessantesten liegen nahe beieinander nördlich und östlich des ehemaligen Königspalasts und können gut zu Fuß erreicht werden. Zu abgelegeneren Monumenten, etwa dem Kothaung, empfiehlt sich ein Leihfahrrad oder eine Pferdekutsche. An einem Tag sind die wichtigsten Bauwerke besucht, doch wer mehr Zeit hat, kann die Gegend zwischen den Hügeln und Seen erkunden und wird immer wieder auf Ruinenreste und freundliche Menschen stoßen. Für die Besichtigung des Inneren der Bauwerke sollte man eine Taschenlampe mitnehmen, für längere Spaziergänge Wasser.

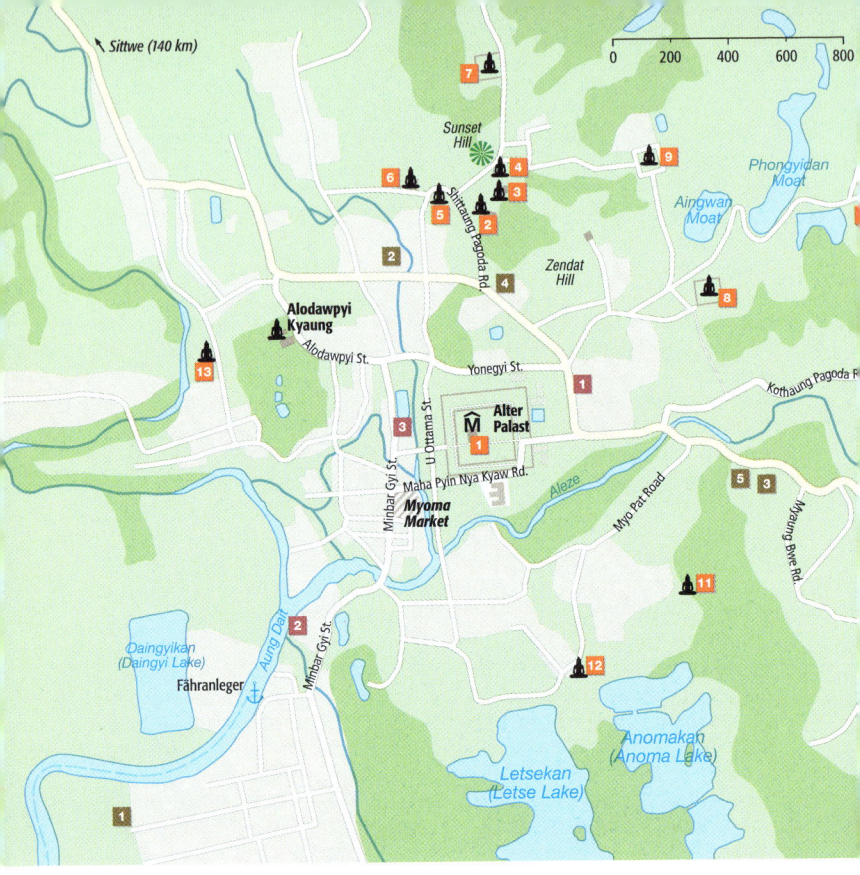

Archäologische Stätte Mrauk U

Tgl. 8–17 Uhr, Ticket erhältlich in der Shittaung Paya und im Museum, 5000 Kyat (unabhängig von der Aufenthaltsdauer).

Museum 1

Di–So 10–16 Uhr, im Ticketpreis enthalten

Als Einstieg in die Besichtigung von Mrauk U empfiehlt sich der Besuch des **Museums** auf dem einstigen **Palastgelände**. Vom Königspalast selbst sind nur noch wenige Reste der aus Sandstein erbauten Wallanlagen und Zugänge erhalten geblieben. Die Holzbauten sind dem Feuer zum Opfer gefallen. Im Museum werden einige interessante Exponate aus der Region gezeigt, darunter Stelen mit hinduistischen und buddhistischen Motiven, Münzen sowie Votivtafeln aus Terrakotta. Portugiesische Bronzekanonen verdeutlichen die Rolle der ehemaligen Handelsmacht als Waffenlieferant für die Rakhine-Könige.

Shittaung Paya 2

Wie eine Festung schmiegt sich die **Pagode der 80 000 Bildnisse** an die Westseite des Pokhaung-Hügels. Ihr volkstümlicher Name bezieht sich auf die zahlreichen Buddhafiguren im Inneren. Wäre die Shittaung Paya nicht seit der letzten Restaurierung teilweise militärgrau gestrichen, sondern weiß-rosa, sähe sie einer überdimensionalen Torte ähnlich.

Die großartige Anlage wurde 1535 von König Min Bin (reg. 1531–54) aus Dank für die erfolgreiche Abwehr eines portugiesischen Angriffs gestiftet, weshalb er auch Tempel

Mrauk U

Sehenswert
1 Museum
2 Shittaung Paya
3 Andaw Paya
4 Ratanapon Zedi
5 Htukkhan Thein
6 Leymyethna Paya
7 Laung Bwann Brauk Zedi
8 Sakyamanaung Zedi
9 Ratanamanaung Zedi
10 Kothaung Paya
11 Shwetaung Zedi
12 Zinamanaung Zedi
13 Lokamanaung Zedi

Übernachten
1 Mrauk Oo Princess Resort
2 Shwe Tazin
3 Vesali Resort Hotel
4 Nawarat Hotel
5 Prince Hotel

Essen & Trinken
1 Moe Cherry
2 River Valley
3 Happy Garden

---

des Sieges, Ran Aung Zeya, genannt wird. Von dem Monarchen stammen weitere Bauten in Mrauk U, zudem ließ er die Befestigungsanlage erweitern und Wasserbassins graben. Zur Stärkung seiner Seemacht rekrutierte er portugiesische Seefahrer und kontrollierte mit ihrer Hilfe die gesamte bengalische Küste.

Aufgrund der Laterit- und Sandsteinblöcke, die ohne Mörtel zusammengefügt wurden, wirkt die Shittaung Paya von außen sehr massiv. Der in Ost-West-Richtung ausgerichtete Bau besteht aus einer an der Nord- und Südseite von **33 kleinen Stupas** flankierten **Plattform.**

Auf ihr ruht die 49 m lange und 38 m breite **Haupthalle,** deren oberen Abschluss ein von mehreren kleineren *zedi* umgebener Stupa bildet. Man betritt die Haupthalle von Osten her durch eine **Vorhalle** mit verschacheltem Staffeldach und gelangt in den zentralen **Innenraum** mit einem 2,70 m großen, auf einem Thron sitzenden Buddha. Interessanter sind jedoch die drei konzentrischen **Korridore,** die von der Vorhalle um den Innenraum herumführen. Während die beiden **inneren Korridore** Hunderte mit Buddhafiguren ausgefüllte Nischen bergen, zeigt die **Außengalerie** relativ grob aus Sandstein herausgeschlagene, teilweise bemalte Reliefs. Illustriert werden neben 550 *jataka* auch hinduistische Szenen und Alltagsmomente. Liebespaare sind ebenso zu sehen wie Schauspieler, Wasserbüffel und Elefanten. Am nördlichen Ausgang der Haupthalle steht die 3 m hohe **Shittaung-Stele,** die auf den Zeitraum zwischen dem 3. und 6. Jh. datiert wird und im Auftrag von Min Bin aus Vesali herbeigeschafft wurde. Sie ist vor allem für Historiker aufschlussreich, denn sie enthält auf drei Seiten in Sanskrit geschriebene Königslisten aus verschiedenen Epochen.

Auf der Plattform befinden sich zudem in der Südostecke die achteckige Sonnenaufgangspagode, **Nay Htwet Paya,** und in der Nordwestecke die glockenförmige Sonnenuntergangspagode, **Nay Wina Paya.**

Andaw Paya 3

Nur wenige Schritte nördlich der Shittaung Paya erhebt sich auf einer massiven Plattform die 1521 von König Min Hla Raza (Thazata, reg. 1515–21) und im Jahr 1596 erweiterte **Pagode der Zahnreliquie.** Benannt ist sie nach der Kopie einer Zahnreliquie Buddhas, die König Min Bin aus Sri Lanka erhalten haben soll.

Auch dieser Bau wirkt durch die dicken Mauern ziemlich massiv und besteht aus einer oktogonalen, von einem Stupa gekrönten **Haupthalle,** die im Osten mit einem länglichen **Vorraum** verbunden ist. Das Innere der Haupthalle wird von zwei über den Vorraum zugänglichen **Korridoren** umlaufen. Sie enthalten zahlreiche, teils dekorativ eingerahmte Nischen mit bemalten Buddhafiguren, die in der spärlichen Beleuchtung sehr mystisch wirken.

Ratanapon Zedi 4

Noch etwas weiter nördlich ragt der **Stupa Voller Edelsteine** 60 m in die Höhe. Zusammen mit den 24 kleineren Stupas um ihn he-

Rakhine – einst Seemacht, heute Küstenprovinz

Seine geografische Lage am Golf von Bengalen prädestinierte den 450 km langen Küstenstreifen von Rakhine für sehr frühe Kontakte mit Indien. Über dreieinhalb Jahrhunderte lang eine bedeutende Seemacht, fiel das Reich nach seiner Eroberung durch die Bamar 1785 in die Bedeutungslosigkeit. Heute zählt Rakhine zu den ärmsten Regionen Myanmars.

Seine besten Jahre verbrachte König Narameikhla (Min Saw Mon; reg. 1404–33) im Exil, denn kaum war er 1404 in seiner damaligen Residenzstadt Laungyyet gekrönt worden, musste er infolge von Machtkämpfen mit dem Königshof von Ava nach Bengalen fliehen. Dort stand er über zwei Jahrzehnte in Diensten des Sultans Jalaluddin Muhammad Shah, den er schließlich davon überzeugen konnte, ihn bei der Rückgewinnung des Throns von Rakhine zu unterstützen. Aufgerieben zwischen den Machtkämpfen der Herrscher von Ava und Bago, war der Küstenstreifen erheblich geschwächt worden. Schließlich gelang es Narameikhla, 1430 mit Unterstützung des Sultans von Bengalen den Küstenstaat zu erobern. Drei Jahre später verlegte Narameikhla die Hauptstadt der Rakhine von Laungyyet ins nicht weit entfernte, aber strategisch günstiger gelegene Mrauk U. Und das, obwohl, so die Chroniken von Rakhine, ihm Hofastrologen prophezeiten, er würde nach dem Umzug nach Mrauk U binnen eines Jahres sterben. Die Voraussage sollte sich bewahrheiten: Narameikhla, der auch den persischen Titel Suleiman Shah trug, starb am 9. Mai 1433.

Doch seine Hauptstadt sollte noch spätere Besucher beeindrucken. »Die Gebäude des königlichen Palastes (…) haben hölzerne Säulen von solch außergewöhnlicher Länge und Geradlinigkeit, dass man erstaunt ist, dass es Bäume von solch hoch wachsender Geradheit gibt. Manche Räume der Palastgebäude sind aus duftenden Hölzern erbaut, etwa aus weißem oder rotem Sandelholz oder dem Holz des wilden Adlerholzbaums, die den Geruchssinn durch ihren natürlichen Duft erfreuen.« So beschrieb der portugiesische Augustinerpater Sebastião Manrique den Herrschersitz von Mrauk U nach seinem Aufenthalt im Jahr 1635 (aus Tun Shwe Khine: A Guide to Mrauk U. Yangon 1993, S. 38). Etwa 160 000 Menschen sollen zu dieser Zeit dort gelebt haben. Es waren die goldenen Jahrzehnte des Küstenreichs unter König Thirithudhamma (reg. 1622–38), der sogar japanische Samurai als Leibwächter rekrutierte.

1517 tauchten im Rakhine-Reich die ersten Europäer in Gestalt portugiesischer Piraten auf, die im Golf von Bengalen ihr Unwesen trieben. Von ihrer Basis in Dianga, 20 km südlich von Chittagong im heutigen Bangladesh, suchten sie die Küstenregion heim und verschleppten Tausende Einheimische als Sklaven ins ›Goldene Goa‹, »wo du auf der Veranda sitzen und Musik hören konntest, während der Wind vom Meer her blies und das einfache Volk in Rufweite war, um dir jeden Wunsch zu erfüllen«, wie es Maurice Collis so treffend beschrieb (Maurice Collis: The Land oft the Great Image. New York 1943, S. 40). Und das einfache Volk waren meist Sklaven.

So gerieten portugiesische Schiffe immer wieder in Konflikt mit den Königen Rakhines, so auch mit Min Bin (reg. 1531–53), der sie jedoch erfolgreich zurückdrängen konnte und es vermochte, sie in seine Dienste zu stellen. Wegen ihrer wendigen Schiffen und Kanonen gefragt, unterstützten portugiesische Söldner auch Min Bins Sohn und vierten Nachfolger, Min Phalaung (reg. 1571–93), bei der Eroberung Bengalens. In der Folge verstärkte sich der Zuzug muslimischer

König Min Bin stiftete die Shittaung Paya als Dank für die Abwehr eines portugiesischen Angriffs

Migranten ins heutige Myanmar. Der Einfluss des Islam lässt sich auch daran ablesen, dass manche Rakhine-Könige, obwohl Buddhisten, persisch-muslimische Titel trugen. So hieß Min Razagyi (reg. 1593–1612) auch Selim Shah, Makelloser Herrscher. Ihm gelang es u. a. 1899 Bago, die mächtige Residenzstadt der Taungoo-Herrscher kurzzeitig einzunehmen und entscheidend zu schwächen. Als Kriegsbeute brachte er die berühmten Bronzefiguren aus Angkor mit, die heute in der Mahamuni Paya in Mandalay (s. S. 305) zu sehen sind, und einen weißen Elefanten.

Mithilfe der portugiesischen Söldner vermochte Min Razagyi zwischen 1600 und 1603 einen 1600 km langen Küstenstreifen vom Golf von Martaban bis zu den Sundarbans in West-Bengalen zu kontrollieren. Doch die Portugiesen versuchten immer wieder, selbst die Kontrolle am Golf von Bengalen zu übernehmen, so auch 1607, als sie mit einer Flotte von Dianga aus die Königsstadt Mrauk U einnehmen wollten. Doch Razagyi kam dem Überfall zuvor und richtete in Dianga ein Massaker an. Acht Jahre später wehrte sein Nachfolger Min Khamaung (reg. 1612–22) ebenfalls erfolgreich einen Angriff des Vizekönigs von Goa ab. Die Befestigungsanlagen der Metropole galten damals als uneinnehmbar.

Es waren letztlich interne Machtkämpfe, die zum Niedergang Rakhines führten. Diese nutzte der Konbaung-König Bodawpaya (reg. 1782–1819) aus, entsandte seinen Sohn, Kronprinz Thado Minsaw (1762–1808), und eroberte das Küstenreich 1784/85. Damit beendete er für immer die politische Eigenständigkeit Rakhines.

Heute zählt die Küstenregion zu den ärmsten des Landes. Nur ein Zehntel des 36 780 km² großen Rakhine State ist landwirtschaftlich nutzbar, der Rest besteht aus Sumpfgebieten und Flüssen. Da hilft es nicht, dass er mit durchschnittlich 5000 mm Niederschlag in den Monaten Mai bis Oktober eines der regenreichsten Gebiete Myanmars ist. Im Gegenteil: Infolge der Erderwärmung richten die Monsunstürme immer häufiger Schäden an. Viele der 2,1 Mio. Bewohner suchen daher ihr Glück im Ausland oder in anderen Teilen Myanmars. Zurück bleibt allein die traurige Erinnerung, einst eine bedeutende Seemacht gewesen zu sein.

rum wurde der Ratanapon im Jahr 2000 komplett neu aufgebaut, nachdem er infolge von Bombardierungen im Zweiten Weltkrieg jahrzehntelang in Ruinen gelegen hatte. Im Namen des Stupas spiegelt sich die volkstümliche Vermutung wider, seine Stifterin, Königin Shinhtway, habe hier zahlreiche Edelsteine verborgen. Der Ratanapon entstand 1612 im Krönungsjahr ihres Gatten Min Khamaung (reg. 1612–22), der bis heute in guter Erinnerung ist, weil er 1615 erfolgreich eine portugiesische Invasion aus Goa abwehrte.

Htukkhan Thein [5]

Festungscharakter hat die westlich der Shittaung-Pagode auf einem 10 m hohen Plateau erbaute **(Ordinations-)Halle des Leidens.** Wahrscheinlich wurde die Htukkhan Thein 1571 von König Min Phalaung (reg. 1571/72–93) erbaut. Ihr glockenförmiger Stupa erhebt sich über mehreren, sich nach oben hin verjüngenden Terrassen. Im Inneren umlaufen zwei Korridore in U-Form das Zentralheiligtum, das eine sitzende Buddhafigur beherbergt. Der massive Eingang zur Halle ist nach Osten hin ausgerichtet und lässt Licht ins Innere dringen. Sowohl im Osten als auch im Norden der Plattform befinden sich breite Treppenaufgänge, in deren 146 Nischen Buddhafiguren aus Sandstein stehen. Das Hauptinteresse gilt aber eher ihren, ebenfalls in Stein gehauenen, 64 betenden Verehrerinnen – jede trägt eine andere Frisur und ist anders gekleidet, was viel Aufschluss über die Mode der damaligen Palastdamen gibt.

Leymyethna Paya [6]

Das Heiligtum wurde im Jahr 1430 vom Stadtgründer, König Narameikhla (reg. 1404–33), gestiftet und gehört damit zu den ältesten Bauten von Mrauk U. Als **Pagode der Vier Eingänge** bezeichnet man sie aufgrund ihrer Architektur: Einem zentralen quadratischen Bau sind vier Eingänge vorgelagert. Oben wird die Anlage von einem glockenförmigen Stupa abgeschlossen, dem an den Ecken des Hauptbaus vier weitere zugeordnet sind. An den Innenseiten des oktogonalen Zentralheiligtums befinden sich jeweils Nischen mit aus Sandstein skulptierten Buddhadarstellungen. Zusammen mit je fünf weiteren Figuren des Erleuchteten ihnen gegenüber an der Außenwand stellen sie die 28 bislang erschienenen Buddhas dar.

Laung Bwann Brauk Zedi [7]

Vorbei an zwei goldglänzenden Stupas, die rechter Hand auf einem kleinen Hügel stehen, erreicht man den **Stupa mit Blumenmustern an der Wand.** Seinen Namen erhielt er aufgrund der verschiedenfarbigen runden Kacheln, die einst die Außenwände des *zedi* verzierten. Heute sind sie nur noch an wenigen Stellen zu sehen. Der Rakhine-König Min Khaung (reg. 1521–31) ließ den oktogonalen Stupa im Jahr 1525 errichten. Seine elegante Form entsteht durch sich nach oben verjüngende Stufen, die auf halber Höhe in einen glockenförmigen *anda* übergehen. Den Abschluss des 37 m hohen sakralen Bauwerks bildet eine Lotusknospe mit abschließender Spitze und, Myanmar-typisch, ein Schirm *(hti)*.

Die Stupas Sakyamanaung und Ratanamanaung

Von König Thirithudhamma (reg. 1622–38), dessen Palast der Augustinerpater Sebastião Manrique, der im Jahr 1635 zum Zeitpunkt der späten Krönungszeremonie des Herrschers in Mrauk U weilte, bildhaft beschrieb (s. Thema S. 230), stammt der mit 85 m alle anderen Gebäude überragende **Sakyamanaung Zedi [8]**. Der achtseitige Stupa wurde 1629 östlich des damaligen Herrscherpalasts errichtet und befindet sich in noch recht gutem Zustand. Dem etwa die Hälfte der Gesamthöhe einnehmenden Unterbau sitzt ein schlanker glockenförmiger Korpus *(anda)* auf. Dieser wiederum wird von sich verjüngenden Kreisen abgelöst, sodass der Stupa eine enorme Leichtigkeit ausstrahlt. Großen Anteil an dieser Wirkung haben auch die zahlreichen Verzierungen.

500 m weiter nördlich erhebt sich der 60 m hohe **Ratanamanaung Zedi [9]**. Auch dieser Stupa verkörpert den typischen Baustil von Mrauk U und ist von der Basis bis zur Spitze achteckig gestaltet, allerdings wesentlich

Mrauk U

Haupt einer der aus Sandstein geschlagenen Buddhastatuen in der Kothaung Paya

schlichter als viele andere vor Ort. Sein Stifter, König Sandathudamma (reg. 1652–74), ließ ihn in seinem Krönungsjahr errichten.

Kothaung Paya 10

Lange war die etwa 1,4 km östlich des Sakyamanaung Zedi gelegene **Pagode der 90 000 Buddhas** überwuchert, bis sie Ende der 1990er-Jahre restauriert wurde. Der dunkle, lang gezogene Komplex mit seinen fünf beeindruckenden Stupareihen ist schon von Weitem zu sehen.

Faszinierend sind auch die **Korridore** im Inneren der **Haupthalle** mit zahlreichen aus dem Sandstein herausgeschlagenen Buddhastatuen und -reliefs. Sie verhalfen der im Jahr 1553 erbauten Pagode zu ihrem volkstümlichen Namen. Der Stifter, König Min Dhikka (reg. 1553–56), folgte damit dem Vorbild seines Vaters, der 18 Jahre zuvor die Shittaung Paya (s. S. 228) hatte errichten lassen.

Weitere Pagoden und Stupas

Außerhalb des Kernbereichs der Alten Stadt ragen zahlreiche weitere Stupas bzw. Pago-

den in den Himmel. Drei seien hier stellvertretend genannt.

Im Süden des höchsten Punktes von Mrauk U erhebt sich der **Shwetaung Zedi** 11, der einen schönen Ausblick bietet und wegen des optimalen Lichts besonders am späten Nachmittag den Aufstieg lohnt. Der Stupa des Goldenen Berges entstand 1531 im Jahr der Thronbesteigung von Min Bin.

Westlich liegt auf einem Hügel der achtseitige **Zinamanaung Zedi** 12, den König Sandathudamma (reg. 1652–74) für das gemeine Volk erbauen ließ.

Wer 800 m vom alten Palastgelände aus in Richtung Westen spaziert, erreicht den **Lokamanaung Zedi** 13, der sich auf einer quadratischen Basis gut 30 m über die Ebene erhebt und auf Initiative von König Sandathudamma 1658 erbaut wurde. An seinen Achsenpunkten befinden sich vier kleine Schreine mit Buddhas des jetzigen Zeitalters.

Übernachten

Nobles Wohnen – **Mrauk Oo Princess Resort** 1 : Aung Tat Yat, Tel. 043 502 32, 043

Myanmars Westen

PER BOOT ZU DEN CHIN

Start/Ziel: Mrauk U
Länge: ca. 60 km
Dauer: 7–8 Std.
Hinweis: Der Trip sollte nicht auf eigene Faust durchgeführt werden, da in dieser Gegend niemand Englisch spricht und eine Kommunikation weder mit dem Bootsführer noch mit den Dorfbewohnern möglich ist. In der Regel sind die Boote oben offen, d. h. unbedingt Sonnen- und Regenschutz mitnehmen. Auch für den eigenen Proviant muss man sorgen. Es empfiehlt sich, wegen der Hitze früh zu starten.
Buchung: Über die **Hotels** oder über **Myint Zaw,** Tel. 09 421 71 16 16, mraukuguide@gmail.com. Der ganztägige Ausflug kostet für 2 Personen 100 US-$ für Transfer und Bootstransport plus 25–30 US-$ für den Guide.

In den nördlichen Ausläufern des Rakhine Yoma leben Angehörige der Chin-Minderheit. Einige ihrer Dörfer können von Mrauk U aus im Rahmen eines schönen Tagesausflugs besucht werden. Zunächst geht es per Fahrrad oder Tuk Tuk vorbei an der **Kothaung Paya**, ca. 7 km in östliche Richtung bis zum Ufer des **Lemro River** (Laymyo). Der Fluss der Vier Städte entspringt im Rakhine Yoma und ergießt sich nach 260 km in den Golf von Bengalen.
Mit dem Boot fährt man nun etwa 3–3,5 Std. flussaufwärts, bis die Landschaft etwas bergiger wird. Hier liegen mehr oder weniger in Flussnähe einige **Chin-Siedlungen,** die sich auf Besucher eingestellt haben. Auf kurzen Spaziergängen erhält man einen guten Einblick in das Leben dieser ethnischen Minderheit und in deren Traditionen. Besonders interessant sind die tätowierten Frauen – schon als Kind haben sie zum spirituellen Schutz ein spinnennetzartiges Tattoo im Gesicht erhalten. Allerdings ist diese Praxis heute nahezu komplett ausgestorben, und man sieht nur noch einige wenige Ältere mit tätowierten Gesichtern. Wer die Frauen fotografieren möchte, sollte vorher unbedingt um Erlaubnis bitten, denn nicht alle möchten abgelichtet werden. Kostenlos ist die Sache auch nicht, am besten erkundigt man sich bei seinem Guide, bei wem und in welcher Höhe die Bezahlung zu erfolgen hat. In einigen Dörfern werden mit dem Touristengeld Gemeinschaftsprojekte finanziert.
Auf einer solchen Tour steuert man für gewöhnlich zwei bis drei der insgesamt sieben in Flussnähe liegenden Dörfer an. Von vielen Reisegruppen besucht werden **Pan Paung** sowie die in der Nähe liegenden Ortschaften **Kyeik Chaung, Sun The Gyo** und **Cho May.** Weiter entfernt und daher weniger touristisch sind **Kone Chaung, Kyi Chaung** und **Sinkay.**

502 35, 09 850 05 56, www.facebook.com/MraukOoPrincessResort. Im Südwesten von Mrauk U erstreckt sich diese weitläufige Anlage am Flussufer. Die 21 aus Holz erbauten Village Houses stehen auf Stelzen und kombinieren modernen Komfort mit traditionellem Kunsthandwerk. Von der Veranda eröffnen sich wunderbare Ausblicke in die Natur. Das Natshinmae Spa bietet gute Massagen, das Restaurant schmackhafte

Nach Dhanyawadi und Selagiri

Rakhine-Gerichte. Eigener Bootstransfer von Sittwe. DZ/ÜF ab 250 US-$.

Bungalowanlage – **Shwe Tazin** 2 : Sunshaseik Quarter, Tel. 043 242 00 (Durchwahl 501 68), 09 850 18 44, 09 850 23 30, www.shwethazinhotel.com. Eine freundliche Anlage mit 32 recht eng zusammenstehenden Bungalows in zwei Kategorien. Viel Platz, Holzdekor, Klimaanlage und Fernseher. Die Küche tischt solide Speisen auf. DZ/ÜF ab 65 US-$.

Schlicht, aber wohnlich – **Vesali Resort Hotel** 3 : Myaung Bwe Rd., Tel. 01 70 30 48 (Reservierung), 09 858 64 26, vesaliresort@gmail.com. Die 21 etwas betagten Bungalows verteilen sich in einem netten Tropengarten samt Stuparuine. Hier punkten sie sich in natürlicher Umgebung und das freundliche Personal. DZ/ÜF ab 60 US-$.

Zentral gelegen – **Nawarat Hotel** 4 : in der Nähe der Shittaung Paya, Tel. 043 242 00 (Durchwahl 500 77), www.facebook.com/mraukoonawarathotel, hotel.nawarat@gmail.com. Seit vielen Jahren eine solide Unterkunft mit 30 hellen Steinbungalows samt kleiner Veranda und engagiertem Personal. Nur die Küche ist durchschnittlich. DZ/ÜF ab 45 US-$.

Karge Räume – **Prince Hotel** 5 : Myaung Bwe Rd., Tel. 043 242 00 (Durchwahl: 501 74), www.mraukuprince.com. Das einfache Gästehaus bietet ältere und neuere Bungalows, Letztere mit großer Veranda. Sie sind geräumig, spärlich eingerichtet und verfügen über Bad und Moskitonetz. Das Frühstück wird im schönen Garten serviert. DZ/ÜF ab 25 US-$.

Essen & Trinken

Eine beliebte Rakhine-Spezialität ist *kyet thar thauk san,* scharfe Hühnersuppe. Die Auswahl der Einkehrmöglichkeiten ist überschaubar, entlang der Hauptstraße gibt es einige bescheidene Lokale und *teashops* mit Reisgerichten und Snacks.

Kulinarische Institution – **Moe Cherry** 1 : östlich des Palastgeländes. Hier bekommt man gute, etwas scharfe Rakhine-Currys, auch viele Seafood-Varianten. Das Restaurant wird gerne von Reisegruppen frequentiert, daher empfiehlt sich abends eine Reservierung. Gerichte ab 3000 Kyat.

Fisch und mehr – **River Valley** 2 : Minbar Gyi Rd., Ableger des River Valley in Sittwe. Auch hier gibt es würzige Fischgerichte – und viele Reisegruppen, abends reservieren. Gerichte ab 3000 Kyat.

Gartenatmosphäre – **Happy Garden** 3 : an einem Teich neben dem Golden Star Guest House. Wegen der günstigen Preise und der Atmosphäre recht beliebt, sind die chinesischen Gerichte und birmanischen Currys eher Durchschnitt. Gerichte ab 2500 Kyat.

Aktiv

Per Boot zu den Chin – s. Aktiv S. 234

Verkehr

Busse: Der **Shwe La Min/Shwe Moe Express** (Academy Highway Express) bedient die Strecke Mrauk U–Sittwe–Magwe–Mandalay (ab Mrauk U ca. 18.30 Uhr/wetterabhängig, s. auch Sittwe S. 226).

Boote: Die meisten Besucher reisen per Boot aus Sittwe an und auch wieder ab. Es gibt ein öffentliches Boot, das vormittags die Strecke bedient (tgl., 4–5 Std., 0 US-$; s. auch Sittwe S. 226), Mo, Do startet zusätzlich ein Expressboot (ca. 7 Uhr, 2,5 Std., 20 US-$). Privatboote nach Sittwe (5–6 Std., 160–200 US-$) sind in Mrauk U am Kanal zu finden.

Fortbewegung vor Ort: Über Gästehäuser und Verleihstationen kann man sich ein Fahrrad mieten (2000–3000 Kyat/Tag). Wer es stilvoller möchte, geht mit einer Pferdekutsche auf Besichtigungstour (10 000 Kyat/Tag). Im Ortszentrum von Mrauk U warten Fahrradrikschas auf Kundschaft.

Nach Dhanyawadi und Selagiri ▶ C 16/17

Verlässt man Mrauk U in nördlicher Richtung, so ist die Straße zwar schmal und schlecht, führt aber nicht nur durch eine reizvolle Landschaft mit Reisfeldern und Seen, sondern auch durch eine geschichtsträchtige Region: Hier befanden sich die beiden ersten Hauptstädte des Küstenreichs Rakhine

Myanmars Westen

(Arakan), und hier befand sich jahrhundertelang die Mahamuni-Statue (s. S. 305), bis sie König Bodawpaya im Zuge der Eroberung Rakhines Ende des 18. Jh. nach Amarapura (Mandalay) verbrachte.

Vesali (Wethali)

10 km nördlich von Mrauk U, Jeep-Ausflug ab Mrauk U ca. 30 000 Kyat, Fahrtzeit 20 Min., frei zugänglich

Archäologen vermuten, dass hier in **Vesali** vom 4. bis zum 8. Jh. das politische Herz des Reiches schlug. Am Ran Chaung, einem Nebenfluss des in die Bucht von Bengalen mündenden Kaladan, gelegen, kam die Hafenstadt schon früh mit anderen Handelsmächten in Kontakt und die Herrscher nahmen insbesondere indisches Gedankengut auf.

Von der oval angelegten Metropole ist heute kaum mehr etwas übrig geblieben. Nur noch wenige **Reste des Grabens** und der **Wallanlage** können inmitten von Reisfeldern identifiziert werden, ebenso die Mauerreste des 300 x 500 m großen **Palastes**. Erst langsam wird mit Ausgrabungen begonnen und sicherlich gibt es das ein oder andere noch zu entdecken. Viele kleine Hügel sind in Wirklichkeit überwucherte Reste von Pagoden. Für Besucher ist insbesondere der hoch verehrte **Buddha Hsu Taung Pre** von Interesse, eine 5 m hohe Sandsteinfigur, die aus der Frühphase stammen soll.

Dhanyawadi und die Mahamuni Paya

Ca. 35 km nördlich von Mrauk U, Jeep-Ausflug via Vesali, ca. 60 000 Kyat, 2 Std. Fahrtzeit, tagsüber geöffnet, Eintritt frei

Nach weiteren 25 km – dort, wo die Straße einen Knick nach Westen in Richtung Kyauktaw am Kaladan River macht, stößt man auf **Dhanyawadi,** den Mit Korn Gesegneten Ort. Bereits im 1. Jh. soll hier das Zentrum des Reiches Dhannavati gelegen haben und hier lokalisieren Chroniken jene Stelle, wo während der Regentschaft des Königs Chandrasuriya (ca. 2. Jh.) die hoch verehrte Statue des Großen Weisen, des Mahamuni (s. S. 305), gegossen worden sein soll. Der König der Leuchtenden Sonne (Sanskrit: *chandra surya*) wird als frommer Förderer des Buddhismus beschrieben. Von der alten Stadt ist nichts mehr erhalten geblieben.

In der Nordostecke des alten Stadtareals steht auf dem Sirigutta-Hügel die **Mahamuni Paya.** Der heutige Bau entstand Ende des 19. Jh., wurde jedoch inzwischen umfassend renoviert. Hier befindet sich nicht nur eine schöne Kopie der berühmten Mahamuni-Statue, sondern auch ein Probeguss der Statue, die über viele Jahrhunderte hinweg Ziel von Pilgern aus aller Welt war, bevor sie 1784 von König Bodawpaya nach Amarapura (heute in Mandalay) transportiert wurde.

Selargiri und Kyauktaw

Ca. 50 km nördlich von Mrauk U bzw. 100 km von Sittwe, 60 000 Kyat für Mietwagen von Mrauk U, Fahrtzeit 3 Std.

10 km südwestlich der Mahamuni Paya erhebt sich am Ostufer des Kaladan der **Selagiri.** Gemäß der Chronik Sappadanapakarana soll Buddha am Felsigen Berg mit 500 Schülern eine Regenzeit lang König Chandrasuriya und dessen Untertanen die buddhistische Lehre gepredigt haben. Der Weg auf den Berg säumen zahlreiche kleinere Heiligtümer. Von oben hat man einen schönen Blick auf den Kaladan River und das am Westufer liegende und über eine Brücke erreichbare **Kyauktaw,** eine touristisch nicht weiter interessante Stadt, die von Zuckerrohranbau und -verarbeitung geprägt ist.

Termin

Mahamuni Paya Pwe: rund um den Vollmondtag des Monats Tabaung (Febr./März). Das buddhistische Fest in Erinnerung an eine Predigt Buddhas nahe dem indischen Rajgir (früher Rajagira/Rajagaha) zieht Gläubige aus der ganzen Region an. U. a. finden dann rund um die Mahamuni Paya traditionelle, von vielen Klamaukeinlagen begleitete Rakhine-Ringkämpfe (Rakhine: *kyun*) statt.

Verkehr
Busse: Zwischen Mrauk U und Kyauktaw verkehren regelmäßig Busse (50 km, 2 Std.).
Mietwagen mit Fahrer: Die genannten Orte lassen sich von Mrauk U aus gut im Rahmen einer Tagestour per Mietwagen erreichen (ca. 60 000 Kyat/Wagen).

Der Chin State

Der im äußersten Nordwesten Myanmars gelegene 36 017 km² große Chin State zählt zu den isoliertesten und dünn besiedeltesten Regionen Myanmars. Weniger als eine halbe Million Menschen leben hier, die meisten Angehörige der Chin-Minderheit. Die zerklüfteten Berge und schlechten Straßenverhältnisse wirkten – und wirken – wie eine natürliche Barriere für ausländische Besucher, denen viele Jahrzehnte darüber hinaus der Zugang seitens der Unionsregierung verboten war. Auch heute noch sind die natürlichen und kulturellen Schätze dieses Teils von Myanmar aufgrund fehlender Infrastruktur nur schwer – per Boot, Jeep oder zu Fuß über verschlungene Pfade – erreichbar. So machen sich nur wenige auf, diese fremde Welt zu erkunden. Allein der **Natmataung National Park** etabliert sich zunehmend als Ziel des Trekking-Tourismus.

Von **Mrauk U** aus bietet sich dem Reisenden die Möglichkeit im Rahmen einer – geführten – **Bootstour** einen Einblick in die Welt der Chin zu gewinnen (s. Aktiv S. 234).

Bewohner der Berge

Traditionen und Lebensweise
Ein Großteil der im Chin State lebenden Menschen gehört zu einer der über 40 Untergruppen der Chin, die auch in den Chittagong Hills Tracts des benachbarten Bangladesh und in den Mizo-Bergen des indischen Bundesstaats Mizoram siedeln. Aufgrund der To-

Chin-Frau in ihrer Küche in Kanpetlet

Myanmars Westen

TREKKING IM NATMATAUNG NATIONAL PARK

Start/Ziel: Bagan
Dauer: 4 Tage
Hinweis: Es empfiehlt sich, den Ausflug im Voraus von einem Spezialveranstalter organisieren zu lassen. Man sollte auf einem guten Jeep bestehen, da die Straßenverhältnisse im Park ziemlich schlecht sind. Ins Gepäck gehören warme Kleidung, Sonnenschutz, eine Taschenlampe und genügend Wasser.
Buchung: Die im Folgenden genannten Veranstalter haben Erfahrung mit Trekkingtouren im Nationalpark. **Exo Travel** (s. S. 155), **Khiri Travel** (s. S. 155) und **Uncharted Horizons** (s. S. 166) in Yangon.
Übernachten: Mountain Oasis Resort, Pine Wood Villa, Kanpetlet, DZ/ÜF jeweils 30–40 US-$; **Victoria Guest House, Khwarnoo Guest House,** Mindat, DZ/ÜF jeweils 25 US-$

Von Bagan aus führen zwei Wege in den **Natmataung National Park,** die kombiniert eine interessante Rundtour ermöglichen. Die anstrengende Anreise in das Schutzgebiet erfolgt meist über Chauk nach **Kanpetlet** (▶ E 15; 220 km, ca. 7–8 Std.), wo man die **erste Nacht** in einer einfachen Unterkunft verbringt. Eventuell sieht man bereits hier Mitglieder der Chin-Untergruppen Dai, Upu und Ya, die in der Umgebung des auf 1370 m gelegenen Ortes leben.
Am **zweiten Tag** geht es zunächst auf einer serpentinenreichen Straße Richtung **Mindat** (▶ E 15). Nach ca. 16 km erreicht man den auf rund 2400 m Höhe gelegenen **Ausgangspunkt für die Wanderung** auf den Natmataung. 6 km und etwa 600 Höhenmeter sind es von hier bis auf den 3053 m hohen Gipfel (3 Std.). Für den Rückweg wird entweder derselbe Pfad benutzt oder man läuft gen Norden und stößt nach ca. 5 km an einer anderen Stelle wieder auf die Straße, wo der Jeep wartet. Die nächste Station heißt **Aye Sakhan** (1710 m). Dort wird im einfachen **Aye Camp,** einer großen Holzhütte mit sechs Schlafräumen, übernachtet.
Am **dritten Tag** wandert man von Aye Sakhan über Chin-Dörfer, darunter **Kyardo,** bis **Che Chaung** (ca. 3,5 Std.), das an der Straße von Kanpetlet nach Mindat liegt. Per Jeep geht es in die 36 000-Einwohner-Stadt **Mindat** auf 1460 m, dem letzten Übernachtungsstopp, bevor man am **vierten Tag** mit dem Jeep über Pauk und Pakokku zurück nach Bagan fährt (185 km, ca. 7–8 Std.).

pografie ist es nicht verwunderlich, dass sich selbst die Untergruppen der Chin in Sprache und Kultur zum Teil erheblich unterscheiden. Augenfällig wird dies etwa in der Kleidung, so ist die **Tracht** (vor allem die Kopfbedeckung) der Zahau-Chin mit kräftigen Rottönen und geometrischen Mustern äußerst prächtig, die der im Norden lebenden Tashon-Chin eher schlicht. Die für alle Chin-Frauen typischen Gesichtstätowierungen werden allmählich selten – bei jungen Mädchen ist dieses Schönheitsattribut nicht mehr en vogue.

Auch die **politischen Strukturen** der Chin reflektieren ihren Lebensraum: Nur größere Gruppen in dichter besiedelten Regionen werden von einem übergeordneten Oberhaupt angeführt, ansonsten stehen gewählte Dorfvorsteher oder Ältestenräte den einzelnen Siedlungen vor.

Bei vielen Chin ist **Polygynie** nach wie vor die Regel, d. h. ein Mann kann mit mehreren Frauen verheiratet sein. Erben kann nur der Mann. Von den jungen Männern wird erwartet, ihre Partner außerhalb des Clans zu suchen.

Im Zuge der Kolonialisierung hat das – primär das protestantisch-baptistische – **Christentum** unter den Chin Fuß gefasst, wobei die Missionierung beileibe nicht beendet ist: Finanzstarke christliche Gruppen aus dem westlichen Ausland fördern heute zahlreiche Missionsstationen und Erziehungseinrichtungen. Dessen ungeachtet hängt ein Großteil der Chin weiterhin dem traditionellen **Geisterglauben** an – allein oder parallel zu christlichen Glaubensvorstellungen.

Das Leben der Chin ist geprägt von der **Subsistenzwirtschaft.** Durch traditionelle Brandrodung werden die Berghänge urbar gemacht und mit Trockenreis, Mais und Hirse bepflanzt. Unter den Haustieren ist vor allem der Mithan (Gaur), ein domestizierter indischer Wildochse, verbreitet, der auch anlässlich religiöser Zeremonien geschlachtet wird.

Geschichte

Erst nach 1895 gelang es der britischen Kolonialmacht, die Bewohner der Bergregion administrativ unter Kontrolle zu bringen. Während des Zweiten Weltkriegs war die Gebirgslandschaft von großer strategischer Bedeutung im Kampf gegen die japanische Armee und die Chin wurden aufgrund ihrer Zähigkeit und Ausdauer gerne vom Empire rekrutiert.

Im Gegensatz zu ihren ethnischen Verwandten in Bangladesh, die durch die zuwandernden Bengalen in Bedrängnis gerieten, blieben die Chin in Myanmar weitgehend unpolitisch. Auf der Panglong-Konferenz 1947 (s. S. 50) wurde vereinbart, dass die im Gebiet Myanmars lebenden Chin der Union of Burma beitreten. Zu ersten Auseinandersetzungen mit der birmanischen Regierung kam es erst im Jahr 1988, als die Chin National Front (CNF) mit einer eigenen Armee gegründet wurde, um die Interessen der Chin gegen die Militärjunta durchzusetzen. Der Konflikt konnte 2012 mit einem Waffenstillstand vorerst beigelegt werden.

Natmataung National Park
▶ D/E 14–16

Besuche auf eigene Faust sind nicht möglich. Da sich auch die Zahl der Tourangebote in Grenzen hält, sollte man den Abstecher hierher rechtzeitig organisieren (s. Aktiv S. 238)

Auf 723 km² erstreckt sich der **Natmataung-Nationalpark** rund um den 3053 m hohen gleichnamigen Berg, der zugleich die höchste Erhebung des Rakhine Yoma ist. Sein Name geht auf eine frühere Bezeichnung der Chin zurück, für die der Gipfel auch eine religiöse Bedeutung besitzt: Khaw Nu Thone (Mutter der Geister). Während der britischen Kolonialherrschaft war der Natmataung unter der Bezeichnung Mt Victoria bekannt.

Mit mehr als 800 Pflanzenarten ist die Region, die teilweise noch intakte Nebelwälder besitzt, immens artenreich. Zwei endemische Rhododendrenarten gedeihen hier, außerdem eine erst 2003 entdeckte Orchideenart namens *Phalaenopsis natmataungensis*. Auch Vogelfreunde kommen in dem urwüchsigen Nationalpark auf ihre Kosten: Etwa 300 Spezies wurden bislang gezählt.

Kapitel 3

Ober-Myanmar

Ober-Myanmar ist mit der Geschichte des Landes eng verwoben, hier liegen die alten Königsstädte der Bamar und hier schlägt auch heute noch das kulturelle Herz des Landes. Das wird besonders beim Besuch Bagans deutlich, der sicherlich zu den Höhepunkten jeder Myanmarreise gehört.

In Bagan steht der Besucher sprachlos man vor den über 3000 Monumenten, die sich auf einem gut 40 km² großen Gebiet östlich des Ayeyarwady verteilen. Doch auch das Umland in dieser eigentümlichen Savannenlandschaft mit ihren Palmyrapalmen, Niem-, und Akazienbäumen fasziniert. Hier locken altertümliche Holzklöster und unverfälschtes Alltagsleben.

Mandalay indes mag sich nicht auf den ersten Blick erschließen, denn Myanmars zweitgrößte Stadt ist weitläufig und wandelt sich immer mehr zu einer modernen, gesichtslosen Metropole – wären da nicht die mächtigen Mauern des Königspalasts, die zahlreichen Klöster und Handwerksbetriebe. Und wäre da nicht die schöne Stimmung am Ayeyarwady. Zudem ist Mandalay ein guter Ausgangspunkt für interessante Ausflüge in die Umgebung: nach Sagaing, der verträumten Heimat vieler Mönche und Nonnen, nach Mingun, dem Ort gescheiterten Größenwahns, oder nach Inwa, über 400 Jahre Sitz der Könige und heute ländliches Idyll. Schließlich erwartet noch Pyin U Lwin, das alte koloniale Maymyo, welches damals wie heute eine gefragte Sommerfrische und Tor zum nördlichen Shan State ist, seine Besucher. Monywa mit seinen Pagoden bietet sich zur Flussfahrt auf dem Chindwin an oder zur Weiterreise über Pakokku nach Bagan an. Mogok schließlich, die lange verschlossene Stadt der Edelsteine, lohnt nicht nur der Preziosen wegen einen Besuch, sondern ist mit ihrer bergreichen Umgebung auch eine interessante Destination für Wanderungen.

Morgendämmerung über Bagan

Auf einen Blick: Ober-Myanmar

Sehenswert

⭐ **Bagan:** Oft beschrieben und doch unbeschreiblich. Die weitläufige Tempelstadt mit über 3000 buddhistischen Monumenten zieht Besucher in ihren Bann (s. S. 244).

⭐ **Mandalay:** In Myanmars letzter Königsmetropole erinnern neben der prächtigen Palastmauer viele Klöster und Pagoden an die untergegangene Monarchie (s. S. 291).

⭐ **Monywa und Umgebung:** In der Umgebung von Monywa liegen bemerkenswerte buddhistische Stätten, darunter die kunterbunte Thanboddhay Paya und die sandsteinernen Hpo Win Taung Caves (s. S. 331).

Pyin U Lwin: Seiner angenehmen Temperaturen und der Nähe zu Mandalay wegen ist das einstige Maymyo eine wunderbarer Ort der Erholung – sei es per Pferdekutsche vorbei an kolonialen Villen oder zu Fuß durch die National Kandawgyi Gardens (s. S. 325).

Schöne Route

Westlich des Ayeyarwady nach Magwe: Die wenig befahrene Strecke zwischen Magwe und Bagan eröffnet mit ihren altertümlichen Holzklöstern und lebendigen Städten einen wunderbaren Einblick ins Leben Ober-Myanmars (s. S. 286).

Meine Tipps

Wandmalereien im Ananda Ok-Kyaung: Das Steinerne Kloster im Norden des berühmten Ananda Pahto von Bagan besticht durch detailfreudige Illustrationen buddhistischer *jataka* (s. S. 257).

Handwerksdörfer bei Myitche: In einigen Siedlungen am Westufer des Ayeyarwady können Besucher die Handwerkskünste der Bewohner kennenlernen, darunter die Herstellung von Rattanwaren (s. S. 286).

Entspannt auf dem Sofa: In Mandalays beliebtem Café City kann man im abendlichen Schummerlicht perfekt den Tag ausklingen lassen (s. S. 313).

Marmor-Buddha und Malereien: Kaum jemand macht sich in Amarapura über die U Bein Bridge bis zur Kyauktawgyi Paya im Dorf Taungthaman auf. Der Anmarsch lohnt sich, denn die Pagode besticht durch ihren schönen marmornen Buddha und interessante Wandmalereien (s. S. 318).

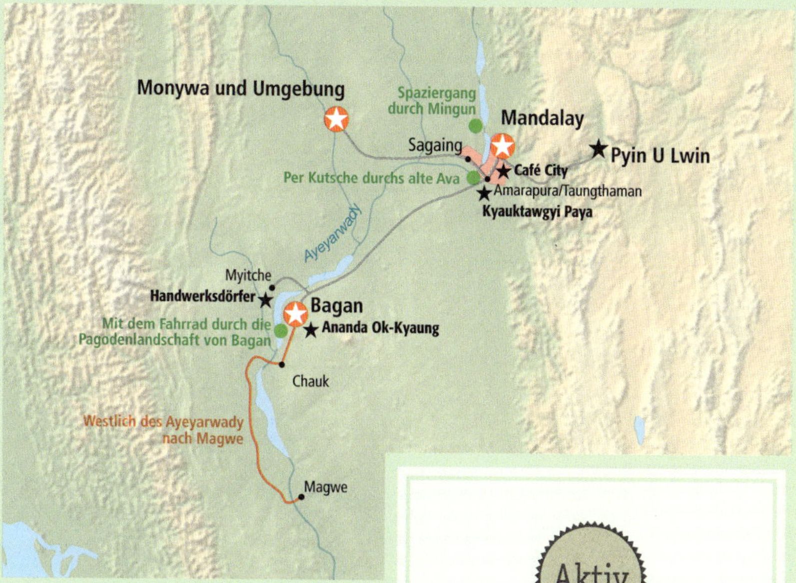

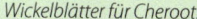

Aktiv

Wickelblätter für Cheroots

Bummel durch die koloniale Vergangenheit: Vorbei an kolonialen Prachtbauten des Empire (s. S. 133).

Durch Little India und Chinatown: Der Spaziergang durch diese quirligen Viertel macht mit der Geschichte der Einwanderung in Myanmar vertraut (s. S. 136).

Zu Fuß durch Bago: Bei einem entspannten Spaziergang kann man einige der interessantesten Tempel besichtigen und Land und Leute kennenlernen (s. S. 178).

Mit dem Zweirad von Taungoo nach Thandaung Gyi: Es geht in touristisches Neuland, denn dieser Teil des Kayin State wurde erst 2014 für den Tourismus geöffnet. Auf der Fahrt eröffnen sich herrliche Ausblicke in die Berglandschaft (s. S. 184)

★ Bagan

▶ F 15

Oft beschrieben und doch unbeschreiblich – die alte Königsstadt zählt zu den imposantesten Stätten des Landes. Über 3000 buddhistische Monumente verteilen sich in der kargen Savannenlandschaft. Ein Großteil wurde innerhalb von zwei Jahrhunderten errichtet und zeugt von der hohen künstlerischen Schaffenskraft jener Zeit.

An einer Biegung des Ayeyarwady gelegen, ist Bagan nicht nur ein Ort großer birmanischer Geschichte, sondern auch ein Ort voller stimmungsvoller Szenerien: Sonnenuntergänge über dem Ayeyarwady, spielende Kinder vor alten Monumenten, die rötlich leuchtenden Pagoden zwischen dem – je nach Jahreszeit – satten Grün oder Braun der Felder. Sprachlos steht man vor den über 3000 Monumenten, die größtenteils zwischen dem 11. und 13. Jh. entstanden sind.

Bagan liegt in einer Trockenzone. Die Berge des Rakhine Yoma im Westen des Landes mit stellenweise über 3000 m hohen Gipfeln halten in der Monsunzeit einen Großteil des Regens ab. Folge davon ist eine karge Savannenlandschaft, die geprägt ist von kakteenartigen Euphorbien, Palmyrapalmen und den markanten Niem-, Akazien- und Tamarindenbäumen. Auf den Feldern gedeihen u. a. Sesam, Erdnuss und Sorghum.

Das trockene Klima wirkt vor allem für die Wandmalereien in den sakralen Bauten wie ein natürliches Konservierungsprogramm. Zusammen mit den Sandsteinreliefs und Terrakottatafeln muten sie wie ein Bilderbuch des Buddhismus an. Die Stifter der Pagoden – nicht nur Könige, sondern auch hohe Minister, reiche Händler und fromme Frauen – wollten damit Verdienste *(kutho)* für eine gute Wiedergeburt erwerben und dadurch in der Öffentlichkeit Ehre und Einfluss *(hpon)* gewinnen. Dieser Wunsch kommt in den über 400 erhaltenen Inschriften zum Ausdruck.

An diese Haltung knüpfen auch heute viele Gläubige an. Selbst jene mit wenig Geld wenden ihr Erspartes für die Renovierung der Pagoden auf. Stupas und Hallen, von denen kaum mehr als ein Ziegelhaufen übrig geblieben war, entstehen neu: Allein zwischen 1995 und 2008 wurden 1299 Monumente komplett wiederaufgebaut. Wobei Wiederaufbau nicht mit einer originalgetreuen Rekonstruktion gleichzusetzen ist, der kunsthistorischen oder archäologischen Maßstäben auch nur annähernd genügen würde. So entsteht eine Melange aus Alt und Neu. Abgesehen von schlicht dilettantisch ausgeführten Restaurierungsarbeiten zieren beispielsweise goldglitzernde Ehrenschirme – die zur Entstehungszeit der Tempel von Bagan noch gar nicht verwendet wurden – und bunt flackernde Lichterketten die alten Sakralbauten.

Geschichte

Wie sich das Leben in Bagan in den Zeiten seiner Blüte (11.–13. Jh.) abgespielt haben mag, lässt sich nur erahnen. Sämtliche Wohnhäuser und Palastanlagen sind verschwunden, da sie anders als das Gros der Sakralbauten aus Holz oder Bambus errichtet wurden. Historische Aufzeichnungen darüber existieren kaum. Selbst die Einwohnerzahl jener Zeit lässt sich nur schätzen. Der Historiker Michael Aung-Thwin vermutet, dass allein in Ober-Myanmar, dem Kerngebiet des Königreichs, in jener Zeit

Geschichte

um die 400 000 Menschen lebten. Vermutlich gestaltete sich der Alltag der Normalsterblichen ähnlich wie noch heute in den meisten Dörfern. Ansonsten braucht es viel Fantasie, um Bagan in seiner Gesamtheit zu begreifen.

Als Gründungsjahr der Stadt Bagan gilt Chroniken zufolge 849, als die Bamar unter ihrem König Pyinbia die Pyu-Siedlung Pukam einnahmen und sie befestigten. Doch erst unter König Anawrahta (reg. 1044–77) entwickelte sich Bagan zur Mitte eines Großreichs. Anawarahtas Regentschaft wird in späteren Chroniken detailfreudig ausgeschmückt. So wird berichtet, er habe 1057 den Mon-Staat Thaton erobert, weil der dortige König Manuha ihm den buddhistischen Palikanon nicht herausgeben wollte, und daraufhin die Königsfamilie mitsamt 30 000 weiteren Gefangenen in sein Reich deportiert. Unter den verschleppten Mon soll sich deren Bildungselite befunden haben, was eine Blüte von Kunst und Literatur im Bagan-Reich beförderte. Inwieweit diese Überlieferungen der geschichtlichen Wahrheit entsprechen, lässt sich allerdings nicht belegen. So basiert die Datierung 1057 auf einer Mon-Inschrift in Bago aus dem Jahr 1479. Sicher ist, dass Anawrahta durch seine Eroberungen der Häfen Mottama, Dala und Pathein die Kontrolle über den Seehandel im Golf von Martaban (Mottama) und Golf von Bengalen erlangte. Erwiesen sind auch enge Kontakte des Bagan-Reiches mit Sri Lanka und dem nordindischen Pala-Reich (8.–12. Jh.), das künstlerisch großen Einfluss ausübte.

So begann unter Anawrahta auch die beispiellose Bautätigkeit in Arimaddanapura, wie er Bagan auf Sanskrit nannte: Stadt, die den Feind vernichtet. Laut der 1829 verfassten Glaspalastchronik ließ er außerhalb der Stadtmauer Stupas zum »Wohle aller Wesen« errichten, deren Platz er von einem weißen Elefanten aussuchen ließ: die Shwezigon Paya im Norden, den Lokandanda Zedi im Süden, einen Stupa auf dem Tuyin Taung, einem Hügel im Osten und einen Stupa auf dem Tangyi Taung, einem Hügel am Westufer des Ayeyarwady. In ihnen wurden jeweils Kopien einer aus Sri Lanka stammenden Zahnreliquie Buddhas deponiert. Unterstützt von dem Mon-Mönch Shin Arahan förderte er den Theravada-Buddhismus, der sich zum einenden Band der Gesellschaft entwickelte. Die zahlreichen Klöster im Land dienten nicht nur der Erziehung der Menschen, sondern auch als verlängerter Arm des Königs. Anawrahtas einstiger General und zweiter Nachfolger, Kyanzittha (reg. 1084–1113), setzte mit der Fertigstellung der Shwezigon Paya und der Errichtung des Ananda Pahto neue architektonische Maßstäbe. Spätere Herrscher knüpften trotz eigenen Stils an die Vorbilder an. Der Stern Bagans begann ab Mitte des 13. Jh. langsam zu sinken, wofür es innen- wie außenpolitische Ursachen gibt (s. S. 44). Vermutlich wurde Bagan Mitte des 14. Jh. verlassen, als etwa 180 km flussaufwärts mit Sagaing und später Inwa neue Machtzentren entstanden.

In den folgenden Jahrhunderten diente Bagan immer wieder Herrschern als architektonische Inspirationsquelle und Symbol einstiger Größe. So ließ der Taungoo-König Bayinnaung (reg. 1550–81) im Jahr 1557 den Shwezigon-Stupa neu vergolden und eine Glocke anbringen. Im 18. Jh. wurden wichtige Tempel renoviert, z. B. der Ananda Pahto (Ananda Ok-Kyaung), und neue Sakralbauten wie die Upali Thein errichtet.

Erforschung Bagans

Während der Kolonialzeit kam es zu wiederholten Plünderungen, wobei sich die beiden Deutschen Th. H. Thomann und Fritz Noetling hier besonders ›hervortaten‹. Andererseits sind dem Archäologen Dr. Emil Forchhammer, der als Professor für Pali am Rangoon College unterrichtete, die ersten Forschungen zu verdanken. Systematisch begann der Brite Gordon Hanninton Luce ab 1912 Bagan zu untersuchen und anhand der über 400 Inschriften dessen Geschichte zu rekonstruieren, bis ihn der Militärputsch unter Ne Win 1964 aus dem Land vertrieb. Zu immensen Schäden führte das Erdbeben vom 8. Juli 1975.

Bagan

Erst unter dem Franzosen Pierre Pichard kam es im Auftrag der UNESCO in den 1990er-Jahren zu einer umfassenden Bestandsaufnahme der Tempel. Er listete auf einem Gebiet von ca. 10 km in Nord-Süd-Richtung und 8 km in Ost-West-Richtung 2834 Monumente. Knapp 3400 sind es neueren Forschungen zufolge heute. Inzwischen wurden mithilfe der UNESCO in einigen Tempeln die Wandmalereien gesäubert. Für 2017 ist die Aufnahme einiger Pagoden Bagans ins UNESCO-Welterbe geplant.

Typologie der Sakralbauten in Bagan

Tempelarchitektur

Die Monumente in Bagan bestehen vorwiegend aus innen begehbaren Sakralbauten *(pahto)*, Stupas *(zedi)* und Klosterkomplexen *(kyaung)*. Fast alle Bauwerke wurden aus Ziegelstein errichtet und mit Stuck überzogen. Sandstein fand für stabilisierende Ecksteine, Statuen und Reliefs Verwendung.

Pahto: Nach Vorbild der Pyu errichteten die Bamar begehbare Tempel mit ein oder vier Eingängen. In der **Frühen Periode** (10./11 Jh.) sind die *pahto* eher schlicht gehalten, aufgrund der niedrigen Dächer recht gedrungen und der gitterförmigen Fensteröffnungen innen dunkel. Dieser ›Höhlencharakter‹ sollte helfen, die meditative Konzentration zu erhöhen. Ab dem 12. Jh. setzt sich während der **Mittleren Periode** die Praxis durch, Tempel mit zwei deutlich abgesetzten kubischen Baukörpern zu errichten. Dank großer Fensteröffnungen wirkt das Innere nun freundlich hell. In der **Spätphase** im 13. Jh. finden sich diverse Stilvarianten. Mal werden ältere Bauten zitiert, mal eigene religiöse Vorstellungen baulich umgesetzt.

Zedi: Bei den Stupas ist eine zeitliche Stilfolge weniger eindeutig zu beobachten. Die **ältesten Beispiele** greifen Vorbilder aus der Pyu-Ära auf, etwa beim gurkenförmigen Bupaya oder dem eiförmigen Ngakywenadaung in Alt-Bagan. Mit dem Lawkananda und der Shwesandaw gewinnt ab dem **frühen 11. Jh.** die Glockenform mit spitz zulaufendem Abschluss an Popularität. Auch eine quadratische Basis mit drei bis fünf Terrassen ist häufig anzutreffen. Die Glockenform mit quadratischem Aufsatz, der *harmika*, ist ebenfalls verbreitet und wird gerne sri-lankischer Stil genannt, weil diese Art auf der südasiatischen Insel populär ist.

Wandmalereien

Fast 350 Tempel enthalten Wandmalereien, auch wenn Plünderungen, Übertünchungen und der Zahn der Zeit ihnen oft arg zugesetzt haben. Andererseits blieben viele dank des trockenen Klimas gut erhalten. Ende der 1980er-/Anfang der 1990er-Jahre wurden in den wichtigsten Tempeln von UNESCO-Experten die Farbauftragungen gesäubert. Zutage kamen Arbeiten von höchster künstlerischer Qualität. Experten versuchen anhand des Untergrunds eine **zeitliche Einteilung.** Bei den ältesten Malereien aus dem 11./12. Jh. verputzten die Künstler zunächst den Ziegelstein, trugen dann eine Kalkschicht und dann die Farbgrundierung auf. Im 12. Jh. wurde die Wand zunächst mit einer Kalk-, dann einer Putz- und dann wieder einer Kalkschicht überzogen, während im 13. Jh. die Künstler ihre Bilder auf drei Kalkschichten malten.

Der **Stil** erinnert an Malereien im nordindischen Pala-Reich, was auch die von Anfang an enthaltenen Mahayana-buddhistischen Elemente erklären würde (etwa die Bodhisattvas im Gubyaukgyi). Als literarische Hauptquelle der dominierenden Theravada-buddhistischen Themen dient die Nidanakatha-Schrift aus dem Palikanon, welche vermutlich im 5. Jh. entstand und als Einleitung den 547 *jataka* vorangestellt wurde. Sie schildert recht ausführlich die Geschichte der 28 bislang erschienen Buddhas, inklusive der letzten Buddha-Inkarnation als Gotama Siddhattha (Sanskrit: Siddhartha Gautama).

Besichtigung

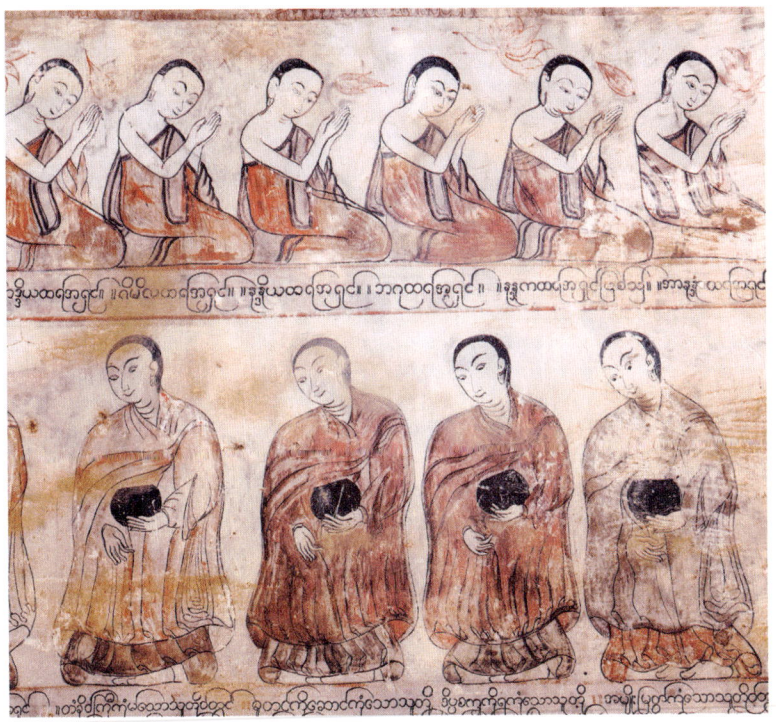

Auch in späteren Jahrhunderten wurden Tempel und Pagoden, wie ein Beispiel aus dem Sulamani Pahto zeigt, mit Wandmalereien ausgestaltet

Besichtigung

Fortbewegung vor Ort: Aufgrund der Entfernungen (Nyaung U–Neu-Bagan gut 10 km, bis Minnanthu weitere 4 km) empfiehlt sich ein Mix an Fortbewegungsmitteln: Am populärsten sind E-Bike und Pferdekutsche, für Sportliche eignet sich auch das Fahrrad, obgleich viele Seitenwege schlecht befestigt und die hohen Temperaturen nicht zu unterschätzen sind, bequemer ist das klimatisierte Auto.
Öffnungszeiten der Pagodenanlagen: Die meisten sind tagsüber frei zugänglich und schließen nach Sonnenuntergang, falls verschlossen, ist der Schlüsselhalter nicht weit; sie dürfen nur barfuß betreten werden, zur Innenbesichtigung sollte man eine Taschenlampe mitbringen.

Obligatorisches Sammelticket für den Besuch der archäologischen Stätten 25 000 Kyat, erhältlich an Schaltern am Flughafen, am Bootsanleger in Nyaung U und an den Ausfallstraßen
Besichtigungsdauer: 2–3 Tage inkl. Ausflug in die Umgebung

Orientierung

Dort wo der Ayeyarwady eine große Biegung gen Süden macht, erstreckt sich das etwa 40 km² große Tempelareal zwischen dem heutigen Hauptort Nyaung U im Norden, Neu-Bagan im Südwesten und dem Dorf Minnanthu im Südosten.

Zwei Straßen verlaufen im Abstand parallel zum Fluss von **Nyaung U** in Richtung

Bagan

Südwesten, die **Bagan-Nyaung U Road** und die **Anawrahta Road.** Nach gut 6 km erreichen beide das einstige politische Zentrum **Alt-Bagan** (Bagan Myohaung) mit den Resten der Stadtmauer, des Königspalasts sowie einiger wichtiger Tempelanlagen. Dort mündet die Anawrahta in die Bagan-Nyaung U Road, welche unter dem Namen **Bagan-Chauk Road** weiter gen Süden verläuft und nach 1 km durch das für seine Lackwerkstätten bekannte Dorf **Myinkaba** führt. Weitere 4 km sind es bis **Neu-Bagan** (Bagan Myothit), das erst 1991 durch die Zwangsumsiedlung der Bewohner Alt-Bagans entstand und heute viele Gästehäuser und Restaurants beheimatet. Nur die Hauptstraßen Bagans sind geteert, die Seitenwege meist sehr sandig und daher ziemlich staubig.

Zur leichteren Orientierung werden die Monumente im Folgenden den Orten zugeordnet.

Bagan in zwei Tagen

Tag 1, vormittags: Start in Nyaung U mit der **Shwezigon Paya** `1` im schönen Morgenlicht, gefolgt von der Besichtigung der kleinen Tempel **Kyanzittha Umin** `2` und **Gubyaukgyi** `3` (Wetkyi-In). Wegen seiner Architektur ist der **Htilominlo Pahto** `5` und wegen ihrer Wandmalereien lohnen die kleine **Upali Thein** `6` einen Halt.

Tag 1, nachmittags: Im Dorf Myinkaba sind der wegen seiner Wandmalereien sehenswerte **Gubyaukgyi** `34` sowie die in dessen Nähe gelegenen Tempel **Manuha Pahto** `36` und **Nanpaya** `37` interessant. Auch die **Lackwerkstätten** lohnen einen Besuch. Den Abschluss bilden **Sulamani** `26` und **Dhammayangyi Pahto** `27` sowie zum Sonnenuntergang der **Stupa der Shwesandaw Paya.**

Tag 2, vormittags: Start in Alt-Bagan mit der Besichtigung des **Ananda Pahto** `8` und der Wandmalereien im benachbarten **Ananda Ok-Kyaung** `9` . Zu Fuß geht man über das **Tharaba Gate** `10` zum mächtigen **Thatbyinnyu** `14` weiter und von dort zu Bagans einzigem Hindutempel, dem nicht weit entfernten **Nathlaung Kyaung** `15`, sowie zu **Pahtothamya** `17` und **Shwegugyi** `13` .

Tag 2, nachmittags: Ziel sind zunächst die Monumente im Dorf Minnanthu, darunter **Nandamannya** `31` und **Payathonzu** `32` wegen ihrer hervorragenden Wandmalereien. Anschließend stehen die bei Neu-Bagan gelegenen **Lawkananda** `43` und **Dhammayazika** `44` auf dem Programm. Zum Sonnenuntergang geht es zum vergoldeten **Bupaya** `21` am Ayeyarwady. **Alternativ** kann, wer lieber eine **Bootsfahrt** unternehmen möchte, auf einige der genannten Tempel verzichten und am frühen Nachmittag zum einsam gelegenen **Kyaukgu Umin** `45` schippern.

Nyaung U

Cityplan: S. 251

Shwezigon Paya `1`

Am südwestlichen Ortsrand von Nyaung U
Wenn ihr goldener Stupa im Morgenlicht erstrahlt, zieht die **Shwezigon-Pagode,** die zu den ältesten Monumenten Bagans zählt, besonders viele Besucher an. König Anawrahta gab den **Stupa** 1059 in Auftrag, um bedeutende Buddhareliquien unterzubringen, u. a. ein Stirnbein des Erleuchteten aus der alten Pyu-Metropole Sri Ksetra und eine Kopie der Zahnreliquie aus Sri Lanka (heute in Kandy). Ein weißer Elefant, so die Glaspalastchronik, hat den Standort unweit des Ayeyarwady bestimmt: Mit der Buddhareliquie beladen ließ man ihn frei umherlaufen, bis er niederkniete. Genau an dieser Stelle wurde der Stupa errichtet und Zeya Bhumi, Land des Sieges, genannt. Daraus leitet sich der heutige Name ab. Anawrahta erlebte die Vollendung der Anlage nicht mehr, sodass nach mehrjähriger Unterbrechung erst sein zweiter Nachfolger Kyanzittha den Stupa zum Vollmondtag im Mai 1090 einweihen konnte. Über die Jahrhunderte blieb er ein Pilgerziel und wurde von Königen immer wieder restauriert und mit Schenkungen bedacht. Mit der Shwezigon begann vermutlich auch die Tradition, auf dem buddhistischen Tempelareal *nat*-Schreine zu errichten. Damit verbunden ist der Kompromiss Anawrahtas, nach anfänglichem Verbot den Geisterkult zu integrieren (s. Thema S. 59).

Besichtigung

Der massive, vergoldete **Hauptstupa** im Zentrum einer fast quadratischen Plattform dominiert das über 5 ha große **Pagodengelände**.

Die meisten Besucher betreten das Gelände über den **Ostzugang**. Ein überdachter Gang führt von hier in den zentralen Bereich der Anlage. Am Ende dieses Weges stehen, die beiden großen, von König Kyanzittha gewidmeten **Steinstelen** mit Informationen über den Bau der Shwezigon Paya. Auch die sich ein Stück weiter bereits auf der Stupa-Plattform befindende **Glocke** ist aufgrund ihrer Inschriften für Historiker interessant: König Bayinnaung (reg. 1550–81) stiftete sie im Jahr 1557 und ließ Berichte über seine zahlreichen Feldzüge eingravieren.

Mit Verlassen des überdachten Zuwegs hat der Besucher den äußeren Bereich des Pagodengeländes durchquert und steht vor der **Stupa-Plattform**. Bevor man sich nun dem Stupa selbst und den ihn umgebenden Hallen widmet, sollte man zunächst zum etwas abseits in der Südostecke stehenden **Schrein der 37 Nat** gehen. Gebäude und Figuren sind späteren Datums, nur die elegante vergoldete Holzplastik des *nat*-Königs Thagyamin stammt noch aus den Anfängen der Anlage.

Der beeindruckende **Hauptstupa der Shwezigon** wirkt dank seiner ausgewogenen Proportionen sehr harmonisch und kompakt: An der **quadratischen Basis** der drei sich nach oben verjüngenden Terrassen beträgt die Seitenlänge 49 m – das entspricht genau der Höhe des Stupas. Jeweils an den Achsenpunkten führen Treppenaufgänge über die drei Terrassen hinauf bis zu einer achtseitigen **Zwischenplattform**, auf welcher der glockenförmige **Korpus** (Sanskrit: *anda*) ruht. Wie ein Kegel bauen sich darauf kleiner werdende **Ringe** auf und enden in einem **bananenblütenförmigen Abschluss** samt **Ehrenschirm** *(hti)*. Diese Gestalt sollte später zum Markenzeichen birmanischer Stupas werden. Dass die drei Terrassen früher zugänglich waren, lassen die Reihen von grün glasierten **Terrakottatafeln** vermuten. Heute meist verschwunden, stellen sie 550 (drei mehr als üblich) *jataka* dar. Mit der dreifachen Umrundung auf jeweils einer der Terrassen sollten die Gläubigen dem Weg des Erleuchteten folgen. Die Ecken der Terrassen markieren vergoldete **Gefäße in Vasenform,** während auf der **obersten Terrasse** vier kleine Stupas stehen. Letztere sind zusammen mit dem Zentralstupa wie die Fünf auf einem Würfel angeordnet und spielen auf die fünf Gipfel des mythologischen Berges Meru an.

Auf der **Stupa-Plattform** gruppieren sich rund um den *zedi* diverse Hallen und Schreine. Darunter befinden sich, wie üblich, im Osten, Süden, Westen und Norden **Hallen mit bronzenen Buddhastatuen,** den vier Buddhas des gegenwärtigen Weltzeitalters, wobei sich im *tazaung* an der Ostseite eine Statue aus der Anfangszeit der Shwezigon Paya befindet. Unweit des südlichen Treppenaufgangs lohnt ein Blick auf den **Youksoun Tazaung** aus dem 19. Jh. mit schönen Holzschnitzereien. Die fein gearbeiteten Figuren sind meist Teil von *jataka*-Darstellungen. Eine weitere **Halle** an der Südseite birgt Darstellungen, die sich auf die vier Ausfahrten Buddhas beziehen, die ihn dazu bewegten, sein prinzliches Dasein hinter sich zu lassen: Sie zeigen einen Alten, einen Kranken, einen Toten, einen Asketen – und schließlich Siddharta Gautama zu Pferd, nachdem er den väterlichen Palast verlassen hat.

Die **Hallen** und **Schreine** im Westen und Norden gehen meist auf private Stiftungen des 20. Jh. zurück.

Kyanzittha Umin [2]

Unweit des Südzugangs zur Shwezigon Paya
In südlicher Nachbarschaft zur Shwezigon-Pagode liegt der nach dem dritten König von Bagan benannte **Kyanzittha Umin,** der als künstlicher Höhlentempel *(umin)* Teil einer Klosteranlage war. Das Gros der Bauten, die aus Holz errichtet waren, ist verschwunden, erhalten blieben einzig die rechteckige Ummauerung und der aus Ziegelstein errichtete **Höhlentempel** an der Südseite. Das Innere des vermutlich im 11. Jh. errichteten Baus besteht aus gitterartig

Bagan – Übersicht

Sehenswert
1. Shwezigon Paya
2. Kyanzittha Umin
3. Gubyaukgyi
4. Gubyauknge
5. Htilominlo Pahto
6. Upali Thein
7. Khinmikha
8. Ananda Pahto (s. auch Cityplan S. 259)
9. – 25. s. Cityplan S. 259
22. Nat Htaung Kyaung
26. Sulamani Pahto
27. Dhammayangyi Pahto
28. Myauk Guni
29. Pyathada Pahto
30. Winido Pahto
31. Nandamannya Pahto
32. Payathonzu
33. Mingalazedi
34. Gubyaukgyi
35. Myazedi
36. Manuha Pahto
37. Nanpaya
38. Abeyadana Pahto
39. Nagayon Pahto
40. Somingyi Ok-Kyaung
41. Seinnyet Ama Pahto und Seinnyet Nyima Zedi
42. – 43. s. Cityplan S. 273
44. Dhammayazika Paya
45. Kyaukgu Umin

Übernachten
1. Oasis Hotel
2. Zfreeti Hotel
3. Bagan Umbra
4. New Wave Guest House
5. Winner Guest House
6. – 8. s. Cityplan S. 259
9. – 13. s. Cityplan S. 273

Essen & Trinken
1. Eden BBB
2. Black Bamboo
3. Hti Bar
4. A Little Bit of Bagan
5. Harmony
6. – 9. Cityplan S. 259
10. San Thi Dar
11. – 13. s. Cityplan S. 273

Einkaufen
1. Nyaung U Market
2. M Boutik
3. Art Gallery of Bagan
4. Golden Cuckoo
5. Jasmine Family Lacquerware Workshop
6. s. Cityplan S. 259

Abends & Nachts
1. Nanda
2. s. Cityplan S. 259

Aktiv
1. Balloons over Bagan
2. Oriental Ballooning
3. – 4. s. Cityplan S. 273

---

angelegten Korridoren und kleinen Meditationsräumen mit Resten von Wandmalereien. Die Darstellung mongolischer Krieger wurde vermutlich Ende des 13. Jh. geschaffen.

Zwischen Nyaung U und Alt-Bagan

Cityplan: links

Gubyaukgyi und Gubyauknge

Unweit der Anawrahta Rd., ca. 1 km südöstlich des Dorfes Wetkyi-In

Die beiden Heiligtümer liegen im freien Feld und sind aufgrund ihrer Wandmalereien bzw. Stuckverzierungen interessant. Angelegt als *pahto* mit nach Osten ausgerichtetem Hauptraum samt Eingang und einem umlaufenden Korridor, der drei kleinere Nebenräume erschließt, unterscheiden sie sich im Detail.

So weist der *shikhara* des vermutlich im 13. Jh. gestifteten **Gubyaukgyi** 3 (Großer Bemalter Höhlentempel) wie eine schlanke Pyramide steil nach oben. Die Stuckverzierungen an seinen Außenwänden sind teilweise gut erhalten, vor allem aber überdauerten die Wandmalereien in seinem Inneren die Jahrhunderte fast unbeschadet – bis der Deutsche Thomann 1899 Teile von ihnen heraussägte und mitnahm. Bis heute gelten sie als verschollen. Die Themen sind typisch für die frühen Tempel Bagans, denn die beiden **Seitenwände der Haupthalle** zeigen in je einem Quadrat fast das komplette Set der Geburtsgeschichten Buddhas (544 anstelle 547). Den oberen Abschluss der Malereien bildet eine Galerie mit jeweils 14 der bisher erschienenen Buddhas. Am Kopfende des Vorraums ist hinter der rekonstruierten Buddhafigur mit Erdberührungsgeste sehr detailfreudig die angreifende Armee Maras illustriert, mit welcher Mara Buddha

Buddhas viele Leben

Die Geschichten über die vorangegangenen Inkarnationen Buddhas zählen zu den populärsten Darstellungen in den Tempeln von Bagan. Sie sind stets lehrreich, oft auch amüsant und deshalb sehr populär. Seit Jahrhunderten sind sie tief mit der birmanischen Volksliteratur verwoben. Hier ein paar Kostproben.

Eines Tages erzählte der Erleuchtete von einer seiner früheren Wiedergeburten als Kaufmann Cullaka. Der habe eines Tages mit einer toten Maus in der Hand ausgerufen: »Für einen einsichtigen Sohn von guter Familie ist es möglich, wenn er diese Maus aufhebt, ein Weib heimzuführen und Geschäfte zu machen«. Ein junger, armer Mann nahm daraufhin die Maus, verkaufte sie in einem Gasthaus als Katzenfutter, kaufte mit der erhaltenen Münze Zuckersatz, gab diese an Kranzflechter und erhielt dafür Blumen, die er wieder für Zuckersatz eintauschte. Durch ständigen Kauf und Verkauf wurde er innerhalb von vier Monaten zum erfolgreichen Geschäfts- und glücklichen Ehemann. »Mit ganz geringen Mitteln«, resümierte Buddha, »kann der Verständige sich in die Höhe bringen«. Diese »Cullaka Sethi Jataka« genannte Erzählung ist die vierte von insgesamt 547 Geschichten aus dem Leben Buddhas (Sanskrit: *jataka*), welche in Form von Märchen und Fabeln den Erleuchteten in seinen früheren Existenzen (Sanskrit: *jati*) als Weisen und Gütigen schildern. Die Sammlung dieser Geschichten ist zwar Teil des buddhistischen Palikanons, doch entstammen viele Erzählungen der altindischen Volksliteratur. Aufgrund ihrer leichten Verständlichkeit haben sie wiederum auch die Märchenwelt buddhistischer Länder inspiriert. Selbst die Kunst greift immer wieder *jataka* auf.

Dass die Asiaten im Vollmond einen Hasen erkennen, hat etwa mit dem »Sasa Jataka« (Nr. 316) zu tun. Dort wird Buddha als Langohr wiedergeboren, der mit einem Affen, einem Schakal und einem Fischotter zusammenwohnt. Als frommer Hase belehrt er seine Freunde über die Moral und Großherzigkeit und trägt ihnen auf, Nahrung für umherziehende Brahmanen zu sammeln. Während die anderen mit Fisch, Fleisch und Mangos zurückkommen, sagt er zu sich: »Wenn ein Bittender zu mir kommt, werde ich ihm das Fleisch meines eigenen Körpers geben«. Da erschien der Gott Sakka als Asket und erbat von den vier Tieren Gaben. Als der Hase sich als Braten opfern wollte, lobte er dessen Großherzigkeit und sprach: »Dein Vorzug soll ein ganzes Weltalter hindurch offenkundig sein« und zeichnete auf die Mondscheibe das Bild eines Hasen.

Im »Serivanija Jataka« (Nr. 3) wird der Erleuchtete als ein Kaufmann namens Seriva wiedergeboren, der mit Gürteln und Gefäßen handelt. Eines Tages reiste er per Boot zusammen mit einem habsüchtigen Kaufmann in die Stadt Andhapura. Dort teilten die beiden die Straßenzüge, in denen sie ihre Waren anpreisen wollten, untereinander auf. Dabei besuchte sein gieriger Kollege Großmutter und Enkelin einer verarmten Händlerfamilie, die eine verschmutzte Goldschale besaßen, ohne um deren Wert zu wissen. Er aber erkannte und verschwieg ihn den beiden Frauen. Der Kaufmann ging mit der Absicht davon, später zurückzukehren und ihnen die Schale doch noch für eine geringe Summe abzukaufen. Indes, kurz darauf besuchte Seriva ebenfalls diese Familie, betrachtete die Schale und klärte sie darüber auf, welchen Schatz sie ihr Eigen nannten. Alles, was er besaß, gab er her und erwarb so die Schale. Als der habsüchtige Kaufmann wiederkam, war es zu spät. Sein Hass auf seinen erfolgreichen Kollegen trieb ihn in den Wahnsinn und schließlich in den Tod: »Sein Herz wurde glühend, aus seinem Munde schoss ein Blutstrom und sein Herz barst wie Seeschlamm«.

Mal gemalt, mal getöpfert oder wie hier aus dem Stein geschlagen – Jataka-Szene aus Bagan

Selbst als Hund machte der Buddha in seinen früheren Leben Karriere. Der »Kukkura Jataka« (Nr. 22) erzählt von ihm als Anführer eines Rudels. Als eines Tages die Palasthunde die Lederriemen der königlichen Kutsche durchbissen, ordnete der König voller Zorn die Tötung aller Hunde der Stadt an, verschonte aber seine eigenen. Als nun die bedrohten Hunde zum Rudelführer flohen, ging dieser zum König und wies ihn zurecht: »O Großkönig, was Ihr tut, das ist keine Gerechtigkeit«. Er bewies ihm, dass die Palasthunde die Verantwortlichen waren, indem er ihnen Buttermilch und Gras einflößte, woraufhin sie die Riemen erbrachen. Beeindruckt von solcher Weisheit, schenkte der Monarch ihm einen weißen Ehrenschirm. Buddha legte ihm daraufhin die Lehre von den vier Übeln der Parteilichkeit, der Abneigung, der Unwissenheit und Furcht dar.

Gerne werden in Pagoden die 16 großen Träume des Königs Pasenadi von Kosala aus dem »Mahasupina Jataka« (Nr. 77) dargestellt, etwa am Zugang zur Kyauktawgyi Paya in Mandalay (s. S. 299). Dabei träumt der Monarch u. a. von vier zahmen Kampfstieren, kleinwüchsigen Bäumen, die vorzeitig blühen und Kühen, welche die Milch neugeborener Kälber trinken. Als er sie dem Erleuchteten erzählt, prophezeit Buddha ihm in Zukunft chaotische Verhältnisse aufgrund ungerechter Könige. So deutet er das Ross in Traum 5, das vorn wie hinten je ein Maul besitzt, als korrupte Richter, die »von beiden Parteien, von Freund und Feind, Geschenke annehmen, wie wenn ein Pferd mit zwei Mäulern Futter verzehrte.« Und Traum 15, in dem ein Frosch eine Schlange vertilgt, symbolisiert für ihn eine Zeit, in welcher Männer derart von Begierde und Leidenschaft erfüllt sind, dass sie in die Gewalt ihrer jungen Frauen geraten.

(Zitate aus: Dr. Julius Dutoit, »Jatakam. Das Buch der Erzählungen aus früheren Existenzen Buddhas«, Bde. 1–3, Lotus-Verlag, Leipzig 1908–11, Bde. 4–6, Radelli & Hille, Leipzig 1912–16; *jataka* 3, 4, 22, 77 in Bd.1, *jataka* 316 in Bd.3).

von seinem Erleuchtungsweg abbringen wollte.

Vom Haupteingang führen **seitliche Durchgänge** zu drei weiteren, jedoch wesentlich **kleineren Räumen** an den Achsenpunkten mit je einer restaurierten Buddhafigur. Auch diese Räume waren komplett ausgemalt, allerdings sind hier die Malereien sehr verblasst.

In Luftlinie 300 m weiter südlich birgt der **Gubyauknge** 4 (Kleiner Bemalter Höhlentempel) ebenfalls Wandmalereien im Inneren, doch leider in einem schlechten Zustand. Stilistisch ins frühe 12. Jh. datiert, sind hier vor allem die teils gut erhaltenen Reste der Stuckarbeiten an der Außenwand von Interesse.

Htilominlo Pahto 5

Etwa 1 km südwestlich von Wetkyi-In an der Straße von Nyaung U nach Alt-Bagan, linke Seite

Htilominlo heißt der mächtige Ziegelbau auf halbem Wege nach Alt-Bagan. Nach Vorbild des zuvor errichteten Sulamani Pahto (s. S. 265) wurde er 1211 unter König Nadaungmya (reg. 1210/11–34) vollendet. Der volkstümliche Name der Sakralanlage bezieht sich auf die Art der Königswahl. Nadaungmyas Vater soll einen weißen Schirm *(htilo)* fallengelassen haben, um auf diese Weise einen seiner fünf erbberechtigten Söhne zum Nachfolger zu bestimmen. Als er in Richtung Nadaungmya wies, wurde dieser zum König erkoren, er ließ jedoch seine Brüder in einem Ministerrat an der Macht teilhaben. Inschriften und Malereien aus dem 14.–18. Jh. lassen darauf schließen, dass der Tempel auch lange Zeit später genutzt wurde.

Mit einer Höhe von 46 m und einer quadratischen **Basis** mit 43 m Seitenlänge wirkt der Htilominlo aufgrund der beiden, durch drei zurückversetzte Terrassen harmonisch verbundenen (Stockwerk-)Blöcke sehr massiv. Den Abschluss bilden drei weitere zurückversetzte Terrassen mit Stupas an den Eckpunkten und einem maiskolbenförmigen *shikhara* als Spitze. Teilweise sind die ornamentreichen Stuckverzierungen noch gut erhalten.

Vier **Eingänge** führen ins **Innere**, wobei der östliche durch eine Vorhalle prominenter erscheint. Die beiden Blöcke werden in ihrem Inneren jeweils von einem Korridor durchlaufen, der zu den vier Buddhas an den Achsenpunkten führt. Der obere Block ist jedoch für Besucher gesperrt. Reste von Wandmalereien sind noch in den Eingängen zu sehen, doch sie stammen aus späterer Zeit.

Upali Thein und Khinminkha-Gruppe

Direkt an der Straße schräg gegenüber dem Htilominlo Pahto befindet sich die **Upali Thein** 6 , eine kleine Halle *(thein)* zur Ordination von Mönchen. Benannt ist sie vermutlich nach dem Mönch Upali, der einst als Barbier arbeitete, später zu einem der zehn Hauptschüler Buddhas wurde und nach dessen Tod auf dem Ersten Buddhistischen Konzil für die Auflistung der Ordensregeln zuständig war. Der längliche Ziegelbau mit einem von einem kleinen Stupa bekrönten Satteldach wurde allerdings erst 500 Jahre nach der Bagan-Ära errichtet. Laut Inschrift begannen die Arbeiten am 4. März 1793 und dauerten ein Jahr. Typisch für den Kunstgeschmack jener Zeit ist die Expressivität der Darstellungen in der Ordinationshalle. Einen Blick lohnen die **Himmelswesen** an der Gewölbedecke und die **Illustrationen an den Wänden**. Diese zeigen die nahezu identischen Lebenswege der 28 bisher erschienenen Buddhas. So finden sich hier dargestellt: der Auszug in die Hauslosigkeit, die Erleuchtung unter einem Baum, die erste Predigt etc.

Gut 100 m westlich der Upali Thein zweigt ein Sandweg in Richtung Süden ab, wo 150 m weiter eine Gruppe mit mehreren kleineren Tempeln liegt. Sie wird nach einem Mönch **Khinminkha** 7 genannt und wurde 2008 restauriert. Einer der größeren *pahto* ist in seinem Inneren nahezu komplett ausgemalt und zeigt an der Wand hinter dem vergoldeten Buddha **Schlüsselszenen aus dem Leben des Erleuchteten,** darunter seine erste Predigt in Sarnath bei

Besichtigung

MIT DEM FAHRRAD DURCH DIE PAGODENLANDSCHAFT

Cityplan: S. 251
Start: Shwezigon Paya 1
Ziel: Ananda Pahto 8
Länge: 10 km, 5–6 Std. (inkl. Besichtigungen)
Hinweis: Die Wege sind teils sehr sandig, daher nimmt man am besten ein Mountainbike, alternativ ein E-Bike. Diese und auch einfache Räder erhält man vielfach über die Unterkünfte, sonst bei den Fahrradverleihern. Es empfiehlt sich, Sonnenschutz und genügend Wasser einzupacken und früh zu starten. Getränke kann man auch an vielen Tempeln kaufen.
Kosten: normales Fahrrad ca. 3000 Kyat, Mountainbike oder E-Bike 6000 Kyat

Diese anspruchsvolle Tour beginnt an der **Shwezigon Paya** 1 (s. S. 248) in Nyaung U und führt von dort zunächst zum **Kyanzittha Umin** 2 (s. S. 249) unweit des südlichen Zugangs zur Shwezigon. Von hier radelt man zunächst auf der Straße Richtung Alt-Bagan und biegt dann links in eine Querstraße ein, die zur geteerten **Anawrahta Road** führt. Letzterer folgt man kurz und biegt dann rechts ab in einen Sandweg zum **Gubyaukgyi** 3 (s. S. 251).
Nach dessen Besichtigung geht es zurück in die Anawrahta Road, der man etwa 600 m folgt. Dann fährt man nach links auf eine Sandpiste, die gut 2 km in Richtung Südosten verläuft. Als Orientierungspunkt bietet sich der 60 m hohe **Nanmyint Tower** am Rand des **Aureum Palace Hotel** an. Knapp 100 m südlich des Turmes lohnt sich ein Blick in den kleinen **Winido Pahto** 30 (s. S. 267), der innen wunderschöne Wandmalereien enthält.
Nun folgt man der Teerstraße in Richtung **Minnanthu**, wo mit dem **Nandamannya Pahto** 31 (s. S. 267) und dem **Payathonzu** 32 (s. S. 268) weitere Tempel mit schönen Wandmalereien zu finden sind. Auch ein Erfrischungsstopp im Dorf bietet sich an. Am **Wasserreservoir** von Minnanthu folgt man dem Straßenverlauf gen Westen, dann einer Sandpiste Richtung Alt-Bagan. Nach etwa 2,5 km passiert man den **Sulamani Pahto** 26 (s. S. 265), dessen Korridore im Inneren etwas Kühlung verschaffen. Ein Abstecher lohnt sich auch zum nur 1 km südlich gelegenen **Dhammayangyi Pahto** 27 (s. S. 266). Von dort aus fährt man den Weg ein Stück zurück und überquert dann weiter westlich bei Alt-Bagan die Anawrahta Road. Von dort ist es nur ein kurzes Stück bis zum **Ananda Pahto** 8 (s. S. 256).

Varanasi und seinen Abstieg aus dem Tavatimsa-Himmel, wo er eine Regenperiode lang den Göttern predigte. Nach der Säuberung der Malereien wirkt die rote Farbe wieder erstaunlich kräftig. Auch hier wurden Teile der Wandmalereien von Thomann entfernt, der am Eingang sogar seine mit der Jahreszahl 1899 versehene Unterschrift hinterließ.

Vor den Mauern Alt-Bagans

Cityplan: S. 251, 259
Die Bagan-Nyaung U Road verläuft von Ngaung U auf das Tharaba-Tor Alt-Bagans zu. Noch vor den Mauern der Stadt liegen linker Hand der neben der Shwezigon wichtigste Sakralbau Bagans, der Ananda Pahto, und das Ananda-Kloster.

Ananda Pahto [8]

Bagan-Nyaung U Rd, tgl. 5.30-19.30 Uhr

Vor den Toren der einstigen Königsstadt südöstlich des Tharaba-Tors gelegen, zieht der wuchtige Ziegelbau des **Ananda-Tempels** seit Jahrhunderten Pilger aus ganz Myanmar an und wurde immer wieder restauriert. So kamen die vorgelagerten Zugänge im Süden, Westen und Norden erst in den 1920er-Jahren hinzu. Vermutlich ursprünglich um 1090 fertiggestellt, geht die Anlage auf König Kyanzittha zurück, welcher sie der Glaspalastchronik nach aufgrund einer Vision errichten ließ. Acht edle Heilige seien vom Gandhamadana-Berg im Himalaya nach Bagan gekommen, um dem König ihre Aufwartung zu machen. Der Gandhamana ist einer der vier Gipfel, welche der buddhistischen Kosmologie zufolge den Weltenberg Meru umgeben. Woher sie kämen, wollte der König wissen, und durch Magie ließen sie ihm die am Fuß des Berges gelegene Nandamula-Grotte erscheinen. Daraufhin habe Kyanzittha, so berichtet die Chronik, eine *gu* (Höhle) nach deren Aussehen errichten lassen und Nanda genannt. Daraus leitet sich höchstwahrscheinlich der Tempelname ab.

Auf dem Grundriss eines griechischen Kreuzes erhebt sich der **Ananda** bis auf 51 m Höhe und wirkt aufgrund der vier gestaffelten Terrassen wie eine Pyramide. Die Terrassen münden in eine zentrale, vergoldete Spitze (Sanskrit: *shikhara*), welche von vier kleineren, ebenfalls vergoldeten *shikhara* umgeben ist. Einmal mehr wird hier der Weltenberg Meru mit seinen fünf Gipfeln abgebildet.

Dank umfangreicher Restaurierungsarbeiten mit indischer Unterstützung erscheint der Ananda-Tempel heute prachtvoller denn je. Der **Zugang** erfolgt am besten durch den **Nord-** oder **Westeingang,** da die beiden anderen meist verschlossen sind. Ich empfehle den **Nordzugang,** von dem aus man zunächst den Tempel außen im Uhrzeigersinn bis zum Westeingang umschreiten kann. Auf diese Weise sieht man im Morgenlicht sehr gut die vielen grün glasierten **Terrakottatafeln,** welche den Tempel auf verschiedenen Ebenen umschließen und die Gläubigen zur Nachfolge Buddhas einladen wollen. Während die Reihe an der **Basis auf der Osteite** eine Prozession jubelnder *devata* (Gottheiten) und auf der **Westseite** die Armee des Mara in Gestalt von auf Fantasieren reitenden Dämonen zeigt, widmen sich die Reihen auf den oberen Terrassen den 547 *jataka.*

Vom **Westzugang** her kann man nun das quadratische **Allerheiligste** im Zentrum des Sakralbaus betreten und blickt zunächst auf einen der vier 10 m hohen **Buddhas,** die in großen Nischen an den Achsenpunkten stehen. Alle sind aus Holz gefertigt, mit Lack überzogen und vergoldet, stammen aber aus verschiedenen Epochen. Aus der Frühzeit des Ananda Pahto sind die südliche und nördliche Figur erhalten geblieben, die beiden anderen ersetzten im ausgehenden 18., frühen 19. Jh. die möglicherweise zerstörten Originale. Es handelt sich um die vier letzten Buddhas des jetzigen buddhistischen Weltzeitalters: im Süden Kassapa (Sanskrit: Kashyapa), im Norden Kakusandha (Sanskrit: Krakucchanda), im Osten Konagamana (Sanskrit: Kanakamuni) und im Westen Gotama (Sanskrit: Gautama = Buddha Shakyamuni). Interessanterweise knien zu Füßen Gotamas in seitlichen Nischen anstelle der engsten Buddhaschüler der Mönch Shin Arahan (links) und König Kyanzittha (rechts). Freigelegte **Wandmalereien** am Nord- und Westeingang lassen darauf schließen, dass das Innere vollständig ausgemalt war.

Zwei parallel angeordnete **Korridore** umlaufen diesen quadratischen Zentralblock und lassen durchaus die Atmosphäre einer Höhle aufkommen – wohl in Erinnerung an die Nandamula-Grotte. Die Korridore sind mit zahlreichen Nischen voller Buddhafiguren ausgestattet. Interessant sind vor allem die **Nischen des äußeren Korridors,** da sie auf zwei Ebenen der Außenwand mit insgesamt 80 Sandsteinreliefs das legendenreiche Leben Buddhas von seiner Geburt bis zur Erleuchtung illustrieren. Die Erzählung basiert auf der Nidanakatha-Schrift aus dem 5. Jh. (s. S. 246).

Ein zentraler, vergoldeter Shikara bekrönt den weißen Ananda Pahto, dem an jeder Seite Eingangsbauten vorgelagert sind

Sie beginnt auf der unteren Ebene links vom Westeingang mit der Schwangerschaft seiner Mutter Maya, verläuft im Uhrzeigersinn und endet mit dem Abschied aus dem Palast. Auf der oberen Ebene startet die Erzählung mit Buddhas Weltentsagung und endet mit dessen Erleuchtung.

Zurück am Nordeingang empfiehlt sich vor dem Verlassen des Tempels ein Blick auf die massiven **Teakholztüren,** welche weit über 200 Jahre alt sind.

Ananda Ok-Kyaung 9
Rechts vor dem Nordzugang des Ananda
Inmitten eines ummauerten Geländes liegt das **Ziegelsteinkloster des Ananda.** Es stammt aus einer Zeit, als unter den Konbaung-Königen Bagan im 18. Jh. als religiöses Zentrum eine Art zweiten Frühling erlebte. Laut Inschrift wurde das Kloster zwischen 1775 und 1786 erbaut. Interessant ist vor allem das vollständig ausgemalte **Innere,** welches im Geiste jener Epoche farben- und detailreich religiöse Themen im Gewand der damaligen Mode und Architektur illustriert. Auf zwei Ebenen des äußeren Korridors sind einige populäre *jataka* dargestellt, darunter an der Ostwand *jataka* Nr. 3 und 4 sowie an der Westwand *jataka* Nr. 22 (s. Thema S. 253). Die **innere Kammer** zeigt Fabelwesen und opulentes Rankenwerk. An der Südwand wird *jataka* Nr. 7 illustriert, in dem der König von Benares (Varanasi) eine schöne Holzsammlerin schwängert und seine Vaterschaft erst eingesteht, als die Mutter den Sohn in die Luft wirft, wo Letzterer dann mit gekreuzten Beinen schwebt.

Alt-Bagan (Bagan Myohaung)

Cityplan: S. 259
Im heutigen Alt-Bagan schlug zwischen dem 11. und 13. Jh. das politische Herz des dama-

ligen Reiches. Heute umschließen die Relikte der Stadtmauer neben den Ruinen des Königspalasts noch immer zahlreiche Tempelanlagen. Abgesehen von drei Hotels, Verwaltungsgebäuden, diversen Souvenirshops und Essensständen finden sich hier heute, seitdem die Bewohner 1991 nach Neu-Bagan umgesiedelt wurden, kaum neuere Bauten oder Privathäuser.

Stadtmauer und Königspalast von Bagan

Das **Tharaba Gate** 10 im östlichen Abschnitt der in Teilen noch erhaltenen Stadtmauer ist das einzig erhaltene der einst zwölf Stadttore. Vermutlich ist es deshalb nicht verschwunden, weil es die **Schreine** zweier populärer *nat* birgt: des Schmieds Maung Tinde (Herr Stattlich) und seiner schönen Schwester Shwe Myethna (Frau Goldgesicht). Beide werden in Feuerangelegenheiten konsultiert und dies hat mit folgender Geschichte zu tun: Der gut gebaute Schmied lebte mit seiner Schwester in Tagaung, einer Stadt am Oberlauf des Ayeyarwady, und war so kräftig, dass seine Schläge die Erde zum Beben brachten. Aus Furcht vor seiner Kraft wollte der König ihn töten lassen, weshalb Maung Tinde aus der Stadt floh. Daraufhin zwang der König dessen Schwester ihn zu heiraten und lud Maung Tinde ein, der Hochzeit beizuwohnen. Der Schmied ließ sich darauf ein, wurde jedoch sofort festgenommen, an einen Sagabaum gebunden und dem Feuer übergeben. Voller Wut und Verzweiflung stürzte sich Shwe Myethna daraufhin in die Flammen und verbrannte bis auf ihr Gesicht. Die Geister der Geschwister verblieben im Sagabaum und verbreiteten Unglück, bis der König den Baum fällen und in den Ayeyarwady werfen ließ. Bei Bagan wurde der Baum an Land gezogen. Angeblich versprachen die Geister von Maung Tinde und Shwe Myethna dem herrschenden König, die Stadt zu beschützen, so man ihnen nur einen sicheren Aufenthaltsort gewähren würde. So wur-

Alt-Bagan (Bagan Myohaung)

Sehenswert
- **1** – **7** s. Cityplan S. 251
- **8** Ananda Pahto
- **9** Ananda Ok-Kyaung
- **10** Tharaba Gate
- **11** Königspalast von Bagan
- **12** Pitaka Taik
- **13** Shwegugyi Pahto
- **14** Thatbyinnyu Pahto
- **15** Nathlaung Kyaung
- **16** Stupa des Ngakywenadaung
- **17** Pahtothamya
- **18** Gawdawpalin Pahto
- **19** Bagan Archaeological Museum
- **20** Mahabodhi Paya
- **21** Bupaya
- **22** Nat Htaung Kyaung (s. auch Cityplan S. 251)
- **23** Shwesandaw Paya
- **24** Myaybontha Paya Hla
- **25** Lokahteikpan
- **26** – **41** s. Cityplan S. 251
- **42** – **43** s. Cityplan S. 273
- **44** – **45** s. Cityplan S. 251

Übernachten
- **1** – **5** s. Cityplan S. 251
- **6** The Hotel@Tharabar Gate
- **7** Aye Yar River View Hotel
- **8** Bagan Thande Hotel
- **9** – **13** s. Cityplan S. 273

Essen & Trinken
- **1** – **5** s. Cityplan S. 251
- **6** Starbeam Bistro
- **7** Moon Restaurant
- **8** Yar Pyi
- **9** Tharaba 3
- **10** s. Cityplan S. 251
- **11** – **13** s. Cityplan S. 273

Einkaufen
- **1** – **5** s. Cityplan S. 251
- **6** Shwe War Thein

Abends & Nachts
- **1** s. Cityplan S. 251
- **2** Bagan Golden Palace

Aktiv
- **1** – **2** s. Cityplan S. 251
- **3** – **4** s. Cityplan S. 273

---

de der Baum auf den Popa-Berg (ca. 50 km von Bagan) transportiert, wo man aus seinem Holz Figuren von Bruder und Schwester schnitzte. Schnell verbreitete sich rund um Bagan der Kult um die Geister des Großen Berges, die Mahagiri Nat. Maung Tinde wird auch als Ein Saung Nat, Hauswächter, verehrt.

Im Zentrum des von der Stadtmauer umschlossenen 1,4 km² großen Arimaddanapura befand sich spätestens seit der Regentschaft König Anawrahtas der **Königspalast von Bagan** **11**. Seine vier **Haupt-** und acht **Nebentore,** mit jeweils einem der zwölf Sternzeichen markiert, folgen der alten indischen Tradition des Städtebaus, derzufolge die Hauptstadt Zentrum des Kosmos ist. Darauf lässt auch eine Inschrift Kyanzitthas schließen, die von einem Hauptpalast und vier Nebenpalästen berichtet – wohl als Symbol des Berges Meru und seiner vier Nebengipfel. In seinen Inschriften nennt Kyanzittha die Anlage Rajasthan Pukam (Königlicher Palast von Bagan) oder schlicht Rajasthan. Die **Fundamentreste** liegen nur gut 200 m westlich des Tharaba-Tors und wurden zu Beginn der 1990er-Jahre freigelegt und teilweise überdacht. Sie sind zwar jederzeit zugänglich, aber nur bedingt sehenswert.

Seit 1998 steht vis-à-vis der Ruine ein protziger Nachbau aus Beton, der **Bagan Golden Palace** **2**, allabendlich Schauplatz einer (sehr touristischen) Dinnershow (s. S. 278).

Pitaka Taik **12**
Ca. 150 m südlich des Tharaba Gate

Die **Tipitaka-Bibliothek,** Pitaka Taik, liegt auf dem Weg vom Tharaba-Tor in Richtung Thatbyinnyu-Tempel rechter Hand und soll in ihren Ursprüngen auf König Anawrahta zurückgehen. Doch der heutige quadratische Bau mit dem eleganten fünfstöckigen Staffeldach wurde 1784 in der Regentschaft Bodawpayas (reg. 1782–1819) weitgehend neu errichtet. Teilweise ist der Stuck noch gut erhalten. Der Überlieferung nach sollen hier die 30 Sets des aus der Mon-Metropole Thaton hergebrachten Palikanons aufbewahrt worden sein.

Shwegugyi Pahto **13**
Südlich der Palastruinen

Über einen seitlich der Palastruinen abgehenden Weg gelangt man zum **Tempel der Gro-**

Bagan

ßen Goldenen Höhle, der wegen der Aussicht von der oberen Ebene vor allem zum Sonnenuntergang gerne aufgesucht wird. Dank der beiden Inschriften im Eingangsbereich kann die exakte Bauzeit datiert werden. Am Sonntag, 17. Mai 1131 begonnen, wurde er am Mittwoch, 16. Dezember, nach sieben Monaten fertiggestellt. Eine weitere, 1771 datierte Inschrift berichtet über größere Renovierungsarbeiten. Der Shwegugyi ist untrennbar mit König Alaungsithu (reg. 1113–67) verbunden, der laut Pali-Inschrift dem Erleuchteten eine »wohlriechende Kammer« (Pali: *gandhakuti*) errichtete.

Da der Shwegugyi im Süden des einstigen Palasts liegt, ist der **Eingang** nach Norden ausgerichtet. Der Tempelbau ruht auf einer etwa 4 m hohen Plattform und überragt durch die gestaffelten Terrassen und den schlanken, maiskolbenartigen *shikhara* die Umgebung. Teilweise noch gut erhalten sind die **Stuckverzierungen im Außenbereich,** leider sehr schlecht die **Wandmalereien im Inneren.** Der Shwegugyi soll laut Glaspalastchronik jener Ort sein, wo der 81-jährige, sterbenskranke Alaungsithu 1167 von seinem zweitältesten Sohn Narathu mit Kleidern und Tüchern erstickt wurde. Sein tragisches Ableben erhob den frommen König zu einem der offiziellen 37 *nat*.

Thatbyinnyu Pahto 14

Ca. 350 m südlich des Tharaba Gate

In der Südostecke der einst ummauerten Stadt und nur 200 m südlich vom früheren Palast erhebt sich der mit 61 m höchste Sakralbau Bagans. Von König Alaungsithu wahrscheinlich Mitte des 12. Jh. gestiftet, wurde das »vornehmste Monument« des Landes, so der große Forscher Gordon H. Luce, nach einem der Attribute Buddhas **Tempel der Allwissenheit** (Pali: *sabbannu*) benannt. Der Thatbyinnyu gilt als bedeutendstes Beispiel der **Mittleren Bauperiode,** deren Charakteristikum zwei deutlich voneinander abgehobene Ebenen sind. Wie zwei gewaltige Bauklötze ruhen die beiden kubischen Blöcke aufeinander und werden über drei zurückversetzte Terrassen harmonisch miteinander verbunden. Drei weitere zurückversetzte Terrassen und ein *shikhara* lassen die Spitze des Komplexes wie eine Pyramide erscheinen.

Vom Grundriss quadratisch angelegt, erfährt die **Ostseite** durch die **Vorhalle** eine gewisse Prominenz. Hier befindet sich auch der **Hauptzugang zum Korridor,** der das Innere durchläuft (die anderen drei Eingänge sind verschlossen). Eine Besonderheit des Thatbyinnyu sind die Treppenaufgänge im Osten und Westen, welche zu einem erhöht liegenden, von einer Buddhastatue ausgefüllten Raum führen. Beide sind jedoch für Besucher ebenso wenig zugänglich wie der obere Block mit einer großen, gen Osten gerichteten Buddhafigur im Inneren. Unzählige Ziegel müssen hier verbaut worden sein, denn für einen an der Nordostecke gelegenen Tempel wurde jeder zehntausendste Ziegel aus dem Baumaterial des Thatbyinnyu verwendet.

Nathlaung Kyaung 15

Ca. 100 m östlich des Thatbyinnyu

Zu Fuß kann man den Weg vom Thatbyinnyu in Richtung Osten zurücklegen und dabei einige bemerkenswerte Sakralbauten kennenlernen. Zunächst gelangt man zum **Kloster der Eingesperrten Geister,** Nathlaung Kyaung. Der eigenartige Name ist volkstümlichen Ursprungs, denn weder war der quadratische Ziegelbau ein buddhistisches Kloster, noch ein Geisterschrein. Er bezieht sich auf die hinduistischen Figuren, welche hier gefunden wurden. Als wahrscheinlich einziger reiner **Hindutempel** Bagans war er offensichtlich **Vishnu** geweiht, dessen zehn Erscheinungen (Sanskrit: *avatar*) in Nischen dargestellt waren und heute teilweise rekonstruiert sind. Einige der Originale wurden von dem Deutschen Fritz Noetling Ende des 19. Jh. mitgenommen und ans damalige Königliche Museum für Völkerkunde zu Berlin veräußert. Die **Terrasse auf der Westseite** könnte die Basis einer Vorhalle (Sanskrit: *mandapa*) gewesen sein, ein äußerer Korridor ist komplett verschwunden. Der Tempel steht möglicherweise mit der Stiftung eines Händlers aus dem südindischen Malaimandalam im Zusammenhang, welche in einer tamilischen Inschrift aus dem 13. Jh. erwähnt wird. Architektonisch indes hat der Nathlaung Kyaung nichts mit südindischen Hindubauten gemein.

Ngakywenadaung Zedi und Pahtothamya
150 m bzw. 250 m östlich des Thatbyinnyu
Vis-à-vis des Nathlaung Kyaung erhebt sich der eiförmige **Stupa des Ngakywenadaung** 16, der eventuell im 9. Jh. von Pyu errichtet wurde und damit einer der ältesten Sakralbauten Bagans wäre. Ende der 1990er-Jahre dilettantisch restauriert, stammen die grün glasierten Ziegelsteine noch aus der Anfangszeit.

Über die »Mutter der Theravada-Tempel«, wie Gordon H. Luce den 100 m weiter gelegenen **Pahtothamya** 17 nannte, ist wenig bekannt. Da eine Datierung aufgrund fehlender Inschriften unmöglich ist, wird die Pagode mit Vielen Kindern anhand stilistischer Merkmale der **Frühen Bauphase** zugeordnet. So waren die gitterförmigen Fensteröffnungen im ausgehenden 11. Jh. gebräuchlich. Die leider schlecht erhaltenen **Wandmalereien im Korridor** zählen zu den frühesten Bagans und zeugen von hohem künstlerischen Niveau und weitreichenden Kenntnissen der Theravada-buddhistischen Literatur.

Gawdawpalin Pahto 18
250 m nördlich des Bagan Archaeological Museum
Der **Thron der Ehrerbietung,** Gawdawpalin, genannte Tempel unweit des Bagan Hotel wurde von König Narapatisithu (reg. 1174–1211) bald nach Fertigstellung des Sulamani-Stupa 1183 begonnen, aber erst unter dessen Nachfolger Nadaungmya (reg. 1211–34) fertiggestellt. Mit 55 m zählt er zu den höchsten Bauten und mit den beiden deutlich abgegrenzten quadratischen Blöcken zu den schönsten Beispielen der **Mittleren Bauperiode.** Die jeweilige Vorhalle der Blöcke ist wie traditionell üblich gen Osten ausgerichtet. Dank der kleinen Türmchen an den Ecken der fein verzierten Terrassen wirkt der vollständig mit Stuck überzogene Gawdalin Pahto recht elegant. Beim großen Erdbeben vom 8. Juli 1975 wurde er erheblich beschädigt, später aber grundlegend renoviert.

Bagan Archeological Museum 19
Bagan-Nyaung U Road, Di–So 9–16.30 Uhr, 5000 Kyat, Fotografierverbot im Inneren.
Das überdimensionale Gebäude des **Archäologischen Museums von Bagan** ersetzte 1998 einen kleinen Rundbau und reflektiert architektonisch den Anspruch, den Besuchern die Größe Bagans vor Augen zu führen. Die Zahl der originalen Exponate ist allerdings ziemlich überschaubar.

In der riesigen **Haupthalle des Erdgeschosses** verlieren sich die wichtigsten Herrscher als Bronzestatuen in Übergröße, einige bedeutende Stelen mit Inschriften sowie Sandsteinreliefs mit buddhistischen Motiven.

Interessant ist eine rechter Hand anschließende **Halle** mit zahlreichen Steininschriften, darunter eine der beiden berühmten **Rajakumar-Stelen** (die zweite befindet sich beim Myazedi; s. S. 269). Sie wurden 1113 von Rajakumar, dem Sohn Kyanzitthas, angefertigt und bergen den Stiftungstext des Gubyaukgyi in Myinkaba in den Schriften Mon, Pali, Myanma und Pyu. Mittels dieser Stelen gelang es Charles Otto Blagden im Jahr 1911 die Pyu-Schrift zu entziffern. Sie gelten zudem als erstes Beispiel einer eigenständigen birmanischen Schrift. Zudem taucht hier erstmals der Landesname in der Schreibweise *mranma* auf.

Inspiration für Coiffeure mag ein **Raum** links der Haupthalle liefern, denn dort werden die auf Malereien und in Reliefs dargestellten Frisuren aus der Bagan-Ära anhand von Modellen gezeigt.

Im **Obergeschoss** birgt ein Raum eine umfassende **Sammlung von Sandsteinreliefs** sowie **Skulpturen,** darunter einige Bronze-Buddhas.

Mahabodhi Paya 20
150 m nördlich der Bagan-Nyaung U Rd.
Zwischen Tharaba-Tor und dem Archäologischen Museum führt ein Weg in Rich-

Die Pagodenlandschaft von Bagan

Bagan

tung Norden zum Ayeyarwady. Dort erhebt sich linker Hand der **Tempel der Großen Erleuchtung.** Unübersehbar wurde er nach dem Vorbild des Mahabodhi-Tempels im nordindischen Bodhgaya errichtet. Jenem Ort, an dem Siddharta Gautama unter einem *Ficus religiosa* zum Erleuchteten wurde, war als Pilgerstätte auch schon damals Ziel vieler Gläubigen aus dem Bagan-Reich. Die Könige Kyanzittha und Alaungsithu entsandten zur Restaurierung des ›Muttertempels‹ in Bodhgaya sogar Handwerker. 1215 ließ König Nadaungmya (reg. 1211–34) dann in Bagan diese Kopie errichten. Wie beim indischen Vorbild erhebt sich auf der vierseitigen Basis ein großer pyramidenförmiger *shikhara* und wie dort säumen zahlreiche Nischen mit Buddhafiguren die Außenwände.

Bupaya 21

Am Ayeyarwady, 500 m nördlich der Bagan-Nyaung U Rd.

Im Abendlicht erstrahlt der vergoldete **Flaschenkürbis-Stupa**, seiner eigenwilligen Form wegen so genannt, besonders schön. Vermutlich bereits von den Pyu hier am Ufer des Ayeyarwady errichtet, lässt sich am Bupaya gut der Sonnenuntergang über dem Fluss erleben. Die Datierung des Stupa gestaltet sich schwierig, eine fantasievolle Legende erwähnt ihn bereits für das 3. Jh. v. Chr. Durch das Erdbeben von 1975 fast komplett zerstört, wurde er später rekonstruiert und in den 1990er-Jahren vergoldet.

In Taungbi

Cityplan: S. 251, 259

Nordöstlich von Alt-Bagan im Dorf Taungbi liegt unweit des Flussufers das Kloster der Stehenden Schutzgeister, **Nat Htaung Kyaung** 22 (tagsüber geöffnet, Eintritt frei) inmitten eines ummauerten Geländes mit hohen Palmyrapalmen und schattigen Padaukbäumen. Um dorthin zu gelangen, fährt man die Straße rechts vom Hotel @Tharabar Gate Richtung Norden, bis die Staubpiste vor dem Klostergelände endet. Es ist eines der wenigen in Bagan aus Holz errichteten Klöster, das noch erhalten geblieben ist. Auf Initiative von Mönchen 1781 gestiftet, weist es außen einige schöne Holzschnitzereien auf und birgt im Inneren alte Palmblattmanuskripte und Buddhafiguren aus der Konbaung-Ära.

Zwischen Alt-Bagan und Minnanthu

Cityplan: S. 259 23 – 25 , S. 251 26 – 29

Im Gebiet östlich von Alt-Bagan erheben sich zwischen den Sesam-, Bohnen- und Hirsefeldern einige der bedeutendsten Monumente, welche im Einklang die berühmte Pagodenlandschaft Bagans prägen und jeweils für sich genommen hervorragende Zeugnisse hochentwickelter Baukunst sind. Sie sind am besten per Pferdekutsche oder Fahrrad zu erreichen.

Shwesandaw Paya 23

400 m südlich der Anawrahta Rd., Höhe Alt-Bagan

Als Sonnenuntergangstempel ist die **Pagode der Goldenen Haarreliquie** abends voller Touristen, die sich die steilen Treppen empormühen, um oben die Aussicht zu genießen. Als sein erstes Großprojekt ließ König Anawrahta, wie die Glaspalastchronik berichtet, den Shwesandaw Zedi um 1057 nach seiner siegreichen Rückkehr aus der Mon-Hauptstadt Thaton errichten, um eine aus Bago stammende Haarreliquie Buddhas zu verehren. Der Chronik zufolge nannte er den Stupa nach Ganesha, dem Elefantengott, Mahapeinne (Ableitung von Maha Vinayaka, einem der Namen Ganeshas). Tatsächlich ist der hinduistische Einfluss hier noch erkennbar. In den Resten eines westlich dem Stupa vorgelagerten Schreines liegen noch Teile eines Lingam und in den Ecken der Terrassen standen einst Hindugottheiten als Wächter.

Dank der fünf sich stark voneinander abhebenden quadratischen Terrassen und eines schlanken glockenförmigen *anda* wirkt der gut 41 m hohe Stupa wie eine Pyramide. Erstmalig in Bagan führen Treppen an den

Besichtigung

vier Seiten zu den Terrassen, um den Gläubigen den Zugang zu den *jataka*-Illustrationen auf den Terrakottatafeln zu ermöglichen. Sie waren in die Außenwände eingefügt, sind aber heute fast völlig verschwunden.

Auf der Südwestseite des einst ummauerten Tempelgeländes erstreckt sich ein länglicher Ziegelbau namens **Shinbinthalyaung** mit einem vermutlich erst in späterer Zeit gefertigten, gut 21 m langen liegenden Buddha: Buddha beim Eintritt ins endgültige Verlöschen, Parinirvana (Pali: *parinibbana*). Ungewöhnlich ist, dass der Kopf der Figur gen Süden und nicht wie sonst für Buddhas im Parinirvana üblich gen Norden weist.

Myaybontha Paya Hla und Lokahteikpan Paya
200 m südlich der Anawrahta Rd., Höhe Alt-Bagan

Etwa auf halber Strecke zweigt von der Staubpiste zwischen der Anawrahta Road und der Shwesandaw-Pagode ein Weg links ab. Dort erhebt sich linker Hand die **Myaybontha Paya Hla** 24 (Schöne Pagode im Untergrund). Sie wird dem Beginn der langen Herrschaft von Alaungsithu (reg. 1112–67) zugeordnet und fällt in eine **Übergangszeit** zwischen der Frühen und Mittleren Bauphase. Typisch dafür sind die dunkel wirkende **Haupthalle mit Vorbau** und die eigenständige **Halle auf der oberen Ebene.** Die **Stuckverzierungen an den Außenwänden** mit Darstellungen körperloser Löwengesichter (Sanskrit: *kirtimukha*) sind teils gut erhalten. Im **Innenraum** sind die vier zentralen Lebensstationen Buddhas dargestellt, im Norden die Geburt, im Osten die Erleuchtung, im Süden seine erste Predigt und im Westen sein Tod.

Auch der **Lokahteikpan** 25, die Zierde der Obersten Welt, fällt in die Ära Alaungsithus. Der kleine Tempel liegt auf halbem Weg zwischen Anawrahta Road und der Shwesandaw-Pagode. Von außen ein quadratischer *pahto* mit nach Norden vorgelagerter **Eingangshalle** und einer dreistufigen **Terrasse,** die in einen *shikhara* mündet, weist das **Innere** recht gut erhaltene **Wandmalereien** auf. Einem Bilderbuch gleich sind die Wände mit den klassischen buddhistischen Themen illustriert. Im Eingangsbereich dominieren die letzten beiden *jataka* die Seitenwände (Nr. 546 rechts, Nr. 547 links) und die 28 bisher erschienenen Buddhas (Nordseite). *Jataka* sind auch im Hauptraum auf der rechten Seitenwand zu sehen, während die linke Wand u. a. den unter einem Indischen Korallenbaum (*Erythrina variegata*; Pali: *paricchattaka*) predigenden Buddha im Tavatimsa-Himmel zeigt, wo er eine Regenzeit lang seiner verstorbenen Mutter und den Göttern predigte, und seinen Abstieg zur Erde. Die acht Hauptereignisse des Erleuchteten schmücken die Wand hinter der Buddhafigur aus.

Sulamani Pahto 26
Ca. 1,3 km südlich der Anawrahta Rd.

Etwa auf Höhe des Ananda-Tempels zweigt eine Staubpiste gen Süden ab und verläuft 1,3 km bis zum **Tempel des Krönenden Juwels** (Pali: *chulamani*). Bereits architektonisch wird der Sulamani seinem Namen gerecht, denn der mächtige Sakralbau zählt mit seinen beiden, durch drei stark zurückversetzte Terrassen miteinander verbundenen Blöcken zu den Meisterwerken der **Mittleren Bauperiode.** Die Spitze bildet ein auf drei weiteren Terrassen sitzender *shikhara*, der in den 1990er-Jahren rekonstruiert wurde. Laut Inschrift unter Narapatisithu 1183 eingeweiht, soll der Sulamani an den Tavatimsa-Himmel erinnern, wo Indra (Pali: Sakka) der Theravada-buddhistischen Tradition nach mit 32 weiteren Göttern residiert.

Auf quadratischem Grundriss mit vorgesetztem **Haupteingang** im Osten und drei weiteren Eingängen an den Achsenpunkten, erfolgt der heutige **Zugang von der Westseite** her. Ein Blick lohnt auf die **Stuckverzierungen** über den oben spitz zulaufenden Eingängen. Sie zeigen an den Enden der geschwungenen Zierbögen krokodilartige Wesen (Sanskrit: *makara*) mit aufgerissenem Maul, aus welchem ein

Bagan

Löwe zu entsteigen scheint. An den Spitzen des Bogens sitzt ein meditierender Asket auf einem Lotosthron. Die **Malereien im Wandelgang** des unteren Blockes stammen weitgehend aus dem 18. Jh. Der über eine Treppe zu erreichende obere Block ist verschlossen.

Dhammayangyi Pahto 27

Ca. 1 km südlich der Anawrahta Rd. bzw.
800 westlich des Sulamani Pahto

Große Freude des Gesetzes, Dhammayangyi (Pali: *dhammarama*), wird Bagans wuchtigster Tempel genannt. Die Glaspalastchronik schreibt ihn dem »brutalen und grausamen« Vatermörder Narathu (reg. 1167–70) zu: Narathu riss den Thron an sich, nachdem er seinen Vater Alaungsithu erstickt (s. Shwegugyi Pahto S. 259) und seinen Bruder vergiftet hatte. Später ermordete er in einem Wutanfall auch eine seiner Frauen, eine indische Prinzessin, deren Vater daraufhin Narathu töten ließ. Laut Glaspalastchronik blieb der Dhammayangyi unvollendet, weil die Menschen »voller Todesangst waren und unter seiner zu großen Strenge und Kontrolle litten«. Drei Inschriften aus dem 13. Jh. weisen auf eine spätere religiöse Nutzung hin, denn sie berichten von diversen Stiftungen, darunter Sklaven und Tänzerinnen.

Architektonisch orientiert sich der Tempel am etwas kleineren Ananda Pahto: Auch ihm sind an den vier Seiten Eingangshallen vorgelagert. Ein Stockwerk hoch und mit fünf abgeschrägten Terrassen versehen, wirkt er mit seinem nur als Stumpf erhaltenen *shikhara* wie eine mächtige Pyramide. Auffällig sind Massivität und Präzision des Baus: Die Ziegelsteine sind passgenau aufeinander gesetzt, zur Stabilisierung dienen in den Ecken und den spitz zulaufenden Gewölben Sandsteine.

Das **Tempelinnere** durchziehen wie beim Ananda zwei umlaufende Korridore; allerdings wurde hier der innere Gang aus unerfindlichen Gründen zugemauert. Fragen lassen auch die beiden Buddhas im Westzugang aufkommen. Möglicherweise stellen sie den Erleuchteten zusammen mit dem zukünftigen Buddha Maitreya (Pali: Metteya) dar.

Myauk Guni und Pyathada Pahto

500 m südlich vom Dhammayangi bzw.
1,5 km südöstlich des Sulamani Pahto

Einige Tempel in der Umgebung des Dhammayangi sind wegen der Aussicht besonders zum Sonnenuntergang beliebt, allen voran der nur einige Hundert Meter südlich gelegene **Myauk Guni** 28 (Nördliche Rote Höhle). Der *pahto* entstand 1241 auf Initiative der Königlichen Großmutter (Pwa Saw) Min Waing (cca. 1193–1273), der Gemahlin König Naratheingas (reg. 1231–35, Regentschaft jedoch ungesichert) und Mutter König Uzanas (reg. ca. 1251–56). Im Stil der **Spätphase** errichtet, weist er zwei klar abgetrennte Ebenen mit eigenen Hallen zur Verehrung des Buddha auf. Von den Malereien ist nur wenig erhalten. Den im ähnlichen Stil erbauten **Taung Guni** (Südliche Rote Höhle) nebenan stiftete 1190 der königliche Minister Thingathu.

Etwa 1,5 km Luftlinie weiter südöstlich steht der **Pyathada Pahto** 29 im freien Feld. Zu erreichen ist der Tempel jedoch über die beim Sulamani gen Osten weiterführende Staubpiste. König Kyazwa (reg. 1234–50) gab ihn in Auftrag, doch wurde unter ihm nur der Unterbau einigermaßen fertiggestellt, nicht jedoch die obere Ebene. »Die Leute waren schlecht bezahlt und schlecht angeleitet«, weiß die Glaspalastchronik zu berichten. Aus diesem Grund nannte der Volksmund die Anlage alsbald Problem-Tempel, Pyathana Paya. Daraus leitet sich der heutige Tempelname ab. Nachdem die vom Erdbeben von 1975 verursachten Schäden behoben wurden, kann man nun von der oberen Plattform gut die fotogene Pagodenlandschaft betrachten.

Minnanthu

Cityplan: S. 251

An der östlichen Peripherie Bagans entstanden rund um das heutige Dorf Minnanthu in der Spätphase mehrere Klosteranlagen, die meist auf private Stifter zurückgehen. Einige bergen sehr schöne Wandmalereien, die auf

Im Vordergrund der mächtige Dhammayangyi Pahto, hinten links der auf vier gestaffelten Terrassen aufragende und von einer vergoldeten Spitze bekrönte Ananda Pahto

Mahayana-buddhistische Einflüsse schließen lassen. Es lohnt sich zu Fuß und per Fahrrad Minnanthu oder die etwas weiter südlich gelegenen und nach der berühmten Königin Phwa Saw benannten Siedlungen West- und Ost-Phwasaw zu erkunden.

Winido Pahto 30
Etwa 100 m südlich des Nanmyint Tower (s. Aktiv S. 255)

In nächster Nähe zum Nanmyint-Aussichtsturm liegt eine Gruppe von kleineren Tempeln, die Mitte des 13. Jh. entstanden. Zu ihnen zählt der **Winido,** dessen Inneres vorzügliche **Wandmalereien im Stil der Spätzeit** birgt. Typisch dafür sind die expressive Darstellung der Himmelswesen, Rankenverzierungen und buddhistischen Erzählungen. Der nach Osten ausgerichtete Eingangsbereich illustriert die *jataka,* die Wände rund um den zentralen Buddha zeigen Szenen aus dem Leben des Erleuchteten. Laut Inschrift stiftete ein frommes Ehepaar den Tempel im Jahr 1243.

Nandamannya Pahto 31
Ca. 800 m nördlich von Minnanthu

Auch der kleine **Tempel der Unendlichen Weisheit** (Pali: *anantapañña*) ist von außen eher unscheinbar: ein kleiner quadratischer *pahto* mit einem Stupa als Dachabschluss. Von König Kyazwa 1248 gestiftet, ist der Nandamannya **innen** komplett und detailfreudig ausgemalt. Thematisch folgen die **Malereien** ganz der buddhistischen Tradition – etwa mit den 28 bislang erschienen Buddhas und den acht Hauptereignissen des Erleuchteten (u. a. Geburt, Abstieg vom Tavatimsa-Himmel, das Verdoppelungswunder). Sehr schön sind die Tierdarstellungen und Blumenornamente an den Wandpfeilern sowie die Illustrationen mit den drei Töchtern Maras namens Tanha (Durst), Arati (Unzufriedenheit) und Raga (Verlangen)

Bagan

in einer Nische unter dem südlichen Fenster. Nidanakatha-Schrift (s. S. 246) zufolge erscheinen sie als Frauen unterschiedlichen Alters, um den meditierenden Buddha in der fünften Woche nach seiner Erleuchtung mit ihrem Tanz zu verführen (am Ende ebenso erfolglos wie ihr Vater zuvor mit seiner Armee).

Einen Steinwurf entfernt liegen die heute noch genutzten unterirdischen Meditationszellen eines im 11. Jh. entstandenen **Höhlenklosters.**

Payathonzu 32

Ca. 400 m nördlich von Minnanthu

Einige Hundert Meter weiter südlich liegt das **Drei Pagoden** genannte Heiligtum. Der Name bezieht sich auf die drei nebeneinander angeordneten und mit einem Korridor verbundenen *pahto* mit je eigenem, nach Norden weisenden Eingang. Ihre Spitze krönt jeweils ein schlanker *shikhara*, was ihnen eine gewisse Dynamik verleiht. In allen drei Räumen stehen **Altäre** mit – allerdings dilettantisch restaurierten – Buddhas. Lediglich die linke der drei Tempelhallen ist vollständig mit **Wandmalereien** ausgeschmückt, die anderen blieben offensichtlich unvollendet. Zu sehen sind im Vorraum *jataka* sowie die acht klassischen Szenen aus dem Leben des Erleuchteten, während der Hauptraum neben den 28 Buddhas mehrarmige Bodhisattvas und Fabelwesen zeigt. Möglicherweise diente der Payathonzu einer Mahayana-buddhistischen Gruppe als Kultbau.

Myinkaba

Cityplan: S. 251, 273

Das Dorf Myinkaba liegt auf halbem Weg zwischen Alt- und Neu-Bagan. Bekannt wegen seiner vielen Lackwerkstätten, soll hier laut Glaspalastchronik der 1057 aus Thaton verschleppte Mon-König Manuha samt Hofstaat interniert worden sein. Auch wird erzählt, König Anawrahta habe hier im Jahr 1044 ein Duell gegen seinen Halbbruder Sokkate für sich entschieden.

Mingalazedi 33

Ca. 700 m südlich von Alt-Bagan

Von Alt-Bagan her kommend erhebt sich kurz vor Myinkaba rechter Hand Bagans letztes größeres Bauprojekt, der **Glücksbringende Stupa.** Doch die Errichtung des Mingalazedi stand unter keinem guten Stern. Von König Narathihapate (reg. 1255–87) in Auftrag gegeben, kam der Bau lange nicht voran. Diese Verzögerung wurde als schlechtes Omen interpretiert: »Wenn die Pagode fertig ist, ist das Land ruiniert«, wurde laut Glaspalastchronik im Volk gemunkelt. Erst nachdem der König über die Vergänglichkeit belehrt wurde, konnte er den *zedi* nach sechsjähriger Bauzeit zum Vollmond im Monat Kason 1274 einweihen. Tatsächlich sollte der Regent als letzter großer König von Bagan in die Geschichte eingehen.

Für den Mingalazedi stand der Shwezigon-Stupa Pate: Auch hier bilden drei durch Treppen verbundene **Terrassen** die Basis für einen **glockenförmigen Aufsatz** mit **kegelförmiger Spitze**. Von den **Terrakottatafeln** an den Terrassenwänden sind die meisten verschwunden, über 100 von ihnen entfernte Fritz Noetling und verkaufte sie 1893 dem damaligen Königlichen Museum für Völkerkunde zu Berlin. Sie illustrieren einmal mehr die 547 *jataka*, wobei die letzten zehn die oberste Terrasse einnehmen.

Gubyaukgyi und Myazedi

Nordende von Myinkaba, ca. 150 m östlich der Bagan-Chauk Rd.

Der Große Bemalte Höhlentempel, **Gubyaukgyi** 34, zählt aufgrund seiner Wandmalereien zu den eindrucksvollsten Sakralbauten Bagans. Dank der berühmten, nach einem Sohn Kyanzitthas benannten Rajakumar-Stelen ist er auf das Jahr 1113 datierbar. Der quadratische *pahto* mit östlicher Vorhalle und einem wie eine Pyramide steil zulaufenden Dach wird von einem gerippten *shikhara* gekrönt. Teilweise sind die **Stuckverzierungen** mit Blumenmuster und Löwengesicht-Fratzen (Sanskrit: *kirtimukha*) noch gut erhalten.

Besichtigung

Doch die Hauptattraktion liegt im **Inneren,** denn hier blieb kaum eine Stelle unbemalt, sei es in der Vorhalle oder im Korridor und im Sanktuarium der Haupthalle. Nach Betreten der **Vorhalle** wird der Blick schnell auf die vielarmigen Bodhisattvas gelenkt, welche sowohl den Zugang zum Korridor als auch zum inneren Sanktuarium flankieren. Sie sind die einzigen Hinweise auf Mahayana-buddhistische Einflüsse im Gubyaukgyi.

Von äußerster Komplexität sind indes die **Malereien im Korridor,** da sie verschiedenste Motive aus der Theravada-buddhistischen Nidanakatha-Schrift (5. Jh.; s. S. 246) mit ihren ›Biografien‹ der 28 Buddhas und der sri-lankischen Mahavamsa-Chronik (6. Jh.) aufgreifen. Es empfiehlt sich ein Rundgang im Uhrzeigersinn. An der **Außenwand** des Korridors ist eine Gliederung in elf Ebenen zu erkennen, auf denen sich in je einem Quadrat die Motive wie Bänder aneinanderreihen. Die obere Ebene illustriert das Leben des letzten Buddha, Gotama (Sanskrit: Gautama), während die zweite Ebene kosmische Motive aus dem Palikanon aufgreift. Die nächsten sieben Ebenen sind mit den 547 *jataka* ausgefüllt (beginnend an der Ostseite, südlich des Zugangs), während die unteren beiden Bänder verschiedene Ereignisse aus dem Mahavamsa thematisieren. In den **Innenwänden** des Korridors finden sich Nischen mit den 28 Buddhas sowie Malereien mit diversen Szenen aus dem Leben des Erleuchteten. Dabei handelt es sich vielfach um Predigtsituationen, vor allem an der Ost- und Südseite. Die Innenwand zur Westseite hin ist in der Mitte durch den Angriff Maras ausgefüllt, flankiert vom Abstieg Buddhas aus dem Tavatimsa-Himmel und weiteren Darstellungen des lehrenden Buddha. Zur Nordseite hin sind die ersten drei buddhistischen Konzile dargestellt.

Nebenan erhebt sich der ebenfalls von Rajakumar gestiftete Smaragd-Stupa, **Myazedi** 35, mit einer der beiden **Rajakumar-Stelen** in einem vergitterten Schrein. Die zerbrochenen Teile wurden in Stupa-Nähe gefunden und wieder zusammengefügt. Eine zweite fand Emil Forchhammer 1886/87 ebenfalls auf dem Myazedi-Gelände. Sie befindet sich heute im Archäologischen Museum (s. S. 261; dort auch Näheres zu ihrer Bedeutung).

Manuha Pahto und Nanpaya

Bagan-Chauk Rd., im Süden von Myinkaba
»Von Gewissensbissen geplagt, errichtete er einen kolossalen Buddha mit gekreuzten Beinen und einen sterbenden Buddha im Parinirvana«, berichtet die Glaspalastchronik über den in Myinkaba gefangenen König Manuha (reg. 1030er-Jahre bis 1057) aus Thaton. Die Überlieferung bringt diese Stiftung mit dem **Manuha Pahto** 36 in Verbindung. Von Gläubigen gerne aufgesucht, erhebt sich der quer zu einem großen Vorplatz liegende längliche Kolossalbau im Süden Myinkabas. Von einem länglichen **Aufsatz** und einem vergoldeten **Stupa** gekrönt, besteht er im **Inneren** aus drei beengten Hallen im vorderen Bereich mit je eigenem Eingang, die fast vollständig mit übergroßen Buddhas ausgefüllt sind. Auf der Rückseite schließt sich eine weitere, **längliche Halle** mit separatem Eingang an, in welcher ein liegender Buddha mit 27 m Länge ebenfalls fast den gesamten Raum ausfüllt. Dass König Manuha und seine Frau Ningaladevi noch heute verehrt werden, zeigt ein offener **Schrein** mit ihren Statuen an der Südseite des Tempelgeländes.

Neben dem Schrein führt ein Weg zum benachbarten Palasttempel, **Nanpaya** 37, der auf Narapatisithu (reg. 1174–1211) zurückgehen und an der Stelle der ehemaligen Residenz Manuhas errichtet worden sein soll. Stilistisch gehört er mit seinem quadratischen Bau, einer nach Osten ausgerichteten Vorhalle und den vergitterten Fenstern allerdings eindeutig der **Frühzeit** an (ca. 11. Jh.). Ungewöhnlich ist die komplette **Auskleidung des Ziegelbaus** mit dekorativem Sandstein sowohl innen als auch außen. Ungewöhnlich sind auch im **Inneren** die in die vier Säulen gearbeiteten Sandsteinreliefs des viergesichtigen Gottes Brahma mit Lotosblumen in der Hand. Da sie zur Mitte des Sanktuariums orientiert sind, fungierten

Bagan

Bodhisattva Avalokiteshvara auf einer Wandmalerei im Abeyadana Pahto

sie vermutlich als Adoranten einer heute verschwundenen Buddhafigur.

Abeyadana und Nagayon Pahto
Bagan-Chauk Rd., 500 bzw. 600 m südlich von Myinkaba

Die beiden großen, heute wenig besuchten Tempel liegen nur 150 m voneinander entfernt und werden mit Kyanzittha in Verbindung gebracht, als er noch General war und sich im Machtkampf mit Anawrahtas Nachfolger Sawlu befand. Der nach Kyanzitthas bengalischer Hauptfrau benannte **Abeyadana Pahto** 38 steht der Überlieferung zufolge dort, wo sie auf ihren Mann wartete, der sich auf der Flucht vor Sawlu befand. Vermutlich Ende des 11. Jh. errichtet, weist der **Zugang** des quadratischen Tempels mit elegant abgeschrägten **Staffeldach** und einem **Stupa** als Spitze gen Norden. Das **Innere** enthält Reste von **Wandmalereien,** welche in der Eingangshalle klassische Themen des Theravada-Buddhismus aufgreifen (allen voran *jataka*), im **Korridor der**

Besichtigung

Haupthjalle auch typische Motive aus dem Mahayana zeigen (z. B. Bodhisattva Avalokiteshvara, Tara). An der Innenwand des Korridors sind noch sehr gut die Darstellungen hinduistischer Gottheiten erhalten, darunter Brahma auf dem Hamsa-Vogel, Shiva auf dem Stier Nandi, Vishnu auf Garuda und Devi auf dem Löwen Simha.

Bauliche Parallelen lassen vermuten, dass der östlich der Straße gelegene **Nagayon Pahto** 39 etwa zeitgleich entstanden ist. Auch er steht in Verbindung mit Kyanzitthas Flucht vor Sawlu. Die fantasiefreudige Glaspalastchronik erzählt, dass, als er schlief, »eine junge Naga kam und über ihn wachte«. Daher der Name Nagayon: von einer *naga* (Schlange) beschützt. Auch dieser *pahto* hat eine **Vorhalle** samt Eingang auf der Nordseite. Die Baustruktur ähnelt der des Abeyadana, allerdings krönt ein *shikhara* die stark abgeschrägten Dachterrassen. Zudem ist der Tempel um einiges größer. Im **Inneren** umläuft ein **Korridor** den quadratischen Zentralblock. Der **zentrale Raum** birgt drei stehende, heute vergoldete Buddhas aus der **Frühzeit**. Die mittlere, 5,5 m große Statue steht auf einer *naga*. Die sandsteinernen Buddhafiguren in den 60 Nischen des Korridors wurden ins Archäologische Museum gebracht und durch Kopien ersetzt. Von den einst das Innere komplett ausschmückenden **Wandmalereien** sind nur wenige Reste erhalten.

Somingyi Ok-Kyaung 40
Westlich der Bagan-Chauk Rd., 700 m südlich von Myinkaba

Auf halbem Weg zwischen Myinkaba und Neu-Bagan sind auf der Westseite die Relikte des **Steinklosters der Großen Somin** zu finden, das als eines der wenigen Klöster zur Bagan-Zeit nicht aus Holz, sondern komplett aus Ziegelsteinen bestand. Eine Inschrift von 1204 nennt als Stifterin eine Frau namens Somin, daher der Name der Anlage. Auf einer quadratischen, ursprünglich von einer Mauer umschlossenen **Plattform** sind an den vier Seiten die Fundamentreste der Mönchszellen zu erkennen.

Der zum Kloster gehörende **Somingyi Zedi**, 50 m weiter nördlich, eröffnet von der untersten seiner drei hohen, mit Treppen verbundenen **Terrassen** einen guten Ausblick in die Umgebung. Durch den schlanken *anda* wirkt er sehr elegant. Teilweise noch gut erhalten sind die grünlich glasierten **Terrakottatafeln** mit Rankenwerk und Tierdarstellungen. Einige wurden von Noetling entfernt und nach Berlin gebracht.

Neu-Bagan (Bagan Myothit)
Cityplan: S. 251 41, S. 273 42 – 43

In einer umstrittenen Umsiedlungsaktion mussten 1991 die Bewohner Alt-Bagans ihr Dorf räumen und sich 4 km weiter südlich niederlassen. Seitdem ist **Neu-Bagan** zu einer stattlichen Siedlung mit Unterkünften und Restaurants herangewachsen. In direkter Nachbarschaft erstreckt sich am Ayeyarwady der Ort **Thiripyitsaya**, wo während der Bagan-Ära der Haupthafen lag. Rund um Neu-Bagan finden sich einige wichtige Monumente.

Seinnyet Ama Pahto und Seinnyet Nyima Zedi 41
Bagan-Chauk Rd., ca. 500 m nördlich von Neu-Bagan

Wie eine ältere Schwester *(ama)* neben der jüngeren Schwester *(nyima)* wirken ein *pahto* neben einem *zedi* östlich der Straße nach Neu-Bagan. Der Name Seinnyet könnte sich auf einen Prinzen zur Zeit König Alaungsithus beziehen. Harmonisch wirkt der **Seinnyet Ama Pahto**, ein quadratischer Tempel (vermutlich 12. Jh.) mit vier abgestuften **Terrassen** an der Spitze, die in einen restaurierten *shikhara* übergehen. Er besitzt vier Eingänge, wobei der östliche mit einer **Vorhalle** versehen ist, welche noch wenige Reste von *jataka*-Malereien an den Seitenwänden birgt. Durch einen spitz zulaufenden Gewölbebogen, der die gute Verarbeitung des Ziegelsteins offenlegt, gelangt man von der Vorhalle zum **Zentralblock** mit umlaufenden Korridor, wo ebenfalls mangels Stuckverzie-

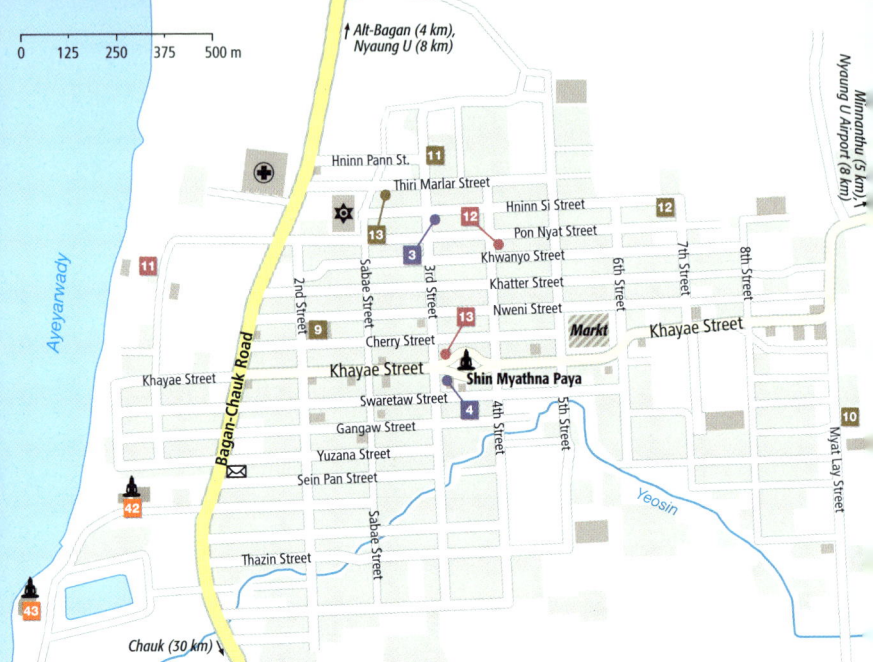

rung ein guter Blick auf das Gemäuer geworfen werden kann.

Im direkten östlichen Anschluss erhebt sich der **Seinnyet Nyima Zedi** (ca. 12. Jh.): ein 27 m hoher Stupa, dessen **glockenförmiger Aufsatz** *(anda)* auf drei Terrassen ruht und in Nischen an den Achsenpunkten sitzende Buddhas in Lehrhaltung birgt. Bemerkenswert ist auch der Abschluss, der aus einem runden gerippten **Aufsatz** *(harmika)* und spitz zulaufenden Ringen besteht. Noch gut erhalten sind Teile der Stuckverzierungen mit Löwengesichtern, deren Mäuler durch Girlanden verbunden sind.

Ashe Hpetleik und Anauk Hpetleik Paya 42

Ca. 300 m südlich des Zentrums von Neu-Bagan, an der Straße zur Lawkananda Paya
Von der Bagan-Chauk Road zweigt ca. 300 m südlich des Zentrums von Neu-Bagan ein Weg in Richtung Lawkananda Paya ab. Hier passiert man zwei stark beschädigte Stupas, die sich jeweils über einem Flachbau erheben: der **Östliche** *(ashe)* und der **Westliche** *(anauk)* **Hpetleik.** Im Inneren der beiden quadratischen Bauten verlaufen Korridore, die bis zu den Ausgrabungs- und Restaurierungsarbeiten zwischen 1907 und 1915 völlig verschüttet waren und vermutlich jeweils 550 unglasierte **Tontafeln** bargen. Dann wurden sie mit einem Dach versehen und insgesamt 446 Tafeln wieder in die dafür vorgesehenen Wandnischen eingefügt. Die jeweils 38 x 35 cm großen Tafeln zeigen in beeindruckender Schlichtheit Szenen aus den *jataka* und wurden vermutlich zur Zeit Anawrahtas (reg. 1044–77) angefertigt.

Lawkananda Paya 43

Thiripyitsaya, ca. 500 m südlich des Zentrums von Neu-Bagan, direkt am Ayeyarwady
In Thiripyitsaya, wo zur Zeit Bagans der Hafen Sri Vajra lag, stiftete König Anawrahta 1059 direkt am Ufer des Ayeyarwady einen weiteren Stupa zu Ehren der berühmten Zahnreliquie aus Sri Lanka: »Noch einmal machte der König ein feierliches Gelübde und ließ ihn frei, damit er sich niederkniete, wo dann der heilige Zahn ruhen sollte. Der weiße Elefant kniete am Lokananda nieder,

Neu-Bagan (Bagan Myothit)

Sehenswert

- **1** – **7** s. Cityplan S. 251
- **8** – **21** s. Cityplan S. 259
- **22** s. Cityplan S. 251
- **23** – **25** s. Cityplan S. 259
- **26** – **41** s. Cityplan S. 251
- **42** Ashe Hpetleik und Anauk Hpetleik Paya
- **43** Lawkananda Paya
- **44** – **45** s. CityplanS. 251

Übernachten

- **1** – **5** s. Cityplan S. 251
- **6** – **8** s. Cityplan S. 259
- **9** Areindmar
- **10** Blue Bird Hotel
- **11** Kaday Aung Hotel
- **12** Manisanda Hotel
- **13** Thiri Marlar Hotel

Essen & Trinken

- **1** – **5** s. Cityplan S. 251
- **6** – **9** s. Cityplan S. 259
- **10** s. Cityplan S. 251
- **11** Sunset Garden
- **12** Kyaw Kitchen
- **13** Black Rose

Einkaufen

- **1** – **5** s. Cityplan S. 251
- **6** s. Cityplan S. 259

Abends & Nachts

- **1** s. Cityplan S. 251
- **2** s. Cityplan S. 259

Aktiv

- **1** – **2** s. CityplanS. 251
- **3** Grasshopper Adventures
- **4** A Little Travel

---

wo das Schiff aus Sri Lanka angelegt hatte.« So berichtet die Glaspalastchronik über die wunderbare Zahn-Vermehrung, welche zur Stiftung diverser Stupas führte. Hier im heutigen Thiripyitsaya soll der weiße Elefant den dritten von fünf Kniefällen vollzogen haben. Der Name Lawkananda, **Freude der Welten,** basiert auf dem Pali-Wort *lokananda*. Der Aufbau des 26 m hohen **Stupas** ist schlicht. Ein schlanker, zylindrischer *anda* ruht auf drei achtseitigen Terrassen und wird von sich verjüngenden Ringen elegant abgeschlossen. Die Vergoldung stammt aus den 1990er-Jahren.

Dhammayazika Paya 44
Straße nach Minnanthu, 1,7 km östlich von Neu-Bagan

Beim Verlassen Neu-Bagans Richtung Osten erhebt sich linker Hand im freien Feld der prächtige vergoldete Stupa der **Dem König des Gesetzes Gehörenden Pagode.** Er zählt zu den schönsten *zedi* Bagans und wurde ab 1196 unter Narapatisithu in nur zwei Jahren errichtet. Der Inschrift zufolge hatte der König den Ort bestimmt, nachdem er eine Dunstsäule in der Höhe einer Palmyrapalme aufsteigen sah. Mit dem Namen Dhammayazika wollte der Regent sich als gerechter Herrscher präsentieren. Schätzungen zufolge wurden über sechs Millionen Ziegel verbaut. Zwar wurde der mächtige Stupa eindeutig nach dem Vorbild des Stupas der Shwezigon Paya geschaffen, doch gibt es einen wesentlichen Unterschied: Die drei sich verjüngenden und mit Treppen verbundenen **Terrassen** sind nicht quadratisch, sondern pentagonal. Jeder der fünf Seiten ist ein *pahto* mit der Statue des Erleuchteten zugeordnet: Hier wird neben den vier Buddhas des jetzigen Zeitalters zusätzlich der zukünftige Buddha Metteya (Sanskrit: Maitreya) verehrt. Viele der grün glasierten **Terrakottatafeln** mit den *jataka* auf den nicht zugänglichen Terrassen sind verschwunden. In den 1990er-Jahren wurde der glockenförmige *anda* vergoldet und die Anlage mit neuen **Holzpavillons** versehen.

Ausflug

Bootstour zum Kyaukgu Umin
Cityplan: S. 251
Kyaukgu Umin 45 : s. Tipp S. 274

Infos
www.baganmyanmar.com
Myanmar Travels & Tours (MTT): Neu-Bagan, Bagan-Chauk Rd., nördlicher Ortseingang, Tel. 061 650 40, tgl. 9–16.30 Uhr. Kann Mietwagen oder einen örtlichen Reiseführer arrangieren.

BOOTSTOUR ZUM KYAUKGU UMIN

Morgens früh oder nachmittags bietet sich eine schöne Bootstour zum nordöstlich von Nyaung U in einem Bergeinschnitt gelegenen Höhlenheiligtum **Kyaukgu Umin** 45 (Cityplan S. 251) an. Zum Ende der Trockenzeit kann eine Sandbank die Zufahrt erschweren. »Versunken in einer romantischen Schlucht, wo Fossilien versteinerter Bäume und Felsbrocken so hell wie Edelsteine verstreut liegen«, so poetisch beschrieb Gordon H. Luce die Lage des einsamen Heiligtums (Gordon H. Luce, Ba-Hmu Ba Shin: Old Burma: Early Pagan, Vol. 1; in: Artibus Asiae, Supplementum Vol. 25, 1969, S. 288). Vom Ufer führt ein gut 1 km langer Pfad durch die Felder zur Anlage.

Der **Steinerne Höhlentunnel** entstand wahrscheinlich im 11. Jh. und erfuhr unter Narapatisithu (reg. 1174–1211) wesentliche Erweiterungen. Der obere Bereich des sich an den Berg schmiegenden Ziegelbaus gliedert sich in drei **Terrassen** und einen später hinzugefügten **Stupa**. Im **Inneren** tragen zwei massive Pfeiler die Decke, während die 36 Nischen in den Seitenwänden einst gut gearbeitete Sandsteinskulpturen enthielten, deren Gros sich heute im Bagan Archaeological Museum 19 (s. S. 261) befindet. Wie beim Palasttempel Nanpaya 36 (s. S. 269) wurde die Ziegelwand mit Sandstein verkleidet, der teilweise schöne Verzierungen aufweist. Den dunklen Raum beherrscht eine 6,5 m große Steinfigur des Erleuchteten. Beidseitig des Buddha führen **Stollen** mit einigen **Meditationszellen** in den Berg hinein.

Boote können u. a. seitlich des Aye Yar River View Hotel 7 in Alt-Bagan oder am Jetty in Nyaung U organisiert werden (ca. 25 000–30 000 Kyat; s. S. 279).

ICS: Neu-Bagan, B 146 Khayae St. (Main Rd.), gegenüber dem Myanmar Treasure Hotel, Tel. 061 651 30, 061 651 31, Mo–Sa 9–17 Uhr. Gute Anlaufstelle, um Transport und Hotelbuchungen zu regeln (Kreditkartenzahlung möglich).

SAN Ticketing: Neu-Bagan, Tel. 061 651 91, 09 444 00 46 41. Viele Informationen für die Weiterreise. Arrangiert Bus- und Boottickets.

Übernachten

Die Unterkünfte konzentrieren sich an drei Orten: Nyaung U, (Alt-)Bagan Myohaung und (Neu-)Bagan Myothit. Sie liegen in Nord-Süd-Richtung jeweils 4–5 km voneinander entfernt. In Alt-Bagan gibt es nur wenige, dafür sehr schön gelegene Hotels unweit der bekanntesten Pagoden. Eine Reservierung in der Hochsaison ist unbedingt zu empfehlen.

… in Nyaung U und Wetkyi-In

Länglicher Bau – **Oasis Hotel** 1 : Nyaung U, Anawrahta Rd., Tel. 061 609 23, www.oasishotelbagan.com. Der Name passt, denn das schmale Grundstück ist schön bepflanzt. In den länglichen Bauten mit Palmdach verteilen sich 19 dezent und schlicht gehaltene Zimmer. Zur Anlage gehören ein überdachtes Restaurant und ein kleiner Pool. DZ/ÜF ab 80 US-$.

Hotel am Stadtrand – **Zfreeti Hotel** 2 : Nyaung U, 5th Thiripyitsayar St., Tel. 061 609 21, 061 610 03, www.zfreetihotel.com. Im

Adressen

Gegensatz zur stilvoll gestalteten Lobby im Bagan-Stil wirken die 102 Zimmer mit ihren hellen Wänden und Kacheln im zweistöckigen Bau recht steril, dafür aber sauber. Abends wird auf dem Dach das Dinner serviert. DZ/ÜF ab 75 US-$.

Engagiert geführt – **Bagan Umbra 3 :** Wetkyi-In, Bagan-Nyaung U Rd. (Main Rd.), Tel. 061 600 34, 061 603 81, www.baganumbrahotel.com. Die 89 Zimmer sind mit durchschnittlich 35 m² recht geräumig und ähnlich ausgestattet. Zuweilen fehlt es am Ambiente. Doch insgesamt ist die Unterkunft recht engagiert geführt. Arrangiert Touren in die Umgebung. DZ/ÜF ab 60 US-$.

Backpacker 1 – **New Wave Guest House 4 :** Wetkyi-In, Bagan-Nyaung U Rd. (Main Rd.), Tel. 061 607 31, www.newwavebagan.com. Das beliebte Gästehaus besteht aus einem Altbau mit acht nüchternen Zimmern mit AC sowie einem zweistöckigen Bau im hinteren Bereich mit 22 freundlicheren Zimmern. Die Gebäude stehen jedoch sehr nahe beieinander. DZ ab 25 US-$.

Backpacker 2 – **Winner Guest House 5 :** Wetkyi-In, Bagan-Nyaung U Rd. (Main Rd.), Tel. 061 610 69. Das grün gestrichene Gästehaus liegt neben dem New Wave und verfügt über 24 funktionale Zimmer mit AC, teils mit mehreren Betten. DZ/ÜF ab 25 US-$.

… in Alt-Bagan (Bagan Myohaung)

Zentral gelegen – **The Hotel@Tharabar Gate 6 :** nahe dem Tharabar Gate, Tel. 061 600 37, 061 600 42, www.tharabargate.com. Nur wenige Schritte vom namensgebenden Tor entfernt verteilen sich lang gezogene Bungalows aus Ziegelstein mit 84 geräumigen Zimmern auf dem Gelände der früheren Dorfschule. Geschmackvoll ist die Inneneinrichtung mit viel Teakholz und Lackmalereien. Das halboffene Restaurant bietet ordentliche Küche, der große Pool Erfrischung und das Spa Entspannung. DZ/ÜF ab 240 US-$.

Idyll in Alt-Bagan – **Aye Yar River View Hotel 7 :** Nordwestseite von Alt-Bagan, Tel. 061 603 13, 061 603 52, www.ayeyarriverviewresort.com. Als eines der wenigen Hotels direkt am Ayeyarwady begann es seine Karriere 1958 als Gästehaus der Burma Airways Corporation. Heute verteilen sich die 127 Zimmer auf vier Kategorien von Deluxe bis Suite. Am besten sind die Grand-Deluxe-Bungalows mit Flussblick. Das seitlich offene Restaurant liegt neben dem Pool und dem kleinen Spa. DZ/ÜF ab 195 US-$.

Mit herrlichem Flussblick – **Bagan Thande Hotel 8 :** neben dem Archäologischen Museum, Tel. 061 600 25, 061 600 31, www.baganthandehotel.net. 1922 als Gästehaus für den späteren König Edward VIII. erbaut, birgt das weitläufige Resort am Ayeyarwady 93 Zimmer und Bungalows unterschiedlicher Kategorien, einige direkt am Fluss. Auch Nicht-Hotelgäste sollten auf der Terrasse unter den knorrigen Akazienbäumen den tollen Ausblick genießen. Der seitlich gelegene Pool ist etwas klein. DZ/ÜF ab 90 US-$.

… in Neu-Bagan (Bagan Myothit)

Schick in Neu-Bagan – **Areindmar 9 :** 2nd St., zwischen Nweni St. und Cherry St., Tel. 061 650 49, 061 653 78, www.areindmarhotel.com. Etwas beengtes Resort mit 50 Zimmern in zweistöckigem Bau, der einen netten Garten umschließt, mit schmalem Pool an der Vorderseite. Der Service ist gut, das Ambiente stilvoll. Eine gute Wahl. DZ/ÜF um 130 US-$.

Designer-flair – **Blue Bird Hotel 10 :** Myat Lay Rd., Tel. 061 654 40, 654 49, www.bluebirdbagan.com. Schönes 24-Zimmer-Boutiquehotel mit großen Betten und Wasserfallduschen im Bad. Ausgewählte Accessoires und dezent gestaltete Möbel verleihen der Unterkunft einen niveauvollen Touch. Kleiner Pool. DZ/ÜF ab 100 US-$.

Viel Rattan und Bambus – **Kaday Aung Hotel 11 :** Hninn Pann St., Tel. 061 650 70, www.hotelkadayaung.com. Die 60 Zimmer des etablierten Mittelklassehotels sind mit viel Rattan und Bambus ausgestattet, wenn auch von etwas angejahrter Optik. Zur Anlage gehört ein Pool inmitten eines netten Gartens. DZ/ÜF ab 50 US-$.

Gute Mittelklasse – **Manisanda Hotel 12 :** 7th Street, Ecke Hninn Si St., Tel. 061 654 37-8, 061 654 38, www.manisandahotel.com. Das familiär geführte Mittelklassehotel liegt am

Bagan

östlichen Rand von Neu-Bagan und bietet von der Dachterrasse einen tollen Blick auf die Pagodenlandschaft. Die 48 Zimmer sind recht dunkel, aber sauber und verteilen sich in einem verschachtelten Gebäudekomplex. DZ/ÜF ab 45 US-$.

Beliebte Bleibe – **Thiri Marlar Hotel** 13 : Sabae St., Ecke Thiri Marlar St., Tel. 061 652 29. Wegen des guten Preis-Leistungs-Verhältnisses beliebte Anlage mit 21 etwas schmalen, aber sauberen Standard- und Superior-Zimmern. Von der Dachterrasse bietet sich ein guter Ausblick. DZ/ÜF ab 35 US-$.

Essen & Trinken

... in Nyaung U und Wetkyi-In

Fusion-Küche – **Eden BBB** 1 : Wetkyi-In, Bagan-Nyaung U Rd. (Main Rd.),Tel. 061 600 40, tgl. 10–22 Uhr. Das auch bei Gruppen beliebte Restaurant besticht durch ein dezentes Ambiente und leckere asiatische Speisen. Doch auch die westliche Küche ist recht schmackhaft. Gerichte ab 5000 Kyat.

Schickes Gartenlokal – **Black Bamboo** 2 : Nyaung U, Thiripyitsaya 4 Rd., Nebenstraße, tgl. 10–22 Uhr. Wer es etwas komfortabler mag, wird sich in den stylischen Bambussesseln wohlfühlen. Die chinesischen und birmanischen Speisen rechtfertigen die Wartezeit. Zum Abschluss locken Kaffee und leckeres Eis. Gerichte ab 4000 Kyat.

Bagans Bamboo Bar – **Hti Bar** 3 : Nyaung U, Thiripyitsaya 5 Rd., www.facebook.com/HtiBarRestaurant, tgl. 10–23 Uhr. Eine wohltuende Location für Barliebhaber, die in Bambusinterieur den Tropengarten bei guten Cocktails und Shisha-Düften genießen wollen. Die Küche ist solide, darunter Chili con Carne gegen kulinarisches Heimweh. Gerichte ab 4000 Kyat.

Lampions und Kerzen – **A Little Bit of Bagan** 4 : Nyaung U, Thiripyitsaya 4 Rd., tgl. 9–22 Uhr. In der beliebten Straße konkurrieren diverse Touristenlokale mit ähnlichem Angebot. Der Eigentümer des A Little Bit of Bagan besitzt zwei Lokale gleichen Namens, eines davon in einer ruhigen Nebenstraße nahe des hier gelisteten. Von Burger bis Currys gibt es eine große Auswahl – keine Haute Cuisine, aber magenfüllend. Gerichte ab 3500 Kyat.

Spießchen zum Bier – **Harmony** 5 : Wetkyi-In, Bagan-Nyaung U Rd. (Main Rd.), neben dem Bagan Umbra Hotel, tgl. 17–22 Uhr. Eine lokale Grillinstitution, wo im schlichten Garten Fleisch-, Fisch- und Gemüsespießchen, aber auch einfache Reisgerichte serviert werden. Gerichte ab 2500 Kyat.

... in Alt-Bagan (Bagan Myohaung) und Myinkaba

Gaumenfreuden zwischen Pagoden – **Starbeam Bistro** 6 : Alt-Bagan, beim Ananda-Tempel, www.facebook.com/starbeamrestaurantbagan, tgl. 9–22 Uhr. Das Eigentümerpaar hat sich in einer Hotelküche kennengelernt. Und sie haben ihr Handwerk nicht verlernt. Empfehlenswert sind der saisonale Avocadosalat und der frische Fisch. Gerichte ab 4000 Kyat.

Vegetarisch 1 – **Moon Restaurant** 7 : Alt-Bagan, beim Ananda-Tempel, tgl. 9–21 Uhr. Mit Schirmen, Lampions und karierten Tischdecken stimmt schon das Ambiente des einfachen Lokals. Aber auch die Speisekarte kann sich sehen lassen. Zu finden sind dort vegetarische chinesische und birmanische Speisen. Gerichte ab 3500 Kyat.

Vegetarisch 2 – **Yar Pyi** 8 : Alt-Bagan, beim Ananda-Tempel, tgl. 7–21 Uhr. Das einfache Familienlokal bietet eine gute Auswahl an schmackhaften vegetarischen Gerichten. Das Haus empfiehlt Special Aubergine (Aubergine-Curry) und dazu je nach Jahreszeit Avocado- bzw. Mangoshakes. Gerichte ab 2500 Kyat.

Currys unter dem Akazienbaum – **Tharaba 3** 9 : Alt-Bagan, großer Platz gegenüber dem Hotel@Tharabar Gate, tgl. 10–17 Uhr. Daw Kyi Kyi Min kocht hier mit ihrer Familie unterm Akazienbaum die leckersten Currys von Bagan, was auch lokale Pilger, Kutschenfahrer und Reiseleiter wissen. Mittags oft brechend voll, gibt es zum bestellten Curry auf niedrigen Tischen diverse Beigaben für wenig Geld. Currys ab 2500 Kyat.

Günstige Currys – **San Thi Dar** 10 : Myinkaba, Main Rd., tgl. 9–21 Uhr. Die gastfreundliche Eignerfamilie bietet in ihrem einfachen

Adressen

Lokal aus Bambus und Holz sehr günstige Currygerichte. Auch Vegetarier kommen auf ihre Kosten. Gerichte ab 2500 Kyat.

... in Neu-Bagan (Bagan Myothit)

Schöner Flussblick – **Sunset Garden** 11 : Bagan-Chauk Rd., nördlicher Ortseingang, Tel. 061 650 37, tgl. 11–15, 18–21 Uhr. Die Tische verteilen sich auf mehreren Terrassen und bieten bis zum Sonnenuntergang, danach ist es finster, einen schönen Flussblick. Die chinesischen und birmanischen Speisen sind gut gewürzt. Gerichte ab 4000 Kyat.

Kochen und Essen – **Kyaw Kitchen** 12 : 4th St., Tel. 061 65103, tgl. 10–22 Uhr. Ein lauschiges Örtchen mit Innenhof und Bambushalle, in dem gut gewürzte birmanische und chinesische Speisen aufgetischt werden. Regelmäßige Kochkurse. Gerichte ab 4000 Kyat.

Traveller-Liebling – **Black Rose** 13 : Khayae St., an der Shit Myathna Paya, tgl. 9–22 Uhr. Hier stimmen Service, Preis und die Qualität der meist chinesischen Gerichte. Von den westlichen Speisen darf man indes nicht zu viel erwarten. Gerichte ab 3500 Kyat.

Einkaufen

Nach Souvenirs muss man in Bagan nicht suchen, sie kommen quasi auf einen zu. Die Hartnäckigkeit der freundlichen Verkäufer ist wahrlich beeindruckend. Vor allem die stark frequentierten Tempel gleichen einem Basar. Neben viel Ramsch gibt es auch solide Produkte, etwa an den Verkaufsständen am **Nordeingang des Ananda Pahto** 8 . Dort verkauft auch der Fotograf Bagan Maung Maung seine hochwertigen Bilder. An den **Zugängen zur Shwezigon Paya** 1 sind die leckeren Tamarindenflocken zu finden.

Markt – **Nyaung U Market** 1 : Nyaung U, tgl. 7–17 Uhr. Trotz vieler Touristen hat der Stadtmarkt im Herzen von Nyaung U seine Ursprünglichkeit behalten. Wer müde geworden ist, kann in einem der seitlichen *teashops* einkehren.

Schöne Handarbeit – **M Boutik** 2 : Nyaung U, Anawrahta Rd., Ecke Thiripyitsaya 5 Rd., Tel. 061 603 58, tgl. 9–18 Uhr. Optisch ansprechende Handarbeiten von Fraueninitiativen aus dem Umland.

Gute Lackware – **Art Gallery of Bagan** 3 : Myinkaba, Bagan-Chauk Rd. (Main Rd.), un-

Die Gestaltung von Lackwaren erfordert höchste Konzentration

Bagan

SCHICKES VON DER NATUR

Aye Aye Win und ihre Familie verkaufen in ihrem Laden an der Nordostseite des Thatbyinnyu-Tempels in Alt-Bagan Taschen, Hüte, Schlappen und Smartphone-Halter aus diversen Naturmaterialien wie Rattan, Bambus und Wasserhyazinthe. Vieles wird in Familienbetrieben in Thazin (s. S. 286), einem Dorf 30 km südwestlich von Pakokku, hergestellt.
Win Family: Alt-Bagan (Bagan Myohaung), Nordostseite des Thatbyinnyu Pahto 14, Tel. 061 608 80, tgl. 8–18 Uhr.

---

weit des Gubyaukgyi, Tel. 061 650 47, tgl. 8–17 Uhr. Das Geschäft des ortsbekannten Malers Maung Aung Myin bietet eine große Auswahl hochwertiger Lackwaren. **Golden Cuckoo** 4 : Myinkaba, Bagan-Chauk Rd. (Main Rd.), Tel. 061 651 56, tgl. 8–17 Uhr. Die Werkstatt befindet sich recht nah am nördlichen Ortseingang in einem westlich der Hauptstraße abgehenden Seitenweg (ausgeschildert). Lackarbeiten von guter Qualität. **Jasmine Family Lacquerware Workshop** 5 Myinkaba, tgl. 8–17 Uhr. Der kleine Familienbetrieb liegt hinter dem Golden Cuckoo und produziert ebenfalls gute Qualitätsware. Weitere solide Lackarbeiten gibt es an den Ständen am **nördlichen Zugang zum Ananda Pahto** 8 .
Handwerkskunst – **Shwe War Thein** 6 : Alt-Bagan, Seitenweg nördlich des Hotel @ Tharaba Gate (ausgeschildert), Tel. 061 670 32, tgl. 9–17 Uhr. Das etablierte Geschäft bietet allerlei Handwerkskunst von alten Lackwaren bis zu Schnitzarbeiten.
Schickes von der Natur – **Win Family** 14 : s. Tipp S. 278

Abends & Nachts

Marionettentheater – **Nanda** 1 : Wetkyi-In, Main Rd., Tel. 061 607 54. Das sehr touristische Restaurant bietet auf mehreren Bühnen allabendlich zum Dinner sehr gute Marionettenvorführungen. Die erste Show beginnt um 19 Uhr (in der Saison reservieren!). Menüs ab 5000 Kyat.
Dinnershow – **Bagan Golden Palace** 2 : Alt-Bagan, gegenüber dem Königspalast, www.baganmyanmargroup.com/goldenpalace/nan-taw-yar-golden-palace, Tel. 09 681 29 31, tgl. 18.30/19–22, 50 US-$. Sehr touristische, folkloristische Tanzshow inklusive Dinner im protzigen ›Nachbau‹ des Königspalast von Bagan.

Aktiv

Ballonfahren – Der Pionier **Balloons over Bagan** 1 (Nyaung U, Thiripyitsaya 5 Rd., Nähe Zfreeti Hotel, Tel. 061 607 13, 09 448 04 57 16, www.balloonsoverbagan.com, tgl. 9–20 Uhr) begann 1999 mit Ballonfahrten über Bagan. Mittlerweile konkurrieren drei Anbieter mit über 20 Heißluftballons. Trotz saftiger Preise (ab 320 US-$, Passagiere mit über 125 kg Körpergewicht zahlen das Doppelte) gehen zwischen 1. Oktober und 31. März zahlreiche Touristen in die Luft. Je nach Thermik dauert eine Fahrt 45–60 Min. – mit Champagner-Nippen zum Abschluss. Abhängig vom Wetter bietet **Oriental Ballooning** 2 (Nyaung U, Lanmadaw Rd., Tel. 09 250 50 53 83, 09 259 10 05 11, www.orientalballooning.com, tgl. 8–17 Uhr) auch noch im April Fahrten an. Dritter Anbieter ist **Golden Eagle Ballooning** 8 (Wetkyi-In, Bagan Umbra, Main Rd., Tel. 09 252 08 42 32, 09 252 08 42 42, www.goldeneagleballooning.com, tgl. 9–19 Uhr).
Fahrradtouren – **Grasshopper Adventures** 3 : Neu-Bagan, Ecke Hninn Si, 3rd St., Tel. 09 402 65 98 86, www.grasshopperadventures.com, Mo–Fr 7–13 Uhr. Der Spezialanbieter arrangiert geführte Radtouren (z. B. Bike Brilliant Bagan, 20 km, halber Tag, 33 US-$) in der näheren Umgebung. **Private Verleihstationen** für E-Bikes (ab 6000 Kyat) und einfache Fahrräder ohne Gang-

schaltung (1500 Kyat) gibt es an der Thiripyitsaya 4 Road in Nyaung U, vor dem Bagan Hotel in Alt-Bagan und entlang der Hauptstraße in Neu-Bagan.

Mount-Popa-Tour – **A Little Travel** 4 : Neu-Bagan, Khayae St., nahe Shit Myathna Paya, gegenüber dem Ostello Bello, Tel. 09 791 40 99 17, tgl. 7–18 Uhr. Gibt es genügend Interessierte führt die Agentur halbtägige Ausflüge zum Popa Mountain National Park (s. S. 280) für 10 000 Kyat/Person durch.

Termine

Bagan ist Schauplatz von zwei der landesweit beliebtesten Tempelfeste, dem zweiwöchigen **Ananda-Festival** im Januar und dem **Shwezigon-Festival** in den Wochen vor dem November-Vollmond Thazaungmon. Zu beiden Terminen findet ein reger und bunter Jahrmarkt mit Dutzenden von Ständen statt.

Verkehr

Flüge: Der (Bagan) **Nyaung U Airport** liegt etwa 3 km südöstlich von Nyaung U. Vom Flughafen zahlt man nach festgelegten Tarifen mit dem Taxi nach Nyaung U 5000 Kyat, nach (Alt-)Bagan Myohaung 6000 Kyat und nach (Neu-)Bagan Myothit 7000 Kyat. Mehr als ein halbes Dutzend nationaler Airlines bedienen die **Inlandsflüge**, für welche meistens Propellermaschinen von ATR mit 72 Sitzen verwendet werden. Sie fliegen mehrmals täglich nach Heho, Mandalay, Yangon und in der Saison auch nach Thandwe (für Ngapali Beach). Die Flugfrequenz richtet sich nach der Touristensaison. Vor Abflug unbedingt nach der aktuellen Zeit fragen! Büros der Fluglinien in Nyaung U: **Air Bagan,** Thiripyitsaya 4 Rd., Tel. 061 605 88, 061 605 99; **Air KBZ,** Lanmadaw Rd., nahe Thante Hotel, Tel. 061 611 86, 061 611 87; **Air Mandalay,** Lanmadaw Rd., Tel. 061 607 74; **Asian Wings,** Lanmadaw Rd., Tel. 061 603 91, 061 611 84; **Yangon Airways,** Lanmadaw Rd., Tel. 061 612 05, 604 75. Websites der Fluglinien s. S. 87.

Zug: Die **Bagan Railway Station** liegt ungünstige 5 km östlich von Nyaung U an der Straße zum Mount Popa. Tgl. um 17 Uhr fährt ein Nachtzug nach Yangon (632 km, ca. 17,5 Std., 4500–16 000 Kyat) und tgl. um 7 Uhr nach Mandalay (180 km, ca. 7–8 Std., 1300–2900 Kyat). Tickets erhält man am Bahnhof oder bei A Little Travel 4 (s. S. 279).

Busse: Der **Bagan Shwe Pyi Highway Bus Terminal** liegt 4 km östlich von Nyaung U an der Straße zum Mount Popa, doch die Busunternehmen bieten einen kostenlosen Transfer vom Hotel an. Busse fahren nach Mandalay (170 km, 5–6 Std.), via Pakokku nach Monywa (140 km, 4–5 Std.), nach Pyay (340 km, 8 Std.), nach Taunggyi (350 km, 8–9 Std.) und Yangon (620 km, 10 Std.). Je nach Komfort kostet ein Ticket nach Yangon um 13 000–18 000 Kyat, nach Mandalay um 9000 Kyat. **Tickets** kann man beim alten Busbahnhof unweit der Shwezigon Paya kaufen.

Boote: Für Boote zwischen Mandalay und Bagan s. Tipp S. 315. Tickets sind über die Unterkünfte erhältlich. **Private Bootstouren** können über die **Anlegestellen** seitlich des Aye Yar River View Hotels 7 in Alt-Bagan oder am **Jetty in Nyaung U** organisiert werden. Die Abfahrtszeiten der **IWT-Fähren** nach Mandalay (s. auch Tipp S. 418) kann man unter Tel. 061 611 82 erfragen.

Fortbewegung vor Ort: Am besten leiht man sich ein **Fahrrad** (s. Fahrradtouren S. 278). Für die Besichtigung des Pagodenfeldes sollte man mindestens einen halben Tag lang eine **Pferdekutsche** nehmen (halber Tag je nach Route um 15 000–20 000 Kyat, ganzer Tag um 25 000 Kyat).

> ## Von Bagan in den Natmataung National Park
>
> Der weit im Westen gelegene **Natmataung-Nationalpark** ist aufgrund der Topografie Myanmars am besten vom über 220 km entfernten Bagan aus zu erreichen. Bislang hat sich allerdings keine lokale Agentur auf den Ausflug spezialisiert, sodass man am besten einen Spezialveranstalter wie Khiri Travel (s. S. 155) oder Exo Travel in Yangon (s. S. 155) kontaktiert; weitere Hinweise: s. Aktiv S. 238.

Umgebung von Bagan

Zu den populärsten Ausflugszielen zählt der gut 50 km entfernte Berg Popa. Jenseits des Ayeyarwady bietet sich ein Ausflug ins lebendige Pakokku an, das über eine Brücke schnell zu erreichen ist. Im Süden wiederum liegt mit Sale eine altertümliche Stadt, die mit alten Stupas und Tempeln lockt.

Popa Mountain National Park ▶ G 16

Die 52 km lange Fahrt von Nyaung U entlang der Landstraße gen Osten zum **Berg Popa** führt durch eine von Palmyrapalmen gesäumte Landschaft. Sie führt vorbei an Sesam-, Sorghum- und Bohnenfeldern, die nach der Ernte im November/Dezember dürr und ausgebrannt wirken. Doch je näher man dem weithin sichtbaren Mount Popa kommt, desto fruchtbarer wird die Landschaft. Seitdem 1989 ein 129 km² großes Gebiet rund um den erloschenen Vulkan zum Popa Mountain Park erklärt wurde, ist die natürliche Artenvielfalt besser geschützt. Die markante Erhebung, von Einheimischen liebevoll **Taung Ma Gyi** (Mutterberg) genannt, trägt nicht von ungefähr den Namen *popa* (eine Ableitung vom Pali-Wort *puppha* = Blume): 65 Orchideenspezies sind hier ebenso zu finden wie der Saga- *(Michelia champaca)* und der 1957 aus Indien eingeführte Sandelholzbaum *(Santalum album)*. Außerdem tummeln sich hier fast 180 Vogelarten, Südliche Brillenlanguren, Makaken und Zibetkatzen. Der Berg ist aber auch reich an Mythen und Sagen. Okkultisten, Einsiedler und Alchemisten suchten in seinen Wäldern ebenso ihr Glück wie Räuber und Rebellen. Auch Anawrahta verbarg sich hier mit seinen Mannen während seines Kampfes gegen seinen Halbbruder Sokkate. Nur selten wird die 1518 m hohe Bergspitze erklommen. Ein guter Ausgangspunkt für Wanderungen durch das bewaldete Gebiet ist das Popa Mountain Resort.

Popa Taung Kalat

Tgl. 4–22 Uhr, Eintritt frei

Für die meisten Besucher ist jedoch nicht die Spitze des erloschenen Vulkans Taung Ma Gyi das Ziel, sondern der südwestlich gelegene 737 m hohe **Popa Taung Kalat** (Blumenberg wie eine Keule). Dank seiner markanten Form avancierte der Vulkankegel zu einem Zentrum des *nat*-Kults. Im **Pilgerort** am Fuß des Berges birgt eine Halle die **Statuen der 37 Schutzgeister,** mit der Popa Maedaw, ihrem Gatten und den beiden Söhnen in der Mitte. Markenzeichen der Großen Mutter *(maedaw)* des Popa-Bergs ist eine Dämonenmaske. Mae Wanna Thanegi, so der Name der Großen Mutter, war die schöne Schwester des von Anawrahta nach Bagan verbannten Mon-Königs Manuha. Nach der Verschleppung hatte sie sich in die Wälder des Popa-Bergs zurückgezogen und von Buddha Schutz erbeten. Der ließ sie Fremden gegenüber als Furcht einflößende Dämonin erscheinen – mit einer Ausnahme: Byatta. Der indische Muslim und Krieger stand in Diensten Anawrahtas und musste wegen seiner übernatürlichen Kräfte allmorgendlich in Windeseile die lange Strecke zwischen Bagan und dem Popa-Berg zurückzulegen, um frische Blumen zu pflücken und zum Palast zu bringen. Ihm zeigte sich Mae Wanna in ihrer wahren Schönheit. Die beiden verliebten sich ineinander und bald gebar sie die Zwillinge Min Gyi und Min Lay. Doch das Glück nahm ein jähes Ende, als Anawrahta Byatta töten ließ, weil dieser sich immer häufiger verspätete. Die Kinder wurden da-

Popa Mountain National Park

raufhin zum Palast gebracht, Mae Wanna starb aus Gram und wurde zum mächtigen Schutz-*nat*, an den viele Orte auf dem Berg erinnern. Ihre Söhne kamen später ebenfalls zu Tode und avancierten zu den berühmten Taungbyone-*nat* (s. Taungbyone Festival S. 314). Weil Byatta Muslim war, wird rund um den Berg kein Schweinefleisch gegessen.

Im Pilgerdorf am Fuß des Berges reihen sich entlang der einzigen Straße einige *teashops*. Auch preisen Verkäuferinnen Blumen und Steine an, die in Lava eingeschlossen sind.

Auf den Popa Taung Kalat

Vom Dorf führen **777 überdachte Treppenstufen** bis auf die mit einem Stupa und diversen Hallen bebaute abgeflachte Spitze des **Popa Taung Kalat.** Aufgrund der religiösen Bedeutung muss der Großteil des halbstündigen Aufstiegs barfuß zurückgelegt werden, was angesichts der steilen, nicht sehr sauberen Treppen wenig angenehm ist. Den zuweilen lautstark über die Dächer tobenden Makaken gegenüber sollte man sich zurückhaltend zeigen und keine Nahrungsmittel offen zur Schau stellen.

Ein überdachter Stufenweg führt hinauf zur buddhistischen Anlage auf dem Popa Taung Kalat

Umgebung von Bagan

Oben bietet sich eine schöne 360°-Aussicht über die weite Ebene und den Berg, aber nicht viel mehr. Der **Stupa,** die **Gebäude** und **Schreine** sind neueren Datums. Ein Raum diente als Schlafraum des *weizza* (buddhistischer Magier) Bo Min Gaung, der hier im frühen 20. Jh. lebte, 1952 verschwand und dem übernatürliche Kräfte nachgesagt werden.

Übernachten, Essen

Idyll mit Traumblick – **Popa Mountain Resort:** Popa Mountain Park, Tel. 02 691 68, www.myanmartreasureresorts.com. Schon die Lage des Edelresorts besticht, denn der Blick reicht weit in die Ebene und zum Popa Taung Kalat. Die 50 Zimmer im Chaletstil sind geräumig und mit viel Holz ausgestattet. Auf dem weitläufigen Gelände verteilen sich ein Pool, ein Restaurant mit Veranda und ein Spa. Vom Resort führen Wanderwege durch den Nationalpark. DZ/ÜF ab 120 US-$.

Gut gegessen – **Yangon Restaurant:** Popa Rd., Tel. 061 507 44, tgl. 9–22 Uhr. Das effektiv geführte Lokal liegt unweit der Auffahrt zum Popa Mountain Resort. Schmackhafte chinesische und birmanische Gerichte. Ab 3000 Kyat.

Termine

Am dritten Tag nach dem Neumond im Monat Kason (meist zweite Aprilhälfte) finden zahlreiche *nat pwe* **zu Ehren der Mahagiri Nat** statt. Zwei weitere *nat-*Festivals finden zum Nayon-Vollmond im Mai/Juni und zum Nadaw-Vollmond im Nov./Dez. statt. Äußerst populär ist auch das **Fest zu Ehren von Bo Min Gaung** nach dem Tawthalin-Vollmond im September.

Verkehr

Autos: Ein **Mietwagen** kostet von Bagan aus für den Halbtagsausflug etwa 45 US-$. Wer mit dem Auto in Richtung Shan State oder Mandalay unterwegs ist, kann am Mount Popa einen Zwischenstopp einlegen.

Organisierte Tour: A Little Travel in Bagan (s. S. 279) arrangiert bei genügend Teilnehmern Halbtagesausflüge zum Mount Popa für 10 000 Kyat/Person.

Sale (Salay) ▶ F 16

Das verschlafen wirkende Ayeyarwady-Städtchen **Sale** liegt gut 60 km südlich von Nyaung U und ist Heimat von mehr als 10 000 Menschen. Das birmanische Department of Archeology hat in Sale 52 Monumente aus der späten Bagan-Ära erfasst, weshalb die Stadt zu jener Zeit von gewisser Bedeutung gewesen sein muss. Die meisten Bauten werden ins 13. Jh. datiert, obgleich Inschriften weitgehend fehlen. Birmanen verbinden den Stadtnamen auch mit Salay U Ponnya (1812–67), einem berühmten Literaten aus der Konbaung-Zeit. Heute präsentiert sich Sale als eine typische Stadt Ober-Myanmars und lohnt aufgrund seiner urtümlichen Klöster, Tempel und Kolonialgebäude einen Besuch. Nur die hässliche Düngemittelfabrik vor den Toren Sales stört das Idyll.

Sehenswertes

Youk-soun Kyaung

Main Rd., ca. 500 m westlich vom Ortseingang, Di–So 9–16.30 Uhr, 5000 Kyat

Das **Holzkloster** zählt zu den Hauptattraktionen von Sale und liegt an der Hauptstraße auf halbem Weg zwischen Ortseingang und Markt. Im Jahr 1882 wurde es von dem betuchten Händlerpaar U Po Gyi und Daw Shwe Thet zu Ehren des Mönchs U Guna gestiftet. Nach Jahrzehnten des Verfalls erfolgte eine umfassende Restaurierung und 1995 eine Umwidmung zum **Museum.** Komplett aus Holz errichtet, ruht der 30 m lange Bau mit den filigran gestaffelten Dächern *(pyathat)* und den Hallen auf 154 Teaksäulen. Sehenswert sind vor allem die Holzschnitzereien an der Verandabalustrade, welche u. a. *jataka-*Szenen und die Entführung der schönen Ma Shwe U durch den Taungbyone-*nat* Min Lay zeigen (s. Thema S. 71). Im Inneren sind Buddhas aus diversen Epochen und eine Steininschrift aus der Bagan-Ära zu sehen, welche das Erbe einer Mutter an ihren Sohn dokumentiert und Historikern daher als wichtiger

Sale (Salay)

Hinweis auf den relativ hohen Status der Frau zu jener Zeit gilt.

Man Paya und Thadana Yaunggyi Kyaung

Main Rd., ca. 200 m nördlich des Youk-soun Kyaung, tgl. 7–18 Uhr, Eintritt frei

Über einen kleinen Weg gen Norden erreicht man nach 200 m die **Man Paya,** die von außen eher unscheinbar wirkt, aber für eine 3 m große **Buddhafigur** im Inneren bekannt ist. Sie wurde vollständig aus mit Sägemehl gemischtem Lack hergestellt, was man dank einer kleinen Öffnung am Rücken überprüfen kann. Vermutlich um 1300 entstanden, wurde die Statue 1888 bei einem Hochwasser von ihrem unbekannten Ursprungsort weggerissen und in Sale an Land gespült.

In der Nähe liegt das **Thadana Yaunggyi Kyaung** (auch Withodarama Kyaung). Reiche Bauern ließen das hölzerne Kloster in den 1870er-Jahren für ihren Cousin und Mönch U Khin Kyi Tha erbauen. Das für seine Meditationspraxis bekannte *kyaung* birgt neben Holzschnitzereien eine reich verzierte Truhe mit buddhistischen Palmblattmanuskripten.

Payathonzu und Sein Gaung Sein Myashin Zedi

Main Rd., am östlichen Ortseingang, tgl. 7–18 Uhr

Unter den Monumenten aus der späten Bagan-Zeit ist **Payathonzu** einen Besuch wert. Er ist am östlich gelegenen Ortseingang zu finden und leitet seinen volkstümlichen Namen, Drei Pagoden, von den drei in einer Reihe stehenden und miteinander verbundenen *pahto* her. Die unterschiedlich gestalteten *shikhara* der drei Hallen lassen auf verschiedene Entstehungszeiten schließen. Das Innere birgt noch Reste von Wandmalereien.

Vielleicht als spiritueller Schutz wurde nur wenig entfernt ebenfalls am Ortseingang der **Sein Gaung Sein Myashin** genannte Stupa errichtet, dessen quadratischer Aufsatz über dem glockenartigen Hauptbau einer singhalesischen Dagoba ähnelt. Einer Legende zufolge soll an dieser Stelle der 1057 aus der Mon-Metropole Thaton verschleppte Palikanon temporär aufbewahrt worden sein.

Shin Bin Ngar Man Aung Paya und Shin Bin Sar Kyo Paya

Jele, ca. 6 km südlich von Sale, tgl. 7–18 Uhr, Eintritt frei

Beim idyllisch am Ayeyarwady gelegenen Dorf Jele finden sich 51 weitere Monumente aus der Bagan-Ära, darunter mit **Shin Bin Ngar Man Aung Paya** ein etwas verwirrender Pagodenkomplex, der aus einem *pahto* des 13. Jh. besteht, um welchen herum im 19. Jh. diverse Hallen und Wohnräume für Mönche errichtet wurden. Teilweise erheben sich wunderschöne *pyathat* (Staffeldächer) über den Hallen.

Vom Klosterkomplex führt ein überdachter Weg 300 m in Richtung Westen. Er führt zu einem weiteren *pahto*, dem **Shin Bin Sar Kyo.** König Narapatisithu soll ihn im Jahr 1191 über jenem Ort errichtet haben, an dem eine Delegation aus Bagan einst den Palikanon aus Thaton in Empfang genommen hatte (*sar kyo* = auf Texte warten). Sehenswert sind insbesondere die Stuckfiguren und Wandmalereien im Eingangsbereich des *pahto*, die aus drei unterschiedlichen Epochen stammen.

Termine

Tempelfest des Shin Bin Sar Kyo: Juli/Aug., in den beiden Wochen vor dem Waso-Vollmond.

Verkehr

Pick-ups: Zwischen Nyaung U und Chauk (45 km, 2 Std.) verkehren regelmäßig **Pick-ups.** Von Chauk fahren ebenfalls Pick-ups ins 8 km entfernte Sale.

Mietwagen: Bequemer und schneller ist die Fahrt per **Mietwagen** mit Fahrer (45 US-$). Man kann dann die Halbtagstour mit einem Besuch des Mount Popa zu einem Ganztagsausflug erweitern (insgesamt 150 km, ab 60 US-$).

Umgebung von Bagan

Pakokku und Umgebung

Pakokku ▶ G 15

Seit 20 km nördlich von Nyaung U eine Brücke den Ayeyarwady überspannt, ist die 290 000 Einwohner zählende Stadt **Pakokku** am Westufer in einer guten halben Fahrstunde zu erreichen. Wer hier nicht übernachten möchte, kann mit dem eigenen Wagen auf der Fahrt zwischen Monywa und Bagan einen Zwischenstopp einlegen. Pakokku ist zwar ein wichtiger Umschlagplatz für Tabak, Baumwolle und *thanaka* aus der Umgebung, bietet Touristen aber nur eine überschaubare Zahl von Sehenswürdigkeiten.

Tihoshin Paya
150 m südlich der Bogyoke St., im Südwesten der Stadt, tgl. 6–19 Uhr, Eintritt frei
Auf dem Weg zur Anlegestelle für Boote, erhebt sich das stadtwichtigste Heiligtum, die **Tihoshin-Pagode.** Ihre Verehrung steht mit einer Buddhastatue in Zusammenhang, die König Alaungsithu aus Sri Lanka erhalten haben soll und für die er 1117 einen Stupa stiftete. So zumindest berichten es die Chroniken. Die heutige Gestalt der Anlage stammt jedoch zu weiten Teilen aus dem Jahr 1927.

Das gut 1 ha große Pagodengelände dominiert ein quadratischer, weiß getünchter *pahto* mit vier Eingängen, der von einem schlanken, vergoldeten **Stupa** gekrönt wird. Auf der Ostseite des *pahto* schließen sich drei miteinander verbundene **Hallen** und ein verlängerter Haupteingang an. An den Seiten des Geländes wurde im Laufe der Zeit ein gutes Dutzend *zedi* gestiftet.

Die verehrte **Buddhafigur** im Inneren des *pahto* war mit der Zeit durch zu viel Blattgold so entstellt worden, dass man 1996 entschied, das Gold zu entfernen. Sehr schön sind auch die filigranen **Holzschnitzarbeiten** an den Eingängen zur Haupthalle.

An der Nordseite des Pagodengeländes zeigt ein kleines **Museum** Darstellungen des gekrönten Buddhas im Inwa-Stil, der im 17./18. Jh. populär war. Im Mai/Juni findet das dreiwöchige Tempelfest statt.

Shwegugyi Paya
Bogyoke St., tgl. 7–18 Uhr, Eintritt frei
Auf der Südseite eines 6 ha großen Klostergeländes mit zahlreichen Hallen, Stupas und Wohnräumen für Mönche befindet sich die **Große Goldene Höhle** genannte Tempelanlage, die aufgrund eines filigran aus Yamane-Holz geschnitzten **Buddha-Altars** interessant ist. Er befindet sich in einer Halle mit nach Süden ausgerichtetem Zugang zur Bogyoke Street hin. Gestiftet von der betuchten Geschäftsfrau Daw Zee Zan, wurde der Altar 1908 von einem aus Pakokku stammenden Holzschnitzer und seinem Sohn angefertigt. Die goldene, wie ein Thron geformte Basis trägt einen stehenden Buddha, dessen Rückseite aus filigranem Schnitzwerk besteht. Die Schnitzereien illustrieren diverse Episoden aus dem Leben Buddhas. So findet sich etwa im unteren Bereich die Geschichte des Prinzen Ajatasattu, der auf Anraten seines heimtückischen Freundes Devadatta seinen Vater Bimbisara auf grausame Weise verhungern und schließlich durch das Abschneiden der Zehen töten ließ. Zu spät erkannte er die große Liebe seines Vaters. Bimbisara war König von Magadha und ein Anhänger Buddhas. Im oberen Teil des Altars ist der Abstieg des Erleuchteten aus dem Tavatimsa-Himmel dargestellt.

Werkstätten
Wie in einer Stadt, die ein Zentrum des Tabakumschlags ist, kaum anders zu erwarten, gibt es in Pakokku einige *cheroot*-Manufakturen, darunter die von **Aung Gya Nyunt** in der Bogyoke Street. Hier erhascht man einen kleinen Einblick in die Produktion.

Nur einen Steinwurf von dieser Manufaktur entfernt lässt sich, ebenfalls in der Bogyoke Street, bei **Gyo Gyar Ni** (Flamingo) die Herstellung von Lederschlappen beobachten.

Pakokku und Umgebung

Das Wickelblatt für die Cheroots stammt vom Cordia-dichotoma-Baum

Pakhan-gyi, Pakhan-nge und Kuni ▶ G 15

Pakhan-gyi

Der Ort **Pakhan-gyi** liegt 20 km nördlich von Pakokku an der Straße nach Monywa und spielte als Garnisonsstadt unweit des Chindwin-Flusses während der Bagan-Ära eine wichtige Rolle. Davon zeugen noch einige Stuparuinen sowie Reste der mächtigen Stadtbefestigung. Hauptattraktion von Pakhan-gyi ist jedoch das von 255 Teakholzstämmen getragene **Youk-soun Kyaung** (tgl. 9–17 Uhr, Eintritt frei) etwa 300 m westlich des Ortskerns. In seinem Inneren sieht man geschnitzte Darstellungen von Szenen aus dem indischen Ramayana-Epos, das in die Tradition Myanmars Eingang gefunden hat. Das Holzkloster wurde zwischen den Jahren 1868 und 1870 von dem Händlerpaar U Po Dok Daw Phe gestiftet. Auf diese Weise entging er Steuerabgaben an den König.

Sehenswert, obwohl recht klein und darüber hinaus ein wenig angestaubt wirkend, ist auch ein unweit des Klosters gelegenes **Museum** (Di–So 9–16.30 Uhr, 3000 Kyat) mit Exponaten aus dem Neolithikum, Inschriften und Buddhafiguren.

Pakhan-nge und Kuni

Von Pakhan-gyi aus ist über einen Damm das knapp 5 km östlich am Chindwin gelegene **Pakhan-nge** zu erreichen. In dem Dorf liegen

Umgebung von Bagan

die verfallenen Reste eines Holzklosters, **Pakhan-nge Kyaung** aus der Mitte des 19. Jh.

Hier legen auch Boote zur anderen Flussseite ab, denn im Dorf **Kuni** östlich des Chindwin steht ein **Schrein** zu Ehren des berühmten *nat* Ko Gyi Kyaw. Während des Jahres ziemlich verschlafen, zieht der Ort in den beiden Wochen vor dem Tabaung-Vollmond (Febr./März) zum *nat*-Festival Zigtausende von Pilgern an.

Übernachten

Zimmer mit Holzböden – **Thu Kha Hotel:** Pakokku, 1 Myoma Rd., Tel. 062 230 77, 062 232 77, www.facebook.com/thukhahotel. Eher auf lokale Geschäftsreisende ausgerichtet, birgt die außen nüchtern wirkende Unterkunft annehmbare Zimmer mit Holzböden, teilweise auch mit AC. Der Frühstücksraum befindet sich im 4. Stock. DZ/ÜF ab 30 US-$.

Funktional-wohnlich – **Aung Tha Ra Phu Hotel:** Pakokku, 10 Azarni St., Tel. 062 219 47. Umgeben von Holzhäusern bietet der moderne, orange gestrichene Bau 20 funktionale Zimmer mit AC und Bad. DZ ab 25 US-$.

Essen & Trinken

Currys – In Pakokku servieren die beliebten Lokale **Ho Pin** (2nd St., tgl. 9–21 Uhr) und **Yaw Buffet** (Myaing Rd., tgl. 9–21 Uhr) schmackhafte birmanische Currys ab 2500 Kyat.

Einkaufen

Baumwolldecken – **Galon Min Nyi Naung:** Pakokku, 6th St., tgl. 8–17 Uhr. Das einfache Geschäft hat eine gute Auswahl an dezent gemusterten Baumwolldecken aus Eigenproduktion. Diese werden von hartnäckigen Händlerinnen auch an der Anlegestelle unweit der Tihoshin-Pagode verkauft.

Termine

Nat Festival: zwei Wochen lang vor dem Tabaung-Vollmond (Febr./März) in Kuni. Bei diesem Fest geht es recht feucht-fröhlich zu, denn zu Ehren des Rauf- und Trunkenboldes Ko Gyi Kaw werden Whisky-Flaschen geleert und Hühner geopfert.

Tihoshin-Pagodenfest: drei Wochen lang vor dem Nayon-Vollmond (Mai/Juni) in Pakokku.

Verkehr

Busse: Mehrmals am Vormittag starten **Kleinbusse** in der Seitenstraße nördlich des Hospitals nach Monywa (110 km, 3 Std.). Auch die aus Monywa in Richtung Nyaung U (30 km, 1 Std.) fahrenden Busse halten dort. Der **Busbahnhof** an der Main Road ist 1–2 x tgl. Ausgangspunkt für Busse via Nyaung U nach Yangon (600 km, 10 Std.) und Mandalay (195 km, 5–6 Std.).

Handwerksdörfer bei Myitche ▶ F 15

Die Win Family beim Thatbyinnyu-Tempel in Alt-Bagan (s. Tipp S. 278) hat gute Kontakte und kann einen Ausflug in die Dörfer arrangieren!

Etwa 30 km südwestlich von Pakokku liegen unweit des Ayeyarwady drei Handwerksdörfer, die sich jeweils auf bestimmte Produkte spezialisiert haben. In **Thazin** stellen Familien Produkte aus Bambus, Rattan und Wasserhyazinthe her, **Eye Shay** ist für seine Webarbeiten (vorwiegend Baumwolldecken und *longyi*) bekannt und die Bewohner von **Htan Taw Chauk,** nördlich von Myitche, widmen sich der Herstellung von Korbwaren aus den Wedeln der Palmyrapalme.

Westlich des Ayeyarwady nach Magwe

Wer von Bagan aus nicht die direkte Route über Kyaukpadaung und Yenangyaung ins 150 km entfernte Magwe fahren möchte, kann die Straße westlich des Ayeyarwady wählen. Sie ist 170 km lang und führt über die Brücke bei Chauk auf die Westseite des Flusses, dann bis Minbu und von dort über eine weitere Ayeyarwady-Brücke nach Magwe. In der Hauptstadt der Magwe Division

Westlich des Ayeyarwady nach Magwe

gibt es einige solide Übernachtungsoptionen. Touristen sind hier allerdings eher selten zu sehen.

Unterwegs bieten sich Zwischenstopps in den Städten und Ortschaften an, wo urige Holzklöster von frommen Stiftern künden, Pagoden von der innigen Religiosität der Bewohner und Reisfelder vom Fleiß der Bauern. Mit öffentlichen Verkehrsmitteln ist die Strecke nur aufwendig zu bewältigen, am besten engagiert man einen Mietwagen mit Fahrer.

Salin ▶ F 17

Ein erster Stopp bietet sich in **Salin** an, das knapp 100 km südlich von Nyaung U bzw. 55 km südwestlich von Chauk liegt. Bereits zur Zeit Bagans spielten die fruchtbaren Reisfelder rund um die geschäftige Marktstadt eine wichtige Rolle und auch heute noch wirkt die Gegend westlich des Ayeyarwady wie eine grüne Oase im trockenen Umland. Zahlreiche Pagoden und Klöster zeugen vom einstigen Reichtum der Stadt, darunter befindet sich die populäre Shwemawtaw Paya.

Shwemawtaw Paya
Wethigan-Stausee, tagsüber, Eintritt frei
Die **Shwemataw-Pagode** erhebt sich mit ihrem goldenen Stupa und den glitzernden Buddhahallen auf einer Insel im Wethigan-Stausee und ist über einen Steg mit dem Festland verbunden. Der See, 1,5 km westlich des Stadtzentrums, ist über eine bei der Polizeistation abzweigende Straße zu erreichen.

Myaw Hlesin Kyaung
Etwas südlich des Wethigan-Stausees, tgl. 9–17 Uhr, Eintritt frei
Weitaus interessanter ist das **Myaw Hlesin Kyaung,** ein von 245 Stämmen getragenes Holzkloster. 1868 gestiftet, birgt es nach Restaurierungsarbeiten eine kleine Buddhasammlung. Auch die Holzschnitzereien an der Veranda zeugen von großer Qualität.

Essen & Trinken
Entlang der Straße zum Wethigan-Stausee gibt es einige *teashops* und Lokale, darunter das beliebte **La Min Thaw Tar** (tgl. 8–21.30 Uhr) mit ordentlichen Currygerichten ab 2500 Kyat.

Legaing ▶ F 17

Nach weiteren 40 km Fahrt gen Süden, etwa auf halbem Weg zwischen Pyinbyu und Sagu, erreicht man **Legaing.** Der unscheinbare Ort profitiert ebenfalls vom fruchtbaren Umland.

Youk-soun Kyaung
Tgl. 8–17 Uhr, Eintritt frei
Unweit der Hauptstraße liegt in einem größeren Klosterkomplex mit Stupas und Schreinen das 1891 von U An Taw und seiner Frau gestiftete **Youk-soun Kyaung,** für das sie laut Inschrift 17,5 Körbe Silber aufbringen und 214 Teakbäume fällen lassen mussten. Vom einst reichen Schnitzwerk ging leider im Laufe der Zeit viel verloren. Immerhin erinnern die schön gearbeiteten hölzernen Balustraden noch an dessen Qualität.

Athuru Kyaung
Tgl. 8–17 Uhr, Eintritt frei
Über eine in der Ortsmitte gen Osten abzweigende Straße gelangt man nach gut 200 m zu einem weiteren Holzkloster, dem **Athuru Kyaung** (auch Bhawe Kyaung), das im Jahr 1894 errichtet wurde und mit einigen sehenswerten Buddhastatuen aufwartet.

Sagu ▶ F 17

Fährt man von Legaing gut 10 km weiter in südlicher Richtung, so erreicht man **Sagu** (Saku). Die den Ort umgebenden Reisfelder werden vom Man Fluss bewässert und waren bereits in der Bagan-Ära von großer wirtschaftlicher Bedeutung. Hier zweigt die Straße gen Osten ins 16 km entfernte Minbu ab, während die Straße gen Süden in Richtung Ann (155 km) im Rakhine State weiterverläuft und nach 40 km die Abzweigung zum populären buddhistischen Pilgerort Shwesettaw passiert. Diverse Klöster aus dem 19. und frühen 20. Jh. erinnern daran, dass Sagu ein Zentrum der buddhistischen Lehre war.

Maha Withurama Kyaung und Teht Daw Kyaung

Salin-Minbu Rd., ca. 700 m östlich von deren Abzweigung im Ortszentrum, tgl. 8–17 Uhr, Eintritt frei

Das gut erhaltene, auf 172 Teakstämme ruhende **Maha-Withurama-Kloster** stammt aus den 1920er-Jahren und liegt inmitten eines weitläufigen Geländes. Noch heute birgt das Kloster eine Pali-Schule und ist vorwiegend aufgrund der **Schnitzarbeiten** an der Veranda sehenswert. Mit wunderschönen *pyathat*-Dächern über dem separaten Andachtsraum mit dem Buddha *(pyathat hsaung)* und über der länglichen Halle folgt es der klassischen Anordnung eines Holzklosters.

Das in Nachbarschaft gelegene **Thet-Daw-Kloster** birgt eine sehr schöne Sammlung von Buddhafiguren.

Hman Khin Youk-soun Kyaung

Salin-Minbu Rd., ca. 1250 m östlich des Abzweigs im Ortszentrum, tgl. 8–17 Uhr, Eintritt frei

Auch das Hma-Khin-Holzkloster weist hervorragende Schnitzarbeiten an den Verandabalustraden auf. Gestiftet wurde dieses Kloster 1886 von Daw Nyein Kaung, einer reichen Reederin. Zu sehen sind *jataka*-Motive sowie einmal mehr die Entführung der schönen Weberin Ma Shwe U.

Minbu ▶ F 17

Dank der 2930 m langen Brücke über den nahen Ayeyarwady avancierte **Minbu** zu einem lebendigen Verkehrsknotenpunkt, denn hier verläuft die Straße nach Ann (160 km) im Rakhine State und weiter an die Westküste. Sehenswürdigkeiten sind in dem lebendigen Städtchen indessen rar gesät, wenn man einmal von den blubbernden Schlammvulkanen auf einer Anhöhe im Süden der Stadt absieht.

Schlammvulkane

Man erreicht die Schlammvulkane über eine im Süden von der Hauptstraße rechts abzweigende Straße nach 500 m

Einheimische nennen diese geologische Besonderheit **Nagapwet Taung,** Drachenberg, und verehren dort zugleich in einem ***nat*-Schrein** das Geschwisterpaar Amadaw

In regelmäßigen Abständen tritt bei Mindu Schlamm ans Tageslicht

Magwe (Magway)

(Ältere Schwester) und Maungdaw (Jüngerer Bruder), deren Markenzeichen Kopfbedeckungen in Gestalt eines Drachenhaupts sind. Regelmäßig finden hier *nat pwe* statt.

Settkeindeh Paya
Auf einer Anhöhe unweit des Ayeyarwady, tgl. 7–18 Uhr, Eintritt frei

Hauptpilgerort für Buddhisten ist die **Settkeindeh-Pagode,** von der sich auch ein schöner Ausblick über die Flusslandschaft bietet. Sie wurde an jener Stelle errichtet, an welcher Buddha der Legende nach bei seinem Besuch auf einer smaragdenen Couch genächtigt haben soll. Die Hallen und der Hauptstupa sind jedoch alle neueren Datums.

Essen & Trinken
Als lokaler Verkehrsknotenpunkt besitzt Minbu entlang der Durchgangsstraße diverse Lokale und *teashops*, darunter das (nur in birmanischer Schrift benannte) **Joy Restaurant** (tgl. 9–21 Uhr, Currys ab 2500 Kyat) unweit des Joy Guest House (3 Minbu-Sagu Rd., Tel. 065 210 98) mit leckeren Currygerichten.

Magwe (Magway)
▶ F 17

Magwe, die Hauptstadt der 44 820 km² großen, nach ihr benannten Magwe Division, liegt etwa 150 km südlich von Nyaung U und ist Heimat von gut 290 000 Menschen. Sehenswürdigkeiten bietet Magwe wenig, profitiert aber von der Ende 2002 eingeweihten Ayeyarwady-Brücke, die die Stadt zu einem Verkehrsknotenpunkt gemacht hat. Magwe ist als Verwaltungs- und Bildungszentrum von Bedeutung und empfiehlt sich als Übernachtungsstopp zwischen Bagan und Pyay.

Sehenswertes

Myoma Zei
Landmadaw Rd., Ecke Pyitawthar Rd., tgl. (außer an Vollmondtagen) 6–17 Uhr

In der Nähe des Ayeyarwady herrscht in den Hallen Myoma-Markts und an den offenen Ständen typisch birmanisches Markttreiben.

Mya Tha Lun Paya
Auf einer Anhöhe 2 km nördlich der Ayeyarwady-Brücke, erreichbar via Strand (Kannar) Rd., tgl. 7–19 Uhr, Eintritt frei

Ein Highlight ist zum Sonnenuntergang der Besuch des wichtigsten Stadtheiligtums, der **Smaragd-Couch-Pagode,** mit herrlichem Blick über die Ayeyarwady-Ebene. Auf einer Plattform mit diversen Hallen erhebt sich der goldene, durch drei Terrassen und einen glockenförmigen *anda* recht harmonisch wirkende **Stupa** von 1857. In seinen Ursprüngen soll er auf den späteren Bagan-König Sawlu (reg. 1077–84) zurückgehen, der ihn als Kronprinz 1064–72 errichten ließ. Der Volksglaube indes sagt, dass die Dämonen Bawgyaw und Bawthaw den Stupa einst stifteten: für eine Smaragd-Couch *(mya tha lun)*, auf der Buddha bei seinem Besuch auf der anderen Flussseite, im heutigen Minbu, geruht haben soll.

Übernachten
Mit Flussblick – **Nan Htike Thu Hotel:** Strand (Kannar) Rd., Tel. 063 285 97, 063 285 96, www.facebook.com/nanhtikethumagway. Der Hotelklotz mit vier Etagen und insgesamt 68 geräumigen Zimmern liegt im Süden des Zentrums unweit des Ayeyarwady. Die Ästhetik trifft eher den einheimischen Geschmack. Großer Pool. DZ/ÜF ab 50 US-$.

Freundliche Zimmer – **Phan Khar Myay Hotel:** Myopark Rd., Tel. 063 234 97, 236 04. Etwas abseits im Osten der Stadt bietet es 20 nüchterne, aber saubere Zimmer mit Bad, Fernseher und AC. DZ/ÜF ab 35 US-$.

Modern und funktional – **Patharda Hotel:** Bogyoke St., Tel. 063 271 39. Der moderne, gelb gestrichene Hotelklotz liegt unweit der Natmauk Road und verfügt über 30 Zimmer in drei Kategorien, alle klimatisiert, aber recht lieblos mit funktionalen Bädern ausgestattet. Der Essraum gleicht einer Kantine. Für eine Nacht aber in Ordnung. DZ/ÜF ab 30 US-$.

Umgebung von Bagan

ANTIKE PYU-STÄTTE BEIKTHANO

An der Strecke zwischen Magwe und Pyay liegen 60 km südöstlich von Magwe bzw. 20 km westlich von Taungdwingyi in der Nähe des Dorfes Thadodan die Ruinen der ältesten Pyu-Stadt **Beikthano**. Seit sie 2014 mit Halin (s. S. 336) und Sri Ksetra (s. S. 192) zum UNESCO-Welterbe erklärt wurde, halten hier häufiger als früher Besucher, obwohl in der Stadt des Vishnu nicht viel mehr als Fundamentreste zu sehen sind. Ihre Blütezeit lag im 1.–5. Jh., dann wurde sie in ihrer Bedeutung von Sri Ksetra abgelöst. Die im 11. Jh. verfassten Neuen Annalen der (chinesischen) Tang-Dynastie (618–907) beschreiben sie als eine Stadt mit ovaler Umfassungsmauer und etwa 100 Klöstern aus Ziegelstein, die mit Gold und Silber verziert seien. Bei Ausgrabungen (1959–63) wurden 100 Ruinen identifiziert und 35 rudimentär restauriert. Ans Tageslicht gelangten zudem über 700 zylindrische Urnen.

Das **Ruinenfeld** liegt ca. 1 km nördlich von Thadodan am Rand des Ingyi Lake. Sehenswert sind ein länglicher Raum mit acht gleich großen Zellen, **KKG 2** genannt, der vermutlich zu einem Kloster gehörte, und das freigelegte Fundament eines Stupa, **KKG 3,** genannt. Auch einige **Fundamentreste des Palasts** sind zu sehen. Im Gebäude des **Department of Archeology** werden noch Urnen und Münzen aufbewahrt. Da das Gelände sehr weitläufig ist, sollte man sich entweder nach einem Ochsenkarren umschauen oder mit dem eigenen Fahrzeug zu den Ruinen fahren. Bislang ist der Eintritt frei.

Beikthano: ▶ G 18, beim Dorf Thadodan, tagsüber geöffnet, Eintritt frei. Da die Stätte 60 km südöstlich von Magwe bzw. 165 km nördlich von Pyay liegt, lässt sich ihr Besuch gut in die Fahrt von Magwe nach Pyay integrieren.

Essen & Trinken

Chinesisch essen – **Padauk Myaing Restaurant:** in einer Querstraße östlich der Polizeistation, tgl. 9–21 Uhr. In diesem Lokal werden schmackhafte chinesische Gerichte aufgetischt. Gerichte ab 3000 Kyat.

Mit Gesang – **Monalizar 2 Riverview:** Strand (Kannar) Rd., tgl. 18–22 Uhr,. Schöner Flussblick und günstige asiatische Gerichte zu kühlem Bier – dazu treten allabendlich hübsche Sängerinnen auf. Gerichte ab 3000 Kyat.

Termine

Mya-Tha-Lun-Pagodenfest: Thadingyut-Vollmond (Sept./Okt.).

Verkehr

Busse und Pick-ups: Vom **Busbahnhof** (2 km östlich des Stadtzentrums an der Mae Htee Rd.), bedienen mehrere Unternehmen die Routen nach Yangon (533 km, ab 13 Std.) und Mandalay (355 km, ab 12 Std.). Nyaung U (150 km, 4 Std.) wird ebenfalls mehrmals tgl. angesteuert. Ansonsten nimmt man einen der **Pick-ups** in Richtung Yenangyaung und Kyaukpadaung mit dortigem Anschluss nach Nyaung U. Gegen 22.30 Uhr hält ein **Nachtbus** aus Mandalay der Firma Nan Taw Win (Tel. 063 269 00, 063 259 77) auf der Fahrt via Ann nach Mrauk U (350 km, 9–10 Std.).

⭐ Mandalay

▶ J 14

Die größte Metropole Ober-Myanmars ist mit ihren 160 Jahren noch relativ jung, wenngleich der Klang des Namens Vorstellungen erweckt, die so alt sind wie der träge Ayeyarwady, an dessen Ufer sie liegt. Nostalgische Erinnerungen an das letzte birmanische Königreich einerseits, eine moderne, aufstrebende Metropole andererseits – Mandalay hat zwei Gesichter.

Mythos und Realität

Es ist schon eigenartig. Keine drei Jahrzehnte war Mandalay eine Königsstadt. Trotzdem ist der Name zum Mythos geworden, der weit über Myanmar hinausreicht. Kein anderer Name des südostasiatischen Landes inspirierte so häufig die Literaten. Selbst Bert Brecht und Kurt Weill nutzten ihn 1929 für ihren »Song von Mandalay« in der Musikkomödie »Happy End«. Aber warum eigentlich?

Vielleicht ist Rudyard Kiplings Lied »Road to Mandalay« mit seinem unsterblichen Satz Schuld: »For the wind is in the palm-trees, an' the temple-bells they say: ›Come you back you British soldier; come you back to Mandalay!‹«? Das Lied vermag heute noch nostalgische Träume von der ›guten alten‹ Kolonialzeit zu wecken, die natürlich so gut nicht war. Oder ist es der ›unsterblich religiöse‹ König Mindon mit seinen Tempeln und seinem prachtvollen Palast, auch wenn dessen Teakholzgebäude schon lange vom Feuer verschlungen sind? Sein Erbe mag ebenfalls manchen versuchen, die Vergangenheit zu verklären.

Keine andere Stadt repräsentiert auf so eindringliche Weise Glanz und Niedergang in der birmanischen Geschichte. Kaum entfaltete sich Mandalay in unvergleichlicher Pracht mit blühender Kunst und Kultur, schon wurde es zum bitteren Symbol des Verlusts birmanischer Souveränität. Im ›Zentrum der Welt‹, als das der Königspalast mythologisch galt, nisteten sich die Eroberer ein, tranken Gin und spielten Billard. Der imposante Löwenthron verstaubte in Kalkutta (heute: Kolkata) als Museumsstück.

Das Besondere von Mandalay herauszufinden, ist für Erstbesucher nicht einfach. Es sind weite Wege zurückzulegen, und in den Straßen ist es staubig und heiß. Zudem verwandeln sich immer mehr Straßenzüge in dieser 1,3-Mio.-Metropole zu gesichtslosen Betonmeilen, die sie wie jeden anderen Ort Asiens aussehen lassen. Aber das ist die andere, neue Wirklichkeit Mandalays als eine bedeutende Wirtschaftsmetropole im Norden Myanmars. Ausdruck dafür sind die Chinesen, die mittlerweile über ein Drittel der Stadtbevölkerung ausmachen. Die bekannte, 2008 verstorbene Schriftstellerin Ludu Daw Amar sprach sogar von Mandalay als »Kolonie Yunnans«.

Geschichte – Stadt voller Edelsteine

Die Geburtsstunde Mandalays schlug am 13. Februar 1857. An diesem von Astrologen vorherbestimmten Tag wurde der Grundstein der Stadt gelegt, vier Jahre nachdem König Mindon (reg. 1853–78) in einem Coup d'État seinen Halbbruder Pagan Min abgesetzt hatte. Mindon wollte die dunkle Vergangenheit abschütteln und das Reich wieder von Gerechtigkeit und der Lehre des Buddhismus durchdrungen sehen. Der Erleuchtete selbst, so ließ König Mindon das Volk wissen, sei einst auf dem Mandalay-Berg erschienen und habe seinem Schüler Anan-

Mandalay

da prophezeit, dass 2400 Jahre nach seinem Tod am Fuß dieses Berges eine Stätte der buddhistischen Lehre entstehen werde.

In Vielem folgt die Stadtplanung der buddhistischen Tradition, etwa mit dem von einem Graben umgebenen Palast als ›Mitte des Universums‹. Der alte Palast von Amarapura und andere Gebäude aus Holz wurden zerlegt und in der neuen Hauptstadt wieder aufgebaut. Doch auch der humane König Mindon folgte einer alten brahmanischen Tradition und opferte 52 Menschen, um sie an ausgewählten Stellen zu begraben, damit sie als Schutzgeister über den neuen Palast wachten. Am 23. Mai 1859 wurde die Stadt dann offiziell gegründet. Bis dahin hatte man etwa 150 000 Einwohner aus Amarapura nach Mandalay umgesiedelt. Mindon verlieh dem neuen Königssitz den Namen Yadanabon, (von Pali: *ratana punna,* voller Edelsteine), doch setzte sich im Volk bald der Name Mandalay durch, wahrscheinlich eine Ableitung von *mandala,* dem Kreis des Universums.

Der Traum Yadanabon währte nur kurz. Nach dem Tod Mindons im Jahr 1878 wurde der Ort zum Synonym für Palastintrigen und Arroganz. An der isolierten Welt der Königsresidenz gingen die Ereignisse im Land vorbei. Vom Wachturm des Palasts musste schließlich Supayalat, die Frau des letzten Königs Thibaw, am 28. November 1885 zusehen, wie britische Kriegsschiffe in Mandalay anlandeten. Thibaw, der den Palast kaum je verlassen hatte, wurde gezwungen, die Stadt an den britischen General Prendergast zu übergeben. Fast die ganze Stadt war versammelt, als das Königspaar mit seinen Kindern noch am selben Tag zu Fuß zum Hafen ging, um über den Ayeyarwady ins indische Exil nach Ratanagiri zu fahren. Die Stadt Voller Juwelen fiel auf die Stufe eines Provinznests Britisch-Indiens zurück – und doch blieb der Mythos Mandalay bis zum heutigen Tag erhalten.

Orientierung

Wie ein Schachbrett wurde diese Stadt südlich des Mandalay-Bergs angelegt, ihre Straßen sind weitgehend nummeriert. Die wichtigsten **Durchgangsstraßen** sind in Ost-West-Richtung die **35th Street,** in Nord-Süd-Richtung die **80th Street.** Bei den Adressen sind zur besseren Orientierung in Klammern jeweils die beiden Querstraßen angegeben, zwischen denen die Hausnummer liegt, z. B. 27th St. (74/75).

Im **Zentrum** Mandalays liegt der **Uhrturm,** 1897 zum Gedenken an das 60-jährige Thronjubiläum Queen Victorias errichtet. Südlich davon erstreckt sich der **Zeigyo** genannte Zentralmarkt samt vieler neuer Geschäftshäuser, die schon sehr chinesisch anmuten.

In den **südlichen Stadtteilen** haben sich Handwerker angesiedelt, die wie eh und je Marmor, Gold und Silber bearbeiten.

Und dann ist da immer noch der **Ayeyarwady,** an dessen Bootsanlegestellen

hektisches Treiben herrscht, wenn die überquellenden Passagier- und Frachtschiffe anlegen.

Sehenswertes

Öffnungszeiten der sakralen Stätten: tgl. 7–19 Uhr (falls nicht anders angegeben); Eintritt: Für die Besichtigung von Palast und wichtigsten Tempeln wird pauschal ein Sammelticket zu 10 000 Kyat verkauft, Einzeltickets gibt es nicht, Ticketschalter gibt es am Royal Palace 1, dem Shwenandaw Kyaung 9 und der Mahamuni Paya 14. Zusätzlich werden an manchen Stellen Fotogebühren fällig. Wird im Folgenden nicht der Hinweis Sammelticket gegeben, sind die genannten Sehenswürdigkeiten kostenlos zugänglich

Royal Palace 1

Cityplan: S. 295
Tgl. 7.30–16.30, Museum Di–So 9.30–16.30 Uhr, Sammelticket am On Htate Gate

Erst vom Mandalay Hill (s. S. 298) aus werden die Ausmaße jenes **Königlichen Palasts** sichtbar, den König Mindon nach gut einjähriger Bauzeit am 16. Juli 1858 beziehen konnte.

Die Äußere Palastmauer

Die insgesamt fast 8 km langen **Außenmauern** umfassen ein über 4 km² großes Gelände, das eine Stadt für sich bildete. Der Umfang der quadratischen Anlage entspricht 2400 *ta*, einer birmanischen Längeneinheit (1 *ta* = 3,2 m). Die Zahl bezieht sich auf Buddhas Tod, der sich nach der Tradition

Gut geschützt mit Wassergraben, Mauer und Wachtürmen – der Königspalast von Mandalay

Mandalay

Sehenswert
1. Royal Palace (s. auch Cityplan S. 302)
2. Shweyattaw Paya
3. Sutaungpyi Paya
4. Shwekyin Kyaung
5. Kyauktawgyi Paya
6. Sandamuni Paya
7. Kuthodaw Paya
8. Atumashi Kyaung
9. Shwenandaw Kyaung
10. – 12. s. Cityplan S. 302
13. Shwe In Bin Kyaung
14. Mahamuni Paya
15. Kyauk Sit Tan
16. Viewpoint
17. Gawein Jetty

Übernachten
1. s. Cityplan S. 302
2. Mandalay Hill Resort
3. s. Cityplan S. 302
4. Triumph Hotel
5. – 7. s. Cityplan S. 302
8. Ma Ma Guest House
9. – 11. s. Cityplan S. 302
12. Peacock Lodge
13. Dreamland Guesthouse

Essen & Trinken
1. – 3. s. Cityplan S. 302
4. A Little Bit of Mandalay
5. – 8. s. Cityplan S. 302
9. Super 81
10. s. Cityplan S. 302
11. Aye Myit Tar
12. – 14. s. Cityplan S. 302

Einkaufen
1. King Galon
2. Golden Rose
3. s. Cityplan S. 302
4. Aung Nan
5. Myanmar Bronze Moulder Casting
6. – 7. s. Cityplan S. 302
8. Zeigyo (Central Market; s. auch Cityplan S. 302)
9. s. Cityplan S. 302
10. Payagyi Bazaar
11. s. Cityplan S. 302
12. Ocean Super Center

Abends & Nachts
1. – 3. s. Cityplan S. 302
4. Moustache Brothers
5. – 6. s. Cityplan S. 302

Aktiv
1. – 2. s. Cityplan S. 302
3. Amaravati Thai Relexology

1857 zum 2400. Mal jährte. Die 8 m hohen und 3 m dicken Mauern sind von einem 68 m breiten Wassergraben umgeben. Auf jeder Seite gibt es zwölf, also insgesamt 48, Wachtürme. Hinzu kommen je Seite drei Tore, von denen jeweils das mittlere an einer Brücke liegt.

Vom Zentrum der Welt zum Fort Dufferin

Im Zentrum des quadratischen Areals erstreckte sich der von Holzpfählen eingefasste 650 x 680 m große **Palastbezirk** (Mya Nan San Kyaw) mit über 130 vorwiegend aus Teakholz bestehenden Bauten, unterteilt in die **öffentliche Sektion** mit den wichtigsten Thronhallen und den **Privatbereich** für die Königinnen und Konkubinen samt Kinderschar.

Herzstück der Palastanlage war die innen und außen vergoldete **Audienzhalle mit dem Löwenthron (Mye Nandaw)** als Symbol der Mitte des Universums. Den Thron überspannte ein 78 m hohes, siebenstöckiges Staffeldach (pyathat). Von diesem Thron aus, der heute im Nationalmuseum von Yangon (s. S. 149) steht, nahm der König dreimal im Jahr die Loyalitätsbekundungen seiner Untergebenen entgegen. Es gab sieben **weitere Thronsäle**, die der König und teils die Königin für bestimmte Zwecke nutzten. Der nach seiner Wanddekoration benannte **Glaspalast** (Hmannan Dawgyi) mit fünfgliedrigem Dach war der Ort für Treffen des Königs mit seinen Ministern (wungyi) und Sekretären. Ein 24 m hoher Wachturm erlaubte dem König Ausblicke in die umliegende Stadt.

Nach der Absetzung von König Thibaw und der Übernahme Mandalays durch die Briten 1885 hieß die Anlage **Fort Dufferin**, benannt nach dem damaligen Generalgouverneur von Britisch-Indien. Während der japanischen Besatzung (1942–45) diente die Anlage dann als militärisches Hauptquartier der Imperial Army. 1902 verbrachten die Briten den Löwenthron ins Indische Museum im heutigen Kolkata (inzwischen im Natio-

Macht und Intrigen im Glaspalast

Die letzte Dynastie Myanmars, die Konbaung, brachte elf Herrscher hervor. Unter ihnen erreichte das birmanische Reich eine eindrucksvolle Größe. Kunst und Kultur erblühten, die architektonischen Zeugnisse sind von atemberaubender Schönheit. Doch die Machtkämpfe um die Thronfolge führten zu regelmäßigen Massakern in der Königsfamilie. Am Ende verschwand Myanmar im Britischen Empire.

König Tharawaddy (reg. 1837–46) hatte eine Schwäche für Sängerinnen. Gleich zwölf machte er zu seinen Nebenfrauen: Nummer 83 bis 95. Mit ihnen vergnügte er sich im weitläufigen Palast von Amarapura, derweil die Amtsgeschäfte zur Nebensache gerieten. Immer wieder provozierte er das Britische Empire, welches nach dem Vertrag von Yandabo 1826 die Küstenstreifen Myanmars annektiert hatte. Er schmiss den britischen Gesandten hinaus, verursachte beinahe einen Krieg, als er 1841 mit einer großen Flotte auf Pilgerfahrt nach Yangon reiste und litt in seinen letzten Lebensjahren zunehmend unter Realitätsverlust. Als die Situation unerträglich wurde, riss sein ältester Sohn Pagan die Macht an sich und ließ seine potenziellen Widersacher beseitigen. Der Oktober 1845, als Pagan u. a. seinen Halbbruder Pyi Min samt Frau und Kindern töten ließ, gilt seitdem als einer der schwärzesten Monate in der Geschichte der Konbaung-Dynastie.

Nach dem Ableben des Vaters ließ sich Pagan am 17. November 1846 zum König erheben. Seine Zeit gilt als Anfang vom Ende der Konbaung-Dynastie, weil er den Zweiten Anglo-Birmanischen Krieg zu verantworten hatte. Als sein Gouverneur von Yangon zwei britische Kapitäne wegen Mordes, Veruntreuung und Unterschlagung von Zollgebühren zu hohen Geldstrafen verurteilte, ließ der in Kalkutta (heute: Kolkata) residierende Generalgouverneur von Britisch-Indien, Lord Dalhousie (reg. 1847–56), nach Ablauf eines Ultimatums ab April 1952 ganz Nieder-Myanmar besetzen. Diese zweite Demütigung durch die Briten führte zu einem neuerlichen Machtkampf in Amarapura. Zusammen mit seinem Bruder Kanaung zwang Mindon am 18. Februar 1853 Pagan zur Abdankung, gestattete ihm aber, weiter im Palast zu wohnen.

Es folgten 26 Jahre des Friedens, in denen mit Mandalay nicht nur eine neue Stadt entstand, sondern auch das Reich vorsichtig modernisiert wurde. So entsandte der König Schüler nach Europa und ließ einige seiner Söhne in einer anglikanischen Missionsschule lernen. Besuchern gegenüber zeigte sich Mindon offensichtlich als beeindruckende Erscheinung. So erinnert sich der Missionar John Ebenezer Marks an eine Audienz mit ihm: »Türen öffneten sich, eine nach der anderen, und in der Ferne konnte ich eine einzelne Gestalt sehen, die würdevoll voranschritt. Es war der König, ein feiner, hochgewachsener Mann mit dem Aussehen eines typischen Birmanen, etwa 55 Jahre alt. Er wirkte würdevoll, aber angenehm, ›jeder Zoll ein König‹. Er schritt zu den *dais*, die mit purpurnen Tüchern bedeckt waren und nahm auf einer wunderschönen Couch Platz. Einige der Prinzen, alle prächtig gekleidet, kamen durch eine untere Türe herein und nahmen neben mir Platz.« (John Ebenezer Marks: Forty Years in Burma. London 1917).

Da nach dem Attentat auf seinen Bruder und potenziellen Nachfolger Kanaung im Jahr 1866 König Mindon keinen seiner 48 Söhne zum Nachfolger bestimmt hatte, begann in seinen letzten Lebenswochen ein Machtkampf. In der Hoffnung auf Frieden teilte er vom Krankenbett aus das Reich unter dreien seiner Söhne auf, doch ohne Folgen. Seine Frau Nummer neun, die Königin

Zumindest als Statuen residieren König Thibaw und Königin Supalayat noch im Palast

des Mittleren Palasts, Alenandaw Hsinbyumashin, hatte in Allianz mit dem einflussreichen Minister Kinwun Mingyi bereits die Kontrolle über den Palast gewonnen und nahm die Prinzen samt Familien gefangen. Als Mindon am 1. Oktober 1878 starb, sah sie ihre Stunde gekommen und setzte Sprössling Nummer 41, den erst 19-jährigen Thibaw, als neuen König durch. Der als scheu und zurückhaltend bekannte Thibaw war der Sohn von Laungshe Myosa Mibura, der Tochter eines Generals aus Hsipaw (Thibaw) im Shan-Staat (daher sein Name). Durch die Verheiratung ihrer eigenen Töchter Supayagyi (1859–?), Supayalat (1859–1925) und Supayagale (1862–1912) mit König Thibaw konnte Alenandaw Hsinbyumashin ihren Einfluss weiter festigen.

Thibaws kurze Regierungszeit begann wie bei vielen seiner Vorväter ziemlich grausam. Im Februar 1879 wurden auf sein Geheiß schätzungsweise 80 potenzielle Rivalen, darunter acht seiner Brüder, hingerichtet. Im Gazetteer for Upper Burma and the Shan States heißt es dazu: »Ein großer Graben wurde ausgehoben, um sie alle aufzunehmen. Viele wurden noch halb lebend hineingeworfen, andere, nachdem sie von Scharfrichtern mit Knüppeln erschlagen wurden … Das riesige Grab wurde mit Erde bedeckt … Nachdem sich die Erde nach ein, zwei Tagen wieder anhob, sandte der König Palastelefanten, die die Erde wieder eben trampelten.« (James George Scott,: Gazetteer of Upper Burma and the Shan States. Superintendent, Govt. Print., Part I, Vol. 1. Rangoon 1900) Das ganze Land war geschockt von dem Massaker, dem 1884 ein weiteres mit 300 Opfern folgte. Ein Geist der Gesetzlosigkeit breitete sich aus. Doch von Anfang an war der Herr des Goldenen Palasts, so ein Titel Thibaws, faktisch ein Gefangener hinter »Goldenen Mauern«, wie der Journalist Shway Yoe alias James G. Scott bemerkte. Das Sagen hatte seine Frau Supayalat – jedoch nicht sehr lange: Nur sieben Jahre später verschwand das einst stolze Königreich im riesigen Britischen Empire: Am 3. Dezember 1885 fuhr das Herrscherpaar mit dem Dampfschiff Thuriya nach Yangon und von dort ins indische Exil. Dort lebte König Thibaw bis zu seinem Tod am 19. Dezember 1916 mit Supayalat, Supayagale war vier Jahre zuvor gestorben, und vier Töchtern in einer Villa in der südindischen Stadt Ratnagiri.

Mandalay

nalmuseum von Yangon; s. S. 149), die alten Palastbauten verkamen zu Offizierskasinos und Billardräumen. Während des Zweiten Weltkriegs geriet der Palast am 20. März 1945 im Kampf gegen die japanischen Besatzer unter Beschuss der britischen Artillerie, die sich auf dem Mandalay-Berg verschanzt hatte. Die Teakholzbauten gingen in Flammen auf und wurden vollständig vernichtet. Bis heute werden die größten Teile des Palastareals vom Militär genutzt.

Im Zuge eines umstrittenen **Rekonstruktionsprogramms** – für die Neugestaltung des Wassergrabens wurden die Bewohner Mandalays zur Zwangsarbeit verpflichtet – wurden ein paar Dutzend Gebäude zwischen 1989 und 1996 wenig detailgenau aus Beton wieder hergestellt.

Besichtigung

Der **Zugang** erfolgt über das mittlere Osttor, das **On Htate Gate,** von wo Besucher zunächst fast 1 km bis zum Zentrum fahren müssen. Unterwegs passiert man rechter Hand einige **Mausoleen,** u. a. jenes von König Mindon. Linker Hand erhebt sich der weiß getünchte Turm der Zahnreliquie, **Swedawzin,** ein quadratischer Block mit einem über einen Treppenaufgang zugänglichen quadratischen Schrein.

Nicht weit entfernt beginnt der auf einer Plattform gelegene und über eine breite Treppe zugängliche Ehrwürdige Königliche Smaragdpalast, **Mya Nan San Kyaw,** mit zahlreichen Hallen. Von diesem Komplex sollte man jedoch nicht zu viel erwarten, denn kaum etwas wurde maßstabsgetreu rekonstruiert. Die meisten Hallen sind leer und geben daher keine Idee von den kunstvollen Schnitzereien, welche sie einst zierten. Zunächst stößt man auf die Große Audienzhalle, **Mye Nandaw,** der sich eine quadratische offene Halle mit einer **Replik des Löwenthrons** (Sihasana Palanka) samt Königspaar anschließt, über der sich ein hohes *pyathat*-Dach erhebt.

Im Anschluss daran folgt der längliche Glaspalast, **Hmannan Dawgyi,** der allerdings innen weitgehend leer ist (vor dem Betreten muss man trotzdem die Schuhe ausziehen). Innen ist er zweigeteilt und birgt auf der Ostseite den sogenannten **Bienenthron** (Bhamarasana, benannt nach den Bienen in den kleinen Nischen), wo der König seine Minister empfing.

Lohnenswert ist der Aufstieg zum 55 m hohen, 1990 aus Holz erbauten Wachturm, **Nan Myint Saung,** welcher an der Südseite der Plattform liegt und einen schönen Rundblick eröffnet.

Einige Hallen an der Westseite dienen als **Museum** mit Fotodokumenten, Alltagsgeräten und neu angefertigten höfischen Gewändern.

Mandalay Hill

Cityplan: S. 295
Per Pick-up (1000 Kyat) von der 10th Street an der Südseite des Mandalay Hill über einen schmalen Weg hinauf bis zu einem Parkplatz unterhalb der Spitze, von dort per Rolltreppe oder Lift zur oberen Plattform (alternativ: Aufstieg zu Fuß ab 10th St.), tagsüber, Sammelticket

Ein Besuch des **Mandalay-Bergs** zum Sonnenauf- oder -untergang fehlt in nahezu keinem Reiseplan. Besonders spätnachmittags herrscht auf dem 236 m hohen Berg ein ziemlicher Trubel. Nicht zu Unrecht, denn der Ausblick ist überwältigend. Im Westen fließt der Ayeyarwady, und die Sagaing- und Mingun-Hügel erheben sich aus dem Dunst. Im Norden sind die endlosen Reisfelder zu sehen, während im Osten die fernen, oft wie von einem Schleier verhangenen Shan-Berge zu erkennen sind. Im Süden erstreckt sich Mandalay mit seiner gewaltigen Palastanlage. Wohin man schaut, überall ist das Land mit Pagoden übersät. Selbst das Gefängnis nordwestlich des Mandalay-Bergs besitzt im Zentrum einen Stupa.

Aufstieg auf den Mandalay-Berg

Südaufgang: 10th Street, 100 m östlich der Mandalay Hill St., Aufstieg ca. 30 Min.
Der Aufstieg über 934 Stufen beginnt am **Südaufgang** zwischen den beiden mächti-

Sehenswertes

gen *chinthe*, Löwenskulpturen als Wächterfiguren. Es dauert nicht lange, bis man dem Einsiedlermönch U Khanti (1867–1948) dankbar ist, auf dessen Initiative auf allen Seiten des Berges überdachte Treppenaufgänge errichtet wurden. Die Überdachung hält die Steine kühl und schützt vor der Sonne. Dazu weht immer ein leichter Wind. In Intervallen unterbrechen kleine Tempel die Aufgänge. Während des Aufstiegs trifft man auf Kinder, *cheroot* rauchende Frauen, auf Mönche und Nonnen, aber auch auf Händler und Astrologen, die den Besuchern ihre Dienste anbieten.

Auf halber Höhe steht der erste größere *tazaung*, wo sich bis vor einigen Jahren die sogenannten Peshawar-Reliquien befanden. Dabei handelt es sich um drei Knochen Gautama Buddhas, die früher im Kanishka Stupa (2. Jh.) in Peshawar verwahrt wurden. Die im Nordwesten des heutigen Pakistan gelegene Stadt war einst Teil des buddhistischen Kushan-Reichs, wurde aber im 11. Jh. unter den Pashtunen muslimisch, und der Stupa wurde zerstört. 1908 entdeckten britische Archäologen bei Ausgrabungen im Bereich des Stupas die Reliquien wieder, und die Kolonialregierung schenkte sie 1910 Prinz Pyinmana (1872–1963), einem Sohn König Mindons. Nach einem Diebstahlsversuch wurden die Reliquien ins U-Khanti-Kloster auf der Westseite des Mandalay Hill gebracht.

Nach etwa zwei Dritteln des Weges ist der stehende **Shweyattaw Paya** 2 erreicht, der Buddha weist mit seiner ausgestreckten Hand in Richtung Königspalast: eine Anspielung auf die legendäre Prophezeiung des Erleuchteten, dass 2400 Jahre nach seinem Eintritt ins Parinirvana eine große Stadt am Fuß des Berges entstehen würde. Die riesige Figur mit dem knienden Ananda zu ihren Füßen ersetzte die ursprüngliche, 1892 bei einem Feuer zerstorte Statue.

Den Abschluss bildet auf der Spitze des Mandalay Hill eine Plattform mit der Pagode des Berges der Wunscherfüllung, **Sutaungpyi Paya** 3, einer von einem Stupa gekrönten Halle mit von Glasmosaiken verzierten Bögen.

ÜBER DEN NORDAUFGANG AUF DEN MANDALAY HILL

Der wenig genutzte **nördliche Treppenzugang** auf den Mandalay-Berg beginnt beim sehenswerten **Shwekyin Kyaung** 4, einem weitläufigen Klosterkomplex, der noch heute als Zentrum einer strengen Mönchskongregation großen Respekt genießt. Teil der Anlage ist ein von König Mindon 1860 für einen angesehenen Mönch gestiftetes Holzkloster mit wunderschönen Verzierungen.
Nordaufgang: Mandalay-Myitkyina Highway, Anfahrt per Mopedtaxi, Aufstieg ca. 30 Min.

Am Fuß des Mandalay Hill

Cityplan: S. 295, 302

Eine ganze Reihe von Pagoden wurde nordöstlich der Palastmauern am Fuß des Mandalay-Bergs errichtet. Sie gehören mit Abstand zu den interessantesten der Stadt und gehen fast alle auf König Mindon zurück.

Kyauktawgyi Paya 5

Zwischen 10th und 12th St., tgl. 7–19 Uhr, Sammelticket

Nicht weit vom Südaufgang des Mandalay Hill erhebt sich die **Pagode des Großen Königlichen Steines,** deren Bau mit Mindons Machtkampf gegen seinen Halbbruder Pagan verbunden ist. Als sich Mindon in den Marmorbergen bei Sagyin (2, ▶ J 13), 50 km nördlich von Mandalay, versteckt hielt, soll er geschworen haben, nach erfolgreichem Putsch einen **Buddha aus Marmor** zu stiften. Er hielt Wort. Im August 1864 begannen seine Untertanen, einen Marmorblock

Mandalay

aus Sagyin auf dem Ayeyarwady nach Mandalay zu transportieren. Von dessen Ostufer benötigten 10 000 Freiwillige dreizehn Tage, um den Block die letzten Kilometer durch die Straßen der Stadt bis zur jetzigen Stelle zu ziehen. Der König selbst legte Hand an und bemalte Lippen, Augen und Augenbrauen der Skulptur. Eine Woche nach Fertigstellung wurde der 180 t schwere Buddha am 16. Mai 1865 offiziell geweiht.

Der Rest der quadratischen Anlage mit der ebenfalls quadratischen **Haupthalle** in der Mitte ist in späterer Zeit entstanden. So stammen die je 20 Schüler Buddhas auf allen vier Seiten rund um die Haupthalle aus den 1890er-Jahren. Deren pyramidenförmiger, achtseitiger Abschluss wurde auf Initiative des Shan-Fürsten Sao Mawng (reg. 1864–85, 1897–1926) geschaffen. In der östlichen **Vorhalle** hängt ein Porträt König Mindons. Dort sind auch die 1968 von dem Maler Saw Maung (1900–69) geschaffenen Bilder über die 16 apokalyptischen Träume des Königs von Kosala aus dem »Mahasupina Jataka« (s. Thema S. 252) zu finden.

Das **Pagodenfest** zum Thadingyut-Vollmond gehört zu einem der populärsten von Mandalay. Die Straßen rund um den Komplex verwandeln sich dann in einen großen Markt.

Sandamuni Paya 6

12th St., tgl. 6–19 Uhr, Sammelticket

Die **Pagode des Mannigfaltigen Weisen** befindet sich dort, wo in den 1850er-Jahren König Mindons provisorischer Palast stand. Sie wurde 1867 zum Gedenken an dessen jüngeren Bruder und auserwählten Nachfolger Kanaung gestiftet, der als enger Vertrauter Mindons nicht nur Mitinitiator des Putsches gegen Pagan war, sondern auch ein talentierter Reformer und Administrator. Während einer Palastrevolte wurde der 46-Jährige am 2. August 1866 von zwei Söhnen Mindons enthauptet. Seine sterblichen Überreste befinden sich im **Zentralstupa** der Anlage. In einem **Andachtsraum** am Fuß des Stupa wird ein 18,5 t schwerer gekrönter Buddha aus Metall verehrt, den König Bodawpaya 1802 für die Tempel von Mingun anfertigen ließ und der 1874 hierher gebracht wurde. Die 1774 **Marmortafeln,** die sich um den Stupa gruppieren, gehen auf die Initiative des populären Einsiedlermönchs U Khanti zurück, der dort 1913 zwei berühmte Kommentare zum Palikanon einmeißeln ließ.

Kuthodaw Paya 7

12th St., Ecke 62nd St., tgl. 8–18 Uhr, Sammelticket

Die **Pagode der Königlichen Verdienste** ist ebenfalls eine Stiftung Mindons und Bestandteil seiner Vision, eine Stadt der buddhistischen Weisheit zu schaffen. Der offizielle Name lautet Maha Lawka Marazein Zeididaw, Stupa des Großen Bezwingers von Mara (dem Herrscher der Unterwelt). Mit dem Bau wurde im Mai 1859 begonnen, der nur drei Jahre später vollendete **Stupa** entstand nach Vorbild des Shwezigon in Bagan.

Die quadratische Anlage darf aufgrund der 729 **Steintafeln,** auf denen der König die Drei Sammlungen (Tipitaka) des Palikanons verewigen ließ, als das schwerste Buch der Welt gelten. Zwischen 1860 und 1868 waren gut 50 Steinmetze im Königspalast mit dieser Arbeit beschäftigt, die eingemeißelten Buchstaben wurden mit Blattgold ausgelegt. Die Tafeln gruppieren sich in drei quadratischen Umläufen rund um den Stupa. Die **inneren 42 Tafeln** beinhalten die Mönchsregeln (Pali/Sanskrit: *vinaya*), die **168 mittleren** ebenfalls *vinaya* plus Kommentare (Pali: *abhidhamma*, Sanskrit: *abhidarma*) und die **519 im äußeren Quadrat** weitere Teile des *abhidhamma* und die Lehrreden Buddhas (Pali: *sutta,* Sanskrit: *sutra*). Nach wiederholter Restaurierung wurde später für die Ausgestaltung der Buchstaben statt Blattgold schwarze Farbe verwendet, die ursprünglichen Metallschirme ersetzte man durch steinerne Schreine. – Drei Jahre nach Beendigung der Arbeiten rief Mindon die Fünfte Buddhistische Synode ein, bei der von April bis September 2400 Mönche den gesamten Palikanon rezitierten.

Sehenswertes

Weiße Schreine bergen die 729 Marmortafeln mit dem Palikanon

Schön sind auch die 1892 gepflanzten **Bäume und Sträucher** auf dem Gelände, darunter der wegen der intensiv riechenden weißen Blüte populäre Bakulbaum (auch Spanische Kirsche, *Mimusops elengi*), Madhucabäume *(Madhuca longifolia)* sowie die stachelige Mannstreu *(Acanthus ebracteatus)*.

Atumashi Kyaung und Shwenandaw Kyaung

Zugang zu den beiden Klöstern über 12th St. (gegenüber Kuthodaw Paya) oder 62nd Street, tgl 8–17 Uhr, Sammelticket am Ticketschalter des Shwenandaw Kyaung

In südlicher Nachbarschaft der Kuthodaw-Pagode erstrecken sich nebeneinander zwei Klosteranlagen. Von der Kuthodaw kommend, erreicht man zunächst das Unvergleichliche Kloster, **Atumashi Kyaung** 8 . Die auf einer erhöhten und schön verzierten Steinplattform errichtete **Holzhalle** wurde im Beisein des 64-jährigen Königs Mindon am 10. Mai 1878 eingeweiht, um die unter königlicher Patronage stehenden Mönche zu beherbergen. Im Inneren befand sich eine wertvolle Buddhafigur, die jedoch seit der britischen Eroberung Mandalays im Jahr 1885 verschollen ist. 1890 brannte das Gebäude bis auf die Grundmauern nieder und wurde erst 1995 aus Stein und Beton wieder aufgebaut. Das Innere der Halle ist fast leer.

Das Goldene Palastkloster, **Shwenandaw Kyaung** 9 , stand einst im königlichen Palast und wurde 1880 von König Thibaw dort ab- und hier wieder aufgebaut. Diesem Umstand ist es zu verdanken, dass es die Kriegszerstörungen überstand. Die längliche, innen zweigeteilte und von einer Veranda umgebene **Teakhalle** diente als Schlafgemach

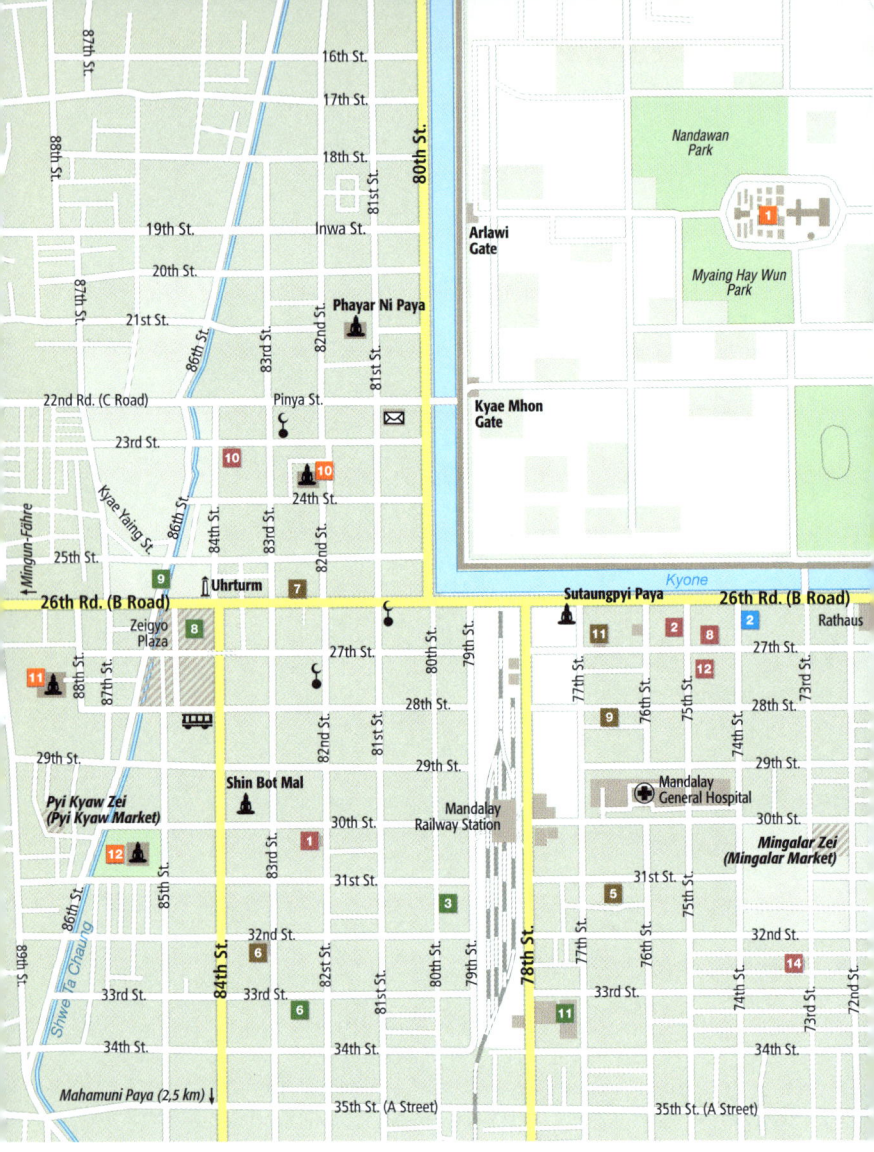

Mandalay-Zentrum

Sehenswert
1. Royal Palace
2. – 9. s. Cityplan S. 295
10. Shwekyimyint Paya
11. Eindawya Paya
12. Setkyathiha Paya
13. – 17. s. Cityplan S. 295

Übernachten
1. Red Canal
2. s. Cityplan S. 295
3. Sedona Hotel
4. s. Cityplan S. 295
5. Hotel Yadanarbon
6. Hotel A 1
7. M 3 Hotel Mandalay
8. s. Cityplan S. 295
9. Smart Hotel

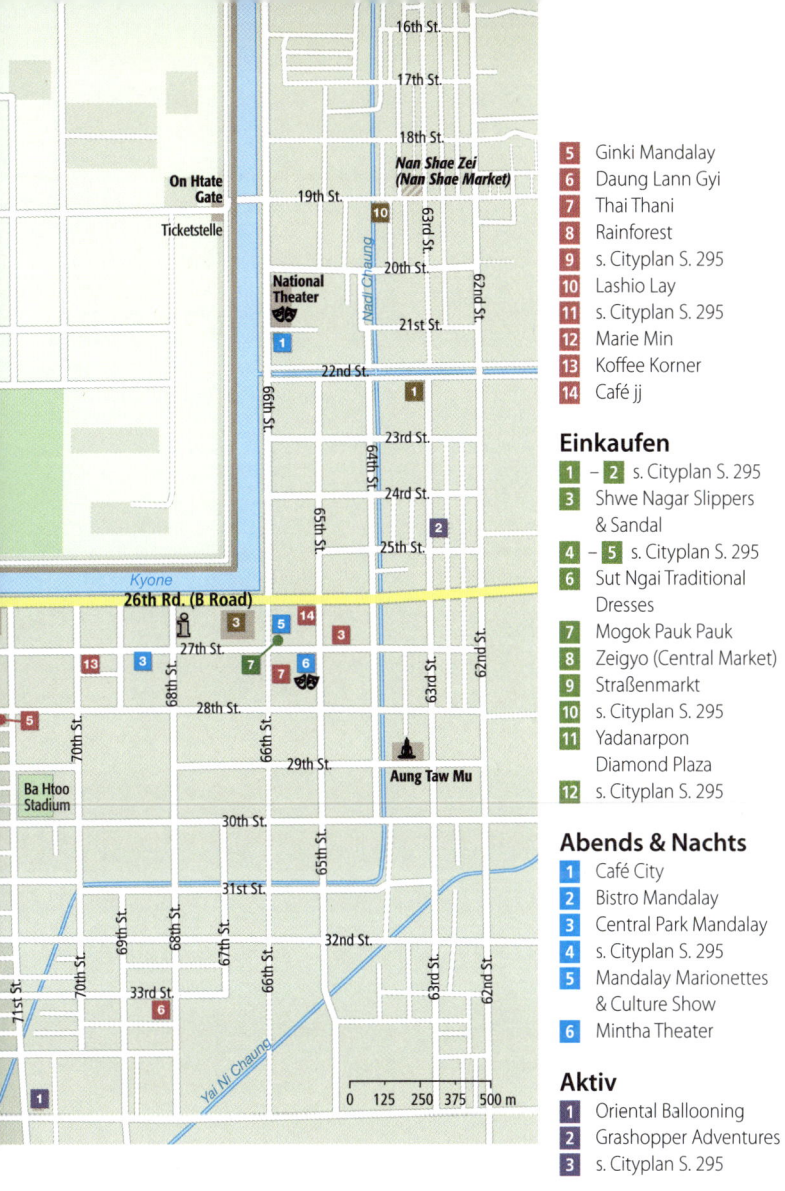

5	Ginki Mandalay
6	Daung Lann Gyi
7	Thai Thani
8	Rainforest
9	s. Cityplan S. 295
10	Lashio Lay
11	s. Cityplan S. 295
12	Marie Min
13	Koffee Korner
14	Café jj

Einkaufen

1 – 2	s. Cityplan S. 295
3	Shwe Nagar Slippers & Sandal
4 – 5	s. Cityplan S. 295
6	Sut Ngai Traditional Dresses
7	Mogok Pauk Pauk
8	Zeigyo (Central Market)
9	Straßenmarkt
10	s. Cityplan S. 295
11	Yadanarpon Diamond Plaza
12	s. Cityplan S. 295

Abends & Nachts

1	Café City
2	Bistro Mandalay
3	Central Park Mandalay
4	s. Cityplan S. 295
5	Mandalay Marionettes & Culture Show
6	Mintha Theater

Aktiv

1	Oriental Ballooning
2	Grashopper Adventures
3	s. Cityplan S. 295

10	Hotel United
11	Royal City Hotel
12 – 13	s. Cityplan S. 295

Essen & Trinken

1	Bistro @ 82
2	BBB (Barman Beer Bar)
3	Green Elephant
4	s. Cityplan S. 295

Mandalay

König Mindons, der in diesem Gebäude am 1. Oktober 1878 verstarb. Thibaw nutzte sie zunächst zur Meditation, ließ sie aber dann aus Angst vor Mindons Geist aus dem Palastgelände entfernen.

Berühmt ist das *kyaung* heute wegen seiner **Schnitzereien,** die sich vor allem **außen** zeigen. Kaum eine Fläche, die nicht mit Figuren oder Blumenornamenten verziert wäre. Allerdings wurden einige Teile und Figuren bei Restaurierungsarbeiten durch recht dilettantische Schnitzarbeiten ersetzt. Auch das **Innere** ist reichlich ausgeschmückt. Dort wurden in der Eingrenzung vor dem Buddha-Altar die zehn letzten *jataka* aus je einem Stück Holz herausgeschnitten. Hier erst kann man erahnen, wie prachtvoll der einstige Palast gewesen sein muss. Früher war das Gebäude innen wie außen vergoldet und mit Glasmosaiken belegt. Heute ist nur noch die außergewöhnlich schöne **Decke des Hauptraums** vergoldet.

Zwischen Palast und Mahamuni Paya

Cityplan: S. 295, 302
Eine Vielzahl buddhistischer Klöster und Pagoden, die alle ihren eigenen Charakter besitzen, liegen in den Vierteln südwestlich des Palasts verstreut.

Shwekyimyint Paya 10

24th St. (82/83), tagsüber, Eintritt frei
Am schönsten ist der Zugang von der 83rd Street, von wo eine schmale Gasse zum Tempelgelände mit diversen **Hallen** und **Schreinen** samt goldenem **Stupa** führt.

Lange vor der Gründung Mandalays wurde im Jahr 1176 die **Shwekyimyint-Pagode** errichtet, nachdem Prinz Minshinsaw, ein im Exil lebender Sohn des Bagan-Königs Alaungsithu, eine goldene Krähe gesehen hatte. So erzählen es zumindest die alten Chroniken. 1889 erfuhr das Heiligtum ein kleines Revival. Damals brachten einflussreiche Einwohner Mandalays wertvolle **Buddhastatuen** aus dem von den Briten besetzten Königspalast hierher, darunter befanden sich ein stehender gekrönter Buddha und eine Statue aus Jade.

Eindawya Paya 11

Eindawya Pagoda Rd. (88/89), tagsüber, Eintritt frei
An der nach ihr benannten Straße, etwa 300 m westlich des Zeigyo, liegt die **Pagode Haus des Königlichen Platzes,** Eindawya. Der eigentümliche Name stammt von Pagan Min, dem im Jahr 1853 von König Mindon abgesetzten Despoten, der die Pagode 1847, also noch vor der Gründung der neuen Königsstadt Mandalay an der Stelle seiner früheren Kronprinzenresidenz errichten ließ. Auf dem quadratischen Gelände mit einem 27 m hohen, auf drei Terrassen thronenden **Stupa** wird in einem Schrein eine **Buddhastatue aus Chalzedon** verehrt, die 1839 aus Sri Lanka nach Myanmar gelangte.

Setkyathiha Paya 12

85th St. (30/31), tagsüber, Eintritt frei
Etwa 600 m südlich des Zeigyo liegt die **Setkyathiha-Pagode** (auch: Maha Thekya Thiha): ein Tempelareal, in dessen Mitte sich auf fünf Terrassen eine **achteckige Halle** erhebt. Sie birgt einen 5 m hohen Buddha, den König Bagyidaw (reg. 1819–37) 1826 in Inwa gießen ließ. Und dabei sparte er keine Kosten: 16,36 t Gold, Silber, Bronze, Eisen und Zink wurden dafür verarbeitet. Über Amarapura gelangte die Statue schließlich 1885 unter Thibaw hierher. Die 28 **Buddhas** und 80 **Schüler des Erleuchteten** auf den Terrassen stammen von Thibaws Gattin, der mächtige **Bodhi-Baum** von Myanmars erstem Premier, U Nu.

Shwe In Bin Kyaung 13

89th St. (südlich der 35th St.), tagsüber, Spende erwünscht
In einem Viertel mit zahlreichen Klöstern und buddhistischen Institutionen liegt das **Shwe-In-Bin-Kloster,** auf dessen Gelände mit altem Baumbestand sich eine wunderschöne und gut erhaltene hölzerne Klosterhalle befindet. Im Jahr 1895 von zwei chine-

Sehenswertes

sischen Jadehändlern gestiftet, zählt dieses *kyaung* zu den am besten erhaltenen Anlagen der Stadt. Schon die massiven Säulen und filigranen Verzierungen an den **Balustraden** sind eindrucksvoll. Sehenswert sind aber auch die schönen **Schnitzereien im Inneren,** allen voran die *jataka*-Szenen, welche in die Eingrenzung des Altars gearbeitet wurden.

Mahamuni Paya 14

Zwischen 82th und 84th St., tgl. 4–21, Mahamuni-Schrein tgl. 4–16 Uhr, Sammelticket (Schalter am Ostzugang)

Mit Abstand bedeutendstes religiöses Zentrum im Norden Myanmars ist die **Pagode des Großen Weisen.** Sie liegt im Süden Mandalays und stand schon, als die Stadt noch gar nicht existierte. König Bodawpaya (reg. 1782–1819) ließ sie 3 km nördlich seiner Residenz in Amarapura erbauen, um die im Jahr 1785 aus Dhanyawadi in Rakhine hierher verschleppte **Figur des Mahamuni-Buddha** zu beherbergen. Nach einem der Beinamen des Erleuchteten Mahamuni, Großer Weiser, benannt, zählt die Figur neben der Shwedagon-Pagode in Yangon und den Goldenen Felsen bei Kyaikhto zu den Hauptpilgerzielen des Landes. Das sich die Statue nicht mehr in Dhanyawadi befindet, empfindet die Bevölkerung Rakhines bis heute als Verlust.

Die quadratische Anlage ist über vier langgezogene **Korridore** zugänglich, die gleichzeitig als Devotionaliengeschäft fungieren. In ihrer Mitte wird sie von einer ebenfalls gleichseitigen **Halle mit dem Mahamuni-Buddha** dominiert, deren hohes pyramidenförmiges *pyathat*-Dach schon von Weitem zu sehen ist. Auf der Plattform rund um die Halle gruppieren sich diverse Schreine und Pavillons. Der heutige Komplex wurde nach einem großen Brand 1884 unter König Thibaw neu errichtet.

Die Hauptsehenswürdigkeit ist natürlich der **Mahamuni-Buddha** selbst. In einer der ältesten Chroniken Rakhines, dem »Sappadana Pakarana« aus dem 16. Jh., ist die **Legende des Mahamuni** überliefert: Gautama Buddha sei mit 500 Mönchen in das Königreich Dhannavati im nördlichen Rakhine gereist, um den Bewohnern dieses Landes und ihrem König Chandrasuriya die buddhistische Lehre und die zehn königlichen Tugenden zu predigen. Daraufhin habe der König den Erleuchteten gebeten, doch sein Ebenbild zu hinterlassen. Buddha stimmte zu und verbrachte eine zusätzliche Woche meditierend unter einem Bodhi-Baum, während Sakka, der König der Götter, dieses Ebenbild des Buddha aus Bronze schuf. Der Vollkommene sei zufrieden gewesen, heißt es weiter, er habe es angehaucht und gesagt: »In meinem 80. Lebensjahr werde ich ins *nibbana* (Sanskrit: *nirvana*) eingehen, Du aber, von meinem Atem berührt, wirst 5000 Jahre existieren, solange wie meine Religion andauern wird.« Nach der Abreise des Erleuchteten fand der Mahamuni seinen Platz auf einem diamantenbesetzten Thron auf dem Sirigutta-Hügel bei Dhanyawadi (s. S. 236). So weit die Legende.

Archäologen vermuten, dass die Bronzestatue vielleicht im 2. Jh. während der Regierungszeit Chandrasuriyas gegossen wurde. Sie genoss in Rakhine große Verehrung, was das Interesse der gläubigen Bamar geweckt haben mag. Schon der Bagan-König Anawrahta, der im 11. Jh. den Norden Rakhines eroberte, hätte den Mahamuni gerne nach Bagan gebracht, musste dies aber aus logistischen Gründen ebenso unterlassen wie später sein Enkel Alaungsithu – so zumindest die Chroniken. Im 15. Jh. wurde der Mahamuni vom Urwaldgestrüpp befreit und restauriert. Schließlich erregte er das Interesse König Bodawpayas. Dessen Sohn, Kronprinz Thado Minsaw, ließ die Bronzefigur schließlich nach der Eroberung Rakhines in drei Teile zerlegen und über den Rakhine Yoma und den Ayeyarwady nach Amarapura bringen, wo er am 7. Mai 1785 seinen neuen Platz einnahm.

Die **Mahamuni-Figur** ist 3,80 m hoch und einer Schätzung von 1996 zufolge mit etwa 12 t Blattgold bedeckt, das bereits damals eine Dicke von 15 cm erreichte. Endlos ist der Strom von Männern – Frauen ist es nicht gestattet –, die das hauchdünne Blattgold

Mandalay

Hochverehrt und immer wieder mit Blattgold beklebt – der Mahamuni-Buddha

selbst auftragen. Im Lauf der Jahrhunderte ist der Körper des Erleuchteten dadurch unförmig geworden und in seiner ursprünglichen Gestalt nur noch zu erahnen.

Die Krone und die Schulterdekoration des Mahamuni-Buddha wurden von König Thibaw gestiftet. Sie stellen Buddha als Weltenherrscher, Chakkavatti (Sanskrit: Chakravarti), dar. Die Darstellung von gekrönten Buddhas war in Rakhine beliebt und erlangte auch unter den Konbaung-Königen große Popularität. Jeden Morgen um 4 Uhr putzt übrigens ein Mönch die Zähne des Mahamuni, gegen 16 Uhr begleiten Musiker das Verschließen des Mahamuni-Schreins.

Auf der nördlichen Seite der Pagodenplattform steht ein **Pavillon,** der sechs **Khmer-Figuren aus Bronze** birgt, ebenfalls Kriegsbeute aus Rakhine. An ihnen lässt sich das Auf und Ab der südostasiatischen Geschichte gut nachvollziehen: Ursprünglich standen sie in Tempeln des kambodschanischen Angkor, bis die Thai-Invasoren im Jahr 1431 die Khmer-Hauptstadt eroberten und u. a. 30 Bronzefiguren nach Ayutthaya verbrachten. Ayutthaya wiederum war 1564 Ziel von König Bayinnaung, der die Figuren in seinen Palast nach Bago bringen ließ. Doch schon wenige Jahrzehnte später, 1599, wurde dessen Palast von Min Razagyi aus Rakhine geplündert, der die Figuren nach Mrauk U verschleppte. Nur sechs der ursprünglichen 30 Khmer-Bronzen haben diese Odyssee überstanden: drei Löwen, ein Airavata (dreiköpfiger Elefant, Reittier der Hindugottheit Indra) und zwei Tempelwächter. Gläubige blicken indes weniger auf ihre Geschichte als ihre magische Kraft. Berührt man die Figuren an bestimmten Stellen, so bleibt der entsprechende Körperteil von Schmerzen oder Krankheit verschont.

Auf der Plattform befinden sich weitere Sehenswürdigkeiten, etwa in der Nähe des Pavillons mit den Khmer-Figuren ein 5 t schwerer **Gong** sowie einige **Steininschriften,** die Bodawpaya sammeln ließ. **Kronprinz Thado Minsaw** ist als Statue an der Südostseite verewigt, ein anderer Sohn Bodawpayas stiftete die 1811 gegossene, 40 t schwere **Tempelglocke** auf der Nordostseite stammt.

Man sollte den Pagodenkomplex über den **Westkorridor** verlassen, in dem sich noch **Wandmalereien** aus den 1890er-Jahren befinden und anschließend einen Abstecher ins Viertel der Steinmetze, Kyauk Sit Tan, machen.

Kyauk Sit Tan 15

84th St., estlich der Mahamuni Paya
Vom Westeingang der Mahamuni-Pagode aus ist es nur ein Katzensprung ins **Viertel der Steinmetze.** Dort werden in allen erdenklichen Größen Buddhas aus Stein oder auch aus Sagyin-Marmor gefertigt. Man kann den Steinmetzen bei der Arbeit zusehen: Sie bohren, schneiden und fräsen zuerst den Körper eines Buddha und zum Schluss sein Gesicht aus dem Gesteinsbrocken heraus.

Am Ayeyarwady

16 , 17 : s. Tipp S. 308

Infos

Myanmar Travels & Tours (MTT): Ecke 27th/68th St., hinter dem Swan Hotel, Tel. 02 603 56, 02 603 57, tgl. 9.30–17.30 Uhr. Allgemeine Informationen und Arrangements von Reisegenehmigungen.
Exo Travel: 24 70th St. (28/29), Tel. 02 387 86, www.exotravel.com. Der Spezialist für Begegnungs- und Erlebnisreisen arrangiert Weiterreise und interessante Tages- oder Mehrtagestouren, z. B. von Mandalay nach Mogok, Mo–Fr 9.30–17 Uhr.
Zone Express Tours: 1 68th St. (26/27), Tel. 02 746 51, 09 200 73 37, http://zonemandalay.com. Kompetentes Büro für den Kauf von Flug- oder Schiffstickets und das Arrangement von Reisegenehmigungen, Mo–Fr 9.30–17, Sa 9.30–12 Uhr.

Übernachten

Lauschiges Boutiquehotel – **Red Canal** 1 : 417 63rd, Ecke 22nd St., Tel. 02 685 43, www.hotelredcanal.com. Mandalays erstes Boutiquehotel ist mit 25 nach den großen Volksgruppen Myanmars benannten Suiten ein wirkliches Hideaway. Es liegt am Rand eines Kanals – daher sein Name. Alles in diesem Haus ist geschmackvoll eingerichtet – von den Zimmern über das Restaurant bis zum Spa. Der Garten samt Swimmingpool verbreitet Tropenidyll, rechtfertigt jedoch nicht den saftigen Übernachtungspreis. DZ/ÜF ab 250 US-$.

Oase am Berg – **Mandalay Hill Resort** 2 : 9 Kwin, 10th St., Tel. 02 356 38, 356 72, www.mandalayhillresorthotel.com. In dem geschwungenen, achtstöckigen Bau des Mandalay Hill Resort verteilen sich 206 stilvolle Zimmer und Suiten mit traditionellem Dekor. Im Lobbybereich finden sich die Kipling's Lounge, in der abends Livemusik zu hören ist, und das Yadanabon Café. Sehr schön isst man im weitläufigen Garten hinter dem großen Pool, wo das Kinsana Garden Theater Dinnershows bietet. DZ/ÜF ab 180 US-$.

Mandalay

AM AYEYARWADY

Am Flussufer entfaltet Mandalay seinen ganz besonderen Reiz, vor allem am Morgen oder späten Nachmittag, wenn geschäftiges Treiben herrscht, die Boote be- und entladen werden, sich die Waren am sandigen Ufer stapeln und dazwischen Kind und Kegel herumtollen. Eine gute Stelle dies zu beobachten ist der **Viewpoint** 16 auf einer Erhöhung am Westende der 22nd Street sowie der **Gawein Jetty** 17 am Ende der A Road (Verlängerung der 35th St.), wo die Fähren nach Bagan ablegen.

4-Sterne-Klassiker – **Sedona Hotel** 3 : 1 26th, Ecke 66th St., Tel. 02 364 88, www.sedonahotels.com.sg. An der Südostecke des Königspalasts gelegen, bietet das Sedona einen Traumblick auf den Mandalay-Berg und im Garten einen schönen Pool. Als Businesshotel mit 247 Zimmern in drei Kategorien avancierte es zur Institution, wirkt aber bisweilen etwas unpersönlich. Es gibt zwei gediegene Restaurants, für den Absacker die Planter's Lounge und für die müden Knochen ein Spa. DZ/ÜF ab 160 US-$.

Ruhig gelegen – **Triumph Hotel** 4 : 1 26th St. (55/56), Tel. 02 611 45, 611 46, www.triumph-hotels.com. Knapp 20 Gehminuten südöstlich des Palasts bietet das gut geführte Hotel 46 Zimmer in drei Kategorien, die sich auf in Reihen angeordnete Bungalows verteilen. Mit schönem Pool. Das Essen wird in einer etwas nüchternen Halle unter weiß-blauer Himmeldecke serviert. Das Personal versteht etwas von Service. DZ/ÜF ab 100 US-$.

Solide – **Hotel Yadanarbon** 5 : 125 31st St. (76/77), Tel. 02 710 58, 719 99, www.hotelyadanarbon.com. Der Hotelkasten, der eine Dachterrasse und 58 dekorative Zimmer mit Holzboden und traditionellen Stilelementen bietet, liegt nur zehn Gehminuten vom Einkaufszentrum Diamond Plaza entfernt. Der Service ist gut, das Essen preislich und kulinarisch in Ordnung und die Marionettenaufführung in der Sky Bar Geschmackssache. DZ/ÜF ab 60 US-$.

Gut geführt – **Hotel A 1** 6 : 566 Ecke 83rd/32nd St., Tel. 02 674 01, 02 236 54, www.hotela1mandalay.com. Eine weitere Variante eines modernen Mittelklassehotels mit sauberen und funktionalen Zimmern, teils mit nettem Ausblick. Den gibt es vor allem im obersten Stock beim Speisen im Restaurant. Pluspunkte sind Service und zentrale Lage. DZ/ÜF ab 45 US-$.

Große Familienzimmer – **M 3 Hotel Mandalay** 7 : 108 26th St. (82/83), Tel. 02 671 71, 02 671 72, www.m3hotelmandalay.com. Von außen ein typischer Hotelkasten, birgt

Sehenswertes

Emsiges Treiben herrscht Tag für Tag am Ufer des Ayeyarwady

dessen Inneres 36 sympathische und saubere Zimmer in zwei Kategorien. Die großen Räume eignen sich für Familien. Zentrale Lage, Fahrradverleih und Service machen das M 3 Hotel zu einer guten Adresse. DZ/ÜF ab 45 US-$.

Familiär – **Ma Ma Guest House** 8 : 58 60th St. (25/26), Tel. 02 334 11, www.mama-guesthouse.com. Mit diversen Klöstern um die Ecke und einem netten Mutter-Tochter-Gespann als Eigner ist dieses Gästehaus mit nur neun geschmackvollen Zimmern in einem dreistöckigen weißen Gebäude die perfekte Wahl für Individualisten. Das Frühstück ist solide, Leihfahrräder erleichtern das Fortkommen. DZ/ÜF 40–60 US-$.

Protzig-plüschig – **Smart Hotel** 9 : 167 28th St. (76/77), Tel. 02 326 82, www.smarthotelmandalay.com. Mit etwas protziger Lobby, hallenartigem Restaurant und 28 plüschigen Zimmern mit schweren Vorhängen und viel Holz ist das 3-Sterne-Hotel ganz nach asiatischem Geschmack eingerichtet. Auch hier eröffnet sich von der Dachterrasse ein schöner Ausblick. Für den Preis eine gute Wahl. DZ/ÜF ab 40 US-$.

Östlich des Palasts – **Hotel United** 10 : 60 19th St., Ecke 64th St., Tel. 02 27 41 76, hotel united.mdy@gmail.com. Mit 56 komfortablen Zimmern mit Teakböden, TV und sauberen Bädern eine gute Wahl. Zum Mandalay Hill und den Tempeln ist es nicht weit. Vom etwas nüchternen Restaurant im siebten Stock eröffnet sich ein toller Ausblick. DZ/ÜF ab 30 US-$.

Frühstück auf dem Dach – **Royal City Hotel** 11 : 130 27th St. (76/77), Tel. 02 282 99, 02 318 05. Das Hotel liegt einen Block südlich des Palasts und bietet 20 helle, relativ nett eingerichtete Zimmer in verschiedenen Größen. Auf Sauberkeit wird geachtet, das Frühstück ist etwas bescheiden, dafür wird es im sechsten Stock auf der Dachterrasse serviert. DZ/ÜF ab 30 US-$.

Mandalay

Ruhig und familiär – **Peacock Lodge** 12 : 5 61th St. (25/26), Tel. 02 614 29, 09 204 2059, www.peacocklodge.com. Sehr ruhig gelegen, ist das Hotel seit seiner Eröffnung 1995 zu einer beliebten Adresse geworden. Nur fünf Zimmer geben der Unterkunft eine persönliche Note, am besten sind die oberen mit Balkon. Im Restaurant wird gute Küche geboten, regelmäßig finden Kochkurse statt. Fahrrad- und Mopedverleih. DZ/ÜF ab 30 US-$.

Gästehaus, Galerie, Musikschule – **Dreamland Guesthouse** 13 : Ecke 69th, 37th St., Tel. 02 328 50, www.dreamlandguesthouse.wordpress.com. Dass günstige Zimmerpreise nicht billigen Geschmack bedeuten müssen, zeigt dieses sympathische Gästehaus mit geschmackvollen Zimmern und Schlafsälen (gemischt und für Frauen). Im Vorgarten grüßen Skulpturen, im Obergeschoss kann man den Ausblick genießen. Es gibt Fahrrad- und Mopedverleih. 10 US-$/Bett, DZ/ÜF ab 23 US-$.

Essen & Trinken

Entspannt speisen – **Bistro @ 82** 1 : 82nd St. (30/31), www.facebook.com/Bistro82nd, Tel. 09 250 12 12 80, tgl. 7–22 Uhr. Wer modernes Ambiente mit solider westlicher Küche verbinden will, ist hier richtig. Die Menüauswahl ist überschaubar, doch vielfältig, dazu gibt es Tagesgerichte. Empfehlenswert sind Steaks und Fischgerichte, auch die Weinliste kann sich sehen lassen. Gerichte um 8000 Kyat.

Guter Magenfüller – **BBB (Barman Beer Bar)** 2 : 292 76th St. (26/27), www.facebook.com/bbbrestaurant, tgl. 9–22.30 Uhr. Sicherlich kein Gourmettempel, doch aus der Küche kommen solide westliche Speisen von Nudelgerichten über Burger bis zu Steaks. Sehr beliebt sind die gegrillten Garnelen. Gerichte ab 5000 Kyat.

Gartenambiente – **Green Elephant** 3 : 3 H 27th St. (64/65), Tel. 02 612 37, www.greenelephant-restaurants.com, tgl. 11–22 Uhr. Hier steigen viele Reisegruppen ab, denn das Ambiente in den Gartenpavillons ist stimmungsvoll, das birmanische bzw. chinesische Essen gut gewürzt und der Service effektiv. Gerichte ab 4000 Kyat.

Stilvoll birmanisch – **A Little Bit of Mandalay** 4 : 1 A/3 28 St. (52/53), Tel. 09 91 04 85 06, www.littlemandalay.com, tgl. 10–14.30, 16–21.30 Uhr. Selten kann man so gemütlich in schönem Ambiente die birmanische Küche goutieren, auch wenn die Currys dem Touristengaumen etwas angepasst sind. Das etablierte Lokal bietet zudem Bed & Breakfast. Gerichte ab 4000 Kyat.

Gute Cocktails, leckeres Essen – **Ginki Mandalay** 5 : 71st St., Ecke 28th St., Tel. 09 797 80 26 00, www.facebook.comm/ginkimandalay, tgl. 10.30–23 Uhr. Hier geht jeder zufrieden raus. Gute Drinks und gutes Essen – wie Krebs mit schwarzem Pfeffer oder Deftiges wie Schweinenacken. Auch das Ambiente im Garten und im holzverzierten Nichtraucherlokal stimmt. Gerichte ab 4000 Kyat.

Lecker birmanisch – **Daung Lann Gyi** 6 : 68th St. (33/34), Tel. 09 512 38 59, tgl. 6–21 Uhr. Schon zum Frühstück ist hier gut was los, denn die birmanischen Gerichte schmecken nicht nur, sondern werden auch ansprechend präsentiert. Wer's zum Dinner üppig will, sollte Pwe Taw Sar bestellen, ein reichhaltiges Set mit Reis, Currys, Gemüse und Salaten. Gerichte ab 4000 Kyat.

Gute Thai-Küche – **Thai Thani** 7 : 66th St. (27/28), östlich des parallel zur 66th Street verlaufenden Kanals, tgl. 11–22 Uhr. Das thai-birmanische Ehepaar versteht sein Geschäft und tischt in seinem einfachen Lokal schmackhafte, authentische Thai-Küche auf. Besonders lecker ist Nam Tok Moo, gegrillter Schweinefleischsalat. Nett sitzt man im kleinen Garten. Gerichte ab 3500 Kyat.

Souvenirs zum Chili – **Rainforest** 8 : 27th St. (74/75), neben dem Marie Min, Tel. 02 362 34, tgl. 9–22.30 Uhr. Die Küchenchefin aus dem östlichen Nachbarland versteht ihr Handwerk. Die Gerichte sind authentisch und gut gewürzt. Auch das Ambiente mit Thai-Dekor stimmt. Zum Verdauen kann man im ebenerdigen Sun Flower Traditional Arts & Crafts Shop stöbern. Gerichte ab 3500 Kyat.

Adressen

Kulinarisches Asien – Super 81 9 : 582 81st St. (38/39), tgl. 9–23 Uhr. Hier ist immer was los. Die birmanisch-chinesischen Eigner bieten gut gewürzte Seafood-Gerichte ebenso wie Thai-Currys und Nudelsuppen. Man kann klimatisiert im ersten Stock oder an der frischen Luft auf der Dachterrasse speisen. Service & Preis stimmen. Gerichte ab 3000 Kyat.

Shan-Küche – Lashio Lay 10 : 23rd St. (83/84), Tel. 02 226 53, tgl. 10–23 Uhr. Bereits seit über 30 Jahren etabliert und stets gut besucht. Mittags herrscht oft Kantinenflair, wenn die Angestellten aus der Umgebung herbeiströmen und aus der Vielzahl der vorbereiteten Speisen auf dem Büfett auswählen. Dessen Angebot an Fisch-, Fleisch- und Gemüsevarianten ist beeindruckend. Im Obergeschoss ist es etwas ruhiger. Gerichte ab 2500 Kyat.

Urtümlich birmanisch – Aye Myit Tar 11 : 520 81th Str. (36/37), Tel. 02 316 27, tgl. 8.30–21.30 Uhr. Hier kehren auch die Einheimischen gerne ein, um die gute und günstige Curry-Auswahl zu kosten. Vor allem mittags ist viel los. Gemütlich indes ist es nicht, sondern typisch birmanisch laut. Gerichte ab 2500 Kyat.

Vegetarisch-indisch – Marie Min 12 : 27th St. (74/75),Tel. 09 250 12 12 80, tgl. 7–22 Uhr. Seit vielen Jahren erprobt und bei Touristen sehr beliebt stimmen hier das Ambiente im Obergeschoss ebenso wie die gut gewürzten Currys. Zum Herunterspülen gibt es Lassi und Bier. Vielseitig ist das vegetarische Angebot. Gerichte ab 2000 Kyat.

Cafés

Jugendtreff – Koffee Korner 13 : 70th St., Ecke 27th St., Tel. 02 686 48, www.facebook. com/KoffeeKornerMandalayMyanmar, tgl. 8–22 Uhr. Im klimatisierten Raum mit modernem Design hängt gerne Mandalays Jugend ab. Kein Wunder, die Sofas und Sessel eignen sich perfekt dafür. Es gibt ordentliche westliche Gerichte und eine gute Kaffeeauswahl. Ab 2500 Kyat.

Säfte und Surfen – Café jj 14 : 146 73rd St. (32/33), Tel. 02 324 71; Ecke 26th/65th St., Tel. 02 743 49, www.cafejj.com, tgl. 9–22 Uhr. Angesagtes Café mit zwei Filialen zum Kaffeetrinken, Säfte schlürfen, Smartphone-Surfen und Entspannen in den Korbstühlen. Sandwiches, Pizzas und Co. sind eher Durchschnitt. Gerichte ab 2500 Kyat.

Einkaufen

Seit der Zeit als Königsstadt ist Mandalay mit Abstand Myanmars wichtigstes Zentrum für Kunsthandwerk. Zum Großteil handelt es sich um religiöse Kunst, seien es Pagodenschirme *(hti)* aus Bronze, Buddhas aus Marmor oder handgeschlagenes Blattgold. Die meisten Werkstätten liegen im Südwesten der Stadt.

Blattgold – King Galon 1 : 143 36th St. (77/78), tgl. 8–18 Uhr; **Golden Rose** 2 : 36th St. (78/79), tgl. 8–21 Uhr. Ganz auf Touristen eingestellt, drängeln sich hier oft die Reisegruppen, um den mühevollen, aber interessanten Prozess der Blattgoldherstellung zu sehen.

Schlappen – Shwe Nagar Slippers & Sandal 3 : 223 80th St. (31/32), tgl. 8–21 Uhr. Die berühmten Mandalay Slippers gibt es in allen Größen und Farben, mit Plateausohlen für Frauen bis samtbezogen für Männer. Die Auswahl ist groß, der Preis höher als anderswo.

Marionetten und mehr – Aung Nan 4 : 97–99 Mandalay-Sagaing Rd., tgl. 8–19 Uhr. Die Bambushalle quillt über mit *kalaga* (bestickte Wandbehänge), Marionetten in allen Größen und Holzschnitzereien. Vieles ist Massenware, aber es gibt auch tolle Handarbeiten.

Bronzearbeiten – Myanmar Bronze Moulder Casting 5 : 93 Panthidan St., Tel. 02 595 49, tgl. 8–17 Uhr. Das Tampawaddy-Viertel war für die Bronzeherstellung bekannt, auch heute finden sich hier noch einige Werkstätten. Sehr interessant ist der Herstellungsprozess, aber man kann auch Glöckchen, Statuen und mehr kaufen.

Mode – Sut Ngai Traditional Dresses 6 : 237 33rd St. (82/83), Tel. 02 323 58, Mo–Sa 8–20 Uhr. Hier gibt es schöne Mode aus Myanmars Norden mit dem bunten Design der Kachin. **Mogok Pauk Pauk** 7 : 46 66th St. (26/27), Tel. 02 666 28, Mo–Sa 9–19 Uhr.

Mandalay

Im King Galon erlebt man wie anstrengend die Herstellung von Blattgold ist

Einer der bekanntesten Designer Myanmars verkauft im Laden seitlich des Sedona Hotel tolle Abendgarderobe.

Märkte – **Zeigyo (Central Market)** 8 : 84th St. (26/27–27/28), tgl. 8–16 Uhr. Bereits zu Mindons Zeiten war hier ein großer Markt. Nach einem Brand 1903 gab der in Diensten der Stadtverwaltung stehende italienische Graf Calderari einen neuen Bau in Auftrag, der 1990 durch eine augenschmerzende Scheußlichkeit ersetzt wurde. Davon unbeeindruckt kann man auf fast 5 ha die Stände und Läden begutachten und realisieren, wie nahe China ist. Fotogener ist der nahe **Straßenmarkt** 9 entlang der 86th Street mit seinen Gemüse- und Obstständen. Im **Payagyi Bazaar** 10 (83rd St.,44/45) in der Nachbarschaft der Mahamuni-Pagode kann man Devotionalien und religiöse Alltagsgegenstände kaufen.

Einkaufszentren – **Yadanarpon Diamond Plaza** 11 : 78th St. (33/34), tgl. 9–21.30 Uhr. Optisch keine Schönheit, verteilen sich im Innern des des Komplexes Boutiquen und Läden für den gehobenen täglichen Bedarf.
Ocean Supercenter 12 : 73th St., zwischen Thazin St. und Ngu Shwe War St., http://ocean supercenter.com.mm, tgl. 9–21 Uhr. Das große Einkaufszentrum östlich des früheren Flughafens verfügt über einen großflächigen Supermarkt im Erdgeschoss.

Abends & Nachts

Das Nachtleben nach europäischem Geschmack ist in Mandalay immer noch wenig existent, auch wenn es zunehmend nette Orte zum bierseligen Entspannen gibt. In den Hotels ist wegen der Livemusik die **Kipling's Lounge** 2 im Mandalay Hill Resort, tgl. 15–23.30 Uhr, ansonsten die

Adressen

Planter's Lounge 3 im Sedona Hotel, tgl. 16–24 Uhr, zu empfehlen.

Entspannt im Dunkeln – **Café City** 1 : 66th St. (20/21), www.facebook.com/cafecityrestaurant, tgl. 9–23 Uhr. Liegt mit Blick auf den östlichen Palastgraben, auch wenn sich die Gäste lieber im abgedunkelten Inneren aufhalten. Für Mandalay-Verhältnisse schon *urban chique*, kann man sich auf den Sofas fläzen, Bier und Säfte trinken und die mittelmäßigen Snacks probieren.

Bier und mehr – **Bistro Mandalay** 2 : 83 74th St. (26/27), Tel. 02 242 75, tgl. 10–22 Uhr. Man isst gut, sitzt innen etwas karg, aber draußen ganz nett, kann die westlichen Pizza-Pasta-Sandwich-Klassiker probieren und den Tag ausklingen lassen.

Nachos zum Fassbier – **Central Park Mandalay** 3 : 27th St. (68/69), www.facebook.com/centralparkmandalay, tgl. 11–23.30 Uhr. Das westliche Essen mit einem Hauch Mexiko und die entspannte Stimmung unter dem seitlich offenen Dach haben das Restaurant zu einem beliebten Treff von Mandalays kleiner Ausländergemeinde werden lassen.

Tragische Komödie – **Moustache Brothers** 4 : 39th St. (80/81), Tel. 09 402 57 97 99, tgl. 20.30–21.30 Uhr. Als Komödiantentruppe zog die Familie einst durch die Lande, bis einige Mitglieder 1996 wegen eines Auftritts bei Aung San Suu Kyi für einige Jahre ins Gefängnis kamen. Mit Vorführungen für Touristen und dem Verkauf von Marionetten in ihrem kleinen Laden halten sie sich seitdem über Wasser. Einer der ›Schnauzbart-Brüder‹, U Par Par Lay, starb 2013 an den Folgen der miserablen Haftbedingungen. So ist ihre einstündige Vorführung – ein Mix aus Tanz, Jux und Familiengeschichte – auch ziemlich berührend. 8000 Kyat.

Marionettentheater – **Mandalay Marionettes & Culture Show** 5 : 66th St. (26/27), östlich des Sedona Hotel, Tel. 02 344 46, www.mandalaymarionettes.com, tgl. 20.30–21.30 Uhr. Hier wird seit 1986 schönes authentisches Puppenspiel geboten. Unter Leitung von Daw Ma Ma Naing sorgen die Spieler und Musiker für heitere Unterhaltung. 10 000 Kyat.

Traditioneller Tanz – **Mintha Theater** 6 : 27th St. (65/66), Tel. 09 680 36 07, www.minthatheater.com, tgl. 20.30–21.30 Uhr. Die kleine Bühne östlich des Sedona Hotel ist allabendlich Ort einer unterhaltsamen Tanzaufführung mit wechselndem Programm. Zur Aufführung kommen Tänze verschiedener Epochen und lokaler Kulturen. Sehr empfehlenswert. 8000 Kyat.

Aktiv

Ballonfahren – **Oriental Ballooning** 1 : C1 Ecke 35th/71st St., Tel. 02 626 25, 624 74, www.orientalballooning.com. Die gut einstündige Tour kostet 380 US-$. Von November bis Ende März hebt der Veranstalter **Oriental Ballooning** mit Heißluftballons ab, um zum Sonnenaufgang Stadt und Umgebung von oben zu präsentieren.

Fahrradtouren in Mandalay – **Grashopper Adventures** 2 : 3 Mya Sandar Lane, zwischen 24/25 und 62/63, Tel. 02 65 98 86, www.grasshopperadventures.com. Mandalay Tea Shop, Foodies Tour (8-11.30 Uhr, 33 US-$/Person), Magnificant Mandalay Mornings (7.30–11.30 Uhr, 33 US-$/Person). Der erfahrene Veranstalter offeriert interessante Halbtagesfahrten mit guten Mountainbikes rund um Mandalay, darunter eine *teashop*-Tour mit diversen kulinarischen Stopps oder einen Ausflug in die ländliche Umgebung der einstigen Königsstadt.

Massagen aller Art – **Amaravati Thai Reflexology** 3 : Ecke 62nd/37th St., Tel. 02 668 68, 09 526 68 68, tgl. 11–23 Uhr. Auf dem Gelände des Nadi Myanmar Hotel gelegen, gibt es hier in gedämpftem Ambiente gute Fuß und Thai-Massagen ab 8000 Kyat.

Termine

Mahamuni Festival: In den beiden Wochen vor dem Vollmond im Febr./März (Tabaung) ist die Mahamuni Paya Ort eines der größten Pagodenfeste im Norden Myanmars. Es gibt Marktstände rund um den Schrein und die Mönche rezitieren den Patthana aus dem Palikanon, einen buddhisti-

Mandalay

schen Lehrtext über die gegenseitige Abhängigkeit.

Taungbyone Festival: In den acht Tagen vor dem Vollmond im Juli/Aug. (Wagaung) ist das Dorf Taungbyone nördlich des Mandalay Hill (via Mandalay-Myitkyina Highway), Ort des landesweit größten *nat*-Festivals zu Ehren der beiden Zwillings-*nat* und Kinder der Popa Maedaw, Min Gyi und Min Lay (s. Thema S. 58). Die beiden standen der Legende nach in Diensten des Bagan-Königs Anawrahta, bis er sie in Taungbyone hinrichten ließ, nachdem sie beim Bau einer Pagode nicht mitarbeiteten. Während des Festivals finden zahlreiche Zeremonien und *nat pwe* statt. Seit geraumer Zeit ist das Festival auch zum Treff der Transvestiten- und Schwulenszene avanciert.

Yadanagu Festival: Eine Woche nach Ende des Taungbyone Festival findet in Amarapura das *nat*-Fest zu Ehren der Mutter der Taungbyone-Brüder, Popa Maedaw, statt.

Kyauktawgyi Festival: Zwei Wochen vor dem Thadingyut-Vollmond (Sept./Okt.). Mit zahlreichen Verkaufsständen rund um die Kyauktawgyi Paya 5 am Fuß des Mandalay Hill feiern die Gläubigen das zweitgrößte Pagodenfest der Stadt.

Verkehr

Flüge: Der überdimensionierte **Mandalay International Airport** liegt 40 km südlich der Stadt (40–50 Min., Taxi ab 12 000 Kyat, Sammeltaxi 4000 Kyat). Air Asia setzt einen kostenlosen Shuttlebus ein. Unter den **internationalen Zielen** wird derzeit von Air Asia, MAI und Thai Smiles Bangkok und mit China Eastern Airlines Kunming angesteuert. Alle **Inlandsfluglinien** verbinden die einstige Königsstadt mehrmals tgl. mit allen gängigen Touristenzielen, darunter Heho (für Inle Lake), Nyaung U (für Bagan), Kyaingthong, Myitkyina-Putao und Yangon. **Fluglinien: Air Asia,** 26th St. (78/79), Tel. 02 615 29; **Air Bagan,** 78th St. (27/28), Tel. 02 617 91, 02 617 92; **Air KBZ,** Ecke 32nd/78th, Tel. 02 248 61; **Air Mandalay,** 78th St. (29/30), Tel. 02 645 54; **Asian Wings,** 30th St. (77/78), Tel. 02 747 91; **China Eastern Airlines,** 82nd St. (27/28), Tel. 02 609 90, 609 01; **Myanmar National Airways,** 81st St. (25/26), Tel. 02 362 21; **Myanmar Airways International & Thai Smiles,** A1, 78th/27th, Tel. 02 695 51, 02 270; **Yangon Airways,** 78th St. (29/30), Tel. 02 344 05, 02 344 06. Websites und Öffnungszeiten s. S. 85.

Züge: Die klotzige **Mandalay Railway Station** liegt an der 78th Street. Es empfiehlt sich, die Fahrkarten 1–3 Tage vor Abreise zu besorgen. Die Schalter befinden sich im 1. Stock über den Gleisen. **Züge nach Norden:** 5 x tgl. via Naba (für Katha, 12 Std.) nach Myitkyina (540 km, 20 Std.); in den Shan State 1 x tgl. über Pyin U Lwin (76 km, 4 Std.), Hsipaw (206 km, 11 Std.) nach Lashio (280 km, 15 Std.). **Züge nach Süden:** 3 x tgl. über Thazi (129 km, 3 Std.), Naypyitaw (250 km, 5,5 Std.), Bago (548 km, 13 Std.) nach Yangon (622 km, 15 Std.); tgl. um 21 Uhr fährt ein Nachtzug nach Bagan (180 km, ca. 7–8 Std.).

Busse: Mandalay verfügt über drei Busbahnhöfe. Ziele in der näheren Umgebung werden am häufigsten vormittags angesteuert. Bei klimatisierten Bussen sollte man unbedingt eine Jacke dabeihaben. Zu den empfehlenswerten Unternehmen zählen auf den Hauptstrecken Elite Express, Lumbini Express, JJ Express und Shwe Man Thu. Der **Kywe Se Kan Bus Terminal** (auch: Chan Mya Shwe Pyi) liegt ca. 10 km südlich des Stadtzentrums in der Nähe des alten Flughafens (30–40 Min., mit Mopedtaxi 6000 Kyat). Dort starten Busse nach Bagan (170 km, 5–6 Std.), Bago (560 km, 7–8 Std.), Naypyitaw (315 km, 4–5 Std.), Shwe Nyaung (Inle-See-Abzweigung, 320 km, 7–8 Std.), Taunggyi (340 km, 8–9 Std.), Pyay (430 km, 11 Std.) und Yangon (695 km, 9–10 Std.). Der **Pyi Gyi Myat Shin Bus Terminal,** Ecke 60th/37th St., im Osten Mandalays ist Ausgangspunkt für Busse über Pyin U Lwin (67 km, 2 Std.) und Hsipaw (210 km, 6 Std.) nach Lashio (280 km, 8 Std.). Manche Busse fahren weiter nach Muse (460 km, 12–13 Std.). Vom **Thiri Man Dalar Bus Terminal,** 89th St. (21/22), starten stdl. einfache Busse nach Monywa (135 km,

Adressen

BOOT NACH BAGAN

Die Fahrt auf dem Ayeyarwady von Mandalay ins 190 km entfernte Bagan zählt zu den Klassikern einer Myanmarreise, auch wenn die Uferlandschaft eher monoton ist. Zum Ende der Trockenzeit (März–Mai) erschweren niedrige Wasserstände und zahlreiche Sandbänke die Navigation. Das kann die Fahrt zeitlich ziemlich verlängern. Die schnellsten Boote sind 9–10 Std. unterwegs. Je nach Geldbeutel und Geschmack kann man die Fahrt richtig luxuriös mit der **Road to Mandalay** (www.belmond.com), eher kolonialnostalgisch mit **Paukan Cruises** (www.paukan.com) oder stilvoll-entspannt mit der **Irrawaddy Princess II** (www.irrawaddyprincess2.com) und der **RV Yandabo** (http://yandabo.webs.com/mandalaybagancruised.htm) unternehmen.

Wer sparsam reisen möchte und auf Ambiente verzichten kann, bucht die Tour mit der **Malikha** (Tel. 02 722 79, www.malikha-river cruises.com) oder der **RV Shwe Keinnery** (Tel. 09 402 70 00 72, 09 402 70 00 62, www. nmaihka.com). Beide Boote fahren in der Hochsaison tgl. gegen 6.30 Uhr (42 bzw. 43 US-$).

Richtig landestypisch und rustikal wird es indes erst mit der langsamen **IWT-Fähre** (www.iwt.gov.mm), die 2 x wöchentlich frühmorgens startet (15 Std., Oberdeck 20 US-$, Unterdeck 10 US-$).

3,5 Std.) und mehrmals tgl. nach Pakkoku (160 km, 5 Std.), Mogok (190 km, 5 Std.) und Shwebo (100 km, 3 Std.).

Pick-ups und Sammeltaxis nach Pwin U Lwin: Sobald alle Plätze besetzt sind, fahren **Pick-ups** von der Ecke 27th/83rd und Ecke 35th/82nd nach Pyin U Lwin (67 km, 1,5 Std.). Alternativ kann man per **Sammeltaxi** (ca. 10 000 Kyat) fahren, dessen Vorteile: Die Fahrgäste werden am Hotel abgeholt, die Buchung erfolgt über die Hotels oder über die unter Mietwagen genannten Anbieter.

Boote: Die **Fähren nach Bhamo** legen 3 x wöchentlich um 6 Uhr morgens (440 km, 2,5 Tage, Zweibettkabine: 60 US-$/Person, Deck 12 US-$) am Gawein Jetty 17 (Westende der 35th St./Strand Rd.) ab. Im **IWT Office,** 35th St., Tel. 02 360 35, Mo–Sa 10–14 Uhr, kann man die aktuellen Abfahrtszeiten erfragen.

Mietwagen: Ganztagstour ab 50 US-$. Zu den etablierten Anbietern zählen **Sun Far Travels & Tours,** 7 30th St. (zwischen 77th und 78th St.), Tel. 02 697 12, 02 727 43; **Shwe Myanmar Travel Service,** 34th St. (zwischen 79th und 80th St.), Tel. 02 723 25, 02 723 26, **Seven Diamond Express,** G-25/26, 82nd St. (zwischen 26th und 27th St.), Tel. 02 301 28, 728 68, 72 939; **Any Time Airport Taxi,** 82nd St. (zwischen 21st und 22nd St.), Tel. 02 690 90.

Fortbewegung in der Stadt: Als Individualreisender ist man in Mandalay zuweilen verloren, denn Taxis sind kaum verbreitet und Fahrradrikschas auch nicht gleich zur Stelle. Die Alternative bilden **Mopedtaxis,** die an belebten Kreuzungen auf Kundschaft warten (ca. 1000 Kyat für Kurzstrecken). Ansonsten bleibt der **Fahrradverleih** der Unterkunft.

Umgebung von Mandalay

Ob mit dem Boot nach Mingun, der Pferdekutsche durch das ländliche Inwa, per Auto in die alte Sommerfrische Pyin U Lwin oder per pedes zu den zahlreichen Tempeln von Sagaing – ein Ausflug in die Umgebung von Mandalay hat seine eigenen Reize. Zudem bietet er reichlich Abwechslung.

Amarapura ▶ J 14

Nur 10 km südlich von Mandalays Zentrum liegt die Stadt der Unsterblichkeit, **Amarapura**. Unsterblich ist sie indes nicht, denn nur noch wenig erinnert an ihre einstige Bedeutung als Königsstadt. Mittlerweile mit Mandalay zusammengewachsen und von den Bewohnern Taung Myo, Südstadt, genannt, erstreckt sich das Kerngebiet zwischen Ayeyarwady und Taungthaman-See.

Geschichte

Amarapuras Ursprünge gehen auf Bodawpaya (reg. 1782–1819) zurück, der nach seiner Krönung offensichtlich das Zeichen für einen Neuanfang setzen wollte. Zu viel Blut klebte an seinen Händen, nachdem er sich an die Macht geputscht und seine Rivalen samt Familien hatte hinrichten lassen. Im Dorf Paungga bei Sagaing wurde sogar die gesamte Einwohnerschaft verbrannt, weil dort eine Verschwörung gegen den König organisiert worden war.

Von Astrologen exakt berechnet, fand die Grundsteinlegung für die neue Stadt am 21. Oktober 1782 um 9 Uhr statt. Sieben Monate später, am 17. Mai 1783, ließ sich Bodawpaya formell krönen. Zuvor hatten alle Einwohner Inwas (ca. 200 000) mit Sack und Pack nach Amarapura umziehen müssen. Indische und chinesische Einwanderer erhielten ihre eigenen Viertel, die neue Stadt galt als recht kosmopolitisch. Was von Inwa noch übrig war, ließ Bodawpaya niederreißen.

Der Palast im Zentrum der neuen Stadt bildete ein Quadrat von 1,6 km Seitenlänge, an dessen Ecken je ein Stupa stand. Doch Amarapura blieb nur bis 1859 Königsstadt – und das mit einer Unterbrechung unter Bagyidaw (reg. 1819–37).

Heute leben hier über 230 000 Menschen. Amarapura ist einer der sieben Bezirke Mandalays und vor allem bekannt als wichtigstes Webzentrum Myanmars.

Sehenswertes

Relikte des Königspalasts

Vom Königspalast, der sich nördlich des Thaungthaman-Sees erstreckte, ist fast nichts erhalten geblieben. Die Holzgebäude ließ König Mindon in seiner neuen Stadt Mandalay wieder aufbauen, während die Ziegel und Steine der Mauern von den Briten als billiges Material zum Straßen- und Eisenbahnbau verwendet wurden. Allein die vier **Stupas**, die einst die Ecken der Stadtmauern markierten, sowie zwei Steingebäude – die ehemalige **Registratur** und das **Schatzhaus** – sind heute noch erhalten. Außerdem sind einige Stellen des über weite Strecken zugeschütteten **Festungsgrabens** noch mit Wasser gefüllt. Innerhalb der Umfriedung liegen außerdem die **Grabstätten der Könige** Bodawpaya und Bagyidaw.

Bagaya Kyaung

Sagaing–Mandalay Rd., Di–So 9–16.30 Uhr, Sammelticket für Mandalay

Das 1821 niedergebrannte **Bagaya-Kloster** wurde 1996 nach alten Plänen aus Stein und Beton wieder aufgebaut und dient heute als **Museum für Buddhistische Kunst.** Dort sind neben Buddhafiguren aus diversen Epochen auch Palmblattmanuskripte *(parabaik)* zu sehen. Bodawpaya ließ das Kloster 1782 aus Anlass der Neugründung der Stadt westlich seines Palasts errichten.

Pahtodawgyi Paya
Pyatthatgyi St., tagsüber, Eintritt frei
Unweit des Nordufers des Taungthaman-Sees erhebt sich die 1820 von König Bagyidaw gestiftete **Pagode des Großen Königlichen Heiligtums.** Der glockenförmige, 55 m hohe **Stupa** ruht auf fünf Terrassen, die mit *jataka*-Reliefs aus Marmor versehen sind.

Guanyin Temple
Mahagandayon St., tagsüber, Eintritt frei
Dass Amarapura eine passable chinesische Gemeinde beheimatete, zeigt der kunterbunte **Guanyin-Tempel,** einige Hundert Meter südlich der Pahtodawgyi. Viele Chinesen waren im Import-Export-Geschäft aktiv und tauschten chinesische Seide gegen birmanische Baumwolle. Bereits 1773 wurde ein Schrein der Guanyin, der chinesischen weiblichen Ausprägung des Avalokiteshvara (Bodhisattva des Mit-Leidens) gewidmet. Der heutige Tempel basiert auf dem Bau von 1847, wurde aber immer wieder verändert. Wie bei chinesischen Tempeln üblich liegt die **Haupthalle** am hinteren Ende eines ummauerten Innenhofs. In ihrem Inneren dominiert der Hauptaltar mit der Statue der Guanyin, flankiert von Altären an den Seitenwänden mit den 18 Arhats, welche als erleuchtete Nachfolger Buddhas bei der Ausbreitung des Mahayana-Buddhismus eine große Rolle spielten. Auch der daoistischen Gottheit Guanyu ist rechter Hand ein eigener Schrein gewidmet.

Nagayon Paya
Mahagandayon St., tagsüber, Eintritt frei
Die **Pagode des Naga-beschützten Buddha** weiter südlich stammt aus dem frühen 19. Jh. und ist ein typisches Beispiel der damals populären Baugestaltung: Buddhistische Themen und Ideen wurden plastisch

Ganz in Weiß ragt der Stupa der Pahtodawgyi Paya empor

Umgebung von Mandalay

umgesetzt. In diesem Falle windet sich eine überdimensionale *naga* schützend über den auf drei Terrassen ruhenden Schrein – ein wahrlich respekteinflößender Anblick.

Taungthaman Lake und U Bein Bridge

Südlich der einstigen Königsstadt erstreckt sich der **Taungthaman-See,** der, seitdem ein Damm gebaut wurde, ganzjährig Wasser führt. Unweit des weitläufigen **Mahagandhayon Kyaung** bieten zahlreiche Stände unter 1875 gepflanzten Madhucabäumen (*meze, Madhuca longifolia*) frische Snacks und Getränke an. Dort können auch **Boote** für eine kleine Rundfahrt auf dem See ausgeliehen werden (ca. 10 000 Kyat).

Vom Boot aus ist der Anblick der 1,2 km langen **U-Bein-Brücke** vor allem bei Sonnenaufgang sehr beeindruckend. Die Fußgängerbrücke wurde zwischen 1849 und 1851 unter der Regentschaft König Pagans erbaut und nach U Bein, dem für die Stadt Amarapura zuständigen Beamten, benannt. Als Material dienten Teakbretter und -stämme von alten Residenzen aus Inwa und Sagaing. Über 1000 Stämme stützen noch heute die längste Teakholzbrücke der Welt. Einige mussten aber inzwischen durch Betonpfeiler ersetzt werden, da Überschwemmungen Teile der Brücke zerstört hatten. Fünf Pavillons spenden Schatten für die sich am späten Nachmittag hier sammelnden Touristenmassen, die der Brücke ebenfalls arg zusetzen.

Kyauktawgyi Paya

Taungthaman, tagsüber, Eintritt frei

Auf der östlichen Seite der Brücke erreicht man im Dorf Taungthaman die **Pagode des Großen Königlichen Steines.** Unter König Pagan nach zweijähriger Bauzeit 1850 eingeweiht, trägt sie den Namen aufgrund des mächtigen **marmornen Buddhas** im Inneren, der den ganzen Raum ausfüllt. Die helle, durchscheinende Farbe des Marmors erinnert an Jade. 3000 Männer sollen ihn damals an die jetzige Stelle geschleppt haben. Rund um den Buddha herum entstand eine **Halle** im Stil des Ananda-Tempels von Bagan. Ähnlich wie in der gleichnamigen Pagode Mandalays findet man außerhalb der Halle außerdem die **Statuen der 88 Schüler Buddhas.** Am **Süd- und Osteingang** zeigen sehenswerte Wandmalereien Szenen aus dem birmanischen Alltagsleben. Unter den dargestellten Personen sind auch Europäer zu erkennen.

Die Umgebung der Kyauktawgyi-Pagode ist mit vielen kleinen, teils verfallenen **Pagoden** übersät.

Inwa ▶ H/J 14

Keine andere birmanische Hauptstadt konnte sich so lange behaupten wie **Inwa.** In der offiziell Ratnapura, Stadt der Edelsteine, genannten Kapitale residierten die Regenten – zwar mit teils langen Unterbrechungen – fast 500 Jahre. Der heutige Ortsname bedeutet Eingang zum See und weist auf die strategisch günstige Lage Inwas an der Mündung des Myitnge in den Ayeyarwady hin. Von hier aus konnte die fruchtbare Kyaukse-Ebene kontrolliert werden, was wiederum Voraussetzung für das Entstehen eines wehrfähigen Staates war.

Geschichte

König Thadominbya (reg. 1364–67) gründete nach Machtkämpfen die neue Stadt 1364 auf einer künstlichen Insel, die durch den Myittha Chaung, einen Kanal, der den Ayeyarwady mit dem Myitnge-Fluss verband, entstanden war. Mit Ausnahme der 80 Jahre zwischen 1555 und 1635, als die Herrscher der Taungoo-Dynastie Bago zur Hauptstadt erkoren, blieb Inwa politisches Machtzentrum, sodass noch im 19. Jh. das Land nach dem international bekannten Namen Ava benannt wurde. Selbst als die Staatsgeschäfte bereits von Amarapura und Mandalay aus gelenkt wurden, war die Regierung noch immer als Hof von Ava bekannt. Das endgültige Ende wurde durch das große Erdbeben 1838 eingeläutet, da König Tharawaddy seine Residenz vier Jahre später nach Amarapura verlegte.

PER PFERDEKUTSCHE DURCHS ALTE AVA

Start/Ziel: Inwa
Länge: 8 km, Dauer: ca. 3 Std.
Kosten: ca. 7000 Kyat/Kutsche, plus Fähre, Transport ab Mandalay, es gilt das Sammelticket Mandalay (10 000 Kyat; s. Kasten S. 293).

Hinweis: Die Kutschen sind überdacht, Getränke vor Ort erhältlich. Zur Einkehr bietet sich in der Nähe des Fähranlegers das **Small River (Ava) Restaurant** 1 (tgl. 9–17 Uhr) an.

Unter dem Namen Ava war die einstige Königsstadt Inwa in aller Welt bekannt, doch von der alten Pracht ist nichts geblieben. Dafür erleben Besucher bei einer Kutschfahrt ländliches Idyll pur. Wer mit eigenem Wagen oder Bus von Mandalay (ca. 26 km) anreist, muss kurz vor der alten Inwa-Brücke links in eine Straße zum Fähranleger am Myitnge-Fluss abzweigen. Auf der anderen Seite warten schon die Pferdekutscher auf Kundschaft.
Im Gegensatz zu Mandalay und Amarapura wurde der **Palast** von Inwa nicht quadratisch, sondern rechteckig (1200 x 900 m) mit etwas gebogenen Seiten angelegt. Die **Befestigungsanlagen** mit dem umgebenden Graben sind noch teilweise sichtbar. Einzelne Abschnitte wurden rekonstruiert, darunter das Tor der Haarwaschzeremonie, **Gaung Say Daga** 1 . Seinen Name trägt es, weil dort Mitte April zum Thingyan-Fest ein rituelles Haarwaschen stattfand.
Hat man dieses Tor durchquert, so führt die Fahrt nur wenig weiter zum ockerfarbenen **Maha Aungmye Bonzan Kyaung** 2 . Auch Steinernes Kloster, Ok Kyaung, genannt, ist es noch re-

Umgebung von Mandalay

lativ gut erhalten und komplett aus Ziegelstein gebaut. Nanmaedaw Me Nu, die Hauptfrau König Bagyidaws, ließ es 1818 für einen hochrangigen Mönch errichten. Stilistisch folgt es mit seinen Dachverzierungen und ausladendem Dekor an Fenstern und Türen dem typischen Design von Holzklöstern.

Innerhalb der ehemaligen Palastanlage steht nur noch der 1822 unter König Bagyidaw erbaute, anfänglich 27 m hohe Wachturm, **Nanmyint** 3, der seit dem Erdbeben von 1838 ziemlich schräg in die Landschaft ragt. Seit einer Restaurierung ist der ›Schiefe Turm von Inwa‹ begehbar und bietet einen guten Ausblick bis nach Sagaing. Westlich des Nanmyint wurde auch das **Königliche Wasserbecken** 4 rekonstruiert.

Nun führt die Kutschfahrt über die ehemalige Befestigung hinaus etwa 2 km nach Südosten. Linker Hand erheben sich die Reste der **Yadana Simi Paya** 5, bei denen ein mächtiger, jahrhundertealter Seidenwollbaum *(Bombax ceiba)* aufragt.

Highlight dieser Tour ist fraglos das **Bagaya Kyaung** 6, das mit 53 m Länge und 31 m Breite zu den größten Holzklöstern Ober-Myanmars zählt. Unter König Bagyidaw 1834 errichtet, stützen 267, teils über 18 m hohe Teakstämme den mächtigen Bau. Die Tür- und Fensterrahmen sind schön verziert, das Innere eher schlicht gehalten, was dem Raum eine meditative Stille verleiht. Diese sollte man auch erhalten, zumal dies kein Museum, sondern ein lebendiges Kloster ist. Nach der Rundfahrt geht es zurück zur Bootsanlegestelle.

Verkehr

Pick-up: Es verkehren regelmäßig **Pick-ups** zwischen Mandalay (Ecke 29th/84th St.) und Sagaing. Will man Inwa besuchen, muss man kurz vor der Alten Inwa-Brücke (Old Inwa Bridge, 17 km, 40 Min.) aussteigen. Dann muss man noch einen Fußweg von gut 1 km zurücklegen.

Per Pferdekutsche durchs alte Ava

1, 2 : s. Aktiv S. 319

Sagaing ▶ H 14

Dass die Stadt am Westufer des Ayeyarwady Regierungssitz der nach ihr benannten Sagaing Division ist, würde man auf Anhieb nicht vermuten, denn die Heimat von gut 100 000 Menschen wirkt beschaulich und ländlich. Im Jahr 1315 offiziell gegründet, war **Sagaing** nach dem Niedergang Bagans sogar für einige Jahrzehnte Zentrum eines Reiches in Ober-Myanmar, bis Thadominbya 1364 mit Inwa einen neuen Herrschersitz etablierte.

Für die heutigen Birmanen ist die Stadt vor allem als Zentrum buddhistischer Gläubigkeit bekannt. Wem die großen Klöster von Mandalay zu reich und geschäftig sind, der zieht sich in eine der über 900 Gemeinschaften mit knapp 10 000 Mönchen und Nonnen zurück, die sich rund um den Sagaing-Hügel verteilen, der sich parallel zum Ayeyarwady von Norden nach Süden zieht. Die Stadt ist ein international bekannter Ort der buddhistischen Gelehrsamkeit und Meditation. So studieren in der Sitagu **International Buddhist Academy** an der zum Hügel führenden Taungyo Street auch zahlreiche Ausländer.

In Sagaing sollte man nicht nur kurz vorbeischauen, um die Pagoden zu besuchen – auch wenn es die meisten Touristen so machen –, zumal die Heiligtümer architektonisch nicht sehr spannend sind.

Die Stadt lebt von ihrer Atmosphäre. Die schönste Stimmung herrscht morgens kurz nach Sonnenaufgang, wenn die Mönche mit ihren Bettelschalen unterwegs sind oder am späten Nachmittag. Auch der Besuch eines der Nonnenklöster ist interessant. Mit entsprechendem Respekt können das **Zayar Theingi Kyaung** und das **Thet Kya**

Ditha Kyaung besucht werden (beide in Seitenstraßen der Taungyo St., am besten zwischen 8 und 10 Uhr oder spätnachmittags). Entlang der Nationalstraße 7 Richtung Monywa finden sich noch einige **Töpfereien,** die sich auf die Herstellung der Wasserbehälter spezialisiert haben, die in Myanmar vielerorts am Wegesrand zu sehen sind.

Pagoden auf dem Sagaing Hill

Via Taungyo St., zu Fuß (am besten über einen der Treppenaufgänge an der Flussseite des Berges) oder per Taxi bis zur Sun U Ponnya Shin Paya (ca. 3000 Kyat), ganztägig, Sammelticket Sagaing/Mingun 5000 Kyat, Ticketschalter an der Yadanabon Bridge (und am Anleger in Mingun), bei den Sehenswürdigkeiten wird selten nach dem Ticket gefragt

Von der Nationalstraße 7, auch Mandalay-Shwebo Road genannt, zweigt die Taungyo Street Richtung Norden ab und führt direkt auf die Hügelkette bis zur **Sun U Ponnya Shin Paya,** die über dem südwestlichen Teil des lang gezogenen Hügels thront. Sie wurde 1315 von U Ponnya gestiftet, der dem Stadtgründer von Sagaing, Athin Khaya Sawyun, als Minister diente. Von deren Terrasse rund um den knapp 30 m hohen **Stupa** hat man einen guten Blick über den Ayeyarwady bis nach Mandalay und Inwa. In der **Gebetshalle** dienen ein Hase (»Sasa Jataka«, Nr.316) und ein Frosch (»Haritamata Jataka«, Nr. 239) aus Bronze als Opferstock und erinnern an frühere Inkarnationen Buddhas.

Von dieser Hauptpagode des Berges führen diverse Wege und schmale Straßen zu weiteren Sakralstätten, u. a. zur weiter südlich gelegenen **Umin Kyaukse Paya,** die ebenfalls eine gute Aussicht bietet.

Im nördlichen Hügelteil wiederum birgt die Pagode der Dreißig Höhlen, die **Umin Thonze Paya,** in einem langen, etwas geschwungenen Gang mit vorgelagerter Terrasse 45 Buddhafiguren, während im 1672 errichteten **Höhlentempel Tilawka Guru** und in der **Myinpaungyi Paya** lebendig wirkende Wandmalereien zu sehen sind. Letztere befinden sich ebenfalls im nördlichen Hügelteil und sind gut zu Fuß erreichbar.

Pagoden westlich der Bahnlinie

Durch ein Erdbeben im Jahr 1838 wurde die **Htupayon Paya** (Htupayon St., Ecke Yonegyi St., ca. 200 m westlich der Inwa Bridge, tagsüber, Eintritt frei) stark beschädigt, u. a. ging sie ihrer Spitze verlustig, die auch im Zuge der Restaurierung 1949 nicht wieder aufgesetzt wurde. König Narapati (reg. 1442–68) hatte die Pagode ein Jahr nach seiner Thronbesteigung in Auftrag gegeben.

Auf dem Weg ins wegen seiner **Silberschmiede** bekannte **Ywataung-Viertel** passiert man auf der Mandalay-Shwebo Road (Nationalstraße 7) linker Hand die Pagode der Vielen Elefanten, die **Hsinmyashin Paya** (tagsüber, Eintritt frei). Sie entstand im Jahr 1429 unter König Mohnyin (reg. 1426–39) und musste nach zwei Erdbeben, 1482 und 1955, jeweils neu aufgebaut werden. Zwei Elefanten bewachen den langen Eingang des Juwelenstupa, Ratnazedi, wie sie auch genannt wird.

In **Ywataung** kann man beim **Silver Ware Handicraft Workshop** von U Ba Mhin und Daw Khin Lay (Mandalay-Shwebo Rd., Tel. 072 213 04, tgl. 8–17.30 Uhr) vorbeischauen und den Silberschmieden über die Schulter blicken.

Kaunghmudaw Paya

9 km nordwestlich der Yadanabon Bridge, östlich der Mandalay-Shwebo Rd. (Nationalstraße 7), tgl. 7–18 Uhr, Sammelticket Sagaing/Mingun 5000 Kyat, Ticketschalter an der Yadanabon Bridge (und am Anleger in Mingun), bei den Sehenswürdigkeiten wird selten nach dem Ticket gefragt

Die markanteste Sehenswürdigkeit Sagaings ist zweifellos die **Pagode der Königlichen Verdienste,** Kaunghmudaw. Der Taungoo-König Tharlun (reg. 1628/29–48) begann 1636 ihren Bau für jene Reliquien, die vorher im Stupa der Mahazedi Paya in Bago untergebracht waren: eine Kopie von Buddhas Zahn im sri-lankischen Kandy und eine

Töchter Buddhas – Nonnen in Myanmar

Thilashin

Mit kahl geschorenem Kopf und weiß-rosa Gewändern gehören buddhistische Nonnen zum Alltagsbild in Myanmar. Kaum eine Stadt, in der es kein Frauenkloster gibt. Als Befolgerinnen der Regeln, *thilashin*, genießen sie zwar Respekt bei den Gläubigen, sind jedoch weit davon entfernt, die gleichen Rechte wie Mönche zu besitzen.

Dreimal rannte Daw Nyanasari von zu Hause weg. Immer wieder erklärte sie ihren Eltern, dass sie ins Kloster gehen wolle. Diese aber verlangten zunächst, dass sie heiraten und dann als jüngste Tochter für sie im Alter sorgen sollte. Schließlich willigten die Eltern doch ein und Nyanasari wurde eine der bekanntesten Nonnen Myanmars. 1947 gründete sie das nach ihr benannte Daw Nyanasari Myanaung Kyaung in Yangon, heute eine der größten Nonnen-Klosterschulen in Myanmar. Das Kloster ist für seine strengen Disziplin bekannt. So werden nur ›junge, reine‹ Frauen *(ngebyu)* aufgenommen, die zuvor nicht verheiratet waren. Doch können sie nicht als *bhikkhuni* voll ordiniert werden. Während erwiesen ist, dass es in Sri Lanka bis ins 11. Jh. voll ordinierte Nonnen gab (und heute wieder gibt), ist es unklar, ob sie in Myanmar jemals existierten. Abgesehen von einigen frommen Stifterinnen verlieren Chroniken und Inschriften über das religiöse Leben der Frauen keine Zeile. Von König Mindon wird überliefert, dass er als Prinz gerne den Lehrreden zweier *thilashin*, Saya Kin und Saya Mai Nat, lauschte. Als älteste religiöse Frauengemeinschaft gilt der Mitte des 19. Jh. gegründete Gutalon Gyaung in Sagaing. Heute gibt es allein in Sagaing etwa 380 Nonnenklöster, z. B. das Khemethaka Kyaung mit über 180 Nonnen, das die erste buddhistische Lehrerin (Pali: *dhammacariya*) des Landes hervorbrachte.

Die *thilashin* müssen sich an die zehn Sittenregeln (*thila*, Pali: *sila*) halten, welche sie u. a. zu Keuschheit, Armut und der Enthaltung von Speisen nach 12 Uhr verpflichten. Anders als die ordinierten Mönche (Pali: *bhikkhu*) gehen sie nicht allmorgendlich auf Almosengang, sondern sammeln zweimal wöchentlich Geld- und Sachspenden ein. Ferner sind sie nicht an die im *vinaya* festgeschriebenen Klosterregeln gebunden. Oft sind die Nonnenklöster eher lose Gemeinschaften, in denen die Mitglieder von ihren Familien unterstützt werden. Im Zuge der buddhistischen Renaissance unter Premier U Nu erlebten auch die Nonnenklöster ungemeinen Aufschwung. Auch Mädchen und Frauen verbringen nun häufig einige Zeit im Kloster.

Die Motivation, Nonne zu werden, ist natürlich so unterschiedlich wie die Menschen. Wollen manche ernsthaft den Spuren Buddhas folgen, so geht es anderen nur um eine sichere Existenz. Nicht wenige sind kinderlose Witwen, die ihren Lebensabend im Kloster fristen. Manche hoffen vielleicht darauf, in die Fußstapfen von Sona Theri zu treten. Von ihr erzählt das »Lied der Älteren« (»Theri Gatha«), eine Palikanon-Schrift über Nonnen. Nach dem Tod ihres Mannes wollte sich keines ihrer zehn Kinder um sie kümmern, daher trat sie ins Kloster ein. Wegen ihrer Gebrechlichkeit musste sich die betagte Frau bei der täglichen Gehmeditation an der Wand mühsam abstützen. Doch ihre Durchhaltekraft zahlte sich aus. Mit ihrem Tod erreichte sie das Nirvana.

Bettelschale. Unter seinem Sohn wurde sie 13 Jahre später vollendet.

Der 46,5 m hohe **Stupa** erhebt sich auf drei runden Terrassen. Wie ein Zaun wirken die 812 **Stelen,** die den Stupa umstehen und kleine Nischen für Öllämpchen enthalten. Die Geschichte der Pagode, die offiziell Rajamanicula (Königliche Edelsteinkrone) genannt wird, ist detailfreudig auf einer 2,5 m hohen **Marmorsäule** festgehalten. Dort heißt es, dass die Thuparama Dagoba in Sri Lankas erster Königsstadt Anuradhapura als Vorbild diente, über 10,1 Mio. Ziegelsteine verarbeitet und 1000 Bäume für das Baugerüst gefällt wurden.

Übernachten

Infolge der Nähe zu Mandalay nächtigen nur wenige Besucher hier. Entsprechend gering ist das Angebot.

Moderner Neubau – **Happy Hotel:** in einer Seitengasse, östlich des Marktes, Tel. 072 216 92, 09 203 37 00. Aus einem einfachen Restaurant erwuchs ein modernes Hotel mit 30 Zimmern, das die beste Schlafoption ist. Die chinesische Eignerfamilie zählt zu den Pionieren in Sachen Tourismus. DZ/ÜF ab 40 US-$.

Schöne Ausblicke – **Shwe Pyae Sone:** Tel. 072 227 81, 09 43 14 58 81, shwepyaesone.sgg@gmail.com. Die Standards der 25 meist dunklen, teils hellhörigen Zimmer variieren stark. Empfohlen seien die Eckzimmer Nr. 201 und 301. Frühstücken sollte man woanders, doch abends bietet sich von der Terrasse eine herrliche Aussicht. DZ/ÜF um 35 US-$.

Essen & Trinken

Nur mittags – **Sagaing Hill:** Parami Quarter, Straße zum Sagaing-Hügel, Tel. 072 218 74, 09 203 81 41, tgl. 10–15 Uhr. Von einem langjährigen Reiseleiter gegründet, ist das Lokal auf Touristengruppen eingestellt und bietet solide birmanische und chinesische Speisen bei effektivem Service. Gerichte ab 3000 Kyat.

Am Flussufer – **Myit Zu Yeit:** unweit der Inwa Bridge, direkt am Ayeyarwady, tgl. 8.30–21 Uhr. Im Schatten eines knorrigen Madhucabaums *(meze)* bietet das einfache Lokal einen schönen Blick auf die alte Inwa-Brücke. Bei rustikaler Atmosphäre und billigem Bier ist die Qualität des Essens doch ziemliches Mittelmaß. Gerichte ab 2500 Kyat.

Einkaufen

Silberschmiedearbeiten – **Silver Ware Handicraft Workshop:** s. S. 321

Verkehr

Busse: Die zwischen Mandalay und Monywa verkehrenden Busse passieren auch Sagaing und halten an der Mandalay-Shwebo Rd. unweit der Yadanabon Bridge. Zudem passieren Busse zwischen der alten Königsstadt und Monywa auch Sagaing.

Pick-ups: Zwischen Sagaing (Mandalay-Shwebo Rd.) und dem 24 km entfernten Mandalay (Ecke 29th/84th St.) verkehren regelmäßig Pick-ups (Fahrzeit ca. 1 Std.).

Mingun ▶ H 14

Sammelticket Sagaing/Mingun 5000 Kyat, Ticketschalter am Anleger in Mingun und an der Yadanabon Bridge, bei den Sehenswürdigkeiten wird selten nach dem Ticket gefragt

Gut 20 km nördlich von Sagaing bzw. 8 km Luftlinie nordwestlich von Mandalay erstreckt sich an den Ufern des Ayeyarwady das Dörfchen **Mingun.** Der Name bedeutet Königliche Raststätte. Tagsüber wird es von Touristen nahezu überflutet, welche die imposanten Relikte besuchen wollen, die aus der Zeit König Bodawpayas (reg. 1782–1819) stammen: darunter die **größte intakte Glocke der Welt** und möglicherweise der größte Ziegelsteinhaufen Asiens. Die meisten Besucher kommen per Boot aus Mandalay, doch kann man auch von Sagaing aus per Mietwagen oder Fahrrad anreisen.

Essen & Trinken

Am Hauptweg gibt es diverse **Essens- und Getränkestände.** Sehr beliebt sind frittierte Garnelen und Fische.

Verkehr

Mietwagen: Wer per **Mietwagen** unterwegs ist, kann den Besuch von Mingun gut

Umgebung von Mandalay

SPAZIERGANG DURCH MINGUN

Start: Kassenhäuschen in Höhe der südlichen Bootsanlegestelle in Mingun
Länge: 1,5 km, Dauer: ca. 1,5 Std. inkl. Besichtigungen
Öffnungszeiten/Eintritt: tagsüber, Sammelticket Sagaing/Mingun 5000 Kyat

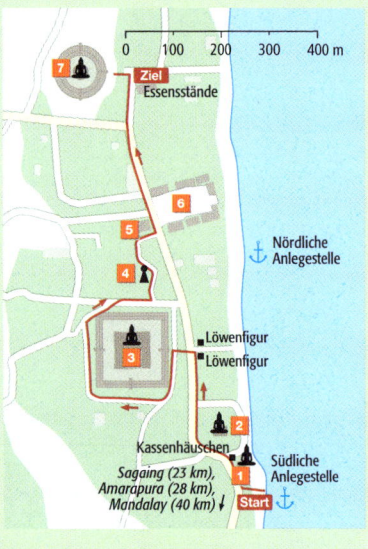

Direkt in der Nachbarschaft des **Kassenhäuschens** steht die nur 5 m große **Pondaw Paya** 1, die gerne als Modell für die Mingun-Pagode interpretiert wird (was jedoch fraglich ist). Direkt dahinter erhebt sich die quadratische, weiß getünchte **Settawya Paya** 2, die König Bodawpaya (reg. 1782–1819) zu Ehren eines Fußabdruck Buddhas errichten ließ und um am 12. Juni 1811 nach siebenjähriger Bauzeit einweihen konnte.

Weiter geht es den Fußweg entlang bis zur unvollendet gebliebenen **Mingun Paya** 3, deren Ruine als Mahnmal für die grenzenlosen Ambitionen König Bodawpayas steht. Zehntausende von Zwangsarbeitern – viele davon aus dem 1784 eroberten Rakhine State – mussten seit der Grundsteinlegung am 9. Januar 1791 an diesem Bauwerk arbeiten. Von Bodawpaya persönlich geplant, sollte der Bau über 40 000 Reliquien und Preziosen aufnehmen. Doch die Arbeiten kamen nur schleppend voran. Auch machte die schlechte Statik zu schaffen – möglicherweise aufgrund der großen Reliquienkammer im Inneren. So entstanden nach einem kleineren Erdbeben 1812 die ersten Risse. Als Bodawpaya 1819 verstarb, hatte der 72 m breite Bau eine Höhe von 50 m erreicht. Bei dem großen Erdbeben von 1838 stürzten die oberen Teile in den Hohlraum der Basis, der für die Aufnahme der Reliquien und Beigaben dienen sollte. Auch die Ausmaße der beiden **Löwenfiguren** am Weg zum Fluss sind beeindruckend. Sie wurden ebenfalls bei dem Erdbeben zerstört und liegen zerbrochen östlich der Pagode. Man sollte die Pagodenruine einmal umschreiten.

Etwas weiter nördlich, an der von einem achtseitigen Pavillon geschützten **Statue des Abtes Mingun Sayadaw** 4 (1911–83) vorbei, gelangt man zur großen **Mingun Bell** 5. Exakt 90,72 t (55 555 *viss*) schwer, 3,70 m hoch und mit einem Öffnungsdurchmesser von 5 m ist die Glocke zwar kleiner als die weltgrößte im Moskauer Kreml, doch ist letztere gesprungen und nicht mehr verwendbar. Bodwapaya ließ die Mingun-Glocke im Mai 1808 gießen. Vier

Pyin U Lwin und Umland

Tage und Nächte lang brannten ununterbrochen 510 Brennöfen in Mandalay, so berichtet die Chronik. Länger dauerte der Transport. Erst nach drei Jahren erreichte sie ihren heutigen Platz. Die Glocke stürzte zwar beim Erdbeben zu Boden, blieb aber unversehrt.

Vorbei am **Home for the Aged** 6 , das 1915 von Daw U Zun, der Tochter eines reichen Seidenhändlers und späteren Nonne, für bedürftige Alte gestiftet wurde, geht es einige Schritte weiter bis zur **Hsinbyume Paya** 7 . Bagyidaw, ein Enkel Bodawpayas, ließ den auch Myatheindan genannten Stupa in seiner Zeit als Kronprinz zwischen 1802 und 1808 erbauen und widmete ihn später seiner Lieblingsfrau, Prinzessin Hsinbyume, die 23-jährig im Wochenbett starb. Nach Zerstörung und Verfall wurde der Stupa unter Mindon 1874 restauriert. In eindrucksvoller Weise wurde bei diesem gleißend weißen Stupa das Konzept des mythologischen Berges Meru architektonisch umgesetzt. Der hindu-buddhistischen Kosmologie zufolge ist der Berg von sieben Gebirgszügen umgeben, die durch die sieben wellenartigen Terrassen angedeutet sind. Meru wiederum ist durch den runden Kern mit kegelförmigem Abschluss symbolisiert. Letzterer steht für den Tavatimsa-Himmel, Sitz der 33 Götter, den Gautama Buddha eine Regenzeit lang der Legende nach besucht hatte. Über den Treppenaufgang an der Ostseite gelangt man ganz nach oben, wo sich ein schöner Ausblick eröffnet.

Nach einer Erfrischung an einem der Essensstände am Fuß des Stupa bietet es sich an, die bequeme Variante zu wählen und mit einem Ochsengespann (3000 Kyat) zum Ausgangspunkt zurückzufahren.

mit dem von Sagaing verbinden (Mingun–Sagaing ca. 27 km, 45 Min.).

Boote: Die **Linienboote für Touristen** starten tgl. 9 Uhr ab Mayanchan Jetty am Ende der 26th St. in Mandalay und fahren um 12 Uhr zurück (11 km, ca. 45 Min., hin und zurück 5000 Kyat). Alternativ chartert man am selben Jetty sein eigenes Boot (z. B. von Seagull, 40 000–50 000 Kyat). Die MS Hintha steuert Mingun im Rahmen einer Dreitagestour inkl. Übernachtung auf dem Boot an. Infos: Tel. 09 421 15 58 36, www.baganflotilla.com.

Pyin U Lwin und Umland ▶ J 14

Pyin U Lwin

Cityplan: S. 327

Angenehme Temperaturen und die Nähe zu Mandalay lockten die Briten in die nahen Berge. Ab 1896 bauten sie das kleine Shan-Dorf Lwin zur Sommerfrische aus und nannten es nach Colonel James May, dem Offizier des 5. Bengalischen Infanterieregiments, Maymyo, Stadt des May. Der spätere General war hier bis 1887 stationiert, um die nach der Annexion Ober-Myanmars aufflammenden Rebellionen niederzuschlagen. Der 1070 m hoch gelegene Ort war nicht nur klimatisch perfekt, sondern als Tor zum Shan State bzw. zur Ayeyarwady-Ebene strategisch günstig gelegen. Während der Kolonialzeit diente Maymyo als Militärbasis und mit seiner Defense Services Academy ist **Pyin U Lwin** auch heute noch eine Kaderschmiede der Armee.

»Wenn der Zug in Maimio zwölfhundert Meter über dem Meeresspiegel hält, ist man im Geiste immer noch in Mandalai. Aber wenn man aus dem Waggon aussteigt, tritt man in eine völlig andere Hemisphäre. Plötzlich atmet man eine kühle, süße Luft wie in England, und rundherum wachsen grünes Gras, Farnkraut und Tannenbäume, und die rotwangigen Frauen des Hügellandes verkaufen Körbe mit Erdbeeren.« So beschreibt George Orwell in »Mein Katalonien« bildhaft die Stimmung bei der Ankunft. Und auch heute noch würde er Ähnliches notieren können. Nur 67 km trennen die beiden Orte, doch dazwischen liegen Welten.

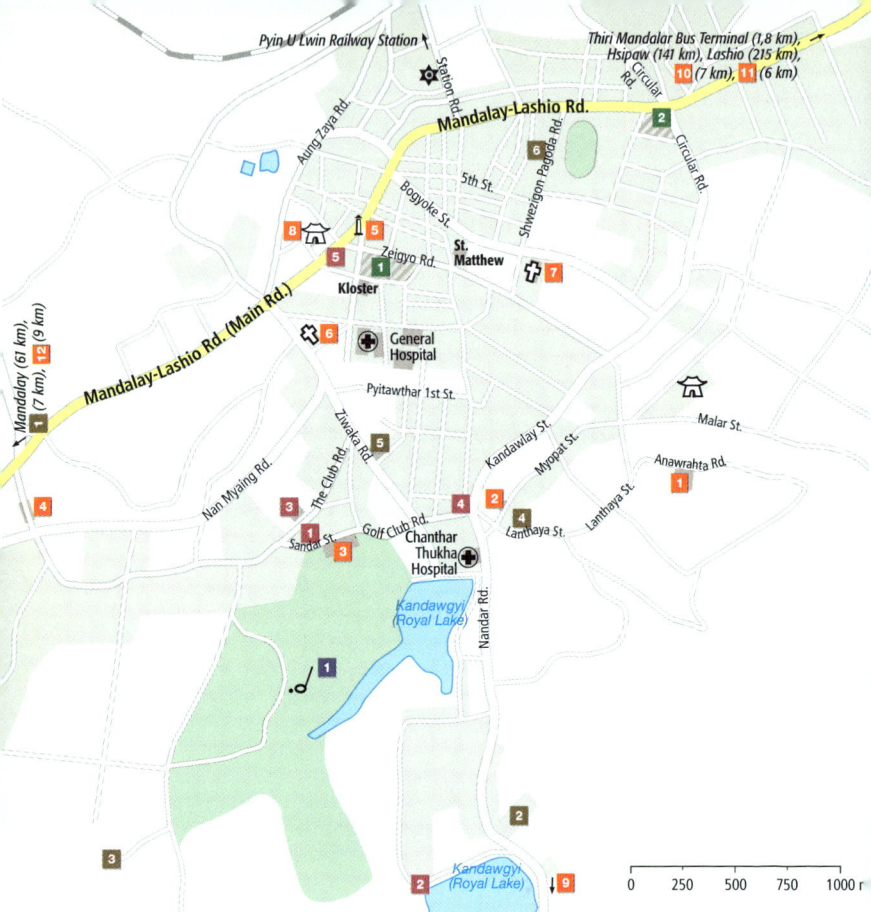

Auf kolonialen Spuren

Selbst während der heißen Jahreszeit lässt es sich in Pyin U Lwin gut aushalten. Kaffee wird im Umland angebaut, viele europäische Gemüsesorten gedeihen hier, auch Fruchtweine erfreuen sich großer Beliebtheit. Erdbeerfreunde kommen in den Monaten Dezember bis März auf ihre Kosten. Inder und nepalesische Gurkhas, deren Vorfahren in der Kolonialarmee dienten, dominieren das Straßenbild. Hinzu kommt eine wachsende Zahl chinesischer Migranten, die vom Handel mit China leben. Und meist sonntags, wenn die stets korrekt gekleideten Absolventen der Militärakademie freihaben, mischt sich darunter das Grün der Uniformen.

Südöstlich des Zentrums im Bereich von **Circular Road** und der **Nan Myaing Road** liegen noch zahlreiche **Villen** im schottischen oder englischen Landhausstil. Zu den Prächtigsten zählen die 1904–06 erbaute **Villa Candacraig** 1 (heute Thiri Myaing Hotel, Anawrahta Rd.) und die **Villa Croxton** 2 (heute Gandamar Myaing Hotel, 6 Myopat St., Ecke Lanthaya St.) von 1903, die beide Angestellten der Bombay Burmah Trading Company als Freizeitheim bzw. *chummery*, Wohnheim, dienten. Beide Villen und der Craddock Court 2013 privatisiert und sollen saniert werden.

In ihrer Freizeit trafen (und treffen) sich die Männer gerne im 1941 gegründeten **Pyin U Lwin Golf Club** 3 (Golf Club Rd., tgl. 6–18 Uhr) im Süden der Stadt.

Pyin U Lwin

Sehenswert
1. Villa Candacraig
2. Villa Croxton
3. Pyin U Lwin Golf Club
4. Craddock Court
5. Purcell Tower
6. All Saints Church
7. Church of the Immaculate Conception
8. Ko Myo Shin Shrine
9. National Kandawgyi Gardens
10. Pwe Kauk Waterfalls
11. Maha Anthtookanthar Paya
12. Anisakhan Falls

Übernachten
1. Dat Taw Gyaint Waterfall Resort
2. Hotel Pyin Oo Lwin
3. Kandawgyi Hill Resort
4. Royal Parkview Hotel
5. Royal Green Hotel
6. Royal Flower Guest House

Essen & Trinken
1. Feel Café
2. Lake Front Feel
3. The Club Terrace
4. Woodland
5. Golden Triangle Café & Bakery

Einkaufen
1. Zeigyo
2. Shan Market

Eine bauliche Perle ist auch der 1914 als Rasthaus für Kolonialbeamte erbaute **Craddock Court** 4 (Orchid Nan Myaing Hotel, zwischen Mandalay-Lashio und Nan Myaing Rd., www.orchidhotelsmyanmar.com).

Im Herzen der Stadt an der Mandalay-Lashio Road erinnerte der 1936 errichtete **Purcell Tower** 5 die Kolonialherren daran, pünktlich ihren Afternoon Tea einzunehmen, und sonntags ging es u. a. in die anglikanische **All Saints Church** 6 (Ziwaka Rd., unregelmäßig geöffnet), die 1914 nach zweijähriger Bauzeit eingeweiht wurde.

Die katholische **Church of the Immaculate Conception** 7 (Bogyoke St., unregelmäßig geöffnet) zu Ehren der unbefleckten Empfängnis Mariens wurde im neogotischen Stil errichtet und 1908 geweiht.

Ko Myo Shin Shrine 8

Seitenstraße hinter Ayeyarwady Bank, 158 B/5 Mandalay-Lashio Rd., tagsüber geöffnet, Eintritt frei

Für die gläubigen Birmanen ist ein anderer Ort weitaus wichtiger. Sie besuchen westlich des Zentrums den **Herrn der Neun Städte,** Ko Myo Shin. Er wird vor allem im Shan State als mächtiger Schutzgeist *(nat)* verehrt. Alljährlich findet Ende März ein fünftägiges Festival zu seinen Ehren statt. Ko Myo Shin ist stets in schwarzer Shan-Tracht gekleidet und wird immer mit zwei Schwertern dargestellt. Mit dem einen kämpfte er, um die schöne Tochter eines Shan-Fürsten zu entführen, mit dem anderen tötete er sich eines Tages selbst.

National Kandawgyi Gardens

Nandar Rd., knapp 3 km südlich des Zentrums, tgl. 8–18 Uhr, 5000 Kyat

Das beliebteste Ausflugsziel von Pyin U Lwin, die **National Kandawgyi Gardens** 9 , wurde 1915–17 unter Einsatz türkischer Zwangsarbeiter als **Botanischer Garten** geschaffen. Initiator war der Forstexperte Alex Rogers, der mit Unterstützung von Mitarbeitern des Royal Botanic Gardens im englischen Kew den damals gut 60 ha großen Garten zu Forschungs- und Zuchtzwecken anlegte. Nach umfassender Neugestaltung und Erweiterung auf 177 ha zu Beginn des Millenniums heißt der Park nach dem künstlichen See im Zentrum nun National Kandawgyi Gardens. Zur besseren Aussicht wurde der 65 m hohe, **Nanmyint** genannte Turm errichtet.

Heute können Besucher über gepflegte **Rasenflächen** wandeln, jahreszeitlich unterschiedlich bepflanzte **Blumenbeete** bestaunen und durch einen **Naturwald** flanieren – oder bequemer mit kleinen Buggys entlang der Hauptwege fahren. Sehr schön sind der **Orchideengarten,** der **Bambushain** und der **alte Baumbestand** mit über 340 Arten.

Umgebung von Mandalay

DROSCHKENFAHRT IN PYIN U LWIN

Wer die Stadt des Colonel May stilvoll erkunden möchte, mietet sich einen *gharry*, wie die geschlossenen Droschken in Britisch-Indien genannt wurden (vom Hindiwort *gari* für *carrier*). Mehr als 150 sind immer noch im Nahverkehr aktiv. Man kann sie für Streckenabschnitte nutzen oder damit eine Rundtour durch die Stadt machen. Eine Fahrt vom Zentrum zum Botanischen Garten kostet ca. 4000 Kyat, eine einstündige Rundtour ca. 10 000 Kyat.

Auf einer **Bühne** geben am Wochenende häufig Sängerinnen und Sänger ihr Bestes.

Im Umland

Pwe Kauk Waterfalls 10
8 km nordöstlich, Abzweig von der Mandalay-Lashio Rd. (Nationalstraße 3), tgl. 6–19 Uhr, 1000 Kyat

Wer sehen möchte, wie sich die Einheimischen am kühlen Nass erfreuen, ist an den **Pwe-Kauk-Wasserfällen** richtig. Zur Zeit des Britischen Empire nach der südenglischen Grafschaft Hampshire Falls genannt, sind die Kaskaden nicht gerade spektakulär. Interessanter ist es zu sehen, wie die Familien im wasserbetriebenen Kinderkarussell oder dem natürlichen Pool ihren Spaß haben. Erfrischungsstände sorgen fürs leibliche Wohl.

Maha Anthtookanthar Paya 11
7 km nordöstlich, Mandalay-Lashio Rd. (Nationalstraße 3), Höhe Abzweig zu den Pwe Kauk Waterfalls, tagsüber, Eintritt frei

Wer noch nicht genug Tempel gesehen hat, kann auf der Rückfahrt nach Pwin U Lwin die **Pagode des Widerspenstigen Buddha** aufsuchen. Der große Marmorbuddha ist einer von dreien, die im April 1997 von Mandalay nach China gebracht werden sollten. Doch er fiel vom Lkw und konnte nicht mehr gehoben werden. Dies sah man als Omen und errichtete ihm hier eine Pagode.

Anisakhan Falls 12
Bei Anisakhan, Anfahrt: ca. 7 km ab Höhe Nan Myaing Rd. auf der Mandalay-Lashio Rd. (Nationalstraße 3) Richtung Mandalay bis Anisakhan, dort nach rechts in die Golden Temple Rd., dann 2 km bis Parkplatz, dann zu Fuß (hin ca. 45 Min., zurück ca. 60 Min.), gute Schuhe, Badesachen (nicht zu knapp/gewagt und Trinkwasser nicht vergessen

Beschwerlicher ist es, die **Anisakhan-Wasserfälle** (auch: Dattawgyaint) zu erreichen. Nicht weit entfernt vom Parkplatz stürzt sich das Wasser in fünf Stufen über 120 m in die Tiefe. Der Weg bis zum Fuß der Fälle führt in eine steile Schlucht und erfordert entsprechende Trittfestigkeit. Wer mag, kann sich nach Erreichen des Zieles dort zur Erfrischung ins kühle Nass stürzen.

Zur Erholung kann man nachher im nahen **Dat Taw Gyaint Waterfall Resort** 1 einkehren und von der Terrasse bei einem Drink den herrlichen Ausblick genießen.

Info
www.pyinoolwin.info: gute, wenn auch teilweise veraltete Reiseinfos.

Übernachten
Hideaway mit Traumblick – **Dat Taw Gyaint Waterfall Resort** 1: Anisakhan, 10 km südwestlich vom Zentrum Pyin U Lwins, Tel. 085 502 62, www.pyinoolwinresort.com. Mit Blick auf die Anisakhan Waterfalls und die herrliche Umgebung liegt das Resort an einem Berghang. Eingebettet in einen gepflegten Garten verteilen sich 10 geräumige Bungalows mit viel Holz und geschmackvoller Ein-

Die Pwe Kauk Waterfalls

Umgebung von Mandalay

richtung samt großer Veranda. Vom Resort aus werden Trekking- und Fahrradtouren arrangiert. DZ/ÜF ab 150 US-$.

Beheizter Pool – Hotel Pyin Oo Lwin 2 : 9 Nandar Rd., Tel. 085 212 26, www.hotelpyinoolwin.com. Nordöstlich des Kandawgyi (Royal Lake) gelegen, verteilen sich in der Anlage Doppelbungalows mit 36 geräumigen und mit viel Holz ausgestatteten Zimmern. Auch wer hier nicht logiert, kann sich in der urigen Lounge des Hotels entspannen und eine Runde Billard spielen. Es gibt einen beheizbaren Innenpool. Mountainbike-Verleih vorhanden. DZ/ÜF ab 140 US-$.

Gartenidyll am Park – Kandawgyi Hill Resort 3 : Nandar Rd., Tel. 085 218 39, www.myanmartreasureresorts.com. Reichlich Grün und geschmackvolles Interieur machen das Resort zu einer guten Wahl. Im Garten verteilen sich fünf Bungalows mit je zwei Zimmern rund um das 1953 erbaute Haupthaus mit fünf Räumen. An kalten Winterabenden wird man die Heizung schätzen. DZ/ÜF ab 120 US-$.

Solide – Royal Parkview Hotel 4 : 107 Lanthaya St., Tel. 085 226 41, 085 219 15, http://royalparkview.hotelspyinoolwin.com. Eine solide, sympathische Unterkunft mit 20 sauberen, wenn auch unspektakulären Zimmern in Bungalows, teils mit Veranda. Netter kleiner Garten, die Küche könnte besser sein. DZ/ÜF 50–85 US-$.

Gute Mittelklasse – Royal Green Hotel 5 : 17 Ziwaka Rd., Ecke Pyitawthar 1st St., Tel. 085 28 411, 085 284 22. Etwa 10 Gehminuten vom Zentrum bietet das Hotel 20 saubere, moderne und farblich ansprechend gestaltete Zimmer im Hauptbau und in Bungalows. Netter kleiner Garten und guter Service. DZ/ÜF ab 35 US-$.

Beliebte Budgetbleibe – Royal Flower Guest House 6 : 181 11th St., Tel. 085 231 99, winkoko212@gmail.com. Das familiengeführte Gästehaus bietet 17 saubere, etwas karge Zimmer mit Decken aus Chinaplastik und einfachem Bad. Auf dem Dach lässt es sich bei nettem Ausblick gut entspannen, die Angestellten helfen mit Tipps. DZ/ÜF ab 25 US-$.

Essen & Trinken

Asiatische Vielfalt 1 – Feel Café 1 : Sandar St., gegenüber dem Eingang zum Golfklub, Tel. 085 231 70, www.feelrestaurant.com, tgl. 8.30–20 Uhr. Restaurant der erfolgreichen Feel-Restaurant-Gruppe. Hier gibt es eine Vielfalt asiatischer Gerichte. In der originellen, mit Vintage-Material dekorierten Halle des Feel Café wird gute Myanmar-Küche geboten, dazu gibt es auch indische Snacks. Gerichte ab 3500 Kyat

Asiatische Vielfalt 2 – Lake Front Feel 2 : Nandar Rd., Tel. 085 220 83, www.feelrestaurant.com, tgl. 8.30–21.30 Uhr. Ebenfalls zur Feel-Gruppe gehörend. Im Lake Front stehen – gepaart mit schöner Sicht auf den See – japanische, Thai- und westliche Gerichte im Vordergrund. Gerichte ab 3500 Kyat.

Gepflegt-kolonial – The Club Terrace 3 : 25 The Club Rd., Tel. 085 233 11, tgl. 11–22 Uhr. Im Ambiente einer Kolonialvilla wird drinnen ebenso wie auf der Holzterrasse ganz ordentlich gewürzte Thai- und Chinaküche geboten. Die Qualität hängt indes von der Tagesform der Köche ab. Beliebt bei Tourgruppen. Gerichte ab 3500 Kyat.

Gartenlokal mit Livemusik – Woodland 4 : 53 Circular Rd., Tel. 085 227 13, tgl. 9–22.30 Uhr. Wer will, sitzt drinnen in Korbmöbeln beim Klavier oder draußen im offenen Garten bzw. geschützt in Pavillons. Überall gibt es Fassbier und lokale Weine zu westlichen Gerichten (Mittelmaß) oder chinesische und thailändische Speisen (besser). Ab 19.30 Uhr spielt im Woodland eine Band auf. Gerichte ab 3500 Kyat.

Kaffeegenuss – Golden Triangle Café & Bakery 5 : Mandalay-Lashio Rd., Tel. 085 282 02, tgl. 6.30–22 Uhr. Der perfekte Zwischenstopp im Herzen der Stadt mit leckeren Kaffees und leichter Kost wie Sandwiches und Suppen. Von der Terrasse lässt sich das Straßenleben beobachten.

Einkaufen

Märkte – Zeigyo 1 : Zeigyo Rd., tgl. 7–17 Uhr. Der Central Market im Stadtzentrum ist – wie überall in Myanmar – vor allem morgens recht belebt. Hier gibt es alles für den täglichen Bedarf, inklusive Fruchtweinen und jahreszeitabhängig Obst aus den Bergen. Der sehenswerte **Shan Market** 2 (tgl. 7–17 Uhr) am nördlichen Stadtausgang ist in erster Linie Umschlagplatz für Gemüse, Obst und Blumen aus der Region.

Aktiv

Golf – **Pyin U Lwin Golf Club** 3 : Golf Club Rd., Tel. 085 223 82, tgl. 6–18 Uhr. 18 Loch, Greenfee Mo–Fr 50 US-$, Sa/So 65 US-$, Caddy-Fee 5 US-$.

Verkehr

Züge: Schon der rote Ziegelbau der **Pyin U Lwin Railway Station** ist einen Besuch wert. Tgl. um 8.20 Uhr hält ein Zug aus Mandalay auf der Fahrt über den Gokhteik-Viadukt (2,5 Std.) via Hsipaw (7 Std.) nach Lashio (11 Std.). Tipp: Wer in Fahrtrichtung links sitzt, hat später auf den besten Blick auf den berühmten Viadukt. Gegen 17.40 Uhr hält ein Zug in Richtung Mandalay (4 Std.).

Busse: Der **Thiri Mandalar Bus Terminal** (Tel. 085 226 33) liegt nordöstlich der Stadt und ist Ausgangspunkt für einige Busse nach Yangon (700 km, 14–16 Std.). Alle Busse zwischen Mandalay (67 km, 2 Std.), Hsipaw (145 km, 3 Std.) und Lashio (215 km, 5 Std.) passieren Pyin U Lwin.

Sammeltaxi: Schnellste Option für die Fahrt zwischen Mandalay und Pyin U Lwin oder nach Hsipaw ist das Sammeltaxi, welches über die Unterkünfte arrangiert werden kann. Sie warten nahe dem Purcell Tower 5 und nehmen maximal 4 Passagiere auf (ca. 7000–8000 Kyat/Person nach Mandalay).

✪ Monywa und Umgebung ▶ G 14

Monywa

Etwa 135 km nordwestlich von Mandalay liegt in einer trockenen, heißen Savannenlandschaft am Westufer des Chindwin-Flusses **Monywa.** Aus einer kleinen Siedlung in der Bagan-Ära erwuchs eine moderne aufstrebende Stadt mit knapp 250 000 Einwohnern. Dazu trug auch die 1903 eröffnete Eisenbahnlinie Monywa–Mandalay bei, welche heute gen Norden bis Khin U führt. Erst seit 1888 trägt die Stadt ihren jetzigen Namen, der Kuchendorf bedeutet. Monywa ist ein wichtiges Handelszentrum für Agrarprodukte wie Baumwolle und verschiedene Hülsenfrüchte. Viele der in Myanmar populären Baumwolldecken stammen von hier.

Was der Stadt an Attraktionen fehlt, macht die Stimmung am Chindwin-Fluss wieder wett. Zudem ist Monywa Ausgangspunkt für den Besuch einiger Attraktionen in der Umgebung und lässt sich gut als Übernachtungsstopp auf der Fahrt zwischen Mandalay via Pakkoku nach Bagan einbinden. Auch eignet sich Monywa als Sprungbrett für Flussfahrten auf dem Chindwin ins Herz des Chin State nach Hkamti.

Das 16 km nordöstlich gelegene **Kyaukka** ist seit dem 19. Jh. wegen seiner Lackarbeiten bekannt. Und östlich des Chindwin erstrecken sich die **Kupferminen von Letpadaung,** wo es immer wieder Konflikte mit den chinesischen Investoren gibt.

Thanboddhay Paya

10 km südöstlich von Monywa, unweit der Straße nach Mandalay, tgl. 6–17 Uhr, 3000 Kyat

Diese bemerkenswerte Anlage wurde zwischen 1939 und 1952 auf Initiative des angesehenen Mönchs Moehnyin Sayadaw U Kyauk Lon errichtet und besteht aus zahlreichen Hallen und Schreinen. Der Name **Thanbodday** leitet sich von Pali *samma sambuddha,* 500 000 Vollkommen Erwachte, ab und bezieht sich auf die Vorstellung, dass so viele Buddhas im Laufe der Millionen Jahre existierten.

Der **Zugang** zum Pagodengelände erfolgt über einen von zwei weißen **Steinelefanten** bewachten Eingang. Folgt man dem Weg, erhebt sich rechter Hand bald die neobarocke Halle des Ewigen Friedens, **Eng Aung Tong,**

Umgebung von Mandalay

FAHRT AUF DEM CHINDWIN

Täglich bedienen private Fähren die Strecke Monywa–Hkamti im nördlichen Teil der Sagaing Division. Die mindestens 30-stündige Fahrt auf dem Chindwin führt durch komfortarmes, touristisches Niemandsland und zeigt unverfälschtes Flussleben. Die Fahrzeiten sind sehr abhängig vom Wasserstand. Zum Ende der Trockenzeit können Sandbänke die Navigation erschweren. Wer etwas Zeit sparen möchte, fährt von Hkamti oder Homalin, die beide mehrmals die Woche angeflogen werden, flussabwärts.

In **Monywa** starten die Boote frühmorgens gegen 4 Uhr und legen größere Stopps in **Kalewa** (237 km, ca. 12–14 Std.), **Mawlaik** (292 km, ca. 16–18 Std.), früher ein ein wichtiger Verwaltungssitz der Bombay Burmah Trading Company, und **Homalin** (526 km, 22–26 Std.), Heimat vieler Shan, ein. Endstation ist das 50 000-Einwohner-Städtchen **Hkamti** (730 km, 30–34 Std.). Es bietet sich an, mindestens einmal die Fahrt zu unterbrechen und die Schiffsfahrt am nächsten Tag fortzusetzen. Mehr als einfache Gästehäuser und ein paar *teashops* darf man indes nicht erwarten. Vor allem das letzte Stück der Flussfahrt führt durch eine attraktive Berglandschaft und einige Flussengen.

Infos und Buchung: in Monywa über die in der Strand (Kannar) Road am Flussufer ansässigen Reedereien **MGRG** (Tel. 071 229 87), **Shwe Nadi** (Tel. 071 234 88) und **Ngwe Shwe Oo** (Tel. 071 230 51). Während der Regenzeit verkehren auch komfortable bis luxuriöse Boote, darunter die **Orcaella** (www.belmond.com) oder eines der Boote von **Paukan Cruises** (www.paukan.com). Fürs Boot empfiehlt sich warme Kleidung, für die kontrollfreudigen Behörden sollte man mehrere Passkopien mit sich führen.

---

die 1938 von Aw Boon Haw und Aw Boon Par, zwei Philanthropen aus Singapur, gestiftet und nach ihrer Yangoner Apotheke benannt wurde. Die in Yangon geborenen Aw-Brüder waren 1926 in die Löwenstadt ausgewandert und machten mit dem Verkauf des originalen Tiger Balm, den ihr Vater kreierte, ihr Glück. Das orangefarbene Gebäude diente als Krankenstation für Mönche und besticht durch seine Dekoration. Figuren der Stifter begrüßen höchstpersönlich die Besucher.

Danach zweigt der Weg rechts ab und führt auf den mächtigen **Hauptbau** zu, ein fast 100 m langes Gebäude mit seitlichen Torbögen und sich verjüngenden Dachterrassen, deren Rand insgesamt 471 Stupas zieren, sodass man den Eindruck eines Pagodenwalds erhält. Den krönenden Abschluss des Daches bildet ein vergoldeter *zedi*.

Betritt man das **Innere** des *pahto* (der Eingang befindet sich an der Westseite) und schlendert durch den von zahlreichen Säulen gesäumten Raum, vorbei an unzähligen, winzigen oder meterhohen **Buddhas,** wird man alsbald von dessen mystischer Stimmung umfangen. Auch außen dominieren Buddhafiguren: zahlreiche viereckige Säulen mit Buddhanischen umstehen den Hauptbau. Laut Inschrift wurden hier insgesamt 582 357 Abbilder des Erleuchteten gestiftet.

Von einem **Rundturm** nordwestlich des Hauptgebäudes eröffnet sich ein schöner

Blick auf die Gesamtanlage der Thanboddhay Paya.

Bodhi Tataung Paya

17 km südöstlich von Monywa, unweit der Straße nach Mandalay, tagsüber, Eintritt frei

7 km südöstlich der Thanboddhay-Pagode zweigt eine Straße von der Mandalay Road Richtung Norden ab, an deren Ende schon von Weitem ein 114 m hoher **stehender Buddha** grüßt. Erst 2008 wurde er fertiggestellt und kann von innen begangen werden.

Nicht weit vom stehenden Buddha findet sich quasi zu seinen Füßen ein 90 m langer, ebenfalls innen begehbarer **liegender Buddha,** der sich auf einer gemauerten Couch am Berghang entspannt. 1991 geschaffen, kann man in seinem Innern recht kitschige Szenen aus der Vita des Erleuchteten betrachten.

Wer es kleiner mag: Unter Bodhi-Bäumen sitzend verteilen sich auf dem riesigen Gelände über 1000 lebensgroße **Buddhafiguren.** Sie gaben dem Heiligtum seinen Namen: **Tausend Bodhi-Bäume,** Bodhi Tataung.

Hpo Win Taung und Shweba Taung Caves

Minzu (25 km, ca. 45 Fahrminuten westlich von Monywa), Taxi nach Überquerung des Chindwin per Fähre 20 000–25 000 Kyat, Grotten tgl. 8–17 Uhr, 2000 Kyat, Pagode tgl. 8–17 Uhr, Eintritt frei

Absolut sehenswert sind die buddhistischen, nach einem legendären Alchemisten benannten **Grotten von Hpo Win Taung.** Sie wurden in den Sandstein geschlagen und bergen teilweise hervorragende Wandmalereien. Die Fahrt zu den Grotten führt durch eine karge, vom Kupferabbau geschundene Mondlandschaft. Funde in der Umgebung lassen Paläontologen vermuten, dass die Bergregion bereits vor mehreren Millionen Jahren bewohnt war. Kieferreste des Pondaung-Primaten sollen 40 Mio. Jahre alt sein und zählen zu den ältesten Zeugnissen von Vorfahren der Affen und Menschenaffen. Affen gibt es hier auch heute noch. Sie toben durch das Gelände auf steter Suche nach Futter. Also geben Sie Obacht!

Ausgangsort ist der Ort **Minzu,** wo ein kleines **Besucherzentrum** mit einem Lageplan aufwartet. Auf einem Rundgang durch das hügelige Gelände kann man die diversen Grotten erkunden, welche zahlreiche Buddhafiguren aus Sandstein bergen. Besonders schön sind jene in den **Grotten 492–498.** Einige der Grotten enthalten teilweise gut erhaltene Wandmalereien, etwa die **Grotten 367** und **472.** Sehr lebendig illustriert **Grotte 102** die identischen Stationen der 28 Buddhas bis zu ihrer Erleuchtung. Stilistisch werden sie mit ihren lebendigen Darstellungen von Himmelswesen, Schülern Buddhas sowie Szenen aus den *jataka* und dem Leben des Erleuchteten meist ins 17./18. Jh. datiert.

Ende des 19. Jh. entstanden die künstlich in den Berg geschlagenen Gänge der nahe gelegenen **Shweba-Taung-Höhle** Sehr aufwendig wurden die einzelnen Buddhafiguren in den Gängen aus dem Sandstein gehauen.

Übernachten

Lange Wege – **Win Unity Resort Hotel:** Bogyoke Rd., am nördlichen Stadtrand, Tel. 071 224 38, www.winunityhotels.com. Wer Komfort sucht, ist in diesem weitläufigen Resort richtig. Die 224 Zimmer in fünf Kategorien sind geräumig, doch recht spartanisch eingerichtet. Wer hinten wohnt, ist lange bis zu Restaurant und Pool unterwegs. Kulinarisch und servicemäßig sind hier keine Höchstleistungen zu erwarten. DZ/ÜF ab 55 US-$.

Haus in Grün – **Jade Royal Hotel:** 683 Bogyoke Rd., Ecke Pyidaungsu Rd., Tel. 071 282 36, 071 282 37. Der Name kommt nicht von ungefähr. Alles ist in Grünvarianten gehalten und etwas protzig. Eher auf den asiatischen Geschmack ausgerichtet, sind die auf drei Etagen verteilten Zimmer nicht gerade liebevoll gestaltet. Auch im Restaurant fehlt das Flair. Das Äußere erinnert an ein Krankenhaus. DZ/ÜF ab 55 US-$.

Kasten mit Chinaplastik – **Chindwin Hotel:** Bogyoke Rd. Tel. 071 219 38, 261 50, www.hotelchindwinmonywa.com. Mit Blick auf die Reiterstatue von Aung San können die Gäste

Aufwendig in den Sandstein geschlagen – Buddhafiguren in der Shweba-Taung-Höhle

bei den 42 Zimmern eine von drei Kategorien wählen. Alle verfügen über ein glanzloses Bad und viel Plastikdekor. Aber die gute Lage und die relative Sauberkeit machen den sechsstöckigen Hotelkasten zu einer guten Übernachtungsstation. DZ/ÜF ab 25 US-$.

Essen & Trinken

Zwischen Uhrturm und Reiterstatue von Aung San breitet sich allabendlich ein **Nachtmarkt** mit zahlreichen Essensständen aus.

Essen auf dem Eiland – **Pleasant Island:** Bogyoke Rd., gegenüber Win Unity Resort Hotel, Tel. 09 681 81 62, tgl. 7–22 Uhr. Auf einer kleinen Insel im Myakanthar-See liegt dieses hübsche Restaurant mit schönem Interieur und Garten. Die Speisekarte listet vorwiegend chinesische Gerichte mit mäßiger Würzung. Man sollte nicht zu viel vom Fassbier trinken, denn die lange Holzbrücke ist wie ein Drachenschwanz wellig gebaut. Gerichte ab 4000 Kyat.

Sixties Feeling – **Eureka Café:** Bogyoke Rd., Nähe Uhrturm, tgl. 9–21.30 Uhr. Im netten Retroambiente können Gäste Smartphone-Surfen, Kaffee trinken oder eines der

Shwebo und Umgebung ▶ 3, H 13

Die Stadt der Goldenen Generäle, **Shwebo**, liegt wahrlich nicht auf der touristischen Hauptstrecke und ist eher von historischem Interesse, weil in der weiten, fruchtbaren Ebene zwischen den Flüssen Mu und Ayeyarwady seit dem 3. Jh. mit Halin ein wichtiges Zentrum der Pyu lag. Sie etablierten ein ausgefeiltes Bewässerungssystem, das auch später noch für die Herrscher Ober-Myanmars unverzichtbar war. Heute bauen die Einwohner neben Reis diverse Hülsenfrüchte an. Birmanischen Frauen ist Shwebo zum Inbegriff für *thanaka* geworden, weil viele *Hesperethusa-crenulata*-Bäume in der Umgebung gedeihen.

König Alaungpaya

Die Heimat von gut 170 000 Einwohnern ist untrennbar mit dem Begründer der Konbaung-Dynastie, Alaungpaya (reg. 1752–60) verbunden. 1714 unter dem Namen Aung Zeya hier geboren, machte er seinen ursprünglich Mokesoebo genannten Heimatort zum Ausgangspunkt seiner Eroberungsfeldzüge. Dank vieler Mitstreiter aus 46 Dörfern der Mu-Ebene eroberte er 1752 Inwa und proklamierte sich unter dem Namen Alaungpaya, Großer Herr und Zukünftiger Buddha, zum Herrscher. Ein weiterer Ortsname, Konbaung, sollte zum Namen der neuen Dynastie werden. Aus Sicherheitsgründen residierte Alaungpaya die meiste Zeit seiner achtjährigen Regentschaft in Shwebo.

westlichen oder chinesischen Gerichte probieren. Essensmäßig darf man nicht zu viel erwarten. Snacks ab 1000 Kyat.

Verkehr
Busse: Der **Aung Mingalar Bus Terminal** liegt rund 1,5 km südlich des Uhrturms und ist Ausgangspunkt für die stdl. verkehrenden **Kleinbusse** via Sagaing nach Mandalay (135 km, 3–4 Std.). Mehrmals tgl. starten **Busse** via Pakkoku (110 km, 3 Std.) nach Nyaung U (140 km, 4 Std.) und nach Shwebo (ca. 100 km, 2–2,5 Std.).

Shwebo heute

Erst in den 1990er-Jahren begann die Militärregierung an die einstige Bedeutung des Ortes zu erinnern. Sie renovierte Teile des **Wassergrabens** und rekonstruierten den **Shwebonyadanar Mingalar Nangdaw Palace** aus Stein und Zement (tgl. 7.30–17.30 Uhr, 5000 Kyat inkl. Besuch von Halin).

Auch **Alaungpayas Grabstätte** unweit des sehr lebhaften **Zeigyo** (Central Market, tgl. 7–17 Uhr) an der Mandalay-Shwebo Road ist noch erhalten. Der **Mahananda Lake** stammt ebenso aus der Gründerzeit der Konbaung-Dynastie wie die **Shwekyettho Paya** (tagsüber, Eintritt frei), welche über dem Geburtshaus von Alaungpaya errichtet wurde.

Halin und Kyauk Myaung

Im Rahmen einer Tagestour lässt sich die ländliche Umgebung Shwebos erkunden.

Halin
35 km südöstlich von Shwebo
Als erstes sollte man die 35 km südöstlich gelegenen Ruinen der alten Pyu-Stadt **Halin** aufsuchen. 2014 wurde die Stätte zusammen mit Beikthano (s. Tipp S. 290) und Sri Ksetra (s. S. 192) zum UNESCO-Welterbe erklärt. Zwischen dem 3. und 9. Jh. eine wichtige Metropole der Pyu soll Halin laut chinesischen Chronikberichten im Jahr 832 von Soldaten aus dem im heutigen Yunnan gelegenen Nan-Chao-Reich zerstört worden sein. Zu sehen ist indes nicht viel, obwohl die einstige Stadt ein 541 ha großes, rechteckiges Gebiet umfasste: **Fundamentreste** der Stadtmauer, der 12 Tore und einige Säulen.

Ein **Museum** (tgl. 9–16 Uhr, 5000 Kyat) im Dorf Halin präsentiert Ausgrabungsfunde aus der alten Metropole: Gefäße, Münzen und andere Gegenstände.

Kyauk Myaung
29 km östlich von Shwebo
Von Halin kann man weiter über eine holprige Landstraße nach **Kyauk Myaung** fahren, oder aber man startet direkt von Shwebo. Die Kleinstadt am Ayeyarwady ist für ihre 1 m großen **Martaban-Gefäße** mit schöner Glasur bekannt, die im ländlichen Myanmar zur Aufbewahrung des Regenwassers unverzichtbar sind. Diverse **Töpfereien** können besichtigt werden. Mit der Fähre kann man zudem auf die andere Flussseite übersetzen und ins 110 km entfernte Mogok weiterfahren.

Übernachten
Annehmbare Bleibe – **Win Guesthouse:** Aung Zeya St., Tel. 071 220 49. Die 23 schlichten, relativ sauberen Zimmer sind teilweise klimatisiert und für eine Nacht okay. Von der Dachterrasse bietet sich ein guter Ausblick. DZ ab 20 US-$.

Essen & Trinken
Örtliche Institution – **Eden Culinary Garden:** Aung Zeya St., Tel. 075 216 51, tgl. 7–21 Uhr. Eine englische Speisekarte, hilfreiches Personal und günstiges Fassbier machen das Lokal zu einer guten Adresse für auswärtige Besucher. Die chinesischen und birmanischen Gerichte sind in Ordnung. Gerichte ab 2500 Kyat.

Verkehr
Züge: Die **Shwebo Railway Station** ist je 5 x tgl. Halt für die Züge nach Mandalay (100 km, 4 Std.) bzw. nach Myitkyina (440 km, 16 Std.). **Busse:** Vom **Busbahnhof**, etwa 1 km südlich des Zentrums, starten stdl. Busse nach Mandalay (100 km, 3 Std.). Auch Monywa (ca. 100 km, 2–2,5 Std.) wird mehrmals tgl. angesteuert.

Mogok und Umgebung
▶ 3, J 12

Das knapp 220 km nordöstlich von Mandalay gelegene **Mogok** ist über die Jahrhunderte zum Inbegriff für Rubine geworden. Shan-Fürsten und birmanische Könige der verschiedensten Dynastien füllten ihre Schatullen mit den wertvollsten Preziosen aus dem edelsteinreichen **Mogok-Tal** (s. auch Thema S. 429). Später erhielt die britische Krone die feinsten Stücke der 1889 gegründeten Burma Ruby Mines. Ab 1969 waren die Minen für zwei Jahrzehnte in staatlicher Hand. Heute versuchen vielzählige Joint Ventures und Privatunternehmen ihr Glück. Mit 90 % des weltweiten Rubinvorkommens eines der lukrativsten Schürfgebiete Myanmars war das 1200 m hoch gelegene Mogok

Mogok und Umgebung

aufgrund des illegalen Handels viele Jahre für ausländische Besucher gesperrt. Noch heute muss vorab bei Myanmar Travels & Tours (s. S. 155) eine Besuchserlaubnis beantragt werden.

Neben Rubinen ist das Mogok-Tal auch bekannt für Spinell und Turmaline. Zudem wird der seltenste Edelstein der Welt hier geschürft: das von dem langjährig in Mogok ansässigen Mineralogen A.C.D. Pain 1952 entdeckte Painit.

Der Handel zog verschiedenste Menschen in die 150 000 Einwohner zählende Stadt, darunter viele Gurkhas aus Nepal. Folge ist ein religiöser Mix, der sich in Moscheen, Kirchen und buddhistischen Tempeln baulich niedergeschlagen hat.

Sehenswertes

Besuchen sollte man u. a. die **Phaung Daw U Paya** (tagsüber, Eintritt frei) mit einer Buddhafigur auf einem Edelstein besetzten Thron. Zudem bietet sie einen schönen Ausblick auf Stadt und See.

Highlight ist fraglos der Besuch einer der zahllosen **Minen** rund um Mogok, die meist aus nicht viel mehr als einem Stollen oder Steinbruch bestehen.

Mogok ist aber auch berühmt für seine **Edelsteinmärkte** (htar bwe:), die meist nur wenige Stunden andauern und an diversen Orten stattfinden. Dabei handelt es sich völlig unspektakulär um ein paar niedrige Tische oder gar Matten auf dem Boden, über die sich die Käufer beugen und den Wert der ausgebreiteten Preziosen verhandeln. Morgens treffen sich die Händler zunächst auf dem **Lay U Htar Bwe** (tgl. ab 7 Uhr) im Osten Mogoks, bevor es dann zum größeren, zwischen Mahamuni Paya und Mandalay-Myitkyina Road gelegenen **Pan Shan Htar Bwe** (tgl. 9–12, 14–17 Uhr) geht. Der **Yoke Shin Yone Htar Bwe** oder Cinema Gem Market (tgl. 9–11 Uhr) liegt in einem Straßenzug zwischen See und Mandalay-Myitkyina Road und findet ebenfalls vormittags statt. Letzterer wird auch Ladies Market genannt, was beim Anblick der meist weiblichen Verkäuferinnen durchaus angebracht ist. Die besten Edelsteine werden indes nicht auf diesen Märkten gehandelt, sondern gehen bei Privattreffen über den Tisch.

Die bergreiche Umgebung mit Dörfern der Shan und Lisu wiederum lädt zu ausgiebigen **Wanderungen** ein.

Übernachten

Panoramablick – **King Bridge Hotel:** Mintada Yat, ca. 10 Fahrminuten westlich des Zentrums am Fuß des Kyatpin Taung, Tel. 086 200 88, 086 203 73. Der längliche Bau mit dem markant gestaffelten Dach sitzt auf einem Bergrücken und eröffnet schöne Ausblicke. Die 25 modern ausgestatteten Zimmer mit Warmwasserbad, teils mit Balkon, in drei Kategorien sind in Ordnung. Pluspunkt ist der Swimmingpool, das Restaurant ist steril, schöner isst man auf der Terrasse. DZ/ÜF ab 80 US-$.

Holzhäuser – **Golden Butterfly Hotel:** Mogok-Kyatpyin Rd., Nähe Three Pagoda Village, Tel. 09 402 53 43 66, 09 444 02 91 40, www.goldenbutterflyhotelmogoke.com. Das weitläufige Resort liegt auf einer Anhöhe 20 Fahrminuten außerhalb der Stadt und bietet 25 schöne Zimmer in zwei Kategorien. Das Ruby Restaurant bietet dank der großen Fenster schöne Ausblicke, zum Entspannen lockt der Pool. DZ/ÜF 80 US-$.

Essen & Trinken

Vor dem Mogok Hotel breitet sich allabendlich ein **Nachtmarkt** mit vielen Essensständen aus.

Leckere Shan-Küche – **Fuji Noodle:** Main Rd. (Mandalay Myitkyina Rd.), Tel. 086 205 17, tgl. 6.30–18 Uhr. Das nur in Myanma beschriftete Lokal liegt an der Hauptstraße nördlich des Stadtsees und bietet eine gute Auswahl an Nudelsuppen und Reisgerichten. Ab 2000 Kyat.

Verkehr

Busse: Regelmäßige Busverbindungen nach Mandalay (217 km, 6 Std.) und Pyin U Lwin (110 km, ca. 3 Std.).

Kapitel 4

Nordost- und Nord-Myanmar

Die bergreiche Region im Norden und Osten Myanmars mit ihren verschiedenen Volksgruppen, den teils unzugänglichen Berglandschaften und ihrem natürlichen Reichtum wirkte schon auf die Briten zu Zeiten des Empire faszinierend und abweisend zugleich. Auch heutigen Besuchern eröffnet sich das gewaltige Gebiet – mit 256 512 km² größer als das Vereinigte Königreich – nur teilweise, denn aufgrund einer fehlenden Infrastruktur oder blutiger Konflikte sind viele Regionen seit Jahrzehnten gesperrt. Doch die Regionen, die bereisbar sind, ziehen Touristen schnell in ihren Bann.

Im Shan State zählt der Inle-See mit Abstand zu den populärsten Zielen, während immer mehr Outdoor-Enthusiasten sich die Berge rund um Pindaya und Kalaw bei Wanderungen erschließen. Weit im Osten oder im kleinen Kayah State kann man die verwirrend vielfältige Welt der ethnischen Minderheiten kennenlernen.

Für die Reise in den nördlichen Shan State nimmt man am besten den Zug, denn auf diese Weise lässt sich nicht nur der berühmte Gokhteik-Viadukt befahren, sondern beim verträumten Blick aus dem Fenster die Zeit vergessen.

Der Kachin State im hohen Norden schließlich führt in eine noch immer vielfach abgeschottete Welt, wo die südlichen Ausläufer des Himalayas in fruchtbare Täler und dschungelbedeckte Höhenzüge übergehen und der Ayeyarwady seinen Lauf nimmt. Hier liegt auch der Indawgyi Lake, der größte und immer noch fast unbekannte Binnensee des Landes.

Geschickt und wendig – die Einbeinruderer vom Inle Lake

Auf einen Blick: Nordost- und Nord-Myanmar

Sehenswert

Inle Lake: Myanmars berühmtester See bezaubert durch seine stimmungsvollen Klöster, Dörfer und Landschaften. Ausflüge und Fahrradtouren führen in die wunderschöne Umgebung (s. S. 364).

Kyaing Tong und Umgebung: Kengtung, Zentrum des östlichen Shan State, lockt mit Dörfern der Minderheiten in den Bergen und fruchtbaren Ebenen (s. S. 385).

Putao und Umgebung: Vor der Kulisse schneebedeckter Berge lädt die Ebene im hohen Norden zu Ausflügen in die Dörfer der Minderheiten ein (s. S. 428).

Hsipaw und Umgebung: Die einstige Fürstenstadt ist der richtige Ort, um die Seele baumeln zu lassen. Die Umgebung bietet sich für Wanderungen und Ausflüge an (s. S. 399).

Schöne Routen

Vom Inle Lake nach Loikaw: Wer per Boot vom Inle-See entlang des Nam-Pilu-Flusses gen Süden fährt, erlebt eine abwechslungs- und motivreiche Landschaft (s. S. 370).

Mit der Bahn von Pyin U Lwin nach Hsipaw: Nicht nur Eisenbahnfans werden ihre Freude haben, wenn sie mit dem Zug von der alten britischen Sommerfrische Pyin U Lwin in die einstige Fürstenstadt Hsipaw fahren. Die Strecke führt vorbei an urigen Orten, fruchtbaren Feldern und über den berühmten Gokhteik-Viadukt (s. S. 397).

Meine Tipps

Übernachtung in Sagar: A Little Lodge in Samkar, eine urige Unterkunft im lokalen Baustil, bietet sich als Übernachtungsstopp auf dem Weg nach Loikaw an (s. S. 371).

Dörfer auf dem Nebelberg: Loi Mwe, einst östlichster Außenposten Britisch-Indiens, ist heute ein verschlafenes Örtchen mit einigen interessanten Siedlungen der Minderheiten in der Umgebung (s. S. 394).

Auf den Spuren der Himmelsfürsten: Im East Haw von Hsipaw ist die untergegangene Ära der Shan-Fürsten noch lebendig (s. S. 404).

China-Feeling: In der Grenzstadt Muse kann man die geschäftige Atmosphäre der meist chinesischen Händler erleben (s. S. 413).

Aktiv

Wanderung zum Viewpoint von Kalaw: Ein Bergvorsprung bei Kalaw, von dem sich ein schöner Blick auf die umgebende Landschaft bietet, ist Ziel vieler Wanderer (s. S. 344).

Wanderungen bei Pindaya: Das Städtchen eignet sich als Ausgangspunkt für ein- bis zweitägige Trekkingtouren zu Dörfern der Palaung und Danu (s. S. 351).

Ausflug zu den Bergvölkern: Südlich von Loikaw liegen einige interessante Wanderziele, u. a. mit Pan Pet ein Dorf der Kayan Lahwi (s. S. 380)

Zu den Loi-Wa-Dörfern Wan Nyat und Wan Seng: Ein Tagesausflug in die Bergwelt östlich von Kyaing Tong (s. S. 393).

Wandern im Teeland: Tolle Ausblicke bietet die Bergwelt nördlich von Kyaukme (s. S. 399).

Wanderung zum Nam Tok: Die Kühle des Wasserfalls im Westen Hsipaws hat man nach dieser Tour verdient (s. S. 405)

Kayaking auf dem Indawgyi Lake: Der See im Kachin State lässt sich gut mit Kajaks erkunden. (s. S. 422).

Südlicher Shan State

Die meisten Besucher Myanmars lernen nur den Süden des 155 801 km² großen Shan State kennen, denn dort liegt mit dem idyllischen Inle-See eines der populärsten Touristenziele. Aber die Region bietet mehr. Urige Marktstädte wie Kalaw und Pindaya laden zum längeren Verweilen und zu Wanderungen ein.

Kalaw ▶ J/K 16

Das gut 1320 m hoch in einer schönen Berglandschaft gelegene **Kalaw** besticht durch eine entspannte Atmosphäre und einen lebendigen Markt. Für Reisende aus der Zentralebene ist die Stadt das Eingangstor in den südlichen Shan State und bietet klimatisch ein willkommenes Kontrastprogramm. Man wird die klare Luft gern einatmen und die frischeren Temperaturen zu schätzen wissen, die allerdings zwischen Dezember und Anfang Februar in der Nacht dem Gefrierpunkt gefährlich nahekommen können.

Das moderate Klima war auch der Grund, dass britische Beamte den Höhenzug als Rückzugsort für ihren Ruhestand wählten. Ihnen folgten südasiatische Einwanderer, die schon bald den Handel zu dominieren begannen, sowie christliche Missionare, die Schulen und Internate etablierten, darunter 1928 die methodistische Kingswood High School und die von italienischen Nonnen geführte St. Agnes' Convent High School. Seit deren Verstaatlichung in den 1960er-Jahren sind dort das Government Technical Institute bzw. die Basic Education High School Nr. 2 untergebracht. Noch heute tragen viele der einstigen Absolventen mit Stolz europäische Vornamen. Als Folge der Kolonialzeit sind die 186 000 Einwohner ein bunter Mix aus Volksgruppen der Umgebung, Bamar, Chinesen, Indern und Nachfahren nepalesischer Gurkhas, die in Diensten der Imperial Army standen.

Im Zentrum von Kalaw

Main Market
Zwischen Pyidaungsu Rd. und Khone Thae St., tgl. 7–17 Uhr
Kalaws Herzstück ist der **Main Market** an der Hauptstraße. Die Obst- und Gemüsestände in den überdachten Hallen zeugen vom natürlichen Reichtum der fruchtbaren Umgebung. In und um den Markt gibt es alles für den alltäglichen Bedarf. Wesentlich größer und lebendiger wird der Markt alle fünf Tage, wenn die Minderheiten aus der Umgebung in die Stadt kommen. Rund um den Markt gibt es *teashops*, Lokale und Läden.

Thein Taung Kyaung
Pyidaungsu Rd., tagsüber, Eintritt frei
Westlich des Marktes, gegenüber dem Pineland Inn, führt ein überdachter Treppenaufgang gen Norden 200 m einen Hügel hinauf zum **Thein-Taung-Kloster.** Seine Gebäude sind meist neueren Datums, und so ist in erster Linie der schöne Blick auf das Zentrum von Kalaw interessant. Zum Tazaungmon-Vollmond findet ein großes Fest statt.

Aung Chantha Paya
Aung Chantha Rd., tagsüber, Eintritt frei
Etwas südwestlich des Main Market befindet sich die als **Aung-Chantha-Pagode** bekannte Tempelanlage, deren Herzstück eine quadratische Halle mit vier Eingängen und vier Buddhas im Inneren ist, auf der sich ein spiegelverzierter *zedi* erhebt.

Kalaw

Hsu Taung Pye Paya
Aung Chantha Rd., Abzweigung von Min und Thidar St., tagsüber, Eintritt frei

Einen Block weiter südlich liegt auf einer kleinen Erhebung mit der **Hsu-Taung-Pye-Pagode** ein weiteres sehenswertes buddhistisches Heiligtum. Die weißgetünchten und goldfarben bemalten Ministupas auf dem Gelände wurden während der letzten Jahre dank großzügiger Spenden renoviert.

Südlich und südwestlich des Zentrums

Christ the King Church
University Rd., unregelmäßig geöffnet, Eintritt frei

Etwas östlich der Universität von Kalaw bzw. 2 km südlich des Marktes liegt die neoromanische, katholische **Christkönigkirche** aus dem Jahr 1928, die durch den grauen Stein außen recht nüchtern, innen hingegen dank der vielen Heiligenfiguren sehr lebendig wirkt. An die Kirche ist ein Internat angeschlossen.

Shwe U Min Paya
Shwe Oo Min Pagoda Rd., 2,3 km südwestlich des Main Market, tgl. 8–20 Uhr, Eintritt frei

Eines der interessantesten Heiligtümer, die **Pagode der Goldenen Königlichen Höhle,** befindet sich 30 Gehminuten südlich des Marktes inmitten eines öffentlich zugänglichen Militärgeländes. Ihr Name bezieht sich auf eine verzweigte Kalksteinhöhle, die – wie die gleichnamige Höhle in Pindaya (s. S. 349), nur im Kleinformat – mit zahlreichen Buddhafiguren im Shan-Stil gefüllt ist. Aus welcher Zeit diese stammen ist unklar, viele sind vergoldet und illuminiert. Der Zugang erfolgt durch einen überdachten Weg von Norden her, wo sich auf einer Plattform zahlreiche Stupas erheben.

Pinmagon Kyaung und Hnee Paya
Hnee Pagoda Rd., ca. 3 km südwestlich des Main Market, tagsüber, Eintritt frei

Schließlich lohnt auch der **Bambusbuddha** (Hnee Paya) einen Besuch, der in einer Halle des auf einer Anhöhe liegenden **Pinma-**

Im Stadtzentrum von Kalaw, im Hintergrund die Aung Chantha Paya

Südlicher Shan State

WANDERUNG ZUM VIEWPOINT VON KALAW

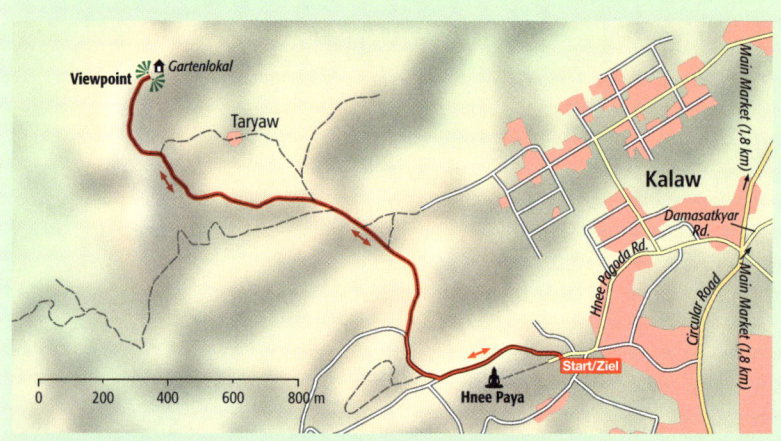

Startpunkt: Hnee Paya
Endpunkt: Viewpoint
Dauer: ca. 2 Std.

Hinweis: Die Tour kann problemlos alleine unternommen werden. Gute Schuhe, Sonnenschutz und Wasser sind unverzichtbar.

Der 1400 m hoch gelegene **Viewpoint** ist ein beliebtes Wanderziel im Westen der Stadt und eröffnet schöne Ausblicke in die Berglandschaft. Allerdings wird hier auch deutlich, wie stark die Gegend abgeholzt wurde. Ausgangspunkt ist die auf einem Hügel gelegene **Hnee Paya** (s. S. 343), 3 km südwestlich des Main Market. Man folgt dem Weg, der nördlich des Hügels durch einen kleinen Bergeinschnitt stadtauswärts führt und sich dann gen Norden entlang der Berghänge sanft ansteigend hinaufwindet. Nach einer guten Stunde zweigt ein Weg nach rechts in Richtung **Taryaw,** einem Palaung-Dorf ab. Man geht jedoch links weiter und hat nach wenigen Minuten den Viewpoint erreicht, wo eine nepalesische Familie inmitten eines Orangenhains ein kleines **Gartenlokal** unterhält. Hier kann man sich stärken, bevor man den Rückweg antritt.

gon-Klosters verehrt wird (s. Karte oben). Der 2,5 m große sitzende Buddha wird stilistisch der Inwa-Periode im 16. Jh. zugeordnet und besteht aus einem Kern aus Bambusgeflecht, das mit zahlreichen Lackschichten überzogen und abschließend vergoldet wurde.

Ausflüge in die Umgebung

Kalaw ist eines der populärsten Zentren für **Wanderungen** in die umliegenden Berge, wo Dörfer der Danu, Pa-O, Palaung und Taungyo verstreut liegen. Tagestouren, die nur mit einem lokalen Guide (s. S. 346) unternommen werden sollten, führen u. a. in die Palaung-Dörfer Taryaw und Shwe Min Bon.

Minmahti Cave

10 km südöstlich von Kalaw, knapp 700 m südlich der Abzweigung der Kalaw-Loikaw Rd. von der Nationalstraße 4 (Kalaw–Taunggyi) führt ein Weg ca. 800 gen Osten bis zum Höhleneingang, tgl. 8–18 Uhr, Eintritt frei

Erst seit den 1990er-Jahren ist die **Pferd-hat's-nicht-berührt-Höhle** wieder zugänglich. Ihr Name bezieht sich auf eine Legende, derzufolge ein Reiter mit seinem Pferd über einen Berg gesprungen war, ohne ihn zu berühren, und dann vor dem Höhleneingang landete. Die gut 300 m lange **Tropfsteinhöhle** wurde im Laufe der Zeit künstlich bis zur Westseite des Berges erweitert und mit einem zweiten, etwas erhöhten Eingang versehen. Kurz hinter dem Hauptzugang erhebt sich ein vergoldeter Stupa, während die Felswände mit einer eindrucksvollen Zahl von Buddhafiguren in allen Größen versehen sind.

Übernachten

Koloniales Fachwerkhaus – **Amara Mountain Resort:** 10/182 Thida Rd., Tel. 081 504 70, www.amara-mountain.com. Das Resort liegt auf eine Anhöhe, gut 15 Gehminuten südwestlich des Zentrums. Dem 1909 erbauten kolonialen Fachwerkhaus wurde ein zweites, originalgetreu nachgebaut, dazu gesellt. In beiden Häusern gibt es je 5 Zimmer mit stilvollem Mobiliar, Holzböden, Kamin und großen Bädern. Ein Gemeinschaftsraum lädt zum Entspannen, das Restaurant zum Verzehr asiatischer und westlicher Gerichte ein. Das Resort unterstützt ein Naturschutzprojekt südlich von Kalaw. DZ/ÜF ab 90 US-$.

Solide drei Sterne – **Dream Mountain Resort:** Damasatkyar Rd., Tel. 081 508 44. Das gut geführte Hotel liegt südwestlich des Zentrums auf einem Hügel und verfügt über 36 gut ausgestattete Zimmer mit modernem Interieur, warmen Holzböden und teilweise Balkon. Vom Restaurant bietet sich ein schöner Panoramablick. DZ/ÜF ab 70 US-$.

Schöne Gartenanlage – **Pine Hill Resort:** 151 U Min Rd., Tel. 081 500 79, www.myanmarpinehill.com. Die 32 geräumigen Zimmer in zwei Kategorien mit viel Holzdekor verteilen sich in Bungalows und im Haupthaus. Sehr schön ist der weitläufige Garten. Zum Aufwärmen geht es in den Gemeinschaftsraum mit Kamin, zum Abkühlen in den Pool. DZ/ÜF ab 70 US-$.

Einladendes Interieur – **Kalaw Princess Hotel:** 47 East Bogone St., Tel. 081 508 72, 081 508 73, www.kalawprincesshotelmyanmar.com. Mit verspielten Säulen, halbrunden Fenstern und den orangefarbenen Außenwänden wirkt das Hotel schon von außen recht einladend. Auch die 24 hellen Zimmern mit stilvollem Interieur und guten Bädern können sich sehen lassen. Von der Dachterrasse bietet sich ein schöner Ausblick. DZ/ÜF ab 60 US-$.

Traumblick ins Tal – **Hill Top Villa Hotel:** Ward 3, Bogon, Tel. 081 503 46, www.hilltopvillakalaw.com. Die weitläufige Anlage liegt an einem Berghang südöstlich von Kalaw und bietet einen tollen Ausblick. Insgesamt 44 Holzbungalows verteilen sich in mehreren Reihen und verfügen über einfachen Komfort. Das Essen ist Durchschnitt, ins Zentrum sind es ca. 30 Gehminuten. DZ/ÜF ab 55 US-$.

Ruhe auf dem Berg – **Thitaw Lay House B&B:** Forest Rd., Tel. 09 420 27 42 73, www.thitawlayhouse.com. Das Kleine Waldhaus, so der Name, liegt abgelegen auf einem Berg und verfügt über nur drei Zimmer, davon zwei in Holzbungalows. Besucher schätzen die Ruhe, das rustikale Flair und die natürliche Umgebung. DZ/ÜF ab 45 US-$.

Modern-elegant – **Junction Rose Hotel:** Hnee Pagoda Rd., Ecke Shwe Oo Min Pagoda Rd., Tel. 081 505 72, 081 508 49, www.junctionrosehotelsss-kalaw.com. Boutiquehotel mit ansprechend modern gestalteten Zimmern. TV, Kühlschrank und viele kleine nette Details. Schöne Badezimmer. Gutes Preis-Leistungs-Verhältnis. DZ/ÜF ab 40 US-$.

Weiß getünchte Bungalows – **Nature Land Hotel II:** 10 Thida St., Tel. 081 505 45, 09 428 15 21 49. Etwa 10 Gehminuten süd-

Südlicher Shan State

westlich des Zentrums. Die sieben weiß getünchten Bungalows in zwei Kategorien sind geräumig, freundlich und modern eingerichtet. Frühstück wird bei gutem Wetter auf der Aussichtsterrasse serviert. DZ/ÜF ab 30 US-$.

Bungalows im Garten – **Nature Land Hotel:** 29 Tharyarkone St., Tel. 081 507 11, 081 502 43. Die Budget-Unterkunft liegt auf einer Anhöhe, etwa 15 Gehminuten westlich des Zentrums. 20 große Bungalows mit schönem Bad inmitten eines gepflegten Gartens. Für Familien eignen sich die größeren Zimmer mit drei Betten, Küche und Balkon. Das Restaurant bietet lokale Speisen. Gutes Preis-Leistungs-Verhältnis. DZ/ÜF ab 25 US-$.

Essen & Trinken

Travellerfavorit – **Everest Nepali Food Center:** Aung Chan Tha Rd., tgl. 10–22 Uhr. Eine bevorzugte Adresse von Rucksacktouristen, die sich am vegetarischen dal bhat (Linsensuppe, Reis, Gemüse) ebenso erfreuen wie am Sa/So servierten Chicken Biryani. Beim Aufwärmen hilft der Ingwertee, beim Abkühlen helfen die leckeren Lassis. Currys und Masalas mit Chapati-Fladen um 4500 Kyat.

Gute Kost in Holzhaus – **Thirigayhar Restaurant (Seven Sisters):** Pyidaungsu Rd., Tel. 081 502 16, tgl. 9–22 Uhr. Untergebracht in einem Teakhaus an der Hauptstraße am westlichen Stadtausgang, tischt das etablierte Lokal gut gewürzte birmanische Currys sowie indische und Shan-Gerichte auf. Ab 4000 Kyat.

Gediegen mit Garten – **Dream Restaurant:** 5/47 Zatila St., Tel. 081 505 54, tgl. 11–23 Uhr. Eine gute Adresse für Abendessen in entspannter Atmosphäre. Die asiatischen Gerichte sind solide und werden im stilvollen Hauptraum oder draußen im Garten serviert. Gerichte um 4000 Kyat.

Indische Currys – **3 N Restaurant:** 786 Pyidaungsu Rd., nördlich des Marktes, tgl. 7–21 Uhr. In ihrem kleinen Lokal serviert die indische Eignerfamilie Hühnchen- oder Hammelcurry, aber auch Vegetarisches. Dazu wird eine Suppe und ein Teller mit Salat, rohem Gemüse und diversen Dips gereicht. Gerichte ab 3000 Kyat.

Günstige Shan-Nudeln – **Pyae Pyae Shan Noodle:** Pyidaungsu Rd., tgl. 7–21 Uhr. Das einfache Lokal liegt an der Hauptstraße Richtung Westen und bietet diverse Varianten von Shan-Nudelgerichten, die auch den Einheimischen munden. Gerichte ab 500 Kyat.

Einkaufen

Markt – **Main Market:** s. S. 342.

Handarbeiten – **Rural Development Society (R.D.S.):** Westflügel des Marktes, Tel. 081 507 47, www.ruraldevelopmentsociety.wordpress.com, tgl. 7–17 Uhr. Das 1992 von Tommy Aung Ezdani gegründete Hilfsprojekt zur ländlichen Entwicklung verkauft in dem kleinen Laden von Angehörigen der Minderheiten gefertigte Handarbeiten, darunter Kleidung, Taschen und Schmuck. Der Erlös fließt in die Projekte.

Aktiv

Trekkingführer – Infolge der Popularität von Trekkingtouren rund um Kalaw bieten zahlreiche Agenturen und Wanderführer ihre Dienste an. Abhängig von der Gruppengröße sind 10 000–15 000 Kyat pro Person zu kalkulieren. Hinzu kommen mögliche Kosten für Übernachtung und Proviant. Zu den Klassikern zählt eine dreitägige Wanderung von Kalaw nach Indein am Inle Lake. Hier eine Auswahl an empfehlenswerten Anbietern. **Ever Smile Trekking,** Yuzana St. (Treppenaufgang zum Thein Taung Kyaung, erste Straße rechts), Tel. 081 506 83, 09 401 62 37 95, www.eversmiletrekking.com; **Thiri Trekking,** Tel. 09 428 31 26 52, thiripapa linn@gmail.com, nur weibliche Guides; **Harri & Rambo Singh,** Golden Lily Guesthouse, 5/88 Natsin Rd., Tel. 081 501 08, aung.harri@gmail.com.

Besuch bei den Dickhäutern – **Green Hill Valley Elephant Camp:** s. Tipp S. 347

Termine

Thein-Taung-Klosterfest: Tazaungmon-Vollmond (Okt./Nov.). Großes Fest mit Prozession und Feuerwerk.

Verkehr

Flüge: Der nächste Flughafen, der **Heho Airport** (s. S. 353), befindet sich im 34 km östlich gelegenen Heho. Ein Taxi für die knapp einstündige Fahrt dorthin kostet um 20 000 Kyat.

Züge: Die **Kawlaw Railway Station** liegt in der Station Road, ca. 800 m südlich des Main Market. Dort halten je 1 x tgl. Züge nach Shwe Nyaung (50 km, 3,5 Std.) und zum Eisenbahnknotenpunkt in Thazi (197 km, 7 Std.), wo Anschluss nach Mandalay bzw. Yangon besteht. Besonders der Abschnitt zwischen Kalaw und Shwe Nyaung ist landschaftlich bildschön. Ein Highlight für Bahnfans ist beim Höhenzug östlich von Heho der Heho Loop, wo die Schienen eine Schleife bilden und ca. 300 m Höhenunterschied überwinden.

Busse: An der Pyidaungsu Road, Ecke Aung Chantha Road halten die **Fernbusse** aus und in Richtung Taunggyi. Tickets gibt es in diversen Verkaufsstellen nördlich des Main Market. An der Hauptstraße halten in Marktnähe **Direktbusse** nach Nyaung U (265 km, 8 Std.) und Mandalay (210 km, 7 Std.). Vor dem Ticketbüro von Shwe Danu nördlich des Marktes Tel. 09 428 34 22 68, halten die **Busse** nach Pyin U Lwin (245 km, 8–9 Std.), Hsipaw (340 km, 12–13 Std.) und Lashio (400 km, 14 Std.). Vom Markt starten regelmäßig **Minibusse** nach Taunggyi (70 km, 1,5–2 Std.).

Aungban ▶ K 16

Die knapp 1300 m hoch gelegene Stadt, 10 km östlich von Kalaw, ist ein geschäftiger Umschlagplatz für Waren aus der Region, vor allem Gemüse und Obst. Zudem ist Aungban ein wichtiger Verkehrsknotenpunkt: Hier zweigt die Straße Nr. 41 gen Norden in Richtung Pindaya (40 km) ab und etwa 3,5 km westlich beginnt die Straße Nr. 54 nach Loikaw (160 km). Für Touristen eignet sich die Stadt mit ihren Lokalen und *teashops* in erster Linie als Pausenstopp. Auch der **Fünftagemarkt** ist sehenswert. Die örtlichen Unterkünfte sind auf einheimische Fahrer und Geschäftsleute eingestellt.

Essen & Trinken

Geschäftiger Pausenstopp – **Cherry Restaurant:** Pyidaungsu Rd., Tel. 081 60 028, tgl. 7–21 Uhr. Alles ist auf Durchgangsreisende eingestellt. Hier gibt es schlichte chinesische Gerichte ebenso wie schmackhafte Shan-Nudeln und Proviant für die Weiterfahrt. Die Cherry Restaurant Garden Hall (tgl. 1–8, 17–22 Uhr) im hinteren Bereich bedient die Nachtbusse von und nach Taunggyi.

BESUCH BEI DEN DICKHÄUTERN

Das 2011 gegründete **Green Hill Valley Elephant Camp** liegt auf dem Gelände einer ehemaligen Teakplantage. Hier leben über ein halbes Dutzend Dickhäuter, darunter einige ältere Arbeitselefanten. Auf die Besucher sind verschiedene Programme zugeschnitten, die diverse Wandervarianten, Elefantenschrubben und Bäumchenpflanzen im Wiederaufforstungsprojekt beinhalten. Elefantenreiten beschränkt sich auf wenige Minuten.

Green Hill Valley Elephant Camp: beim Dorf Magwe, nahe dem Wet Phyu Reservoir, 45 Fahrmin. südwestlich von Kalaw, Anfahrt mit Wagen hin- und zurück ca. 35 US-$, Tel. 09 73 10 72 78, 09 514 58 38, www.ghvelephant.com, 100 US-$/Person inklusive Aktivitäten gemäß Programm, Essen. Anmeldung erforderlich!

Südlicher Shan State

Verkehr

Busse und Pick-ups zwischen Kalaw (10 km, 20 Min.) und Taunggyi (60 km, 1,5 Std.) halten in Aungban unweit der Abzweigung nach Pindaya. Für die Weiterfahrt nach Nyaung U (275 km, 9 Std.), Mandalay (220 km, 8 Std.) oder Yangon (600 km, 13 Std.) kann man in die beim Cherry Restaurant pausierenden Busse zusteigen.

Fahrt nach Pindaya

Sei es über die Straße von Aungban (40 km) oder etwas östlich von Heho (37 km) – die Fahrt nach Pindaya führt durch eine der bezauberndsten Hügellandschaften im südlichen Shan State und wäre schon Grund genug für die Anreise. Seit sich die Briten in die malerische Landschaft verliebten, wird die Gegend auch etwas übertrieben Birmanische Schweiz genannt. Nach Ende der Regenzeit, im Oktober/November, blühen viele Felder herrlich gelb, wofür die Blüten der Nigersaat (auch Ramtillkraut, *Guizotia abyssinica*) verantwortlich sind. Diese ursprünglich aus Äthiopien stammende Pflanze wird wegen ihres hohen Gehalts an Öl angepflanzt, das als Basis für Speiseöl und Seifenprodukte dient. Zudem gedeihen auf den fruchtbaren Böden Ingwer, Kichererbsen, Sesam und Kohl. Rund um einige Dörfer zwischen Heho und Pindaya kultivieren die Bewohner auch *Cordia-dichotoma*-Bäume *(thanaq hpeq)*, deren Blätter als Wickelblatt für die *cheroot* verwendet werden. In der Region verteilen sich Siedlungen der Danu, Taungyoe, Pa-O, Palaung und Shan.

Pindaya ▶ K 16

Pindaya, auf 1200 m gelegen und mit gut 10 000 Einwohnern ziemlich überschaubar, war unter seinem Shan-Namen Pangta-

Überdachte Treppen führen hinauf zur Pindaya Cave oberhalb des Ortes

Fahrt nach Pindaya

ra einst Sitz eines Shan-Fürsten und ist seit 2008 Zentrum der **Danu Self-Administered Zone,** für deren Besuch Touristen 2 US-$ bezahlen müssen (kassiert wird an den Ortseingängen).

Dominiert wird die Stadt vom 31 ha großen, fast rechteckig angelegten **Bone-Thalote-See,** der sich in ihrem Zentrum ausbreitet und entlang des Uferwegs an seiner Ostseite zu einem Spaziergang lockt. Es lohnt sich auch ein Streifzug durch die schmalen Gänge des überdachten **Marktes** (tgl. 9–17 Uhr), der an der Nordostecke des Sees liegt und alle fünf Tage noch größer und bunter ist, wenn die Angehörigen aus den umliegenden Dörfern kommen.

Shwe U Min Paya (Pindaya Cave)
Ende der Shwe U Min Pagoda St., tgl. 6–18 Uhr, 3 US-$

Hauptattraktion ist zweifellos die **Pagode der Goldenen Königlichen Höhle.** Der Name ist etwas verwirrend, denn hier handelt es sich um kein klassisches buddhistisches Heiligtum, sondern um eine Ansammlung von Buddhafiguren in einer Kalksteinhöhle.

Bereits von Weitem kann man die beiden Aufzüge zum überbauten Höhleneingang sehen, der sich an den Berghang westlich der Stadt schmiegt. Dorthin verlaufen auch wie Lindwürmer von verschiedenen Seiten des Tales her überdachte **Treppenaufgänge**.

Wer die vielen Stufen scheut, kann mit dem **Auto** durch eine Allee mit 150 Jahre alten Banyanbäumen bis kurz vor den Höhleneingang fahren. Auf der Fahrt zu den Höhlen lohnt sich am Fuß des Berges ein Halt bei der fotogenen **Nget Pyaw Taw Paya** (tgl. 8–17 Uhr, Eintritt frei), die aus weit über hundert weiß getünchten oder goldfarbenen Stupas im Shan-Stil besteht.

Auf der Anhöhe am Parkplatz bieten Souvenirstände Grüntee und Kartoffelchips an. Anstelle der 130 letzten Stufen kann man bis zum Höhleneingang den Aufzug nehmen.

Neben dem Höhleneingang ist ein großes **Spinnendenkmal** aufgestellt, das an die Legende vom Prinzen Kummabhaya erinnert. Sie erzählt von sieben Prinzessinnen, die im See von Pindaya gebadet und darüber die Zeit vergessen hatten. Daher gingen sie in die Höhle, um dort zu nächtigen, was eine Riesenspinne ausnutzte und sie in der Höhle gefangen hielt. Von ihren verzweifelten Hilferufen aufgeschreckt, kam Kummabhaya, tötete die Spinne mit seinem Bogen, befreite die Prinzessinnen und nahm die jüngste zur Frau. Von dieser Geschichte leitet sich auch der Ortsname ab: Pindaya ist eine Verballhornung von *pin gu ya:* die Spinne besiegt.

Nachdem sich Besucher ihrer Schuhe und Socken entledigt haben, gelangen sie zur ersten großen **Höhlenkammer.** Der Eindruck ist überwältigend. Buddhas in allen Größen wohin man schaut, fast alle vergoldet. Dominiert wird die Halle vom ebenfalls vergoldeten Shwe-U-Min-Stupa. Beim Spazieren durch einen Irrgarten schmaler Wege eröffnen sich immer wieder neue Perspek-

Südlicher Shan State

tiven auf die offiziell 8049 Buddhafiguren. Wann die ersten Statuen in der Tropfsteinhöhle aufgestellt wurden, ist unklar. Vermutlich wurde das Gros der Figuren Ende des 18. Jh. gestiftet, der älteste schriftliche Hinweis zumindest stammt aus dem Jahr 1774. Neben Steinfiguren finden sich einige aus Holz, die mit einer Lackschicht überzogen sind. Ungewöhnlich ist die *mudra* (Handgeste) von etwa 70 Buddhastatuen: Ihre rechte nach unten gerichtete Hand greift einen bohnenförmigen Gegenstand, während die im Schoß ruhende linke Hand einen runden Behälter hält. Buddha wird hier als Lehrmeister der Medizin (Sanskrit: Bhaisajyaguru) dargestellt, der die heilbringende Frucht des Myrobalan-Baumes *(Terminalia chebula)* und aus dem Behälter das Lebenselixier (Sanskrit: *amrita*) verteilt. Die Darstellung des Medizin-Buddha ist vorwiegend im Mahayana-Buddhismus populär.

Von der Haupthalle der Höhle führt ein **Weg** etwa 100 m in den Berg hinein zu weiteren **Höhlenkammern,** in denen die Zahl der Buddhafiguren durch stets neue Stiftungen kontinuierlich zunimmt. Dort erinnert auch eine Stelle an den legendären Schlafplatz der Prinzessinnen.

Hsin Khaung Kyaung

Westlich der Shwe U Min Pagoda St. an der Straße oberhalb des Conqueror Resort Hotel, tgl. 8–17 Uhr, Eintritt frei

Zwei Wege führen zum **Elefantenkopf-Kloster,** das am selben Hang wie die Pindaya-Höhle liegt. Man kann vom Eingang zur Pindaya Cave einem überdachten Weg hangabwärts Richtung Norden folgen und erreicht nach knapp 1 km das Kloster oder von der parallel zum See verlaufenden Shwe U Min Pagoda Street aus einen gen Westen abzweigenden Wege nehmen und nach 300 m links in einen quer zum Berg verlaufenden Weg einbiegen.

Seinen eigentümlichen Namen verdankt das 1775 anlässlich der Stadtgründung erbaute Teakholzkloster einem nahe gelegenen **Stein**, dessen Form an das Haupt eines Dickhäuters erinnert. Im Inneren der länglichen **Halle** finden sich eine Reihe alter Buddhafiguren im Shan-Stil mit ihrem typischen sanften Lächeln und den hochgezogenen Augenbrauen, teilweise auch gekrönt. Die meisten Buddhas sind aus Bambus oder Holz gefertigt, mit Lack überzogen und mit bunten Glasintarsien dekoriert. In einem schön geschnitzten Holzschrank aus der Kolonialzeit werden noch alte Bücher und Palmblattmanuskripte aufbewahrt.

Weitere Heiligtümer

Über die ansteigende Zaw Tikar Yone Street westlich des Marktes gut zu erreichen, liegt auf einer Anhöhe das **Saw Tikar Yone Kyaung** (tgl. 8–17 Uhr, Eintritt frei) mit einigen Stupas und einer länglichen Holzhalle samt Sammlung alter Buddhafiguren im Shan-Stil.

An der parallel zum befestigten Nordufer des Sees verlaufenden Bogyoke Street lohnt sich der Besuch des gut 100 Jahre alten **Kan Taung Kyaung** (tgl. 8–17 Uhr, Eintritt frei), eines etwas baufälligen Holzklosters mit *pyathat*-Dach. Das in eine weitläufige Anlage eingebettete Klostergebäude birgt an der Südseite des Innenraums ebenfalls eine schöne Sammlung alter Buddhas.

Übernachten

Stilvoll und komfortabel – **Thahara Pindaya:** Thit Al Pin, 5 km östlich von Pindaya unweit der Straße nach Heho, Tel. 01 441 34 10 (Buchung), www.thahara.com. Die im Stil eines Bauernhauses der Shan errichtete Unterkunft liegt im Dorf Thit Al Pin inmitten einer wunderschönen ländlichen Umgebung. Mit nur fünf geräumigen Zimmern mit Bad ist es sehr individuell und besticht durch schönes traditionelles Interieur. Vielfältiges Aktivitätenprogramm. DZ//F ab 100 US-$.

Weitläufige Anlage – **Conqueror Resort Hotel:** Tel. 081 661 06, 081 663 55, www.conquerorresorthotel.com. Am Fuße der Pindaya-Höhle gelegene Hotelanlage mit 50 Zimmern in geräumigen Doppelbungalows mit Bad und Veranda. Alles ist ausgesprochen stilvoll gestaltet mit viel Bambus

Fahrt nach Pindaya

WANDERUNG BEI PINDAYA

Option 1: Tagestour (21 km, ca. 7–8 Std Wanderung.)
Option 2: Zwei-Tages-Tour (30 km, 1. Tag 4–5 Std., 2. Tag 6-Std.-Wanderung)
Hinweis: Gute Schuhe und wetterfeste Kleidung sind obligatorisch, eine Taschenlampe ist hilfreich. Im Winter wird es nachts bitterkalt, also unbedingt warme Sachen mitnehmen. Tagsüber ist wegen der intensiven Sonneneinstrahlung ein Schutz sehr zu empfehlen. Für die Übernachtung im Kloster sollte man Toilettenpapier, Handtuch und Waschzeug mitnehmen. Frauen und Männer schlafen getrennt in separaten Räumen. Weitere Trekkingoptionen findet man unter www.danutrails.com.
Kosten: 20 000 Kyat pro Person und Tag für Führer, 5000 Kyat Spende bei Übernachtung im Kloster
Arrangement: Book House, Shwe U Min Pagoda St., Ecke Bogyoke St., Tel. 081 661 04, umyintthong@gmail.com. Seit vielen Jahren organisiert Herr U Myint Thong Touren rund um Pindaya. Auch **Mr. Doh** (Tel. 09 794 87 42 87, attrekking@gmail.com) arrangiert diese Wanderung.

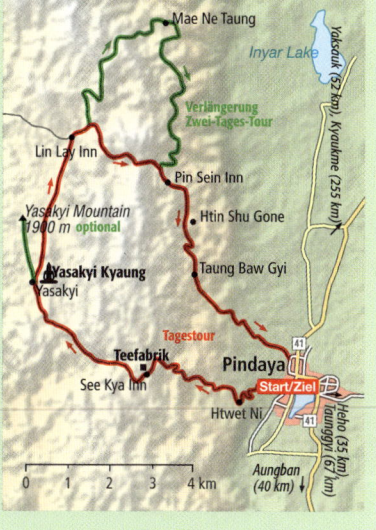

Tagestour: Vom Bone-Thalote-See aus wandert man in die westlich gelegenen Berge hinein und zunächst eine gute Staubpiste entlang bis zum Danu-Dorf **Htwet Ni** (ca. 45 Min.) auf 1400 m Höhe. Immer wieder eröffnet sich ein schöner Blick auf Pindaya. Die Danu gehören der tibetobirmanischen Sprachgruppen an und sind Buddhisten. Ihre traditionelle Tracht – gestreifte *longyi* und helle Bluse – tragen sie nur zu festlichen Anlässen. Vielfach haben Steinhäuser die alten Holzhäuser ersetzt.

Von Htwet Ni geht es weiter entlang eines guten Weges bis zum über 1500 m hoch gelegenen Danu-Dorf **See Kya Inn** (ca. 1,5 Std.). Hier kann man etwas pausieren, den Ausblick auf die Tee- und Kaffeefelder in der Umgebung genießen oder eine kleine, von der Gemeinde betriebene **Teefabrik** aufsuchen, die sich auf die Herstellung von Grüntee spezialisiert hat.

Anschließend geht es weiter zum Palaung-(Ta'ang-)Dorf **Yasakyi** (1,5 Std.), wo das mitgebrachte Mittagessen eingenommen wird. Die Bewohner von Yasakyi leben meist vom Teeanbau und

Südlicher Shan State

der Herstellung der *cheroot*-Blätter. Dabei werden die ausgewachsenen Blätter des *Cordia-dichotoma*-Baums auf heißen, glatten Steinen gepresst und geglättet. Die Häuser des Dorfes, überwiegend Steinhäuser, verteilen sich reicht weitläufig zwischen Hängen. In Yasakyi tragen noch einige der älteren Frauen die für die Palaung typischen kräftig roten *longyi* mit hellen Querstreifen. Die Shan-Bezeichnung der Palaung, *khun loi*, Menschen der Berge, kommt nicht von ungefähr, da sie vorwiegend in den Höhenlagen leben. Von den Shan haben sie den Buddhismus übernommen (im Dorf steht ein Kloster, das **Yasakyi Kyaung**), die Palaung-Männer auch die für die Shan so typischen weiten Hosen.

Nach der Pause erfolgt die Rückkehr über die Danu-Dörfer **Lin Lay Inn, Pin Sein Inn, Htin Shu Gone** sowie **Taung Baw Gyi** (ca. 3,5 Std.). Wie intensiv hier Landwirtschaft betrieben wird, kann man an den gerodeten Feldern sehen, auf denen Bergreis, Orangen, Ingwer und diverses Gemüse gepflanzt werden. Für den Rückweg nach Pindaya benötigt man noch einmal 1,5 Std.

Zwei-Tages-Tour: Auch hier wandert man zunächst durch die Dörfer **Htwet Ni** und **See Kya Inn** bis **Yasakyi** (3 Std. 45 Min.), wo im Dorfkloster, das auch Decken zur Verfügung stellt, übernachtet wird. Wer Lust und Energie hat, kann nachmittags noch den 1900 m hohen **Yasakyi Mountain** nordwestlich des Ortes erklimmen (hin und zurück 8 km, ca. 3 Std.), der ein Traumpanorama auf die Berglandschaft eröffnet.

Am nächsten Morgen wandert man weiter gen Norden über das Danu-Dorf **Lin Lay Inn** (ca. 30 Min.) zur Pa-O-Siedlung **Mae Ne Taung** (1 Std.), wo die Bewohner meist noch ihre markanten schwarzen Trachten tragen. Dann geht es wieder gen Süden über die Danu-Dörfer **Pin Sein Inn** (1 Std.) **Htin Shu Gone** (30 Min.) und **Taung Baw Gyi** (30 Min.) Von Taung Baw Gyi, wo man das Mittagessen in Privathäusern einnehmen kann (muss der Guide vorab arrangieren), geht es zurück nach Pindaya (1,5 Std.).

und Holz. Das geräumige Restaurant bietet gute Shan- und chinesische Küche. Der Pool lockt eher in der Sommerzeit, denn früh verschwindet die Sonne hinterm Hügel. Vom hinteren Teil führt ein Weg den Hang hinauf zum Hsin Khaung Kyaung. DZ/ÜF ab 80 US-$.

Rustikales Wohnen – **Pindaya Inle Inn:** Mahabandoola Rd., Tel. 081 660 29, 081 662 80, www.pindayainleinnmyanmar.com. Die stilvolle Anlage liegt nur wenige Schritte vom Ostufer des Sees entfernt und bietet 24 rustikale, etwas hellhörige Bambushütten und zwölf große Chalets. In den kalten Winternächten werden Heizdecken ausgegeben. Im hinteren Teil gibt es ein Spa, in der großen Restauranthalle sind neben chinesischen Gerichten empfehlenswerte Shan- und Danu-Menüs im Angebot. DZ/ÜF ab 70 US-$

Gut und einfach – **Myit Phyar Zaw Gyi:** 106 Zatan Quarter, Tel. 081 664 03, 663 25. Es ist sicherlich kein Haus mit Ambiente, doch die 18 funktionalen Zimmer mit kleinem Warmwasser-Bad sind sauber und teils mit Seeblick. Frühstück wird im einfachen Lokal im Erdgeschoss geboten. Das Personal ist freundlich und vermittelt Trekkingtouren. DZ/ÜF ab 25 US-$.

Essen & Trinken

An der Shwe U Min Pagoda Street westlich des Marktes gibt es einige *teashops* und einfache Lokale, darunter das **Tip Top** mit ordentlicher birmanischer Küche (tgl. 6–20 Uhr, Gerichte ab 2500 Kyat).

Schönes Ambiente – **Green Tea Restaurant:** Shwe U Min Pagoda St., Tel. 081 663 44, tgl. 10–21 Uhr. Das mit Abstand stilvollste Restaurant von Pindaya liegt am Westufer des Sees. In einer seitlich offenen und großen Halle aus Teak werden schmackhafte asiatische Gerichte serviert. Empfehlenswert sind auch die birmanischen Currys. Es ist auch guter Kaffee im Angebot. Gerichte ab 3500 Kyat.

Chinesisches Essen und grüner Tee – Kyan Lite: Bogyoke St., gegenüber dem Markt, tgl. 5–20 Uhr. Hier gibt es solide chinesische Gerichte und im angeschlossenen Teeladen ein gutes Sortiment an lokal angepflanztem Grüntee. Ab 3000 Kyat.

Shan-Nudeln und Fassbier – Taik Sein: Bogyoke St., gegenüber dem See, seitlich des Gan Taung Kyaung, tgl. 6–20 Uhr. Zum Frühstück werden leckere Shan-Nudeln und ansonsten Shan- und chinesische Gerichte aufgetischt. Auch Fassbier ist hier zu haben. Gerichte ab 2500 Kyat.

Einkaufen

Grüner Tee – Kyan Lite Restaurant: s. oben. Hier gibt es Grüntee in diversen Varianten (u. a. der Marke Shwe Ywet Thi), auch als *lephet thoke,* fermentierte Teeblätter.

Tee und Souvenirs – Tees, Kartoffelchips und Souvenirs gibt es auch an den **Ständen** unterhalb der Pindaya Cave.

Papierschirme – In einer Seitenstraße unweit der Nget Pyaw Taw Paya liegen einige **Werkstätten** (tgl. 9–17 Uhr), die sich auf die Herstellung von Papierschirmen spezialisiert haben. **Nan Cherry** und **U Kyaw Shwe Danu** zeigen auch den Herstellungsprozess, etwa das Schöpfen von Papier aus der Rinde des Maulbeerbaums oder das Schnitzen und Drechseln der verschiedenen Teile für den Schirm.

Termine

Shwe U Min Paya Festival: in der Woche vor dem Tabaung-Vollmond (Ende Febr./Anfang März). Am Fuß des Berges, auf dem die Pagode steht, wird ein Jahrmarkt abgehalten. Zu diesem Anlass kommen auch viele buddhistische Angehörige diverser Volksgruppen.

Verkehr

Pick-ups: Pindaya ist etwas umständlich zu erreichen. Unweit des Marktes starten regelmäßig **Pick-ups** nach Aungban (40 km, 1,5 Std.) und Heho (37 km, 1,5 Std.). Frühmorgens fährt ein **Direktbus** nach Taunggyi (67 km, 2,5 Std.) ab.

Heho ▶ K 16

Wer mit dem Flugzeug in den südlichen Shan State fliegt, wird zwangsläufig auf dem Flughafen von Heho landen. Ansonsten werden Touristen schnell weiterreisen, da die knapp 1200 m hoch gelegene Stadt keine Sehenswürdigkeiten besitzt. Aus einem kleinen Dorf der Danu erwuchs in den 1920er-Jahren ein Marktflecken, nachdem die Eisenbahnlinie von Kalaw nach Shwe Nyaung verlängert wurde. Später kam der 4 km nordwestlich gelegene Flughafen hinzu, welcher während des Zweiten Weltkriegs eine wichtige Rolle spielte und entsprechend häufig bombardiert wurde. Aus dieser Zeit sind noch einige wenige Fundamentreste der Hangars und Bunkeranlagen übrig geblieben. Auch in Heho macht der Fünftagemarkt (s. Tipp S. 355) Station. Dann herrscht an den Ständen des Main Market südlich der Hauptstraße ein geschäftiges Treiben.

Verkehr

Flüge: Der 4 km nordwestlich von Heho gelegene **Heho Airport** wird von allen Inlandsfluglinien angeflogen. Die wichtigsten Ziele sind Kyaing Tong, Nyaung U (Bagan), Mandalay, Tachileik und Yangon. Entlang der Hauptstraße von Heho, der Pyidaungsu Road, befinden sich die meisten Büros der Fluglinien, darunter: **Air Bagan,** Tel. 081 633 24, 081 631 97; **Air KBZ,** Nr. 52, Tel. 081 633 31, 081 633 32; **Air Mandalay,** Nr. 27, Tel. 081 630 59; **Asian Wings,** Nr. 169, Tel. 081 633 27; **Mann Yadanarpon,** Nr. 176, Tel. 081 630 95; **Yangon Airways,** Tel. 081 633 39, 081 633 40.

Züge: Die **Heho Railway Station** befindet sich an der Station Road, 200 m nördlich der Hauptstraße und wird je 1 x tgl. von Zügen nach Shwe Nyaung (17 km, 1 Std.) und zum Eisenbahnknotenpunkt in Thazi (230 km, 9,5 Std.) angesteuert.

Busse: An der Pyidaungsu Road, Abzweigung Station Road, halten die aus Taunggyi kommenden **Fernbusse** nach Nyaung U (300 km, 9,5 Std.), Mandalay (245 km, 8,5 Std.) oder Yangon (625 km, 14 Std.). **Busse und**

Südlicher Shan State

Pick-ups zwischen Kalaw (35 km, 1 Std.) und Taunggyi (35 km, 1 Std.) können entlang der Hauptstraße herangewunken werden.
Taxis: Vom Flughafen zahlt man nach Kalaw etwa 20 000 Kyat, nach Nyaung Shwe 25 000 Kyat und nach Taunggyi 40 000 Kyat.

Auf dem Weg nach Nyaung Shwe ▶ K 16

Im Ort des Goldenen Banyanbaums, **Shwe Nyaung**, zweigt von der Nationalstraße 4 die 12 km lange Straße nach Nyaung Shwe gen Süden ab. Der Verkehrsknotenpunkt wurde von dem Shan-Fürsten Sao Mawng (reg. 1864–85, 1897–1926) etabliert und war lange Zeit Endpunkt der Eisenbahn von Thazi Junction östlich von Meiktila in den südlichen Shan State. Heute fahren die Züge weiter gen Norden bis ins 60 km entfernte Yaksauk (Shan: Lawksawk). Shwe Nyaung bietet nichts Sehenswertes, wird aber im Rahmen des **Fünftagemarkts** ein Magnet für Händler und Volksgruppen der Umgebung.

Bawrithat Paya

Shwe Nyaung-Nyaung Shwe Rd., tgl. 7–18 Uhr, Eintritt frei

Auf dem Weg nach Nyaung Shwe passiert man rechter Hand nach 5 km die geschichtsträchtige **Pagode des Bodhisattvas**, Bawrithat Paya, die der Bagan-König Anawrahta im 11. Jh. gestiftet haben soll, möglicherweise aber auch der Shan-Fürst Sao Si Hseng Hpa im 14. Jh., der etwas nördlich seine erste Hauptstadt etablierte. Archäologische Funde lassen vermuten, dass hier bereits im 1. Jt. eine größere Siedlung bestand.

Das Heiligtum besteht aus einem **Zentralstupa,** der sich auf einer Terrasse mit 80 m Seitenlänge erhebt und von zahlreichen kleineren, weiß-goldenen Stupas umgeben ist. Das Pagodenfest findet alljährlich zum Tabaung-Vollmond (Febr./März) statt.

Shwe Yan Pyay Kyaung

Shwe Nyaung-Nyaung Shwe Rd., tgl. 7–18 Uhr, Eintritt frei

4 km weiter zählt das komplett aus Teakholz errichtete Shwe Yan Pyay Kyaung mit seinen beiden markanten ovalen Hallenöffnungen zu den beliebtesten Fotomotiven. 1888 von dem Shan-Fürsten Sao On (1886–97) nach einem Machtkampf mit seinem Cousin gestiftet und daher **Kloster zum Ende des Streites** genannt, wurde es dort errichtet, wo Sao On 1887 erstmals auf Truppen des Britischen Empire traf und von ihnen Schutz erhielt.

Der auf Teakstämmen über der Erde ›schwebende‹ Bau birgt im **Inneren** einige sehenswerte Buddhafiguren im Shan-Stil, reich verzierte Schränke zum Aufbewahren von Palmblattmanuskripten *(parabaik),* und Alltagsgegenstände der dort lebenden Mönche.

Auf dem Gelände gibt es noch weitere Klosterbauten, von denen die quadratische, **weißgetünchte Halle** an der Nordostecke zur Straße hin sehenswert ist. In ihrem Inneren befindet sich ein umlaufender sowie zwei sich in der Mitte kreuzende **Korridore**, die insgesamt 700 Nischen mit kleinen Buddhafiguren aus Marmor bergen. Teile der Wände sind mit rötlichen Glasintarsien versehen, welche Motive aus den *jataka* illustrieren. In der Mitte der Halle erhebt sich ein Stupa.

Verkehr

Züge: An der **Shwe Nyaung Railway Station** nördlich der Hauptstraße in Shwe Nyaung halten je 1 x tgl. Züge nach Yaksauk (85 km, 3 Std.) und in Richtung Kalaw weiter zum Eisenbahnknotenpunkt in Thazi (247 km, 11 Std.), wo Anschluss nach Mandalay bzw. Yangon besteht.

Busse: An der Hauptstraße in Shwe Nyaung unweit der Abzweigung nach Nyaung Shwe halten die **Nachtbusse** in Richtung Mandalay (240 km, 7 Std.) und Yangon (640 km, 15 Std.) je nach Abfahrt in Taunggyi zwischen 17 und 19 Uhr. Dort starten auch regelmäßig **Pick-ups** nach Kalaw (50 km, 1–1,5 Std.), Nyaung Shwe (12 km, 20 Min.) und Taunggyi (18 km, 30 Min.).

FÜNFTAGEMÄRKTE

Die **Märkte** bestimmen den Rhythmus der Menschen im südlichen Shan und im Kayah State. In einer Region, die hauptsächlich von der Landwirtschaft lebt, sind sie nicht nur zum Einkaufen da, sondern auch zur Unterhaltung und zum Informationsaustausch. Verschiedene Orte in einer Region wechseln sich im Fünftage-Rhythmus ab. Zum Angebot zählt Obst und Gemüse aus der Region ebenso wie leckere Fische und Garnelen aus den Flüssen und Gewässern. Auch Billigware ›made in China‹ ist zu finden. Unübersehbar sind die Stapel von Blättern des Betelpfeffers und die bräunlichen Fladen aus Sojabohnen. Je nach Saison sind Chayote, ein grünliches Gemüse, Erdbeeren und Avocados zu finden. Nicht fehlen dürfen die Essensstände mit leckeren Shan-Nudeln und frittiertem Tofu.

Termine einiger Märkte zwischen Aungban und Inle Lake
1. Tag: Heho, Kyone (zwischen Aungban und Pindaya), Taung Tho (südlich des Inle Lake), Narbaung (zwischen Taunggyi und Kakku)
2. Tag: Taunggyi, Aungban, Ywama
3. Tag: Pwe Hla (zwischen Aungban und Pindaya), Mine Thauk (Maing Thauk, Ostufer des Inle Lake), Phaung Daw U Paya (Tharle)
4. Tag: Shwe Nyaung, Kalaw, Khaung Daing (Westufer des Inle Lake), Indein
5. Tag: Nyaung Shwe, Pindaya, Nampan (südlich des Inle-Lake), Hang Si (zwischen Taunggyi und Kakku), Sagar (Samkar)

Pa-O-Frau als Verkäuferin auf dem Fünftagemarkt von Kalaw

Nyaung Shwe (Yawnghwe)

Sehenswert
1. Mingalar Market
2. Cultural Museum
3. Yadana Man Aung Paya
4. Zan Kyaung Daw Paya
5. Sao Shwe Thaik Tomb
6. Kyauk Phyu Gyi Paya

Übernachten
1. View Point Inn, The Shan Restaurant
2. Hotel Amazing Nyaungshwe
3. La Maison Birmane
4. Pyi Guest House
5. Hotel Brilliant
6. Princess Garden Hotel
7. Zawgi Inn
8. Remember Inn
9. Aquarius Inn
10. May Guest House

Essen & Trinken
1. Golden Kite Restaurant
2. Green Chilli Restaurant
3. The French Touch
4. Bamboo Hut
5. Thanakha Garden
6. Sin Yaw Restaurant
7. Lotus Restaurant
8. Daw Nyunt Yee
9. Red Star

Aktiv
1. Oriental Ballooning
2. Thu Thu Travel Agency
3. Bamboo Delight Cooking School
4. Active & Authentic Travels & Tours
5. GIC Tour & Transport
6. Lavender Spa & Beauty Center
7. Aqua Lilies Day Spa and Beauty Center

Nyaung Shwe (Yawnghwe) ▶ K 16

Cityplan: S. 356

Die alte Fürstenstadt **Nyaung Shwe** ist mit dem 5 km weiter südlich gelegenen **Inle Lake** über den Nam Kat Chaung verbunden und daher Ausgangspunkt für die meisten Bootstouren. Mit zahlreichen Unterkünften, Shops und Restaurants ist Nyaung Shwe ganz auf den Fremdenverkehr eingestellt und wegen der entspannten Atmosphäre gerade unter Rucksacktouristen ein beliebter Flecken, um zu chillen. Über viele Unterkünfte oder Verleihstationen kann man Fahrräder ausleihen und damit Ort und Umgebung erkunden.

Der birmanische Ortsname bedeutet Goldener Banyanbaum, doch ist unter den Einheimischen eher noch der alte Shan-Name Yawnghwe – Ebene *(hwe)* zwischen den Bergen *(yawng)* – verbreitet. Im Jahr 1359 von Sao Si Hseng Hpa gegründet, war die heute offiziell 16 000 Einwohner zählende Stadt bis 1959 Sitz der Shan-Fürsten. Trotz wachsender Touristenzahlen und einiger hässlicher Hotelklötze hat der Ort seinen Charme bewahren können. Pagoden, Grabstätten und der Palast erinnern an die verflossene Zeit der *saopha*, welche über sechs Jahrhunderte von Nyaung Shwe aus die Geschicke eines 3605 km² großen Fürstentums lenkten.

Sehenswertes

Der **Mingalar Market** 1 (Lanmadaw St., Ecke Yone Gyi St., tgl. 7–17 Uhr) mit seinen überdachten Ständen bildet das Zentrum der Stadt und ist von Banken, *teashops* und allerlei Geschäften umgeben.

Cultural Museum 2
Haw St., Di–So 10–16 Uhr, 2000 Kyat, Fotografierverbot im Inneren

Als **Kulturmuseum** fristet der alte **Fürstenpalast von Nyaung Shwe** (Shan: Yawnghwe Haw) östlich des Marktes ein klägliches Dasein. Eingebettet in ein 4,5 ha großes Gelände beindruckt der 1924, aus Ziegel und Holz errichtete Bau zwar mit einer ausladenden Treppe im Osten und einem mehrstufigen *pyathat*-Dach über der einstigen Thronhalle, doch im Inneren ist nur wenig zu sehen. Einige historische Fotografien, Gebrauchsgegenstände, ein Thron von 1864 und ein Elefantensitz erinnern an die verflossene feudale Welt. Hier wird deutlich, dass die Regierung wenig Interesse hat, an das kulturelle Erbe der Shan zu erinnern.

Yadana Man Aung Paya 3

Zwischen Phaung Daw Side St. und Aung Mingalar St., tgl. 7–18 Uhr, Eintritt frei

Die **Yadana-Man-Aung-Pagode** aus dem Jahr 1866 geht auf Fürst Sao Mawng (reg. 1864–85, 1897–1926) zurück und zählt zu den schönsten Beispielen eines Shan-Heiligtums. Typisch dafür sind die filigranen, flammenartigen Verzierungen an den Seiten der achteckigen **Stupas**, der auf einer quadratischen **Halle** thront und mit den zurückgesetzten Stufen wie eine Pyramide wirkt. Vom Grundriss her gleicht die Anlage einem griechischen Kreuz und kann durch die Zugänge an den Achsenpunkten von vier Seiten betreten werden, wobei der **Hauptzugang** von Osten her erfolgt.

Das **Innere** durchziehen zwei **Korridore**, an deren Anfang/Ende, also in jeder Himmelsrichtung, ein Buddha sitzt. Die Buddhafigur an der Ostseite ist die größte und erhebt sich etwas zurückversetzt in einem eigenen Raum, der nur von Männern betreten werden darf.

Das Heiligtum wurde immer wieder umgestaltet, etwa das aus neuerer Zeit stammende Spiegeldekor an den Säulen.

Auf dem Tempelgelände befinden sich in der Nordwestecke zwei **Gräber** von Angehörigen des Fürstenhauses.

Zan Kyaung Daw Paya 4

Zwischen Phaung Daw Side St. und Aung Mingalar St., meist verschlossen

Zwei Querstraßen westlich ist die **Zan-Kyaung-Daw-Pagode** zu finden, wo zum alljährlichen Phaung-Daw-U-Fest die vier Buddhas der Phaung Daw U Paya (s. S. 365, 370) Station machen.

Sao Shwe Thaik Tomb 5

Phaung Daw Side St., frei zugänglich

Noch eine Querstraße weiter liegt das unscheinbare **Grab** des letzten *saopha*, Sao Shwe Thaik (reg. 1927–59). Er war von 1948 bis 1952 erster Präsident Myanmars und

Südlicher Shan State

starb am 21. November 1962 unter mysteriösen Umständen im Gefängnis. Neben ihm ruhen in zwei weiteren Gräbern seine erste Frau, Nang Yi (gest. 1935), und sein Sohn Sao Myi Thaik, der am 2. März 1962 während des Militärputsches erschossen wurde.

Kyauk Phyu Gyi Paya 6

Nanthe, ganztägig, Eintritt frei

Entlang der Strand Road am Nam Kat Chaung kann man zu Fuß ca. 1 km (ab Bootsanleger) nach Süden bis zur **Kyauk-Phyu-Gyi-Pagode** gehen, wo unweit des Kanals ein übergroßer Buddha zwischen eleganten Shan-Stupas gen Osten blickt. Vor allem nachmittags herrscht dort eine wunderbar entspannte Stimmung.

Übernachten

Boutique-Hotel am Wasser – **View Point Inn** 1 : Taik Nan Bridge, Tel. 081 20 90 62, www.inleviewpoint.com. Lokales Design trifft internationalen Komfort. Das gilt vor allem für die 24 auf Stelzen übers Wasser gebauten Bungalows samt Veranda mit liebevollem Blick aufs Detail. The Shan Restaurant im ersten Stock mit Kanalblick ist stadtbekannt für seine traditionelle Küche. Tolles Angebot, etwa Kochkurse oder Picknick im Bambuswald. DZ/ÜF ab 160 US-$.

Komfort im Shan-Stil – **Hotel Amazing Nyaungshwe** 2 : Yone Gyi St., Tel. 081 20 90 79, www.amazing-hotel.com. Der zweistöckige Bau liegt an einem schmalen Kanal mit 16 großen Zimmern und Suiten samt Balkon. Alles ist recht stilvoll und wohnlich. Auch wer hier nicht wohnt, sollte das leckere Shan-Frühstück im offenen Mai Li Restaurant am Kanal kosten. Die morgendlichen Rezitationen der Mönche vom nahen Kloster ›ersetzen‹ den Weckruf. Große Preisnachlässe in der Nebensaison. DZ ab 108 US-$.

Bungalows im Tropengarten – **La Maison Birmane** 3 : Sai Yone Rd., Tel. 081 20 99 01, www.lamaisonbirmane.com. Üppiges Grün und rustikale, aber modern eingerichtete Holzbungalows mit Palmdächern verströmen eine angenehm entspannte Atmosphäre. Mit 25 oder 35 m² Fläche plus großer Veranda ist genug Platz. Für Familien gibt es eine Villa mit zwei Räumen. DZ/ÜF ab 100 US-$.

Nett und familiengeführt – **Pyi Guest House** 4 : 35 Phaung Daw Pyan St., Tel. 081 20 90 76, pyi.nsmm@gmail.com. Aus dem einfachen Gästehaus wurde 2012 durch Erweiterung eine stattliche Unterkunft mit zwölf geräumigen Bungalows in rötlichem Stein, die auf dem langgezogenen Grundstück vis-à-vis liegen. Das Restaurant etwas nüchtern, das Inhaberehepaar freundlich und hilfsbereit. DZ/ÜF ab 75 US-$.

Komfortable Bungalowanlage – **Hotel Brilliant** 5 : Aye Thar Yar Main Rd., Tel. 081 20 94 00, www.hotelbrilliantinlelake.com. Das gut geführte Hotel liegt 2 km östlich der Stadt und besteht aus einem zweistöckigen Hauptbau und einer Bungalowreihe mit insgesamt 21 klimatisierten und geräumigen Zimmern. DZ/ÜF ab 55 US-$.

Oase mit Pool – **Princess Garden Hotel** 6 : Mine Li St., Tel. 081 20 92 14, princessgardenhotel@gmail.com. Am südöstlichen Ortsrand am Mong-Lo-Kanal gelegen, ist das Gästehaus mit Boutiquecharakter nicht nur ein ruhiger Flecken, sondern mit dem Pool auch ein wunderbarer Ort zum Relaxen. Die acht geräumigen, aus Holz und Bambus errichteten Bungalows mit Veranda gibt es in drei Kategorien. Im Haupthaus wird das reichhaltige Frühstück serviert, dazu: ein schöner Blick ins Umland. DZ/ÜF ab 35–55 US-$.

Üppig begrünt – **Zawgi Inn** 7 : 122, Nandawun St., Tel. 081 20 99 29, 09 502 46 10, zawgiinn@gmail.com. Eingebettet in eine üppig bepflanzte Anlage, liegen sich sechs Bungalows mit je zwei großzügigen Zimmern mit Bad und Veranda gegenüber. Die Holzböden gleichen die etwas nüchterne Atmosphäre im Inneren aus. Draußen beweisen die Besitzer ihre Vorliebe für Orchideen. Alles sehr ordentlich und vom hilfsbereiten Personal gut geführt. DZ/ÜF ab 30 US-$.

Effektiv geführt – **Remember Inn** 8 : 1 Haw St., Tel. 081 20 92 57, www.rememberinn.jimdo.com. Das gegenüber dem Shan-Palast gelegene Hotel besteht aus einem klobigen dreigeschossigen Bau mit 36 funktionalen und sauberen Zimmern unterschiedlichen

Nyaung Shwe (Yawnghwe)

Standards und 20 Bungalows aus Holz und Bambus mit Veranda. Frühstück wird auf der seitlich offenen Dachterrasse serviert. Zuverlässiger Service. DZ/ÜF 25–40 US-$.

Populär – **Aquarius Inn** 9 : 2 Phaung Daw Pyan St., Tel. 081 20 93 52, 20 96 15, www.aquariusinninlelake.com. Bei Travellern beliebte Unterkunft mit 16 Zimmern in drei Kategorien. Die Standardzimmer mit Bad und dünnen Holzwänden sind hellhörig und in die Jahre gekommen. Guter Service und hübsch begrünter Innenhof. DZ/ÜF ab 25 US-$.

Holzhaus – **May Guest House** 10 85 Myawady Rd., Tel. 081 20 94 17, mayguesthouse@gmail.com. Unterkunft im Retroschick. So wurden viele Gästehäuser in Myanmar gebaut: fast komplett aus Holz und Bambus, mit spitz zulaufendem Blechdach und einfachen Bädern. Es gibt zehn Zimmer mit Bad, darunter ein *family room* mit drei Betten. Etwas dünne Wände, daher Nachtruhe ab 22 Uhr. Auch birmanisches Frühstück erhältlich. DZ/ÜF ab 20 US-$.

Essen & Trinken

Französische und Shan-Küche – **The Shan Restaurant** 1 : tgl. 9–22 Uhr. Wie beim Hotel View Point Inn stimmen Ambiente und Qualität. In einem aus Holz und Bambus errichteten Rundbau mit tollem Ausblick werden schmackhafte Kreationen aus der französischen ebenso wie aus der Shan-Küche kredenzt. Die frischen Zutaten stammen weitgehend aus dem Umland. Menü ab 8000 Kyat.

Selbstgemachte Pasta – **Golden Kite Restaurant** 1 : Yone Gyi St., Tel. 081 20 93 27, tgl. 10–22 Uhr. Seit ein Gast aus Italien der Eignerfamilie das Nudelmachen lehrte, wird hier lecker Pasta aufgetischt. Auch die Pizza gelingt. Die Preise sind etwas gehobener. Gerichte ab 4000 Kyat.

Thai- und Shan-Klassiker – **Green Chilli Restaurant** 2 : Hospital Rd., Tel. 081 20 91 32, tgl. 11–14, 18–22 Uhr. Die diversen Currys und Suppen schmecken gut, der Service ist aufmerksam, das Ambiente angenehm und

Er verbindet Nyaung Shwe mit dem Inya Lake – der Nam-Kat-Kanal

Südlicher Shan State

die Getränkeauswahl (auch lokale Weine) passabel. Zur Auswahl stehen vorwiegend Thai- und Shan-Gerichte ab 3500 Kyat.

Bistro in Orange – **The French Touch** 3 : Kyaung Taw Shayt St., Tel. 09 49 36 00 30, www.facebook.com/Frenchtouchsyaung shwe, tgl. 9–22 Uhr. Alles in markantem Orange gehalten. Hier kann man entspannt auf der Veranda oder im halboffenen Inneren sitzen. Das westliche Essen (Sandwich, Pizza) ist gut, der Kaffee lecker und das Interieur äußerst geschmackvoll. Gerichte ab 3500 Kyat.

Lunch mit Weitblick – **Bamboo Hut** 4 : War Taw, ca. 7 km südöstlich von Nyaung Shwe an der Straße nach Mine Thauk (Maing Thauk; s. auch Karte S. 367), Tel. 09 36 16 83 30, tgl. 11–22 Uhr. Das Bambuslokal liegt inmitten eines Tropengartens mit wunderschönem Blick zum Inle Lake und tischt tolle Fisch- und Currygerichte auf. Kann gut mit einer Fahrradtour verbunden werden. Ab 3500 Kyat.

Leckerer Seefisch – **Thanakha Garden** 5 : 43 Tharzi Quarter, Tel. 04 28 37 15 52, tgl. 10–22 Uhr. Das einfache Lokal liegt in einer Seitenstraße, welche vor dem Paradise Hotel an der Haw Street links abgeht. Ein paar Tische in einer offenen Bambushalle zaubern den richtigen Rahmen für die regionale Küche. Gefragt ist vor allem der Seefisch. Gerichte ab 3000 Kyat.

Gut gewürzt – **Sin Yaw Restaurant** 6 : Mingalar Ashae St., Tel. 09 420 18 73 11, tgl. 6.30–22 Uhr. Aufs Ambiente legen die Wirtsleute wenig Wert (man sitzt auf Plastikstühlen), dafür auf die richtige Würzmischung ihrer chinesischen und Shan-Gerichte. Sehr effektiver Service. Ab 3000 Kyat.

Familiär-stilvoll – **Lotus Restaurant** 7 : Haw St., tgl. 9–22 Uhr. Das Familienlokal liegt in westlicher Nachbarschaft des Shan-Palasts und zaubert schmackhafte Currys. Gelobt wird auch der Tomatensalat. Mit viel Bambus, Holz und handgeschöpftem Papier stimmt auch das Ambiente. Gerichte ab 3000 Kyat.

Birmanische Currys – **Daw Nyunt Yee** 8 : Phaung Daw Seiq St., tgl. 7–21 Uhr. Das bei Einheimischen beliebte Lokal ist eine gute Adresse für birmanische Currys und Shan-Gerichte. Ein guter Ort auch fürs Nudelsuppen-Frühstück. Das Ambiente indes ist eher fantasielos. Gerichte ab 3000 Kyat.

Solide Shan-Küche – **Red Star** 9 : 4 Phaung Daw Pyan St., tgl. 11–21.30 Uhr. Das schlichte Lokal mit Fahrradverleih tischt solide Shan-Gerichte wie etwa Nudelsalat auf. Auch die Currys schmecken. Gerichte ab 2500 Kyat.

Aktiv

Ballonfahren – **Oriental Ballooning** 1 : 10 Lanmadaw St., Tel. 09 250 08 94 43, www.orientalballooning.com. Mitte Nov.–Ende Febr. 1-stündige Fahrten mit dem Heißluftballon über den Inle Lake. Dabei steigen die Ballons je nach Thermik über 1800 m in die Höhe. 420 US-$/Person.

Bootstouren – **Inle Lake, Sagar, Phekon:** s. Verkehr S. 361

Kayaking – Neben Paddeltouren auf dem See ist auch eine Fahrt von Nyaung Shwe entlang des Nam Kat Chaung gen Norden Richtung Shwe Nyaung interessant, die durch Intha- und Shan-Siedlungen und vorbei an Reisfeldern führt. Arrangement durch **Thu Thu Travel Agency** 2 (Yone Gyi St., Tel. 081 20 92 58, tgl. 8–20 Uhr, Südseite des Marktes).

Kochkurse – **Bamboo Delight Cooking School** 3 : 6/261 Phaung Daw Pyan St., Tel. 09 41 01 04 33, 09 428 34 52 61, www.inlecooking.wordpress.com. Um 9 und 17 Uhr beginnen die 2–3-stündigen Einführungen in die birmanische Kunst des Kochens (20 000 Kyat). Am Vormittag ist noch ein Marktbesuch inkludiert. **The Shan Restaurant** 1 organisiert um 8 Uhr nicht nur für Hotelgäste ca. 3-stündige Kurse (inkl. Marktbesuch) mit vielen Tipps und Rezepten der Shan-Küche für 35 US-$.

Radfahren – Leihräder gibt es über die Unterkünfte oder diverse Verleihstationen, etwa die im **Red Star** 9 (ab 1500 Kyat/Tag). **Active & Authentic Travels & Tours** 4 , Kyaung Daw Ashae St., Tel. 081 20 98 42, tgl. 7–19 Uhr, verleiht gute Mountainbikes inkl. Helm für 12 000 Kyat/Tag. Z. B. bietet sich eine Radtour von Nyaung Shwe nach Nampan (27 km) und zurück an.

Nyaung Shwe (Yawnghwe)

Trekking – **GIC Tour & Transport** 5 : 89 Phaung Daw Pyan St., 081 20 95 51, tgl. 8–19 Uhr. Die offizielle Agentur der Pa-O National Organisation (PNO), neben dem Sandalwood Hotel organisiert ein- oder mehrtägige Wanderungen durch Dörfer der Pa-O, u. a. nach Kakku (s. S. 377).

Wellness – **Lavender Spa & Beauty Center** 6 : 91 Phaung Daw Pyan St., Tel. 09 253 64 16 95, tgl. 11–21 Uhr. Diverse Massagen und Anwendungen, z. B. halbstündige Rücken- und Kopfmassagen (8000 Kyat). **Aqua Lilies Day Spa and Beauty Center** 7 : Haw St., Tel. 09 428 36 35 84, tgl. 11–21 Uhr. Nettes Ambiente in luftigem Bambushaus mit verschiedenen Massagen (ab 9000 Kyat) und Beauty-Anwendungen.

Verkehr

Flüge: Der nächste Flughafen ist der **Heho Airport,** 32 km nordwestlich (s. S. 353). Ein Taxi für die knapp einstündige Fahrt kostet um 20 000 Kyat.

Züge: Der nächste Bahnhof ist die 12 km entfernte **Shwe Nyaung Railway Station** (s. S. 354).

Busse: Die meisten **Fernbusse** in Richtung Nyaung U (340 km, 9 Std.), Mandalay (330 km, 7–8 Std.) und Yangon (690 km, 16 Std.) starten zwischen 16 und 19 Uhr von der 20 km entfernten **Ayethayar Bus Station** bei Taunggyi und passieren nach 30 Min. das 12 km nördlich von Nyaung Shwe gelegene **Shwe Nyaung.** Einige Unternehmen machen auch einen Schlenker via **Nyaung Shwe** und halten in der Nähe des Marktes. Der **Taung Pyar Tann Express** (Tel. 081 20 20 58, 081 212 13 16) startet gegen Mittag von Taunggyi nach Hsipaw (310 km, 15 Std.). **Tickets und Infos** sind in den Gästehäusern oder Reisebüros rund um den Markt erhältlich. **Pick-ups** nach Shwe Nyaung (12 km, 20 Min.) und Taunggyi (30 km, 1 Std.) starten ganztägig von der Lanmadaw St. nördlich des Marktes.

Boote: Der Bootsanleger befindet sich an der Strand Rd. (Chaung Lan). **Ganztagstour Inle Lake** 25 000 Kyat, mit Indein oder Taung Tho 30 000 Kyat, **Halbtagestour** 15 000–20 000 Kyat. Am Anleger starten auch die **Boote nach Sagar und Phekon.**
Nyaung Shwe–Sagar: 60 000 Kyat, Nyaung Shwe–Sagar–Phekon 120 000 Kyat
Die gut 6 m langen Holzboote sind offen und bieten Platz für 5–6 Personen. Meist werden vom Bootsfahrer Wasser und Regenschirm zur Verfügung gestellt (ansonsten mitnehmen). In den Wintermonaten kann es morgens empfindlich kalt sein. Geräuschempfindliche sollten angesichts der knatternden Motoren Ohrstöpsel in Erwägung ziehen.

WEINPROBE MIT WEITBLICK

Etwa 4 km südöstlich von Nyaung Shwe an der Straße nach Mine Thauk (Maing Thauk; s. Karte S. 367) erstrecken sich die Weinberge des **Red Mountain Estate** mit herrlichem Blick in die Ebene bis zum Inle Lake. 2002 wurde das Gut von der Ruby-Dragon-Gruppe gegründet, deren Eigentümer U Nay Win Tun aus dem Volk der Pa-O stammt und mit Edelsteinen reich geworden ist. Unter Leitung des französischen Winzer François Raynal entstand in den Folgejahren ein passables Weingut mit 70 ha Land, wo vorwiegend die roten Rebsorten Syrah, Pinot Noir und Tempranillo sowie die weißen Sauvignon Blanc, Muscat Petit Grain und Chardonnay gedeihen. Nach einem Besuch in der Kellerei kann man im angeschlossenen Restaurant Wein verkosten. Dort gibt es auch – allerdings mäßiges – Essen.

Red Mountain Estate: Tel. 081 20 93 66, www.redmountain-estate.com, Kellereibesichtigung tgl. 10–17 Uhr, kostenlos, Restaurant tgl. 10–22 Uhr, Weinprobe (4 Sorten) im Restaurant 3000 Kyat.

Verlorene Welt der Himmelsfürsten

Über ein halbes Millennium lenkten Fürsten die Geschicke im Shan State. Als Buddhisten waren sie Förderer von Kunst und Kultur der Bergregion. Während der Kolonialzeit von den Briten unterstützt, verloren sie nach der Unabhängigkeit ihre Privilegien und wurden von den Militärs unterdrückt. Heute ist ihr Erbe nahezu verschwunden.

Sein Ende war tragisch. Als sich General Ne Win am 2. März 1962 an die Macht putschte, ließ er jegliche potenzielle Widersacher verhaften, auch Sao Kya Seng (Hseng), den Fürsten von Hsipaw. Nur kurze Zeit später war der Shan-Fürst tot, die Umstände sind bis heute ungeklärt. Sao Kya Seng ist auch außerhalb Myanmars in Erinnerung geblieben, weil er 1953 die damals 21-jährige Inge Eberhard aus Österreich heiratete und sie ein Jahr darauf als Mahadevi (Große Fürstin) in seinen Palast heimführte. Beide hatten sich während des Studiums in Denver, Colorado, kennengelernt und nach ihrer Rückkehr das in Traditionen erstarrte Fürstentum von Hsipaw zu modernisieren versucht. So verteilte Kya Seng seine Ländereien an die Menschen der Region und stellte ihnen moderne Landwirtschaftsmaschinen zur Verfügung, während seine Frau sich um eine Erneuerung in Erziehung und Gesundheit bemühte. Die Tochter eines Kärntner Oberförsters schrieb 1994 unter ihrem späteren Namen Inge Sargent einen Bestseller über ihr bewegtes Leben (»Dämmerung über Birma«).

Auch Sao Shwe Thaik, dem Fürsten von Yawnghwe (Nyaung Shwe), war kein gutes Ende beschieden. Er wurde ebenfalls unter Ne Win verhaftet und starb am 21. November 1962 unter mysteriösen Umständen im berüchtigten Yangoner Insein-Gefängnis. Shwe Thaik zählt zu den profiliertesten Shan-Fürsten des 20. Jh., denn wie kein anderer war er politisch aktiv. 1896 geboren, wurde er wegen seiner Verdienste als junger Soldat des Britischen Empire im Ersten Weltkrieg geadelt. Nach dem Tod seines kinderlosen Onkels, Sir Sao Mawng, übernahm er 1927 den Fürstenthron von Yawnghwe. Als Mitinitiator der Panglong-Konferenz im Februar 1947 und zeitweise Vorsitzender des Verfassungskomitees gilt er als einer der Architekten der Union of Burma. Nach der Unabhängigkeit wurde Shwe Thaik zum ersten Präsidenten ernannt, 1952 zum Sprecher der Nationalitätenkammer. Wie seine 33 Kollegen gab er Ende April 1959 anlässlich einer Zeremonie in Taunggyi seinen Fürstentitel ab.

Die Anfänge der Himmlischen Herren (Shan: *saopha*, Myanma: *sawbwa*), wie die Shan-Fürsten genannt wurden, liegen im Dunkeln. Fantasiereiche Chroniken siedeln sie teilweise in vorchristlicher Zeit an. Das größte Fürstentum Kengtung (heute: Kyaing Tong), mit über 31 000 km^2 entsprach seine Ausdehnung drei Vierteln der Schweizer Landesfläche, war anfänglich Teil des aufstrebenden Lan-Na-Königreichs im Norden Thailands. Wahrscheinlich wurde es unter dessen erstem König Mengrai (1238/39–1311) gegründet. Yawnghwe wiederum geht auf die Gründung von Sao Si Hseng Hpa im Jahr 1359 zurück. Im Lauf der Jahrhunderte etablierten sich entlang der Karawanenstraßen und fruchtbaren Flussebenen weitere Fürstentümer (Shan: *mong*), die oft friedlich koexistierten, aber auch nicht selten untereinander zerstritten waren. Laut Sir George Scott (1851–1935), als Journalist und zeitweise Superintendent im Shan State ein Kenner des Shan State, war es aufgrund der bergreichen Region für die Shan nur schwer möglich, »in Frieden zusammen zu leben und sich im Widerstand gegen die Einfälle ihrer ehrgeizigen Nachbarn zu vereinen« (J. George Scott, Gazetteer of Upper Burma and the Shan States, Superintendent, Govt. Print., Part I, Vol. 1, Rangoon 1900). So bemühte sich jeder Shan-

Der letzte Shan-Fürst von Hsipaw, Sao Kya Seng, und seine österreichische Frau, Sao Nang Thusandi, Mahadevi von Hsipaw (um 1959)

Fürst für sich um gute Beziehungen zu den birmanischen Monarchen, thailändischen Königen und chinesischen Kaisern. Sie leisteten Tribut an China und entsandten Töchter zur Heirat an den birmanischen Königshof. Unter den 62 Frauen König Mindons waren fünf Töchter verschiedener *saopha*. Vielversprechende Söhne der Shan-Fürsten wurden an den königlichen Hof entsandt, um dort zusammen mit den Prinzen des Monarchen erzogen zu werden. Das war auch bei Sao Mawng (reg. 1864–85, 1897–1926) der Fall, der im Alter von sieben Jahren an den Hof von König Mindon kam, bis zum 17. Lebensjahr blieb und als Fürst von Yawnghwe eine enge Beziehung zu Mindon pflegte. Der Fürst von Hsipaw, Sao Kya Htun (reg. 1853–66) wiederum half Mindon beim Niederschlagen einer Rebellion. Die birmanischen Könige nannten die Shan-Fürsten auch *naywin bayin*, Herren des Sonnenuntergangs.

Nach der Eroberung Myanmars sahen sich die Briten im Shan State einem schwer durchschaubaren Geflecht von Macht- und Beziehungsverhältnissen gegenüber, dem sie mit dem Shan States Act von 1888 zu begegnen versuchten. Sie teilten die Region anfänglich in zwei Einheiten ein. In den Northern Shan States waren fünf Fürstentümer, in den Southern Shan States insgesamt 43 größere und kleinere Fürstentümer vereint. Nach diversen Fusionen wurden 1922 in den Federated Shan States 34 Shan-Fürstentümern zusammengeschlossen und von Taunggyi aus verwaltet.

Die Beziehung zwischen dem Britischen Empire und Shan-Fürsten war ein Geben und Nehmen. Die *saopha* trieben für die Briten Steuern ein und erlaubten ihnen gegen Beteiligung die Ausbeutung der Teakwälder, Silber- und Edelsteinminen. Dafür durften sie ihre Titel behalten und ihre alten Traditionen weiter pflegen. Nicht wenige wurden vom britischen Königshaus geadelt, einige studierten in England. Wer Geld hatte, ersetzte seinen schlichten Teakpalast durch einen kolonialen Prachtbau. Bestes Beispiel ist der 1905 im indisch-europäischen Stil erbaute Fürstenpalast von Kengtung. Doch auch dessen Ende ist tragisch: 1991 wurde er im Auftrag des Militärregimes abgerissen.

Südlicher Shan State

 Inle Lake ▶ K 16/17

Karte: S. 367

An Tickethäuschen kurz vor dem nördlichen Ortseingang von Nyaung Shwe oder an der Straße nach Khaung Daing werden einmalig 13 000 Kyat bzw. 10 US-$ Eintritt für den Inle Lake erhoben, unabhängig davon, ob man überhaupt bis zum See möchte oder wie lange man dort bleibt.

Mystisch, malerisch, zauberhaft. Diese und andere Bezeichnungen verwenden Besucher gerne, um die anmutige Landschaft rund um den **Inle-See** zu beschreiben. Wie eine Oase erstreckt sich der 22 km lange und 11 km breite See von Norden nach Süden zwischen zwei Bergzügen. Auf knapp 900 m Höhe bietet er beste Voraussetzungen für die Landwirtschaft. Die wahre Ausdehnung des etwa 120 km² großen, zur Trockenzeit gerade mal 1–1,5 m tiefen Sees ist nur zu erahnen, da er von einem breiten Gürtel aus Wasserhyazinthen und Schilf umgeben ist und weite Teile von Schwimmenden Gärten bedeckt sind. Wegen seines Artenreichtums wurde der zweitgrößte Binnensee Myanmars 2015 von der UNESCO in das World Network of Biosphere Reserves (WNBR) aufgenommen. 267 Vogelarten sind bekannt und neun endemische Fischarten, darunter die Nacktlaube *(Sawbwa resplendens)* und der lokal als *nga ohn ma* bekannte Inle-Schlangenkopffisch *(Ophiocephalus harcourtbutleri)*. Schutz tut not, denn Bevölkerungsdruck, Überdüngung, Abholzung der umliegenden Berge und der zunehmende Tourismus setzen dem Gewässer arg zu. Seit den 1940er-Jahren hat der Inle Lake ein Drittel seiner ursprünglichen Größe eingebüßt, er droht immer mehr zu verlanden.

Die Söhne des Sees

Über 170 000 Menschen leben rund um den Inle, davon sind zwei Drittel **Intha**, Söhne des Sees. Wie kein anderes Volk haben sie ihr Leben auf den See ausgerichtet. Einmalig ist ihre **Ruder- und Fischfangtechnik** (Abb. S. 338): Während sie mit einem Bein auf dem Heck ihrer Boote stehen, klemmen sie mit dem anderen das Paddel ein und manövrieren das Boot durch eine schraubenartige Bewegung vorwärts. Zum Fischen lassen sie ein konisches Bambusgestell mit Netz auf den überwucherten Seeboden sinken, um dann mit einem lanzenartigen Stock die Fische aufzuscheuchen, welche sich (hoffentlich) im Netz verfangen.

Auch das Anlegen der **Schwimmenden Gärten** *(kyunpaw)* geht auf die Intha zurück. Dazu sammeln sie Wasserhyazinthen und Seetang und lassen beides Jahrzehnte lang vermodern, bis daraus Humus entsteht. Dieser wird einen halben Meter aufgeschichtet und mit Bambusstangen im Seeboden verankert. So entstehen die gut 100 m langen und einen knappen Meter breiten Beete, die wie grüne Teppiche auf dem Wasser liegen. Bevorzugt werden Tomaten, aber auch Blumenkohl, Gurken und Astern gepflanzt.

Die Intha sollen ursprünglich aus der Umgebung von Dawei im tiefen Süden stammen. Dies lässt zumindest die Ähnlichkeit der Dialekte vermuten. Shan-Chroniken zufolge sollen im 14. Jh. die beiden Brüder Nga Taung und Nga Naung in Diensten des Shan-Fürsten Sao Si Hseng Hpa gestanden haben und später 36 Intha-Familien aus Dawei hierhergebracht haben. Anderen Quellen zufolge sollen sie im 18. Jh. vor den fortwährenden Kriegen zwischen den Thais und Birmanen an den See ausgewandert sein.

Per Boot auf und um den Inle Lake

Boote ab Bootsanleger in Nyaung Shwe (s. S. 361)

Die meisten Touristen starten von Nyaung Shwe aus zu einer Halb- oder Ganztagsfahrt auf dem See. Bei einer Halbtagstour lassen sich der Besuch der Phaung Daw U Paya, des Nga Phe Chaung Kyaung und der Seidenwebereien in Inpawkhone einschließen, bei einer Ganztagstour auch Nampan und Indein.

Nga Phe Chaung Kyaung 1
Kay La, tgl. 7–18 Uhr, Eintritt frei
Umgeben von zahlreichen Schwimmenden Gärten, steht im 16 km südlich von Nyaung Shwe im See gelegenen Dorf Kay La das riesige **Kloster an den Fünf Kanälen,** welches 1843 von den Dorfbewohnern errichtet und in den 1910er-Jahren erweitert wurde. Über 650 Pfähle mussten dazu in den Seegrund gerammt werden, um die 54 m lange und 36 m breite Holzhalle zu stützen. Besucher landen per Boot an einem der Treppenaufgänge auf der Nordseite. Im Zentrum der 185 m² großen **Halle** reihen sich auf einer rechteckigen erhöhten Ebene sowie an der Westwand diverse Buddhastatuen und -Altäre im Shan-Stil, darunter einige gekrönte Buddhas aus Bambus, die mit Lackschichten überzogen, dann vergoldet und abschließend mit Glasmosaiken und Draht verziert wurden.

Phaung Daw U Paya 2
Tharle, tgl. 6–19 Uhr, Eintritt frei
Wichtigstes religiöses Zentrum des Sees ist die 21 km südlich von Nyaung Shwe in Tharle gelegene **Pagode des Bugs der Königsbarke,** denn sie beherbergt fünf hoch verehrte Buddhafiguren, die Legenden zufolge der Bagan-König Alaungsithu (reg. 1112–67) von dem Gott Sakka höchstpersönlich empfangen und in eine Höhle bei Than Taung gebracht haben soll. Chroniken berichten, dass die Holzfiguren nach der Stadtgründung ab 1359 in Nyaung Shwe und später in Indein verehrt worden seien. 1881 gelangten sie an ihren jetzigen Standort, wobei das heutige, von Sao Shwe Thaik gestiftete Gebäude, aus den Jahren 1952–56 stammt.

Das zweistöckige **Heiligtum** erhebt sich am Rand eines Kanals und ist aufgrund seines mehrstufigen Staffeldachs, das in einem goldenen Stupa endet, schon von Weitem sichtbar. Um dem Kaufbedürfnis der Pilger gerecht zu werden, baute man den gesamten unteren Bereich zu einem **Ladenzentrum** aus, während die über vier Treppen zugängliche **obere Halle** ganz auf die Verehrung der fünf Buddhas in der Mitte fokussiert ist. Von einem Baldachin geschützt, dürfen sie nur von Männern berührt werden, welche inzwischen dermaßen viel Blattgold auf sie klebten, dass sie eher wie Goldknubbel aussehen. In einer **Halle** nebenan wird die **Barke für die Wasserprozession** anlässlich des Pagodenfestivals (s. S. 370) aufbewahrt.

Wenige Schritte südlich der Pagode liegen die **Hallen des Fünftagemarkts** 3, wo am Markttag auch Touristen an den Souvenirständen auf ihre Kosten kommen.

Tharle Taung Kyaung 4
Tharle, tgl. 8–17 Uhr, Eintritt frei
Über den Fußweg, der von der Phaung-Daw-U-Pagode parallel zum Kanal verläuft, gelangt man zum 300 m weiter östlich gelegenen **Kloster von Süd-Tharle.** Es geht in seinen Ursprüngen auf das Jahr 1832 zurück und wurde 1901 erheblich erweitert. Das nach Norden orientierte Kloster besteht aus mehreren Holzhallen, die sich um einen offenen Hof gruppieren. Am sehenswertesten ist die **Haupthalle** an der Südseite. Zwei von einem filigran gestalteten *pyathat*-Dach geschützte Treppenzugänge führen in ihr luftiges Inneres. Einmal mehr ist hier die Sammlung der Buddhas im Shan-Stil sehenswert, welche sich auf einer erhöhten Plattform aneinanderreihen.

Indein
Das 7 km westlich des Inle-Sees gelegene, über einen Zufluss erreichbare Dorf **Indein** (Shan: Ang Teng) zieht aufgrund seines lebendigen **Fünftagemarkts** 5 und der auf einer Anhöhe gelegenen Shwe Indein Paya mit ihrem verwunschenen Pagodenwald zahlreiche Touristen an.

Am Beginn des 700 m langen, überdachten Zugangs zur Shwe-Indein-Pagode liegt rechter Hand das um 1830 gestiftete **Nyaung Oak Kyaung** 6 (tagsüber, Eintritt frei), das Kloster des Banyanhains, mit

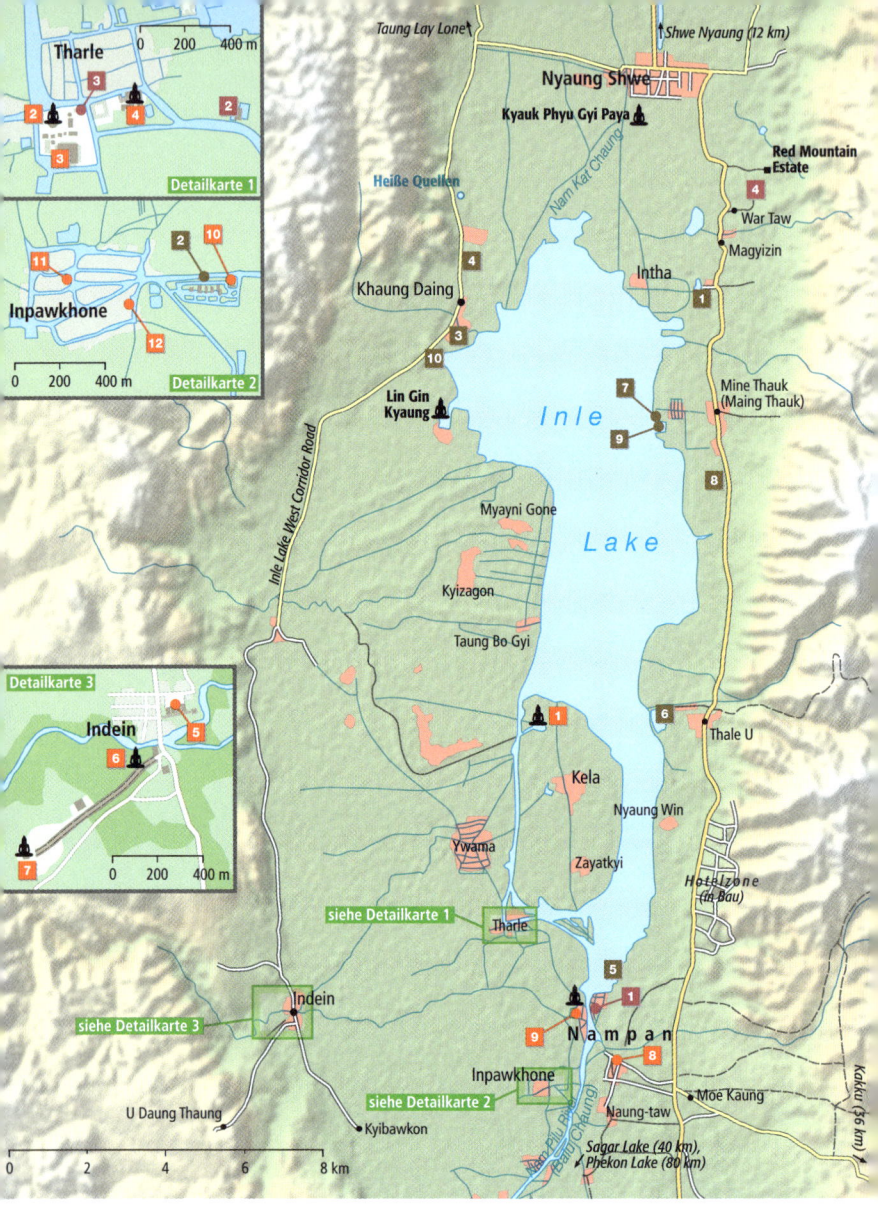

einer Holzhalle und einer Gruppe verfallener Stupas, die noch schönes Stuckdekor aufweisen.

Endpunkt des Zugangs ist die **Shwe Indein Paya** 7 , um die sich 1057 halb verfallene und teils renovierte Stupas verteilen. Im typischen Shan-Stil sind sie aus Ziegelstein, an der hohlen Basis quadratisch und von einer schlanken runden Spitze gekrönt. So noch vorhanden, das Gros ist verschwunden, weist das Stuckdekor der Stupas teils wunderschöne Verzierungen mit Darstellungen

Inle Lake

Sehenswert
1. Nga Phe Chaung Kyaung
2. Phaung Daw U Paya
3. Hallen des Fünftagemarkts
4. Tharle Taung Kyaung
5. Fünftagemarkt von Indein
6. Nyaung Oak Kyaung
7. Shwe Indein Paya
8. Fünftagemarkt von Nampan
9. Alodaw Pauk Paya
10. Inthar Heritage House
11. Ko Than Hlaing Silk & Lotus Weaving
12. Mya Setkyar Lotus & Silk Fabric

Übernachten
1. Inle Princess Resort
2. Thahara Inle Heritage
3. Inle Lake View Resort & Spa
4. Pristine Lotus Spa Resort
5. Golden Island Cottages Nampan
6. Golden Island Cottages Thale U
7. Skylake Inle Resort
8. Novotel Inle Lake Myat Min Hotel
9. Paradise Inle Resort
10. Inle Khaung Daing Village Resort

Essen & Trinken
1. Green Chilli Restaurant
2. Inn Thar Lay 2
3. Inn Thar Lay 1
4. Bamboo Hut

---

von Wächterfiguren und Vogelmenschen auf. Die Anlage stammt vermutlich aus dem 18. Jh., als Indein Sitz eines Shan-Anführers war.

Vom Dorf Indein aus führen auch reizvolle **Wanderwege zu Pa-O-Dörfern** in den westlichen Bergen.

Nampan

Das Dorf Nampan liegt im südlichen Teil des Sees, etwa 22 km von Nyaung Shwe entfernt, und ist für seinen mittlerweile sehr touristischen **Fünftagemarkt** 8 (s. Tipp S. 355) bekannt. Die meisten Häuser stehen auf Stelzen über dem Wasser und geben ein pittoreskes Bild ab.

Auch die altertümliche, legendenumwobene **Alodaw Pauk Paya** 9 (tgl. 8–17 Uhr, Eintritt frei), die sich auf einer Insel am Rand des Ortes erhebt, zieht Besucher an. Es wird erzählt, dass der Bagan-König Alaungsithu im 12. Jh. den ursprünglichen, heute vergoldeten **Stupa** gestiftet habe. Unbestreitbar schön ist die hochverehrte **Buddhastatue**, welche sich in einer Halle östlich des Stupas befindet. Wie im Shan State häufig anzutreffen, wird der Erleuchtete als Gekrönter dargestellt, mit Edelstein besetzten Ringen an seinen Fingern, einem elaborierten Kopfschmuck und verzierten Bändern über der Brust.

Inpawkhone

Etwa 1,5 km südwestlich von Nampan liegt das für seine **Seidenwebereien** bekannte Inpawkhone. Teilweise sind die Häuser an Land erbaut, teilweise auf dem Wasser. Man erreicht das Dorf über einen Kanal, an welchem sich auch das **Inthar Heritage House** 10 (tgl. 11–17 Uhr, Eintritt frei, Tel. 09 528 10 35, www.inleheritage.org) befindet, das sich seit seiner Eröffnung 2010 dem Erhalt der Intha-Kultur widmet. Im traditionellen Baustil vollkommen aus Holz errichtet, birgt es im Inneren ein Restaurant, einen Ausstellungsraum für zeitgenössische Kunst und eine Zuchtstation für die vom Aussterben bedrohte Burma-Katzen.

Mitten im Dorf kann man Webereien besuchen, darunter **Ko Than Hlaing Silk & Lotus Weaving** 11 Tel. 09 521 18 91, www.silkandlotusweaving.biz, tgl. 8–17.30 Uhr) und **Mya Setkyar Lotus & Silk Fabric** 12 (Tel. 081 212 40 72, tgl. 8.30–17.30 Uhr), in welchen die Herstellung von Seidenstoffen gezeigt wird. Die beiden Familienbetriebe haben sich auf die Ikat-Technik spezialisiert, bei der die Schussfäden durch Abbinden verschieden eingefärbt und dann zu hochwertigen Stoffen mit Rautenmustern verarbeitet werden. Diese als *intha zin me* bekannten Stoffe sind nach dem nordthailändischen Chiang Mai (Zin Me) benannt, weil von dort

Südlicher Shan State

Stelzenhäuser mit Schwimmenden Gärten auf dem Inle Lake

Anfang des 20. Jh. das Verfahren übernommen wurde. Interessant sind auch Stoffe, deren Fäden aus den Wurzeln der Lotosblüte gewoben werden.

Übernachten

Vorreiter in Nachhaltigkeit – **Inle Princess Resort 1 :** Magyizin, Tel. 081 20 90 55, www.inle-princess.com. Als eine der ersten Unterkünfte ist dieses Edelresort am Westufer, eines der teuersten Hotels am See, auf Nachhaltigkeit ausgerichtet – durch Eigenanbau von Gemüse, Engagement lokaler Handwerker und Angestellter etc. Es bietet luxuriöse Holzbungalows im Garten oder am Wasser, ein gutes Spa und ein stilvolles Restaurant mit traditionellem Dekor. DZ/ÜF ab 300 US-$.

Fusion von Alt und Neu – **Thahara Inle Heritage 2 :** Inpawkhone, Tel. 09 49 31 29 70, www.thahara.com. Ganz im Süden des Sees in Nachbarschaft zum Inthar Heritage House und einer Hotelschule gelegen, behält es mit nur sechs Bungalows seine Intimität. Holz und Bambus dominieren als Material, das Design verbindet Tradition und Moderne. Die Angestellten wurden teilweise in der angegliederten Hotelschule ausgebildet. DZ ab 280 US-$ (Halbpension).

Luxus mit Seeblick – **Inle Lake View Resort & Spa 3 :** Khaung Daing, Tel. 081 236 56, 20 93 32, www.inlelakeview.com. Das Boutiqueresort am Ostufer des Sees bietet 38 geräumige, mit viel Teak und Accessoires aus lokalen Handwerksbetrieben ausgestattete Zimmer sowie 2 Villen mit Seeblick. Geschmackvolles Interieur und guter Service sind auch im Spa und Restaurant zu finden. DZ/ÜF ab 200 US-$.

Inle Lake

der Pa-O National Organisation (PNO) betrieben und organisiert Wanderungen in die Umgebung sowie Bootsrennen. In einer großen Halle wird gute Shan-Küche aufgetischt. DZ/ÜF ab 175 US-$.

Resort am Dorf – **Golden Island Cottages Thale U** 6 **:** Thale U, Tel. 081 20 93 89, www.gichotelgroup.com. Ebenfalls im Besitz der PNO, nur etwas kleiner als der Namensvetter und beim Dorf Thale U gelegen, mit dem es über einen Steg verbunden ist. 25 innen recht schlichte Holzbungalows reihen sich entlang von zwei Stegen, die vom Hauptbau mit Lobby und Küche gen Nord und Süden führen. Sehr stimmungsvolle Atmosphäre dank des umgebenden Feuchtgebiets. DZ/ÜF ab 175 US-$.

Dunkle Holzbungalows – **Skylake Inle Resort** 7 **:** neben dem Paradise Inle Resort, Mine Thauk (Maing Thauk), Tel. 081 20 91 28, 20 96 92, www.skylakeinleresort.com. Im See auf der Höhe von Mine Thauk gelegenes Resort. Auch hier verteilen sich die 44 Holzbungalows mit Veranda entlang von langen Stegen. Es werden zwei Zimmerkategorien geboten, jeweils in dunklem Holz gehalten und liebevoll mit lokalen Accessoires dekoriert. Bemühter Service und solide, wenn auch etwas überteuerte Küche. DZ/ÜF ab 160 US-$.

Zu Berg, zu Wasser – **Pristine Lotus Spa Resort** 4 **:** Khaung Daing, Tel. 081 20 93 17, www.pristinelotus.com. Das weitläufige, ästhetisch gelungene Resort besteht aus zwei Teilen, die sich beidseitig der Straße erstrecken. Der ältere Teil liegt an einem Hügel mit 50 Bungalows in mehreren Reihen, einem Restaurant, kleinen Pool und Spa-Bereich mit heißen Quellen. Der neuere Teil liegt direkt am Wasser, wo sich 35 weitere Bungalows aneinanderreihen. Dort ist ein zweites großräumiges Restaurant samt Veranda zu finden. DZ/ÜF ab 190 US-$.

Stelzenbungalows – **Golden Island Cottages Nampan** 5 **:** Nampan, Tel. 081 20 93 90, www.gichotelgroup.com. Komplett aus Holz und Bambus erbaut, verteilen sich 40 auf Pfählen stehende Bungalows in der weitläufigen Anlage im See. Das Hotel wird von

Stylish-modern – **Novotel Inle Lake Myat Min Hotel** 8 **:** Mine Thauk (Maing Thauk), Tel. 09 251 04 15 70, www.novotel.com. Schickes Hotel direkt am Ostufer mit 121 Zimmer und Bungalows mit Seeblick, modernem Design und ansprechenden Bädern. Gelungen sind auch der beheizbare Infinity-Pool, der Wellnessbereich und die Restaurantterrasse. DZ/ÜF ab 140 US-$.

Stimmungsvoll auf dem See – **Paradise Inle Resort** 9 **:** Mine Thauk (Maing Thauk), neben dem Skylake Inle Resort, Tel. 081 333 40 09, www.paradiseinle.kmahotels.com. Als eines der ersten Resorts, die in den See gebaut wurden, ist es in die Jahre gekommen, was die 53 großen, mit viel Holz und Bambus ausgestatteten Bungalows mit Veranda nicht verhehlen können. Bei den Vorderen stört der Bootslärm etwas. Das Restaurant bietet

Südlicher Shan State

gute Shan- und birmanische Küche, abends lockt die Bar in der Mitte des Resorts. DZ/ÜF ab 120 US-$.

Resort mit Stupa – **Inle Khaung Daing Village Resort** 10 : Khaung Daing, Tel. 081 20 92 91, www.hupinhotelmyanmar.com. Auf über 11 ha verteilen sich in dem weitläufigen Resort entlang des Seeufers 74 Zimmer, teils in Holzbungalows über dem Wasser, teils in länglichen Bungalows aus Stein und Holz am Hang. Opulent geraten ist das mit einem Staffeldach versehene Hauptgebäude mit Lobby und Restaurant. Zum Verdauen kann man die Treppen zum Stupa erklimmen. DZ/ÜF ab 80 US-$.

Essen & Trinken

Probieren Sie den *nga hpein,* eine Karpfenart, in einem der Restaurants auf dem See. Sehr zu empfehlen ist das **Inthar Heritage House** 10 (tgl. 11–17 Uhr) in Inpawkhone mit leckeren Shan-Gerichten ab 7000 Kyat. Das Gemüse kommt aus dem Biogarten.

Stilvoll mit Ausblick – **Green Chilli Restaurant** 1 : Nampan, Tel. 09 49 58 99 58, tgl. 11–18 Uhr. Das gemütliche, mit Bambus und Holz geschmackvoll gestaltete Restaurant liegt mitten im Dorf und bietet zu den gut gewürzten Shan- und Thai-Speisen von der Terrasse einen schönen Ausblick. Das dreistöckige Gebäude wurde in den 1950er-Jahren von einem Seidenhändler errichtet. Gerichte ab 4500 Kyat.

Bambuspavillons – **Inn Thar Lay 2** 2 : Tharle, Tel. 09 91 01 06 36, tgl. 10–18 Uhr. Das effektiv geführte Lokal liegt am Kanal unweit der Phaung-Daw-U-Pagode. Es besteht aus drei erhöhten Bambuspavillons und tischt leckere Spezialitäten vom See und diverse Curryvarianten auf. Das Schwesterrestaurant, **Inn Thar Lay 1** 3 mit ähnlichem Angebot befindet sich 100 m östlich der Phaung-Daw-U-Pagode. Gerichte ab 4000 Kyat.

Lunch mit Weitblick – **Bamboo Hut** 4 : War Taw; s. S. 360

Termine

Phaung Daw U Festival: In den drei Wochen vor dem Thadingyut-Vollmond (Sept./Okt.) findet das größte religiöse Fest im südlichen Shan State statt. Bei einer aufwendigen Prozession werden vier der fünf Buddhas der Phaung Daw U Paya in einer vergoldeten Barke täglich zu einem anderen Ort am und auf dem See gebracht. Die aus der ganzen Region heranströmenden Pilger erfreuen sich auch an den Wettbewerben der Einbeinruderer (s. S. 364).

Vom Inle Lake nach Loikaw

Das Boot (ca. 120 000 Kyat) organisiert man am Bootsanleger in Nyaung Shwe (s. S. 361) oder über seine Unterkunft, die Weiterfahrt per Auto nach Loikaw am Anleger in Phekon

Wer per Boot von Nyaung Shwe über den Inle Lake in Richtung Süden fährt, erlebt entlang des Nam-Pilu-Flusses (Balu Chaung) eine abwechslungs- und motivreiche Landschaft. Hier sind Touristen noch selten anzutreffen. Bei dieser Tour verlässt man den Inle-See in Richtung Süden, durchquert die Selbstverwaltungszone der Pa-O bis zum gut 40 km entfernten Ort **Sagar Myothit** (Neu-Sagar; auch Samkar Myothit) am Ostufer des **Sagar Lake** (ca. 2 Std. von Nampan aus gerechnet), eines Stausees. Dort kann man nach einer Mittagspause oder Übernachtung weiter bis zum **Phekon Lake** fahren (1,5–2 Std.), wo sich nach insgesamt 40 km an dessen Westufer der Ort **Phekon** erstreckt. Von dort ist man in 45 Minuten mit dem Wagen in der 40 km entfernten Hauptstadt des Kayah State, **Loikaw.**

Sagar Lake ▶ K 17/18

Ab etwa 40 km südlich des Inle-Sees erstreckt sich der in den 1970er-Jahren künstlich aufgestaute **Sagar-See** in Nord-Süd-Richtung. Umrahmt von Bergen und mit urigen Dörfern an seinen Ufern, verbreitet er Landleben pur. Verglichen mit dem Inle-See hat der Tourismus bislang wenige Spuren hinterlassen, denn viele scheuen die zeitaufwendige Anreise (2,5–3 Std.) per Boot. Dabei

Vom Inle Lake nach Loikaw

lohnt sich schon die Anfahrt auf dem Nam Pilu River (Balu Chaung) aufgrund der Szenerie beidseitig des Stromes. Stelzenhäuser wechseln sich mit großen Holzklöstern und Bambushainen ab, während die Einwohner ihre Felder bestellen und Kinder im Wasser herumtollen.

Takhaung Mwetaw Paya

Takhaung, tgl. 6–18 Uhr, Eintritt frei
Ein erster Stopp lohnt sich am Nordrand des Sees, wo sich am westlichen Ufer im Dorf Thakaung direkt am Wasser die **Takhaung-Mwetaw-Pagode** befindet. Vermutlich im 18. Jh. gestiftet, birgt das buddhistische Heiligtum 263 Stupas in diversen Größen und Formen, teils rund und schlank nach oben ragend, teils mit quadratischer Basis und einem sitzenden Buddha im Inneren. Vielfach sind noch die Stuckverzierungen erhalten, darunter Darstellungen von Löwen und Vogelmenschen (Sanskrit: *kinnari*), welche bei Shan-Stupas häufig anzutreffen sind. Der Zugang erfolgt über einen Steg und überdachten Treppenaufgang zur Haupthalle, um die sich die Stupas gruppieren.

Sagar Myothit (Samkar Myothit)

Nur wenige Fahrminuten südlich erstreckt sich am Ostufer das Dorf **Neu-Sagar**, welches in den 1970er-Jahren wegen der Aufstauung an die jetzige Stelle verlegt wurde (daher der Namenszusatz *myothit*, neuer Ort). Das ursprüngliche, von dem lokalen Shan-Anführer Sao Sein Bu (reg. 1873–76) gegründete Dorf verschwand in den Fluten des Stausees. Doch einige der einst neun Klöster des Frangipani-Dorfs (Shan: *samkar*) stammen noch aus jener Zeit, als das Gebiet Teil eines kleines Shan-Fürstentums war. Von der **Anlegestelle** im Norden des Ortes führt ein Weg an verfallenen Stupas vorbei zum **Sagar Myothit Kyaung,** einem Kloster mit mächtigen Thalipotpalmen, deren Wedel für die Palmblattmanuskripte verwendet wurden, und einigen meist verfallenen Shan-Stupas. Zur Einkehr nach einem Spaziergang durch den Ort bietet sich die **Little Samkar Lodge** an.

Übernachten, Essen

Ländlicher Komfort – **A Little Lodge in Samkar:** Sagar Myothit, Tel. 09 49 34 64 01, 09 49 58 91 48, littlesamkarlodge@gmail.com. Wie eine Oase des Komforts liegt die bislang einzige Unterkunft mitten im Dorf. Alles im Stil eines traditionellen Shan-Hauses fast komplett aus Holz errichtet, kann man hier zwischen acht rustikalen Zimmern und zwei 3 Bungalows mit Veranda wählen. Von der Terrasse im ersten Stock bietet sich beim Essen ein toller Seeblick. DZ/ÜF 80–120 US-$.

Über Phekon bis Loikaw

Von Sagar Myothit führt die Bootstour zunächst 10 km weiter durch den immer schmaler werdenden Stausee, bis er sich wieder zum **Nam Pilu River** verengt. Dieser windet sich gut 10 km in Richtung Süden, speist zahlreiche Reis- und Gemüsefelder, um sich dann wieder zu einem zweiten Stausee, dem **Phekon Lake** zu erweitern. Diese Strecke bietet einmal mehr ein Füllhorn an Fotomotiven mit Wasserbüffeln am Wegesrand, Stelzenhäusern an den Ufern und freundlichen Menschen in den entgegenkommenden Booten.

Nach etwa zwei Fahrstunden bzw. 40 km ist der Marktflecken **Phekon** (▶ K 18) erreicht. Gut 16 000 Menschen leben hier, ein buntes Gemisch aus Shan, Pa-O, Kayah, Kayan und anderen Volksgruppen. Noch immer wird in den umliegenden Bergen Opium angebaut. Die **Sacred Heart of Jesus Cathedral** in Phekon ist spirituelle Heimat der katholischen Minderheit und seit 2005 Sitz eines Bischofs.

Übernachtungsmöglichkeiten gibt es in Phekon keine, auch bietet der Ort keine wirklichen Attraktionen, sondern ist nur Ausgangspunkt für die Weiterfahrt nach **Loikaw,** der Hauptstadt des Kayah State (s. S. 378).

Verkehr

Wenn nicht bereits vorab organisiert, kann man an der **Anlegestelle von Phekon** nach einem **Mietwagen mit Fahrer** Ausschau halten, der einen nach Loikaw bringt (40 km, ca.

Südlicher Shan State

Mit langen Bambusstangen beladener Ochsenkarren unterwegs in Taunggyi

1 Std., um 10 000 Kyat). Auch starten **Pick-ups** und **Busse** in die Hauptstadt des Kayah State.

Taunggyi ▶ K 16

Cityplan: S. 375

Die Hauptstadt des Shan State verdankt ihre Existenz den Briten, welche offiziell am 15. September 1894 ihr Militärcamp Fort Stedman bei Mine Thauk (Maing Thauk) am Inle-See aufgaben und auf dem 1400 m hoch gelegenen, von Hügelketten umgebenen Plateau ein neues administratives Zentrum etablierten. **Taunggyi** (Großer Berg), wie sie die Stadt nannten, wurde daraufhin auch Sitz eines Rates der Shan-Fürsten. Durch die stetige Zuwanderung lebte hier bald ein buntes Völkchen. Im Jahr 1904 wurden 3452 Einwohner gezählt, davon fast ein Drittel aus Südasien. Moscheen, Hindutempel und Kirchen zeugen von einer multikulturellen Einwohnerschaft der heute 164 000 Einwohner zählenden Stadt. Auf den Straßen begegnet man Nachfahren nepalesischer Gurkhas, bengalischer Muslime, tamilischer Hindus und Sikhs aus dem Punjab. Die Zahl der chinesischen Einwohner ist beträchtlich, was an den Geschäften, diversen Tempeln und auch am Baustil der neueren, recht klobigen und betonlastigen Geschäftshäuser zu sehen ist.

Neben der Rolle als Handelsplatz nahm die politische Bedeutung von Taunggyi zu, als nach den Wahlen von 2010 hier Regierung und Parlament des Shan State etabliert wurden. Zuvor hatten vor allem die mächtigen Armeebefehlshaber des Eastern Command das Sagen, welches im Nordosten von Taunggyi ein riesiges Gelände okkupiert. Für Besucher indes bietet die Stadt wenige Attraktionen, was sich auch an der überschaubaren Zahl an Unterkünften zeigt.

Sie ist zudem bis auf Weiteres Endstation für Ausländer, welche die östliche Region nur mit Sondererlaubnis bereisen dürfen.

Sehenswertes

Der Kern der Stadt erstreckt sich gut 6 km von Norden nach Süden mit der **Bogyoke Aung San Road** als Hauptstraße, flankiert von den beiden parallel verlaufenden Straßen: **West** und **East Circular Road.** Viele Straßenzüge sind mit Jakarandabäumen bepflanzt, die März/April herrlich blau blühen.

Myoma Market [1]
Zwischen Bogyoke Aung San und Sao San Tun Rd., tgl. 9–17 Uhr
Im Kern Taunggyis liegt der **Myoma-Markt,** in dessen hässlichen, aus den 1990er-Jahren stammenden Hallen alles Mögliche feilgeboten wird. Die meiste Ware kommt aus China und Thailand. Auch hier macht der **Fünftagemarkt** Station. Dann ist der Besuch besonders reizvoll, denn nicht nur verteilen sich die Verkaufsstände bis in die umliegenden Seitengassen, sondern es feilschen auch Angehörige von Minderheiten an den Ständen.

St. Joseph's Cathedral [2]
198 Bayinnaung Rd., unregelmäßig geöffnet, Eintritt frei
Die graue, neogotische **St.-Joseph-Kathedrale** ist seit 1961 Sitz eines katholischen Erzbischofs und wurde zehn Jahre zuvor auf der Basis eines älteren Gotteshauses errichtet. Ihre spitz zulaufenden Zwillingstürme sind weithin sichtbar.

Shan State Cultural Museum [3]
Bogyoke Aung San Rd., Di–So 10–16 Uhr, 2000 Kyat
Der zweistöckige Bau des **Kulturmuseums des Shan State** aus dem Jahr 1956 gibt einen kleinen Einblick in die Shan-Kultur. In den beiden Räumen des **Erdgeschosses** sind in lebensgroßen Figuren die dort beheimateten 33 Volksgruppen ausgestellt, samt Musikinstrumenten und Alltagsgegenständen, während ein Raum im **Obergeschoss** dem Panglong Agreement (s. S. 50) von 1947 gewidmet ist, an dem die *saopha* des Shan State wesentlichen Anteil hatten. Zu sehen sind Fotodokumente und eine Kopie des Abkommens. Im zweiten Raum des Obergeschosses hängen etwas kitschige Gemälde mit Alltagsszenen und bekannten Heiligtümern der Region.

Sulamuni Lawka Chantha Paya [4]
Bogyoke Aung San Rd., ca. 2,5 km südlich des Myoma Market, tgl. 9–17 Uhr, Eintritt frei
Die Militärregierung ließ die **Sulamuni-Lawka-Chantha-Pagode** 1994 zum hundertjährigen Stadtjubiläum nach Vorbild des Ananda Pahto in Bagan (s. S. 256) errichten. Der schneeweiße Bau mit dem vergoldeten *shikhara* an der Spitze ist in der Form eines griechischen Kreuzes mit vier Eingängen gestaltet. Der Wandelgang im Inneren birgt zahlreiche Nischen mit Buddhas und verbindet die vier zurückversetzten Hallen an den Achsenpunkten. In den Hallen blicken stehende Buddhas in die jeweilige Himmelsrichtungen. Zumeist betritt man die Anlage von Süden her, wo zwei *naga* als Balustraden die Treppenaufgänge flankieren.

Shwe Phone Pwint Paya [5]
Auf einem Hügel östlich der Stadt, tgl. 7–17 Uhr, Eintritt frei
Von der Sulamuni kann man weiter zur 5 km entfernt auf einem 1700 m hohen Hügel thronenden **Shwe-Phone-Pwint-Pagode** fahren. Dazu folgt man der Bogyoke Aung San Road 1 km weiter gen Süden und biegt dann in einen serpentinenreichen Weg ein. Von der Pagode eröffnet sich ein herrlicher Ausblick auf Taunggyi und die umliegenden Hügel. Das Heiligtum selbst ist mäßig interessant: eine Plattform mit einem achtseitigen **Zentralstupa,** der von acht kleineren Stupas umgeben ist.

Yat Taw Mu Paya [6]
Auf einem Hügel südwestlich der Stadt, tgl. 7–17 Uhr, Eintritt frei

Ebenfalls der Aussicht wegen ist die als Wunscherfüllungspagode bekannte **Yat-Taw-Mu-Pagode** ein beliebter Spot. Der auf einer Terrasse sich erhebende Stupa der Anlage ist über die West Circular Road erreichbar.

Infos

Myanmar Travels & Tours (MTT): Taunggyi Hotel 2, Shu Myaw Khynn Rd., Tel. 081 216 11, Mo–Fr 9–16.30 Uhr. Kann Mietwagen arrangieren und Infos über die Bereisbarkeit des Umlands geben.

Taunggyi

Sehenswert
1. Myoma Market
2. St. Joseph's Cathedral
3. Shan State Cultural Museum
4. Sulamuni Lawka Chantha Paya
5. Shwe Phone Pwint Paya
6. Yat Taw Mu Paya

Übernachten
1. Shwe Kyun Hotel
2. Taunggyi Hotel
3. Muse Hotel
4. KBZ FC Hotel

Essen & Trinken
1. Taung Chune Restaurant
2. Thibaw Ma Nan Htay
3. Sein Myanmar
4. Lyan Yu Restaurant
5. Shwe Min Thu Teashop

Aktiv
1. PNO Office

Übernachten

Wohnlich sauber – **Shwe Kyun Hotel** 1 : 11 Sittaung St., Ecke Dhamma Rakhidha St., Tel. 081 20 13 92, 081 20 13 94, www.facebook.com/shwekyunhotel. Gut geführtes Geschäftshotel mit 24 sauberen, modern eingerichteten, etwas kleinen Superior- und größeren Deluxe-Zimmern. Das Bad ist o. k., es gibt ein Gym, und Frühstück wird im obersten Stock mit Panoramablick serviert. Auch wegen der Lage unweit des Marktes eine gute Wahl. DZ/ÜF ab 60 US-$.

Etwas betagt – **Taunggyi Hotel** 2 : Shu Myaw Khynn Rd., ca. 2 km vom Myoma Market am südlichen Stadtrand, Tel. 081 211 27, taunggyihotel.tgh@gmail.com. Drei zweistöckige Gebäude verteilen sich hier in einer netten Parkanlage. Qualität und Standard der 86 Zimmer mit Bad variieren erheblich mit dem Zimmer, und mit der Instandhaltung hapert es. Besser ausgestattet sind die neueren. Das Restaurant hat den Charme einer Bahnhofshalle, das Essen ist mäßig. DZ/ÜF ab 60 US-$.

Glanzlos funktional – **Muse Hotel** 3 : 6 Bogyoke Aung San Rd., ca. 1 km nördlich des Myoma Market, Tel. 081 225 67, musehotel.taunggyi@gmail.com. Ein nüchterner Hotelkasten mit 22 ebenso nüchternen Zimmern mit kleinen, kahlen Bädern und Chinaplüsch. Von Vorteil ist die zentrale Lage. Essen sollte man besser auswärts. DZ/ÜF ab 30 US-$.

Schlichtes wohnen – **KBZ FC Hotel** 4 : 157 Khwar Nyo St., Tel. 081 22009. Als Paradise Hotel gehörte es viele Jahre zu den besten Unterkünften der Stadt. Lange her, die Einrichtung wurde kaum geändert, hinzu kamen die Flachbildschirme. Die 36 Zimmer mit Bad und teils netter Holzverkleidung sind unspektakulär, aber relativ sauber. In der Umgebung gibt es gute Essensoptionen. DZ/ÜF ab 30 US-$.

Essen & Trinken

Leckere Shan-Gerichte – **Taung Chune Restaurant** 1 : Yae Hwet Oo St., Tel. 09 503 83 17, www.inletaungchune.com, tgl. 9–17 Uhr. Unweit des Mogkok Meditation Center liegt dieser kulinarische Lichtblick der Stadt. Hier gibt es gut zubereitete Shan-Gerichte, Nudelsuppen, Dimsum und Pastavariationen. Auch vom Ambiente mit lokalem Dekor her ist das Taung Chune sehr ansprechend. Gerichte ab 5000 Kyat.

Schmackhafte Currys – **Thibaw Ma Nan Htay** 2 : 195/196 Daisy St., tgl. 11–21.30 Uhr. Eine gute Adresse für Shan-Speisen, darunter schmackhafte Schwein- und Hühnercurrys mit gedämpftem Fleisch und *hin: thoke,* Gemüsecurry in Bananenblätter eingewickelt. Gerichte ab 3500 Kyat.

Shan und chinesisch – **Sein Myanmar** 3 : Bogyoke Aung San Rd., 500 m nördlich des Myoma Market, tgl. 10–22 Uhr. Seine zentrale Lage und große Auswahl machen das familiengeführte Lokal zu einem beliebten Dinnertreff. Empfehlenswert ist *htamin jin,* fermentierter Reis, gemischt mit Fisch, Tomaten und Kartoffeln. Gerichte ab 3500 Kyat.

Chinesisch mit Fassbier – **Lyan Yu Restaurant** 4 : Bogyoke Aung San Rd., süd-

Südlicher Shan State

MYANMARS WIEGE DES WEINS

Unterstützt von dem Geisenheimer Winzer Hans-Eduard Leiendecker pflanzte der Düsseldorfer Bert Morsbach im Juni 1999 in den Hügeln von Aythaya, 5 km unterhalb von Taunggyi, die ersten 10 000 Reben. Fünf Jahre später konnte er die ersten trinkbaren Tropfen präsentieren, heute ist die Marke **Aythaya** fest etabliert. In Myanmars erstem Weingut reicht die Auswahl von Rot- und Weißweinen bis zu leichtem Rosé. Sogar Grappa ist im Angebot. Vom Restaurant eröffnet sich ein schöner Ausblick in die Ebene. Auf dem Weingut kann man auch übernachten.
Aythaya Vineyard: Htone Bo, Aythaya, Tel. 081 245 36, www.myanmar-vineyard.com, tgl. 8.30–21.30 Uhr, Weinprobe ab 2000 Kyat.
Restaurant: tgl. 8.30–21.30 Uhr, Gerichte ab 5000 Kyat.
MONTE diVINO Lodge: DZ/ÜF 150 US-$ 5 stylishe Zimmer.

Aktiv

Ausflüge – **Pa-O National Organisation (PNO) Office** 1 : 65 West Circular Rd., Tel. 081 231 36, www.gichotelgroup.com, tgl. 8–17 Uhr. Arrangiert Ausflüge nach Kakku und Trekkingtouren.

Termine

Heißluftballonfest: 13.–15. Tag des Mondmonats Tazaungmon (Okt./Nov.). Auf einem Gelände am südlichen Stadtausgang findet das Heißluftballonfest statt, zu dem zigtausend Menschen nach Taunggyi strömen. Bei Wettbewerben wird der jeweils schönste Heißluftballon prämiert. Tagsüber steigen fantasievolle Tiermotive in Luft, nachts wunderbar illuminierte. Leider gehen misslungene Kreationen immer wieder in Flammen auf und stürzen über der Menschenmenge ab.

Verkehr

Flüge: Der nächste Flughafen ist der **Heho Airport** (38 km, Taxi ca. 20 000 Kyat, knapp 1 Std. Fahrtzeit, s. S. 353). **Tickets** bei **Sun Far Travels & Tours** (Thiri Mingalar Bldg., 115 Bogyoke Aung San Rd., Tel. 081 228 34, 251 34, www.sunfartravels.com, Mo–Fr 9–17 Uhr, Sa/So 9–12 Uhr).
Busse: Die meisten **Fernbusse** in Richtung Nyaung U (350 km, 8–9 Std.), Pyinmana bei Naypyitaw (260 km, ca. 7 Std.), Mandalay (340 km, 8–9 Std.) und Yangon (730 km, 17 Std.) starten zwischen 16 und 19 Uhr von der 10 km entfernten **Ayethayar Bus Station** westlich von Taunggyi, viele auch von der **Bogyoke Aung San Road,** ca. 500 m nördlich des Myoma Market. Von Letzterer startet der **Taung Pyar Tann Express** (Tel. 081 20 20 58, 081 212 13 16) gegen Mittag nach Hsipaw (310 km, 15 Std.) und ganztägig **Pick-ups** nach Nyaung Shwe (30 km, 1 Std.).

lich des Myoma Market, tgl. 10–22 Uhr. Das stadtbekannte Restaurant tischt chinesische Reis- und Nudelgerichte auf, dazu gibt es frischgezapftes Bier. Seitlich des großen Speiseraums gibt es separate Räume für Familien und Gruppen. Preislich o. k., Gerichte ab 3000 Kyat.
Nudelsuppe zum Frühstück – **Shwe Min Thu Teashop** 5 : Bogyoke Aung San Rd., neben der Hauptpost, tgl. 6–21 Uhr. Ein guter Stopp zu Tagesbeginn mit schmackhafter *mohinga* oder zur *teatime* mit Snacks, Kaffee und Tee. Gerichte ab 2000 Kyat.

Kakku (Kekku) ▶ K/L 17

Ca. 42 km südlich von Taunggyi, tgl. 7–18 Uhr, 3000 Kyat, Gebühr für Guide 5000 Kyat (über PNO Office, 65 West Circular Rd, Taunggyi, Tel. 081 231 36, www.gichotelgroup.com)

Kakku (Kekku)

Der **Pagodenwald von Kakku** (Shan: Kekku) liegt innerhalb der Selbstverwaltungszone der Pa-O. Erst seit dem Jahr 2000 ist die fruchtbare Region für Ausländer bereisbar, in der immer noch die Pa-O National Organisation (PNO) das Sagen hat. Seit die PNO mit der Militärregierung ein Waffenstillstandsabkommen unterzeichnet hat, können die Menschen hier unbeeinträchtigt den fruchtbaren Boden bestellen. Die zahlreichen **Pa-O-Dörfer** entlang der Straße zeugen von relativem Wohlstand. Zu den bevorzugten Anbauprodukten zählen Zwiebeln, Knoblauch und *Cordia-dichotoma*-Bäume *(thanaq hpeq)* zur Gewinnung der Wickelblätter für *cheroot*.

Touristisch attraktiv ist die Region neben der pittoresken Berglandschaft vor allem aufgrund der mehr als 2500 **Stupas von Kakku,** welche wie ein Tannenwald kompakt zusammenstehen und zwischen 3 und 10 m elegant nach oben streben. Wie so oft im Shan State liegen die Ursprünge auch dieses Heiligtums im Dunkeln. Datiert werden die meisten Stupas in das 16. Jh., als sich unter König Bayinnaung (reg. 1550–81) das zweite birmanische Reich bis in den Shan State und den Norden Thailands ausdehnte. Bekannt ist, dass Bayinnaung den Neubau und die Restaurierung von Pagoden in den eroberten Gebieten förderte. Vielleicht betraf dies auch diesen populären Pilgerort. Allerdings sind die Stupas im typischen Shan-Stil gestaltet. Und nicht immer ersetzt eine Legende die historischen Fakten: Ein Wildschwein habe einem alten Ehepaar geholfen, leuchtende Reliquien Buddhas aus der Erde zu graben. Über der Stelle errichteten sie dann einen Stupa, der Wetku Paya (Shan: *wet* = Schwein, *ku* = helfen) genannt wurde. Daraus leitet sich der heutige Shan-Name Kekku ab.

Besichtigung des Pagodenwalds

Der Zugang zum Gelände erfolgt von Westen her. Es lohnt sich, vom Hauptweg links und rechts zwischen den Stupas hindurchzugehen, um die schönen Stuckverzierungen mit den mythischen Wächterfiguren – Vogelmenschen, Löwen etc. – zu betrachten. Fast alle Stupas wurden mittlerweile restauriert, was ihnen etwas an Charme genommen hat. Im hinteren Bereich erinnert ein Schwein an die oben erwähnte Legende. Zudem eröffnet sich von dort ein wunderschöner Blick auf die Ebene von Hopong.

Essen & Trinken

Lunch mit Ausblick – **Hlaing Konn Restaurant:** gegenüber dem Pagodenfeld, tgl. 11–21 Uhr. Das einzige Restaurant von Kakku tischt chinesische und birmanische Speisen auf. Gerichte ab 5000 Kyat.

Aktiv

Trekking – Sehr reizvoll ist der Besuch von Kakku im Rahmen einer **zweitägigen Trekkingtour** vom Inle-See aus. Dort wandert man von Thale U oder Nampan den Yan-Aung-Bergzug hinauf. Der beschwerliche Weg führt durch diverse Pa-O-Dörfer auf gut 1500 m Höhe bis zum Dorf Hti Ne (1. Tag: ca. 5 Std. Trekking). Nach der Übernachtung in einem Bed & Breakfast geht es wieder den Bergzug hinunter bis zum Pa-O-Dorf Khay Lu und von dort nach Kakku (2. Tag: ca. 6 Std.). In Kakku kann man nächtigen oder sich nach Taunggyi fahren lassen. Arrangement über **GIC Tour & Transport** in Nyaung Shwe (s. S. 361) oder **Exo Travel** in Yangon (s. S. 155) Kosten ab 90 US-$/Person inkl. Transport, Guide und Übernachtung.

Termine

Kakku Festival: Zum Tabaung-Vollmond (Febr./März) entsteht über drei Tage ein wahres Pilgercamp, wenn die Familien der Minderheiten aus der Umgebung mit ihren Ochsenkarren hierherkommen und an den Marktständen nach Waren suchen und die kulturellen Veranstaltungen, allen voran traditionelle *pwe* (s. S. 78), besuchen.

Verkehr

Der Ausflug wird von diversen Agenturen in Nyaung Shwe angeboten (ca. 40 US-$ für Wagen mit Fahrer). In Taunggyi wendet man sich an das Pa-O-Büro, das den vorgeschriebenen Guide und Wagen mit Fahrer (50 US-$) nach Kakku (42 km, ca. 1,5 Std.) organisiert.

Der Kayah State

Die abgelegene Bergwelt des Kayah State war lange ausländischen Besuchern verschlossen, weil über Jahrzehnte ein Bürgerkrieg tobte und die Infrastruktur katastrophal war. Doch seit die Waffen ruhen, machen sich immer mehr Besucher auf, diese landschaftlich und kulturell besondere Region zu besuchen.

Der mit 11 732 km² kleinste Unionsstaat Myanmars erstreckt sich zwischen dem Shan State im Norden, dem Kayin State im Süden und der thailändischen Provinz Mae Hong Son im Osten. Knapp 290 000 Menschen leben hier, davon sind etwa die Hälfte Kayah (Karenni, Rote Karen). Zu den offiziell neun Volksgruppen zählen auch die als ›Langhalsfrauen‹ touristisch vermarkteten Kayan Lahwi (Shan: Padaung), die vor allem in Dörfern westlich von Phekon (▶ K 18) und rund um Demoso (▶ L 19), 18 km südlich von Loikaw, siedeln.

Seit die Karenni National Progressive Party (KNPP) 2012 mit der Zentralregierung ein Waffenstillstandsabkommen unterzeichnet hat, können Touristen die Hauptstadt Loikaw samt näherer Umgebung ohne Genehmigung besuchen. Sollte der Frieden halten, wären auch andere Teile der pittoresken Berglandschaft reizvoll, welche im östlichen Teil vom Thanlwin-Fluss durchzogen wird und großes Potenzial für Trekking- und Rafting-Tourismus besitzt. Am 1960 angelegten Lawpita-Stausee, 20 km südöstlich von Loikaw, liegt Myanmars größtes Wasserkraftwerk, das für ein Zehntel der landesweiten Stromversorgung verantwortlich ist. Am besten reist man vom Inle-See oder von Kalaw aus in den Shan State. Eine landschaftlich äußerst interessante Strecke verläuft von Taungoo 220 km nordöstlich durch die Berge via Demoso nach Loikaw. Doch die Straße ist noch in einem sehr schlechten Zustand. Für den Besuch sollte man 2–3 Tage einplanen (ohne Anreisezeit).

Loikaw und Umgebung

Loikaw ▶ L 18

Cityplan: S. 379
Das fast 900 m hoch gelegene **Loikaw** liegt in einer fruchtbaren Ebene und schmiegt sich an den Nam Pilu River (Balu Chaung), der die Stadt von Westen nach Osten durchzieht. Als Hauptstadt des Kayah State ist Loikaw ein wichtiges Regierungs- und Verwaltungszentrum. Knapp 130 000 Menschen leben in Stadt und Umland. Für Touristen halten sich die Sehenswürdigkeiten indes in Grenzen, der Reiz liegt eher in der Umgebung.

Thiri Mingalar Market [1]

100 m westlich der Nationalstraße 5, ca. 100 m südwestlich der Brücke über den Nam Pilu River, tgl. 7–17 Uhr
Einen Besuch wert ist der quirlige **Thiri-Mingalar-Markt**, auf dem alle Agrarprodukte der fruchtbaren Umgebung zu finden sind, u. a. Betelpfeffer, Mais, Erdnüsse und während der Regenzeit Sichuan-Pfeffer *(makac tie)*.

Thiri Mingalar Haw [2]

U Khun Li St., tagsüber, Eintritt frei
Es ist den buddhistischen Mönchen zu verdanken, dass der **Thiri-Mingalar-Palast** noch so gut erhalten ist. 1914 von dem letzten Kayah-Fürsten, U Saw Khun Li (reg. 1910–48), errichtet, wurde der ursprünglich Gantarawadi Haw genannte Palast 1994 von den Nachfahren umfassend re-

Loikaw

Sehenswert
1. Thiri Mingalar Market
2. Thiri Mingalar Haw
3. Taung Kwe Paya
4. Christ the King Cathedral
5. Kayah State Cultural Museum

Übernachten
1. Kayah Resort
2. Hotel Loikaw
3. Myat Nan Taw Hotel
4. Min Ma Haw Hotel
5. Loikaw Thingaha Guesthouse (Friendship Guesthouse)

Essen & Trinken
1. Loikaw City Restaurant
2. Pwe Kunshar Lay
3. Shwe Nagar Lay
4. Royal Restaurant
5. Shwe Ya Ti Tea Shop

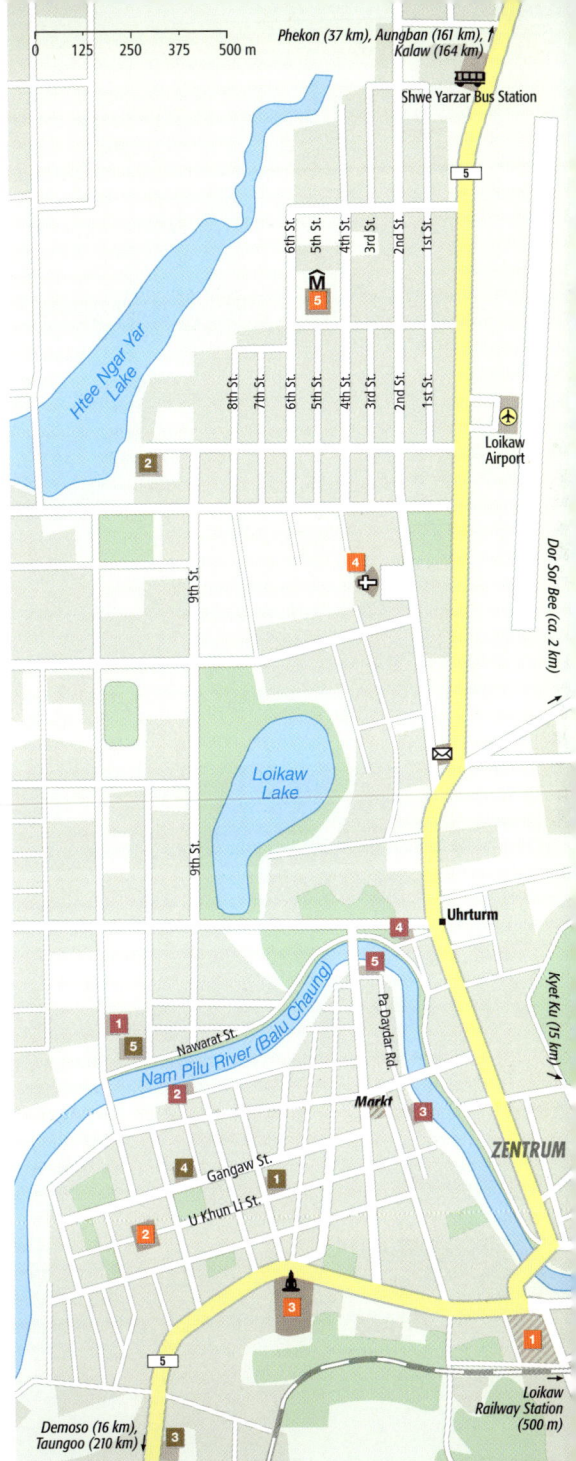

Der Kayah State

AUSFLUG ZU DEN BERGVÖLKERN

Start: Loikaw bzw. für die Wanderung Pan Pet (Pah Pae)
Distanz: 40 km, Tagestour mit 6-stündiger Wanderung
Hinweis: Gute Schuhe, Sonnenschutz und Proviant sind zwingend erforderlich.
Kosten: Führer 30 000 Kyat, Wagen mit Fahrer 80 000 Kyat bis Pan Pet, Boot Paya Phyu–Loikaw 40 000 Kyat für 1–4 Personen
Arrangement: Ohne Guide ist der Ausflug nicht möglich, Kontakte s. S. 384

Die pittoreske Bergwelt rund um Loikaw bietet sich für Trekkingtouren an, allein es hapert an der Infrastruktur. Zudem darf bis dato nicht außerhalb Loikaws übernachtet werden. Auch stellen Landminen infolge des Bürgerkriegs in abgelegenen Gebieten eine Gefahr dar. Schon recht etabliert ist der Besuch von **Pan Pet** (Pah Pae), einem Dorf der Kayan Lahwi, wo noch einige der Frauen mit ihren markanten Halsringen (s. Thema S. 382) leben. Es liegt auf einem entwaldeten und landwirtschaftlich genutzten Bergzug, ca. 20 km südwestlich von Loikaw und ist nur mit einem guten Fahrzeug zu erreichen. Die von eingezäunten Gärten umgebenen Häuser verteilen sich recht weitläufig in der fruchtbaren Hügellandschaft, wo Bergreis, Zwiebeln und Knoblauch gedeihen. Die Kayan Lahwi des Ortes sind zwar an Touristen gewöhnt und lassen sich auch fotografieren, allerdings sollte man dafür auch ein Souvenir kaufen und es mit einem *tarih ba na*, wie Danke in ihrer Sprache heißt, vergelten.
Von Pan Pet führt eine ca. 6-stündige Wanderung durch eine nahezu baumlose Bergregion durch diverse Dörfer in Richtung Osten zum idyllisch an einem Fluss gelegenen Intha-Dorf **Paya Phyu.** Wie am Inle-See sind auch hier viele der Häuser direkt ans Wasser gebaut. Und auch hier leben viele der buddhistischen Inthas vom Fischfang. Von Paya Phyu kann man mit dem gecharterten Boot durch eine sehr schöne Landschaft zurück nach Loikaw fahren.

noviert und in ein buddhistisches **Kloster** umgewandelt. Mit den beiden ausladenden Treppen und dem Staffeldach wirkt der zweistöckige Holzbau sehr repräsentativ. In der Haupthalle sind noch einigen historische Fotos zu sehen.

Taung Kwe Paya 3
Südseite der Nationalstraße 5, tagsüber, Eintritt frei
Mit Abstand markantestes Stadtheiligtum ist die **Splitterberg-Pagode** im Süden des Stadtzentrums. Ihr Gelände umfasst zwei schmale, über einen Steg verbundene und mit Stupas gekrönte Karsthügel, wodurch die Anlage äußerst fotogen wirkt. Über diverse Wege und Treppen kann man eine der Karstspitzen der erklimmen, um von dort das Panorama zu genießen.

Christ the King Cathedral 4
Nördlich des Nam Pilu River (Balu Chaung), tagsüber, Eintritt frei
Auf dem Weg zum Kayah-Museum im Norden von Loikaw passiert man die moderne, im Jahr 2000 eröffnete **Christkönig-Kathe-**

drale, in der sich die katholische Gemeinde trifft. Daneben liegt die **alte Kirche** von 1939 samt Sitz und Verwaltung des Erzbischofs. Etwa 20 % der Bevölkerung im Kayah State sind Katholiken.

Kayah State Cultural Museum 5

Im Norden von Loikaw, nahe dem Htee Ngar Yar Lake, Di–So 9–16 Uhr, 2000 Kyat

Das in einem weitläufigen Gelände eingebettete **Kulturmuseum des Kayah State** dokumentiert anhand von Modellen und Bildern die Lebensweise und Kultur der neun offiziellen Volksgruppen der Region.

Ausflüge in die Umgebung

Dor Sor Bee

Gut 2 km östlich von Loikaw

In der Ortschaft **Dor Sor Bee** erheben sich auf einem großen Platz an der Ausfallstraße Dutzende von fast 5 m hohen **Holzpfählen,** die als spiritueller Schutz der Gegend gelten. Regelmäßig zum Neujahrsfest der Kayah im April wird ein neuer, weiß angestrichener Pfahl (Kayin: *kayhto bo*) errichtet, sodass sich die Zahl stetig erhöht.

Kyet Ku (Yarsu Ku)

15 km östlich von Loikaw, tgl. 9–15 Uhr, Eintritt frei, Taschenlampe mitnehmen!

Ein interessanter Ausflug führt zur **Geisterhöhle.** Sie wird auch Yarsu Ku, Schießpulverhöhle, genannt und ist auf 2,2 km erforscht. Im Inneren der Tropfsteinhöhle liegen ausgehöhlte, bis zu 5 m lange Baumstämme, die vermutlich als Särge dienten. Allerdings sind die sterblichen Überreste und Beigaben verschwunden.

Übernachten

Komfort im Zentrum – **Kayah Resort 1 :** U Khun Li St., Tel. 09 258 88 70 70, www.facebook.com/kayahresort. Das Resort liegt zentral in Loikaw und bietet in seinen 26 klimatisierten, mit viel Holz ausgestatteten Bungalows modernen Komfort. Der große Pool samt Terrasse lädt zum Schwimmen und Schlemmen ein. DZ/ÜF ab 95 US-$.

Resort am See – **Hotel Loikaw 2 :** 9th St., Naung Yar (A) Quarter, Tel. 083 229 46, 083 229 47, www.hotelloikaw.com. Das weitläufige Resort mit 25 holzvertäfelten Bungalows, jeweils mit Veranda, und neueren Zimmern in einem mehrstöckigen Gebäude erstreckt sich am kleinen Htee Ngar Yar Lake. Hier steigen auch Reisegruppen und lokale Größen ab. Service ist allerdings Mittelmaß. DZ/ÜF ab 80 US-$.

Dachterrasse mit Ausblick – **Myat Nan Taw Hotel 3 :** 54 (Ka) Gannyawady St., Tel. 083 24 00 34, 083 24 00 35. Der dreistöckige Bau birgt 39 mit viel Holz ausgestattete Zimmer, darunter vier in seitlich gelegenen Bungalows. Das Restaurant ist gesichtslos, dafür lockt eine Dachterrasse mit schönem Blick auf die Taung-Kwe-Pagode. DZ/ÜF ab 65 US-$.

Einfach und freundlich – **Min Ma Haw Hotel 4 :** 20 Gangaw St., Mingalar Quarter, Tel. 083 214 51, 09 428 00 69 97, minmahaw96@gmail.com. Die Auswahl reicht von fensterlosen Holzkammern bis zu großen, komfortablen Zimmern mit Bad und AC. Die freundlichen Eigentümer sind behilflich bei Ausflügen. DZ/ÜF ab 30 US-$.

Motel am Fluss – **Loikaw Thingaha Guesthouse (Friendship Guesthouse) 5 :** 3/72 Nawarat St., Tel. 083 213 35, 083 226 89. Das Gästehaus liegt am Norduler des Nam Pilu River nahe einer Brücke. Die 26 Zimmer mit Bad sind fantasielos, aber in Ordnung und meist mit AC. Essen sollte man besser auswärts. DZ/ÜF ab 25 US-$.

Essen & Trinken

Große Auswahl – **Loikaw City Restaurant 1 :** Khu/A-135, Daw Oo Khu 3 St., Ecke Main Rd., Tel. 083 230 51, tgl. 8–23 Uhr. Die Auswahl reicht von chinesischen Gerichten über Shan- und Thai-Speisen. Dazu gibt es günstiges Fassbier. Gerichte ab 3000 Kyat.

Chinesische Vielfal – **Pwe Kunshar Lay 2 :** am Nam Pilu River, tgl. 10–22 Uhr. Eine beliebte Adresse mit ordentlichen chinesischen Gerichten und Fassbier. Ab 2500 Kyat.

Mit Flussblick – **Shwe Nagar Lay 3 :** am Nam Pilu River, tgl. 9–22 Uhr. Wegen der netten Terrassenatmosphäre mit Flussblick

Myanmars berühmteste Hälse

Keine ethnische Gruppe ist dermaßen durch ihr Aussehen bekannt geworden wie die Frauen der Kayan Lahwi. Als ›Langhalsfrauen‹ wurden sie bereits in Thailand erfolgreich vermarktet, wohin viele geflohen waren. Jetzt kann man sie auch in ihren Heimatdörfern rund um Loikaw besuchen.

Die Kayan-Lahwi-Frau bearbeitet geduldig mit der Hacke ihr Feld. Die lange Trockenzeit hat den Boden hart werden lassen, doch erste Wolken künden den Monsun an. Es ist Zeit, den Acker am Berghang für die Aussaat vorzubereiten. Eine Gruppe Touristen aus Yangon parkt ihren Pajero-Jeep am Feldrand und steigt aus. Schon bald halten sie ihre Smartphones hoch und starten ihre Fotosession. Doch die Yangoner interessieren sich nicht für die Landwirtschaft, sondern für die massive Messingspirale, welche die Frau um ihren Hals trägt und die in der Sonne so wunderbar glänzt. Die Kayan-Frau ist das Verhalten der Touristen gewöhnt und stellt sich brav als Fotomodell auf. Das kennt sie schon von Thailand her, wohin sie während des Bürgerkriegs geflohen war und mit ihrem Aussehen für viele Jahre relativ gut verdiente. Mit dem Geld finanzierte ihre Familie nach der Rückkehr ein passables Steinhaus.

Seit die Waffen schweigen, kommen immer mehr Touristen in ihr Dorf südwestlich von Loikaw. Schon in der Vergangenheit waren die Kayan Lahwi aufgrund ihres Aussehens eine Besonderheit. Die Shan nennen sie *yan pa daung* – Menschen, mit glänzendem Metall umwickelt. Daher rührt die verbreitete Bezeichnung Padaung. Doch diese betrachten die Kayan Lahwi als Schimpfwort. Die Kayan Lahwi sind eine Untergruppe der Kayah bzw. Karenni (Rote Karen), eines Volkes der tibetobirmanischen Sprachgruppe, das in den Bergen zwischen Shan und Kayin State seit Jahrhunderten siedelt. Zu den weiteren Untergruppen zählen die Kayan Ka Khaung, die Kayan Lahta und die Kayan Ka Ngan. Doch jene sind weit weniger fotogen und daher kaum bekannt. Seit 1893 italienische Missionare im Kayah State erstmalig Fuß fassten, sind etwa zwei Drittel der insgesamt gut 130 000 Kayan katholisch geworden. Der Rest sind Animisten und Buddhisten.

Bis zu 10 kg wiegen die Spiralen bei erwachsenen Frauen. Traditionell wird Mädchen der Halsschmuck ab dem fünften Lebensjahr angelegt und mit dem Heranwachsen kontinuierlich an den Spiralenden verlängert. Hinzu kommen noch Ringe an Armen und Beinen, sodass sich das Gewicht schnell auf 20–30 kg summieren kann. Entgegen dem optischen Eindruck wird der Hals nicht länger, sondern die Schultern werden nach unten gedrückt. Der Kopf scheint dann wie über dem Körper zu schweben. Im Laufe der Jahre kann dies zu Knochendeformierungen und Muskelschwund führen. Viele Frauen legen daher den Halsschmuck nur selten ab.

Und warum das alles? Die Tradition ist wohl Hunderte von Jahren alt, aber der Ursprung unklar. Um die Frauen vor wilden Tigern zu schützen, wird erzählt, und sie hässlich zu machen, damit sie von verfeindeten Volksgruppen nicht entführt werden. Auch soll damit an den Ursprungsmythos der Kayan Lahwi erinnert werden, demzufolge ihre Ahnen aus der Verbindung eines Einsiedlers mit einem weiblichen Drachen hervorgegangen sind. Da der Schmuck nur Frauen angelegt wird, die an glücksbringenden Tagen des zunehmenden Mondes geboren wurden, hat er für viele Kayan Kahwi auch eine magische Wirkung. »Unsere Großmütter erlaubten uns ihre ›Waffen‹ nur zu berühren, wenn wir krank waren«, erinnert sich der Kayan-Autor Pascal

Nicht als Schmuck, sondern zum Schutz angelegt – Messingspirale der Kayan-Lahwi-Frauen

Khoo Htwe in seinen Memoiren »From the Land oft Green Ghosts« (London 2002) und nennt die Messingspiralen »Tragbare Familienschreine«.

Vor allem unter den katholischen Angehörigen der Volksgruppe verschwand die Tradition zunehmend. Doch als infolge verstärkter Militäraktionen in den 1980er-Jahren immer mehr Kayan nach Nordthailand flohen und dort in Flüchtlingslagern lebten, erkannten findige Geschäftsleute das touristische Potenzial der ›Langhalsfrauen‹ und brachten sie in Museumsdörfer. Dort leben noch heute viele von ihnen, denn mit dem Verkauf von selbst gemachtem Schmuck, Langhalspuppen und CDs mit traditioneller Musik können sie mehr verdienen als auf dem Feld in ihrer Heimat. Dass sie dabei wie in einem Menschenzoo behandelt und von den thailändischen Geschäftsleuten ausgenutzt werden, nehmen sie gezwungenermaßen in Kauf.

Besser wäre es indes, wenn Touristen nicht nur auf ihre Hälse gafften, sondern sich auch für ihre Kultur und Lebensweise interessieren würden. Traditionell in Bergregionen angesiedelt und in lockeren Dorfverbänden organisiert, wurden die Kayan Lahwi bis 1959 von einem Oberhaupt (Kayan: *hane*) angeführt. Wie andere Volksgruppen der Region leben sie weitgehend von der Landwirtschaft. So gedeihen rund um ihre Häuser Mango- und Jackfruit-Bäume ebenso wie Bananenstauden und Bäume des Sichuanpfeffers. Unter den Gemüse-, Kräuter- und Gewürzsorten schätzen sie Chayote, Gurken, Kürbis und Chili. Gewöhnliches Tellerkraut ist in ihren Gärten ebenso zu finden wie Ingwer, Senfblätter und Zitronengras. Obgleich die Kayan Lahwi meist Buddhisten oder Christen sind, ist auch der Geisterkult nach wie vor präsent. Bei Krankheit ist der Gang zum Schamanen für viele immer noch obligatorisch. Auch das Hühnerknochenorakel ist noch populär, bei dem nach dem Schlachten eines Huhns zwei seiner Knochen genommen werden, um daraus Hinweise für die Zukunft abzulesen. Doch auch ohne dieses Orakel ist klar, dass viele der alten Traditionen für immer verloren gehen werden.

Der Kayah State

Auf Pfählen errichtet und mit kleinen Nutzgärten umgeben – im Umland von Loikaw kann man Dörfer der Minderheiten besuchen

abends eine gute Wahl. Reiche Auswahl an chinesischen und Shan-Spezialitäten ab 2500 Kyat.

Grillspießchen – **Royal Restaurant** 4: nördliche Flussseite unweit des Uhrturms, tgl. 17–22 Uhr. Hier gibt es eine gute Auswahl an Grillspießchen, die man sich aussuchen kann, bevor sie frisch zubereitet werden. Ab 2000 Kyat.

Frühstück und Snacks – **Shwe Ya Ti Tea Shop** 5: 2/1 Pa Daydar Rd., nahe kleiner Brücke, tgl. 4–21 Uhr. Urige Atmosphäre, birmanische Currys und diverse Snacks machen es zu einer guten Wahl zu jeder Tageszeit. Snacks ab 500 Kyat.

Aktiv

Wanderungen – Touren und Wanderungen in die Umgebung sollte man mit erfahrenen Guides unternehmen. Die folgenden Führer (unabhängig von der Personenzahl 30 000–40 000 Kyat/Tag) arrangieren darüber hinaus Permits für weitere Ziele und die Weiterreise: **Kyaw Thu Latt** (Ko Latt, Tel. 09 32 51 23 14, 09 428 00 20 06, kolatloikaw@gmail.com), **Win Naing** (Tel. 09 428 00 16 21, 09 49 27 84 43, loikawtravelinfos@gmail.com), **Charlie** (Tel. 09 428 00 22 35, charlie29193@gmail.com).

Verkehr

Flüge: Ab dem **Loikaw Airport** im Nordosten der Stadt fliegen tgl. Maschinen von Myanmar National Airways (Tel. 083 215 00, 083 210 14, www.flymna.com) bzw. Air KBZ (49 Kha, U Paing/61, www.airkbz.com) nach Yangon.

Bahn: Die **Loikaw Railway Station** wird meist 1 x tgl. von einem Zug auf der (schlechten) Strecke Kalaw–Aungban–Loikaw angefahren, der 11–22 Std. benötigt und daher keine Alternative bildet.

Busse: Die **Shwe Yarzar Bus Station** liegt etwa 1,5 km nördlich des Zentrums an der Straße nach Aungban. Nach Aungban (160 km, ca. 5 Std.) verkehren regelmäßig **einfache Busse. Direktbusse** fahren 2 x tgl. nach Yangon (480 km, 15 Std.) und Naypyitaw (240 km, 8 Std.) sowie 1 x tgl. nach Taunggyi (200 km, 7 Std.)

Boote: Mit dem Bus zunächst nach Phekon, von dort mit dem Charterboot in ca. 7 Std. durch den Phekon, den Sagar und den Inle Lake nach Nyaung Shwe (ca. 130 000 Kyat).

Östlicher Shan State

Der Osten des Shan State ist für Besucher nur sehr beschränkt zu bereisen. Noch immer sind weite Teile gesperrt, und der Landweg zwischen Taunggyi und Kyaing Tong nur mit Sondergenehmigung befahrbar. Dabei besticht die von Bergen und Flussebenen geprägte Region durch ihre landschaftliche Schönheit und kulturell spannende Volksgruppen.

 Kyaing Tong und Umgebung ▶ P 15

Kyaing Tong (Kengtung)

Cityplan: S. 386

Die eher unter ihrem Shan-Namen **Kengtung** bekannte ehemalige Fürstenstadt liegt auf 787 m Höhe in einer von Höhenzügen eingerahmten Ebene. Etwas westlich durchschneidet der Thanlwin River die Bergwelt und im Osten der Mekong. Von China, Laos und Thailand ist die Distrikthauptstadt keine 100 km entfernt. So verwundert es nicht, dass sie mehr kulturelle Verbindungen mit den östlichen und südlichen Nachbarländern als mit dem 600 km entfernten birmanischen Kernland hat. Die teilweise über 2000 m hohen Bergzüge des Shan-Plateaus wirken wie eine natürliche Barriere. Hinzu kommt, dass die Region zwischen Kyaing Tong und dem 452 km entfernten Taunggyi politisch instabil und deshalb lange isoliert war. Teilweise ist dies heute noch so.

Die Stadt am **Naung Tong Lake** (Nawng Tung Lake) mit gut 70 000 Einwohnern wirkt entspannt und in manchen Vierteln sogar ländlich. Auf dem lebendigen Markt treffen die Bergvölker aufeinander, die gut 30 Klöster und Tempel zeugen von der buddhistischen Frömmigkeit der Bewohner und einem gewissen Wohlstand, denn Kyaing Tong ist ein wichtiges regionales Handelszentrum. Sie zeugen aber auch von den architektonischen Einflüssen aus Laos und Thailand. Heute ändert die Stadt durch den wachsenden Handel mit China und Thailand allmählich ihr Gesicht. Noch lassen viele Holzbauten eine urtümliche Atmosphäre aufkommen, doch sie werden zunehmend durch Betonklötze ersetzt.

Geschichte

Der Name Kengtung, Stadt des Tung, bezieht sich auf die Ursprungslegende, derzufolge ein Einsiedler namens Tung Kalasi die überflutete Ebene trockenlegen konnte, indem er zwei Kanäle schuf. Übrig blieben der See des Tung, Nawng Tung, und die beiden Flüsse Nam Lap und Nam Khon. Die meisten der Stadtbewohner sind Angehörige der Tai-Volksgruppe, zu der auch die Shan zählen. Die Mehrheit stellen die Tai Khün, welche die Region vor gut 1000 Jahren zu besiedeln begannen. Zudem ließen sich auch Tai Lü nieder.

Als der nordthailändische König Mengrai (1238/39–1311) sein neu gegründetes Lan-Na-Reich erheblich ausweitete, geriet auch das Gebiet westlich des Mekong ab 1243 in seinen Machtbereich. Später avancierte Kengtung mit zeitweise über 31 000 km² Landesfläche (ca. drei Viertel der Schweiz) zum größten Fürstentum im Shan State. Doch immer wieder war es bedroht. Es vermochte einer chinesischen Invasion im 18. Jh. zu widerstehen, nicht jedoch einem siamesischen Angriff 1802, als zahllose Ortschaften zerstört und zigtausend Men-

Kyaing Tong (Kengtung)

Sehenswert
1. Naung Tong Lake
2. Myoma Market (Central Market)
3. Cathedral of the Immaculate Heart of Mary
4. Yat Taw Mu Buddha
5. Pa Leng Gate
6. Mausoleen der Shan-Fürsten
7. Amazing Kyaing Tong Resort
8. Mahamyatmuni Paya
9. Wat Jom Kham
10. Wat In
11. Wat Pha That Jom Mon
12. Kanyin Phyu

Übernachten
1. Golden Star Hotel
2. Princess Hotel
3. Private Hotel
4. Sam Ywet Hotel
5. Golden World Hotel
6. Hotel Khema Rattha
7. Naung Tong Hotel

Essen & Trinken
1. Lod Htin Lu Restaurant
2. Golden Banyan
3. Lok Thar Restaurant
4. Colina Café & Bistro
5. Aung Naing
6. Jin Café

Aktiv
1. Harry's Trekking House

---

schen nach Thailand verschleppt wurden. Noch dreimal standen siamesische Truppen vor den Toren Kengtungs: 1849, 1852 und 1854. Politische Stabilität brachte schließlich die Anwesenheit der Briten ab 1890, womit auch die Grenzen sicherer wurden. Im britisch-französischen Abkommen vom 15. Januar 1896 wurde der Mekong als Demarkationslinie zwischen den Kolonien Britisch-Indien und Indochina festgelegt.

Die *saopha* von Kengtung profitierten erheblich von der Macht des Britischen Empire. So wurde Sao Kawng Kiao Intaleng (reg. 1895–1935) zum Delhi Durbar (Hoftag zu Delhi) nach Indien eingeladen, einer 1903 zu Ehren Edward VII. abgehaltenen Zusammenkunft. Inspiriert von der dortigen Pracht der Mogulpaläste ließ er 1905 einen neuen *haw* erbauen. Seine Kinder schickte er in die Shan Chiefs' School von Taunggyi, ein Internat für die Fürstensöhne mit britischen Lehrern. Der Opiumhandel spielte eine zunehmende Rolle und begründete den Ruf des östlichen Shan State als ›Goldenes Dreieck‹ (s. Thema S. 390). Während des Zweiten Weltkriegs war die Region von thailändischen Truppen besetzt. Doch bereits kurz nach der Unabhängigkeit 1948 begann der Stern Kengtungs zu sinken: Immer mehr Rebellenarmeen der Shan, Kokang und anderer ethnischer Gruppen operierten in den Bergen. Wie seine 33 Kollegen musste Sao Sai Long (reg. 1946–59) 1959 seinen Herrschertitel abgeben. Dem Militärputsch drei Jahre später folgten Verfolgung und Vertreibung. Sao Sai Long kam ins Gefängnis und durfte nach seiner Freilassung nie wieder Kyaing Tong betreten. Er starb 1997 in Yangon.

Sehenswertes im Stadtzentrum

Das Herz der Stadt schlägt zwischen dem idyllischen **Naung Tong Lake** 1 (Nawng Tong Lake) etwas nördlich und dem vormittags sehr lebendigen **Myoma Market** 2 (Central Market, tgl. 7.30–12 Uhr) an der Zeigyo Road etwas südlicher. Südwestlich des Sees, der vor allem nachmittags Einheimische zu einem Spaziergang lockt, erinnern noch einige **Kolonialbauten** an die Präsenz des Empires.

Die **Cathedral of the Immaculate Heart of Mary** 3 (Kathedrale des Unbefleckten Herzens Mariens), ein neoromanischer Backsteinbau, ist Hauptquartier der 1913 etablierten römisch-katholischen Mission für den östlichen Shan State und seit 1955 Sitz des Bischofs der etwa 61 000 Katholiken der Diözese. Vermutlich lag in diesem Bereich das Zentrum der ursprünglichen, im 13. Jh. errichteten Stadt. Wohl deshalb ließ die Militärregierung etwas südöstlich des Kirchenbaus auf einem Hügel 1998 den über 20 m hohen stehenden **Yat Taw Mu Buddha** 4 (tagsüber, Eintritt frei) aufstellen, der mit der rechten Hand in Richtung Osten weist.

Relikte der alten Fürstenstadt

Nach dem vom Militär verordneten Abriss des Fürstenpalasts von Kengtung am 9. November 1991 erinnern nur noch einige Reste von **Stadtmauer und -graben** an die Ära der Himmelsfürsten (saopha). Von einst 12 Toren blieb nur das **Pa Leng Gate** 5 aus dem 19. Jh. an der Loi Mwe Road übrig.

Die achtseitigen, von einer lotosförmigen Kuppel gekrönten **Mausoleen der Shan-Fürsten** 6, darunter das 1998 errichtete Grabmal von Sao Sai Long, befinden sich kurz vor der Einmündung der Zay Dan Kalay Road in die Tar Yaw Street.

Östlich des Naung Tong Lake erhebt sich an der Mong Yang Road in einem großen Garten seit 1996 das schon ziemlich alt aussehende **Amazing Kyaing Tong Resort** 7 anstelle des abgerissenen Palasts.

Mahamyatmuni Paya 8

Verkehrsinsel am Treffpunkt von Mong Yang, Mong Lah/Airport und Zay Dan Loang Rd., tagsüber, Eintritt frei

Viele der buddhistischen Sakralbauten von Kyaing Tong tragen den Shan-Namen für Kloster, *wat*, in ihrem Namen, so auch das Kloster des Königlichen Buddha, Wat Pra

Östlicher Shan State

Stuckdekor am Wat Jom Kham mit Nischen für Buddhas und Öllampen

Jao Lung, besser bekannt als Mahamyatmuni Paya, **Pagode des Großen Weisen.** Die Anlage steht gegenüber dem früheren Palast auf einer Verkehrsinsel und birgt eine im Auftrag von Fürst Sao Kawng Kiao Intaleng 1908 in Mandalay gegossene, aber erst 1923 hierher gebrachte Kopie des berühmten Mahamuni-Buddhas. Der **Hauptzugang** erfolgt von Süden her, wo auch der Blick auf das steil ansteigende Staffeldach am besten ist. Im **Inneren** sind auf die dunkelroten Seitenwände vergoldete Illustrationen in Schablonentechnik aufgetragen. Sie thematisieren Szenen aus Buddhas Leben.

Östlich des Zentrums

Zwei bemerkenswerte Heiligtümer liegen etwas östlich des Sees, darunter der **Wat Jom Kham** 9 (auch Wat Zom Kham; Seitenweg der Mong Yang Rd., tagsüber, Eintritt frei), der über einen sanft ansteigenden Seitenweg zu erreichen ist. Sechs Haare Buddhas soll das Heiligtum enthalten und über 1000 Jahre alt sein. Beides ist eher unwahrscheinlich, trotzdem strömen die Gläubigen zum Wat Jom Kham, dessen vergoldeter **Stupa** mit quadratischer Basis schon vom See aus gut zu sehen ist und die Stadtsilhouette prägt. Im Osten des Stupas schließt sich eine **Halle** an, in deren Innerem – wie auch in nordthailändischen und laotischen *wat* üblich – ein Altar mit zahlreichen Buddhas die Stirnwand dominiert. Die Seitenwände sind mit in Schablonentechnik aufgetragenen Szenen aus dem Leben Buddhas ausgeschmückt, die Hallendecke zieren rot-goldene Blumenmuster.

Folgt man der vom Wat Jom Kham gen Osten Straße abgehenden Straße, so stößt man nach 300 m an einer Straßenkreuzung auf den **Wat In** 10 (tagsüber, Eintritt frei). Er ist ähnlich dem Wat Jom Kham gestaltet und birgt einen Altar mit einer wunderschönen Sammlung von Buddhas im Shan- und Konbaung-Stil. Auch hier sind die dunklen Wände mit vergoldeten Illustrationen zum Leben Buddhas sowie *jataka* ausgestaltet, was dem Raum eine mystische Stimmung verleiht.

Kyaing Tong und Umgebung

Auf dem Soam Mom Hill

Der **Wat Pha That Jom Mon** 11 (500 m südlich des Myoma Market, tagsüber, Eintritt frei) auf dem 850 m hohen Soam-Mom-Berg ist zwar mäßig interessant, dafür eröffnet sich von dort ein schöner Panoramablick.

Ein kurzes Stück hinter dem *wat* erheben sich zwei weiße **Stupas** und etwas östlich ein als **Kanyin Phyu** 12 bekannter 66 m hoher *Dipterocarpus-alatus*-Baum – ein immergrüner Laubbaum, der zu den gefährdeten Arten zählt. Einer vom Militär angebrachten Inschrift zufolge soll er im Jahr 1115 der Myanmar Ära (1753) von König Alaungpaya (reg. 1752–1760) gepflanzt worden sein. Der Begründer der Konbaung-Dynastie hat zwar Kriege gegen die Shan geführt, war jedoch nie in Kyaing Tong.

Übernachten

Großer Hotelbau – **Golden Star Hotel** 1 : 164 Mong Lah/Airport Rd., Tel. 084 224 11, goldenstarhotelktg@gmail.com. Etwa 1,5 km vom Zentrum entfernt, erhebt sich der vierstöckige Bau an der Flughafenstraße. Insgesamt 52 große und saubere Zimmer mit gefliesten Böden in drei Kategorien. Im hallenartigen Restaurant wird solide Shan- und chinesische Küche aufgetischt. DZ/ÜF ab 65 US-$.

Zentrale Lage – **Princess Hotel** 2 : 21 Zay Dan Kalay Rd., Tel. 084 213 19, 084 221 59, kengtung@mail4u.com.mm. Der dreistöckige Hotelkasten mit Glasfront ist wahrlich keine Schönheit, auch die auf drei Etagen verteilten 21 Zimmer mit AC und Warmwasserbad sind eher gesichtslos und funktional. Frühstück wird in einem beengten Raum serviert. Dafür ist die Lage gut und auch der Service ist o. k. Auf Anfrage vermitteln die Angestellten lokale Guides. DZ/ÜF ab 45 US-$.

Veranda-Bungalows – **Private Hotel** 3 : 145 Mong Lah/Airport Rd., Tel. 084 214 38, 226 13, www.privatehotelmyanmar.com. Etwas zurückversetzt von der Straße gruppieren sich mehrere Bungalowreihen mit 24 Zimmern samt Veranda um einen begrünten Innenhof. Das Interieur ist etwas in die Jahre gekommen, aber wohnlich. Das Essen im kleinen Restaurant ist in Ordnung. Vermittlung von Fahrzeugen und Guides. DZ/ÜF ab 40 US-$.

Haus am Markt – **Sam Ywet Hotel** 4 : 21 Kyaing St., Tel. 084 212 35, samywethotel@gmail.com. Auf drei Etagen gibt es in dem marktnahen Gästehaus 27 schlichte, meist recht helle Zimmer, wenn auch etwas karg ausgestattet. Die freundlichen Farben machen vieles wett. Etwas übertreuert. DZ/ÜF ab 35 US-$.

Zentral, aber gesichtslos – **Golden World Hotel** 5 : 26 Zay Dan Loang St., Tel. 084 215 45, 084 227 33, www.facebook.com/golden worldhotel, goldenworldhotel@gmail.com. Fußläufig zu vielen Sehenswürdigkeiten gelegen, eine Dachterrasse mit schönem Ausblick – doch die goldene Welt endet in den sehr sachlichen Zimmern mit AC und Bad. Freundliche Angestellte und essbares Frühstück. DZ/ÜF ab 30 US-$.

Wohnliche Atmosphäre – **Hotel Khema Rattha** 6 : 25/28 (A), Taunggyi Rd., Tel. 084 226 91, www.hotelkhemarattha.com. Etwa 2 km westlich des Zentrums an der Straße in Richtung Taunggyi gelegen, wirkt das Haus durch das Holzinterieur in den 25 Zimmern recht wohnlich. Die Standardzimmer sind etwas klein und das Restaurant ist nüchtern gestaltet. Dafür gute Küche und gutes Management. DZ/ÜF ab 30 US-$.

Haus am Markt – **Naung Tong Hotel** 7 : Naung Ye Rd., Tel. 084 217 81, 084 215 83, www.nawngtunghotelgroup.com. Das Hotel liegt an der Südseite des Myoma Market und verfügt über 32 saubere, etwas kalt wirkende Zimmer mit gefliesten Böden. Auch im Restaurant wird's nicht wohnlicher. Eher auf Geschäftsreisende eingestellt. DZ/ÜF ab 25 US-$.

Essen & Trinken

Alternativ zum meist fantasielosen Hotelfrühstück kann man auch zum **Myoma Market** 2 (Central Market) gehen und dort an einem der Stände leckere Shan-Nudeln (Shan: *khao soi*) kosten. Um 1000 Kyat.

Beliebt – **Lod Htin Lu Restaurant** 1 : 2nd Kyaing Rd., Tel. 084 213 42, tgl. 9–21.30 Uhr. Ein breites Angebot chinesischer Gerichte, unter denen die Yunnan-Spezialitäten sehr

Blume des Todes

Von den Bergen des Shan State bis zu den Straßen westlicher Metropolen verläuft ein tödlicher, lukrativer Weg. Nach Afghanistan ist der Nordosten Myanmars trotz zahlreicher Gegenmaßnahmen noch immer das weltweit zweitgrößte Anbaugebiet für Opium. Doch auch Designerdrogen werden hier produziert.

Wenn zwischen Dezember und Februar der Schlafmohn *(Papaver somniferum)* in voller Blütenpracht steht, verwandeln sich im Shan und Kachin State viele Berghänge in einen rot-weißen Blumenteppich. Kaum sind die Blütenblätter abgefallen, beginnen Angehörige der Bergvölker in der Kühle des Morgens die walnussgroßen Mohnkapseln mit einer scharfen Klinge anzuritzen. Heraus tritt eine milchige Flüssigkeit, die später zu einer braunen Masse verklebt. Diese wird mit einer kleinen Sichel von den Kapseln abgeschabt und zu Klumpen verknetet. In ihren Händen halten die Bauern Rohopium. Bis zu 15 kg ernten sie je nach Saison pro Hektar. Karawanen der Drogenbarone kaufen die wertvolle Ware auf und liefern sie in Laboren ab, wo das Rohopium zu hochwertigem Heroin verarbeitet wird und über unzählige Schmuggelpfade in die Abnehmerstaaten gelangt.

Seit Menschengedenken wird Schlafmohn als Genuss- und Heilmittel kultiviert. Bereits um 3400 v. Chr. kannten die Sumerer die narkotische Wirkung der von ihnen *hul gil* (Freudenpflanze) genannten Droge. Sie und später die Assyrer und Ägypter kultivierten den Schlafmohn in den Bergen des östlichen Mittelmeerraums. Mit Alexander dem Großen gelangte die Blume im 4. Jh. v.Chr. nach Persien und Indien. Über arabische Händler erreichte die anspruchslose Pflanze in der zweiten Hälfte des 1. Jt. Ostasien, wo sie sich aufgrund ihrer vielseitigen medizinischen Anwendungsmöglichkeiten sehr schnell verbreitete. Die Europäer erkannten alsbald ihren wirtschaftlichen Wert und begannen in ihren Kolonien das Geschäft zu monopolisieren. Opium wurde zu einem der profitabelsten Handelsgüter Asiens, so auch in der Kolonie Britisch-Indien. Als Myanmar 1948 unabhängig wurde, war der Shan State ein etabliertes Mohnanbaugebiet.

Nachdem Mao Zedong im benachbarten China 1949 die Volksrepublik ausgerufen hatte, flohen Tausende Soldaten der von seinem Widersacher Chiang Kai-shek angeführten Guomindang (GMD; auch: Kuomintang, KMT) nach Myanmar. Vom US-amerikanischen Geheimdienst unterstützt, versuchten sie von dort den Kampf gegen die Kommunisten weiterzuführen. Opium bot sich wie kein anderes Mittel zur Finanzierung ihres Kampfes an. Bis zu ihrem Abzug 1961 verzwanzigfachte sich die jährliche Produktion von 30 t auf über 600 t, ein Großteil der Ware gelangte über die von ihnen kontrollierten Karawanenwege nach Thailand. Die GMD wurde abgelöst von anderen Gruppierungen: Neben den um ihre Unabhängigkeit kämpfenden Shan und der Kommunistischen Partei Birmas (CPB) versuchten Armeen der Wa und Kokang die Kontrolle über den lukrativen Handel zu gewinnen.

In den 1960er-Jahren begann der Aufstieg zweier Drogenbarone: des Kokang Lo Hsing Han und des Shan-Chinesen Chang Shi Fu alias Khun Sa. Geboren in den 1930er-Jahren in einem armen Kokang-Dorf und verheiratet mit einer Chinesin, kämpfte Lo Hsing Han zunächst in einer der *ka kwe ye* (Verteidigung) genannten paramilitärischen Einheiten der birmanischen Armee gegen die CPB. Später avancierte er zum führenden Drogenproduzenten und wurde deshalb zwischen 1973 und 1980 inhaftiert. In seinen Laboratorien produzierten Chemiker

Für viele Familien im Shan State ein wichtiger Gelderwerb – der Anbau von Schlafmohn ist immer noch verbreitet

mit China White ein erstklassiges Heroin, das vor allem die in Vietnam stationierten US-Soldaten zu schätzen wussten. Auch seine Haftzeit schadete Lo Hsing Hans Status als wichtige Größe im Drogenhandel nicht. Khun Sa (1934–2007) begann seine Drogenkarriere ebenfalls in einer ›ka kwe ye‹-Einheit und gründete 1986 die Muang Tai Army (MTA). Mit ihr war er bis Mitte der 1990er-Jahre unangefochtener Herr des ›Goldenen Dreiecks‹, wie das Gebiet von Journalisten getauft wurde. Die jährliche Gewinnung von Rohopium kletterte unter ihm auf mehr als 2000 t. Nach Khun Sas Rückzug 1996 dominierte die gut gerüstete United Wa State Army (UWSA) eine Weile den Drogenmarkt, heute sind diverse Armeen und Händlerringe involviert. Weltweit führend in der Opiumproduktion ist inzwischen mit Abstand Afghanistan, das 2014 geschätzte 6400 t und 2015 etwa 3300 t Rohopium produzierte.

Vom ambitionierten Ziel, den Opiumanbau gänzlich einzudämmen, ist die Regierung Myanmars weit entfernt. 2015 gewannen nach Angaben des UN-Büros für Drogen und Verbrechen (UNODC) schätzungsweise 133 000 Familien auf einer Gesamtfläche von 555 km² über 647 t Rohopium mit einem Marktwert von 236 Mio. US-Dollar. Pro Kilo erhielten sie im Durchschnitt 273 US-$. Mit Entwicklungshilfe, auch von deutscher Seite, sollen sie zum Anbau von Alternativprodukten wie Reis, Gemüse und Obst bewegt werden. Zu einem gewaltigen Problem ist seit Mitte der 1990er-Jahre die Herstellung bunter Methamphetamin-Tabletten geworden, die vorwiegend nach China und Thailand (dort bekannt als *yaba*) geschmuggelt, aber zunehmend auch von Einheimischen konsumiert werden. Wie lukrativ der Handel ist, zeigen Razzien. Im Juli 2015 wurden in Yangon 27 Mio. Tabletten mit einem Handelswert von 110 Mio. US-$ sichergestellt.

Derweil haben sich die Nachkommen der einstigen Drogenbarone anderen Geschäftszweigen gewidmet: So ist ein Sohn des 2013 verstorbenen Lo Hsing Han, Steven Law, Chef des Geschäftsimperiums Asia World, das an vielen Straßen- und Immobilienprojekten beteiligt ist.

Östlicher Shan State

beliebt sind. Wenn gut besucht, kann es zu Wartezeiten kommen. Gerichte ab 3500 Kyat.

Solide chinesisch – **Golden Banyan** 2 : Zay Dan Loang St., Tel. 084 214 21, tgl. 10–21 Uhr. Das etablierte Lokal gegenüber den Mausoleen der Shan-Fürsten tischt mäßige Thai-Gerichte, aber ordentliche chinesische Varianten auf. Ein paar Tische stehen vor dem Lokal. Gerichte ab 3000 Kyat.

Kantonesisch – **Lok Thar Restaurant** 3 : 21/22 2nd Kyaing Ngam St., tgl. 10–21 Uhr. In dem zweistöckigen Lokal kehren gerne Reisegruppen ein, welche den effektiven Service und die reiche Auswahl an chinesischen Gerichten schätzen. Gerichte ab 3000 Kyat.

Cocktails und Reisgerichte – **Colina Café & Bistro** 4 : Loi Mwe Rd., tgl. 10–22 Uhr. Ca. 500 m östlich des Pa Leng Gate und mit ein paar Sitzgelegenheiten draußen ist dies ein guter Ort für den Abend. Leckerer Kaffee, ein paar Cocktails und solide Reisgerichte lassen gute Stimmung aufkommen. Ab 3000 Kyat.

Birmanische Currys – **Aung Naing** 5 : nördlich des Marktes, Tel. 084 210 83, tgl. 9–21 Uhr. Wie in vielen birmanischen Lokalen üblich werden morgens die Currys zubereitet und ausgestellt. Man kann entsprechend auswählen und dazu kommen automatisch Reis und Suppe sowie ein Teller mit Kräutern, rohem Gemüse und würzigen Dips auf den Tisch. Gerichte ab 1500 Kyat.

Trendiger Jugendtreff – **Jin Café** 6 : 17 2nd Kyaing Ngam St., Tel. 084 23 534, tgl. 10–21 Uhr. Erstaunlich guter Kaffee in einem stylischen Laden nordöstlich des Central Market. Dazu werden mäßig mundende Snacks aufgetischt. Ab 1500 Kyat.

Aktiv

Radfahren – **Harry's Trekking House** 1 : 132 Mong Yang Rd., Tel. 084 214 18, 220 75. Vermietet Räder für 1000 Kyat/Tag.

Trekking – Für Ausflüge in die Umgebung und Wanderungen ist ein **lokaler Führer** obligatorisch. Sie verlangen 30 000–40 000 Kyat Tageshonorar. Folgende Guides haben vielfältige Erfahrungen: **Sai Htun,** Tel. 09 525 17 36, saitunmn@gmail.com; **Sai Win (Wilson),** Tel. 084 224 47, 09 525 20 91, shantrekgui de@gmail.com; **Sai Ywet Kham (Freddie),** Tel. 09 49 03 19 34, email.yotkham@gmail. com; **Kyaw Sein (Eric),** Tel. 09 428 12 04 03, kyawsein98@gmail.com.

Verkehr

Flüge: Der **Kengtung Airport** wird mehrmals wöchentlich von verschiedenen Fluggesellschaften aus Heho, Mandalay, Tachileik und Yangon angesteuert. **Tickets** gibt es bei **Sun Far Travel & Tours** (16 Kyaing Ngam Rd., Tel. 084 218 33, www.sunfartravels.com, Mo–Fr 9–17, Sa–So 9–12 Uhr) oder über die lokalen Airlines-Büros: **Air Bagan,** 95 Lay Yin Kwin St., Tel. 084 22 86 77; **Air KBZ,** 95, Lay Yin Kwin St., Tel. 084 235 93; **Mann Yadanarpon,** 33 Loi Mwe St., Tel. 084 240 45; **Yangon Airways,** 36 Zay Dan Gyi Rd., Tel. 084 227 98, 084 223 00.

Busse: Die Strecke zwischen Kyaing Tong und der Grenzstadt Tachileik (155 km, 4,5 Std.) wird von mehreren Busgesellschaften und Minivans bedient. Abfahrt vor dem jeweiligen Ticketbüro (Infos über die Unterkünfte).

Mietwagen: Je nach Distanz und Zeit muss man für die Tagesausflüge in die Umgebung mit Wagen und Chauffeur 40 000–70 000 Kyat kalkulieren. Eine Fahrt nach Tachileik kostet etwa 75 000 Kyat, günstiger sind die dorthin startenden Sammeltaxis (um 16 000 Kyat/Person). Am besten über die Unterkunft zu arrangieren, wo man dann auch abgeholt wird. Ein guter Kontakt ist **Shwe Kyar Phyu** (Golden White Tiger), Tel. 084 225 52.

Umgebung von Kyaing Tong

Der Reiz von Kyaing Tong liegt vor allem in seinem Umland, wo Dörfer verschiedenster Bergvölker nicht weit sind. Hier gilt: Je näher an der Stadt, desto touristischer. Zwei reizvolle **Tagesausflüge** führen zum einen in den östlichsten Außenposten des Brititschen Empire, Loi Mwe, und zum anderen zu zwei Dörfern der Loi Wa mit reizvollen Klöstern. Sicherlich gäbe es noch viel mehr zu erkunden, doch bis dato ist es nicht erlaubt, außerhalb von Kyaing Tong zu nächtigen. Daher bleibt der Radius ziemlich begrenzt.

ZU DEN LOI-WA-DÖRFERN WAN NYAT UND WAN SENG

Dauer: 1 Tag
Kosten: Auto mit Fahrer ca. 70 000 Kyat, Guide 40 000 Kyat
Arrangement: Über die örtlichen Guides von Kyaing Tong (s. S. 392)

Hinweise: Bitte wegen möglicher Kontrollen Pass mitnehmen! Proviant und genügend Wasser nicht vergessen! Gute Schuhe sind ebenfalls notwendig.

Dieser Tagesausflug führt in eine der bezauberndsten Ecken der Region, in die Berge östlich von Kyaing Tong. Dort siedeln im Schutz der Höhen Angehörige der Loi Wa, einer Untergruppe der Wa. Die Familien leben traditionell in Langhäusern (mehrere Familien in einem) und sind Anhänger des Theravada-Buddhismus. Die Gepflogenheit, in Langhäusern zu wohnen, hat fraglos etwas mit der Sicherheit zu tun, denn im Laufe der Zeit kam es immer wieder zu Invasionen aus China und Thailand. Auch Rebellenarmeen und Räuberbanden trieben ihr Unwesen. Architektonisch wiederum ließen sich die Loi Wa von nordthailändischen und laotischen Klosterbauten inspirieren.

Zunächst fährt man mit dem Auto gen Osten in Richtung Mong La. Dabei passiert man in **Tar Pin** an einer Brücke über den Fluss Nam Lwe einen **Checkpoint** (tgl. 6–18 Uhr). Nach insgesamt etwa 65 km biegt man links in einen ungeteerten Weg ein und lässt dort den Wagen stehen. Nun beginnt der **Fußmarsch** bergaufwärts, bis man nach etwa 1 Std. das erste, auf gut 1500 m liegende Dorf, **Wan Nyat**, erreicht. Dort steht ein wunderschönes kleines **Kloster** aus dem 16. Jh. mit einem dreiteiligen tiefgezogenen Satteldach, das die Vorfahren der hier heute lebenden Loi Wa errichteten. Im Inneren der Halle lenkt ein gekrönter Buddha die Blicke auf sich. Sehr anmutig wirken auch die Mosaikdarstellungen und Holzschnitzereien. Die Langhäuser liegen etwas seitlich des Klosters, und auch hier teilen sich etwa 20 Familien je eine längliche Halle – traditionell aus Schutz vor Feinden und wilden Tieren. Die Bewohner leben von der Landwirtschaft und bauen während der Regenzeit Bergreis und Gemüse an. Teile der Hügel sind noch bewaldet

Nun geht es weiter den Berg hinauf, vorbei an Feldern und Wäldern. Immer wieder trifft man auf Einheimische, die mit ihren Mopeds auf dem Weg hinab in die Ebene oder zurück nach Hause sind. Schließlich ist nach 1 Std. das Dorf der Hunderttausend, **Wan Seng**, erreicht. Es liegt in einer kleinen Mulde, in die sich mehrere **Langhäuser** drängen. Es ist normalerweise kein Problem, eines der Langhäuser zu betreten, indes sollte dies mit dem nötigen Respekt geschehen. Die meisten Frauen tragen noch die indigoblauen Wickelröcke und Blusen. Etwas erhöht liegt ein weiteres buddhistisches **Kloster**, dessen Ursprünge ins 14. Jh. zurückreichen sollen. Und auch hier beeindrucken die kunstvollen Schnitzarbeiten und Buddhadarstellungen. Abschließend geht es denselben Weg zurück zum Ausgangspunkt.

Wenn noch Zeit bleibt, kann man auf der **Rückfahrt** einen Halt in dem altertümlichen Shan-Dorf **Yang Kong** einlegen, das einige Kilometer nördlich von Kyaing Tong liegt, und für seine **Töpferwerkstätten** bekannt ist.

Östlicher Shan State

Dörfer der Minderheiten

Aufgrund ihrer Nähe zu Kyaing Tong zählen einige Dörfer im Norden zu den populärsten **Wanderzielen:** Ausgangspunkt ist das Dorf der Lahu Na, **Pin Tauk,** von dem es zum Akha-Dorf **Wan Pin** und dem Dorf der Eng, **Wan Mai,** geht (ca. 3 Std. Wanderung).

Von der Straße nach Tachileik bietet sich ein **Abstecher in die westlich gelegenen Berge** an, wo mehrere Akha-Siedlungen liegen, die unter dem Namen **Ho Kyin** zusammengefasst werden.

Ein anstrengender **Tagesausflug für gute Wanderer** führt mit dem Auto gen Westen bis zum etwa 45 Minuten entfernten Wa-Dorf **Kong Ma**. Von dort geht man eine panoramareiche Trekkingtour bis zum Lahu-Dorf **Pang Pack** und wieder zurück (insgesamt 6 Std.). Wer es entspannter will, fährt dieselbe Straße zu den etwa 7 km westlich von Kyaing Tong gelegenen **Hot Springs** (Heiße Quellen; 500 Kyat) unweit des Nam-Khun-Flusses und anschließend zu dem nicht weit entfernten Dorf der Silber-Palaung, **Wan Pauk.**

Loi Mwe ▶ P 15

Gut 30 km südöstlich von Kyaing Tong erhebt sich bis auf fast 1700 m Höhe der **Nebelberg** (Shan: Loi Mwe), seit 1996 Schutzgebiet. Hier etablierten die Briten den östlichsten Außenposten ihrer 4,9 Millionen km² großen Kolonie Britisch-Indien, welche im Westen bis zur sogenannten Durand Line an der pakistanisch-afghanischen Grenze reichte. Die Siedlung indes war bescheiden und auch heute noch gibt es in **Loi Mwe** nicht sehr viel zu sehen: ein paar Villen, die sich auf einem Hügel verteilen, darunter die komfortable, 1918 erbaute **Residence of Colonel Rubel,** sowie ein **Kloster der Barmherzigen Schwestern,** das 1929 italienische Nonnen gründeten und dem ein Waisenhaus angeschlossen ist. Auch der kleine **Stausee** stammt aus britischer Zeit.

Auf der landschaftlich reizvollen, gut einstündigen Hin- bzw. Rückfahrt empfehlen sich auch Stopps bei verschiedenen Bergvölkern, etwa im Wa-Dorf **Nong Kyo,** im Akha-Dorf **Ho Lup** oder im Lahu-Dorf **Pang Wai.**

Tachileik ▶ Q 17

Die 60 000 Einwohner der Grenzstadt **Tachileik** leben überwiegend vom Handel. Touristen nutzen den thailändisch-birmanischen Grenzübergang zumeist lediglich zur Ein- bzw. Ausreise, es gibt für sie kaum einen Grund, hier zu übernachten. Die Unterkünfte in Mae Sai auf thailändischer Seite sind attraktiver und im 167 km entfernte Kyaing Tong ist man mit dem Auto in 3–4 Stunden.

An den **Ständen und Shops** unweit des Grenzübergangs wird ein Sammelsurium angeboten, das von Jade aus Myanmar über Smartphones ›made in China‹ bis zu thailändischem Parfüm reicht. Unter der Hand gibt es auch Schmuggelware, denn das Grenzflüsschen Sop Ruak stellt kein Hindernis dar. Bevorzugte Währung: der Thailändische Baht.

Tachileik

Ein Widerspruch zur Eleganz des Stupas der Shwedagon Paya? ›Begrüßungskomitee‹ an der Pagode

Shwedagon Paya
500 m nördlich der Bogyoke Aung San Rd., tagsüber, Eintritt frei

Wie in anderen Orten des Shan State ragt einmal mehr eine Replika der **Shwedagon-Pagode** gen Himmel, die 1998 nach dreijähriger Bauzeit vom Militär eingeweiht wurde und von vielen Stadtbewohnern, deren Mehrheit Shan sind, als Machtdemonstration der Bamar betrachtet wird. Der elegant nach oben strebende goldene Stupa erhebt sich auf einem Hügel und eröffnet einen schönen Ausblick auf die Stadt.

Statue of King Bayinnaung
Bogyoke Aung San Rd., 300 m nördlich der thailändischen Grenze

Die 1996 errichtete **Statue von König Bayinnaung** (reg. 1551–1581) nahe der thailändischen Grenze soll die einstige Größe Myanmars zur Schau stellen. Adressat ist offensichtlich Thailand, in dessen Richtung der einstige Herrscher blickt. Unter Bayinnaung hatte Myanmar seine größte Ausdehnung erreicht. Von den Thais Phu Chana Sip Thit, Eroberer der Zehn Richtungen, genannt, unterwarf er 1558 das nordthailändische Königreich Lan Na und 1563/64 Siams Königsmetropole Ayutthaya. Das hindert die Thais indes nicht daran, in Scharen nach Tachileik zu reisen, dort zu shoppen und sich dem in ihrer Heimat verbotenen Glücksspiel hinzugeben.

Infos
Myanmar Travels & Tours (MTT): auf der Grenzbrücke, Tel. 084 210 23, tgl. 6–18 Uhr. Die Angestellten geben Tipps für die Weiterreise und besorgen auch ein Taxi nach Kyaing Tong.

Östlicher Shan State

Grenzübertritt Thailand–Myanmar

Grenzübergang: Brücke über den Sop Ruak, Mo–Fr 6–18, Sa–So 6–21 Uhr.

Einreise nach Myanmar: Mit gültigem Visum erfolgt die Einreise nach Ausfüllen der Ein- und Ausreisekarte plus Zollerklärung. Alternativ dazu berechtigt ein 14 Tage gültiges Entry Permit für 10 US-$ zum Aufenthalt in Tachileik und Kyaing Tong. Der Reisepass wird in diesem Fall vom Immigration Office einbehalten. Bei der Weiterreise nach Kyaing Tong mit dem Entry Permit ist für den dortigen Aufenthalt ein lizensierter lokaler Führer vorgeschrieben: Tageshonorar 30 US-$ bzw. 1000 Thai Baht, zuzüglich Kost und Logis in Kyaing Tong. Günstiger ist es, vorab einen Guide aus Kyaing Tong zu buchen.

Ausreise nach Thailand: Der Einreisestempel für Thailand berechtigt zu einem Aufenthalt von 30 Tagen. Die Adresse des thailändischen **Mae Sai Immigration Office** ist 117 Moo 1, Weng Phang Kham, Tel. +66 53 73 10 08, www.immigration.go.th.

Grenzübertritt Laos–Myanmar

Grenzübergang: Laos-Myanmar Friendship Bridge zwischen Keng Lap (Myanmar) und Houy Koum bei Xieng Kok (Laos). Mit der 2015 eröffneten Freundschaftsbrücke ca. 90 km nordöstlich von Tachileik gibt es nun auch eine Verbindung nach Laos. **Allerdings ist der Grenzübertritt für Ausländer noch nicht offiziell möglich.**

Übernachten

Hotel mit Spielbank – **Allure Resort:** Baydar Rd., Tel. +66 (0)15 30 11 13 (aus Thailand gemanagt), www.allureresort.com. Der Name ist Programm. Seit Jahren das beste Haus am Platz, verführt das Allure Resort in seinem Jackpot Game Room die vorwiegend thailändischen Glücksspieler. Die Räume sind wohnlich und stilvoll mit allen Annehmlichkeiten ausgestattet. In der Bellagio Lounge gibt es regelmäßig Livemusik. DZ/ÜF ab 100 US-$.

Gut gewohnt – **Golden Cherry Hotel:** Arrkazar Yon St., Tel. 084 525 17, 085 527 01. Ein sechsgeschossiger Hotelkasten mit 70 Zimmern in zwei Kategorien und Dachterrassenrestaurant. Keine Schönheit, doch gut gelegen, und das Interieur ist wohnlich gestaltet. DZ/ÜF ab 55 US-$.

Essen & Trinken

Einfache Lokale finden sich an der Bogyoke Aung San Road.

Gepflegt speisen – **Maesai Café:** im Aluure Resort (s. Übernachten), tgl. 6–24 Uhr. Solide Thai-Küche. Gerichte ab 8 US-$.

Guter Ausblick – **Maekhong River Hotel:** Bogyoke Aung San Rd., tgl. 7–22 Uhr. Die Dachterrasse des Hotels bietet neben einem guten Ausblick auch schmackhafte Speisen. Gerichte ab 5 US-$.

Verkehr

Flüge: Der **Tachileik Airport** liegt 8 km nördlich der Stadt an der Nationalstraße 4 Richtung Kyaing Tong. Tachileik wird von diversen Fluglinien angeflogen und ist häufig Teil der Route Yangon–Mandalay–Heho–Kyaing Tong. **Tickets** gibt es bei **Sun Far Travels & Tours** (Aung Chan Thar Bldg., 1/115 Bogyoke Aung San Rd., Tel. 084 522 15, 523 42, www.sunfartravels.com, Mo–Fr 9–17, Sa–So 9–12 Uhr) oder über die lokalen Airline-Büros: **Air KBZ,** 1/205 Bogyoke Aung San Rd., Tel. 09 49 03 66 46; **Air Mandalay,** 1/155 Bogyoke Aung San Rd., Tel. 09 41 00 67 47; **Asian Wings,** Aung Chan Thar Bldg., 1/157-C Bogyoke Aung San Rd., Tel. 084 532 70; **Mann Yadanarpon,** Aung Chan Thar Bdlg., 1/155 Bogyoke Aung San Rd., Tel. 084 535 44, 535 45.

Busse: Vom **Busbahnhof**, 7 km nordöstlich der Stadt an der Nationalstraße 4 starten 2 x tgl. Busse nach Kyaing Tong (155 km, 4,5 Std.).

Sammeltaxis: Eine bequeme und günstige Option für die Fahrt nach/von Kyaing Tong sind Sammeltaxis für bis zu fünf Passagiere (3,5–4 Std., Essensstopp eingerechnet, ab 15 000 Kyat/Person). Das MTT-Büro an der Grenze hilft gern weiter.

Nördlicher Shan State

Eine der schönsten Bahnstrecken Myanmars, die alte Fürstenstadt Hsipaw und das sehr chinesisch wirkende Lashio sind derzeit die Hauptattraktionen im nördlichen Shan State. Das touristische Potenzial ist enorm, doch noch immer sind aufgrund der Konflikte mit diversen ethnischen Minderheiten weite Teile gesperrt.

Vor wilden Bergleuten, Kopfjägern und »Shan-Jungfrauen, die ihre unglücklichen Verehrer verhexten und vernichteten«, wurde Inge Sargent von Einheimischen gewarnt, bevor sie als Frau des Shan-Fürsten von Hsipaw Anfang 1954 erstmals in den nördlichen Shan State reiste. Damals galt die Region selbst den Birmanen als feindselig und gefährlich. Und auch heute noch zeigt sie sich vielerorts verschlossen und fremd. Weite Teile sind aufgrund von Rebellenarmeen, Schmugglerbanden und fehlender Infrastruktur Besuchern verschlossen. Doch jene Gebiete, die zugänglich sind, eröffnen eine faszinierende Welt, wo die Jahreszeiten wie eh und je den Lebensrhythmus der Bergvölker bestimmen, lebendige Marktstädte den natürlichen Reichtum offenbaren und Feste die Traditionsverbundenheit der Menschen bekunden.

Mit der Bahn von Pyin U Lwin nach Hsipaw

Nicht nur Eisenbahnfans werden ihre Freude haben, wenn sie mit dem Zug von der alten britischen Sommerfrische Pyin U Lwin in die einstige Fürstenstadt Hsipaw fahren. Die Strecke führt durch wunderbare Berglandschaften, vorbei an urigen Orten und über den berühmten Gokhteik-Viadukt. Die theoretisch 6,5-stündige Fahrt beginnt planmäßig morgens um 8.22 Uhr in Pyin U Lwin. Da der Zug in Mandalay startet, kann er etwas Verspätung haben. Kaum hat der Zug die einstige koloniale Sommerfrische verlassen, durchfährt er eine fruchtbare Ebene, wo heutzutage vor allem Mais angebaut wird. Unterwegs steigen immer wieder fliegende Händler zu, um lautstark ihre Ware anzupreisen.

Höhepunkt ist gegen 11 Uhr die Überquerung des **Gokhteik-Viadukts** (▶ 2, K 13), den Paul Theroux in »The Great Railway Bazaar« als »ein Monster silberner Geometrie inmitten zerklüfteter Felsen und Dschungel« beschrieb. Diese Meisterleistung amerikanischer Ingenieurskunst wurde am 1. Januar 1900 nach achtmonatiger Bauzeit eingeweiht und überspannt auf 792 m eine 110 m tiefe Schlucht. Nach Eröffnung der Strecke nach Hsipaw Mitte 1901 wurde der reguläre Bahnbetrieb aufgenommen. Mit über 4300 t Eisen und Stahl war der Viadukt seinerzeit eine der größten Stahlbrücken der Welt.

Anschließend müht sich der Zug bis zum 940 m hoch gelegenen **Nawnpeng** hinauf, um dann nach insgesamt zwei Stunden die Stadt Kyaukme zu erreichen. Von dort sind es noch etwa 1,5 Std. nach Hsipaw.

Kyaukme ▶ 3, K 13

Das 40 000-Einwohner-Städtchen liegt an der Nationalstraße 3, etwa 110 km nordöstlich von Pyin U Lwin. Auch die Bahnlinie von Mandalay nach Lashio führt hier vorbei. Bislang machen in dem gut 770 m hoch gelegenen Ort noch wenige Reisende Station, obwohl sich die Stadt des Schwarzen Steines (Kyauk Me) wunderbar als Zwischenstopp auf der Weiterreise ins 37 km östlich

Nördlicher Shan State

gelegene Hsipaw anbieten würde. Zudem führt eine Straße Richtung Nordwesten bis ins 120 km entfernte Mogok. Vor allem aber liegt sie eingebettet in eine wunderbare, vom Teeanbau geprägte Bergwelt mit guten Wandermöglichkeiten.

Trotz der Größe der Stadt (ca. dreimal so groß wie Hsipaw) ist die Auswahl an Unterkünften noch sehr bescheiden. Und auch die Sehenswürdigkeiten halten sich in Grenzen. Im urigen **Myoma Market** (tgl. 7–17 Uhr) an der Mogok-Kyaukme Road im Zentrum kann man das geschäftige Marktleben auf sich wirken lassen und in einer der seitlich gelegenen *teashops* die Menschen beobachten. Auf einem Hügel etwa 600 m südwestlich des Marktes thront die **Pyi Lone Chantha Paya** (tagsüber, Eintritt frei), von deren Plattform sich ein schöner Ausblick in die Umgebung eröffnet. Neben der Pagode des Wohlstands und Friedens für Alle liegt das 1958 gestiftete **Thiho Paryatti Sarthin Taik Kyaung** (tagsüber, Eintritt frei), ein Kloster zur Ausbildung junger Mönche mit einer sehenswerten Andachtshalle. Der Weg dorthin führt zwei Straßenblöcke südlich des Marktes und dann die Straße rechts hinein bis zum Fuß des Hügels, wo ein gut 350 m langer überdachter Treppenaufgang beginnt.

Unweit der Nationalstraße nach Hsipaw, etwa 3 km östlich von Kyaukme, sind auf einem Hügel mit tollem Panoramablick noch die **Ruinen des Sakandar Summer Palace** zu finden, wo die Familie des Shan-Fürsten von Hsipaw ihre Ferien verbrachte. Unter Fürst Sao Khe (reg. 1902–28) für seine frauen- und kinderreiche Familie errichtet, verbrachte auch Inge Sargent manchen Sommer dort. Während der japanischen Besatzung wurde ein Flügel zerstört, doch die Front des anderen Flügels mit schönem, cremefarbigem Giebelfeld im neoklassizistischen Stil ist ebenso wie Teile der Marmortreppe erhalten.

Übernachten

Karger Komfort – **Northern Rock Lodge:** 4/52 Shwe Phe U St., Tel. 082 406 60. Das einfache Gästehaus liegt eine Querstraße nördlich des Myoma Market, ist weitgehend aus Holz und bietet unterschiedliche Kategorien, darunter zellenartige Einzelzimmer mit Bett und Ventilator für 6 US-$ und geräumige Vierbettzimmer. Im Hinterhaus gibt es Doppelzimmer mit Bad und AC. Zum Frühstück geht man besser in eines der Lokale außerhalb. DZ ab 25 US-$.

Überteuert – **A Yone Oo Hotel:** Shwe Phe U St., Tel. 082 401 83. Staatliches und lange Zeit einziges Hotel im Ort mit entsprechend schlechtem Service zu überteuerten Preisen. Es gibt einfache Zimmer mit Ventilator und Gemeinschaftsdusche ab 6 US-$ im Haupthaus und bessere in Bungalows im hinteren Bereich. Mit der Sauberkeit hapert es. Frühstücken sollte man auswärts. DZ ab 18 US-$.

Essen & Trinken

Chinesische Küche – In der Querstraße südlich des Myoma Market gibt es einige chinesische Restaurants, alle mit ähnlichem Angebot, darunter **Sein, Yunnan** und **Joy:** alle tagsüber bis ca. 21 Uhr, Gerichte ab 2500 Kyat.

Gute Shan-Nudeln – **Thiri Pyitsaya Food & Drink:** 4/54 Shwe Phe U Rd., Tel. 082 403 40, tgl. 7–21 Uhr. Liegt gegenüber dem A Yone Oo Hotel und ist eine gute Adresse für herzhafte Shan-Nudelgerichte in schlichtem Ambiente. Gerichte ab 500 Kyat.

Aktiv

Wandern im Teeland – s. Aktiv S. 399

Verkehr

Züge: Die **Kyaukme Railway Station** liegt im Norden der Stadt. Dort halten je 1 x tgl. gegen 11.05 Uhr die Züge in Richtung Pyin U Lwin (109 km, 5 Std.) und Mandalay (160 km, 11,5 Std.) sowie gegen 13.19 Uhr in Richtung Hsipaw (31 km, 1,5 Std.) und Lashio (114 km, 6 Std.).

Busse: Der **Busbahnhof** liegt im Norden der Stadt an der Straße nach Mogok. Dort starten frühmorgens ein **Bus** und 2 x tgl. ein **Minibus** nach Pyin U Lwin (110 km, 2,5 Std.) und Mandalay (163 km, 6 Std.). Busse nach Hsipaw (37 km, 1 Std.) starten 3 x tgl. von der Aung San Road am Myoma Market.

Hsipaw und Umgebung

WANDERN IM TEELAND

Start: Kyaukme, ▶ 3, K 13
Dauer: 2,5 Tage
Kosten: ca. 60 000 Kyat/Person, Mopedverleih 10 000 Kyat
Arrangement: Thura, Tel. 09 47 30 84 97, thuranaing84@gmail.com, www.thuratrips.page.tl; **Naing Naing,** Tel. 09 47 30 76 22, naingninenine@gmail.com. Beide sind erfahrene Guides.

Hinweise: Vor Abfahrt sollte man sich auf dem Markt von Kyaukme mit Proviant eindecken. Empfehlenswert sind gute Schuhe, warme Kleidung für die Nacht, Sonnenschutz, Taschenlampe, *longyi* fürs Duschen und ein strapazierfähiger Rucksack. Geschlafen wird auf dem Boden neben der Feuerstelle. Decken werden zur Verfügung gestellt.

Erster Tag: Eine interessante Tour führt zunächst mit dem Moped ins 2,5 Std. entfernte Palaung-Dorf **Hu Kwat**. Dort lässt man das Moped stehen und der gut zweistündige Trek durch Teeplantagen bis zum Shan-Dorf **Bang Hone** beginnt. Nach der Mittagsrast geht es weiter nach **Naung Pyaet** und von dort einen 1200 m hoch gelegenen Hügel steil hinauf, wo ein herausragender Baum als *lonely tree* eine schöne Stelle mit herrlichem Panoramablick markiert. Bewohner haben dort aus großen Steinen einen **Stupa** zusammengetragen. Weiter führt die gut zweistündige Wanderung nach **Bang San**, einem weiteren Palaung-Dorf, wo in einem der schlichten Wohnhäuser übernachtet wird.
Zweiter Tag: Am nächsten Tag führt die ca. zweistündige Wanderung zunächst zum Shan-Dorf **Lwe Lon** und dann durch Teefelder weiter nach **Hu Son** (2 Std.) und **Htun Heik** (1 Std.), wo Mittagsrast gehalten wird. Dann geht es zum Palaung-Dorf **Kyein Law** (1 Std.), dessen Bewohner sowohl Grün- und Schwarztee als auch fermentierte eingelegte Teeblätter produzieren. Von dort verläuft die Wanderung weiter und endet nach 1,5 Std. in **Hu Kwat,** wo die Mopeds zurückgelassen wurden. Hier wird nun übernachtet.
Dritter Tag: Per Moped geht es nun wieder zurück nach Kyaukme.

Hsipaw und Umgebung

Hsipaw ▶ 3, L 12

Cityplan: S. 403
Die von den Birmanen Thibaw genannte Stadt am Dokhtawady (Dutawady) River hat sich in den letzten Jahren zum Liebling der Rucksacktouristen entwickelt. Das Klima ist angenehm, der Ort mit 20 000 Einwohnern überschaubar, und abends kann man den Tag am Fluss wunderbar ausklingen lassen. Zudem locken in der Umgebung schöne Wanderziele.

Mit gittermäßig angelegten Straßenzügen erstreckt sich das 420 m hoch gelegene Hsipaw zwischen der Bahnlinie im Westen gut 1 km bis zum Fluss und über 2 km von Norden nach Süden. Als Hauptverkehrsader durchzieht die als Bogyoke Street firmieren-

Reisfelder bei Hsipaw

de Nationalstraße Nr. 3 die Stadt in Richtung Lashio (72 km) bzw. Mandalay (200 km). Im Zentrum zweigt von ihr die Straße gen Norden nach Namhsan (72 km) ab.

Die Stadt selbst hat man zu Fuß schnell durchquert, für Ziele in der Umgebung kann man sich in den Unterkünften ein Fahrrad ausleihen.

Geschichte

Fast vergessen ist, dass Hsipaw Zentrum eines der größten Fürstentümer im Shan State

Hsipaw

Sehenswert
1. Myoma Market
2. Morning Market
3. Sao Pu Sao Nai Shrine
4. Maha Nanda Kantha Kyaung
5. East Haw
6. Don Bosco Seminary
7. Mahamyatmuni Paya
8. Saopha Mausoleums
9. Bawgyo Paya
10. Thein Daung Paya

Übernachten
1. Riverside @ Hsipaw Resort
2. Mr. Charles Riverview Lodge
3. Tai House Resort
4. Lily – The Home
5. La Residence
6. Ever Green Guest House
7. Red Dragon Hotel
8. Mr. Charles Hotel
9. Yee Shin Guest House

Essen & Trinken
1. Club Terrace
2. Mrs. Popcorn's Garden
3. Law Chun (Mr. Food)
4. Black House
5. Now BBQ
6. Pontoon
7. Yuan Yuan (Mr. Shake)

Aktiv
1. Wanderung zum Nam Tok

---

war. Mit zeitweise 11 890 km² etwas kleiner als Schleswig-Holstein, war es reich an Bodenschätzen, darunter Silber und Edelsteinen. Die fruchtbaren Böden wurden vom Nam Tu gespeist, der nordöstlich von Lashio entspringt und nach 210 km unter seinem birmanischen Namen Myitnge (Kleiner Fluss) bei Inwa in den Ayeyarwady mündet. Der immer noch gebräuchliche Flussname Dokhtawady leitet sich von der früheren Bezeichnung des Fürstentums ab.

Wann Hsipaw gegründet wurde, ist etwas unklar. Der Überlieferung nach gilt 1636 als das Gründungsjahr, einer Chronik zufolge ist jedoch Fürst Sao Okka Seya (reg. 1714–18) dafür verantwortlich, der nach einer Hungersnot den alten, wenige Kilometer westlich gelegenen Sitz Ong Pawng verließ und seine Residenz näher ans Flussufer verlegte. Mit dem birmanischen Königshof arrangierten sich die Fürsten immer wieder durch Verheiratung ihrer Töchter. Der 1872 geborene Fürst Sao Khe (reg. 1902–28) wuchs am Königshof von Mandalay auf. Nach einer Zeit des innenpolitischen Chaos erlebte das Fürstentum ab 1887 unter britischem Protektorat einen Aufschwung. Damals lebten dort knapp 50 000 Menschen. Mit den Abgaben aus Glücksspielen, dem Monopol auf Opium- und Alkoholhandel sowie diversen Steuern füllte sich das Staatssäckel erheblich, wovon besonders der lange regierende Sao Khe profitierte. Mit der Aufgabe seines Fürstentitels im April 1959 und dem tragischen Tod von Sao Kya Seng (s. Thema S. 362) 1962 endete endgültig die Ära der Himmelsfürsten von Hsipaw.

Märkte im Zentrum

Wie in anderen Städten des Shan State zeigt auch der **Myoma Market** 1 (tgl. 7–17 Uhr) westlich der Nam Tu Road mit seinem Gemüse- und Obstangebot den Reichtum der Region auf. Darüber hinaus gibt es von Kleidern bis Sicheln für die Reisernte das gesamte Allerlei für den täglichen Bedarf.

Frühaufsteher können zudem den geschäftigen **Morning Market** 2 (Shwe Nyaung Bin St., tgl. ca. 5–7 Uhr) aufsuchen. Bewohner aus den umliegenden Dörfern legen hier entlang der parallel zum Fluss verlaufenden Straße ihre Waren auf dem Boden aus.

Nördliches Viertel (Myauk Myo)

Der **Myauk Myo** (Nördliche Stadt) genannte Teil von Hsipaw hat noch recht dörflichen Charakter und lässt sich am besten per Fahrrad erkunden. Hier liegen einige der sehenswertesten Sakralbauten der Stadt.

Wenn man der Nam Tu Road vom Zentrum aus gen Norden folgt und 350 m nördlich der Bahngleise in einen westlich abzweigenden Weg hineinbiegt, erblickt man schon bald rechter Hand den von hohen Bäumen umgebenen **Sao Pu Sao Nai Shrine** 3 (tagsüber, Eintritt frei) zu Ehren von Ko Myo Shin (Sao Pu), dem Herrn der

Nördlicher Shan State

Neun Städte, und seiner Gattin Pale Yin (Sao Nai). Beide *nat* werden im Shan State als mächtige Schutzgeister verehrt und sind stets in schwarze Shan-Tracht gewandet. Ko Myo Shin wird immer mit zwei Schwertern dargestellt, da er mit dem einen kämpfte und mit dem anderen eines Tages sich selbst richtete. Auf dem Gelände befinden sich diverse Schreine mit einem übergroßen weißen Tiger, Pferden und Elefanten sowie dem Wächter der Wege, Bobogyi (erkennbar am Wanderstab in der Hand).

Den nach Südwesten weiterführenden Weg folgend gelangt man nach knapp 500 m zum **Maha Nanda Kantha Kyaung** 4 (tagsüber, Spende erwünscht), das von halb verfallenen Stupas umgeben ist und gern etwas übertrieben Little Bagan genannt wird. Sehenswert ist in einem der Klostergebäude die vergoldete Statue eines gekrönten Buddha im Shan-Stil, die 1848 angefertigt wurde und aus diversen Lackschichten auf einer Struktur aus Bambus besteht.

East Haw 5
Im Norden der Stadt, tgl. 9–12, 15–17 Uhr, Spende erwünscht

Hier im Östlichen Fürstenpalast sollte Inge Eberhard (später: Inge Sargent) als Mahadevi Sao Nang Thusandi einige glückliche Jahre verbringen. Bei ihrer Ankunft erblickte sie ein wunderschönes, weißes, aus Backstein errichtetes und mit Ziegeln eingedecktes Haus, hohe Fenster, Balkone und Terrassen inmitten eines gepflegten Gartens. Noch heute strahlt das 1924 vom damaligen Kronprinzen und Oxford-Absolventen Sao Ohn Kya (reg. 1928–38) nach eigenen Plänen errichtete Palais Würde aus, auch wenn der Zahn der Zeit kräftig an der Bausubstanz genagt hat und auch der Garten nicht mehr so gepflegt wie einst ist. Der Palast war seinerzeit als East Haw bekannt, weil er östlich des alten, im Zweiten Weltkrieg zerstörten Holzpalasts stand. Im Inneren führt Sai Sarm Hpong, die Gattin von Sao U Kya, einem Neffen des letzten Fürsten, Besucher durch die beiden Stockwerke. Bilder erinnern an die Zeit, bevor Sao Kya Seng nach dem Militärputsch im März 1962 inhaftiert wurde und spurlos verschwand (s. Thema S. 362).

Im Süden von Hsipaw
Zwei Blöcke südlich der Bogyoke Road liegt an der Thazin Street das katholische **Don Bosco Seminary** 6, zur Ausbildung von Jugendlichen. Der große Kolonialbau, der wie der East Haw in den 1920er-Jahren entstand, ist nur von außen zu betrachten.

Etwa 500 m südlich der Bogyoke Road erhebt sich an der Nam Tu Road die Pagode des Schönen Großen Weisen, **Mahamyatmuni Paya** 7 (tgl. 7–18 Uhr, Eintritt frei), die in einer quadratischen, von einem Staffeldach geschützten Halle die vergoldete Kopie des Mahamuni-Buddhas in Mandalay birgt. Wie sein Vorbild trägt der Buddha eine Krone. Der **Hauptzugang** erfolgt durch einen Korridor von Osten her. In ihrem Inneren ist die Halle mit Glasintarsien ausgeschmückt.

Umgebung von Hsipaw

In der Umgebung der Stadt locken einige interessante Sehenswürdigkeiten.

Saopha Mausoleums 8
Nördlich der Nationalstraße 3 Richtung Mandalay, ca. 3 km südwestlich von Hsipaw

In den **Shan-Fürsten-Gräbern** ruhen einige der letzten *saopha* von Hsipaw. Teilweise weisen die Grabbauten europäische Einflüsse auf, etwa das Grab des 1928 verstorbenen Fürsten Sao Hke, dessen Sarkophag in einem offenen Pavillon mit Kuppel und Säulen liegt. Ein kleineres Mausoleum birgt die Überreste von Sao Ohn Kya (reg. 1928–38). Besonders schön ist die Stimmung spätnachmittags.

Bawgyo Paya 9
Nördlich der Nationalstraße 3 Richtung Mandalay, ca. 8 km südwestlich von Hsipaw, tgl. 6–18 Uhr, Eintritt frei

Die Bawgyo-Pagode ist wichtigstes Pilgerziel der Region und soll Legenden zufolge aus dem 12. Jh. stammen. So heißt es, der Bagan-König Narapatisithu (reg. 1174–1211)

Hsipaw und Umgebung

WANDERUNG ZUM NAM TOK

Start: Auba Road in Hsipaw
Länge/Dauer: hin und zurück ca. 10 km, Halbtagestour

Hinweise: Wasser, Proviant mitnehmen, Badesachen nicht vergessen; festes Schuhwerk ist ratsam.

Die schlicht als **Nam Tok** 1 (Shan für Wasserfall) bekannten Kaskaden stürzen sich westlich der Stadt gut 30 m in die Tiefe und sind ein beliebtes Ausflugsziel. Man kann die Wanderung problemlos individuell unternehmen. Ein guter Ausgangspunkt ist die **Auba Road,** wo auch das Mr. Charles Hotel liegt. Auf dieser Straße spaziert man gen Westen, überquert die **Bahnlinie** und folgt der Straße gen Süden parallel zu den Gleisen ca. 160 m bis zum **Ende des Häuserviertels.** Dann folgt man der Straße gen Westen und biegt nach 120 m links in einen **Feldweg** ein, der ca. 1,2 km durch die Reisfelder führt und an der **Nationalstraße 3** in Richtung Mandalay endet. Die N 3 geht man ca. 100 m gen Westen und biegt hinter einer **Brücke,** aber noch vor deren Linkskurve in einen Weg ein. Dieser verläuft geradeaus und passiert einen **Friedhof** mit buddhistischen und muslimischen Gräbern. Ihn lässt man rechter Hand liegen und geht weiter, vorbei an einem **chinesischen Gräberfeld.** Markanter, wenn auch unattraktiver Punkt für eine Abzweigung nach rechts ist eine **Müllkippe,** wo ein Weg den Hang hinunterführt.
Von hier hat man schon den gut 2,3 km entfernten Wasserfall im Blick, sodass der weitere, mehr oder weniger ebene Weg nicht zu verfehlen ist. Immer wieder passiert man einfache **Bauernhäuser** und überquert kleine **Bäche.** Am Schluss geht es nochmals bergan zum **Nam Tok,** dessen Wasser sich in einem Becken sammelt, das wunderbare Abkühlung verschafft. Auf demselben Weg geht es zurück nach Hsipaw.

habe von einem Himmelswesen ein Stück Holz erhalten und daraus vier Buddhafiguren schnitzen lassen. Sie werden in einem Schrein aufbewahrt und alljährlich zum Tabaung-Vollmondfest (Febr./März) der Öffentlichkeit gezeigt. Das Gebäude ist im typischen Shan-Stil errichtet: eine quadratische Halle mit umlaufendem Säulengang, die von einem achtseitigen, abgestuften Stupa mit filigranen Verzierungen an den Kanten gekrönt wird. Die Anlage wurde Mitte der 1990er-Jahre grundlegend erneuert und ist seitdem im Inneren ein Meer an bunten, glitzernden Spiegelmosaiken.

Thein Daung Paya 10

Ca. 1,5 km südöstlich von Hsipaw, südlich der Nationalstraße 3 Richtung Lashio und 200 m nach der Flussbrucke führt ein Weg nach rechts bergauf zur Pagode, tgl. 8–17 Uhr, Eintritt frei

Ein weiteres Ziel in der Umgebung von Hsipaw ist die auf einem Hügel gelegene **Thein-Daung-Pagode,** die wegen der schönen Aussicht auf Fluss und Stadt besonders am Nachmittag gerne aufgesucht wird – weshalb der Berg auch als Sunset Hill bekannt ist. Oben erheben sich auf einer ummauerten Terrasse einige Stupas.

Nördlicher Shan State

Übernachten

Komfort am Fluss – **Riverside @ Hsipaw Resort** 1 : 29/30 Myohaung Village, Tel. 082 807 21, www.hsipawresort.com. Auf der östlichen Flussseite gelegenes Resort mit einer parallel zum Strom verlaufenden Bungalowreihe mit 20 geräumigen Zimmern und Veranda. Die kahlen Ziegelwände und geschmackvollen Möbel verströmen ländlich-rauen Charme. Gute Küche im Restaurant, freundlicher Service und ein Spa sorgen fürs Wohlbefinden. Kostenloses Shuttleboot hinüber zur Stadtseite. DZ/ÜF ab 85 US-$.

Ländliches Flussidyll – **Mr. Charles Riverview Lodge** 2 : Naug Gad Village, Tel. 082 804 07, www.mrcharlesriverviewlodge.com. Ein idyllisch gelegenes Resort am Fluss, etwa 2,5 km südwestlich der Stadt. Kostenloser Shuttleservice. Die zehn geräumigen Steinbungalows mit AC, Veranda und nettem Bad sind komfortabel. Schöne ländliche Atmosphäre. Perfekt zum Erholen. DZ/ÜF ab 65 US-$.

Aus Holz und Bambus errichtet – **Tai House Resort** 3 : 38 Sabai St., Tel. 09 95 27 82 75, www.taihouseresort.com. Eine hübsche, blumenreiche Anlage mit Bungalows aus Bambus und Holz sowie offenem Restaurant mit guten Shan-Speisen. Hilfsbereites Personal, viele Tipps für Ausflüge. DZ/ÜF ab 40 US-$.

Drei Kategorien – **Lily – The Home** 4 : 108 Aung Tha Pyae St., Tel. 082 803 18, 082 804 08, www.lilythehome.com. Benannt nach der Eigentümerin, besteht die 24-Zimmer-Unterkunft aus mehreren Gebäuden, darunter einem stattlichen Hotelbau mit wohnlichen, wenn auch recht plastikdominierten sieben Balkonzimmern. Toller Blick vom Dachrestaurant. DZ/ÜF ab 25 US-$.

Bambushütten – **La Residence** 5 : 27 Aung Tha Pyae St., Tel. 09 256 02 81 88. Auf dem Gelände einer alten Kolonialvilla mit Restaurant und Spa gibt es derzeit vier stilvolle, aber recht dünnwandige Bambushütten. Sehr zentrale Lage. DZ/ÜF ab 20 US-$.

Steril-funktional – **Ever Green Guest House** 6 : Thein Ni St., abgehend von der Bogyoke Rd., Tel. 082 806 70, 09 527 82 74. Immergrün ist hier nichts, eher grau und braun. Die neun geräumigen Zimmer verteilen sich über zwei Etagen, die günstigen teilen sich Gemeinschaftsbäder. Durch die vielen Kacheln wirkt alles nicht sehr wohnlich. Eher passives Personal. DZ ab 15 US-$.

Funktional – **Red Dragon Hotel** 7 : Mahawgani Rd., nördlich vom Sportplatz, Tel. 09 258 32 55 53, reddragonhotel.hsipaw@gmail.com. Der Name klingt schon sehr chinesisch und so ist auch das Ambiente: gekachelte Wände und gefliese Böden in den klimatisierten Zimmern, Plastikstühle auf der Dachterrasse. Dafür alles effizient und günstig. Sieben Standardzimmer mit Gemeinschaftsbädern und 27 Superior-Zimmer. DZ ab 15 US-$.

Effizientes Management – **Mr. Charles Hotel** 8 : 105 Auba Rd., Tel. 082 801 05, 804 07, www.mrcharleshotel.com. Aus einem 1995 eröffneten Gästehaus erwuchs ein Hotel mit 40 Zimmern unterschiedlicher Kategorien. Das Angebot reicht von preiswerten Betten im Schlafsaal bis zu AC-Zimmern mit Balkon. Achtung, manche Räume sind sehr dünnwandig! Solides Frühstück, diverse Ausflugsangebote (s. Website, s. auch Tipp S. 408). Schlafsaal für 7 US-$/Person, DZ/ÜF ab 15 US-$.

Günstig und freundlich – **Yee Shin Guest House** 9 : Mine Pone St., Tel. 082 807 11, 09 527 85 01. Von einer chinesischen Familie geführtes Gästehaus mit 22 kleinen, einfachen, aber recht sauberen Zimmern mit Ventilator. Nur einige haben ein eigenes Bad, die vorderen Räume sind etwas laut. DZ/ÜF ab 12 US-$.

Essen & Trinken

Dinner mit Flussblick – **Club Terrace** 1 : 35 Shwe Nyaung Bin St., tgl. 10–22 Uhr. Eine Holzterrasse mit gedeckten Tischen und Flussblick sind ein guter Rahmen für ein Mittag- oder Abendessen. Das Essensangebot ist chinesisch geprägt, aber auch Thai-Speisen werden gereicht. Gute Weinauswahl. Gerichte ab 3000 Kyat.

Kochkünste im Garten – **Mrs. Popcorn's Garden** 2 : am Weg zwischen Sao Pu Sao Nai Shrine und Maha Nanda Kantha Kyaung gelegen, tgl. 9–17 Uhr. Die pensionierte Lehrerin und passionierte Gärtnerin Khin Myint

Hsipaw und Umgebung

Aus der Shan-Küche nicht wegzudenken – die mit Cassava-Stärke versetzten Reisnudeln werden zum Trocknen aufgehängt

Htay serviert in ihrem lauschigen Garten im Norden von Hsipaw alles außer Popcorn, darunter verschiedene Gemüsecurrys, im Winter Avocadodip (Guacamole), leckere Fruchtshakes, Tee und Kaffee. Ab 2500 Kyat.

Solide Chinaküche – **Law Chun (Mr. Food)** 3 : Nam Tu Rd., tgl. 9–21.30 Uhr. Eine Travellerinstitution, nicht zuletzt wegen der zentralen Lage und des günstigen Fassbiers. An den runden Tischen wird eher chinesische Durchschnittsküche gereicht. Auf jeden Fall magenfüllend. Gerichte ab 2500 Kyat.

Chillen am Fluss – **Black House** 4 : Shwe Nyaung Bin St., tgl. 8–18 Uhr. Hierher kommt man vorwiegend wegen Lage und Atmosphäre. Das urige Holzhaus mit Flussterrasse lässt eine gute Stimmung aufkommen. Mit Pfannkuchen, diversen Säften, gutem Kaffee, aber auch Shan-Nudeln ist man ganz auf Touristen eingestellt. Begrenzte Auswahl an Speisen. Gerichte ab 2000 Kyat.

Grillspießchen – **Now BBQ** 5 : Nam Tu Rd., Ecke Auba Rd., tgl. 18–21.30 Uhr. Vor dem netten Haus im Shan-Stil werden abends Grillspießchen nach Wahl serviert. Sehr legere, entspannte Atmosphäre. Ab 1500 Kyat.

Kaffee und Sandwich – **Pontoon** 6 : Nam Tu Rd., tgl. 9–17 Uhr. Das gemütliche Café ist eine gute Adresse für frisch gebrühten Kaffee und diverse Sandwiches ab 1500 Kyat.

Gut gemixt – **Yuan Yuan (Mr. Shake)** 7 : Nam Tu Rd., tgl. 9–17 Uhr. Nur ein paar Tische, an denen der agile ›Mister Shake‹ mit seiner Frau den Gästen leckere Shakes aus Früchten der Saison, aber auch gute Cocktails mixt. Das Huhn mit Reis ist eher Durchschnitt. Säfte ab 1000 Kyat.

Nördlicher Shan State

AUSFLUG NACH NAMHSAN

Das 72 km nördlich von Hsipaw gelegene Städtchen **Namhsan** (▶ 3, L 12) ist ein spannendes Ziel für Abenteuertouristen, welche die anstrengende Anfahrt (z. B. per Moped) über die schlechte Straße nicht scheuen. Allerdings ist die Region immer wieder für Touristen gesperrt, weil dort die 1500 Mann starke Ta'ang National Liberation Army (TNLA) agiert. Man sollte sich also vorab in Hsipaw über die Situation informieren.

In dem 1600 m hoch auf einem Bergkamm gelegenen Ort leben vorwiegend Palaung, die sich Ta'ang und ihre Heimatstadt Om Yar nennen. Die hier dominierende Palaung-Untergruppe, Ka Tur, wird wegen der Farbe ihres Gürtels von den Birmanen **Shwe Palaung** (Goldene Palaung) genannt. Als Knotenpunkt diverser Karawanenrouten war Namhsan schon lange von Bedeutung und von 1753 bis zur Kolonialzeit Zentrum des Palaung-Fürstentums Tawngpeng (Shan: Loi Lung). Gut 4000 Menschen leben heute hier, die meisten betreiben **Teeanbau.** In der Bergregion wird einer der besten fermentierten Tees produziert, den Besuch in einem der Betriebe sollte man sich nicht entgehen lassen. Ansonsten lohnt ein Spaziergang entlang der Hauptstraßen, die noch von vielen schönen **Holzhäusern** gesäumt sind. Von der auf einem Berg thronenden **Sayan Gyi Paya,** wo sich auf der Plattform Dutzende von Stupas erheben, eröffnet sich ein schöner Panoramablick.

Übernachten: Einzige Übernachtungsoption ist derzeit das **Shwe Phe Taung Tan Guest House,** N0-B/126 Myole Quarter, Tel. 033 33 200, 09 47 31 41 80, mit einfachen Betten in Kammern ab 3000 Kyat.

Wandertour: Eine anstrengende viertägige Wandertour von Hsipaw nach Namhsan kann über das **Mr. Charles Hotel** 8 (s. S. 406) organisiert werden.

Aktiv

Fahrräder und Mopeds – **Fahrräder** (ab 3000 Kyat/Tag) und **Mopeds** (ab 10 000 Kyat/Tag) können über die Unterkünfte geliehen werden.

Wandern – **Wanderung zum Nam Tok** 1: s. Aktiv S. 405

Verkehr

Züge: Die **Hsipaw Railway Station** liegt im Norden der Stadt. Dort halten je 1 x tgl. gegen 9.25 Uhr die Züge in Richtung Pyin U Lwin (139 km, 6,5 Std.) und Mandalay (206 km, 13 Std.) sowie gegen 14.55 Uhr in Richtung Lashio (74 km, 4 Std.).

Busse: Es gibt **keinen Busbahnhof.** An der Bogyoke Road (neben der baptistischen Kirche) starten **Busse** mehrmals tgl. nach Lashio (77 km, 1,5 Std.) und Taunggyi (310 km, 15 Std.). Die Strecke in Richtung Mandalay (205 km, 6 Std.) über Kyaukme (37 km, 1 Std.) und Pyin U Lwin (145 km, 3 Std.) wird mehrmals tgl. von **Direktbussen und Bussen** aus Lashio bedient (diverse Haltestellen), u. a. von Duhtawadi Express (91 Lanmadaw Rd., Tel. 082 801 56). Morgens startet darüber hinaus ein **Pick-up** nach Namhsan (72 km, 4 Std.).

Sammeltaxis: Schnellste Option für die Fahrt nach Mandalay und Pyin U Lwin oder nach Lashio ist das Sammeltaxi, welches über die Unterkünfte arrangiert werden kann. Sie nehmen maximal vier Passagiere auf (ab 14 000 Kyat/Person).

Lashio ▶ 3, M 12

Zwar sind es noch 175 km bis zum Grenzübergang in Muse, doch die mit einer viertel Million Einwohnern größte Stadt im nördlichen Shan State wirkt schon sehr chinesisch. Auf einem Bergausläufer an der fruchtbaren Ebene des Nam-Yao-Flusses zwischen 750 und 850 m über dem Meer gelegen, lebt das weitläufige Lashio vor allem vom Handel mit dem großen Nachbarn. Hier treffen birmanische Geschäftsleute auf chinesische Händler und Marktleute aus den Bergen. »Das Shan-Dorf Old Lashio … besitzt einen beträchtlichen Opium-Markt«, heißt es im »Imperial Gazetteer of India« (Vol. 16). Und noch heute spielt der illegale Handel (inkl. Drogen) eine wichtige Rolle für die lokale Wirtschaft. In Lashio lebte bis zu seinem Tod 2013 der legendäre Drogenhändler Lo Hsing Han (s. Thema S. 390). Touristen sind hier wenige zu sehen – zumeist befinden sie sich auf der Reise von/nach China.

Die Stadt unterteilt sich in das etwas erhöht liegende **Lashio Lay** (Klein-Lashio) mit Zentralmarkt und Rathaus, und das sich nördlich anschließende **Lashio Gyi** (Groß-Lashio), wo sich auch Bahnhof und Flughafen befinden. Beide Stadtteile sind über die **Theinni** (Shan: **Hsenwi**) **Road** miteinander verbunden.

Geschichte

Vor Ankunft der Briten war Lashio ein Handelsflecken an einer der wichtigsten Karawanenrouten im großen Shan-Fürstentum Hsenwi (Theinni). Als das Britische Empire die Region ab 1888 unter seine Kontrolle brachte, war das Fürstentum durch blutige Machtkämpfe verödet und viele Orte waren zerstört, so auch Lashio. 1898 wurden gerade einmal 20 von Shan-Familien bewohnte Häuser gezählt. Doch nachdem die Briten hier ihren Superintendenten für den Northern Shan State stationiert und die Bahnlinie von Mandalay 1903 bis nach Lashio verlängert hatten, wuchs die Stadt schnell an. Neben Shan und Chinesen ließen sich auch südasiatische Migranten nieder. Nachdem 1938 die strategisch wichtige Burma Road von Lashio ins 1154 km entfernte Kunming in Chinas Provinz Yunnan eröffnet wurde, avancierte die Stadt zu einem wichtigen Umschlagplatz für den militärischen Nachschub, um die nationalchinesischen Truppen unter Führung von Chiang Kai-shek im Kampf gegen die japanischen Invasoren zu versorgen. Letztere hatten im Zuge des Sino-Japanischen Krieges ab 1937 weite Teile Ostchinas okkupiert. Lashio spielte auch während der japanischen Besatzung 1943–45 eine strategisch wichtige Rolle. Unter der Militärherrschaft General Ne Wins versank die Stadt jedoch in einen Dornröschenschlaf und gewann erst wieder ab den 1990er-Jahren mit dem zunehmenden Chinahandel an Bedeutung.

Sehenswertes in Lashio Gyi

Die Attraktionen der Stadt halten sich in Grenzen. Der **Myoma Market** (Lanmadaw St., Ecke Theinni Rd., tgl. 8–18 Uhr) gehört aber auf jeden Fall dazu, denn in dessen nüchternen Hallen zeigt sich im immensen Warenangebot die Präsenz Chinas.

Etwa 500 m weiter nördlich erhebt sich an der Lanmadaw Street die 1995 erbaute **Mahamyatmuni Paya** (tgl. 6–18 Uhr, Eintritt frei) mit einer Kopie des berühmten Mahamuni-Buddhas aus Mandalay. Auch der Bau mit dem markant gestaffelten *pyathat*-Dach ist nach dem Vorbild des Originals errichtet worden.

Auf dem Mya-Kantha-Berg erhebt sich die **Pyi Lon Chantha Paya** (tagsüber, Eintritt frei) und eröffnet einen schönen Ausblick auf die Stadt. Das Heiligtum wird auch Thatana 2500 Paya (2500-Jahre-Buddhismus-Pagode) genannt, weil es 1957 zu Buddhas 2500. Todestag vom letzten Shan-Fürsten von Hsenwi, Sao Hom Hpa, gestiftet wurde. Die Pagode liegt ca. 800 m Luftlinie vom Busbahnhof entfernt und ist über eine aus südwestlicher

Nördlicher Shan State

Auch in Lashio und Umgebung nutzen junge Birmanen die Klöster, um als Mönchsnovizen, und sei es für befristete Zeit, kostenlos lernen und leben zu können

Richtung kommende Serpentinenstraße erreichbar. Auf der quadratischen Plattform erhebt sich ein goldener Stupa mit achtseitiger Basis. Zu dem Gelände gehört ein bekanntes Meditationszentrum.

An der Nationalstraße 3 liegt im Norden von Lashio Gyi auf einem kleinen Hügel die **Mansu Paya** (tagsüber, Eintritt frei), ein achtseitiger, innen hohler Stupa, dessen Spitze Miniaturstupas umgeben. Die Anfänge des Sakralbaus reichen ins 17. Jh. zurück, doch die heutige Gestalt ist von den Renovierungsarbeiten der 1990er-Jahre geprägt.

Sehenswertes in Lashio Lay

Im Süden des Zentrums stiftete die chinesische Gemeinde 1950 auf einem Hügel das **Kwan Yin San Kyaung** (tgl. 7–17 Uhr, Spende erwünscht), ein Kloster zu Ehren des Bodhisattvas der Barmherzigkeit (chin. Guanyin; s. auch S. 138). Im Laufe der Jahre und mit zunehmender Prosperität nahm die Zahl der Gebäude zu. Heute bildet das Kloster die größte chinesische Tempelanlage in Myanmar. Sie ist entsprechend dem klassischen chinesischen Architekturschema in Nord-Süd-Richtung angelegt. Auf eine Torhalle mit eindrucksvollen Wächterfiguren im Norden folgen nach Süden ein großer, von zwei Nebenhallen flankierter Hof und die zweistöckige Haupthalle. Letztere birgt im Inneren die Buddhas der Vergangenheit, Gegenwart und Zukunft sowie mehrere Guanyin-Darstellungen. Auf dem Klostergelände leben sowohl Nonnen als auch Mönche.

Wie ein buddhistischer Gruß für Reisende aus Mandalay wirkt die **Yan Taing Aung Paya** (Gewinn-aller-Pagode; tgl. 6–18 Uhr, Eintritt frei) an der Nationalstraße 3, etwa 3 km südwestlich des Marktes. Eingebettet in ein riesiges Areal, erinnert ihr Name nicht nur an das Ringen buddhistischer Gläubiger auf dem Weg ins Nirvana, sondern auch an die vielen

Lashio

Schlachten des Militärs im Krieg gegen die zahlreichen Rebellenarmeen im Shan State. 2006 im Auftrag der Militärregierung eröffnet, wurde der **Hauptstupa** als verkleinerte Kopie der Shwedagon-Pagode gestaltet. Allerdings ist der 41 m hohe Korpus innen hohl und zugänglich. An den Wänden des äußeren Korridors sind Szenen aus dem Leben Buddhas dargestellt und in Nischen des inneren Korridors finden sich stehende Buddhafiguren, die von hochrangigen Generälen gestiftet wurden. Einmal mehr wurde hier die Religion des Erleuchteten vom Militärregime zu Zwecken der Machtdemonstration instrumentalisiert.

Gut 100 m weiter östlich steht die **Nagayon Paya,** wo ein von einer *naga* beschützter *(nagayon)* Buddha in die Ferne blickt.

Übernachten

Beste Wahl – **Golden Hill Hotel:** Bagan St., Ecke Hnin Si St., Tel. 082 256 56, www.lashio goldenhillhotel.com. Sauber und komfortabel präsentiert sich das Stadthotel mit 50 hellen Zimmern in zwei Kategorien, die besseren mit großen Bädern und dunklem Mobiliar. Von den oberen Etagen bietet sich ein schöner Ausblick. Solides Restaurant. DZ/ÜF ab 45 US-$.

Fünfstöckiger Hotelkasten – **Golden Kinnara Hotel:** Kyarni Rd., Ecke Thukha Rd., Tel. 082 308 91, www.goldenkinnarahotel.blogspot.de. Ein fünfstöckiger Hotelkasten mit 36 akzeptablen, wenn auch nüchternen Zimmern mit wuchtigen Holzmöbeln und kleinen gefliesten Bädern. Eine kleine Bar und ein hallenartiges Restaurant mit Glasfront sorgen fürs leibliche Wohl. DZ/ÜF ab 45 US-$.

Großer Garten – **Lashio Motel:** Railway Station Rd., Tel. 082 237 02, lashiomotel@gmail.com. Einen Hauch Sozialismus verbreitet das Hotel unweit des Bahnhofs in seinen beiden Gebäudekomplexen, welche sich in einer Gartenanlage verteilen. Die 44 Zimmer sind großzügig, etwas altbacken und nicht immer sauber. Beim Essen im großen Saal fühlt man sich etwas verloren. DZ/ÜF ab 40 US-$.

Passable Unterkunft – **Royal Ground Hotel:** 34 Theinni Rd., Tel. 082 255 16, 082 308 35. Das überschaubare Haus bietet auf zwei Etagen 34 passable Zimmer in diversen Größen, mit AC und Teppich oder gefliesten Böden. Die hinteren sind wesentlich ruhiger. DZ ab 25 US-$.

Saubere AC-Zimmer – **Thida Aye Hotel:** 218 Thiri Rd., Tel. 082 221 65, 082 223 71. Sympathisches Haus mit gutem Preis-Leistungs-Verhältnis. Es wird kein Frühstück gereicht. Sparsame können die günstigen, fensterlosen Kabuffs im unteren Bereich wählen (um 10 US-$), empfehlenswerter sind die freundlichen und sauberen Zimmern in den oberen Etagen ab 30 US-$.

Essen & Trinken

Gute Fischgerichte – **Shwe Lawon:** Theinni Rd., tgl. 9–21 Uhr. Auf der Terrasse im zweiten Stock herrscht eine nette Atmosphäre. Gute Laune verbreiten auch die Fisch- und Fleischgerichte ab 3000 Kyat.

Reiche Auswahl – **Ngwe Hnin Phyu:** Sankaung St., Tel. 082 226 39, tgl. 10–21.30 Uhr.

Nördlicher Shan State

Die chinesischen, birmanischen und Shan-Speisen werden büfettartig präsentiert, per Handzeichen kann man auswählen. Auch Vegetarier kommen auf ihre Kosten. Gut und günstig. Gerichte ab 2500 Kyat.

Etablierte Chinaküche – **Lashio Restaurant:** Theinni Rd., Ecke Sankaung St., tgl. 9–21.30 Uhr. Das bei Einheimischen beliebte Traditionsrestaurant tischt gute chinesische Gerichte auf und bietet für jeden Geschmack etwas. Mehr Privatsphäre bieten die abgetrennten Räume. Gerichte ab 2500 Kyat.

Säfte und Süßes – **Sun Moon Ice & Coffee:** Bogyoke St., Tel. 082 606 34, tgl. 8–21 Uhr. Im Erdgeschoss bietet die Bäckerei allerlei Gebäck, im ersten Stock in klimatisiertem Wartehallenambiente Säfte und Snacks. Auch Reis- und Nudelgerichte sind im Angebot. Gerichte ab 2000 Kyat.

Suppen und Nudeln – **Nachtmarkt:** in einer Gasse zwischen Sankaung St. und der Moschee an der Bogyoke St., tgl. ab 18 Uhr. An den Ständen des Nachtmarkts bekommt man leckere und preiswerte Suppen, Nudelgerichte und diverse Snacks. Gerichte ab 1000 Kyat.

Verkehr

Flüge: Der **Lashio Airport** liegt in Lashio Gyi, gut 7 km nördlich des Myoma Market und wird tgl. von diversen Inlandsfluglinien angesteuert. Es bestehen Flugverbindungen nach Yangon, Mandalay, Heho und Tachileik. **Tickets** bei **Sun Far Travels & Tours** (Mansucarlaywin, A-2 Theinni Rd., Tel. 082 251 83, www.sunfartravels.com, Mo–Fr 9–17, Sa–So 9–12 Uhr). oder über die Airline-Büros: **Air KBZ,** Sout Lote Yay Tite Tan, Pyidaungsu Rd., Tel. 09 43 12 01 58; **Asian Wings,** Theinni Rd., Tel. 082 256 04, 09 450 06 55 04; **Yangon Airways,** 5 Theinni Rd., 082 269 21, 09 421 16 67 44.

Züge: Die **Lashio Railway Station** liegt an der Railway Station Road im Nordwesten der Stadt, etwa 5 km vom Myoma Market. Dort startet allmorgendlich um 5 Uhr ein Zug über Hsipaw (74 km, 4 Std.) und Pyin U Lwin (213 km, 11 Std.) nach Mandalay (280 km, 17 Std.).

Busse: Der **Busbahnhof** befindet sich an der Nationalstraße 3 in Lashio Gyi, 2,5 km nördlich des Myoma Market. Von dort star-

Einfach, aber preiswert und gut – Verköstigung auf dem Nachtmarkt

ten Busse mehrmals tgl. über Hsipaw (72 km, 1,5 Std.) und Pyin U Lwin (220 km, 5 Std.) nach Mandalay (272 km, 7 Std.). Nachmittags starten auch Busse diverser Gesellschaften nach Yangon (900 km, 22 Std.).
Sammeltaxis: Gegen 8 Uhr starten Sammeltaxis vom Busbahnhof nach Mandalay (ca. 6 Std., 13 000–15 000 Kyat/Person) .

Muse ▶ 3, M 10

Die Grenzstadt **Muse** ist eher Durchgangsstation als Touristenattraktion, denn hierher kommen nur jene, die ins chinesische Yunnan weiterreisen oder von dort kommen. Touristen nutzen Muse zur Ein- bzw. Ausreise jedoch noch recht selten, da vorab eine Genehmigung besorgt werden muss, was immer noch ziemlich aufwendig ist (s. Kasten S. 413). Der im Umland teilweise als Grenze dienende Shweli-Fluss (Shan: Nam Mao), verläuft im Bereich Muse und Ruili etwa 700 m von der Grenzlinie entfernt mitten durch die chinesische Nachbarstadt Ruili, die von den Birmanen Shweli genannt wird. Ein Großteil der etwa 75 000 Einwohner Muses lebt vom Grenzhandel und vor allem Schmuggel. Verglichen mit dem boomenden Ruili liegt Muse weit zurück, auch wenn die eher gesichtslosen Betonbauten von einem gewissen Wohlstand künden. Doch mit der Muse Central Economic Zone will die Regierung des Shan State die Entwicklung der Stadt stärker forcieren. Auch hofft man, mit einer besseren Infrastruktur und einem nachhaltigen Frieden mit den Minderheiten den Tourismus ankurbeln zu können.

Bis dato sollte man nach Ein- oder vor Ausreise eher in Ruili ein bis zwei Tage verbringen, denn dort gibt es wesentlich mehr Sehenswürdigkeiten, Einkaufsmöglichkeiten und eine gute Auswahl an Hotels und Restaurants.

Übernachten

Chinakasten – **Ngwe Sagarwar Hotel:** 579/1 Pyidaungsu Rd., zwischen Swan Saw 3rd und 4th St., Tel. 058 25 29 21. Das vierstöckige Hotel ist auf durchreisende Händler eingestellt, die 34 klimatisierten Zimmer sind groß und funktional, aber ohne Charme. An den großen, runden Tischen im Restaurant kommt man sich etwas verloren vor. DZ/ÜF ab 50 US-$.

Solides Geschäftshotel – **Twin Star Hotel:** 201 Pyidaungsu Rd., gegenüber dem Grenzübergang, Tel. 082 521 62, 504 34, twinstarmuse@gmail.com. Die 40 Zimmer des dreistöckigen Klotzes sind nicht immer sauber, aber für eine Nacht in Ordnung. Das Restaurant ist ganz auf chinesisches Klientel eingestellt. DZ/ÜF ab 30 US-$.

Verkehr

Es ist nicht immer möglich, von Lashio individuell nach Muse zu reisen, da es immer wieder zu blutigen Auseinandersetzungen zwischen der Armee und Truppen der Minderheiten kommt. Man sollte daher unbedingt vorab aktuelle Infos einholen. Am bequemsten ist von Lashio aus ein Mietwagen mit Fahrer.

Weiterreise in China: Vom Dehong Mangshi Airport, 90 km nordöstlich von Ruili, starten tgl. mehrere Maschinen nach Kunming. Zudem bestehen mehrmals tgl. Busverbindungen zur Western Bus Station in Kunming (750 km, 10,5 Std.).

Grenzübertritt nach China

Grenzübergang: Muse Jie Gao Gate, tgl. 6.30–22 Uhr. Er darf derzeit von Ausländern nur mit entsprechenden Visa und einer vorab bei MTT beantragten Genehmigung passiert werden. Verpflichtend sind zudem auf birmanischer Seite Fahrer und Guide, welche die Gäste an die Grenze bringen bzw. dort abholen. All dies sollte man frühzeitig über ein Reisebüro in Yangon organisieren, denn die Bearbeitungszeit für die Genehmigung beträgt vier Wochen. Der Grenzübertritt ist nur an dem Tag gültig, der im Permit vermerkt ist. Bei der Einreise nach Myanmar sollte man sich auf längere Bearbeitungszeiten einstellen, da diverse Formulare ausgefüllt werden müssen. Zudem sollte man beachten, dass China 1,5 Std. vor der birmanischen Zeit ist.

Der Norden

Die höchsten Berge Myanmars liegen im äußersten Norden an der Grenze zu Indien und China, von dort bahnen sich die Flüsse ihren Weg gen Süden und vereinen sich zum Ayeyarwady. Zahlreiche Volksgruppen haben in dieser abgeschiedenen Welt ihre Heimat. Der Kachin State gehört zu den unbekanntesten Regionen des Landes.

Mit 89 041 km² mehr als doppelt so groß wie die Schweiz, ist der Kachin State nur dünn besiedelt. Gerade einmal 1,6 Mio. Einwohner leben hier. Wegen fehlender Infrastruktur und immer wieder ausbrechender ethnischer Konflikte sind weite Teile für Touristen gesperrt. Wer also in den hohen Norden reist, darf keine Kaffeefahrt erwarten. Die Hotels sind höchstens Durchschnitt und die Straßen oft ihren Namen nicht wert. Putao darf nur per Flugzeug angesteuert werden und selbst in die Hauptstadt Myitkyina ist es ein langer Weg. Doch wer sich auf die Reise einlässt, findet eine faszinierende, noch weitgehend unerforschte Natur vor. Auch kulturell ist die Region mit zwölf hier lebenden Ethnien äußerst spannend. Die abgelegenen Bergregionen sind nur spärlich von kleinen Volksgruppen besiedelt, etwa den vom Aussterben bedrohten Tarong.

Die meisten Bewohner gehören einer der sechs Untergruppen der Kachin an: die Jingpaw, Lisu, Maru, Lashi, Atsi und Rawang. Sie leben bevorzugt in den fruchtbaren Flusstälern des Mali Hka, May Hka, Tanaing Hka und Ayeyarwady. Linguisten rechnen die Kachin der tibetobirmanischen Sprachgruppe zu. Da sie keine eigene Schrift besitzen, wurde Ende des 19. Jh. von Missionaren die Sprache der größten Gruppe, der Jingpaw, mit lateinischen Schriftzeichen versehen. Ursprünglich auf dem Tibetplateau beheimatet, migrierten die Kachin im Laufe der Zeit entlang der Flussläufe gen Süden und Südosten, wo sie sich in Yunnan (dort als Jingpo bekannt) und ab dem 19. Jh. auch verstärkt im Kachin State niederließen. 1947 konnten sie mit dem Panglong Agreement (s. S. 50) weitgehende Rechte auf Autonomie festschreiben, die allerdings nie realisiert wurden.

Die Sicherheitslage ist in abgelegenen Gebieten fragil, seit im Juni 2011 die Kachin Independence Organisation (KIO) einen 17 Jahre währenden Waffenstillstand aufkündigte und ihren bewaffneten Kampf gegen die Zentralregierung wieder aufnahm. Regelmäßig kommt es zu blutigen Auseinandersetzungen, weshalb man sich vor dem Besuch über die aktuelle Lage informieren sollte.

Katha ▶ 3, J 9/10

Eigentlich gehört **Katha** politisch noch zur Sagaing Division, doch ist die Hafenstadt am Westufer des Ayeyarwady ein geeigneter Zwischenstopp auf der Route gen Norden. Vermutlich würde kaum jemand Katha kennen, wäre hier nicht 1926/27 für ein halbes Jahr George Orwell als Beamter der Imperial Police Force stationiert gewesen. Seine hier gesammelten Erfahrungen verarbeitete er in seinem 1934 veröffentlichten Roman »Burmese Days« (»Tage in Burma«). Eric Arthur Blair, wie er von Geburt an hieß, verwendete einige ihm vertraute Lokalitäten für seinen fiktiven Ort Kyauktada, der – wie Katha auch – seine wirtschaftliche Bedeutung den Teakwäldern der umgebenden Berge verdankte. Sein insgesamt fünfjähriger Aufenthalt in Myanmar führte letztlich dazu, dass er, wie er in »Tage in Burma« schrieb, den Imperialismus verabscheute. Und wie eine Antwort auf seine Kritik ging hier in Katha der Stolz des Britischen Empire buchstäblich unter: Am 3. Mai 1942 versenkten die Briten das letzte der über 600 Schiffe der Irrawaddy Flotilla Company vor der heranrückenden japanischen Armee im Fluss.

Den meisten der 27 000 Einwohner sagt der Name des berühmten Schriftstellers indes nicht viel, sie leben weitgehend vom Handel oder sind im öffentlichen Dienst angestellt. Als Distrikthauptstadt ist Katha ein wichtiges Verwaltungs- und Bildungszentrum.

Sehenswertes

Seit die **Stadt der Feste** (vom Kachin-Wort *kasa*) 1886 offiziell gegründet wurde, scheint sich nicht viel geändert zu haben. Hier und da spenden noch über 100 Jahre alte Regenbäume Schatten, wiegen sich die Palmen, unter denen sich Teakhäuser ducken, im Wind. Neben einem Spaziergang auf Orwells Spuren bietet es sich an, die Stimmung an der **Strand Road** (Kannar Lan), Kathas Uferstraße, zu genießen, das Flussleben zu beobachten oder in einem der *teashops* einzukehren.

Auf Orwells Spuren

Einige Gebäude, die in Orwells Roman eine Rolle spielen – und die mit seinem halbjährigen Aufenthalt in Katha (1926/27) in Verbindung stehen, – existieren heute noch. So liegt seitlich eines großen Geländes an der Klablan Street, etwa 600 m nördlich des **Main Market,** der 1924 geschaffene **Tennis Court** und dahinter der ehemalige **European Club,** heute Sitz einer Landwirtschaftskooperative. Einen Straßenzug weiter nördlich wird das **Wohnhaus** lokalisiert, in dem Orwell seinerzeit wohnte; allerdings stammt der heruntergekommene Ziegelbau in seiner heutigen Größe erst aus dem Jahr 1928. Auch die zweistöckige **Police Station,** in welcher der Literat einst Dienst tat, ist geblieben, sie liegt unweit des Stadions.

Übernachten

Gepflegt, einfach – **New Diamond Star Hotel:** Tatmataw St., Tel. 075 253 43, 075 258 21. Das wenig ansehnliche Haus bietet recht saubere, wenn auch nüchterne Zimmer mit AC und Bad. DZ/ÜF ab 25 US-$.

Mit Café – **Eden Guest House:** Shwe Phone Shein St., Tel. 074 254 28. Die Zimmer sind okay, aber mangels guter Konkurrenz überteuert. Sehr beliebt ist das Eden Café (tgl. 7–21 Uhr) im Erdgeschoss. DZ/ÜF ab 20 US-$.

Essen & Trinken

Es gibt diverse *teashops* und Currylokale entlang der Strand (Kannar) Rd.

Stimmungsvoller Flussblick – **Shwe See Sar Restaurant:** Strand (Kannar) Rd., tgl. 8–21 Uhr. Günstige Chinaküche und die Terrasse mit Flussblick machen es zu einer guten Wahl. Gerichte ab 2500 Kyat.

Verkehr

Züge: Der **nächste Bahnhof** liegt 25 km westlich in **Naba** (▶2, J 9), Busverbindung s. Busse. Dort halten jeweils 4 x tgl. Züge gen Norden über Hopin (für den Indawgyi Lake, 100 km, 4–5 Std.) nach Myitkyina (230 km, ca. 10 Std.) und nach Mandalay (309 km, 14–16 Std.).

Busse: Tgl. ein **Nachtbus** nach Mandalay (330 km, 10 Std.), Abfahrt Nähe New Diamond Star Hotel. Unweit der Kachin Baptist Church fahren mehrmals tgl. **Busse zur Naba Railway Station** (25 km, 45 Min.) ab.

Boote: Gegen 9.30 Uhr startet ein **Expressboot** nach Bhamo (132 km, 5 Std., 15 000 Kyat). **IWT-Fähren** nach Mandalay (310 km, ca. 24 Std.) legen Mo, Mi und Fr gegen 17.30 Uhr an (Deck 7 US-$, Kabine 42 US-$).

Bhamo ▶ 3, L 9

Das sympathische, gut 110 m hoch gelegene Städtchen erstreckt sich am Ostufer des Ayeyarwady. Von der früheren Bedeutung ist im einstigen Fürstensitz wenig spürbar. Die 60 000 Menschen, vorwiegend Shan, Kachin, Bamar und Chinesen, leben vom re-

Der Norden

gionalen Handel, denn von hier aus starten die Fähren der staatlichen IWT in Richtung Süden. Für die wenigen Touristen ist Bhamo meist ein Zwischenstopp auf ihrer Reise zwischen Mandalay und Mytikyina. Die Zahl der Attraktionen hält sich in Grenzen, doch die Atmosphäre der Stadt, das geschäftige Treiben an den Anlegern und die landschaftlich hübsche Umgebung lassen keine Langeweile aufkommen. Leider dürfen sich Ausländer aus Sicherheitsgründen nur in der näheren Umgebung der Stadt ohne lokalen Guide aufhalten. Dabei hätte auch das bergreiche Umland sicherlich noch einiges zu bieten.

Geschichte

Wegen seiner Flusslage und der Nähe zum nur 40 km entfernten China war Bhamo schon in früher Zeit ein wichtiges Handelszentrum. Der alte Ort – heute durch die **Shwe Kyina Paya,** 4 km nördlich, markiert – lag an der Mündung des aus China kommenden Taping-Flusses (chin. Daying Jiang) in den Ayeyarwady.

In Bhamo trafen alte Karawanenwege aus dem Norden, Osten und Westen aufeinander. »Hier werden die Güter von Fluss zu Fluss geschleppt und gelangen so nach Cathey [China]« notierte Niccolò de' Conti (1395–1469), der venezianische Handelsreisende, auf seinem Weg von Indien gen Südostasien. Die von den Shan Man Maw genannte Stadt war 1470–1772 Zentrum des Shan-Fürstentums namens Sampanago (von Pali: *champa nagara,* Stadt des Sagabaums) und wurde unter König Hsinbyushin (reg. 1763–76) ins birmanische Königreich eingegliedert. Die Bamar ersetzten die Shan-Fürsten durch Stadtverwalter, sogenannte *myo wun*. Für die Briten war die Stadt ab 1869 zwar als Startpunkt der Schiffe der Irrawaddy Flotilla Company (IFC) interessant, weniger jedoch als Teil der Handelsroute nach China. Zu unsicher war das bergige, von Rebellen und Räuberbanden kontrollierte Hinterland. Französische Missionare wählten 1872 Bhamo als Stützpunkt, um von dort aus den Norden zu christianisieren.

Sehenswertes

Entlang der parallel zum Fluss laufenden **Kannar Lan** (Strand Rd.) lässt sich das geschäftige Treiben am Ufer wunderbar beobachten. Vom üppigen Warenangebot zeugen die vielen Stände in der Halle des **Central Market** (tgl. 7.30–17.30 Uhr) einen Block östlich.

Park und Theindawgyi Paya

Mandalay-Mytkyina Rd., tagsüber, Eintritt frei
Folgt man der vom Markt gen Osten verlaufenden Mandalay-Myitkyina Road, so gelangt man nach gut 700 m zu einer hübschen **Parkanlage** mit einem See, hinter dem sich die ehrwürdige **Theindawgyi-Pagode** erhebt. Der Überlieferung nach soll der vergoldete zylindrische *zedi* eine Zahnreliquie Buddhas enthalten. Offensichtlich Grund genug, sie immer wieder zu renovieren und mit neuen Hallen zu versehen. Auf einer kleinen **Insel im See** wird die Darstellung eines **Mucalinda-Buddhas** verehrt: des von einem *naga* beschützten Erleuchteten *(nagayon)*.

St. Patrick's Cathedral

Mandalay-Mytkyina Rd., unregelmäßig geöffnet, Eintritt frei
Weitere 500 m südlich liegt die 1960 erbaute **Kathedrale des hl. Patrick,** seit 2006 Bischofssitz und spirituelles Zentrum der gut 30 000 Katholiken der Region. Der lichte Bau mit Querschiff und seitlich hohen Fenstern wirkt einladend und freundlich.

Ausflug ins alte Bhamo (Sampanago)

Gut 4 km nördlich, Fahrrad oder Pferdekutsche (ca. 4000 Kyat)
Ein stimmungsvoller Ausflug führt zunächst an die Mündung des Taping in den Ayeyarwady. Nur noch wenige **Reste der Stadtbefestigung** erinnern daran, dass hier die alte Fürstenstadt lag. Sehenswert ist die **Shwe Kyina Paya** (tagsüber, Eintritt frei), eine Tempelanlage mit vergoldetem *zedi*, diversen Schreinen und einem etwas kitschigen Landschaftsgarten mit der Kopie des Golde-

Legendäre Ledo Road

Im Kampf gegen die japanischen Besatzer bauten die USA während des Zweiten Weltkriegs eine Versorgungsstraße durch Myanmars Urwald. Sie führte vom indischen Ledo über Myitkyina nach Mongyu und traf dort auf die Burma Road. Doch genutzt wurde sie nur wenige Monate.

Die Idee, eine Versorgungsstraße von der Stadt Ledo im indischen Bundesstaat Assam quer durch den bergigen Kachin State bis zur chinesischen Grenze zu bauen, hatte der US-amerikanische Generalleutnant Joseph Warren Stilwell (1883–1946). Während die japanische Armee in einem rasanten Feldzug die britische Kolonie überrollte, erreichte er am 3. März 1942 Kunming, von wo der Guomindang-Führer, Chiang Kai-shek, den Kampf gegen die japanischen Besatzer leitete. Stilwell sollte den Generalissimo dabei unterstützen und dessen Armee reorganisieren. Doch daraus wurde erstmal nichts. Der US-Generalleutnant musste sich schon bald im Rahmen eines großangelegten Rückzugs zu Fuß mit einer Truppe von 114 Soldaten durch das von Dschungel bedeckte Bergland bis in den hohen Nordosten Indiens durchkämpfen. Als seine Einheit am 15. Mai 1942 indischen Boden erreichte, war sie die einzige ohne Verluste.

Die Arbeiten an der Straße begannen im Dezember 1942. Bis zu ihrer Fertigstellung mussten die alliierten Truppen in Westchina von Assam aus über eine Luftbrücke versorgt werden, die über fast 5000 m hohe Gipfel des Himalayas führte. »Flying the Hump«, das Überfliegen des ›Buckels‹, war ein Himmelfahrtskommando. Über 1600 Menschen und 600 Flugzeuge gingen verloren.

Nach dem indischen Ausgangspunkt Ledo Road genannt, sollte die Straße durch den Kachin State führen und bei Mongyu auf die von Lashio nach Kunming verlaufende Burma Road treffen. Zweieinhalb mühevolle Jahre lang arbeiteten 15 000 US-amerikanische Armeepioniere (60 % davon Schwarze) und 35 000 Einheimische an der knapp 800 km langen Route. Sie führte durch das teilweise über 3000 m hohe Patkai-Gebirge nach Shingbwiyang, weiter durch das dschungelbedeckte, moskitoverseuchte – Malaria war die Todesursache Nummer eins – Hukaung-Tal nach Myitkyina und von dort via Bhamo nach Mongyu, östlich von Muse. Wegen der vielen Todesopfer während des Baus, darunter 1100 US-Soldaten, wurde die Ledo Road auch Ein-Mann-pro-Meile-Straße genannt: »Da war nichts außer Dschungel, Berge, Schluchten, Flüsse, Sümpfe und Ozeane von Schlamm«, erinnert sich Mose J. Davie, ein afroamerikanischer Soldat, der fast drei Jahre am Bau der Straße mitarbeitete (Rudi Williams: Black WWII Vet Recalls Terrible Time Building ›Ledo Road‹. American Forces Press Service, Washington 2004). Unterstützt von reparaturanfälligen Bulldozern, arbeiteten er und seine Kollegen sich mit einfachen Schaufeln und Pickeln Meile für Meile vorwärts. Tagaus, tagein.

Schließlich konnte der erste Konvoi am 12. Januar 1945 mit 113 Fahrzeugen starten und erreichte drei Wochen später Kunming. Bis zum Kriegsende wurden auf der Ledo Road 147 000 t transportiert. Dann nahm sie der Dschungel wieder ein.

Der Norden

MIT DEM BOOT NACH MANDALAY

Die von IWT-Fähren bediente 442 km lange Strecke zwischen **Bhamo** (▶ 3, L 9) und **Mandalay** (▶ 3, J 14) zählt zu den schönsten Passagen auf dem Ayeyarwady, vor allem aufgrund der sogenannten *defiles*, Flussengen, die durchfahren werden. Während die First Defile nördlich von Bhamo liegt, ist auf diesem Abschnitt die sogenannte **Second Defile** bei **Sinkan** (▶ 3, K 10) von Reiz, wo der Fluss auf 13,5 km Länge schroffe, bis zu 90 m hohe Karstfelsen durchbricht. Die IWT-Fähre erreicht gegen 17.30/18 Uhr **Katha** (s. S. 414) und fährt nach Aus- und Zustieg der Passagiere direkt weiter. Da der Ort einen Aufenthalt lohnt, empfiehlt sich hier ein Übernachtungsstopp. Will man die gesamte Strecke mit der Fähre zurücklegen, muss man zwei Nächte in Katha bleiben, alternativ nimmt man ab Bhamo das täglich verkehrende Expressboot und kann dann mit einer Übernachtung auskommen.

Knapp 30 km südlich von Katha passiert die Fähre bei **Inywa** die **Mündung des Shweli** (Shan: Nam Mao; ▶ 3, J 10), der in China entspringt, bei Muse in den Shan State gelangt und einst für den Holztransport von großer Bedeutung war. Aufgrund der vielen mitgeführten Sedimente muss die ITW-Fähre bei ihrem Stopp in Inywa oft in der Flussmitte ankern.

Ein Seat Ticket bedeutet nicht mehr als den Anspruch auf einen Platz an Deck

In den frühen Morgenstunden des nächsten Tages hält die Fähre in **Tagaung** (▶ 3, H 11), der wohl geschichtsträchtigsten Stadt auf der Strecke. Vermutlich war sie bereits in vorchristlicher Zeit besiedelt, Archäologen legten in Tagaung Fundamentreste einer Pyu-Siedlung aus der Zeit zwischen dem 5. und 8. Jh. frei. Vorbei an **Thabeikkyin** (▶ 3, H 12), einem wichtigen Verkehrsknotenpunkt für die Fahrt nach Shwebo im Südwesten und Mogok im Osten, zwängt sich der Ayeyarwady am späten Vormittag etwa 50 km vor Kyauk Myaung durch seine **Third Defile.**

Die Töpferstadt **Kyauk Myaung** (▶ 3, H 13; s. S. 336) wird planmäßig zur Mittagszeit erreicht. Hier scheint man am Ufer mit nichts anderem beschäftigt zu sein als mit der Herstellung großer, bis zu 180 l fassender Tongefäße, die mit ihrer dunkelbraunen Glasur auch optisch schön wirken und in Myanmar noch vielerorts als Wasserbehälter Verwendung finden.

Für die restlichen 84 km nach **Mandalay** benötigt die Fähre noch mindestens 6 Std. und mit Glück kann man zwischen November und März im breiten Gewässer Irrawaddy-Delfine sichten.

Infos und Tickets: IWT Office, Bhamo, Strand (Kannar) Rd., Bhamo, Tel. 074 501 17, tgl. 9–17 Uhr.

IWT-Fahrplan Bhamo–Mandalay: ab Bhamo Mo, Mi, Fr 7, an Katha Mo, Mi, Fr 17.30, an Tagaung Di, Do, Sa 1, an Kyauk Myaung Di, Do, Sa 12, an Mandalay Di, Do, Sa 18 Uhr. Die genannten Zeiten sind Orientierungsangaben und variieren aufgrund des Wasserstandes erheblich! Wer die komplette Tour macht, sollte unbedingt für 60 US-$ einen Platz in der Doppelkabine buchen, denn für die 12 US-$ teuren Seat Tickets hat man nur Anspruch auf eine markierte Stelle an Deck. Es gibt schmutzige Toiletten und ein hygienisch fragwürdiges Restaurant. Man sollte daher selbst für genügend Trinkwasser und Proviant sorgen.

Alternative Expressboot/IWT-Fähre: Expressboot Bhamo–Katha tgl. 9 Uhr, 6–7 Std., 15 000 Kyat; IWT-Fähre Katha–Mandalay Mo, Mi, Fr nach 17.30 Uhr, Seat Ticket (s. o.) 7 US-$, Doppelkabine 42 US-$/Bett.

nen Felsens (Kyaikhtiyo; s. S. 437). Von der Plattform eröffnet sich ein schöner Flussblick.

Weit interessanter ist die **Bamboo Bridge,** die westlich der Pagode fast einen halben Kilometer über den Taping führt und alljährlich nach der Regenzeit im Dezember von den Bewohnern neu errichtet werden muss.

Nach dem Überqueren der Brücke kann man 1,3 km weiter in Richtung Norden fahren, dort eine Runde im Dorf **Sinkin** drehen und den von einem Stupa gekrönten **Thein Pa Hill** erklimmen.

Übernachten

Gastfreundlich – **Friendship Hotel:** 28 Bawde St., Tel. 074 500 95, www.facebook.com/friendshiphotel.bhamokachinmyanmar. »Nimm die Treppe, das ist gesund.« Nicht nur mit solch einem Hinweis sorgt sich das fünfstöckige Hotel ums Wohlbefinden seiner Gäste, sondern auch mit einem üppigen Frühstücksbufett (sehr schöne Dachterrasse). Die 48 Zimmer sind groß, sauber und hell. Die günstigsten Zimmer mit Gemeinschaftsbad gibt es ab 10 US-$, ansonsten DZ/ÜF mit Bad ab 25 US-$.

Saubere Zimmer – **Paradise Hotel:** Shwe Kyaung Kone St., Tel. 074 501 36, hotelparadisebanmaw@gmail.com. Etwas günstigere Option mit ebenfalls recht ordentlichen Zimmern mit AC und Bad. Zum Frühstück geht man ins Lokal nebenan. DZ/ÜF ab 15 US-$.

Essen & Trinken

Grillspießchen – **Maw Kaungkin (Sky Restaurant):** 66 Tiyet Rd., tgl. 8–21 Uhr. Das gut geführte Lokal liegt in der Querstraße hinter dem Friendship Hotel und tischt zum Fassbier leckere chinesische Gerichte und Grillspießchen auf. Gerichte ab 2500 Kyat.

Der Norden

Aktiv

Fahrräder – **Breeze Coffee & Cold:** Bawde St., gegenüber dem Friendship Hotel. Fahrrad 2000 Kyat/Tag.

Wanderungen – **U Sein Win** (Kontakt über Hotels) ist ein stadtbekannter Führer mit guten Englischkenntnissen. Sein Haus befindet sich in der ersten, nördlich des Uhrturms Richtung Fluss abzweigenden Querstraße.

Verkehr

Flüge: Der **Bhamo Airport** liegt 2 km östlich der Stadt und wird regelmäßig von **Myanmar National Airlines** und **Asian Wings** (im Friendship Hotel, s. Übernachten, Tel. 074 500 95, 074 500 96) angeflogen.

Busse: Tgl. starten nachmittags von der **Bus Station** im Süden der Stadt mehrere Busse über Mogok (230 km, 10 Std.) in Richtung Mandalay (430 km, 20 Std.). Die Strecke Bhamo–Myitkyina (190 km, 6 Std.) wird 1 x tgl. morgens bedient. Doch darf die Strecke derzeit aus Sicherheitsgründen von Ausländern weder mit Bussen noch mit Mietwagen befahren werden.

Boote: Tgl. fährt gegen 8.30 Uhr ein **Expressboot** in Richtung Norden nach Sinbo (75 km, ca. 5 Std., 12 000 Kyat), allerdings ist deren Nutzung durch Ausländer häufig untersagt. Gegen 9 Uhr startet zudem ein **Expressboot** nach Katha (132 km, 4–5 Std., 15 000 Kyat). **IWT-Fähren** via Katha nach Mandalay: s. Tipp S. 418.

Indawgyi Lake ▶ 3, J 7/8

Der 170 m hoch gelegene **Große Königliche See** zählt zu den reizvollsten Zielen des Kachin State, wird aber faktisch kaum besucht. Zu aufwendig ist die Anreise über eine mäßig gute Straße. Nach Myitkyina sind es 170 km, nach Katha 160 km, mit dem Wagen ist man aber etwa 7 Stunden unterwegs. Zudem fehlt es an guten Unterkünften.

Mit einer Nord-Süd-Ausdehnung von fast 24 km und einer Breite von 10 km das größte Binnengewässer des Landes wirkt der Indawgyi-See mit den umliegenden Bergen und Siedlungen dennoch äußerst verwunschen. An seinen Ufern und im Hinterland verteilen sich **30 Dörfer,** deren Häuser teilweise auf Stelzen stehen. Insgesamt leben etwa 48 000 Menschen um den See herum, die meisten sind Angehörige der Roten Shan (Shan Ni) und Kachin, die vom Fischfang und Reisanbau leben. Manche arbeiten auch als Elefantenführer (Myanma: *oozie*) in den Wäldern der Region. Wegen der Artenvielfalt wurde 1999 eine Fläche von 775 km^2 zum **Indawgyi Lake Wildlife Sanctuary** erklärt.

Außer zum Shwe Mitzu Pagoda Festival (s. S. 421) ist es das Jahr über am See ruhig. Man kann Bootstouren unternehmen oder per Fahrrad einige der Dörfer erkunden. Ihre Häuser sind meist aus Holz und Bambus errichtet und reihen sich überwiegend entlang der Hauptstraße. Sehenswert sind am Westufer **Lwemun** mit zwei Tempeln und einem *nat*-Schrein sowie **Nammilaung** mit seinem über 100 Jahre alten Holzkloster Ottarathiri Kyaung.

Entlang des Westufers verläuft die Straße zu den 70 km entfernten **Jademinen von Hpakant** (▶ 3, J 7), die aber von Ausländern nicht besucht werden dürfen.

Shwe Myitzu Paya

Namde, tagsüber, Eintritt frei

Für die Buddhisten ist der See alljährlich in der zweiten Woche des Mondmonats Tabaung (Febr./März) ein wichtiges Pilgerziel, denn hier liegt am Westufer beim Dorf **Namde** die hochverehrte **Goldene Pagode im See**. Ihr Ursprung geht auf den hoch angesehenen Mönch U Thawbita Sayadaw zurück, der die Menschen ermutigte, an den See zu ziehen, den sie bis dahin aus Furcht vor Geistern gemieden hatten. Er wählte eine Sandbank aus, auf der er einen oktogonalen Stupa errichten ließ. Im April 1869 wurde der *zedi* mit fünf Reliquien Buddhas versehen und eingeweiht. Nach vielen Umbauten ist er heute vergoldet und ruht auf einer erhöhten Plattform, umgeben von diversen Schreinen. Beim Umschreiten des Heiligtums eröffnen sich immer wieder schöne Ausblicke auf den See. Mit dem Festland ist die Pagode durch einen

Indawgyi Lake

Bedeutendes Pilgerziel – die Shwe Myitzu Paya im Indawgyi Lake

450 m langen Betonsteg verbunden, der jedoch während der Regenzeit überflutet ist.

Übernachten, Essen

Bislang gibt es nur in **Lonton** ein Gästehaus, aber einige Privathäuser bieten Bed & Breakfast an (Kontakt: 09 265 61 58 04). Im Dorf gibt es einige einfache Lokale.

Schlichtheit am See – **Indaw Mahar:** Lonton, Tel. 09 265 24 92 79 (Mr. U Tin Myaing). Das kleine Gästehaus liegt traumhaft schön am See, allein die acht Zimmer mit Gemeinschaftsbad sind mehr als kärglich. Darüber hinweg tröstet die Veranda mit tollem Blick. 7000 Kyat/Person.

Aktiv

Kayaking auf dem Indawgyi Lake – s. Aktiv S. 422

Termine

Shwe Myitzu Pagoda Festival: 2. Woche des Tabaung-Monats (Febr./März). Das Pagodenfest dauert acht Tage und endet mit dem Tabaung-Vollmond. Zigtausende Menschen kommen aus der Region an den Indawgyi Lake und nächtigen in einer der extra dafür aufgebauten Bambushallen. Essensstände sorgen für das leibliche Wohl, Verkaufsstände fürs Einkaufsbedürfnis und Spielbuden fürs Vergnügen.

Verkehr

Züge: Der nächste Bahnhof ist die 40 km entfernte **Hopin Railway Station** an der Strecke Mandalay–Myitkyina. Dort halten jeweils 4 x tgl. Züge nach Myitkyina (130 km, 4–5 Std.) und gen Süden über Naba (für Katha 100 km, 4–5 Std.) nach Mandalay (409 km, 20 Std.).

Der Norden

KAYAKING AUF DEM INDAWGYI LAKE

Dauer: 1 Tag
Start: Lonton
Arrangement: Kontakt zur Inn-Chit-Thu-Gruppe über das Gästehaus Indaw Mahar (s. S. 421) oder Tel. 09 265 61 58 05
Kosten: 15 000 Kyat für Einer, 20 000 Kyat für Zweier-Kajak
Hinweis: Sonnenschutz, genügend Wasser und Proviant sind zwingend erforderlich.

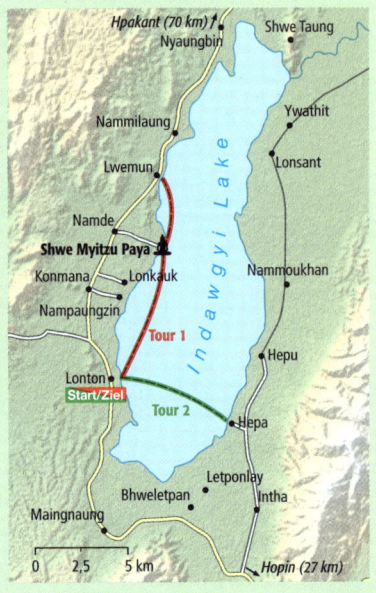

Eine Gruppe junger Dorfbewohner hat sich im Klub der Seeliebhaber, Inn Chit Thu, zusammengeschlossen und bietet für Touristen Kajaktouren an. Je nach Kondition kann man sie mit diversen Unterbrechungen auf einen Tag ausweiten.
Tour 1: Ausgangspunkt ist der Ort **Lonton**. Von dort geht es entlang des Ufers gut 6 km bis zur **Shwe Myitzu Paya** (s. S. 420). Nach deren Besuch führt die Tour 4 km nördlich bis zum Dorf **Lwemun**. Es liegt beschaulich am Westufer und ist Heimat buddhistischer Shan Ni. Bei einem Spaziergang kann man die Witow Paya und Mosowma Paya besuchen oder am Nordende des Dorfes dem *nat*-Schrein einen Besuch abstatten, wo die Schutzgeister des Sees verehrt werden. Am Schrein bietet ein Stand Shan-Nudeln und Kokosnüsse zur Stärkung an. Anschließend paddelt man gemächlich zurück nach Lonton.
Tour 2: Bei der zweiten Variante fährt man auf die östliche Seeseite nach **Hepa**. Auch hier kann man in Ruhe die Stimmung genießen, die Wasservögel (darunter Saruskraniche) und Libellen beobachten und anschließend das Shan-Ni-Dorf bei einem Spaziergang erkunden. Insgesamt legt man etwa 13 km Strecke zurück.

Busse: Busse verkehren nicht, aber zwischen Hopin und Maingnaung (32 km, 4–5 Std) am Südende des Sees fahren **Pick-ups,** die diese Funktion, wie häufiger in den ländlichen Regionen Myanmars, übernehmen.

Mietwagen nach Hopin: Den Transfer zwischen Hopin und Lonton arrangiert Shwe Nyi Ko (Golden Brother), Tel. 09 400 05 20 24, 09 400 01 52 39, (ca . 80 000 Kyat). Er kann auch Ausflüge mit dem Wagen organisieren.

Myitkyina und Umgebung

Myitkyina ▶ 3, L 7

Cityplan: S. 425

Die Hauptstadt des Kachin State liegt auf nur 145 m Meereshöhe in einer weiten Ebene am Westufer des Ayeyarwady, der ihr Namensgeber ist: Nahe dem Großen Fluss, so die Übersetzung aus dem Myanma. Mit knapp einer viertel Million Einwohnern ist die Stadt Heimat von Kachin, Shan, Chinesen, Indern und Gurkhas. Letztere sind Nachfahren südasiatischer Migranten aus der Zeit **Myitkyinas** als wichtiger Stutzpunkt der britischen Armee. Entsprechend bunt zeigt sich auch das Stadtbild. Moscheen und hinduistische Tempel stehen neben buddhistischen Pagoden und Kirchen. Vor allem Baptisten sind gut vertreten, seit der US-amerikanische Pastor George J. Geis hier 1892 erstmals eine Missionsstation etablierte.

Myitkyina allein ist kein Grund, die weite Reise in den Norden auf sich zu nehmen, doch was der Stadt an Attraktionen fehlt, macht sie durch die Freundlichkeit der Menschen und die schöne Lage wieder wett.

Geschichte

Schon in alter Zeit war die Stadt am Ayeyarwady ein bedeutender Handelsflecken, doch erst mit Ankunft der Briten gewann sie an Bedeutung. Aufgrund der lukrativen Jadevorkommen, Goldfunde und Teakbestände wurde Myitkyina 1898 ans Bahnnetz angeschlossen. Von strategischer Bedeutung war es während des Zweiten Weltkriegs, nachdem japanische Truppen im Mai 1942 auch den Norden erreichten. Als es den alliierten Truppen am 3. August 1944 gelang, Myitkyina nach dreimonatiger Belagerung einzunehmen, war die Ebene mit der dort verlaufenden Ledo Road (s. Thema s. S. 417) und dem Flughafen eine wichtige Basis im Kampf gegen die japanischen Besatzer. Doch durch die erbitterten Auseinandersetzungen wurde die Stadt fast völlig zerstört. Ab den 1960er-Jahren litt sie wie der Rest der Region unter dem Konflikt zwischen der birmanischen Armee und der 1961 gegründeten Kachin Independent Organisation (KIO). Auch wenn die Kämpfe wieder aufgeflammt sind, so profitiert Myitkyina doch von der relativen politischen Stabilität seit den 1990er-Jahren.

Das Zentrum von Myitkyina

Die Stadt ist ziemlich großflächig, aber das Zentrum zwischen Fluss und Bahnhof recht übersichtlich, da die Straßen gitterförmig angelegt sind. Einige Sehenswürdigkeiten sind zu Fuß recht gut zu erreichen, etwa der weitläufige, durch eine Straße zweigeteilte **Main Market** 1 (Zeigyi Rd., tgl. 8.30–17 Uhr) zwischen Aung San Street und Fluss. In seinen Hallen wird viel Importware aus China und Gemüse aus der Region angeboten. Stände verkaufen auch die für die Kachin typischen grün-schwarz karierten Männer-*longyi*.

Für die Muslime der Stadt ist die 1956 erbaute **Central Mosque** 2 (Jamae Masjid/Freitagsmoschee, Aung San St., Besichtigung nur von außen) das wichtigste spirituelle Zentrum. Mit ihren verspielten Minaretten bringt der südwestlich des Marktes gelegene Komplex einen Hauch Orient nach Myitkyina.

Eine perfekte Kulisse für jeden kitschigen Bolllywood-Film gäbe der prachtvolle **Shree Ramjanki Temple** 3 (Zaujun Rd., tgl. 7–17 Uhr, Spende erwünscht) ab. Erst 2013 eröffnet, trifft sich dort die 8000 Gläubige starke hinduistische Gemeinde. Mit filigran gestalteten Balustraden und Säulen, kleinen Spitzen auf dem Dach und Götterdarstellungen an den Seiten ist er eine wahre Augenweide (vor allem bei nächtlicher Beleuchtung). In der Halle im zweiten Stock findet sich in eine ganze Armada von Götterdarstellungen, darunter Rama und Sita, denen der Tempel geweiht ist.

Wie ein Gruß des alten Englands indes wirkt 500 m weiter südlich die ebenfalls an der Zaujun Road gelegene neogotische **Geis Memorial Church** 4 (unregelmäßig geöffnet, Eintritt frei) mit ihren dunklen Steinen und dem wuchtigen Querschiff. Von den Kachin Myitkyina Mare Hpung genannt, wur-

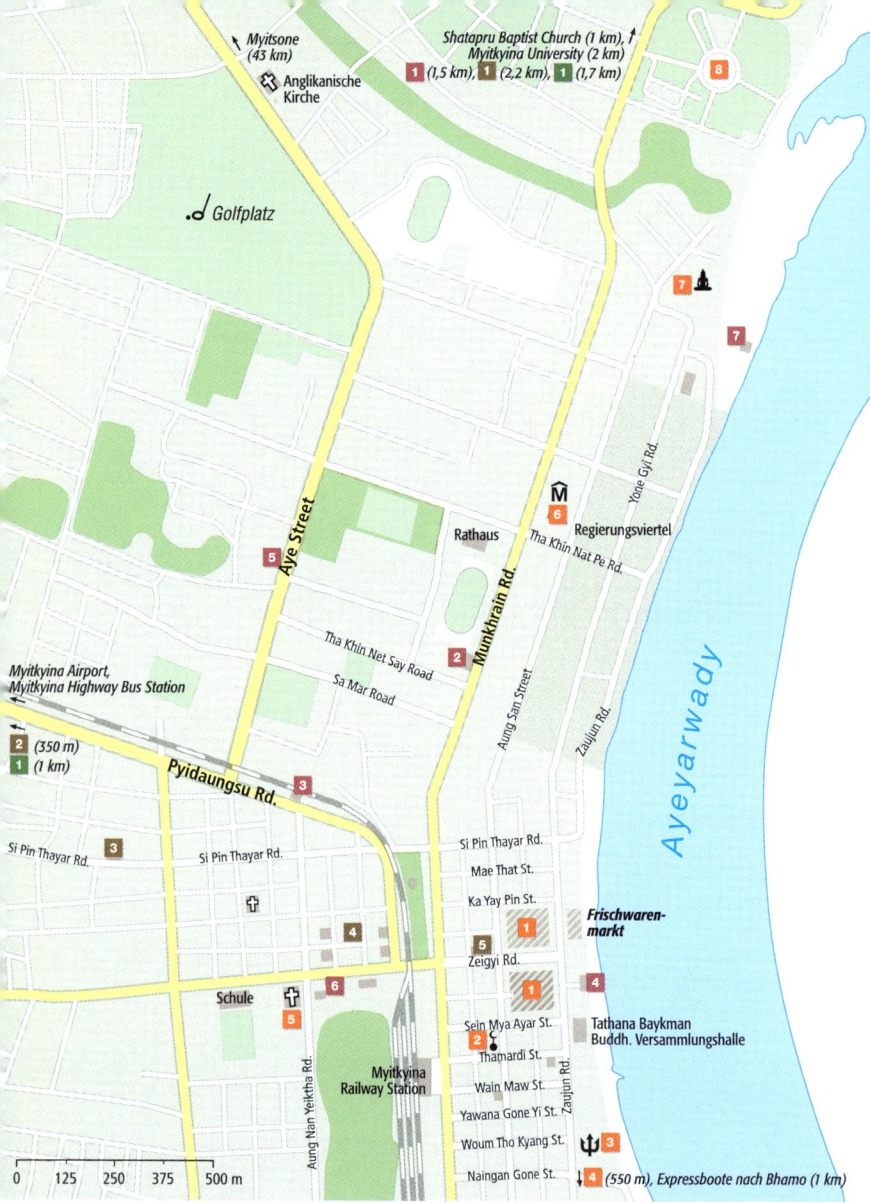

de ihr Grundstein 1897 an jenem Ort gelegt, an dem der baptistische Missionar George J. Geis seine erste Missionsstation gegründet hatte.

1960 wurde die schlichte **St. Columban's Cathedral** 5 (Aungnan Yeiktha Rd., Ecke Zeigyi St., unregelmäßig geöffnet, Eintritt frei) westlich des Bahnhofs im neoromanischen Stil und mit seitlich angesetztem Glockenturm erbaut. Seit 1961 ist sie Sitz des Bischofs der ca. 85 000 Katholiken der Diözese von Myitkyina.

Myitkyina

Sehenswert
1. Main Market
2. Central Mosque
3. Shree Ramjanki Temple
4. Geis Memorial Church
5. St. Columban's Cathedral
6. Kachin State Cultural Museum
7. Sutaung Pyi Paya
8. Kachin National Manau Park

Übernachten
1. Palm Spring Resort
2. Hotel Madira
3. Hotel Myitkyina
4. Hotel United
5. New Light Hotel

Essen & Trinken
1. Jinghpaw Htu 2
2. Jinghpaw Htu 1
3. Bamboo Field
4. River View
5. Café 101
6. Kashmir
7. Kiss Me

Einkaufen
1. Kin Myo Khine

Nördlich des Zentrums

Etwa 1 km nördlich des Main Market liegt das **Kachin State Cultural Museum** 6 (Yone Gyi Rd., Di–So 10–15.30 Uhr, 2000 Kyat) mit einer eher lieblosen Sammlung von Kachin- und Shan-Kostümen sowie Arbeitsgeräten und Musikinstrumenten der Minderheiten.

Folgt man der Straße gut 500 m weiter gen Norden, so liegt am Flussufer, eingebettet in ein weitläufiges Gelände, die **Sutaung Pyi Paya** 7 (tagsüber, Eintritt frei). Der **Hauptzugang** erfolgt von Süden her, wo Löwen den Eingang bewachen. Herzstück ist ein vergoldeter **Stupa** mit fünfstufiger Basis und schlanker Spitze, um den sich diverse Hallen gruppieren. In einer **Halle** ist ein liegender Buddha zu sehen, der von einem japanischen Kriegsveteranen zum Gedenken an die Gefallenen gestiftet wurde, in einer anderen ein großer stehender Buddha aus jüngster Zeit.

Geht man dann auf der westlich verlaufenden Munkhrain Road gut 600 m nach Norden, so erreicht man im Stadtteil Shatapru den weitläufigen **Kachin National Manau Park** 8 (Manau Wang), der alljährlich Mitte Januar Austragungsort des berühmten Manau Festival ist. Das Jahr über ist allerdings kaum etwas los, doch allein die bis zu 20 m hohen bunt bemalten **Pfähle** (Kachin: *manau taing*) sind sehenswert.

Übernachten

Komfort am Fluss – **Palm Spring Resort** 1 : 7–8 Thida Aye Quarter, Sitapu, Tel. 074 229 38, www.palmspringresort.com.mm. Das Resort 4 km nördlich des Zentrums im Stadtviertel Sitapu unweit der Myitkyina-Universität verfügt über 39 Zimmer und Suiten mit Veranda, geschmackvollem Interieur und teilweise tollem Flussblick. Pool, Bar und Restaurant sorgen für Wohlgefühle. DZ/ÜF ab 130 US-$.

Gute Zimmer – **Hotel Madira** 2 : 510 Pyidaungsu Rd., Tel. 074 211 19, 074 294 55, www.madira.janepaw.com. 1,5 km nordwestlich des Main Market und damit etwas außerhalb des Zentrums bietet das Madira 45 saubere, geräumige und helle Zimmer mit AC und Bad. Das Restaurant mit heller Fensterfront serviert solide Küche. DZ/ÜF ab 70 US-$.

Modernes Geschäftshotel – **Hotel Myitkyina** 3 : 111 Si Pin Thayar Rd., Yuzana Quarter, Tel. 074 213 06, 074 211 17, www.hotelmyitkyinakachin.com. Die 30 Zimmer sind komfortabel, die Bäder modern und sauber, das Restaurant etwas steril, aber kulinarisch in Ordnung. Wer es zentral will und Komfort sucht, ist hier richtig. DZ/ÜF ab 55 US-$.

Sauber, funktional – **Hotel United** 4 : 38 Thit Sa St., Tel. 074 220 85, 233 00, hoteluni tedmyitkyina@gmail.com. Ein solides Stadthotel mit 36 unspektakulären, funktionalen Zimmern, teils mit Balkon. Wie häufig sind die Wände gefliest. DZ/ÜF ab 30 US-$.

Funktional, zentral – **New Light Hotel** 5 : 70 Zeigyi Rd., Tel. 074 235 76, 229 70, newlight elec@yangon.net.mm. Das zentral gelegene Hotel lässt angesichts der gefliesten, klimatisierten Zimmer keine Wohlfühlstimmung

Der Norden

aufkommen, doch für Anspruchslose eine akzeptable Wahl. Die günstigeren Räume mit Gemeinschaftsbädern. DZ/ÜF ab 25 US-$.

Essen & Trinken

Kachin-Spezialitäten – **Jinghpaw Htu 2** 1 : 4 km nördlich des Zentrums unweit des Kachin National Manau Park direkt am Fluss, Tel. 074 206 48, www.jinghpawhtu.com, tgl. 9–22 Uhr. Eine der besten Adressen Myitkyinas für Kachin-Küche, darunter *am mae thaung*, zerhacktes Rindfleisch mit Chili, oder *nga ka lay chet*, gedünsteter Flussfisch mit Koriander. Die Filiale **Jinghpaw Htu 1** 2 (Tha Khin Net Say Rd., tgl. 9–22 Uhr) am Kachin State Sports Stadium hat weniger Ambiente, aber das gleiche Angebot. Gerichte ab 3500 Kyat.

Gegrilltes und Chinaküche zu Livemusik – **Bamboo Field** 3 : 313 Pyidaungsu Rd. Tel. 074 232 27, tgl. 9–22 Uhr. Mit Sitzgelegenheiten auf verschiedenen Ebenen und einer Bühne für Livemusik (ab 20 Uhr) ist das Bambusfeld ein beliebtes Lokal für den Abend. Ordentliche chinesische Gerichte und Diverses vom Grill. Die Sangeskünste der kurzberockten Sängerinnen sind Geschmackssache. Ab 3500 Kyat.

Chinesisch am Fluss – **River View** 4 : Zaujun St., gegenüber dem Main Market, tgl. 6–22 Uhr. Mit Bier vom Fass, einem tollen Flussblick und solider chinesischer Küche eine weitere beliebte Adresse für abends. Aber auch fürs Dimsum-Frühstück gern besucht. Indes nicht sehr sauber. Ab 2500 Kyat.

Cooles Interieur – **Café 101** 5 : Aye St., Tel. 074 222 90, tgl. 7–22 Uhr. Von außen recht futuristisch gestaltet und im Inneren mit Neonbeleuchtung, ist es vor allem bei Myitkyinas Mittelklasse beliebt. Gutes Dimsum-Frühstück, aber auch leckere Reisgerichte und Snacks. Gerichte ab 2500 Kyat.

Lecker indisch – **Kashmir** 6 : Zeigyi Rd., Tel. 074 221 17, tgl. 7–21 Uhr. Die indische Küche ist auch gut vertreten, hier mit Spezialitäten aus dem Norden. Gerichte ab 2500 Kyat.

Jugendtreff – **Kiss Me** 7 : Zaujun Rd., tgl. 6–21 Uhr. Liegt neben der Sutaung Pyi Paya am Fluss und ist mit seiner günstigen Küche und vielerlei Shakes beliebt bei Einheimischen. Kein Alkoholausschank, dafür guter Kaffee. Snacks ab 500 Kyat.

Einkaufen

Kachin-Kleider – **Kin Myo Khine** 1 : Shanzu North Quarter, Tel. 074 22 109, Mo–Sa 8.30–17 Uhr. In der Weberei mit Laden gibt es traditionelle Kachinstoffe in reicher Auswahl.

Termine

Manao Festival: Jan. Rund um den Nationalfeiertag der Kachin am 10. Januar findet in Myitkyina das wichtigste Manao-Fest (s. S. 101) im Kachin State statt. Mit dem Manao Festival feiern die Jingpaw ihren höchsten Schutzgeist und Schöpfer: Lamu Madai. Es werden Kühe oder Büffel geschlachtet, und traditionell gekleidete Gruppen umtanzen zum Klang von Trommeln und Gongs stundenlang die bunt bemalten *manau taing* (dekorierte Pfähle) im **Kachin National Manau Park** 8 . Ein Pfahl ist mit einer Dra-

Myitkyina und Umgebung

Zu Ehren von Lamu Madai findet am Kachin-Nationalfeiertag das große Manao Festival statt

chengestalt versehen, was sich auf die Herkunftslegende der Jingpaw bezieht. Ihr zufolge heiratete der Sohn der Kachin-Ahnen Ja Nyi und Ja Ngai die Tochter eines Drachenkönigs. Dieses Paar gilt den Jingpaw als ihre Urahnen. Ein mit dem Doppelhornvogel versehener Pfahl repräsentiert den Zeremonienmeister des Manao-Fests.

Verkehr

Flüge: Der **Myitkyina Airport** liegt 7 km westlich des Stadtzentrums. Mehrmals wöchentlich wird die Strecke Yangon–Mandalay–Myitkyina–Putao bedient. **Tickets** erhält man bei **Sun Far Travels & Tours** (11 Min Ward, Tel. 074 233 92, 09 240 11 41, www.sunfartravels.com, Mo–Fr 9–17, Sa/So 9–12 Uhr) oder bei den **Airline-Büros: Air Bagan,** 304 Pyidaungsu Rd., Ecke Anawrahta Rd., Tel. 074 203 08, 074 213 52; **Air KBZ,** 18 Butayone St., Ecke Ka Yay Pin St., Tel. 074 292 67, 074 291 82; **Asian Wings**, E-4 Construction Housing, Sumbrabon Rd., Tel. 074 292 81,09 074 45 00 65 50; **Mann Yadanarpon,** B 9-10 Construction Bdlg., Tel. 074 222 98, 09 30 34 81 27; **Yangon Airways,** 316 Pyidaungsu Rd., Tel. 074 210 77, 09 250 07 77 74.

Züge: Die **Myitkyina Railway Station** liegt zentral einen Block südwestlich des Main Market. Von dort starten 4 x tgl. Züge über Hopin (für Indawgyi Lake, 130 km, 4–5 Std.) und Naba (für Katha, 230 km, ca. 10 Std.) nach Mandalay (540 km, 24–26 Std.)

Busse: Die **Myitkyina Highway Bus Station** liegt 7 km westlich der Stadt beim Flughafen. Von dort startet 1 x tgl. morgens ein **Bus** nach Bhamo (knapp 200 km, 6 Std.). Aufgrund der Sicherheitslage ist Ausländern die Mitreise derzeit nicht gestattet. Unterwegs müssen etwa 5 x Pass- und Visumkopien abgegeben werden. Bitte vorab informieren!

Boote: Der **Bootsanleger** liegt ca. 1 km südlich des Zentrums. Tgl. fährt ein **Expressboot**

Der Norden

gegen 9 Uhr flussabwärts in Richtung Bhamo (ca. 190 km, ca. 15 000 Kyat). Spätnachmittags wird in Sinbo ein Stopp eingelegt (Übernachtung im einfachen Shwe Nedy Guest House (ab 4000 Kyat pro Zimmer). Am nächsten Morgen Weiterfahrt gegen 10 Uhr, Ankunft in Bhamo gegen 15 Uhr. Wegen der Sicherheitslage dürfen Ausländer jedoch das Boot zzt. nicht nutzen. Per **Boot nach Myitsone und zurück** gelangt man für ca. 15 000 Kyat/Person. Infos zur Buchung und Abfahrtszeiten erhält man über seine Unterkunft.

Mietwagen: U Myint U (Marcus) vom **Car Rental Service** (Tel. 074 230 09, 09 240 13 14, marcus.myintoo@gmail.com) stellt Fahrzeuge mit Fahrer zur Verfügung. Ein Ausflug nach Myitsone kostet um die 60 US-$.

Myitsone ▶ 3, L 6

Die Wiege des Ayeyarwady liegt in **Myitsone**, 43 km nördlich von Myitkyina, und ist von dort aus über eine gute Straße erreichbar. Der Ort, wo der 480 km lange Mali Hka und der 320 km lange May Hka (auch Nmai Hka) zusammenfließen, ist von Bergen eingerahmt. Eher wild und ungezügelt nähert sich der May Hka, während der Mali Hka ruhig und friedlich dahinfließt. Anfangs kann man den Unterschied der beiden Gewässer noch erkennen, bevor sie sich endgültig mischen. Myitsone ist nicht nur Ursprung des Ayeyarwady, sondern Symbol für das ganze Land. Die Vereinigung der beiden Flüsse steht für das Zusammenfinden verschiedener Völker zu einer Nation – das zentrale Thema Myanmars. Über den Himalaya kamen einst verschiedene Volksgruppen aus China und Tibet, die gemeinsame Geschichte der Nation begann also hier, Gestalt anzunehmen.

Doch das Idyll ist bedroht, seit die Militärregierung 2002 mit China ein gewaltiges **Staudammprojekt** vereinbarte, dem bislang Tausende Menschen weichen mussten und mit dem nach Fertigstellung 766 km² Land in den Fluten versinken würden. Nach heftigen Protesten wurde das 6000-Megawatt-Vorhaben 2011 auf Eis gelegt, aufgegeben ist es indes noch nicht. Doch bis es u. U. doch Realität wird, kann man hoffentlich noch lange in einem der einfachen Lokale die Stimmung am Fluss genießen, durch das Wasser waten oder eine Bootsfahrt unternehmen.

Auf der Fahrt bietet sich ein Halt beim 15 km nördlich von Myitkyina unweit der Straße gelegenen Jaw Bum Tower (tagsüber, Eintritt frei) an, der von der baptistischen Kirche zum hundertjährigen Jubiläum der ersten Mission errichtet wurde.

Verkehr

Boote: ab Myitkyina; s. S. 428
Mietwagen: ab Myitkyina; s. S. 428

 Putao und Umgebung ▶ 3, L 3

Aus Sicherheitsgründen ist die Region nur mit Sondergenehmigung zu besuchen und nur per Flugzeug erreichbar. Die 350 km lange Straße von/nach Myitkyina ist für Ausländer gesperrt.

Putao liegt auf etwa 450 m Meereshöhe in einer fruchtbaren Ebene. Schon allein seine Lage mit den bewaldeten Höhenzügen und schneebedeckten Bergen im Hintergrund ist den Besuch wert. Auch wer keine mehrtägigen Expeditionen vorhat, wird sich in dieser naturbelassenen Region wohlfühlen. Putao ist ein wunderbarer Ausgangspunkt für Spaziergänge oder mehrstündige Wanderungen in die umliegenden Dörfer.

Wegen seiner Nähe zu Indien (40 km) und China (130 km) als nördlichster Außenposten des britischen Militärs 1914 gegründet, trug Putao anfänglich den Namen Fort Hertz zu Ehren von William Axel Hertz, der 1888 die erste Expedition in diese abgelegene Bergwelt anführte. Zuvor war Putao unter dem Shan-Namen Hkamti Long, Goldener Ort, bekannt und nur von einigen wenigen Tai-Gruppen besiedelt.

In der Ebene leben heute etwa 22 000 Menschen, davon sind gut die Hälfte Lisu, ein Drittel Rawang und der Rest kleinere Gemeinschaften von Jingpaw und Hkamti

Edles aus der Erde

Myanmar gilt als Land der Edelsteine. In den Minen von Mogok und Hpakant werden die besten Rubine und Jadeite geschürft. Das Geschäft ist fest in chinesischer Hand. Doch der Reichtum weniger geht auf Kosten der Arbeiter, die unter menschenunwürdigen Bedingungen die Steine zutage fördern.

Kleine Rubine

Ludovico di Varthema staunte nicht schlecht. Als der italienische Kaufmann mit seinem persischen Mitreisenden 1505 dem König von Bago seine Aufwartung machte, notierte er: »Es hängen mehr Rubine an ihm als eine große Stadt wert ist … « (»The Travels of Ludovico di Varthema«, London 1863). Ihr Besuch sollte sich lohnen. Als Geschenk erhielten sie aus der königlichen Schatulle 200 Rubine.

Auch heute stellen Myanmars Betuchte ihren Reichtum gerne in Form von Juwelen zur Schau. Das Land ist berühmt für seine Edelsteine. Allein bei der alljährlichen Auktion in Naypyitaw, dem Gems and Jade Emporium, werden Geschäfte in Milliardenhöhe getätigt. Neben Jade und Rubinen, den begehrtesten Steinen, sind auch Amethyste, Aquamarine, Mondsteine, Saphire, Topase und Turmaline im Angebot.

Auf Rubine besitzt Myanmar fast ein Monopol. Am wertvollsten sind die Steine, deren Farbe Taubenblut ähnelt – und die stammen zu 90 % aus den 200 km nordöstlich von Mandalay gelegenen Minen im Mogok-Tal. Früher konfiszierten die Könige die schönsten Steine und ließen den Schürfern den Rest. Nachdem die Briten 1886 auch Ober-Myanmar ihrer Kolonie eingegliedert hatten, benötigten sie ein Jahr, um den Handel unter Kontrolle zu bringen. Als es im Februar 1889 im Londoner Rothschild-Büro zu ersten Aktienausgaben der neuen Burma Ruby Mines Ltd. kam, ging es zu wie im Kasino. Und auch unter den Briten war es die Krone, der die feinsten Stücke zufielen, so erhielt Königin Elisabeth II. 1947 zu ihrer Hochzeit 96 Rubine geschenkt. Nach der Unabhängigkeit ließ General Ne Win dann alle Minen verstaatlichen und die Steine ab 1964 auf vom Militär organisierten Auktionen veräußern. Dennoch gelangte das Gros auf den Schwarzmarkt. Seit 1989 sind unzählige Joint Ventures und Privatfirmen in den Minen tätig.

Eine ähnliche Entwicklung erlebten die Jademinen im Kachin State, allen voran Hpakant. Die Shan-Fürstenstadt Mogaung, 60 km westlich von Myitkyina, galt schon früh als Jadehauptstadt. Hier tummelten sich vor allem Händler aus China, wo Jade (chin. *yu*) seit jeher mystische Bedeutung besitzt. Sie steht für die konfuzianischen Tugenden: Menschlichkeit, Gerechtigkeit, Sittlichkeit, Wissen, Wahrhaftigkeit. Im Volksdaoismus gilt der Jadekaiser, Yu Di, als höchste Gottheit.

Von diesen Tugenden ist in den Minen indes nicht viel zu spüren. Auf der Suche nach dem schnellen Geld arbeiten die jungen, teils noch minderjährigen Arbeiter unter sklavenartigen und gefährlichen Bedingungen – 2015 wurden bei einem Erdrutsch fast 200 Arbeiter verschüttet. Viele sind drogenabhängig, die Prostitution ist weitverbreitet. In Myanmars Minen herrscht das Gesetz des Stärkeren.

Der Norden

Entspannung nach spannenden Ausflügen im Putao Trekking House

Tai. Viele wurden infolge der Missionierungen durch die Familie Morse christlich. Die aus den USA stammenden Baptistenmissionare waren zunächst in China tätig und flohen nach der Machtübernahme durch die Kommunisten 1950 und ließen sich südlich von Putao in Mulashidi nieder. Dort halfen sie den 20 000 christlichen, zum Teil ebenfalls aus China geflohenen Lisu und Rawang, sich in der fruchtbaren, aber kaum besiedelten Ebene niederzulassen. Sie etablierten über 30 Dörfer, die auch heute noch mit ihren gitterförmigen Wegenetzen und großen Hausgrundstücken sauber und entwickelt wirken.

Sehenswertes

Der bunte und vor allem frühmorgens lebendige **Myoma Market** (tgl. 6–10 Uhr) bildet das Zentrum der Stadt. Hier kaufen auch Angehörige der Bergvölker ein und gönnen sich eine der leckeren Nudelsuppen. Einen Besuch wert ist das mit westlicher Hilfe gegründete **Kachin Environmental Education Center** (tgl. 9–17 Uhr, Eintritt frei), nur fünf Gehminuten südlich des Marktes, das die Flora und Fauna der artenreichen Bergregion illustriert.

Einige Kirchen zeugen von der dominierenden Religion unter den Minderheiten, darunter die **Baptist Church** (unregelmäßig geöffnet, Eintritt frei) an der Hauptstraße südlich des Marktes und die katholische **St. Anthony Church** (unregelmäßig geöffnet, Eintritt frei) auf einem Hügel nahe dem Putao Trekking House im 3 km westlich gelegenen Ort **Kaung Kahtaung**.

In dem von buddhistischen Hkamti Tai bewohnten, am Nam Tong gelegenen Dorf **Ho Khu,** 5 km nördlich von Putao, ist die **Mahamuni Paya** (unregelmäßig geöffnet, Eintritt frei) von Interesse, ein uriger quadratischer Holzbau mit Staffeldach, der eine verkleinerte Kopie des gleichnamigen Buddhas in Mandalay birgt. Bemerkenswert ist ein abgebrochener Flugzeugpropeller, der von einer im Zweiten Weltkrieg abgestürzten Maschine stammt und als Tempelglocke dient.

Andere interessante Ziele liegen etwas weiter weg, ca. 8 km südlich am Nam Lang das von christlichen Lisu bewohnte Dorf **Mulashidi,** welches für seine 159 m lange **Hängebrücke** bekannt ist, aber auch für die schicke Malikha Lodge direkt am Fluss. In einem der Häuser lebte bis Dezember 1965 die Familie Morse. Dann wurde sie von der Militärregierung vertrieben.

Übernachten

An der Hauptstraße südlich des Myomy Market liegt das **Htawan Razi Guest House** für organisierte Gruppenreisen.

Luxus am Fluss – **Malikha Lodge:** Mulashidi, Tel. 09 860 06 59, 09 840 10 65, www.malikhalodge.net. Nördlichste und mit Abstand teuerste Unterkunft in Myanmar, ca. 8 km südlich von Putao. Direkt am Nam Lang gelegen bietet sie einen sagenhaften Blick auf die Fünftausender des Himalaya. Die Bungalows sind riesig, luxuriös und in einen schönen Garten eingebettet. In den kalten Winterabenden heizen gusseiserne Öfen ein. Attraktives Aktivitätenprogramm. DZ/ÜF 3000 US-$.

Stilvolle Holzhäuser – **Putao Trekking House:** Kaung Kahtaung, 424/425 Htwe San St., Tel. 09 840 01 38, 09 840 02 09, www.putaotrekkinghouse.com. Das zentral gelegene Hotel besteht aus vier zweistöckigen Holzhäusern mit je vier Zimmern mit Balkon bzw. Terrasse. Gut geführt und gutes Ausflugsprogramm. Im Rahmen verschiedener Exkursionen buchbar. DZ/ÜF ab 120 US-$.

Gut bewacht – **Government Guest House:** Das staatliche Gästehaus liegt auf einem Kasernengelände und verfügt über ordentliche, etwas überteuerte Zimmer. Essen muss man auswärts. DZ ab 40 US-$.

Aktiv

Trekking – **Snow Land Travel & Tours,** 139/1 Thanthumar Rd., Yangon, Tel. 01 57 08 90, 01 57 25 88, www.snowlandmyanmar.com (bei Redaktionsschluss gehackt!); **Journeys,** s. S. 155. Beide Yangoner Veranstalter sind auf Trekking spezialisiert und können die erforderlichen Genehmigungen besorgen.

Verkehr

Flüge: Die Anreise nach Putao ist nur mit dem Flugzeug möglich. Aufgrund der Witterung kann es jedoch zu Verzögerungen oder gar Ausfällen kommen. Der **Putao Airport** östlich der Stadt wird nicht tgl. angesteuert. Neben **Air Bagan** (77 Kaung Kahtaung, Tel. 09 840 11 18, www.airbagan.com) fliegt noch die staatliche **Myanmar National Airlines** (www.flymna.com) in den hohen Norden.

Hkakabo Razi National Park ▶ 3, L 1/2

Im hohen Norden an der Grenze zu Tibet erheben sich die beiden höchsten Gipfel Südostasiens: **Hkakabo Razi** (5881 m) und **Gamlang Razi** (5870 m). Wegen des vielen Gerölls zählt vor allem der Hkakabo Razi als schwer bezwingbar. Den ersten erfolglosen Versuch unternahm der britische Botaniker Frank Kingdon-Ward 1937, doch erst am 15. September 1996 gelang es dem Japaner Takeshi Ozaki mit seinem Führer Nyima Gyaltsen, auf der Spitze des Weißen Schnees, Ka Karpo Ri, so der tibetische Name des Berges, zu stehen. Sie sollten die bislang ersten und letzten Bezwinger sein. Die vorgelagerten schroffen, dschungelbedeckten Berge, die Schluchten und reißenden Flüsse erschweren den Aufstieg und ziehen ihn bis zu zwei Wochen in die Länge.

So bleibt diese abgelegene, menschenfeindliche Region eine eigene Welt mit einer immens hohen Biodiversität, in welcher je nach Höhe unterschiedliche Waldtypen existieren: von subtropischem, immergrünem Regenwald über Nebelwälder bis zu Gebirgsnadelwäldern. Zum Schutz wurde 1998 der 3821 km² große Hkakabo Razi National Park etabliert. Ob dies hilft, die Wilderei einzudämmen, bleibt dahingestellt. Für den Alpintourismus besitzt er jedenfalls gewaltiges Potenzial.

Aktiv

Expeditionen – Die auf S. 431 genannten Spezialveranstalter bieten auch mehrtägige Expeditionen an.

Kapitel 5

Myanmars Süden

Im Westen umspült von der Andamanensee und im Osten dominiert von den Höhenzügen des Tanintharyi Yoma, zieht sich der fruchtbare Süden wie ein schmaler Finger entlang der thailändischen Grenze. Kräftige Monsunregen von Juni bis September und ganzjährig tropische Temperaturen bescheren fruchtbare Böden, weshalb bereits seit der Kolonialzeit zahlreiche Kautschukplantagen existieren. Hinzu kommt der Reichtum des Meeres, der von allerlei Fischgattungen und Perlen bis zu essbaren Seeschwalbennestern reicht. Aus dem Golf von Martaban (Mottama) wird Erdgas gewonnen und bei Dawei über eine Pipeline nach Thailand exportiert.

Auch für Touristen bietet sich angesichts noch unerschlossener Strände, sympathischer Städte und dem Myeik-Archipel mit 800 Inseln ein gewaltiges Potenzial. Offene Grenzen wie jene in Myawaddy und Kawthoung ermöglichen interessante Ein- und Ausreisemöglichkeiten aus/nach Thailand. Rund um Hpa an wiederum, der Hauptstadt des Kayin State, laden urtümlich geformte Karstberge zum Besuch ein, die – wie könnte es in Myanmar anders sein – heute vielfach buddhistische Heiligtümer bergen.

Eine Fahrt in den Süden führt auch zu einigen der ältesten Orte Myanmars, obgleich heute wenig an die alte Bedeutung erinnert. Das gilt allen voran für Thaton, wo möglicherweise bereits vor über 2000 Jahren ein Hafen existierte, und Mawlamyine an der Mündung des Thanlwin, dessen einstiger Hafen Mottama Namensgeber des Golfes ist.

Buddhastatuen in der Kaw Gun

Auf einen Blick: Myanmars Süden

Sehenswert

Kyaikhtiyo: Der Goldene Felsen, der bedenklich auf einem Granitblock hockt, zählt zu den populärsten Pilgerzielen der Region. Schnell ist man in Kontakt mit Einheimischen (s. S. 437).

Hpa-an und Umgebung: Die Stadt am Thanlwin-Fluss ist wenig attraktiv, doch die herrliche, von Seen, Reisfeldern und Karstbergen geprägte Landschaft zählt zu den schönsten im Landessüden (s. S. 442).

Mawlamyine (Mawlamyaing): In der Hauptstadt des Mon State verbinden sich koloniales Laissez-faire und buddhistische Frömmigkeit (s. S. 448).

Myeik-Archipel: Die faszinierende Inselwelt im tiefen Süden Myanmars mit unberührten Stränden und tiefgrünen Dschungellandschaften ist noch kaum touristisch erschlossen und lässt sich am schönsten auf einer Bootstour erkunden (s. S. 468).

Schöne Route

Durchs Goldene Land nach Thaton: Auf der Nebenstraße von Kyaikhto nach Bilin durchfährt man uralte Siedlungsgebiete der Mon. Hier wird oft das Goldene Land, Suvannabhumi, lokalisiert (s. S. 440).

Meine Tipps

Besinnliche Stimmung: Myanmars zweitgrößter Soldatenfriedhof, der Thanbyuzayat War Cemetery, erinnert an ein dunkles Kapitel des Zweiten Weltkriegs (s. S. 457).

Schick und stilvoll: Die komfortable Hpa-an Lodge am Fuß des Zwekabin Mountain besticht durch ihre Lage und ihren Stil. Zudem bietet sie ein interessantes Ausflugsprogramm in die Umgebung (s. S. 443).

U Nar Auk Kyaung: Der Klosterkomplex im Dorf Kaw Hnat, 30 km nördlich von Mawlamyine, birgt buddhistische Kunst vom Feinsten (s. S. 456).

An der Kyauk Kalat Paya

Aktiv

Durch bizarre Karstlandschaften: Die herrliche Szenerie rund um die Kaw-Kathaung- und Sedan-Höhlen bei Hpa-an erschließen sich am schönsten per Boot und zu Fuß (s. S. 445).

Mopedtour auf der Dawei Peninsula: Die Halbinsel südlich von Dawei ist ein herrlicher Flecken Erde, aber kaum erschlossen. Am besten lässt sie sich mit dem Moped erkunden (s. S. 464).

Mon und Kayin State

Die beiden Staaten bilden den Korridor zu Myanmars Süden und erstrecken sich zwischen dem Golf von Martaban (Mottama) und der thailändischen Grenze. Noch sind weite Teile aus Sicherheitsgründen für ausländische Besucher gesperrt, vor allem im Kayin State, und der Tourismus ist kaum entwickelt. Doch das macht gerade eine Reise dorthin so reizvoll.

Wer die Nationalstraße 8 – auch Asian Highway 1 (AH1) genannt – von Bago gen Südosten fährt, überquert nach 65 km den Sittaung-Fluss, der sich nicht weit entfernt ins Meer ergießt. Hier beginnt der 12 155 km² große **Mon State,** welcher sich entlang des Golfes von Martaban (Mottama) bis nach Ye erstreckt und äußerst fruchtbar ist. Kautschuk- und Ölpalmplantagen säumen den Weg, kopfgroße Wassermelonen sprießen aus den Böden und an Bambusgestellen rankt Betelpfeffer empor. Die Kanäle speisen die weiten Reisfelder, an den Berghängen strebt der Bambus in die Höhe. Mancherorts wird die Latanpalme wegen ihrer sternförmigen Fächer kultiviert.

Der Mon State ist Heimat von gut 2 Mio. Menschen und ein kläglicher Rest jenes großen Ramaññadesa-Reiches (später Hanthawaddy genannt), das über Jahrhunderte Nieder-Myanmar einnahm, bis es 1757 unter dem Begründer der Konbaung-Dynastie, König Alaungpaya (reg. 1752–1760), dem birmanischen Reich einverleibt wurde. Es ist nicht ganz klar, seit wann die Mon hier schon siedeln. Jedenfalls kamen sie sehr früh mit dem Buddhismus in Kontakt und übernahmen die Schrift aus dem südindischen Pallava-Reich (3.–9. Jh.). In Winka, 12 km südlich von Kyaikhto, wurden in den Resten eines Stupas aus dem 6. Jh. buddhistische Votivtafeln mit Mon-Schriftzeichen gefunden.

Ab 1949 begannen diverse Mon-Gruppen ihren militärischen Kampf um einen eigenen Staat und brachten das Grenzgebiet zu Thailand unter ihre Kontrolle, bis die größte Organisation, die New Mon State Party (NMSP), 1995 mit der Militärregierung ein Waffenstillstandsabkommen unterzeichnete. Seitdem ist die Region weitgehend befriedet.

Der 30 383 km² große und von 1,6 Mio. Menschen bewohnte **Kayin State** hingegen ist aufgrund des Jahrzehnte langen Krieges zwischen der Karen National Union (KNU) und dem birmanischen Militär nur teilweise für Ausländer zugänglich. Auch wenn seit dem Waffenstillstandsabkommen von 2012 nicht mehr gekämpft wird, sind vor allem in den Berggebieten entlang der thailändischen Grenze Landminen ein großes Problem. Problemlos bereisbar ist an der Grenze jedoch die Region zwischen Hpa-an und Myawaddy. Aufgrund der Nähe zu Thaton (52 km) bzw. Mawlamyine (60 km) sowie der guten Straßenverhältnisse kann Hpa-an, die Hauptstadt des Kayin State, wunderbar im Rahmen einer Reise in den Landessüden eingebunden werden.

Kyaikhto ▶ K/L 23

Das Städtchen **Kyaikhto** im Mon State zwischen Bago (90 km) und Thaton (70 km) wird meist von Reisenden links liegen gelassen, denn viel gibt es vor Ort nicht zu sehen. Wer etwas Zeit hat, sollte durch das Städtchen schlendern, das mit urigen **Holzhäusern,** einem **Kanal** und einem lebendigen **Markt** an der Main Road einiges an Flair besitzt.

Kyaikpawlaw Paya

700 m südlich der Main Rd., tagsüber, Eintritt frei

Hauptattraktion der Stadt ist die **Kyaikpawlaw-Pagode**, die eine von vier Buddhastatuen birgt, die der Legende nach auf wundersame Weise von Sri Lanka über das Meer an die Küste von Myanmar gelangten. Die anderen drei befinden sich heute in Dawei, Kyaikkami und Pathein. Der Zugang zum Areal erfolgt vom Westen her und führt über einen von Säulen gesäumten Korridor zu einer verspiegelten Halle mit der verehrten Buddhafigur. Der sich anschließende Stupa soll sehr alt sein, wurde aber immer wieder erneuert.

Verkehr

Züge: Die **Kyaikhto Railway Station** liegt im Stadtzentrum, ca. 500 m nördlich der Main Road. Dort halten jeweils 3 x tgl. Züge, die über Bago (85 km, 3 Std.) nach Yangon (159 km, 5 Std.) und gen Süden nach Mawlamyine (134 km, 4,5 Std.) fahren.

Busse: An der Main Road halten mehrmals tgl. Busse via Bago (92 km, 3 Std.) nach Yangon (180 km, 5 Std.) und via Thaton nach Mawlamyine (140 km, 4 Std.).

Kyaikhtiyo  ▶ L 23

Ein vergoldeter Granitblock, der auf einem Steinsockel über einem Berghang balanciert – wer käme nicht auf die Idee, einem solchen, von der Natur in Jahrmillionen geformten Ort magische Kräfte zuzusprechen? Das auf 1100 m Höhe gelegene Heiligtum ist mit Abstand das ungewöhnlichste Pilgerziel Myanmars. Seine relative Nähe zu Yangon (200 km), passable Straßen und eine gute Auswahl an Unterkünften machen den **Goldenen Felsen** zu einem beliebten Ausflugsziel. Während der Saison, die vom Thadingyut-Vollmond (Sept./Okt.) bis zum Thingyan-Fest im April geht, reisen an den Feiertagen und am Wochenende Zehntausende Menschen an. Besonders voll wird es am Hauptfest zum Tabaung-Vollmond (Febr./März). Doch selbst an einem normalen Wochentag reißt der Strom nicht ab, dann herrscht auf den Plattformen rund um den Felsen dichtes Gedränge. Schick gekleidete Teenager stellen sich zur Fotosession auf, braun gewandete Einsiedler mit ihren mitraförmigen Hüten erbitten eine Spende, kleine Kinder probieren ihr neues Spielzeug aus, während ihre Eltern am Boden sitzend ein Pläuschchen halten. Männer (Frauen ist es nicht gestattet) drängeln sich vor dem 5,5 m hohen Felsen, um ihn mit Blattgold zu bekleben, während Frauen hinter einer Abgrenzung in Meditation versunken sind. Auch als Tourist ist man schnell eingenommen von dieser frommfröhlichen Stimmung.

Die Legende von Kyaikthiyo

Das **Heiligtum mit dem Kopf des Eremiten** (Mon: *kyaik isi yiuw*) ist mit der Legende des Eremiten Tissa verbunden, der Ziehvater des Königs von Thaton war und drei Haare Buddhas in seinem Haarschopf aufbewahrte. Als Tissa seinen baldigen Tod nahen spürte, wollte er für die heiligen Reliquien einen Stupa auf einem Felsblock errichten, der exakt seinem Schädel gleichen sollte.

Sein Ziehsohn machte sich mit Hilfe von Thagyamin, dem König der *nat* und Schutzgott des Buddhismus, auf die Suche und fand schließlich einen derartig geformten Felsen auf dem Meeresgrund. Mit einem Schiff schleppten sie den Monolithen an Land und brachten ihn auf den Berg, wo er noch heute thront. Das Schiff versteinerte später und wird als Steinboot-Heiligtum, Kyauk Thampan, verehrt.

Während der König mit dem Bau der Kyaikhtiyo Paya beschäftigt war, verliebte er sich in Shwenankyin, die Tochter eines Kayin-Oberhaupts aus der Region. Er brachte sie zu seinem Palast, woraufhin sie bald schwanger wurde. Doch als sie die meiste Zeit krank war, bat ihr Vater den König, sie in ihre Heimat zurückbringen zu dürfen, um dort dem Schutzgeist ein Opfer darzubringen, der offensichtlich für ihre Beschwerden verantwortlich war. Doch als Shwenankyin mit ihrem Vater

Mon und Kayin State

und Bruder unterwegs war, sprang ihnen auf halbem Weg ein Tiger entgegen, den der verärgerte Schutzgeist gesandt hatte. Während Vater und Bruder fliehen konnten, blieb Shwenankyin geschwächt zurück. Da richtete sie ihren Blick auf den Goldenen Felsen, vertraute ihr Leben Buddha an und verlor all ihre Angst. Der Tiger suchte das Weite. In der Nähe des Felsens hauchte sie schließlich ihr Leben aus und wurde zum Schutz-*nat* von Kyaikhtiyo.

Die in verschiedenen Versionen überlieferte Kyaikhtiyo-Legende lässt sich bis ins 15. Jh. zurückverfolgen. Eine königliche Stiftung für das Heiligtum ist für das Jahr 1725 nachgewiesen. Zwei andere Berge der Region werden im Zusammenhang mit der Legende genannt, Zingyaik Taung und Kaylartha (Kelasa) Taung bei Bilin, die drei weitere Haarreliquien Buddhas bergen sollen. Als landesweites Pilgerziel wurde der Goldene Felsen ab den 1880er-Jahren populär.

Hinauf zum Kyaikhtiyo

Rund um die Uhr, 6000 Kyat

Nachdem man in der Stadt Kyaikhto gen Nordosten abgebogen ist, gelangt man nach ca. 14 km zum Pilgerort **Kinpun,** der sich mit zahlreichen Unterkünften, Lokalen und Souvenirshops ganz auf die vielen Besucher eingestellt hat. Von hier starten auch die auf ihrer Ladefläche mit Bänken versehenen Lkws zum Gipfel (einfache Fahrt 2500 Kyat/Person), da normale Wagen die Steigung nicht schaffen. Die wenig gemütliche und serpentinenreiche Fahrt dauert 40–50 Minuten und eröffnet schöne Ausblicke in die bewaldete Berglandschaft. Unterwegs wird ein- bis zweimal angehalten, um den Gegenverkehr vorbeizulassen, da der obere Teil der Strecke nur in eine Richtung befahrbar ist.

Nur wenige Pilger steigen in der ehemaligen End- und heutigen **Mittelstation Yet Thet** aus. Wer will, kann es ihnen gleich tun und den Rest zu Fuß weitergehen (ca. 40 Min.). Häufige Begleiter sind dann jedoch Sänftenträger, welche einen überreden möchten, von ihnen für ca. 8000 Kyat (gewichtsabhängig!) in einer Bambussänfte nach oben gebracht zu werden. An einem *nat*-**Schrein** kann man dem Schutzgeist Bobogyi (erkennbar an seinem Spazierstab) dafür danken, dass man die bis dahin etwas abenteuerliche Anreise gut überstanden hat.

Auf dem **oberen Plateau** angelangt, wo diverse Hotels, Cafés und buddhistische Schreine den Weg säumen, müssen ausländische Besucher ein Ticket lösen und können dann bis zu einem von Wächterlöwen gesäumten Bogen gehen, um sich dort der Schuhe zu entledigen. Auf der folgenden **Plattform** verteilen sich diverse Schreine und Hallen und immer wieder gibt es fotogene Perspektiven des Goldenen Felsens. Ein vergoldeter, oben wie abgeschnitten wirkender Stein, **Kyauk Thampan** genannt, wird mit dem legendären Boot assoziiert und ein **Schrein** mit lebensgroßen Figuren erinnert an das tragische Schicksal von Shwenankyin, die heute als Schutz-*nat* des Heiligtums verehrt wird.

Man kann die Blicke weit schweifen lassen, gen Westen über den im Sonnenlicht glitzernden Sittaung-Fluss hinweg bis zum Meer, im Osten zu den bewaldeten Bergzügen des Mon State. An der **Ost- und Nordseite** beginnen von Dutzenden Herbergen und Lokalen gesäumte Wege. Hier kann man wunderbar bei Tee und Snacks die Pilgerstimmung genießen. Sie führen zu einem, von Touristen kaum genutzten, gut 10 km langen Weg den Berg hinunter bis zur **Basisstation Kinpun**. Wer diesen Weg zurückgehen möchte, sollte gut zu Fuß sein, denn es sind über 1000 Höhenmeter und zahlreiche Hügel zu überwinden.

Übernachten

… zwischen Kyaikhto und Kinpun

Rustikal und stilvoll – **Golden Sunrise Hotel:** ca. 2 km vor Kinpun, Tel. 09 872 33 01, www.goldensunrisehotel.com. An der Straße zum Goldenen Felsen gelegen, bietet es zwölf stilvolle AC-Zimmer mit viel Holz und Veranden. Auch das Restaurant hat Flair. DZ/ÜF 45 US-$.

Chalets in Obstplantage – **Thuwunna Bomi Mountain View Hotel:** Seikphyu

Die Form des Goldenen Felsens soll dem Haupt des Eremiten Tissa gleichen

Taung, rund 8 km vor Kinpun, Tel. 09 862 07 22, www.thuwunnabomimountainview hotel.com. An einem Hügel inmitten einer Obstplantage gelegene Bungalowanlage mit 34 geräumigen Zimmern mit soliden Bädern und gemütlichem Restaurant. Etwas in die Jahre gekommen. DZ/ÜF 45 US-$.

Modernes Haus – **Bawga Theiddhi:** Kinpun, Tel. 09 449 29 98 99, 09 421 64 64. Der dreistöckige Eckbau liegt im Zentrum von Kinpun und bietet 15 saubere, etwas sterile Zimmer, teilweise mit Gemeinschaftsbad, plus sechs Bungalows auf einem eigenen Grundstück. Im Restaurant wird gute Küche aufgetischt. DZ/ÜF 35 US-$.

… beim Goldenen Felsen

Die genannten Hotels sind überteuert, bieten aber den besten Komfort in der Nähe zum Goldenen Felsen.

Hotel mit Wadentraining – **Mountain Top Hotel:** vor dem Ticketbüro, Tel. 01 50 24 79, www.mountaintop-hotel.com. Nur wenige Gehminuten vom Goldenen Felsen entfernt verteilen sich die 52 freundlich ausgestatteten Zimmer an einem steilen Berghang und bieten einen tollen Ausblick gen Osten. Im Restaurant hinter dem Eingangsbereich wird gute birmanische und chinesische Küche geboten. Freundlicher Service. DZ/ÜF ab 120 US-$.

Wohnliche Bungalows – **Golden Rock Hotel:** oberhalb der Mittelstation Yet Thet, Tel. 09 871 83 91, www.goldenrock-hotel.com. Selber Besitzer wie beim Mountain Top Hotel. Auch dieses Haus bietet guten Service und leckere Küche. Zum Goldenen Felsen sind es 40 Gehminuten. Die 56 AC-Zimmer mit Bad verteilen sich auf einem kompakten Gelände. Der Singsang aus den benachbarten Klöstern bereichert das Lokalkolorit. DZ/ÜF ab 120 US-$.

Tolle Lage, aber mit Mängel – **Kyaikhto Hotel:** vor dem Eingang zum Heiligtum, Tel. 09 425 32 20 10, www.kyaikhto.com. Das älteste Hotel und bis vor wenigen Jahre in staatlichem Besitz hat eine tolle Lage. Von einer

Mon und Kayin State

der Terrassen kann man den Felsen wunderbar im Morgenlicht erstrahlen sehen. Die 150 Zimmer verteilen sich an einem Hang und sind ziemlich abgewohnt. Völlig überzogener Preis. DZ/ÜF ab 90 US-$.

Essen & Trinken

Angesichts der vielen Pilger mangelt es nicht an einfachen, aber guten Lokalen. Sie konzentrieren sich zum einem in Kinpun, dem Startpunkt der Lkws, darunter das **Sea Sar** (tgl. 4–22 Uhr) und das benachbarte **Kyaikhto** (tgl. 5–21.30 Uhr) mit schmackhaften Curry- und Nudelgerichten ab 1500 Kyat. Zum anderen herrscht eine große Auswahl im **Pilgerort am Ostrand des Goldenen Felsens.**

Beliebt von früh bis spät – **A 1 Restaurant:** gegenüber dem Mountain Top Hotel, tgl. 5–22 Uhr. Günstige Reisgerichte und Snacks ab 1500 Kyat.

Verkehr

Fernbusse: Während der Pilgersaison starten in Kinpun tagsüber fast stdl. **Busse** nach Yangon (200 km, 5 Std.).

Vor Ort: Regelmäßig verkehren **Pick-ups** zwischen Kyaikhto und Kinpun (14 km, 20 Min.). Von der Einstiegsstation im Zentrum von Kinpun starten **Lkws** zum Goldenen Felsen. Die Passagiere sitzen in engen Bankreihen auf der Ladefläche (14 km, 40–50 Min, 2500 Kyat).

Durchs Goldene Land nach Thaton ▶ L 23/24

Wer von Kyaitkhto nach Thaton möchte und anstelle der Nationalstraße 8 die weiter westlich verlaufende Nebenstraße in Richtung Bilin nimmt, fährt durch eine alte Kulturlandschaft, wo noch einige archäologische Reste auf die frühe Mon-Zivilisation hinweisen. Hier wird gerne das Goldene Land, **Suvannabhumi,** lokalisiert, wohin nach Beendigung des Dritten Buddhistischen Konzils im 3. Jh. v. Chr. die beiden Mönche Sona und Uttara reisten, um die Religion des Erleuchteten zu verkünden (Mahavamsa-Chronik; s. S. 42). Fakt ist, dass dieser Küstenabschnitt zwischen den Mündungen des Sittaung und Thanlwin schon früh mit dem Buddhismus in Kontakt kam.

Die für diese Region typische rötliche Erde ist reich an Laterit, einem eisenhaltigen Lehm, der durch Luftkontakt steinhart und infolge der Eisenoxidation löchrig wird. Durch seine Härte gerne als Baumaterial genutzt, wurde er häufig für das Fundament von Stupas oder für Befestigungsanlagen verwendet.

Ayetthema ▶ L 23

Laterit wurde auch bei einer **Mauer** verwendet, die bei Ausgrabungen in der Nähe des Dorfes **Ayetthema,** 10 km südlich von Kyaikhto, zum Vorschein kam. Ayetthema ist auch für seinen oktogonalen **Myatheindan** (Mon: Kyaiktalan) **Zedi** bekannt, wo eine Inschrift des Bagan-Königs Kyanzittha (reg. 1084–1113) gefunden wurde.

Winka und Umgebung ▶ L 23

Zu den ältesten Zeugnissen der Mon-Zivilisation zählen die Funde im Dorf **Winka,** das 2 km weiter südlich liegt. Bei Ausgrabungen in den 1970er-Jahren u. a. am oktogonalen **Kumara Zedi** kamen ins 6. Jh. datierte Votivtafeln aus Terrakotta sowie Keramik zutage (heute im Mon Cultural Museum in Mawlamyine; s. S. 452). Zu den weiteren Funden zählen zwei Öllampen, ebenfalls aus Terrakotta, und eine Lateriteltafel mit einer eingravierten Löwenfigur. Letztere zeigt Parallelen zu Darstellungen im kambodschanischen Sambor Prei Kuk (7. Jh.).

Vor Ort in Winka gibt es jedoch wenig zu sehen, dafür lohnt sich der Besuch des 2 km östlich gelegenen, von einem ebenfalls oktogonalen **Stupa** gekrönten, 348 m hohen **Kaylartha Taung** mit herrlichem Ausblick. Benannt ist er nach dem Kailash (Sanskrit: *kelasa,* Kristall), dem heiligen Berg im Himalaya.

Von Zokthok nach Thaton ▶ L 23/24

18 km südlich im Dorf **Zokthok** sind ebenfalls Reste eines **Festungsgrabens** und einer **Lateritmauer** zu finden. Letztere birgt noch Reliefs mit einer Prozession von Elefanten und Pferden, von denen sich der lokale Name der Befestigungsanlage, **Hsindat Myindat,** Elefanten- und Pferdefort, ableitet. Die 100 m lange und gut 2 m hohe Mauer liegt ca. 1 km östlich der populären **Kyaikhtisaung Paya,** deren oktogonaler *zedi* sich auf einer quadratischen Lateritbasis erhebt. Lange lag das Heiligtum in Ruinen, bis 1971 der aus dem Dorf stammende Mönch U Pyinnyadipa Geld für die Rekonstruktion mobilisierte. Entsprechend neu sind die Hallen und Schreine sowie die überdachten Zugänge.

Von Zokthok bietet sich ein Abstecher ins Fischerdorf **Zokali** (▶ L 24) an, wo man die Stimmung am Meer genießen kann.

Fährt man von Zokthok die Straße gen Nordosten, trifft man im 9 km entfernten **Bilin** wieder auf die Nationalstraße 8, über die man nach weiteren 40 km **Thaton** erreicht.

Thaton ▶ L 24

Von der Nationalstraße 8 durchschnitten, zieht sich **Thaton** über mehrere Kilometer von Norden nach Süden. Dort zweigt die Straße gen Osten in den Kayin State nach Hpa-an (52 km) ab, die als Asian Highway 1 (AH 1) über Myawaddy (200 km) nach Thailand weiterführt. Einige hübsche Kolonialvillen mit viel Holz und ausladende Regenbäume verleihen der 140 000-Einwohner-Stadt einen gewissen Charme, der auch auf dem geschäftigen **Main Market** (tgl. 8–17 Uhr) im Zentrum zu spüren ist.

Wenig erinnert an ihre lange Geschichte. Die Bamar verbinden mit Thaton jene Stadt, die König Anawrahta 1057 erobert hatte und deren Hofstaat samt buddhistischem Palikanon nach Bagan verschleppte. Die Mon wiederum erzählen gerne von Buddhas Besuch vor über 2500 Jahren, um ihrem König seine Lehre zu verkünden. Auch wenn beide Episoden eher ins Reich der Legenden gehören, ist erwiesen, dass die heute gut 15 km vom Meer entfernte einstige Küstenstadt, sehr früh mit dem Buddhismus in Kontakt kam. Eine in der Nähe gefundene Buddhastatue aus Bronze wird ins 5. Jh. datiert.

Shwesayan Paya

Main Rd., jenseits des Verkehrskreisels, schräg gegenüber dem Main Market, tagsüber, Eintritt frei

Die rechteckige Anlage mit dem vergoldeten **Shwesayan Zedi,** der bereits auf das 5. Jh. zurückgehen soll, im Zentrum erlebte im Laufe der Zeit vielfältige Veränderungen.

Vier Zugänge führen auf das Gelände, wobei der aus den Anfängen des 20. Jh. stammende **östliche Eingangskorridor,** der Arkaden mit Wandmalereien aufweist, der längste ist. Die übrigen drei von Norden, Süden und Westen in Richtung Shwesayan-Stupa verlaufenden Zugangskorridore wurden erst in jüngerer Zeit grundlegend renoviert. Auch einige der **Hallen** mit geschwungenen Torbögen stammen aus der Kolonialzeit.

Von historischem Interesse ist ein zweiter Stupa, der auf der südöstlichen Seite des Geländes gelegene **Thagya Zedi** aus dem 11. Jh., dessen drei hohe, begehbare Terrassen von einem vergoldeten Stupa gekrönt werden. Leider sind nur wenige der einst 64 Terrakottatafeln an den weißgetünchten Terrassenwänden erhalten geblieben. Sie illustrieren die zehn letzten *jataka* und könnten Vorbild für die Praxis in Bagan sein, Illustrationen der Geburtsgeschichten des Buddha an den Stupas anzubringen (s. Bagan, Shwezigon Paya S. 248).

Myathabeik Paya

Bergkuppe im Osten der Stadt, tagsüber, Eintritt frei

Über einen stufenreichen (über 900!), überdachten Treppenaufgang ist die **Pagode mit der Almosenschale aus Smaragd** erreichbar. Bei Sonnenuntergang wirkt sie besonders stimmungsvoll. Der Blick von der Pagode reicht im Westen über die grünen Reisfelder bis zum Meer, während sich im Osten die Karstberge rund um Hpa-an aus dem Dunst erheben.

Übernachten

Wohnlich-sauber – **Tain Pyar (Blue Cloud) Guesthouse:** 381 Hospital St., Tel. 057 400 36. Das Gebäude wirkt freundlich und verfügt über 23 Zimmer unterschiedlicher Kategorien, teils mit AC und eigenem Bad. Angenehme Atmosphäre, recht sauber und mit einladendem Gemeinschaftsbalkon im ersten Stock. DZ/ÜF ab 30 US-$.

Essen & Trinken

Im Schatten des Regenbaums – **First Café Mountain:** A 654 Myathabeik Pagoda Rd., tgl. 6.30–22.30 Uhr. Das Restaurant gewinnt durch die Verwendung von Naturmaterialien an Stil und ist auch kulinarisch eine gute Wahl. Vor dem Treppenaufgang zur Myathabeik-Pagode gelegen, liegt der Schwerpunkt auf chinesischen und thailändischen Gerichten. Kein Alkoholausschank. Ab 3000 Kyat.

Birmanische Gerichte – **Khaing Ta Zin:** Hospital St., gegenüber dem Tain Pyar Guesthouse, tgl. 8–21 Uhr. Durchaus sauber und preiswert, wenn auch arm an Ambiente, gibt es solide birmanische Currys und chinesische Gerichte. Ab 2000 Kyat.

Verkehr

Züge: Die **Thaton Railway Station** liegt im Stadtzentrum, ca. 500 m nördlich der Main Road. Dort halten jeweils 3 x tgl. Züge, die via Bago (148 km, 5 Std.) nach Yangon (222 km, 7 Std.) und gen Süden nach Mawlamyine (71 km, 2 Std.) fahren.

Busse und Pick-ups: Vom Uhrturm am Verkehrskreisel gegenüber dem Main Market starten mehrmals tgl. **Busse** nach Yangon (240 km, 5 Std.) und **Pick-ups** nach Mawlamyine (70 km, 2,5 Std.). An der Abzweigung der Straße nach Osten fahren etwa alle 30 Min. Pick-ups nach Hpa-an (52 km, 2 Std.).

✿ Hpa-an und Umgebung ▸ M 24

Hpa-an

Karte: S. 443

Hpa-an , die Hauptstadt des Kayin State und Heimat von 110 000 Einwohnern, mag zwar selbst kein urbanes Highlight sein, liegt jedoch in einer solch pittoresken Umgebung, dass sich die weite Anreise auf jeden Fall lohnt. Am Ostufer des Thanlyin-Flusses gelegen, profitiert sie vom zunehmenden Handel mit Thailand, über dessen 150 km entfernten Grenzort Mae Sot viel Ware Myanmar erreicht. Mittlerweile ist die Nationalstraße 85 dorthin gut ausgebaut. Für Touristen ist dank zunehmend komfortabler Unterkünfte Hpa-an ein wunderbarer Ausgangspunkt, um die umliegende Karstlandschaft zu erkunden.

Sehenswertes

Im Zentrum der Stadt lohnt ein Besuch im lebendigen **Myoma Zeigyo** (Thitsar St., tgl. 8–17 Uhr), dem Hauptmarkt, der vor allem in den Morgenstunden sehr lebendig ist und ein reiches Warenangebot von Lebensmitteln bis Haushaltswaren präsentiert. Vorbei an der im indo-muslimischen Stil errichteten **Main Mosque** (Thitsar St.) mit lilafarbener Fassade und markantem Minarett, bietet sich das von einem Teich umgebene **Amitarrama Ye Kyaung** (Zugang via Thida St.) ein buddhistisches Kloster mit einem Dach nach Vorbild des Mahabodhi-Tempels in Bodhgaya, als Fotostopp an.

Spätestens zum Sonnenuntergang sollte man jedoch an der **Shweyinmyaw Paya** (Thida St., tagsüber, Eintritt frei) sein, einem direkt am Thanlwin gelegenen Heiligtum, wo sich die Einheimischen beim Plausch treffen und man wunderbar das Anlanden der kleinen Fährboote beobachten kann, während die Sonne hinter den Karstbergen versinkt. Das Heiligtum selbst – ein quadratischer Bau mit Staffeldach und einem achtseitigen Stupa als Abschluss – ist weniger sehenswert.

Hpa-an und Umgebung

Übernachten

Resortidyll am Berg – Hpa-an Lodge: am Fuß des Zwekabin-Bergs, ca. 11 km südlich der Stadt, Tel. 09 253 30 77 74, www.hpa-an-lodge.com. Schon die Lage am Fuß des Karstbergs besticht – übertroffen nur noch von den 18 geräumigen Bungalows mit viel Naturmaterialien und Dekor im lokalen Kayin-Stil. Der schöne Pool, die gute Küche und das tolle Ausflugsangebot inklusive Flussfahrt machen das Resort zur ersten Wahl. DZ/ÜF ab 210 US-$.

Flussresort mit Piazza – Than Lwin Paradise Hotel: 8 Ward Shwe King 4 St., Tel. 09 49 85 15 31, 09 250 80 15 89, www.facebook.com/thanlwinparadise, reservation@hotelthanlwinparadise.com. Die etwas kahle Anlage liegt an einem Seitenarm des Thanlwin und hat zur Auswahl 36 einfachere Zimmer im Hauptbau oder schönere in Bungalows, dort mit Veranda und teilweise Holzböden, die sich um einen Platz mit Uhrturm gruppieren. Das Restaurant liegt direkt am Fluss. DZ/ÜF ab 40 US-$.

Komfortables Geschäftshotel – Hotel Gabana: B.E.H.S. St., Tel. 058 224 25, 058 225 09, www.hpa-anhotelgabana.com. Die 61 Zimmer in drei Kategorien mit großen Fenstern, teilweise Holzfußböden und in kräftigen Farben gestrichenen Wänden sind gut, komfortabel und sauber. Das Restaurant im Erdgeschoss bietet solide Küche. DZ/ÜF ab 40 US-$.

Solide Mittelklasse – Hotel Glory: 4/497 Padauk Rd., Ecke Yonegyi Rd., Tel. 058 234 15, 234 16, gloryhotel.hpaan@gmail.com. Die wuchtige Sitzecke in der Lobby wirkt etwas protzig, aber die 38 Zimmer mit AC, Kühlschrank und TV sind freundlich, wenn auch etwas klein. Vom Restaurant auf dem Dach des achtstöckigen Baus bietet sich ein toller Ausblick. DZ/ÜF ab 35 US-$.

Mon und Kayin State

Traveller-Herberger – **Soe Brothers Guest House:** 2/146 Thitsar St., Tel. 058 213 72, 09 49 77 18 23, soebrother@gmail.com. Die zentrale Lage einen Block südlich des Myoma Zeigyo, das engagierte Management und attraktive Ausflugsangebote machen das 1990 etablierte Gästehaus zur ersten Wahl bei Rucksacktouristen. Die 25 Zimmer diverser Kategorien mit Gemeinschafts- oder eigenem Bad und AC sind nüchtern, dafür günstig. Die Rezeption befindet sich im 2. Stock. DZ ab 12 US-$.

Essen & Trinken

Traditionslokal – **Khit Thit (New Age):** 2/247 Zei Dan Rd., Tel. 058 213 44, tgl. 8–22 Uhr. Das Ambiente ist in dem seit über 50 Jahren geführten Lokal eher schlicht, doch was der Familienbetrieb auf die Rundtische stellt, ist gut. Leckere chinesische Speisen, darunter diverse Seafood-Gerichte. Gerichte ab 3500 Kyat.

Thai-Speisen – **Thai Village:** Hpa-gut, Tel. 09 793 62 87 57, tgl. 8–21 Uhr. Ein Mexikaner mit großem Hut und Bart, der freundlich vom Plakat blickt, weist den Weg zu diesem einfachen Bambuslokal im Dorf Hpa-gut am Westufer südlich der Thanlwin-Brücke, 10 km von Hpa-an. Gut mit dem Besuch der Kawgun-Höhle zu verbinden. Hier kann man sich die ordentlich gewürzten Thai-Speisen auf der Zunge zergehen lassen. Gerichte ab 2500 Kyat.

Currygerichte im Topf – **San Ma Tau:** 1/290 Bogyoke Rd., Tel. 058 218 02, tgl. 11–21 Uhr. Mit dem Thanlwin um die Ecke, ist vor allem das Curry mit Flussgarnelen zu empfehlen, den Rest kann man aus dem vielseitigen Büfett auswählen, darunter diverse Gemüsecurrys. Die freundliche Familie ist dabei behilflich. Currys ab 1500 Kyat.

Leckerer Kuchen – **New Day Coffee Shop & Bakery:** 3/624 Bogyoke Rd., Tel. 058 213 25, tgl. 7–19 Uhr. Von der sterilen Chrom-Atmosphäre sollte man sich nicht abschrecken lassen, denn die Kaffeevarianten, das Eis-, Milchshake- und Kuchenangebot sind gut. Morgens Frühstück. Ab 1000 Kyat.

Jugendtreff – **Veranda Youth Community Café:** Zwekabin St., zwischen Ingone St. und Kantharyar Lake, www.verandacafe.weebly. com, Mo–Sa 11–20 Uhr. So wie die einheimische Jugend es heute liebt: gemütliches Ambiente mit viel Bambus und Holz, guter Kaffee aus Myanmar und diverse Säfte und Shakes, dazu Reisgerichte und Salate ab 1000 Kyat.

Aktiv

Ausflüge – **Nay Min:** Kannar Rd., Ecke Padauk St., Tel. 09 49 77 13 25, 09 791 56 56 16. Der erfahrene Guide arrangiert Ausflüge mit Taxi oder Boot. Das tun auch das **Soe Brothers Guest House** (s. S. 444) und das **Golden Sky Guest House** (108 Kannar St., nahe Shweyinmyaw Paya, Tel. 058 215 10).

Durch bizarre Karstlandschaften – s. Aktiv S. 445

Bootstour auf dem Thanlwin – s. Tipp S. 455

Verkehr

Busse, Pick-ups, Minibusse, Sammeltaxis: Der **Satpyitkwin Bus Terminal** liegt ungünstige 5 km südöstlich der Stadt unweit der Nationalstraße 85, doch halten die Busse auch im **Zentrum rund um den Uhrturm.** Dort gibt es zudem die **Ticketschalter.** Die Strecke nach Yangon (280 km, 7–8 Std.) bedienen tgl. mehrere Dutzend AC-Busse über Kyaikhto (120 km, 4 Std.) und Bago (210 km, 5–6 Std.). Nach Thaton (53 km, 1 Std.) starten etwa alle 30 Min. **Pick-ups** von der Main Mosque. Es gibt tgl. zwei **Nachtbusse** nach Mandalay (735 km, 12 Std.). Mawlamyine (58 km, 2 Std.) wird stdl. von einfachen **Bussen und Pick-ups** angefahren. Zum Grenzübergang in Myawaddy (150 km, 3 Std.) sind regelmäßig **Minibusse und Sammeltaxis** (ca. 12 000 Kyat/Person) unterwegs.

Umgebung von Hpa-an

Karte: S. 443

Der Reiz Hpa-ans liegt vor allem in seiner Umgebung, wo mehrere Karsthügel die Landschaft dominieren und mit den grünen Reisfeldern wie gemalt wirken. Die geologische Erklärung indes ist nüchterner. Die Hügel sind Folge eines andauernden Verwitterungsprozesses: Ablagerungen von Muschelkalk auf

DURCH BIZARRE KARSTLANDSCHAFTEN

Karte: S. 443
Startpunkt: Kayin-Dorf Kokamae
Endpunkt: Sadan Cave
Dauer: ca. 5 Std.
Kosten: ca. 30 000 Kyat (für Tuk Tuk und Guide)
Hinweis: Für diesen Ausflug sollte man einen Wagen oder ein Tuk Tuk mit Fahrer engagieren, der einen zu den entsprechenden Stellen bringt und wieder abholt. Ein guter Kontakt ist Nay Min (s. S. 444). Der Ausflug ist während der regenreichen Monate Juli, August und September nicht möglich. Taschenlampe und gutes Schuhwerk sind angebracht, obwohl man in den Höhlen die Schuhe ausziehen muss.

Etwa 15 km südöstlich von Hpa-an erhebt sich östlich des Zwekabin-Massivs ein weiterer Bergrücken, an dessen Fuß man einen sehr netten Fußmarsch unternehmen kann. Dazu fährt man zunächst auf der **Nationalstraße 85** in Richtung Myawaddy und biegt dann in eine Straße bis zur Kayin-Siedlung **Kokamae** 8 ab.

Von dort geht es zu Fuß gen Norden über eine **Fußgängerbrücke** ca. 20–30 Min. weiter durch das nächste, äußerst stimmungsvolle Kayin-Dorf **Lakane** 9 . Hinter der Dorfschule biegt man links ab und erreicht nach knapp 100 m eine weitere **Fußgängerbrücke.**

Nach deren Überquerung ist man in wenigen Minuten an der **Kaw Kathaung Cave** 10 (tgl. 8–17 Uhr, Eintritt frei), wo man von einer langen Prozession begrüßt wird: Betonfiguren von Buddha und seinen Schülern. Im Inneren der von Tropfsteinformationen bizarr geformten Höhle geht man etwas komfortabler barfuß über den gefliesten Boden, um die vielen Figuren des Erleuchteten zu begutachten. Einige urige **Lokale** zur Einkehr liegen wenige Hundert Meter entfernt. An der Kaw-Kathaung-Höhle bzw. bei den Lokalen sollte man sich dann vom Fahrer abholen lassen.

Um zum letzten Punkt dieser Tour zu gelangen, fährt man zunächst zurück zur **Nationalstraße 85,** der man nach Süden bis ins sympathische Weberdorf **Ein Du** 11 folgt. Hier werden tolle Kayin-Stoffe hergestellt, sodass sich ein Stopp und der Besuch einer Weberwerkstätte lohnt.

In Ein Du biegt man anschließend nach rechts in eine Nebenstraße ab, von der ein paar Kilometer später ein 1,8 km langer Feldweg bis zur **Sadan Cave** 12 (ausgeschildert, tgl. 8–17 Uhr, Eintritt frei) verläuft. Diese Höhle ist die wohl schönste im Umkreis. Ein paar Treppen hoch und dann hinein durch einen großen Felsschlund. Vorbei an Stalagmiten und Stalaktiten, Stupas und Buddhas durchläuft man das 800 m lange Kalkfelslabyrinth bis zum Ausgang auf der anderen Seite. Dort warten schmale **Holzboote** (3000 Kyat), die Besucher über einen See zu einer **weiteren Höhle** bringen, die stellenweise geflutet und daher nicht zugänglich ist. Aber man kann in ihrer Umgebung etwas durch die Felslandschaft wandern, in Höhlenöffnungen blicken, welche das Sonnenlicht verschlucken, und den Blick in die Landschaft genießen. Über einen weiteren Weg geht es zurück bis zum Eingangsbereich der Sadan-Höhle.

Mon und Kayin State

dem Grund des Urmeeres Tethys gelangten im Zuge der sogenannten Alpidischen Faltung vor etwa 30–50 Mio. Jahren an die Oberfläche und nahmen aufgrund der Verwitterung teilweise bizarre Formen an. In dem buddhistischen Land verwundert es nicht, dass viele dieser außergewöhnlichen Naturphänomene im Lauf der Zeit zu Pilgerstätten avancierten. Im Folgenden einige Beispiele.

Kaw Gun [2]

Bei Hpa-gut, 14 km südlich von Hpa-an-Zentrum, tgl. 7–18 Uhr, 3000 Kyat

Die **Höhle am Berg,** Kaw Gun (Mon: Kokuh), liegt im Westen des Thanlwin-Flusses und ist Teil eines Karstmassivs. Eigentlich handelt es sich eher um eine Grotte – bis zu 61 m breit und 91 m lang –, die in einen **buddhistischen Klosterkomplex** integriert ist und zu den ältesten heiligen Stätten der Umgebung zählt. Funde lassen darauf schließen, dass hier bereits im 7. Jh. ein Heiligtum existierte.

Zu den Attraktionen zählen die **Terrakottareliefs,** die wie eine zweite Haut auf die Grottenwand geklebt wurden und Tausende von **Buddhabildnissen** in Miniaturformat enthalten. Möglicherweise spielt diese Menge auf die Vorstellung an, dass im Laufe der Millionen Jahre 500 000 Vollkommen Erwachte (Pali: *samma sambuddha*) existierten. Meist handelt es sich um sitzende Buddhas, dazwischen gibt es auch stehende und liegende. Vermutlich zwischen dem 13. und 15. Jh. entstanden, zeigen viele von ihnen stilistische Parallelen zu thailändischen Darstellungen (z. B. im Robenwurf oder bei den Flammen auf dem *ushnisha,* der Erhebung auf dem Kopf eines Buddhas). Leider sind viele der Reliefs schon verschwunden. Von historischer Bedeutung sind die drei seitlich des Zugangs hinter einem Gitter ausgestellten **Sandsteinreliefs,** die ins 7. Jh. datiert werden und neben einem Buddha und Bodhisattva den auf einer Schlange liegenden Vishnu darstellen.

Bats Cave [3]

Wer die Kaw Gun nachmittags besucht, kann bei der Rückfahrt nach Hpa-an an der sogenannten **Fledermaushöhle** vorbeischauen. Dazu hält man vor der Thanlwin-Brücke und folgt einem Weg gen Norden durch ein Waldstück. Dort kann man zur Dämmerung zwischen 18 und 19 Uhr beobachten, wie Tausende von Fledermäusen die Höhle verlassen.

Bayin Nyi Cave [4]

30 km nordwestlich von Hpa-an bzw. 20 km östlich von Thaton, nahe der Nationalstraße 85, tgl. 7–19 Uhr, Eintritt frei

Auch die **Bayin-Nyi-Höhle** ist mit zahlreichen Buddhas ausgestattet und Teil eines Klosterkomplexes. Die Klosteranlage weist einen kleinen See und diverse Hallen und Schreine auf. Das klare Wasser des **Sees** stammt von einer heißen Quelle, sodass häufig Dampfschwaden vor der Karsthügel-Kulisse emporsteigen und ein mystisches Bild zaubern. Über einen ausgebauten Weg und

Hpa-an und Umgebung

*Der von einem goldenen Stupa bekrönte Karstfelsen dominiert
das ihn umgebende Kloster – Kyauk Kalat Paya*

steile Treppen kann man am See vorbei zur etwa 200 m langen Höhle hochgehen und die Stimmung genießen.

Kyauk Kalat Paya 5
Gut 10 km südlich von Hpa-an, nahe der Straße nach Mawlamyine, tgl. 7–12, 13–18 Uhr, Eintritt frei

Dieses Heiligtum zählt zu den ungewöhnlichsten der Region. Wie eine Nadel ragt auf einer kleinen Insel ein mit Büschen und Bäumen bewachsener **Karstfelsen** in die Höhe, umgeben von einem großen See, in dem sich seine Silhouette spiegelt. Natürlich von einem goldenen **Stupa** gekrönt und diversen **Schreinen** umgeben, fühlen sich sogar die Meerschweinchen im Käfig des dazugehörigen **Klosters** wohl. Vom Parkplatz und einer modernen Meditationshalle aus hat man den schönsten Blick auf das Heiligtum. Nach dem Überqueren des Dammes kann man über Treppen – natürlich unbeschuht – ein Stück den Felsen hochgehen und von dort die Umgebung genießen.

Lumbini Park und Zwekabin Mountain
11 km südlich von Hpa-an, tagsüber, Eintritt frei, Aufstieg ca. 2 Std., Abstieg ca. 1 Std., gute Schuhe und Wasser erforderlich!

An der Westseite des Zwekabin-Bergs erstreckt sich der **Lumbini Park** 6 . Nach dem Geburtsort des Erleuchteten benannt, finden sich hier auf freiem Feld 1121 überlebensgroße Buddhastatuen.

Vom Park aus erfolgt der treppenreiche und zeitweise von Affen begleitete Aufstieg auf den Gipfel des 723 m hohen **Zwekabin Mountain** 7 , einer für die Buddhisten wichtigen Pilgerstätte. An diesem Ort gedenken sie eines legendären Einsiedlers, der eine Haarreliquie Buddhas hierher gebracht

Mawlamyine (Mawlamyaing)

Sehenswert
1. Mahamuni Paya
2. Kyaikthanlan Paya
3. Seindon Mibaya Kyaung
4. Aung Theikdi Zedi
5. U Khanti Paya
6. U Zina Paya
7. First Baptist Church
8. Mon Cultural Museum
9. Kaladan Masjid
10. Moghul Shiah Masjid
11. New Market
12. Zeigyo (Central Market)
13. Surti Sunni Jamae Masjid
14. Gaungse Kyun
15. Bilu Kyun

Übernachten
1. Mawlamyaing Strand Hotel, Strand View
2. Attran Hotel
3. Cinderella Hotel
4. OK Hotel
5. Than Lwin Hotel
6. Sandal Wood (Nantha Phyu) Hotel

Essen & Trinken
1. YKKO Mawlamyine
2. Bone Gyi
3. May
4. Daw Yi
5. Mi Cho
6. Delifrance Coffee & Bakery House

Aktiv
1. Thiri Hanthar Travel & Tour
2. Breeze (Lay Hnyin Tha) Guest House

---

haben soll. Von oben, wo neben einfachen Klosterbauten ein schlichter **Stupa** thront und ein kleines **Lokal** (tgl. 9–17 Uhr) auf Kundschaft wartet, eröffnet sich bei klarem Wetter ein sagenhafter Ausblick auf die Karstlandschaft mit dem Thanlwin-Fluss im Westen und allerlei Nuancen von Grün. Der steilere, aber kürzere **Abstieg** erfolgt über die leider recht vermüllte Ostseite des Zwekabin-Bergs.

Durch bizarre Karstlandschaften
8 – 12 : s. Aktiv S. 445

✪ Mawlamyine (Mawlamyaing) ▶ M 25

Zentrum der Mon

Im Mündungsgebiet des Thanlwin, 70 km südlich von Thaton, liegt die Hauptstadt des Mon State, **Mawlamyine.** Ihr alter kolonialer Name Moulmein klingt nach Poesie, seitdem Rudyard Kipling 1899 sein berühmtes Lied »Road to Mandalay« mit dem Satz »By the old Moulmein Pagoda lookin' eastward to the sea« einleitete.

Weniger poetisch ist die Geschichte dieser wichtigen Hafenstadt, da um sie immer wieder gestritten wurde. Vom Meer her durch die Bilu-Insel (Bilu Kyun) geschützt und mit dem Hinterland über den 2816 km langen Thanlwin verbunden, war die Stadt mit dem Hafen Mottama (Martaban) bereits im 1. Jt. ein bedeutendes Zentrum der Mon, bis sie im 11. Jh. ins Bagan-Reich eingegliedert wurde. Doch bereits 1281 eroberte Wareru mit Unterstützung des Thai-Königs und Schwiegervaters Ramkamhaeng (reg. 1279–98) die Stadt und führte die Mon wieder in die Unabhängigkeit. Mit dem Erstarken Ayutthayas ab 1350 geriet der Hafen immer wieder ins Visier thailändischer Monarchen, denn im Handel zwischen China und Indien war der Hafen mit Zugang zum Golf von Martaban (Mottama) für das Königreich Siam perfekt gelegen.

Die strategische Lage führte auch dazu, dass Mawlamyine nach dem Vertrag von Yandabo (1826) bis zur Annexion Nieder-Myanmars (1853) Sitz der britischen Kolonialverwaltung für die südliche Küste war. Die Hoffnung des Britischen Empire, mit dem Thanlwin einen Zugang zu Südwestchina zu bekommen, entpuppte sich indessen aufgrund der schwierigen Navigation des auch unter dem Shan-Namen Salween bekannten Flusses als Trugschluss.

Als wichtiger Umschlagplatz für Teak, Reis und Meeresfrüchte zog Moulmein viele Migranten aus Südasien an. Bei der Volkszählung 1901 wurden 58 446 Einwohner regis-

triert, davon ein Drittel aus Tamil Nadu eingewanderte Hindus und 15 % Muslime. Ihre Nachfahren prägen noch heute das Stadtbild.

In der Nachkriegszeit lähmten die Konflikte mit den Unabhängigkeitsarmeen der Kayin und Mon im Hinterland die Entwicklung der Stadt. Doch dank der 2005 eröffneten 3,5 km langen Brücke über den Thanlwin ist Mawlamyine inzwischen zu einem wichtigen Verkehrsknotenpunkt avanciert und profitiert zunehmend vom Handelsverkehr mit Thailand.

Mawlamyine (Mawlamyaing)

Orientierung

Cityplan: S. 448

Mit etwa 430 000 Einwohnern zählt Mawlamyine zu den größten Städten Myanmars. Trotzdem konnte es viel von seinem kolonialen Charme bewahren. Wie kaum anderswo vermengen sich hier tropische Lässigkeit und städtische Geschäftigkeit.

Das **Zentrum** der Metropole erstreckt sich zwischen dem Thanlwin im Westen und der von Pagoden gekrönten Hügelkette im östlichen Teil. Hier verlaufen drei wichtige Straßen in Nord-Süd-Richtung durch Mawlamyine. Zunächst entlang des Flusses bis zum Thanlwin Fish Market die knapp 4 km lange **Strand Road (Kannar Road)** mit verschiedenen Bootsanlegern. Parallel dazu verlaufen die wuselige **Lower Main Road** mit zahlreichen Geschäften und den beiden labyrinthartigen Markthallen sowie weiter östlich und etwas erhöht die **Upper Main Road,** an der einige Kirchen aus der Kolonialzeit liegen. Hier erstreckt sich auch im nördlichen Teil das gewaltige **Gefängnis**, dessen monsungeschwärzte Ziegelmauern ebenso aus dem 19. Jh. stammen wie die Haftbedingungen der Insassen.

Auf dem Pagodenhügel

Wer gerne zu Fuß unterwegs ist, kann den von Pagoden und Klöstern gesäumten Hügel auch zu Fuß erkunden, denn von der Upper Main Road führt auf der Höhe der Kyaikthanlan Street ein überdachter Treppenaufgang den Hügel hoch. Wenn man sich nach links wendet und der Straße folgt, gelangt man nach 300 m zur **Mahamuni Paya** 1 . Über einen überdachten Zugang geht es dann zur Plattform der **Kyaikthanlan Paya** 2 und von deren Südseite über Treppen zum **Seindon Mibaya Kyaung** 3 . Über weitere Treppen gelangt man wieder zur Straße, der man ca. 800 m gen Süden bis zum **Aung Theikdi Zedi** 4 folgt. An der **U Khanti Paya** 5 vorbei geht es weiter bis zur 1km entfernten **U**

*Erstes Ziel auf dem Pagodenhügel
ist die Mahamuni-Pagode*

Zina Paya 6 , wo ein teils überdachter und treppenreicher Weg wieder auf die Upper Main Road führt. Als markanter Punkt fällt rechter Hand der wuchtige Backsteinbau der 1887 eingeweihten **St. Matthew's Church** auf. Insgesamt sind etwa 4 km zurückzulegen.

Mahamuni Paya 1
Taung Paw St., tagsüber, Eintritt frei
Die **Pagode des Großen Weisen** markiert den nördlichen Punkt der Hügelkette und birgt eine Kopie der berühmten Buddhastatue aus Mandalay (s. S. 305). Königin Seindon Myosa Mibaya und andere Angehörige des Konbaung-Königshauses stifteten die Statue 1904, weil sie nach ihrer Flucht aus Mandalay das Original nicht mehr verehren konnten.

Mit viel Gold und einer Krone verziert, thront der **Buddha** in einem quadratischen Bau aus den 1930er-Jahren mit elegant abgestuftem *pyathat*-Dach. **Wandbilder** in der glasverzierten Wandelhalle illustrieren die Gründungsgeschichte.

Kyaikthanlan Paya 2
Taung Paw St., tgl. 6–19 Uhr, Eintritt frei
Von der Mahamuni-Pagode führt ein überdachter Aufgang zur nur wenig südlich gelegenen **Pagode des Sieges über die Siamesen**. Sie wird gerne mit Kiplings Lied in Verbindung gebracht, obwohl das besungene Meer nicht im Osten, sondern Westen liegt. Ebenso originell ist ihre Ursprungslegende. Die Mon und Siamesen standen im Streit. Doch anstelle eines Krieges entschieden sie sich für einen Wettbewerb. Wer zuerst einen Stupa errichtete, sollte der Gewinner sein. Während die Siamesen noch planten, hatten die Mon blitzschnell einen Stupa aus Bambus errichtet und damit die Wette gewonnen.

Der heutige, 40 m hohe vergoldete **Stupa** wurde 1831 errichtet und bietet einen tollen Blick auf Stadt und Fluss sowie im Osten über die weite Ebene des Thanlwin bis zu den pittoresken Karsthügeln bei Hpa-an. Die meisten Gebäude auf der gefliesten **Pagodenplattform** inklusive der beiden Aufzüge stammen aus der jüngeren Vergangenheit.

Mon und Kayin State

Seindon Mibaya Kyaung 3
Taung Paw St., tgl. 8–17.30 Uhr, Spende erwünscht

Mawlamyines schönstes Kloster ist der Flucht einer Königin zu verdanken. 1840 als Tochter eines hohen Beamten geboren und jung als Königin Nr. 18 mit König Mindon der Konbaung-Dynastie vermählt, wurde Seindon Myosa Mibaya (*myosa mibaya* = Königin Vierten Ranges) wie viele andere Gattinnen Mindons auch, nach dessen Tod zunächst von Königin Hsinbyumashin (1821–1900, s. Thema S. 296) im November 1878 interniert. Kurz darauf floh sie aus Mandalay ins britisch kontrollierte Mawlamyine und lebte dort bis zu ihrem Tod 1905 als buddhistische Nonne.

Das **Kloster von Königin Seindon** liegt südlich der Kyaikthanlan-Pagode und ist mit ihr über einen überdachten Treppenaufgang verbunden. Als Melange von kolonialen **Torbögen und Säulen** mit traditionellen Holzklosterelementen wirkt der Bau schon von außen trotz Patina äußerst anmutig.

Das **Innere** gibt eine Idee von der einstigen Pracht des Palasts in Mandalay, denn der **Hauptraum** birgt eine Spiegelwand mit filigranen vergoldeten Holzschnitzelementen und dem einstigen Thron der Königin. Dort verstauben in Schränken auch wertvolle Palmblattmanuskripte. Sehenswert sind auch die Schnitzarbeiten an den Säulen im umlaufenden **Korridor** der Halle, welche Szenen aus dem »Vessantara Jataka« und der berühmten Geschichte der Förstergattin Ma Shwe U (s. Thema S. 71) zeigen.

Vom Seindon-Mibaya-Kloster zur U Zina Paya
Taung Paw St., alle tagsüber, Eintritt frei

Etwa 800 m südlich des Seindon Mibaya Kyaung bietet die Plattform des neueren **Aung Theikdi Zedi** 4, eines Stupas auf drei quadratischen Terrassen, ebenfalls einen schönen Ausblick. Vorbei an der **U Khanti Paya** 5, deren Halle von einer großen sitzenden Buddhastatue dominiert wird, gelangt man nach ca. 600 m am Südende der Hügelkette zur **U Zina Paya** 6, wo lebensgroße Figuren eines Kranken, Alten, Toten und Asketen an die legendären Vier Ausfahrten erinnern, die Siddhartha Gautama (Pali: Siddhattha Gotama), den späteren Buddha, zur radikalen Veränderung seines Lebens veranlassten. Auch hier bietet sich von der Plattform mit dem vergoldeten Stupa ein toller Ausblick. Die Pagode wurde nach einem Mönch benannt, der den Bau im 19. Jh. initiierte.

An der Dawei Jetty Street

First Baptist Church 7
Upper Main Rd., Ecke Dawei Jetty St. (Dawei Tadar St.), unregelmäßig geöffnet, Eintritt frei

Die kleine wuchtige **Erste Baptistische Kirche,** ein neogotisches Gotteshaus mit Querschiff und Turm, wird auch Judson Church genannt, weil sie 1827 von dem großen Baptistenmissionar Adoniram Judson (1788–1850) gestiftet wurde. Der US-Amerikaner war seit 1813 in Myanmar tätig und wurde während des Ersten Anglo-Birmanischen Krieges inhaftiert. Nach Kriegsende begann er die erfolgreiche Missionierung der Kayin. Er übersetzte als Erster bis 1815 das Neue und bis 1835 das Alte Testament ins Myanma und verfasste ein englisch-birmanisches Wörterbuch. Eine **Kopie der ersten Bibelübersetzung** findet sich auf dem Altar der Kirche. Im hinteren, abgetrennten Bereich des Chorraums gibt es ein sehenswertes **Taufbecken** für die Erwachsenentaufe. Auf dem **Kirchengelände** ist Adoniram Judsons Enkelin Hannah (1871–1911) beigesetzt.

Mon Cultural Museum 8
Baho St., Ecke Dawei Jetty St. (Dawei Tadar St.), Di–So 10–16.30 Uhr, 2000 Kyat

Der zweistöckige Bau ist mit seinen Exponaten für die interessant, die sich intensiver mit der Mon-Kultur beschäftigen möchten, obgleich die Beschreibung fast nur auf Birmanisch ist. Zur **Ausstellung** gehören Steininschriften, Buddhafiguren, Palmblattmanuskripte, lebensgroße Figuren in Mon-Tracht, silberne Betelbehälter, Trachten und Musikinstrumente. Von historischem Interesse sind ein **Brief** vom 22. Dezember 1945 des Freiheitshelden Aung San an den Mon-Führer

Mawlamyine (Mawlamyaing)

Mo Chit Hlaing über mögliche Allianzen sowie ins 6. Jh. datierte **Votivtafeln aus Winka.**

Entlang der Lower Main Road

Ein morgendlicher Spaziergang entlang der Lower Main Road sollte nicht fehlen, denn dann zeigt sich die Stadt am lebendigsten. Am besten startet man im Norden an der Ecke zur Strand Road (Kannar Road).

Kaladan- und Moghul-Shiah-Moschee

Ins Auge fällt die **Kaladan Masjid** 9 (Lower Main Rd., Ecke Strand/Kannar Rd.), die mit ihren Türmen und korinthischen Säulen indisch-europäische Einflüsse aufweist. Im Vergleich wirkt 200 m weiter die schiitische **Moghul Shiah Masjid** 10 mit schlanken Minaretten und filigranen arabischen Kalligrafien wie ein Gruß aus dem Morgenland.

New Market und Central Market

Bald darauf folgen die dunklen Hallen des **New Market** 11 (Lower Main Rd., tgl. 7–17 Uhr) und dann, jenseits der Thaton Jetty St. (Thaton Tadar St.), die großen, nach einem Brand 2007 neu erbauten Betonhallen des **Zeigyo** 12, des Central Market bzw. Großen Marktes (tgl. 7–17 Uhr), der bis zur Strand Road (Kannar Road) verläuft und alles – von Gewürzen bis Kleidern – im Angebot hat.

Surti Sunni Jamae Masjid 13
Lower Main Rd.
Auch die Fassade der **Surti-Sunni-Jamae-Moschee,** 200 m weiter südlich, 1826 von Migranten aus Surat im indischen Bundesstaat Gujarat errichtet, weist europäische und indische Einflüsse auf und lohnt einen Blick.

Gaungse Kyun und Bilu Kyun

Gaungse Kyun: östlich der großen Thanlwin-Brücke, Boot ab Brückenfuß, hin und zurück 4000 Kyat; Bilu Kyun: unregelmäßige Fähre ab Strand Rd. (KannarRd.), Höhe Thaton Jetty St./Thaton Tadar St. nach Nat Maw auf der Bilu Kyun, 1,2 km, 45 Min., besser man chartert ein Boot, 20 000 Kyat/Strecke, s. S. 454

Zwei Flussinseln liegen in unmittelbarer Nähe von Mawlamyine, darunter die kleine **Gaungse Kyun** 14 (Shampoo-Insel). Gläubige besuchen die Insel gern wegen der hier stehenden **Sandawshin Paya**, und das obwohl die Pagode mit goldenem Hauptstupa und diversen Hallen wenig sehenswert ist.

Weit attraktiver, aber zeitaufwendiger ist ein Ganztagsbesuch auf der Dämoneninsel, **Bilu Kyun** 15. Die 36 km lange und bis zu 18 km breite Insel ist allein nur recht schwierig zu erkunden. Am besten engagiert man einen lokalen Guide (s. S. 454), um eines der auf Bilu gelegenen über 70, meist von Mon bewohnten Dörfer zu besuchen. Die meisten Insulaner leben vom Reisanbau und Fischfang, aber einige Handwerksbetriebe sind mit der Herstellung von Kugelschreibern, Spazierstöcken oder Pfeifen aus Palmholz beschäftigt. Der Besuch lohnt sich, denn vielerorts scheint auf der Insel die Zeit stehen geblieben.

Übernachten

Komfort am Fluss – **Mawlamyaing Strand Hotel** 1 : Strand Rd. (Kannar Rd.), Tel. 057 256 24, 057 247 87, www.mawlamyaing strandhotel.com. Der abgeknickte, wuchtige Hotelbau dominiert das nördliche Ende der Uferstraße und bietet 54 große Zimmer in drei Kategorien mit schönen Teakböden, zu denen das Mobiliar nicht so richtig passt. Wieso der Architekt die Zimmer nach hinten und den Korridor zur Flussseite hin geplant hat, weiß wohl nur Buddha. Das Restaurant wirkt unterkühlt, umso warmherziger sind die Angestellten, auch wenn es zuweilen mit der Kommunikation hapert. DZ/ÜF ab 90 US-$.

Bungalowanlage – **Attran Hotel** 2 : Strand Rd. (Kannar Rd.), Tel. 057 257 64, attranhotel rsvn@gmail.com. Namensgeber ist ein Zufluss des Thanlwin, an dessen Ufer sich die freundliche Anlage am Nordende der Strand Road erstreckt. Wenig spektakulär und preislich überzogen sind die 30 Zimmer mit Veranda. Dafür isst man im Terrassenlokal (tgl. 10–22 Uhr) sehr stimmungsvoll. DZ/ÜF ab 70 US-$.

Mon und Kayin State

Guter Service – **Cinderella Hotel** 3 : 21 Baho Rd., Tel. 057 248 60, www.cinderellahotel.com. Hier stimmt das Preis-Leistungs-Verhältnis, zumal der Service gut und die Angestellten sehr hilfsbereit sind. Die 23 Zimmer in dem länglichen Bau sind wohnlich und schön dekoriert, vor allem die geräumigen Eckzimmer. Im angeschlossenen Restaurant werden gute Gerichte aufgetischt. Arrangement von Ausflügen. DZ/ÜF ab 58 bzw. 90 US-$.

Mit Dachterrasse – **OK Hotel** 4 : 11/12 Strand Rd. (Kannar Rd.), Ecke Thaton Jetty St. (Thaton Tadar St.), Tel. 057 246 77, www.okhotel-mlm.com. Der Name des vierstöckigen Eckhauses am Markt ist etwas fantasielos, dafür können sich die 35 sauberen, aber sehr kleinen Zimmer, meist mit AC und teilweise Flussblick, sehen lassen. Nicht so ästhetisch sind die vielen Fliesen, dafür lässt sich vom Restaurant auf der Dachterrasse sehr schön das Flussleben beobachten. DZ/ÜF ab 25 US-$.

Schlicht mit Charme – **Than Lwin Hotel** 5 : 561 Lower Main Rd., Tel. 057 215 18, thanlwin@gmail.com. Aus dem Kolonialbau mit viel Holz und Schmiedeeisendekor könnte man mehr machen, aber immerhin besitzen die 21 Zimmer, meist geräumig, aber nur mit Ventilator und Gemeinschaftsbad, einen asketisch-nostalgischen Charme. Bessere Zimmer mit AC und Bad gibt es im Neubauflügel. DZ/ÜF ab 20 US-$.

Gut gekachelt – **Sandal Wood (Nantha Phyu) Hotel** 6 : 278 Myoma Jetty St. (Myoma Tadar St.), Tel. 057 272 53. Der indische Inhaber hat wohl an seinen Zimmerservice gedacht, der die 33 üppig gefliesten Zimmer mit Bad, Ventilator oder AC, sicherlich schnell reinigen kann. Aber für den Preis und die zentrale Lage ist die Unterkunft eine gute Wahl. DZ/ÜF ab 15 US-$.

Essen & Trinken

Gutes mit Blick auf den Fluss – **YKKO Mawlamyine** 1 : Strand Rd. (Kannar Rd.), beim Dawei Jetty, tgl. 10–22 Uhr. Auch diese Filiale der populären Gastronomiekette direkt am Fluss kommt gut an. Umfangreiche Speisekarte mit vielen Seafood- und Fleischgerichten. Auch westliche Speisen sind zu haben und sogar das Eis ist essbar. Ab 4000 Kyat.

Dinner im Garten – **Strand View** 1 : im Mawlamyaing Strand Hotel, Tel. 057 256 24, tgl. 16.30–21.30 Uhr. Das Gartenlokal des Hotels ist der perfekte Ort für den Sundowner mit anschließendem Dinner. Es werden gute chinesische Speisen zu moderaten Preisen aufgetischt. Gerichte ab 3500 Kyat.

Chinesische Küche – **Bone Gyi** 2 : 1 (B) Strand Rd. (Kannar Rd.), Tel. 057 252 03, tgl. 9–21 Uhr. Das gut geführte Lokal verbindet freundliches Interieur mit einigen Tischen an der Uferstraße und leckeren chinesischen Gerichten. Vor allem die Meeresfrüchte sind zu empfehlen. Gerichte ab 3500 Kyat.

Indisch-gut – **May** 3 : 167 Strand Rd. (Kannar Rd.), tgl. 9–21 Uhr. Nur wenige Schritte vom Bone Gyi tischt das einfache Lokal indische Gerichte wie Chicken Biryani auf. Aber auch die scharfen Fisch-Currys im Mon-Stil sind zu empfehlen. Ab 2500 Kyat.

Leckere Currys – **Daw Yi** 4 : U Zina Pagoda St., Tel. 057 217 45, tgl. 10–22 Uhr. In zweiter Generation kochen die beiden Töchter von Daw Yi so köstliche Currys, dass sie keine Zeit zum Aufhübschen ihres Lokals haben. Die ausgestellten Gerichte lassen sich per Fingerzeig auswählen. Empfehlenswert sind die gut gewürzten Seafood-Currys. Ab 2000 Kyat.

Ebenfalls leckere Currys – **Mi Cho** 5 : North Bogyoke Rd., tgl. 9–21 Uhr. Das von Muslimen geführte Lokal im Norden des Zentrums ist einfach, aber gut. Empfehlenswert sind die Currys mit Lamm und Flussgarnelen. Gerichte ab 2000 Kyat.

Kaffee und Kuchen – **Delifrance Coffee & Bakery House** 6 : 366 Strand Rd. (Kannar Rd.), tgl. 8–21.30 Uhr. Das Ambiente ist modern und kommt bei der Jugend gut an. Von den Pizzen sollte man die Finger lassen, dafür sind die Süßspeisen und die Kaffeevarianten nicht zu verachten. Ab 1500 Kyat.

Aktiv

Ausflüge – **Thiri Hanthar Travel & Tour** 1 : A 399 Strand Rd. (Kannar Rd.), Tel. 057 269 15, 09 31 76 92 49, thirihanthar15@gmail.com,

Mawlamyine (Mawlamyaing)

BOOTSTOUR AUF DEM THANLWIN

In der Hochsaison verkehren zwischen den Hauptstädten des Mon (Mawlamyine) bzw. Kayin State (Hpa-an) auf dem Thanlwin **Touristenboote**. Sie bieten eine gute und günstige Gelegenheit, die wunderbar idyllische Flusslandschaft kennenzulernen. Die von privaten Eignern betriebenen, überdachten Boote bieten Platz für bis zu 14 Personen. Die Charterboote von Hte-La-Y sind ebenso wie die Thanlwin Princess etwas komfortabler und teurer.

Touristenboote: ab Mawlamyine tgl. 8 Uhr (ca. 3 Std., 10 US-$), ab Hpa-an tgl. 13.30 Uhr (ca. 2,5 Std., 8 US-$). **Tickets** erhält man in Hpa-an über Nay Min (s. S. 444) und die Unterkünfte, etwa das Soe Brothers Guest House (s. S. 444) oder das Cinderella Hotel (s. S. 454), sowie in Mawlamyine über das Breeze (Lay Hnyin Tha) Guest House (s. S. 455). Charter ca. 70 US-$.

Hte-La-Y: Padauk St., Ecke Thuwunna St., Hpa-an, Tel. 09 255 83 86 07, 09 791 59 05 17, www.htelay.com. Nur Charter: bis zu 4 Personen 95 US-$, 5–8 Personen 110 US-$/Boot.

Thanlwin Princess: c/o Elegant Myanmar Tours, Strand (Kannar) Rd., gegenüber YKKO, Mawlamyine, Tel. 09 963 26 63 67, 09 421 10 74 72, www.elegantmyanmar.travel, ab Mawlamyine tgl. 8.30 Uhr, 12 US-$/Person, ab Hpa-an tgl. 13 Uhr, 10 US-$, Minimum vier Passagiere.

Mo–Sa 9–17 Uhr. Arrangiert Bootstouren und Ausflüge, verleiht Mountainbikes (7000 Kyat/Tag) und Mopeds (ab 10 000 Kyat/Tag).
Breeze (Lay Hnyin Tha) Guest House 2 : 6 Strand Rd. (Kannar Rd.), Tel. 057 214 50, 09 870 11 80, breeze.guesthouse@gmail.com. Die Eigentümer des alteingesessenen Gästehauses arrangieren ebenfalls Ausflüge aller Art und vermitteln Guides (ab 25 000 Kyat/Tag).

Verkehr

Flüge: Der **Mawlamyine Airport,** 8 km südöstlich des Zentrums, wird 1 x pro Woche von **Myanmar National Airlines** (Forest Office St., Tel. 057 215 00, www.flymna.com) angesteuert und in der Saison gelegentlich von privaten Airlines.

Züge: Die **Mawlamyine Railway Station** liegt 3,5 km südöstlich des Zentrums. Dort starten 3 x tgl. Züge über Kyaikhto (134 km, 4,5 Std.) und Bago (218 km, 7,5 Std.) nach Yangon (293 km, 9,5 Std.) und gen Süden 1 x tgl. über Ye (144 km, 6 Std.) nach Dawei (307 km, 15 Std.).

Busse: Die **Mawlamyine Highway Bus Station** liegt 3 km südöstlich des Zentrums und ist Ausgangspunkt für fast alle Busse gen Norden, etwa nach Mandalay (750 km, 10–11 Std.) und via Kyaikhto (140 km, 4 Std.) und Bago (220 km, 5 Std.) nach Yangon (300 km, 6–8 Std.). Die Busse in Richtung Süden starten von der **Zeigyo Bus Station** unweit der Nationalstraße 8, gut 6 km südlich des Zentrums, darunter über Ye (150 km, 4–5 Std.) nach Dawei (310 km, 10 Std.) und nach Myeik (50 km, 18 Std.). Auch Thanbyuzayat (65 km, 1,5–2 Std.) wird von einfachen **Bussen** angesteuert. **Minibusse** nach Hpa-an (60 km, 2 Std.) und Myawaddy

Mon und Kayin State

(210 km, 5 Std.) starten von der Lower Main Road beim Zeigyo 12.

Umgebung von Mawlamyine

U Nar Auk (Kaw Hnat) Kyaung ▶ M 25

Kaw Hnat, Anfahrt: Straße Richtung Hpa-an, nach ca. 22 km links in eine schmale Straße, dann gut 7 km Richtung Thanlwin-Fluss bis Kaw Hnat, tagsüber, Spende erwünscht, als Halbtagsausflug mit Wagen ab Mawlamyine ca. 40 000 Kyat

Auf dem Weg gen Norden nach Hpa-an lohnt sich ein Besuch des wunderschönen **U-Nar-Auk-Klosters.** Benannt nach dem Stifter, einem betuchten Mon, der als Reeder zu Geld kam, entstand Ende des 19. Jh. eine weitläufige Klosteranlage mit diversen Hallen, Stupas und Schreinen im eklektischen Stil der damaligen Zeit. Die Hallen sind meist aus Holz und in warmen Rottönen gestrichen, aber auch aus Stein mit angedeuteten Rundsäulen und neogotischen Fensterbögen.

Wenn man durch den **Osteingang** auf das Gelände gelangt, so stößt man linker Hand auf den **Dipinkara Wut,** eine Holzhalle mit hohen *pyathat*-Dächern, die U Nar Auk 1892 stiftete. Im Inneren dominieren zwei große stehende, jeweils aus einem Teakstamm geschnitzte Buddhas den Raum, während sich an den Wänden detailfreudige *jataka*-Szenen aus Holz befinden.

Auch der südlich gelegene oktogonale und vergoldete **Maha Zedi** geht ebenso wie der 1888 erbaute **Hna Kyeik Shisu Wut,** etwas östlich – eine weitere Halle mit hohem *pyathat*-Dach sowie filigranen Holzschnitzereien und gemalten Bildern (*jataka*-Illustrationen) im Inneren –, auf den reichen Reeder zurück.

Der 1884 von dem Ehepaar U Htaw Ei und Mi Hannah erbaute weißgetünchte **Mahamuni Wut** aus Stein im Herzen der Anlage zeigt in seinem verspielten Außendekor mit korinthischen Säulen und Verzierungen europäische wie indische Einflüsse und birgt eine Kopie des berühmten Mahamuni-Buddhas aus Mandalay.

Win Sein Yadana Taung ▶ M 25

Bei Mudon, 29 km südlich von Mawlamyine, tagsüber, Eintritt frei, als Halbtagsausflug mit Wagen ab Mawlamyine ca. 40 000 Kyat

Am Anfang stand die Vision des Einsiedlermönches Win Sein Tawya Sayadaw (1921–2015). Nach Jahren der Meditation auf Friedhöfen, begann er 70-jährig 1991 in Mudon, 29 km südlich von Mawlamyine, die mit 600 Fuß (knapp 183 m) **längste liegende Buddhafigur der Welt** zu schaffen.

Vom Parkplatz führen einige Treppen hinauf zum Haupt der Figur. Von dort kann man in den verwirrend treppenreichen Korpus hineinspazieren: Der Kopf der Figur ist 34 m hoch, der bis zu achtstöckige Körper birgt in seinem Inneren 182 Räume, in denen Buddhas Leben und diverse Legenden in Form von Skulpturen dargestellt sind.

Obwohl diese gewaltige Skulptur bis heute nicht vollendet ist, ja an vielen Stellen der Beton schon wieder bröckelt, initiierte Win Sein Tawya Sayadaw auf dem Hügel gegenüber den Bau einer **weiteren Figur.** 2011 begonnen, soll sie 900 Fuß (gut 274 m) lang werden. Allerdings ist von ihr bislang wenig zu sehen, und es bleibt fraglich, ob sie nun, nach dem Tod des Mönchs, weitergebaut werden wird.

Thanbyuzayat ▶ M 26

Die Stadt **Thanbyuzayat,** 65 km südlich von Mawlamyine, ist eng mit den Geschehnissen des Zweiten Weltkriegs verbunden.

Death Railway

Von hier führte die sogenannte **Todesbahn** ins 415 km entfernte thailändische Ban Pong (50 km südwestlich von Bangkok). Die japanische Armee hatte schät-

Umgebung von Mawlamyine

Allein der Kopf des innen begehbaren Riesenbuddhas ist 34 m hoch

zungsweise 55 000 alliierte Kriegsgefangene und 200 000 asiatische Zwangsarbeiter abgestellt, um die äußerst schwierige Strecke in nur 16 Monaten fertigzustellen. Aufgrund der brutalen Bedingungen konnten 12 436 alliierte Kriegsgefangene und mehr als 80 000 der asiatischen Zwangsarbeiter nicht mehr erleben, dass am 17. Oktober 1943 am Drei-Pagoden-Pass die von Thailand und Myanmar aus arbeitenden Arbeitstrupps aufeinander stießen. Allerdings war die strategisch bedeutende Bahnlinie nur 21 Monate in Betrieb, dann wurde sie 1945 von alliierten Bombern zerstört.

Die kläglichen **Reste der Death Railway** mit Bahnlinie, einer alten japanischen Dampflokomotive und verwitterten Soldatenskulpturen können unweit der Nationalstraße 8, knapp 2 km südlich des Zentrums unmittelbar hinter dem Bahnübergang besichtigt werden. Das **Death Railway Museum** (tgl. 9–16 Uhr, 2000 Kyat) präsentiert Bilddokumentationen aus jener Zeit.

Thanbyuzayat War Cemetery

1 km nordwestlich des Zentrums, tgl. 7–17 Uhr, Eintritt frei

In Thanbyuzayat liegt nach Htaukkyant (s. S. 173) der zweitgrößte **Soldatenfriedhof** Myanmars. Die Anlage mit 3771 Gräbern wurde bereits 1946 von Aung San und dem letzten britischen Gouverneur, Sir Hubert Rance, eingeweiht. Heute pflegen Angestellte der Commonwealth War Graves Commission die Ruhestätte der alliierten Soldaten. Ein Großteil von ihnen starb beim Bau der sogenannten Todesbahn, die von Thanbyuzayat ins 415 km entfernte thailändische Ban Pong (50 km südwestlich von Bangkok) führte.

Essen & Trinken

Gute Einkehr – **Family World Motel:** Kyarkan Learn St., tgl. 8–21 Uhr. Die einfache Unterkunft mit angeschlossenem Restaurant liegt in einer Seitenstraße nördlich des Soldatenfriedhofs und bietet mittelmäßige chi-

Mon und Kayin State

nesische Küche. Zur Not kann man hier auch übernachten (DZ ab 15 000 Kyat). Gerichte um 2500 Kyat.

Verkehr

Busse und Pick-ups: Zwischen Thanbyuzayat und Mawlamyine (65 km, 1,5–2 Std.) bzw. Ye (95 km, 3–3,5 Std.) verkehren mehrmals tgl. einfache **Busse.** Sie halten an der Hauptstraße in Marktnähe. **Pick-ups** nach Kyaikkami (24 km, 45 Min.) und Setse Beach (16 km, 30 Min.)

Kyaikkami ▶ M 26

Von Thanbyuzayat führt eine Straße 24 km Richtung Nordwesten bis nach **Kyaikkami,** dessen einstige Bedeutung den Briten geschuldet ist. Sie bauten das einstige Fischerdorf zum Seebad Amherst aus, nachdem sie in Folge des Ersten Anglo-Birmanischen Krieges (1824–26) Tanintharyi annektiert und Mawlamyine zur Verwaltungsstadt erhoben hatten. Die Stadt am Meer wurde nach dem damaligen Generalgouverneur von Britisch-Indien, William Pitt Amherst (1773–1857), benannt, der den Befehl für den Krieg gab. Als Belohnung für seine aggressive expansionistische Politik wurde Amherst 1826 zum Earl ernannt.

Yele Paya

Tagsüber, Eintritt frei

Hauptattraktion von Kyaikkami ist die auf einem Landvorsprung im Meer liegende **Yele-Pagode.** Sie ist berühmt für eine jener vier Buddhafiguren, die der Legende nach einst aus Sri Lanka übers Meer nach Myanmar gelangten. Die drei anderen Statuen befinden sich in Kyaikhto, Dawei und Pathein.

Der über einen zweistöckigen Steg zugängliche Pagodenkomplex mit diversen Schreinen und kleinen Stupas ist vor allem nachmittags zum Sonnenuntergang sehr stimmungsvoll.

Ein Schrein in der **Haupthalle** der Yele Paya birgt eine von einem *naga* geschützte Buddhafigur *(nagayon).*

Setse Beach ▶ M 26

Der langgezogene Setse Beach liegt 24 km südlich von Kyaikkami bzw. 16 km westlich von Thanbyuzayat. Mit beiden Orten ist er über eine mittelmäßige Straße verbunden. Der **Strand** lädt zu langen Spaziergängen, weniger zum Baden ein, denn aufgrund der Nähe zur Thanlwin-Mündung ist das aufgewühlte Meer ziemlich bräunlich.

Lohnend sind **Bootsausflüge** zu vorgelagerten Inseln, etwa zur **Pwar Ka Lwin Kyun** mit dem Wet Ma Paya oder zur **Kyet Thwin Kyun,** auf der sich ein Leuchtturm erhebt.

Übernachten

Einfache Bungalows – **21 Paradise Hotel:** Tel. 09 49 21 30 56, 09 255 70 11 60. Es gibt mit 72 Zimmern eine große Auswahl, doch sie sind nicht immer gepflegt. Am besten sind die Bungalows mit Veranda direkt am Strand. Von Vorteil ist der Pool, das Essensangebot ist eher dürftig. DZ/ÜF ab 30 US-$.

Ye ▶ 2, M 27

Das 150 km südlich von Mawlamyine und 160 km nördlich von Dawei gelegene **Ye** bietet sich perfekt als Übernachtungsstopp an. Die 35 000 Einwohner zählende südlichste Stadt des Mon State liegt an dem gleichnamigen Fluss, der im Tanintharyi Yoma entspringt und sich 9 km südwestlich ins Meer ergießt. Wirtschaftlich lebt Ye von Kautschuk- und Betelnussplantagen sowie vom Fischfang. Ansonsten geht alles seinen gemächlichen Gang und die Einheimischen staunen noch über die wenigen Touristen.

Wer hier Station macht, kann die auf einem Hügel nördlich des Flusses gelegene **Sagartaung Paya** (tagsüber, Eintritt frei) aufsuchen. Von ihrer Plattform mit dem goldenen Stupa eröffnet sich ein schöner Blick in die Umgebung.

Vor allem zur Dämmerung herrscht eine angenehme Stimmung rund um den **Stadtsee,** wo sich auf einer künstlichen, mit einem Steg verbundenen Insel sehr pittoresk die 2500-Jahre-Buddhismus-Pagode, **Thatana**

Umgebung von Mawlamyine

2500 Paya (tagsüber, Eintritt frei), ein Rundbau mit Stupa, erhebt.

Schließlich kann man noch einen Blick in den **Myoma Zeigyo** (tgl. 7–17 Uhr) werfen, der sich am vermüllten Nordufer des Ye-Flusses befindet. Hier bieten u. a. zahlreiche Goldschmiede ihre Arbeiten an.

Ausflug zur Ko Yin Lay Paya

Auf dem Banana Mountain 9 km nördlich von Ye, mit Tuk Tuk hin- und zurück ca. 5000 Kyat, tgl. 7–18 Uhr, Eintritt frei

Ein Ausflug führt zur Ko-Yin-Lay-Pagode, einem modernen Pagodenkomplex mit Stupa und diversen Hallen. Herzstück ist ein **quadratischer achtgeschossiger Bau** mit vier gigantischen sitzenden Buddhas nach Vorbild der Kyaikpun-Buddhas in Bago. Er ist begehbar und eröffnet von oben tolle Ausblicke.

Bootstour auf dem Ye River

Das Starlight Guest House (s. Übernachten) arrangiert eine landschaftlich äußerst ansprechende, halbtägige Bootstour auf dem **Ye-Fluss** bis zum Dorf Jaun Yua.

Übernachten

Gästehaus mit Seeblick – **Starlight Guest House:** 13 Yan Gyi Aung Rd., Tel. 09 255 71 32 53, 09 250 08 86 16, www.starlight-guesthouse.com. Von einem amerikanisch-birmanischen Paar geführtes Gästehaus mit sechs geschmackvoll gestalteten Zimmern diverser Kategorien, meist mit AC. Das Frühstück wird auf einer Terrasse mit tollem Ausblick serviert. Sehr hilfreich bei der Ausflugsgestaltung. DZ/ÜF ab 20 US-$.

Zentral am Markt – **Seikantha Guest House:** Strand Rd., am Ye-Fluss, Tel. 057 505 91, 09 255 73 30 13. Die einfache Unterkunft liegt beim Markt und verfügt über 17 Zimmer, teils sehr schlicht mit Gemeinschaftsbad, fünf aber auch mit eigenem Bad und AC. DZ ab 15 US-$.

Essen & Trinken

Gute Mon-Küche – **Jasmine Cool Restaurant:** Yan Gyi Aung Rd., tgl. 7–22 Uhr. Das gut geführte Lokal liegt direkt am See und tischt schmackhafte Mon-Currys und Thai-Gerichte auf. Kein Alkoholausschank. Ab 2000 Kyat.

Verkehr

Züge: Die **Ye Railway Station** liegt am Westrand der Stadt und ist 1 x tgl. Haltepunkt für Züge über Mawlamyine (144 km, 6 Std.) und Bago (362 km, 13,5 Std.) nach Yangon (437 km, 15,5 Std.) und gen Süden 1 x tgl. nach Dawei (163 km, 9 Std.). Die Strecke zwischen Ye und Dawei wurde erst in den 1990er-Jahren mithilfe von Zwangsarbeitern errichtet. 120 000 Menschen wurden vom Militär gezwungen, an dem umstrittenen Projekt mitzuarbeiten. Heute zählt die Trasse zu den schlechtesten des Landes – man wird kräftig durchgeschüttelt und nicht selten ›hüpft‹ ein Waggon aus den Gleisen.

Busse: Mehrmals tgl. starten **Busse westlich des Marktes** nach Mawlamyine (150 km, 5 Std.) und nach Dawei (160 km, 5–6 Std.).

Grenzübergang nach Thailand

Seit 1997 verbindet eine Brücke Myawaddy mit dem thailändischen Grenzort Mae Sot. Sie überspannt den Taungyin (Thai: Mae Nam Moei), der in dieser Region streckenweise als Grenzfluss dient. Über Jahre nur für den Handelsverkehr geöffnet, können seit 2013 internationale Besucher den Grenzübergang benutzen, ein gültiges Visum für Myanmar ist erforderlich (Beschaffung vorab, s. S. 104); für Thailand erhält man an der Grenze in Mae Sot einen Einreisestempel, der zu einem 30-tägigen Aufenthalt im Land berechtigt.

Zwischen Hpa-an und Myawaddy (150 km, 3 Std.) verkehren regelmäßig Minibusse und Sammeltaxen (ca. 12 000 Kyat/Person). Da es eine Reihe von Checkpoints gibt, empfiehlt es sich, Passkopien dabeizuhaben.

Myawaddy–Mae Sot: tgl. 5.30–20.30 Uhr; Achtung: Thailand ist Myanmar 30 Min. voraus!

Mae Sot Immigration Office: 188 Asia Rd., Tel. +66 55 56 30 00, www.immigration.go.th.

Tanintharyi

Mit 43 345 km² größer als die Schweiz, zieht sich der schmale Küstenstreifen gut 650 km zwischen Andamanensee und Thailand in den Süden. Wer sich auf den langen Weg macht, trifft auf urtümliche Küstenlandschaften, schöne Strände und mit dem Myeik-Archipel auf eine noch unberührte, leider aber bedrohte Inselwelt.

Das schmale, langgezogene Tanintharyi – von den Briten Tenasserim genannt – ist sehr spät Teil Myanmars geworden. Über lange Zeit hatten die Herrscher Siams die Kontrolle über die Hafenstädte dieses Küstenabschnitts, der den Zugang zum lukrativen Seehandel mit Indien ermöglichte. Der tiefe Süden mit dem riesigen Myeik-Archipel war Heimat von Seenomaden und bot Schlupfwinkel für Piraten. Und dies hat Spuren hinterlassen. In vieler Hinsicht haben die Menschen in dieser Region mehr gemeinsam mit den Bewohnern Südthailands und Malaysias als mit jenen Zentral-Myanmars. Ihre wirtschaftliche Grundlage ist das Meer.

Fischerei und maritimer Handel bestimmen das Leben vieler der gut 1,4 Mio. Bewohner Tanintharyis. In der Vergangenheit sahen sie Schiffe aus Südasien und Europa vorbeiziehen und schon lange ließen sich Menschen fremder Kulturen in den Hafenstädten nieder.

Aus Sicherheitsgründen durften internationale Besucher die Region lange gar nicht bereisen und ab den 1990er-Jahren nur per Flugzeug Dawei, Myeik und Kawthaung ansteuern. Seit 2013 kann man die entlang der Küste verlaufende Nationalstraße 8 bis nach Myeik benutzen, was immer noch die beste Art ist, die herrliche Tropenlandschaft zu erkunden. Die touristische Infrastruktur steckt allerorts noch in den Kinderschuhen. Eine Komfortreise darf man also nicht erwarten, sich dafür aber an zahllose unverfälschte Alltagsmomente freuen.

Dawei ▶ 2, N 30

Die charmante Hauptstadt der Tanintharyi Division und Heimat von 110 000 Einwohnern wirkt durch viele alte Kolonialbauten mit schönen Holzfassaden, hoch aufragenden Areka- und Kokospalmen sowie von schattigen Tropenbäumen gesäumte Straßen noch recht entspannt. Manche Viertel wirken eher dörflich. Die heftigen Niederschläge während der Monsunzeit setzen der alten Bausubstanz zwar ziemlich zu, bescheren der Region im Gegenzug indes fruchtbare Böden, die dank des Dawei-Flusses und diverser Kanäle fast das ganze Jahr über bestellt werden. Die Region ist bekannt für Durian, Mangosteen und andere leckere Tropenfrüchte.

Im Fokus Siams

Die Anfänge der Hafenstadt liegen im Dunkeln, doch Funde am Unterlauf des Dawei bezeugen eine frühe Besiedlung. Ab 754 ist bei Myohaung, 12 km nördlich von Dawei, die Pyu-Stadt Thagara bezeugt, ab 1390 südlich von Dawei unweit von Launglon der Mon-Hafen Weidi. Vielleicht ist mit Dawei der Ort Tavi gemeint, den der englische Seefahrer Ralph Fitch erwähnte, als er 1586 von Bago nach Melaka reiste. Es ist anzunehmen, dass schon lange Handelsschiffe an der Mündung des Dawei-Flusses einen Zwischenstopp auf ihrer Fahrt zwischen Bengalen und der Malaiischen Halbinsel einlegten. Daher stand Dawei stets im Blickfeld der Mon, Bamar und Siamesen. Im frühen 14. Jh. kontrollierten die Mon das Mündungsgebiet des Dawei, ab 1350 die Herrscher Siams und zwischen dem 15. und 18. Jh. mal die Monarchen von Ayutthaya, mal jene von Bago bzw. Inwa.

1754 wurde Dawei an heutiger Stelle neu gegründet und vom Konbaung-König Alaungpaya unter Kontrolle gebracht. Später hatten wieder die Könige Siams das Sagen, welche die Stadt Tawai, Hafen (Thai: *ta*) für Rattan *(wai)*, nannten. Ab 1824 stand der gesamte südliche Küstenstrich unter Kontrolle des Britischen Empire. Als Umschlagplatz für Reis, Kautschuk und Teak aus dem Tanintharyi-Bergzug gewann Tavoy, wie die neuen Herren die Stadt nannten, bald an Bedeutung. Nach der Unabhängigkeit litt die Küstenregion unter den Kämpfen von aufständischen Armeen und bewaffneten Schmugglerbanden – ein Grund, weshalb Ausländer bis 2013 nur per Flugzeug nach Dawei reisen konnten und heute noch viel Militär zu sehen ist.

Doch der tropisch-lässige Dornröschenschlaf wird wohl bald vorbei sein, denn mit der **Dawei Special Economic Zone** will Myanmars Regierung zusammen mit der thailändischen Regierung, Dawei liegt nur 350 km von Bangkok entfernt, dem Hafen neues Leben einhauchen. Über den auf halbem Weg zwischen Dawei und der thailändischen Hauptstadt gelegenen Grenzübergang Htee Kee/Phunaron soll die Ware von und zu der thailändischen Hauptstadt transportiert werden. Schon seit dem Jahr 1998 existiert die über 650 km lange Yadana-Pipeline, welche das im Golf von Martaban gewonnene Gas ins thailändische Ratchaburi leitet.

Sehenswertes

Schon ein Spaziergang durch die Straßen wird zum Erlebnis, denn das Alltagsleben der Menschen zeigt sich in Dawei wunderbar unverfälscht.

Selbst bei tropischem Regen hat Dawei noch Atmosphäre

Tanintharyi

Si Pin Tharyar Zei
Arzarni Rd., tgl. 7–18Uhr
Im sympathischen **Si Pin Tharyar Market,** dem Hauptmarkt von Dawei, lohnt sich ein Rundgang. Es ist interessant, zu sehen, mit was sich die Bewohner in den teils noch kolonialen Hallen so eindecken – von stark riechendem Trockenfisch bis wohlduftendem Parfum aus Thailand ist alles erhältlich.

Shwetaungsar Paya
Ca. 1 km nordöstlich des Si Pin Tharyar Zei, über die Ye Rd. nach Norden, dann rechts ab, tgl. 6–21, Museum tgl. 16.30–18.30 Uhr, Eintritt frei
Die **Shwetaungsar-Pagode,** wegen ihrer Größe auch schlicht Payagyi, Große Pagode, genannt, ist ein weitläufiger Komplex mit elegant nach oben strebendem vergoldeten Stupa mit achtseitiger Basis und diversen Hallen und Schreinen. Sehenswert ist das kleine **Museum,** ein oktogonaler Bau östlich des Stupas mit einigen historischen Funden, darunter Münzen, Keramik und einer Buddhastatue aus Holz.

Ausflug von Dawei

Im Rahmen eines Halbtagsausflugs kann man südlich von Dawei zwei bemerkenswerte Heiligtümer besuchen.

Shwethalyaung Dawmu Paya
6 km südöstlich des Stadtzentrums
Die Attraktion der **Shwethalyaung-Pagode** bildet der 74 m lange und 21 m hohe **liegende Buddha,** der 1931 an einem Berghang errichtet wurde und, von einem Dach geschützt, gen Westen blickt.

Shinmokthi Paya
Nationalstraße 8, 10 km südsüdöstlich des Stadtzentrums, tagsüber, Eintritt frei
Dass nicht nur Schiffe an der Küste Myanmars landeten, sondern auch Buddhafiguren, zeigt eine vergoldete Holzstatue des Erleuchteten in der **Shinmokthi-Pagode** weitere 4 km südlich. Sie kam – so wird erzählt – mit drei anderen, heute in Pathein, Kyaikhto und Kyaikkami verehrten Figuren aus Sri Lanka übers Meer.

Von der Straße führt ein überdachter **Zugang** mit *jataka*-Bildern des bekannten Malers Ngwe Gaing (1901–67) ins Zentrum der Pagodenanlage, die aus einer von Glasmosaiken verzierten **Haupthalle** mit der verehrten Figur und einem goldenen **Stupa** im Anschluss besteht.

Übernachten

Modern und komfortabel – **Golden Guest Hotel:** 59 Myotedwin St., Tel. 059 213 51, 059 214 00, www.goldenguesthoteldawei.com. In den vier Etagen des freundlichen Eckbaus verteilen sich 40 saubere AC-Zimmer mit Bad in drei Kategorien und modernem, sehr ansprechendem Interieur sowie ganz oben ein Restaurant, von dem sich ein schöner Stadtblick eröffnet. DZ/ÜF ab 50 US-$.

Reiche Zimmerauswahl – **Diamond Crown Hotel:** 651 Ye Rd., Tel. 059 211 17, www.diamondcrownhoteldawei.com. Mit 57 auf fünf Stockwerke verteilten Zimmern in diversen Kategorien herrscht eine große Auswahl. Doch die Einrichtung – viel Teak und viel Plastik – wirkt etwas altbacken. Das Dachrestaurant wirkt nüchtern, stimmungsvoller wird es abends auf der dazugehörigen Terrasse. DZ/ÜF ab 50 US-$.

Bunte Fassadenkunst – **Zayar Htet San Hotel:** 566 Ye Yeik Thar Rd., Tel. 059 239 02, hotelzayarhtetsan@gmail.com. Schon äußerlich fällt das Hotel mit seiner modern gestalteten Fassade auf. Doch auch die 37 geräumigen Zimmer mit modernen Bädern zeigen Stil. Professionell gemanagt. DZ/ÜF ab 40 US-$.

Preislich gut – **Shwe Moung Than Hotel:** 665 Pakokku Kyaung Rd., Tel. 059 237 63, 059 237 64, shwemaungthan22@gmail.com. Die Fassade aus rosa Putz und Glas wirkt modern und hell, die 36 Zimmer mit Bad und AC variieren in ihrer Größe. Vom Dachrestaurant im fünften Stock hat man eine tolle Aussicht. DZ/ÜF ab 15 US-$.

Essen & Trinken

Gartenlokal – **Pale Eikari Restaurant:** 572 Ye Yeik Thar Rd., Tel. 059 217 80, tgl. 7–22

Uhr. Mit seinem Garten und Fassbier ist das Hotelrestaurant eine gute Adresse für den Abend. Hier schmecken gegrillter Tintenfisch und Co. vorzüglich. Gerichte ab 2500 Kyat.

Gute Thai-Küche – **Joy House:** Arzarni Rd., Ecke Bogyoke Rd., Tel. 09 250 61 27 44, tgl. 11–22.30 Uhr. Nette Kneipenatmosphäre mit Fassbier und leckeren Thai-Speisen, deren Zubereitung die Eignerin im Nachbarland erlernt hat. Gerichte ab 1500 Kyat,

Traditionslokal – **Daw San Curry House:** 506 Hospital Rd., Tel. 09 49 87 25 84, tgl. 10.30–21 Uhr. Seit einem halben Jahrhundert hat der Familienbetrieb die Kunst der birmanischen Currys verfeinert, die in allen Varianten in Töpfen zur Auswahl bereitstehen. Gerichte ab 1500 Kyat.

Salate und Süßes – **Padonmar Cold Drink & Salat Bar:** Hospital Rd., Ecke Shwe Taung Zar Rd., Tel. 09 254 82 83 15, tgl. 9.30–20.30 Uhr. Stadtbekannt für den Avocadosalat im Winter, gibt es neben kühlen Getränken und Snacks auch ordentliches Eis. Speisen ab 1000 Kyat.

Aktiv

Fahrradfahren – **Mountain King Bike Rental:** Tel. 059 222 54, 09 41 00 42 56, tgl. 7–18 Uhr. Der passionierte Radler U Naing vermietet Fahrräder und Mountainbikes für 5000–12 000 Kyat/Tag. Sonntags organisiert der Vorsitzende des Dawei Mountain Bike Club gemeinsame Touren.

Ausflüge – **Life Seeing Tours:** Tel. 09 254 20 70 77, www.lifeseeingtours.com. Die in Myeik angesiedelte, von dem Deutschen André Schneegaß geleitete Agentur organisiert authentische Ausflüge rund um Dawei. **Ko Thein Htauk:** Tel. 059 230 76, 09 41 00 41 67, easytravel.samtheman@gmail.com. Der Reiseleiter Ko Thein Htauk bietet mit seinem Wagen Touren rund um Dawei an und organisiert auch Bootsausflüge.

Verkehr

Flüge: Der **Dawei Airport** liegt rund 3 km nordöstlich der Stadt (per Tuk Tuk ca. 2000 Kyat). Als Teil der Strecke Yangon–Myeik–Kawthaung wird Dawei in der Saison tgl. angeflogen. Im Folgenden finden Sie die Büros der Anbieter, welche den Flugplan jedoch häufig ändern. Unbedingt vorab informieren. **Flugtickets** erhält man in Dawei bei den Agenturen **Sun Far Travels & Tours** (298 Padauk Shwe Wah St., Tel. 059 211 10, 09 41 01 10 36, www.sunfartravels.com, Mo–Fr 9–17, Sa–So 9–12 Uhr) und **Mergui Sakura Air Ticketing Centre** (Ye Rd., Tel. 059 239 91, 09 874 09 63, tgl. 7.30–17.30 Uhr). Darüber hinaus sind folgende Fluglinien mit Büros in der Stadt vertreten: **Air KBZ,** 4 Nate Ban Rd., Tel. 059 238 33; **Air Mandalay,** Mi Thar Su Stores, 131 Zay Taung Phet St., Tel. 059 212 82, 059 220 82, 059 222 82; **Mann Yadanarpon Airlines,** 298 Padauk Shwe Wah Rd., Tel. 059 239 48; **Myanmar National Airlines,** Kannar St., Ecke Seike Kanthar St., Tel. 059 210 70; **Yangon Airways,** 3 Arzarni St., Tel. 059 221 53, 059 221 54 (Websites s. S. 87).

Züge: Die 3 km östlich gelegene **Dawei Railway Station** ist 1 x tgl. Startpunkt für Züge über Mawlamyine (307 km, 15 Std.) und Bago (525 km, 22,5 Std.) nach Yangon (600 km, 24,5 Std.).

Busse: Vom **Busbahnhof** 4 km nördlich des Stadtzentrums starten mehrere **Direktbusse** nach Yangon (620 km 16–18 Std.) und nach Myeik (255 km, 9 Std.). Zudem fahren **Minibusse** direkt nach Mawlamyine (310 km, 10 Std.) und Myeik sowie Vans zum Grenzübergang Htee Kee–Phunamron (150 km, 6 Std.) nach Thailand.

Boote: Schnellboote bedienen die Strecke Dawei–Myeik–Kawthaung (395 km, 11 Std., ab 60 US-$) mit Start an der Mündung des Dawei-Flusses bei Thayetchaung, ca. 35 km südlich von Dawei. Die Bootsbetreiber organisieren Zubringerbusse von der Ye Road, wo die meisten mit ihren Büros vertreten sind: z. B. **Hi Fi** (Tel. 059 221 77), **Fortune Express** (Tel. 059 221 44) und **Ayanadi Express** (Tel. 059 224 44). Es handelt sich um geschlossene Boote, die oft unterkühlt und wenig gemütlich sind, vor allem bei entsprechendem Wellengang. Eine Kreuzfahrt ist dies nicht.

Tanintharyi

MOPEDTOUR AUF DER DAWEI PENINSULA

Start-/Endpunkt: Dawei
Dauer: 3 Tage
Kosten: ca. 30 000–40 000 Kyat (ohne Übernachtung)
Entfernung: insgesamt ca. 170 km
Hinweis: Gute Fahrkenntnisse sind unabdingbar. Die Tour kann von **Life Seeing Tours** in Myeik (s. S. 468) mit Guide organisiert werden. Dies ermöglicht die Kommunikation mit der freundlichen Bevölkerung, denn auf der Halbinsel spricht kaum jemand Englisch. Die Mopeds kann man über die Unterkünfte in Dawei arrangieren.
Übernachten: Myanmar Paradise Beach Bungalows, Sa Sar Aw Beach, Tel. 09 254 20 70 77, www.myanmarparadisebeach.com, Eröffnung geplant in 2016/17, DZ/ÜF ab 20 US-$; **Myin Kwa Aw Eco Resort,** Myin Kwa Aw Beach, Tel. 09 42 24 50 33, DZ ab 15 US-$

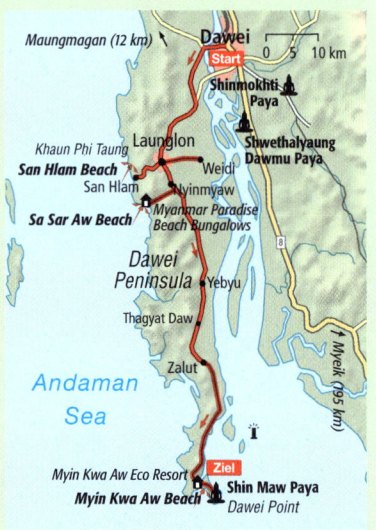

Diese Tour ist das Richtige für strandliebende Mopedfahrer, denn sie führt zu unberührten Stränden, urigen Fischerdörfern und eröffnet immer wieder herrliche Ausblicke auf die Andamanensee. Allerdings ist sie nur während der Trockenzeit für Schotterpisten erprobte Fahrer empfehlenswert, denn die Straßen sind teils sehr schlecht, vor allem wenn man Abstecher zu den Stränden und Fischerdörfern entlang der zerklüfteten Westküste unternimmt. Zudem gibt es auf der Halbinsel nur zwei einfache Unterkünfte.

Es empfiehlt sich ein früher Start in **Dawei,** am besten kurz nach Sonnenaufgang. Von dort geht es zunächst über die Brücke gen Westen und dann Richtung Süden. Nach ca. 20 km ist das Dorf **Launglon** erreicht, wo man auf dem Markt eine erste Rast einlegen kann und in dessen Nähe der antike Hafen **Weidi** lag. Kurz hinter dem Dorf zweigt eine Straße rechts ab und führt 6 km bis zum **San Hlam Beach,** der von einem großen Fischerdorf gesäumt wird. Hier lohnt es sich, das Gefährt stehen zu lassen und etwas die Gegend zu erkunden. Bei Ebbe kann man zu einigen vorgelagerten Kalkfelsinseln spazieren.

Dieselbe Strecke wieder zurück und die Teerstraße 5 km gen Süden, zweigt hinter dem Dorf **Nyinmyaw** wieder ein Weg gen Westküste ab. Sie endet nach 7 km am **Sa Sar Aw Beach,** wo man im Myanmar Paradise Beach Bungalows übernachten kann.

Myeik

Am nächsten Tag führt der Weg 65 km tief in den Süden bis zur **Shin Maw Paya** (tagsüber, Eintritt frei), einem buddhistischen Heiligtum, das den südlichsten Punkt der Halbinsel markiert. Man sollte sich etwas Zeit lassen, denn immer wieder eröffnen sich wunderbare Panoramablicke. Am 5 km nordwestlich der Pagode gelegenen **Myin Kwa Aw Beach** kann man im gleichnamigen Resort den Tag ausklingen lassen. Am dritten Tag vielleicht noch ein morgendliches Bad, bevor es zurück ins 75 km entfernte Dawei geht.

Strände bei Dawei

Entlang der Küste bei Dawei reihen sich einige der schönsten Sandstrände im Süden Myanmars. Bislang sind sie kaum erschlossen. Der bekannteste, jedoch nicht schönste Strand ist der **Maungmagan Beach** (▶ 2, N 30), 20 km nordwestlich von Dawei, wo sich im Schatten von Kasuarinenbäumen und Palmen einige Seafood-Lokale und einfache Unterkünfte verstecken. Etwa 15 km nördlich beginnt der gelbliche, weitgehend baumlose **Nabule Beach** (▶ 2, M 29), der wesentlich schöner, aber für die Special Economic Zone Dawei (SEZ) verplant ist. Doch bevor die Bagger anrollen, kann man den endlos scheinenden Strand noch genießen.

Fährt man vom Maungmagan Beach die Küstenstraße entlang 5 km nach Süden, so erstreckt sich ab dem namensgebenden Fischerdorf der wie eine Sichel geschwungene, jedoch felsenreiche **Baw Seik Beach** weitere 8 km bis zu einem, von der **Myaw Yit Paya** gekrönten Felsvorsprung. Diese wiederum markiert den Beginn des sich südlich anschließenden **San Maria Beach,** der bis zu einer Lagunenmündung verläuft, noch nahezu unberührt ist und zum Baden einlädt. Touristische Einrichtungen sind noch Fehlanzeige.

Übernachten

Beliebt bei Einheimischen – **Maungmagan Beach Resort:** Maungmagan Beach, Tel. 09 422 20 18 19, tddpcdawei@gmail.com. Zwar direkt am Strand gelegen, aber eher auf lokale Gäste eingestellt, die sich an der hässlichen Architektur nicht stören. Doch die 53 Zimmer mit Bad und AC sind in Ordnung. Großes, unpersönliches Restaurant mit gern genutzten Karaokelounges. DZ/ÜF ab 40 US-$.

Hinter dem Strand – **Coconut Guest House:** Maungmagan Beach, Tel. 09 423 71 36 81, cocoguesthouse95@gmail.com. Etwa 700 m vom Strand und von Ausländern bevorzugt. Die hübsche, von Kokospalmen gesäumte Bungalowanlage bietet zwölf Zimmer mit Bad, teils mit AC und Veranda. Abends trifft man sich im rustikalen Restaurant. Mopedverleih. DZ/ÜF ab 35 US-$.

Verkehr

Zwischen Dawei und dem Dorf Maungmagan verkehren regelmäßig **Pick-ups** (20 km, 30 Min.). Ansonsten kann man sich mit dem **Mopedtaxi** hinfahren lassen oder selbst über die Unterkünfte ein **Moped** mieten.

Myeik ▶ 2, O 33

Beik, wie sie die Einheimischen nennen, oder Mergui, wie sie während der Kolonialzeit hieß, liegt für eine Hafenstadt perfekt: Geschützt von vorgelagerten Inseln und über den Großen Tanintharyi-Fluss mit dem ressourcenreichen Hinterland verbunden, ist sie seit Jahrhunderten ein wichtiger Umschlagplatz für Waren. Neben dem Reichtum des Meeres gibt es Bodenschätze wie Zinn und Wolfram, dazu gedeihen Kautschuk in Plantagen und allerlei Edelhölzer und Rattan in den Wäldern. Doch auch hier hemmte die fragile Sicherheitslage lange die Entwicklung der 150 000-Einwohner-Stadt. Das bessert sich zunehmend. Berühmt für Fisch- und Garnelenpaste und die in Ostasien geschätzten Salanganen-Nester (Seeschwalbennester), spielt auch der Tourismus eine zuneh-

Tanintharyi

mende Rolle. Myeik gilt nach Kawthaung als zweites Eingangstor zum weltberühmten Myeik-Archipel. Doch auch als Stadt wartet es mit interessanten Sehenswürdigkeiten und kolonialem Charme auf.

Im Blick vieler Mächte

»Die Stadt von Tarnassari liegt in der Nähe des Meeres: Sie ist flach, reich an Wasser und hat einen guten Hafen ... Auch viel Korn und Baumwolle wachsen hier.« (»The Travels of Ludovico di Varthema«, London 1863) So beschreibt der italienische Handelsreisende Ludovico di Varthema (um 1470–1517) die Stadt bei seinem Besuch im Jahr 1505. Doch schon einige Jahrzehnte früher, 1421, verschlug es den venezianischen Seefahrer Niccolò de' Conti (1395–1469) in den Mündungsbereich des Tanintharyi, wo ihn die vielen Elefanten beeindruckten. Myeik geriet also schon sehr früh ins Blickfeld der Europäer, war jedoch ansonsten ein steter Zankapfel zwischen den birmanischen und siamesischen Herrschern, die abwechselnd den Hafen kontrollierten.

Im 17. Jh. wurde Myeik in ein innereuropäisches Machtgeplänkel verwickelt, als 1683 der siamesische König Narai (reg. 1656–88) zwar mit Richard Burneby einen ehemaligen Angestellten der britischen East India Company zum Gouverneur von Myeik, ernannte, aber ansonsten sehr frankophil war. Narai pflegte gute Kontakte zum Hof des Sonnenkönigs, Ludwigs XIV., und französischen Missionaren. Als es Burneby und sein Hafenoffizier, Samuel White, mit der Kontrolle des Küstenhandels zu ernst nahmen und so manches Schiff der East India Company schröpften, kam es bald zum Showdown. Die britische Krone ließ 1687 mit ihren Kriegsschiffen HMS Curtana und HMS James den Hafen von Myeik blockieren. Für die Briten endete die Aktion im Desaster. Die Siamesen richteten ein Massaker unter den Engländern an und versenkten die James. Danach durften nur noch französische Schiffe den Hafen nutzen. Ab 1759 geriet Myeik unter die Kontrolle der Konbaung-Könige, die ihrerseits 1826 von den Briten abgelöst wurden.

Sehenswertes

Eingerahmt von den Flussmündungen des **Großen** und **Kleinen Tanintharyi,** konzentriert sich der **Stadtkern** entlang des Meeres, wo die **Strand (Kannar) Road** und **Bogyoke Street** parallel von Norden nach Süden verlaufen. Etwas nördlich des Zentrums liegt der **Mingalar Lake,** an dessen Westseite einige buddhistische Klöster liegen. In den **Straßenzügen südöstlich der Theindawgyi Paya** – vor allem zwischen Office Road und Palae Street – findet sich noch manche alte koloniale Bausubstanz.

Theindawgyi Paya

Zwischen Office Rd. und Bogyoke St., tgl. 6–18 Uhr, Eintritt frei
Als wichtigstes Heiligtum thront im Herzen der Stadt auf einem Hügel die **Pagode der Großen Ordinationshalle.** Benannt ist sie nach einer **Halle mit Buddhafigur in europäischer Sitzhaltung** (beide Beine nach unten), welche beidseitig von einer Reihe mit je 14 der bereits erschienenen Buddhas flankiert ist. Die Anlage wird von einer **Plattform** dominiert, auf der sich ein goldener, von vier kleineren *zedi* umgebener **Stupa** erhebt und ein schöner Panoramablick eröffnet.

Märkte von Myeik

Da Myeik ein wichtiger Handelsplatz ist, liegt es nahe, dass sich der Besuch seiner Märkte lohnt. Allen voran ist der **Si Pin Thar Yar Zei** (Strand Rd., Mo–Sa 6–16.30 Uhr), in dem fast alles zu bekommen ist, einen Besuch wert.

Wer nicht zu geruchsempfindlich ist, mag am Fischmarkt, **Nga Lay Lan Zei** (tgl. 4–12 Uhr), seine Freude haben, wo schon frühmorgens die frisch gefangene Ware angepriesen wird. Er befindet sich unweit des Großen Tanintharyi im Süden der Stadt.

Pataw Padet Kyun

Charterboot ab Seik Nge Jetty, Strand Rd., Ecke Chin Thethone Kaung St., Fahrzeit wenige Min., ca. 5000 Kyat/Strecke
Wie eine Hühnerkeule liegt die 3,7 km lange und bis zu 1,7 km breite **Pataw-Padet-**

Insel vor Myeik und wirkt wie ein natürlicher Riegel für die Stadt. Die Boote vom Festland legen direkt gegenüber an der Südostecke der Insel an, wo der 1956 gestiftete **Atula Shwethalyaung Paya** (tagsüber, Eintritt frei) nachdenklich übers Meer blickt. Ein gestaffeltes Dach schützt den 65 m langen und 16 m liegenden Buddha. Hinter dem Erleuchteten führt ein schweißtreibender Weg den **Padet-Berg** hinauf, wo sich von einer **Plattform mit Stupa** ein schöner Blick auf Myeik eröffnet (schönste Lichtverhältnisse am Nachmittag).

Übernachten

Wohlfühloase mit Stil – **Eain Taw Phyu Hotel:** 42 Baho Rd., Tel. 059 420 55, 059 420 56, www.eaintawphyu.com. Architektonisch gelungenes Hotel mit viel Holz und modernem Interieur. So fühlt man sich in den 28 Zimmern mit AC und großen Bädern gut aufgehoben. Man kann es sich auch im Spa, der Skybar oder im Pool gut gehen lassen. DZ/ÜF ab 75 US-$.

Hotel mit Shoppingkomplex – **Hotel Grand Jade:** 28–30 Baho Rd., Tel. 059 420 84, 09 564 15 79, www.hotelgrandjade.com. Ein klobiger Kasten mit Einkaufszentrum bis zum vierten und Hotel vom fünften bis achten Stock. Die 156 Zimmer sind sauber, freundlich und modern, teils mit Balkon Richtung Hafen. Das Restaurant auf dem Dach ist etwas nüchtern gehalten, dafür hat man einen tollen Ausblick. DZ/ÜF ab 50 US-$.

An der Hafenstraße – **Mya See Sein Hotel:** Strand Rd., Tel. 059 412 72, 059 425 72, myaseeseinhotel@gmail.com. Ein sympathisches Hotel direkt im Zentrum mit 35 wohnlichen, mit viel Holz ausgestalteten Zimmern, teils mit Teppich und tollem Meerblick. Wie häufig lässt auch hier das Restaurant an Ambiente missen. DZ/ÜF ab 40 US-$.

Dreistöckiger Bau – **Hotel Mergui:** 216 Kachin Rd., Tel. 059 424 25, hotelmergui@gmail.com. Recht freundliches Hotel, gut 2,5 km vom Zentrum, mit insgesamt 30 AC-Zimmern mit Bad und gefliesten Böden in vier Kategorien und ordentlichem Lokal. DZ/ÜF ab 35 US-$.

HOLZBOOTWERFT

Etwa 2 km südwestlich des Zentrums von Myeik unweit der Mündung eines Kanals in den Großen Tanintharyi liegt eine Werft für Holzboote: **Port Dockyard.** Vom kleinen Kahn bis zum großen Fischkutter wird hier alles manuell gefertigt oder repariert. Es ist eindrucksvoll zu sehen, wie Dutzende von Werftarbeitern die großen Boote bewegen. Man kann ihnen über die Schulter schauen und einen Blick in die Trockendocks werfen, wo die Neubauten auf ihren Wassergang warten.

Dachterrasse mit Meerblick – **White Pearl Guest House:** Middle Strand Rd., zwischen Bogyoke St. und Strand Rd., Tel. 09 252 88 88 12, whitepearlhotelmyeik@gmail.com. Bei Travellern beliebtes Gästehaus mit 22 Zimmern, teils mit AC und Bad, teils mit Ventilator und Gemeinschaftsbad. Das Frühstück wird auf der Dachterrasse serviert. Fahrrad- und Mopedverleih. DZ/ÜF ab 15 US-$.

Günstig, aber fensterlos – **Royal Myeik Guest House:** Strand Rd., Tel. 09 31 66 65 32. Das Gästehaus an der Hafenstraße ist keine Ruheoase, aber die sieben Zimmer, ohne Fenster und nur teilweise mit AC und Bad – sind für den Preis okay. Nette Gemeinschaftsterrasse für den Sundowner. DZ/ÜF ab 15 US-$.

Essen & Trinken

Zu den Spezialitäten zählt *kat gyi kai,* ein einfaches, schmackhaftes Nudelgericht mit Meeresfrüchten. Nach Sonnenuntergang breitet sich entlang der Strand Road ein **Nachtmarkt** mit vielen Essensständen aus, im Angebot u. a. leckere gegrillte Seafood-Speisen.

Tanintharyi

Thai-Küche – **Lotus Thai Restaurant:** Kan Phayar Rd., tgl. 10–22 Uhr. Das Restaurant liegt 2 km östlich des Stadtzentrums gegenüber dem neuen Krankenhaus. Modernes Ambiente und authentische Thai-Küche machen es zu einem beliebten Dinnerspot für Gruppen und Familien. Gerichte ab 3000 Kyat.

Frische Meeresfrüchte – **Shwe Yar Su:** Strand Rd., Tel. 059 419 86, tgl. 15–23 Uhr. Der frische Fang wird zur Auswahl ausgestellt, dazu gibt es gute chinesische Gerichte und auch das Fassbier schmeckt. Erfreut sich bei Einheimischen großer Beliebtheit. Gerichte ab 2500 Kyat.

Indische Küche – **Restaurant No. 1:** 18 Pale Rd., tgl. 4–24 Uhr. Ob Chicken Biryani oder Masala, hier wird gut indisch gekocht, auch wenn das Interieur sicherlich nicht aus einem Maharaja-Palast stammt. Kein Alkoholausschank. Gerichte ab 2500 Kyat.

Leckere Currys – **Shwe Mon:** Seik Nge Jetty St., Nähe Independence Monument, Tel. 09 33 34 08 88, tgl. 9–21 Uhr. Das familiengeführte Lokal tischt gute Currys auf, die es in allen Varianten gibt. Natürlich kommt auch Myeiks berühmte Fischpaste, *ngapi*, auf den Tisch. Currys ab 1500 Kyat.

Kaffee & Kuchen – **YYA Café & Bakery House:** Gon Yone Rd., Tel. 059 426 62, tgl. 7–22 Uhr. Die moderne Einrichtung und die gute Auswahl an Kuchen, Kaffee und Shakes kommen bei der Jugend ebenso gut an wie das Eis. Ab 1000 Kyat.

Einkaufen

Einkaufszentrum – **Myeik Shopping Center:** Strand Rd., tgl. 9–21 Uhr. Das moderne Einkaufszentrum im Norden der Stadt bietet im Erdgeschoss Supermarkt und diverse Geschäfte, im Obergeschoss auch einige Restaurants.

Aktiv

Ausflüge – **Life Seeing Tours:** 28–30 Kan Phyar Rd., Tel. 059 419 06, 09 254 20 70 77, www.lifeseeingtours.com, tgl. 8–20 Uhr. Bietet ausgesprochen interessante und maßgeschneiderte Touren im Süden an.

Verkehr

Flüge: Der **Myeik Airport** liegt rund 2 km östlich der Stadt. Als Teil der Strecke Yangon–Dawei–Kawthaung wird auch Myeik in der Saison tgl. angeflogen. Anbieter und Flugpläne ändern sich jedoch häufig. Tickets und Infos erhält man bei **Sun Far Travels & Tours** (Pyi Tawtar St., Tel. 059 411 60, www.sunfartravels.com, Mo–Fr 9–17, Sa–So 9–12 Uhr) und **Mergui Sakura Travels & Tours** (9 Kan Phyar Rd., Tel. 059 427 47, 09 49 87 23 93, sa kuramyeik@gmail.com). Die folgenden Fluglinien sind in Myeik vertreten: **Air KBZ**, 53 Kan Phyar Rd., Tel. 059 422 24, 09 861 73 90; **Air Mandalay**, 23 Kan Phyar Rd., Tel. 059 418 96, 059 418 94; **Mann Yadanarpon Airlines**, Ball Lone Kwin Bldg.., Kan Phyar Rd., Tel. 09 254 18 68 84; **Myanmar National Airlines**, Strand Rd., Ecke Seike Kanthar St., Tel. 059 210 70, 211 60; **Yangon Airways**, 69 Kan Phyar Rd., Tel. 059 418 11, 059 418 14. Websites: s. S. 87.

Busse: Vom **Busbahnhof**, 3,5 km nordöstlich des Zentrums an der Ausfallstraße Kan Phyar Rd. gelegen, starten frühmorgens mehrere **Busse** nach Dawei (255 km, 9 Std.) und Yangon (860 km, 28 Std.). Nach Kawthaung im Süden verkehren einfache Busse, (430 km, 16–18 Std.).

Boote: Schnellboote bedienen die Strecke Dawei–Myeik–Kawthaung (395 km, ca. 4–5 Std. bzw. 6 Std., um 40–50 US-$). In Myeik legen sie meist gegen 8 Uhr vom **Seik Nge Jetty** an der Strand Road ab. Dort in der Nähe liegen an der Strand Road auch die **Ticketbüros** der Anbieter: **Hi Fi** (Tel. 09 564 02 34), **Fortune Express** (Tel. 059 419 08) und **Ayanadi Express** (Tel. 059 411 42). Besonders die Fahrt zwischen Myeik und Kawthaung ist landschaftlich sehr attraktiv.

Myeik-Archipel

Eine gewaltige Inselwelt erstreckt sich in der Andamanensee vor der Küste Tanintharyis. Über 800 Inseln wurden von den Briten gezählt, vermutlich sind es viel mehr. Doch genau weiß dies niemand, denn nach der Unabhängigkeit des Landes war die Region isoliert und lange für Ausländer gesperrt. Zwischen der nördlichsten Insel, **Mali Kyun** (▶ 2, N 32), und der südlichsten, **Christie Island** (▶ 2, N 39), liegen mehr als 400 km. Die meisten Eilande sind unbewohnt, auf einigen lebt das Seenomadenvolk der Moken. »Ein wildes Volk obskurer Herkunft, das von den Birmanen Salon, den Malaien Orang Basin, von den Siamesen Chaunam (Wasservolk) und von sich selbst Mawken (Vom Meer verschlungen) genannt wird«, hatte sie der »Imperial Gazetteer of India« (Vol. 17) Anfang des 20. Jh. charakterisiert. Ihr Leben auf den Booten mussten sie weitgehend aufgeben, doch leben die Moken wie eh und je vom Fischfang und Perlentauchen.

Einsame Inseln, wenige Touristen – diese Formel gilt heute noch, auch wenn sich die Zeiten ändern. Erst im Jahr 1997 erhielten die ersten thailändischen Tauchanbieter eine Genehmigung, mit ihren Booten durch die ca. 36 000 km² große Inselwelt zu kreuzen. Heute erkunden immer mehr Besucher von Myeik oder Kawthaung aus den Myeik-Archipel, der mit unberührten Stränden, dichten Dschungeln und einer faszinierenden Unterwasserwelt ein gewaltiges Potenzial besitzt. Doch Dynamitfischerei, Sandabbau und Abholzung fordern zunehmend ihren Tribut – das Naturparadies ist bedroht.

Für den Besuch ist immer noch eine Genehmigung einzuholen, die Erkundung nur im organisierten Rahmen möglich. Eine individuelle Erkundung ist nur bei ganz wenigen Inseln gestattet.

Kadan Kyun ▶ 2, O 33

Fähre tgl. 8 Uhr ab Myeik, Rückfahrt 15 Uhr, 1000 Kyat, keine Genehmigung erforderlich
Die von den Briten King Island genannte **Kadan Kyun** ist mit 440 km² die größte Insel des Archipels und von Myeik aus mit der Fähre erreichbar. Zum Baden eignet sie sich nicht, wohl aber für eine Rundfahrt mit dem Mopedtaxi.

Daung Kyun ▶ 2, N 33/34

Schnellboot ab Myeik, Infos und Arrangement: Life Seeing Tours, s. S. 468
Weiter südwestlich liegt die per Schnellboot erreichbare **Daung Kyun** (Don Island). Dem nordöstlichen Teil der Insel ist ein Riff vorgelagert, das sich zum Schnorcheln anbietet. Ansonsten kann man mit dem Mopedtaxi eines der vier Moken-Dörfer besuchen.

Lampi Kyun ▶ 2, O 33

Nur mit lizensierten Veranstaltern im Rahmen mehrtägiger Törns, meist ab Kawthaung; zum Programm gehören Trekkingtouren in das dichtbewaldete Inselinnere und Bootsfahrten entlang der Mangrovenwälder an den Flussmündungen sowie Strandaufenthalte, s. Kasten unten
Ein Dorado für Taucher wie Trekkingfreunde ist im südlichen Teil des Archipels die 48 km

Per Boot durch die Inselwelt

Einige thailändische und birmanische Anbieter haben sich auf sogenannte Live-aboard Cruises durch den Myeik-Archipel spezialisiert. Abfahrt ist meistens in Kawthaung oder in der thailändischen Grenzstadt Ranong. Sie besorgen auch die Genehmigung.
Burma Boating: Tel. +66 21 07 04 45 (Thailand), www.burmaboating.com. Organisiert mit seinen sieben Segelschiffen und Jachten luxuriöse Törns im hochpreisigen Segment.
Mergui Princess: Mya Yeik Nyo Hotel, 20 Bldg. D, Pale Rd., Yangon, Tel. 01 40 12 61, 09 421 10 74 72, www.merguiprincess.com. Mit seiner MV Mergui Princess führt Elegant Myanmar Tours bis zu einwöchige Törns durch, teilweise ab/bis Myeik.
Moby Dick Tours: 89–91, 32nd Rd., zwischen Maha Bandoola und Merchant (Kondheji) Rd., Yangon, Tel. 01 38 03 82, 09 509 16 72, www.islandsafarimergui.com. Der birmanische Pionier kreuzt mit mittlerweile elf Schiffen inkl. Katamaranen und Dschunken durch die Inselwelt.

Auf siebartigen Gestellen wird Fisch getrocknet

lange und bis zu 6 km breite, wie eine Sichel geformte **Lampi-Insel,** auf der ca. 3000 Menschen leben, darunter viele Moken. Die von den Briten Sullivan Island getaufte 205 km² große Insel wurde aufgrund der relativ intakten Natur 1996 zum **Lampi Island Marine National Park** erklärt. 228 Vogelarten, darunter Dschüngelhaubenadler *(Nisaetus nanus)*, Blyth-Hornvögel *(Rhyticeros subruficollis)* und Doppelhornvögel *(Buceros bicornis)* sind hier ebenso verbreitet wie 19 Säugetierarten, darunter einst von Holzfällern eingeführte Elefanten sowie Languren, Südliche Schweinsaffen *(Macaca nemestrina)* und Langschwanzmakaken *(Macaca fascicularis)*, die sich auf den Verzehr von Krebsen und Austern spezialisiert haben.

Thatay Kyun und Salon Kyun

Die etwa 18 km² große **Thatay Kyun** liegt nur 2 km südlich von Kawthaung (▶ 2, O 38) und beherbergt mit dem Grand Andaman Hotel (früher Andaman Club) das lange Zeit einzige Strandresort im Süden Myanmars. Die von Thailändern betriebene Anlage besteht aus Hotel, Spielkasino und einem 18-Loch-Golfplatz.

Wegen ihrer schönen Bucht und bewaldeten Hügel birgt die nach den Moken benannte, nur knapp 3 km² große **Salon Kyun** mehr touristisches Potenzial. Etwa 8 km bzw. 20 Bootsminuten westlich von Kawthaung gelegen, planen Investoren aus Singapur

auch dem offenen Restaurant – inmitten der Tropennatur einen rustikalen Charakter verleiht. Die Ausflugsangebote reichen von Kayaking bis Tauchen und Wandern. Buchung nur pauschal inkl. Bootstransfer, ab 3 Nächte für 1229 US-$/DZ.

Kasino und Golf – **Grand Andaman Hotel:** Thatay Kyun, Tel. +66 22 87 30 31 (Thailand), www.grandandamanisland.com. Mit Spielkasino, Karaoke, Spa und Golfplatz ganz auf unterhaltungsfreudige Asiaten eingestellt, bietet es 205 komfortable, aber etwas in die Jahre gekommene Zimmer und Suiten in vier Kategorien. Es gibt einen großen Pool, aber keinen Strand. Bootsshuttle-Service von Kawthaung (15 Min.). DZ/ÜF ab 60 US-$.

Kawthaung (Kawthoung) ▶ 2, O 38

Zu Kolonialzeiten Victoria Point genannt, liegt Myanmars südlichste Stadt am hügeligen Zipfel einer lang gezogenen Landzunge, welche durch den breiten Mündungsbereich des Grenzflusses Nam Pak Chan vom Festland abgetrennt ist. Mit dem thailändischen Grenzort Ranong über Boottaxis verbunden, dient Kawthaung als Eingangstor für Süd-Myanmar. Vorwiegend Thais übertreten hier die Grenze, um Handel zu treiben oder im Kasino ihr Angespartes zu verwetten, da Glücksspiel in Thailand verboten ist. Ansonsten leben viele der 60 000 Stadtbewohner von Fischfang und -handel. Wohl das lukrativste Exportgut des Grenzorts sind die Nester der Salanganen (Seeschwalben), die auf den Inseln in Grotten zu finden sind. Für die in einer Suppenbrühe aufgelösten Nester zahlen betuchte Ostasiaten viel Geld.

Zu den wichtigsten Straßen zählt die **Bogyoke Street** mit Banken und Geschäften, welche sich vom Norden durch die Stadt schlängelt und im Osten am **Myoma Jetty** endet. Letzterer dient als Landungsbrücke für die Fähren nach Ranong und liegt an der parallel zum Pak-Chan-Fluss verlaufenden ebenfalls geschäftigen **Strand Road.**

das 1,2 Mrd. US-$ teure Luxdream Island Development Project mit Hotels, Themenpark und (natürlich) Kasino.

Übernachten

Bislang gibt es kaum Übernachtungsmöglichkeiten auf den Inseln. Die meisten Besucher sind mit Kabinenbooten unterwegs.

Einsames Inselleben – **Myanmar Andaman Resort:** Khayinkwa Kyun (Macleod Island), Tel. 059 510 46, 09 515 98 07, www.myanmarandamanresort.com. Das 2005 etablierte Resort liegt rund 72 km bzw. gut zwei Schnellbootstunden westlich von Kawthaung und wurde 2015 grundlegend renoviert. Die 22 Bungalows sind mit lokalen Materialien wie Bambus und Holz errichtet, was ihnen – wie

Tanintharyi

Grenzübertritt Myanmar–Thailand

Einreise nach Myanmar: Kawthaung, Myoma Jetty, Strand Rd., tgl. 7.30–17 Uhr. Hier landen die Wassertaxis aus Thailand. Mit gültigem Visum erfolgt die Einreise nach Ausfüllen der Ein- und Ausreisekarte plus Zollerklärung. Alternativ dazu berechtigt ein 14 Tage gültiges Entry Permit für 10 US-$ zum Aufenthalt in einer 24-Meilen-Zone (39 km) rund um Kawthaung. Dazu muss jedoch der Reisepass hinterlegt werden.

Ausreise nach Thailand: Der thailändische Grenzposten befindet sich am Anleger Samphan Pla, ca. 3 km nördlich von Ranong, tgl. 8–17.30 Uhr (Ortszeit Kawthaung plus 30 Min.). Der kostenlose Einreisestempel berechtigt zu einem Aufenthalt von bis zu 30 Tagen. (Thailändisches) **Ranong Immigration Office:** Tel. +66 77 82 12 16, +66 77 82 23 31, www.immigration.go.th.

Sehenswertes

Wer etwas Zeit hat, kann im Norden der Stadt auf den gut 169 m (555 Fuß) hohen, teils bewaldeten **555 Hill** fahren und von dort den schönen Blick auf Stadt und Wasser genießen. Die gut 1,5 km lange Strecke lässt sich am besten mit dem Tuk Tuk zurücklegen (ca. 2000 Kyat).

Pyi Daw Aye Paya
Tagsüber, Eintritt frei

Im Osten der Stadt erhebt sich seit 1949 die **Pyi-Daw-Aye-Pagode** mit ihrem 21 m hohen, vergoldeten **Stupa.** Sie ist von drei Seiten – Westen, Süden und Osten – zugänglich. Die Aussicht am späten Nachmittag ist von der Pagodenplattform zwar ganz nett, doch noch schöner vom oben erwähnten 555 Hill.

Strand Road (Kannar Road)

Das Leben konzentriert sich entlang der **Strand (Kannar) Road** am östlichen Stadtrand, wo diverse Lokale und Geschäfte und mit dem **Momya Zeigyo** (tgl. 6–17 Uhr), dem Hauptmarkt, auch ein wichtiger Umschlagplatz für birmanische und thailändische Waren liegen. An der Strand Road befinden sich diverse Anleger, darunter der als offizieller Grenzübertritt dienende **Myoma Jetty.**

Am Südende der Strand Road erstreckt sich rund um den **Bayinnaung Point** (früher: Victoria Point) der **Bayinnaung Garden** mit einer vergoldeten **Bronzestatue König Bayinnaungs** (reg. 1550–81). Mit gezücktem Schwert und energischem Schritt schaut er seit 1995 selbstbewusst hinüber zum Nachbarland. Den Thais blieb er als Phu Chana Sip Thit (Eroberer der Zehn Richtungen) in Erinnerung, weil er weite Teile ihres Landes unterwarf – und heute markiert er inmitten des nach ihm benannten Parks den südlichsten Zipfel der Stadt (und des Landes).

Pa Lut Tot Tot Kyun
5 km entlang der Westküste nach Norden, mit Tuk Tuk ca. 4000 Kyat

Eine 400 m lange Holzbrücke führt hinüber auf die **Pa Lut Tot Tot Kyun.** Der im Inselwesten gelegene Strand ist zwar nicht der schönste, bietet sich aber spätnachmittags zu einem Sundowner an.

Infos

Myanmar Travels & Tours (MTT): Strand Rd., Tel. 059 515 78, unregelmäßig geöffnet. Das Büro befindet sich seitlich des Myoma Jetty, gibt Informationen über die aktuellen (Weiter-)Reisemöglichkeiten und vermittelt lizenzierte Reiseführer (25–30 US-$/Tag).

Übernachten

Etwas abgelegen – **Garden Hotel:** Shwe Minwon Rd., Tel. 059 517 31, www.gardenhotelmm.com. Relativ angenehmes Hotel mit etwas Grün, mit ca. 2 km nördlich des Zentrums leider recht weit ab vom Schuss. Die teils kleinen, gesichtslosen Zimmer mit Teppichböden verteilen sich auf zwei Etagen. Solide Küche im Restaurant. DZ/ÜF ab 35 US-$.

Geflieste Zimmer – **Penguin Hotel:** 339 Sabal St., Tel. 059 511 45, penguinhotel@gmail.com. Für ästhetisch Anspruchslose eine akzeptable Wahl im Zentrum, ca. 200 m von der Strand Road. Die 30 weitgehend gekachelten und gefliesten Zimmer mit Bad sind relativ sauber, teils mit Ventilator, teils mit AC. DZ/ÜF ab 20 US-$.

Essen & Trinken

Thai-Gerichte – **Mark:** Strand Rd., etwas südlich des Myoma Jetty, gegenüber dem Bayinnaung Park, tgl. 7–22 Uhr. Das Lokal wird abends gerne von Einheimischen aufgesucht, die das günstige Fassbier und die Thai-Küche schätzen. Gerichte ab 2000 Kyat.

Birma-Currys – **Tin Tin:** Strand Rd., tgl. 7–22 Uhr. In Nachbarschaft zum Mark Restaurant gelegen, ist Tin Tin für manche Neuankömmlinge in Myanmar möglicherweise die erste Gelegenheit, die birmanische Küche kennenzulernen. Gute Auswahl an Fleisch-, Fisch und Gemüsecurrys. Gerichte ab 1500 Kyat.

Verkehr

Flüge: Der **Kawthaung Airport** liegt 13 km nördlich der Stadt an der Nationalstraße 8. Zwischen Yangon und Kawthaung (mit Zwischenstopp in Dawei und Myeik) verkehren in der Saison tgl. Maschinen, wobei Anbieter und Flugpläne sich häufig ändern. **Tickets** erhält man bei **Sun Far Travels & Tours** (Myoma Tadar Rd., Tel. 059 512 44, www.sunfartravels.com, Mo–Fr 9–17, Sa–So 9–12 Uhr) sowie bei den jeweiligen Fluggesellschaften. In Kawthaung gibt es folgende Airline-Büros: **Air KBZ,** 92 Kannar Rd., Tel. 09 43 08 90 18; **Air Mandalay,** 215 Bogyoke St., Tel. 059 519 37, 059 512 46; **Mann Yadanarpon Airlines,** 51 Myoma Tadar Rd., Tel. 09 254 34 33 53, 09 49 21 55 45; **Yangon Airways,** 424 Bogyoke St., Tel. 059 512 30, 09 564 52 46.

Busse: Nach Myeik (430 km, 16–18 Std.) verkehren regelmäßig einfache Busse.

Boote: Klimatisierte und häufig sehr unterkühlte **Schnellboote** starten tgl. gegen 4 Uhr in Kawthaung und fahren über Myeik (ca. 6–7 Std., 40–50 US-$) nach Dawei (395 km, 11–12 Std., 60–70 US-$). Die **Ticketbüros** der Anbieter, **Hi Fi, Fortune Express** und **Ayanadi Express,** befinden sich in der Strand Road. Zwischen dem Myoma Jetty und dem Anleger bei Ranong, Saphan Pla, pendeln **Wassertaxis** (20–30 Min., 2–3 US-$).

Per Wassertaxi von Kawthaung nach Samphan Pla auf der thailändischen Seite

Kulinarisches Lexikon

Allgemeines

Lokal, Restaurant	sa: thau' hsain
Teashop	le hpe' yei hsain
Einen Tisch für zwei Personen, bitte!	nªyau' zªbwæ: (talaun)
Die Speisekarte, bitte!	mi nu:
essen	sa: de
trinken	thau' te
Gibt es ...	... shi: dhªla:
Guten Appetit.	sa gaun ba sei
Prost.	dau so:
Noch etwas?	da' cha' ha
Nein danke, nichts weiter.	mªsa: do babu:
Die Rechnung, bitte.	shin: de
Frühstück	mª næ' sa
Mittagessen	nej læ za
Abendessen	nja za
Essen (allgemein)	ªsa: ªsa
Getränke	thau sªya
Teller	pª gan bya:
Messer	da:
Gabel	khªjin:
Löffel	zun:
Stäbchen	tu
Serviette	ti shu:
Flasche	bu:
Krug, Glas	tain ki, hpan gwe'
Tasse	hkwe'
Salz / Pfeffer	hsa: / nga yo' kaun:
Senf	mon hnynin:
Zucker	tha dscha
Mononatriumglutamat	hin: cho hmon

Zubereitung und Gewürze

ªkin	gegrillt
paun: de	gedünstet
pyo' te	gekocht
dschdª de	gebraten
ªdschu dschª	frittiert
yun zªya	roh
nan nan	Koriander
ngan bya yei:	Fischsoße
ngª pi	Fischpaste
ngª yo' hsi	Chilisoße
ngª yo' thi:	Chili
ngª yo' thi: mo'	Chilipulver
pe: ngan bya yei:	Sojasoße
the' tha' lu'	vegetarisch

Fisch und Meeresfrüchte

(nga:, pin le ªsa: ªsa)

bª zun	Garnele
dschau pª zun	Hummer
gª nan:	Krebs
hkª yu, pe' dschi	Muschel
ngª chau'	getrockneter Fisch
ngª hso'	Fischbällchen
ngª schdª de	gebratener Fisch
ngª shin	Aal
nga: hin:	Fischcurry
pyi dschi: nga:	Tintenfisch

Fleisch (ªtha)

ªme: dha	Rind
be:	Ente
dsche'	Huhn
tho: dha:	Lamm
we' tha	Schwein

Gemüse (hin: dhi: hin: ywe)

alu:	Kartoffel
ªtho'	Salat
dschª hein ga thi:	Balsamapfel
dsche' paun	Drumstick (junge Früchte des Meerrettichbaums)
hkª yan:	Aubergine
hkª yan: dschin	Tomate
hmo	Pilz
kª lª be:, kª lª be: hin:	Linsen, Linsenbrei
mon hnynin: ywe'	Senfblätter
mon la u wa	Karotte
pe: (sei)	Bohne
su ka' thi:	Chayote (verwandt mit Gurke, Zucchini)
thª hkwa: dhi:	Gurke
thª ye' di sein:	grüne Mango
yon: ba di	Okra (Lady's Finger)

Obst (thi' thi:)

dschan	Zuckerrohr
dschwe: go:	Pomelo
du: yin:	Durian
hpᵃ ye	Wassermelone
hto: ba'	Avocado
lai' chi:	Litchi
ma lo ga	Guave
min gu'	Mangostane
na na'	Ananas
naga: mau	Drachenfrucht
ngo pyo:	Banane
nin:	Rosenapfel
on:	Kokosnuss
pein: ne:	Jackfrucht
pin hme	Passionsfrucht
sᵃ to bæ ri	Erdbeere
saun lya:	Karambola
than ma ya	Limette
thin: bo:	Papaya
tho ye'	Mango

Verschiedenes

bain mon	süßer Pfannkuchen
dein ge:	Käse
de in schin	Joghurt
dsche' u	Ei
dsche' u lei'	Omelette
htᵃ: ba'	Butter
hta nye'	Palmzucker (Jaggery)
htᵃ min	gekochter Reis
htᵃ min: dschᵃ de	gebratener Reis
kau' hnyin	Klebereis
khau' hswæ:	Nudeln
nan pya:	Fladenbrot (Nan)
paun mon	Brot
yei ge: mon	Eiscreme

Getränke

ᵃei:	Softdrink
bi ya / bi ya lei zein:	Bier/Fassbier
co phi	Kaffee
... (ma) tha dscha: /	... (ohne) mit Zucker
... (ma) nwa: no /	... (ohne) mit Milch
hpyᵃ yei / -ᵃyei	Saft / -saft
htᵃ yei	Palmwein (Toddy)
kᵃ bᵃ lᵃ ᵃyei	Orangensaft
le hpe acho dschau'	gesüßter Milchtee
le hpe' yei	grüner Tee
on: no	Kokosmilch
than mᵃ ya	Limettensaft
wain ni / hpdschu	Rot-/Weißwein
yei dhan	Trinkwasser
yei ge:	Eis

Spezialitäten

Am Mae Thaung	Rinderhack mit Chili
hnget pyo: thi: paun	gedämpfte Bananen mit Kokosmilch
hta min chin	Reissalat
htan thi: mon	Zuckerpalmkuchen
kau' hnyin: paun:	Klebereis mit Trockenfisch
khau' hswæ:	Nudelgericht mit Huhn
le' tho'	pikanter Salat mit Gemüse oder Obst
la hpe' tho'	Teesalat
Mae Lot Si Sann	Salat mit Schweinefleisch, Zwiebeln, Knoblauch, Chili und Erdnussöl
mi: shi:	Nudelgericht mit Schweinefleisch
mon lon: dschi	süße Klebereisbällchen
moun hin: ga:	Reisnudelsuppe
nan: dschi: tho'	Reisnudelsalat und Hühnercurry
Nayok Gaung	gedünsteter Flussfisch mit Sichuanpfeffer
nga pi chau'	getrocknete Fischkuchen
Nga Ka Lay Chet	gedünsteter Flussfisch mit Koriander
on: no khau' hswæ:	Reisnudeln in Kokosnusssoße
shan: khau' hswæ:	Reisnudelsuppe
Si Par	Kürbis, Aubergine und Senfblätter

Sprachführer

Aussprache
Myanma ist eine tonale Sprache, in der neben der Tonhöhe auch die Dauer und Intensität/Lautstärke einer gesprochenen Silbe die Bedeutung beeinflussen. Die Tonhöhen werden bei der Lautumschrift durch spezielle Zeichen kenntlich gemacht. Die im Folgenden verwendete Umschrift wird gesprochen wie gelesen.

Tonhöhen:
- -: 1. Ton, kurz, setzt hoch an und fällt abrupt ab
- 2. Ton, ohne Zeichen; lang gezogen, setzt tief an und bleibt gleich
- -:: 3. Ton, lang gezogen, setzt hoch an, wird stark betont und fällt dann abrupt ab
- -': 4. Ton, setzt hoch an, ist sehr kurz und abgehackt
- ª: abgeschwächter, unbetonter Vokal, gesprochen wie e in Hocke

Allgemeines
guten Tag	min: gªla ba
auf Wiedersehen	thwa: lai' mæ no
Entschuldigung	hso: ri no
keine Ursache	kej' sa. mªshi. babu:
bitte	jei na' sei de
danke	tschej: zu: bæ
ja	na: læ badæ
nein	na: mªlæ babu:
Wie bitte?	pyan byo ba'
Wie?	bæ lou læ:
wann	bæ ªhtschejn hma læ:

Unterwegs
Haltestelle	hma' tain
Busbahnhof	ka gei:
Bahnhof / Flughafen	bu ta yon /lei zei
Bootsanleger / Hafen	hsei' / hsei' kan:
Bus / Auto	ba' sª ka: / ka:
Taxi	tæ' kª si
Mopedtaxi	mo to hsain ke
Fahrrad	se' bein
Flugzeug	lei yin byan
Boot / Schiff	hlei / thin: bo
Ausfahrt/-gang	htwe' pau'
Einfahrt/-gang	a win
Stadtplan	myo lan: myei bon
Straße, Pfad, Weg	lan:
Brücke / Platz	do da: / nei ya
rechts / links	nja bæ' / bæ bæ'
geradeaus	te te
Halt!	ya'
geöffnet	pwin de
geschlossen	pei' te
Telefon	te li hpon:
Postamt	sa dai'
Kirche	hpa ya: dschaun:
Pagode, hl. Stätte	hpª ja
Kloster	(hpon dschi) dschaun:
Museum	pya dæ'
Strand	kann: chei

Zeit
Stunde	naji
Tag / Woche	jæ' / ªpa
Monat / Jahr	la. / hni'
heute / gestern	dinej. / mª næ' ga
morgen	mª næ' hpjan
morgens, vormittags	mª næ'
mittags / nachmittags	nej. læ / nja. nej
abends	nja.
früh / spät	so: so: / nau' dscha de
Montag	to nin: la nei.
Dienstag	in ga nei.
Mittwoch	bo' do hu: nei.
Donnerstag	ja tho pª dei.
Freitag / Samstag	thau' ja / so nei nei.
Sonntag	to nin: go nwei nei.
Feiertag	pei' ye'

Notfall
Hilfe! / Polizei	ku bªlaun be' / ye:
(Zahn-)arzt	(thwa:) hsªja wun
Apotheke	hsej: zain
Krankenhaus	hsej joun:
Unfall	mªdotª hasa hpyi chin
Durchfall	wun: thwa: nejdæ

Fieber	kou pu nejdæ	Geldautomat	ngwe htot se'
Schmerzen	na dschin:	Bäckerei	panadería
		Lebensmittel	ᵃsa: ᵃsa

Übernachten

Hotel / Gästehaus	ho te / te: hko gan:	teuer	zei: mya dæ
Einzel-/Doppelzimmer	tᵃkhan: / nᵃkhan: twe:	billig	zei: cho dæ
mit/ohne Bad	ne / ma be jej cho: kan:	Größe	ᵃtain ashei
		bezahlen	zᵃyei' hkan de
Dusche / Toilette	jej cho: gan: / ein dha	Quittung	bau' cha
Toilettenpapier	ti' shu: lej		
Warm-/Kaltwasser	jej nwej: de/jej ei: de	## Zahlen	
Ventilator (Fan)	panka	1 ti'	20 hnᵃhsæ
Klimaanlage	æ:jakun	2 ni'	21 hnᵃhsæ ti'
Moskitonetz	chin daun	3 thoun:	30 thoun: hsæ
Zimmerschlüssel	ᵃkhan: do	4 lej:	40 lej: hsæ
Handtuch / Seife	tabe' / hsa' pya	5 nga:	100 tᵃja:
Gepäck / Rechnung	ahto' / ngwej se' ku	6 htschau'	101 tᵃja ti'
		7 khun ni'	200 ni' ja
## Einkaufen		8 shi'	500 nga: ja
Geschäft / Markt	hsain / zei:	9 kou:	1000 tᵃ htaun
Kreditkarte	ᵃdschwei: we gwin ka'	10 tᵃhsæ	10 000 tᵃ hta':un
Geld	ngwei, pai' hsain	11 tᵃhsæ ti'	100 000 tᵃ thein
		12 tᵃhsæ ni'	1 000 000 tᵃ than::

Die wichtigsten Sätze

Allgemeines

Sprechen Sie Englisch?	in:galej' lou pjo: ta' thala.
Ich verstehe nicht.	na: malæ (ba) bu:
Ich spreche kein Myanma.	mjama zaga: mata' babu:
Ich heiße …	tschano. nan mæ …
Wie heißt Du / heißen Sie?	nan mæ bælou hko ndalæ:
Wie geht's?	nej kaun: dscha la:
Danke, gut.	nei kaun: ba dæ
Wie viel Uhr ist es?	bæ: nᵃnai shi.bi læ:

Unterwegs

Wie komme ich zu/nach …	… bælou thwa: cha: malæ
Wo ist …?	… bæna: hmalæ
Könnten Sie mir bitte … zeigen	tschej zu: … pya de pju ba

Notfall

Können Sie mir helfen?	tschej zu: ku nyi be ba:
Ich brauche einen Arzt.	hsᵃja wun: pja' dschinde
Hier tut es mir weh.	di hma na: dæ …

Übernachten

Haben Sie ein freies Zimmer?	ᵃkhan: lu' shila:
Wie viel kostet eine Übernachtung?	taye' bælau' læ: habitación al día?
Ich habe ein Zimmer reserviert.	dakhan: ma: tha dæ

Einkaufen

Wie viel kostet das?	da bælau' læ:
Ich möchte …	… lo dschinde / … shi: dhala:
Wann öffnet / schließt	hpwin de/pei' te be do?

Glossar

Kunsthistorische Begriffe

Anda	(Pali/Sanskrit) Ei; meist glockenförmiger Hauptkorpus eines Stupas
Bilu	(Myanma) Dämon
Bodhisattva	(Sanskrit) Erleuchtungswesen (Pali: *bodhisatta*); im Mahayana Bezeichnung für erleuchtete Wesen, die aus Mitgefühl zur leidenden Welt auf das vollkommene Erlöschen verzichten; im Theravada für die früheren Existenzen Gautama Buddhas
Chinthe	(Myanma) Löwe; mythologisches Tier und Wächter von Pagodeneingängen
Deva (m.), Devi (w.)	(Pali/Sanskrit); strahlend; göttliche Wesen, die in einer der Himmelswelten leben und noch dem Wiedergeburtenkreislauf unterliegen
Galon	Sanskrit: Garuda; mythologischer Vogel, gelegentlich auch mit Menschenkörper; Reittier des Hindugottes Vishnu
Gu	(Myanma) Höhle; auch als Namensuffix von Pagodennamen
Gyi	(Myanma) groß; auch als Namensuffix von Pagodennamen
Haw	(Myanma) Saal, Halle (Shan: *ho*); Fürstenpalast im Shan-Staat
Hintha	Sanskrit: *hamsa* (Rostgans); mythologischer Vogel und Reittier des Hindugottes Brahma
Hti	(Myanma) Schirm; in verzierter und vergoldeter Form zum Schutz der Stupaspitze
Jataka	(Sanskrit) Geburtsgeschichte; die 547 (gelegentlich 550) Erzählungen über die früheren Existenzen Buddhas
Karaweik	Pali: *karavi* (Kurzflügelkuckuck); als mythologischer Vogel oft in Form einer Barke dargestellt
Kirtimukha	(Sanskrit) Ruhmesgesicht; beliebte Darstellung des körperlosen Dämonen Kala an den Fassaden von Sakralbauten
Kyaung	(Myanma) buddhistisches Kloster (s. S. 74); auch Synonym für Schule

Lawkanat/Lokanat	Pali: *lokanatha* (Herr/Beschützer der Welt); in Myanmar oft in weiblicher Form als Friedensstifterin dargestellt, die mit ihrem Zimbelspiel das kosmische Chaos wieder ordnet; auf Myanma auch eine Bezeichnung für den Bodhisattva Avalokiteshvara
Naga	(Pali/Sanskrit) Schlange; mythologisches Schlangenwesen, das in Gewässern lebt; häufige Darstellung in buddhistischen und hinduistischen Sakralbauten
Nat	(Myanma/Pali/Sanskrit) Herr, Beschützer; häufig personifizierte Schutzgeister, die jedoch auch Unheil bringen können (s. Thema S. 58)
Ok-Kyaung	(Myanma) Ziegelsteinkloster
Pagode	In Myanmar: buddhistische Tempelbauten (s. S. 72)
Pahto	(Myanma) Tempelhalle; innen begehbare buddhistische Sakralbauten (s. S. 246)
Paya	Sanskrit: *brah* (groß, stark, heilig); auf Myanma Bezeichnung für Pagoden und Buddhastatuen (s. S. 72)
Pyathat	Sanskrit: *prasada* (Palast, hochstehendes Gebäude, Pali: *pasada*), staffelförmiges, mehrstöckiges Dach über Thron- und Buddhahallen sowie Pagodeneingängen
Shikhara	(Sanskrit) Bergspitze (Pali: *sikhara*); turmförmiger Abschluss eines *pahto*, oft in Form eines vierseitigen, gerippten Maiskolbens
Stupa	(Sanskrit) aufrichten, erhöhen (Pali: *thupa*, Myanma: *zedi*); buddhistisches Architektursymbol für die Erleuchtung (s. S. 70)
Tazaung	(Myanma) Halle, Schrein; meist aus Stein oder Holz auf einem Kloster- bzw. Pagodengelände zur Verehrung von Buddhastatuen
Thein	(Myanma) Halle für die Ordination der Mönche
Youk-soun Kyaung	(Myanma) Holzkloster (s. S. 74, Thema S. 71)
Zedi	(Myanma) Stupa (s. oben und s. S. 70)

Register

Agrarsektor 34
Alaungdaw Kathapa National Park 32
Alaungpaya (König) **46**, 335
Albuquerque, Afonso de 45
Alkohol 104
Amarapura 46, 316
Anawrahta (König) **42**
Anegga (Rapper) 78
Anisakhan Falls 328
Anreise 85
Anti-Fascist Organisation (AFO) 153
Anti-Fascist People's Freedom League (AFPFL) 50, 153
Anyeint Pwe (Komödie) 79
Apotheken 110
Apps 114
Arakan Range s. Rakhine Yoma (Arakan Range; Gebirge)
Architektur 70
– Tempelarchitektur in Bagan 246
Ärztliche Versorgung 111
Athinkaya (kgl. Minister) 44
Aungban 347
Aung Myint (Maler) 77
Aung San-Attlee Agreement 50, 153
Aung San (Politiker) 49, **152**
Aung San Suu Kyi (Politikerin) 51, 52, 53, 68
Aung San und Seine Dreißig Kameraden 49
Auskunft 104
Ausrüstung 111
Ausweiskopien 84
Ava (Königreich; s. auch Inwa) 44
Ayetthema 440
Ayeyarwady-Delta 22, 29, **200**
– Bootsfahrt 210
Ayeyarwady (Irrawaddy; Fluss) 22, **28**, 89
– Bootsfahrt Bhamo–Mandalay 418
Aythaya Vineyard 376
Ayutthaya (Königreich) 46

Baden 104

Bagan **244**
– Abends & Nachts 278
– Abeyadana Pahto 270
– Aktiv 278
– Alt-Bagan (Bagan Myohaung) 257
– Ananda Ok-Kyaung 257
– Ananda Pahto 255, **256**
– Anauk Hpetleik Paya 272, 273
– Ashe Hpetleik Paya 272
– Bagan Archeological Museum 261
– Ballonfahren 278
– Bupaya 264
– Dhammayangyi Pahto 255, **266**
– Dhammayazika Paya 273
– Einkaufen 277
– Essen & Trinken 276
– Gawdawpalin Pahto 261
– Gubyaukgyi (Myinkaba) 268
– Gubyaukgyi (Wetkyi-In) **251**, 255
– Hotels s. Mawdin Sun
– Htilominlo Pahto 254
– Infos 273
– Khinminkha-Gruppe 254
– Königspalast 259
– Kyanzittha Umin **249**, 255
– Kyaukgu Umin 274
– Lawkananda Paya 272
– Lokahteikpan 265
– Mahabodhi Paya 261
– Manuha Pahto 269
– Marionettentheater 278
– Mingalazedi 268
– Minnanthu 255
– Minnanthu (Dorf) 266
– Myauk Guni 266
– Myaybontha Paya Hla 265
– Myazedi 269
– Myinkaba (Dorf) 268
– Nagayon Pahto 270
– Nandamannya Pahto 255, 267
– Nanmyint Tower **255**
– Nanpaya 269
– Nathlaung Kyaung 260
– Nat Htaung Kyaung 264

– Neu-Bagan (Bagan Myothit) 271
– Ngakywenadaung Zedi 261
– Nyaung U 248
– Orientierung 247
– Pahtothamya 261
– Payathonzu 255, **268**
– Pitaka Taik 259
– Pyathada Pahto 266
– Restaurants s. Bagan: Essen & Trinken
– Seinnyet Ama Pahto 271
– Seinnyet Nyima Zedi 271
– Shwegugyi Pahto 259
– Shwesandaw Paya 264
– Shwezigon Paya **248**, 255
– Somingyi Ok-Kyaung 271
– Stadtmauer 258
– Sulamani Pahto 255, 265
– Taungbi (Dorf) 264
– Tempelarchitektur 246
– Tharaba Gate 258
– Thatbyinnyu Pahto 260
– Übernachten 274
– Upali Thein 254
– Verkehr 279
– Wandmalereien 76, 246
– Winido Pahto 255, 267
Bagan-Ära 42
Bago 44, **174**
Bago Yoma (Pegu Range; Gebirge) 22
Bagyi Aung Soe (Maler) 76
Bagyidaw (König) 46
Bagyi Lynn Wunna (Maler) 76
Bahn 87
Bamar (Volk) 42, **62**
Bang Hone 399
Bang San 399
Bank- und Kreditkartensperrung 109
Baptisten 60
Barrierefrei reisen 104
Bats Cave (Höhle) 446
Bawgyo Paya 404
Bawrithat Paya 354
Baw Seik Beach 465
Bayinnaung (König) **45**
Bayin Nyi Cave (Höhle) 446
BBQs 97

Der Haupteintrag ist **fett** hervorgehoben.

Bed & Breakfast 92
Beik s. Dawei
Beikthano 290
Bergbau 31
Bergvölker 380
Betelnuss 97
Bettler 104
Bevölkerung 21
Bhamo 415
Bilin 441
Billiglohnland 37
Birmanischer Weg zum Sozialismus 34, **51**
Bodawpaya (König) 46, 231
Bodhi Tataung Paya 333
Bogale (Bogalay) 201, **204**
Bombay Burmah Trading Corporation (BBTC) 48
Bonfer, Peter 60
Boot 89
Botschaften 104
Brandrodung 30
Britische Kolonie 47
Britisches Empire 46
Buddha 56, 252
Buddhismus 56
buddhistische Klöster s. Kyaung (buddh. Kloster)
Burma Campaign 49
Burmah Oil Company (BOC) 48
Burma Independence Army (BIA) 49
Burma Land and Revenue Act 48
Burma Road 417
Burma Socialist Program Party (BSPP) 51
Bus 88
Byinnya U (König) 44

Calchi, Segismundo 60
Cape Negrais s. Mawdin Sun
Chaungtha Beach 212
Check Points 12
Chindwin (Fluss) 22, 89, **332**
Chin Hills (Gebirge) 22
Chinlon (Ballspiel) 119
Chin National Front (CNF) 66
Chin National Union (CNU), 65
Chin-Siedlungen 234

Chin State 237
Chin (Volk) **65**, 234, **237**
Cho May 234
Christentum 60
christliche Mission 48, 60
Collis, Maurice 230
Communist Party of Burma (CPB) 50
Conti, Niccolò di 45
Correa, Antonio 45
Cunha, Rui Nunes da 45

Dagon Khin Khin Lay (Autorin, Filmemacherin) 81
Danu (Volk) 351
Daung Kyun (Don Island; Insle) 469
Dawei 460
Dawei Peninsula 464
Dawna Taungdan (Dawna Range; Gebirge) 23
Dhammazedi (König) 44
Dhanyawadi 42, **236**
Diplomatische Vetretungen 104
Dobama Asiayone 49
Dor Sor Bee 381
Dos and Don'ts 105
Dritter Anglo-Birmanischer Krieg 48
Drogen 106

Eberhard, Inge (Inge Sargent) 362
Edelhölzer 23, 35
Edelsteine 35, 429
Ein Du 445
Einkaufen 107
Einreisebestimmungen 84
Elefantencamp 347
Elektrizität 107
Emperor (Rockband) 78
Erster Anglo-Birmanischer Krieg 48
Essen und Trinken 93
Eye Shay 286

Fahrradfahren 98
Familienfeiern 102
Fauna 26

Feiertage 107
Feilschen 107
Feste 100
Feste der religiösen Minderheiten 101
Festkalender 102
Flora 23
Flugzeug 87
Forstwirtschaft 31
Fotografieren 108
Frauen in Myanmar 68
Frauen 108
Friedensvertrag von Yandabo 46
Frühgeschichte 41
Fünftagemärkte 354, **355**, 365

Gama, Vasco da 45
Gamlang Razi (Berg) 22, 431
Garküchen 97
Geld 108
Gelenkte Demokratie 53
Geografie 20, **22**
Geschichte 20, **41**
Gesundheit 109
Gesundheitssystem 40
Getränke 96
Gokhteik-Viadukt 397
Gold 35
Goldener Felsen s. Kyaikhtiyo (Goldener Felsen)
Golf von Martaban (Mottama) 41, 436
Greater Mekong Subregion 23
Green Hill Valley Elephant Camp 347
Grenzübergang nach Thailand 459
Grenzübertritt Laos–Myanmar 396
Grenzübertritt nach China 413
Grenzübertritt Thailand–Myanmar 396
Gubyauknge 251
Guest Houses 92
Guomindang (Kuomintang/KMT) 50
Gyaw s. Yokthe Pwe (Marionettentheater)
Gyeiktaw 219

Register

Handwerksdörfer 286
Handwerkskünste 74
Hanthawaddy (Mon-Reich) 44
Han Zar Moe Win (Schauspieler, Tänzer) 79
Heho 353
Heilpflanzen 23
Hepa 422
Himalaya 22
Hkakabo Razi (Berg) 22, **431**
Hkakabo Razi National Park 32, **431**
Hkamti 332
Hlawga National Park 174
Ho Kyin 394
Holzklöster 71, 74, 285, 286, 287, 320, 420
Homalin 332
Hostels 92
Hotels 92
Hpa-an 442
Hpakant 35
Hpakant, Minen von 429
Hpaya Pyo 210
Hpo Win Taung Caves 333
Hsinbyumashin (Königinmutter) 48, 297
Hsinbyushin (König) 46
Hsipaw 399
Htan Taw Chauk 286
Htaukkyant War Cemetery 173
Htin Shu Gone 352
Htun Heik 399
Htwet Ni 351
Hukaung Valley Tiger Reserve 33
Hu Kwat 399
Hu Son 399

Indawgyi Lake (See) 22, **420**
Indawgyi Lake Wildlife Sanctuary 33, 420
Indein (Ang Teng) 365
Industrie 35
Inle Lake (See) 22, 31, **364**
– Ballonfahren 360
Inpawkhone 367
Internetzugang 111
Intha (Volk) 364, 380
Iron Cross (Rockband) 78

Irrawaddy Flottilla Company (IFC) 28, 48
Irrawaddy (Fluss) s. Ayeyarwady (Irrawaddy; Fluss)
Islam 61

Jataka (buddh. Erzählungen) 80, **252**
Judson, Adoniram 60

Kachin Independent Organisation (KIO) 66
Kachin State 22, **414**
Kachin (Volk) 66
Kadan Kyun (Insel) 469
Kadonkani 201, **206**
Kajakfahren 98
Kakku (Kekku) 376
Kalaw 342
Kalewa 332
Karen (Kayin; Volk) 63
Karen National Organisation (KNA) 64
Karen National Union (KNU) 50, 64
Karten 111
Katha 414, 418
Katholiken 60
Kaw Gun (Kokuh; Höhle) 446
Kaw Hnat 456
Kaw Hnat Kyaung s. U Nar Auk (Kaw Hnat) Kyaung
Kaw Kathaung Cave (Höhle) 445
Kawthaung (Kawthoung) 471
Kayah (Karenni; Volk) **65**
Kayah State **378**
Kayan Lahwi (Padaung; Volk) 380, **382**
Kayin State 436
Kay La 365
Kaylartha Taung (Hügel) 440
Kengtung s. Kyaing Tong (Kengtung)
Khin Nyunt (Politiker) 52
Kinder 111
Kin Maung (›Bank‹; Maler) 76
Kinwun Mingyi (kgl. Minister) 48
Kleidung 111

Klima 112
Klöster (Übernachten) 92
Kokamae 445
Konbaung-Dynastie 46, 296
Kone Chaung 234
Kong Ma 394
Konsulate 104
Korruption 40
Kulturen 62
Kuni 286
Kunsthandwerk 107
Kupfer 35
Kyaikhtisaung Paya 441
Kyaikhtiyo (Goldener Felsen) 437
Kyaikhto 436
Kyaikkami 458
Kyaing Tong (Kengtung) 362, **385**
Kyanzittha (König) 43
Kyauk Kalat Paya 447
Kyaukme 397
Kyauk Myaung 419
Kyauktan 173
Kyauktaw 236
Kyaung (buddh. Klöster) 74
Kyaw, James Hla (Autor) 81
Kyaw Ma Ma Lay (Autorin) 81
Kyaw (Nachname; auch Gyaw) 81
Kyawswa (König) 44
Kyeik Chaung 234
Kyein Law 399
Kyet Ku (Yarsu Ku) 381
Kyi Chaung 234
Kyidaunggan 188

Lackkunst 75
Lakane 445
Lampi Island Marine National Park 32, **470**
Lampi Kyun (Insel) 469
Langhalsfrauen s. Kayan Lahwi (Padaung; Volk)
Lan Na (Königreich) 46
Lashio 409
Launglon 464
Law, Steven (Geschäftsmann) 391
Lazy Club (Rockband) 78

Der Haupteintrag ist **fett** hervorgehoben.

Ledo Road 417
Legaing 287
Lemro River (Laymyo; Fluss) 234
Letpadaung 35
Letpadaung, Kupferminen von 31
Let Weih (birm. Kickboxen) 119
Links 113
Lintha 219
Literatur 80, 114
Inwa (Ava) 318
Lo Hsing Han (Opiumbaron) 390
Loikaw 370, **378**
Loi Leng (Berg) 22
Loi Mwe 394
Loi-Wa-Dörfer 393
Loi Wa (Volksgruppe) 393
Longyi (Wickelrock) 69
Lontha 219
Lonton 422
Lumbini Park 447
Lwe Lon 399
Lwemun 420, **422**

Mae Ne Taung 352
Magwe (Magway) 289
Maha Anthtookanthar Paya 328
Maha Bandula (Maha Bandoola; Konbaung-General) 46
Maha Gita (birm. Liedsammlung) 77
Mahamuni-Buddha 46, 305
Mahamuni Paya, Dhanyawadi 236
Malerei 75
Mali Hka (Fluss) 28
Manao Festival 101
Mandalay 47, **291**
– Abends & Nachts 312
– Aktiv 313
– Atumashi Kyaung 301
– Ballonfahren 313
– Eindawya Paya 304
– Einkaufen 311
– Essen & Trinken 310
– Fort Dufferin 295
– Gawein Jetty 308
– Glaspalast 295, 296

– Hotels s. Mandalay: Übernachten
– Infos 307
– Kuthodaw Paya 300
– Kyauk Sit Tan 307
– Kyauktawgyi Paya 299
– Löwenthron 149, 295
– Mahamuni Festival 313
– Mahamuni Paya 305
– Mandalay Hill 298
– Orientierung 292
– Restaurants s. Mandalay: Essen & Trinken
– Royal Palace 293
– Sandamuni Paya 300
– Setkyathiha Paya 304
– Shwe In Bin Kyaung 304
– Shwekyimyint Paya 304
– Shwenandaw Kyaung 301
– Übernachten 307
– Verkehr 314
– Viertel der Steinmetze 307
– Viewpoint 308
Manrique, Sebastião 230
Marionettentheater s. Yokthe Pwe (Marionettentheater)
Ma Sandar (Autorin) 81
Maße und Gewichte 115
Maungmagan Beach 465
Maung Maung, Dr. (Politiker) 51
Mawdin Sun 211
Mawlaik 332
Mawlamyine (Mawlamyaing) 448
Medien 115
Meditation 115
Meinmahla Kyun Wildlife Sanctuary 33, 201, **205**
Mergui s. Myeik
Mietwagen 90
Min Bin (König) 230
Minbu 288
Minderheitendörfer 394, 420, 445
Mindon (König) 47, 296
Mingun 323
Min Khamaung (König) 231
Minkyinyo (König) 45
Minmahti Cave 345
Minnanthu 255, 266

Min Phalaung (König) 230
Min Razagyi (König) 231
Min Zaw (Maler) 77
Minzu 333
moderne Kunst 76
Mogaung 429
Mogok 35, 336
Mogok, Minen von 429
Mogok-Tal 336
Moken (Seenomaden) 469
Mönchsaktivisten 49
Mönchsproteste 53
Mongolen (Volk) 44
Monin, P. (Autor) 81
Mon-Kultur 41, 448
Mon State 436
Monsun 112
Mon (Volk) 65
Monywa 331, 332
Morse (Missionarsfamilie) 430
Mottama (Martaban) 44
Moulmein s. Mawlamyine (Mawlamyaing)
Moyingyi Wetland Wildlife Sanctuary 33
Mrauk U 45, **227**
Mrauk U (Fürstenstaat) 45
Mt. Victoria s. Natmataung (Berg)
Mudon 456
Muse 413
Musik 77
Myanma (birmanische Sprache) 66
Myanmar Selection System (MSS) 31
Myapyin 219
Myaw Yit Paya 465
Myeik 465
Myeik-Archipel 23, **468**
Myinkaba 268
Myin Kwa Aw Beach 465
Myitche 286
Myitkyina 423
Myitsone 428
Myitsone-Staudammprojekt 28, 31, 53

Nabule Beach 465
Nachtleben 116

Register

Naga Hills (Gebirge) 22
Nahverkehrsmittel 90
Namde 420
Namhsan 408
Nammilaung 420
Nam Pilu River (Fluss) 371
Nam Tok (Wasserfall) 405
Narameikhla (König) 45, **230**
Narathihapate (König) 44
Nat (Geister) 58
National League for Democracy (NLD) 52
Nationalparks **32**
National Unity Party (NUP) 52
Natmataung (Berg) 22
Natmataung National Park 32, **238**, **239**, 279
Natur 22
Naturschutz 30
Naturschutzgebiete 10, **31**
Naungdawgyi (König) 46
Naung Pyaet 399
Nawnpeng 397
Naypyitaw 185
Ne-Win-Diktatur 51
Ne Win (General, Politiker) 34, 50, 362
Ngapali 219
Ngapali Beach 219
Nga Phe Chaung Kyaung 365
Ngwe Saung Beach **214**
Nicote, Philip de Brito y 45
Nmai Hka (May Hka; FLuss) 28
Nonnen s. Thilashin (Nonnen)
Nord-Myanmar 414
Nyaung Shwe (Yawnghwe) 356
Nyaung U 248
Nyinmyaw 464

Ober-Myanmar 241
Öffnungszeiten 116
Ökotourismus 32
Opium 390
organisierte Touren 11
Orwell, George (Autor, brit. Polizeibeamter) 414
Outdoor 98

Padaung s. Kayan Lahwi (Padaung; Volk)

Pagan (König) 46, 296
Pagode 72
Pakhan-gyi 285
Pakhan-nge 285
Pakokku 284
Palaung (Ta'ang; Volk) 351, 408
Palmen 25
Panglong Agreement **50**, 65, 153
Pang Pack 394
Pan Paung 234
Pan Pet 380
Pathein 206
Patkai Range (Gebirge) 22
Paw Oo Thet (Maler) 76
Payagyi 203
Paya Phyu 380
Pearl Island (Kayi Kyun) 219
Pegu Range s. Bago Yoma (Pegu Range; Gebirge)
People's Volunteer Organisation (PVO) 50
Phaung Daw U Paya 365
Phekon 370, **371**
Phekon Lake (See) 370, 371
Phoe-Chit-Truppe (Zat-Pwe-Truppe) 79
Pindaya 348
Pin Sein Inn 352
Pin Tauk 394
Plastiktüten 31
Politik 21
politische Reformen 53
Polygamie 68
Popa Mountain National **Park 280**
Portugiesen 45, 230
Post 116
Prostitution 106
Pwe s. Kyaung (buddh. Kloster)
Pwe Kauk Waterfalls 328
Pyapon 201, **203**
Pyay 189
Pyidawtha-Programm 50
Pyin U Lwin 325
Pyu-Kultur 41, 290

Rajadarit (Yazadarit; König) 44
Rajakumar-Stelen 269
Rakhine (Königreich) 45, 230

Rakhine-Kultur 42
Rakhine State 230
Rakhine (Volk) 65
Rakhine Yoma (Arakan Range; Gebirge) 22
Rangoon (Rangun) s. Yangon
Rauchen 116
Razagri (König=) 45
Red Mountain Estate 361
Regenwälder 23
Reis 35
Reiseagenturen in Myanmar 155
Reiseapotheke 110
Reisebeschränkungen 12
Reiseinformationen 104
Reisekasse 117
Reiseland 10
Reiseplanung 13
Reisezeit 91, 117
Religion 21, **56**
Reptilien 27
Ressourcen, natürliche 34
Restaurants 97
Rohingya 62
Rundreisevorschläge 16

Sadan Cave (Höhle) 445
Sagaing 320
Sagar Lake (See) 370
Sagar Myothit (Samkar Myothit) 370
Sagu (Saku) 287
Sai Sai Kham Hlaing (Rapper) 78
sakrale Architektur 70
Salay U Ponnya (Autor) 80
Sale (Salay) 282
Salin 287
Salon Kyun (Insel) 470
Sandar Khine (Malerin) 76
San Hlam Beach 464
San Maria Beach 465
Sao Kya Htun (Shan-Fürst) 363
Sao Kya Seng (Hseng; Shan-Fürst) 362
Sao Mawng (Shan-Fürst) 363
Saopha s. Shan-Fürsten (Saopha)
Saopha Mausoleums 404

Der Haupteintrag ist **fett** hervorgehoben.

Sao Shwe Thaik (Shan-Fürst, Politiker) 50, 362
Sao Si Hseng Hpa (Shan-Fürst) 362
Saramati (Berg) 22
Sarchit Beach 217
Sargent, Inge s. Eberhard, Inge (Inge Sargent)
Sa Sar Aw Beach 464
Säugetiere 27
Sawhnit (König) 44
Sawlu (König) 43
Saw Maung (Politiker) 52
Saya-San-Aufstand 49
Saya San (Galon Raja; König Garuda) 49
Schlangen 27
Schnorcheln 98
Schrift 67
Schul- und Bildungswesen 40
Schwimmende Gärten 364
Schwule und Lesben 117
Scott, Sir George 362
See Kya Inn 351
Segeln 98
Selagiri 236
Shakyamuni 56
Shan-Fürsten (Saopha) 362
Shan Plateau 22
Shan State, nördlicher 397
Shan State, östlicher 385
Shan State, südlicher 342
Shan (Volk) 63
Shan Ywa 210
Shin Maw Paya 465
Shinmokthi Paya 462
Shin-Pyu-Zeremonie 57, 102
Shinsawbu (Königin) 44
Shweba Taung Caves 333
Shwebo 46, 335
Shwedaung 194
Shweli (Nam Mao; Fluss) 418
Shwe Man Thabin (Zat-Pwe-Ensemble) 79
Shwe Man Tin Maung (Ensemblegründer) 79
Shwe Min Bon 345
Shwe Myitzu Paya **420**, 422
Shwe Nyaung 354
Shwe Nyaung Pin Nat 173

Shwe Taung Ngwe Taung 185
Shwethalyaung Dawmu Paya 462
Shwe Yan Pyay Kyaung 354
Sicherheit 118
Siddhartha Gautama 56
Side Effect (Indieband) 78
Sinkan 418
Sinkay 234
Sinma 217
Sittaung (Sittoung; Fluss) 22, 23
Sittwe 223
Smith Dun (General) 50
Social Security Act 37
Sona (ind. buddh. Mönch) 42
Sonderwirtschaftszonen 35
Soziales 34
Sprache 66
Sri Ksetra 192
Staat 21
State Peace and Development Council (SPDC) 52
Strände 11
Stupa (Zedi) 70
Süd-Myanmar 433
Sun The Gyo 234
Supayalat (Königin) 48, 297
Surfen 98
Suvannabhumi (Goldenes Land) 42, 440

Tabinshwehti (König) 45
Tachileik 394
Tagaung 419
Tai (Volk) 42
Takhaung Mwetaw Paya 371
Tanintharyi (Division) 460
Tanintharyi Yoma (Tennasserim Range; Gebirge) 23
Tar Pin 393
Taryaw 345
Tauchen 98
Taung Baw Gyi 352
Taungbi 264
Taungbyone Festival 314
Taunggyi 372
Taungoo-Dynastie 45
Taungoo (Toungoo) 181
Taungthaman Lake 318
Tavoy s. Dawei

Taxis 90
Teashop 97
Teeanbau 408
Teeland 399
Tekkatho Hpoun Naing (Autor) 81
Telefonieren 118
Tenasserim s. Tanintharyi (Division)
Tenasserim Range (Gebirge) s. Tanintharyi Yoma (Tennasserim Range; Gebirge)
Thabeikkyin 419
Thadominbya (König) 44
Thakin Ko Taw Hmaing (Autor) 81
Thanaka(baum) 69
Thanboddhay Paya 331
Thanbyuzayat 456
Thandaung Gyi 185
Thandaung Lay 184
Thandwe 218
Thanlwin (Fluss) 23
Thanlyin 171
Tharawaddy (König) 296
Tharle 365
Tharle Taung Kyaung 365
Tharrawaddy (König) 46
Thatay Kyun (Insel) 470
Thaton 441
Thaung Gyi 210
Thazin 278
Theater (Pwe) 78
Thein Daung Paya 405
Thein Sein (General, Politiker) 53
Theravada-Buddhismus 43
Thibaw (König) 48, 297
Thihathu (kgl. Minister) 44
Thilashin (Nonnen) 60
Thingyan (Wasserfest) 100
Thirithudhamma (König) 230
Tilashin (Nonnen) 322
Toungoo s. Taungoo (Toungoo)
Tourismus 21, 36
traditionelle Musik 77
Trekking 99
Trinkgeld 118
Twante (Twantay) **200**, 201

Register

Übernachten 91

U Lat (Autor) 81
U Lun Gywe (Maler) 76
Umwelt 22
Umweltprobleme 31
Umweltschutz 30
Unabhängigkeit 50
U Nar Auk (Kaw Hnat) Kyaung 456
University Avenue 54 (Wohnhaus Aung San Suu Kyi) 154
U Nu (Politiker) 49, 50
U Ottama (Mönchsaktivist) 49
U Sein Lwin (Politiker) 51
Uttara (ind. buddh. Mönch) 42
U Wisara (Mönchsaktivist) 49

Venezianer 45
Veranstaltungen 100
Verhaltenstipps 105
Verkehrsmittel im Land 87
Vesali (Wethali) 42, **236**
Visum 84
Vögel 26
Vogelbeobachtung 99
Völker 62
Volksaufstand 1988 34
Vollmondfeste, buddh. 100

Wanderfeldbau 30
Wandern 99
Wandmalereien 75
– Wandmalereien in Bagan 246
Wan Mai 394
Wan Nyat 393
Wan Pauk 394
Wan Pin 394
Wan Seng 393
Wasser 119
Wasserfest s. Thingyan (Wasserfest)
Wasserkraft 31, 35
Weidi 464
Wein 361, 376
Wellness 119
West-Myanmar 218
White Sand Beach 212
White Sand Island (Balet Kyun) 219

Wilderei 30
Wildlife Sanctuaries 31
Winka 440
Win Sein Yadana Taung 456
Wirtschaft 21, **34**

Yadanabon s. Mandalay
Yadanagu Festival 314
Yang Kong 393
Yangon 126
– 19th Street 137
– Abends & Nachts 164
– Aktiv 166
– Anawrahta Road 137
– Ashay Tawya Kyaung 151
– Bogyoke Aung San Museum 150
– Bogyoke Aung San Park 150
– Bogyoke Aung San Road (Cinema Row) 133
– Bogyoke Aung San Zei **135**, 136
– Bo Soon Pat Street 137
– Botataung Paya 134
– Britische Botschaft 134
– Central Post Office 134
– Chaukhtatgyi 151
– Chinatown 135
– Circle Line 169
– City Hall 129
– Dala 170
– Downtown 129
– Einkaufen 163
– Essen & Trinken 159
– Golden Valley 151
– Grave of Bahadur Shah Zafar II 142
– Hafenbehörde 133
– High Court 132
– Hotels s. Yangon: Übernachten
– Immanuel Baptist Church 132
– Indische Botschaft 133
– Infos 155
– Inya Lake 154, 160
– J. & F. Graham Company 134
– Kaba Aye Pagoda Road 154
– Kaba Aye Paya 154
– Kandawgyi Lake 150
– Kandawin Garden 142

– Karaweik Nature Park 150
– Karaweik Palace 150
– Kheng Hock Keong **138**
– Kheng Hock Keong Temple 137
– Kwan Yin Temple 137, **138**
– Kyauktawgyi Paya 155
– Little India 135
– Mae Lamu Paya 154
– Maha Bandoola Garden 132
– Maha Wizaya Paya 142
– Marionettentheater Htwe Oo Myanmar 167
– Martyrs' Mausoleum 149
– Merchant Road (Khondeji Lan) 133
– Ministers' Office, ehem. 132
– Mughal Shia Masjid 137, **138**
– Musmeah Yeshua Synagogue 137, **138**
– Myawaddy Bank 133
– National Museum 149
– Ngahtatgyi 151
– Orientierung 128
– Pansodan Gallery 133, 164
– Pansodan Jetty 134, 170
– Pansodan Street 133
– Pyay Road 154
– Restaurants s. Yangon: Essen & Trinken
– Sakura Tower 133
– Scott Market 135
– Secretariat Building s. Yangon
– Shwedagon Festival 168
– Shwedagon Pagoda Road 142
– Shwedagon Paya 142
– Sofaer's Building 133
– Sri Kali Temple 137
– Sri Kamichi Temple 136
– Stadtführungen 166
– St. John's Church 136
– Strand Road (Kannar Lan) 134
– Sule Paya 129
– Surti Sunni Jammae Masjid 137, **138**
– Szeneviertel Yaw Min Gyi 162
– Thein Gyi Zei 137, **138**
– The Strand Hotel 133, **134**, **157**

Der Haupteintrag ist **fett** hervorgehoben.

- Übernachten 157
- University Avenue 54 (Wohnhaus Aung San Suu Kyi) 150
- U Thant House 151
- Verkehr 168
- Waziya Cinema 133
- Windermere Park 151
- Yangon Sailing Club 154
- Yangon Zoological Garden 150
- Yaw Min Gyi (Szeneviertel) 162
- Zentrale der Aya Bank 132
- Zoo 150

Yarsu Ku s. Kyet Ku (Yarsu Ku)
Yasakyi 351
Yawnghwe s. Nyaung Shwe (Yawnghwe)
Yazathingyan (kgl. Minister) 44
Ye 458
Yokthe Pwe (Marionettentheater) 80, 167
Youk-soun Kyaung s. Holzklöster
Young Men's Buddhist Association (YMBA) 49

Zat Gyi (Tanztheater) 79
Zat Pwe (Theaterart) 79

Zeit 119
Zentral-Myanmar 181
Ziphyugone 219
Zokali 441
Zokthok 441
Zollbestimmungen 84
Zuschauersport 119
Zweiter Anglo-Birmanischer Krieg 47, 296
Zwekabin Mountain (Berg) 23, **447**
Zyklon Nargis 53

Zitate

S. 120 Imperial Gazetteer of India: New Edition Vol. 1–26. Oxford 1908–31, Vol. 17, Oxford 1908

S. 325 George Orwell: Mein Katalonien. Bericht über den Spanischen Bürgerkrieg. München 1964, Zürich 2003

S. 362 Inge Sargent: Dämmerung über Birma. s. S. 114

S. 18 Shwaey Yoe (Sir James George Scott): The Burman. His Life and Notion. New York 1931, S. 110

S. 397 Paul Theroux: The Great Railway Bazaar. London 2008

S. 429 Ludovico di Varthema: The Travels of Ludovico di Varthema in Egypt, Syria, Arabia Deserta and Arabia Felix, in Persia, India, and Ethopia, A.D. 1503 to 1508. Translated by John Winter Jones, edited by George Percy Badger, London 1863

REISEN UND KLIMAWANDEL

Der Klimawandel ist vielleicht das dringlichste Thema, mit dem wir uns in Zukunft befassen müssen. Der Flugverkehr trägt bis zu 10 % zur globalen Erwärmung bei. Wir sehen das Reisen als Bereicherung. Es verbindet Menschen und Kulturen und kann einen wichtigen Beitrag zur wirtschaftlichen Entwicklung eines Landes leisten. Reisen bringt aber auch eine Verantwortung mit sich. Dazu gehört, darüber nachzudenken, was wir tun können, um die Umweltschäden auszugleichen, die wir mit unseren Reisen verursachen. Atmosfair ist eine gemeinnützige Klimaschutzorganisation. Die Idee: Über den Emissionsrechner auf **www.atmosfair.de** berechnen Flugpassagiere, wie viel CO_2 der Flug produziert und was es kostet, eine vergleichbare Menge Klimagase einzusparen. Finanziert werden Projekte in Entwicklungsländern, die den Ausstoß von Klimagasen verringern helfen. Atmosfair garantiert die sorgfältige Verwendung Ihres Beitrags.

nachdenken • klimabewusst reisen

Abbildungsnachweis/Impressum

Glow Images, München: S. 231 (Bleyer)
Huber-Images, Garmisch-Partenkirchen: S. 383 (Bennett); 348/349 (Gräfenhain); 121 (Mannakee); 72/73, 83 M., 153 (Taylor); 122, 338 (Vaccarella)
Laif, Köln: S. 167 (Berg); 26, 119 (Boisvieux); 317 (Engelhorn); 418 (Fittner); 67, 69, 322 (Haidinger); 196 (Harding/Frost); 243, 285 (Harding/Gail); 71 (Harding/Sweeney); 355 (Hollandse Hoogte); 12, 39, 83 o., 99, 146/147, 312, 359 (Hub); 75, 343 (H.-B. Huber); 43 (Le Figaro Magazine/Fautre); 165 (NYT/Wilcocks); 135 (Redux/Duggleby); 155 (Redux/Nance); 391 (Redux/The New York Times/Dean); Umschlagklappe vorn (Sciacca); 450 (Tuul & Morandi)
Look, München: S. 29, 78, 125, 175 (age fotostock); 410/411 (Design Pics); 473 (sagaPhoto); 127 (Superstock); 83 u. (Stankiewicz); 222 (Waldecker)
Mauritius Images, Mittenwald: S. 225, 394/395 (age); 30, 33, 36/37, 61, 94, 103 u., 136, 186/187, 190, 195, 202, 205, 212/213, 233, 267, 270, 277, 281, 288, 297, 301, 329, 334/335, 372, 400/401, 412, 421 426/427, 457, 461, 470/471 (Alamy); 306. 439 (Fuste Raga); 103 o., 429 (Harding); 153 (imagebroker/Bieder); 64 (imagebroker/Bleyer); 388 (imagebroker/Laub); 292/293, 430 (Photononstop); 407 417 (United Archives); 247 (Vidler); 237, 253 (Warburton-Lee)
Christoph Mohr, Köln: S. 209, 262/263, 308/309, 368/369
Martin H. Petrich, Berlin: S. 9, 59, 257, 384
Picture-Alliance, Frankfurt a. M.: S. 47, 363 (CPA Media); 51 (dpa)
Plainpicture, Hamburg: Titelbild (Aurora_Photos/Russell)
Schapowalow, Hamburg: S. 19 (4Corners/Mannakee); 240 (SIME/Fusetti); 432, 435, 446/447 (SIME/Tuul & Morandi); 172 (Gräfenhain)
WWF, Gland (Schweiz): S. 24 (Hauser)

Kartografie
DuMont Reisekartografie, Fürstenfeldbruck
© DuMont Reiseverlag, Ostfildern

Umschlagfoto
Titelbild: Mönche am Kyaikhtiyo, Umschlagklappe vorn: In der Shwedagon Paya, Yangon

Besonderer Dank geht an: meine Lektorin Britta Rath, meine Frau Nicole Häusler, an Volker Klinkmüller sowie an Khai Wai, Maung Maung Than, Saw Hnin Nwe; Elisabeth, Nang Lao Kham, Tun Lin Htaik (Tom Tom), Soe Moe Aung, U Than Htay und Ko Moe aus Myanmar.

Lektorat: Britta Rath; **Bildredaktion:** Susanne Troll

Hinweis: Autor und Verlag haben alle Informationen mit größtmöglicher Sorgfalt geprüft. Gleichwohl sind Fehler nicht vollständig auszuschließen. Alle Angaben erfolgen ohne Gewähr. Bitte schreiben Sie uns! Über Ihre Rückmeldung zum Buch und über Verbesserungsvorschläge freuen sich Autor und Verlag:
DuMont Reiseverlag: Postfach 3151, 73751 Ostfildern, E-Mail: info@dumontreise.de

1. Auflage 2016
© DuMont Reiseverlag, Ostfildern
Alle Rechte vorbehalten
Grafisches Konzept: Groschwitz/Tempel, Hamburg
Printed in China